事務の流れ

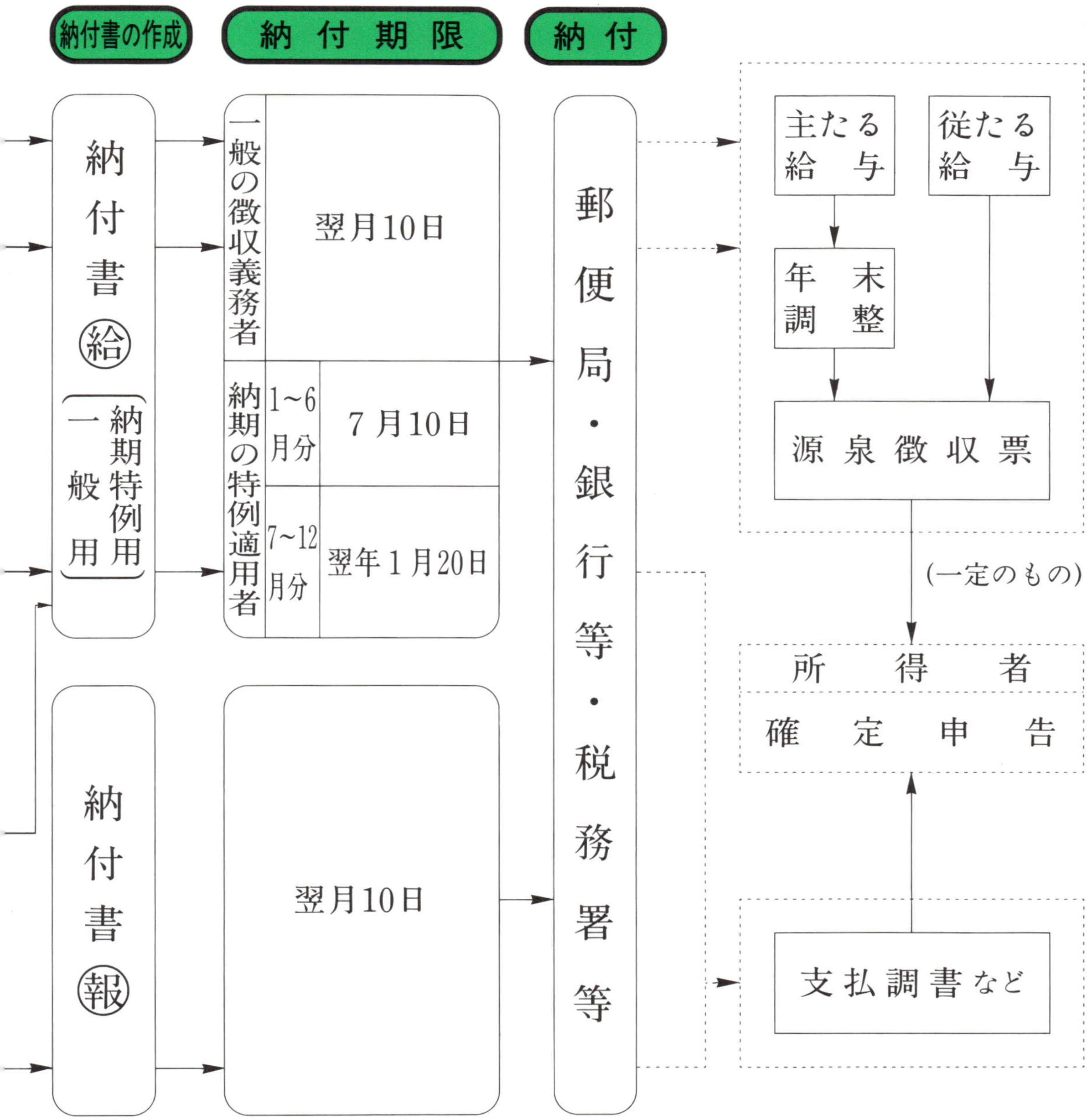

納付書の作成 → 納付期限 → 納付

- 納付書㊞給（一般用／納期特例用）
  - 一般の徴収義務者：翌月10日
  - 納期の特例適用者：1〜6月分 7月10日／7〜12月分 翌年1月20日
- 納付書㊞報：翌月10日

→ 郵便局・銀行等・税務署等

主たる給与 → 年末調整 → 源泉徴収票
従たる給与 → 源泉徴収票
源泉徴収票 →（一定のもの）→ 所得者 確定申告
支払調書など → 所得者 確定申告

（注）この図は、主なものについて記載してあります。

令和2年版

図解 源泉所得税

椎谷　晃 編

一般財団法人 大蔵財務協会

はじめに

明治32年に初めて導入された所得税の源泉徴収制度は、現在では、わが国の税制の基盤をなすとともに国家財政を支える大きな柱となっております。

この源泉徴収制度が適正に運営されるためには、源泉徴収事務に従事される方々が、この制度の仕組みや趣旨を十分に理解していただき、正しく法令を適用していただく必要があります。

そこで、源泉所得税に関する基本的事項を体系的に理解していただくため、図表やフローチャートを数多く活用した解説書として平成２年に本書を刊行し、今回で30回目の改訂となります。

改訂に当たっては、平成30年度税制改正により本年１月から適用となる基礎控除額及び給与所得控除額等の見直しや、令和２年度税制改正により本年から適用となる未婚のひとり親に対する税制上の措置（ひとり親控除）に伴う修正のほか、最終章で令和２年度税制改正及び令和２年４月30日に成立、施行された「新型コロナウイルス感染症等の影響に対応するための国税関係法律の臨時特例に関する法律」の概要などを織り込むとともに、読者の方々から寄せられた貴重なご意見を採り入れさせていただくなど、内容の充実に努めました。

今後、より一層充実したものに改めて参りたいと考えておりますので、読者の皆様のきたんのないご意見を賜りますようお願いいたします。

なお、本書は、現在東京国税局課税第二部法人課税課に勤務している者が休日等を利用して執筆したものであり、また、文中意見にわたる部分は、個人の見解によるものであることを念のため申し添えます。

終わりに、本書刊行の機会を与えてくださいました一般財団法人大蔵財務協会の木村理事長をはじめ、刊行に当たって終始ご協力いただきました編集局の諸氏に心から感謝申し上げます。

令和２年６月

椎谷　晃

〔凡　　例〕

本書中に引用する法令等については、次の略称を使用しています。

(1)　**法　　令**

所法……………………所得税法
所令……………………所得税法施行令
所規……………………所得税法施行規則
法法……………………法人税法
法令……………………法人税法施行令
法規……………………法人税法施行規則
相法……………………相続税法
相規……………………相続税法施行規則
通則法…………………国税通則法
通則法令………………国税通則法施行令
措法……………………租税特別措置法
措令……………………租税特別措置法施行令
措規……………………租税特別措置法施行規則
財形法…………………勤労者財産形成促進法
財形令…………………勤労者財産形成促進法施行令
財形規…………………勤労者財産形成促進法施行規則
社債等振替法…………社債、株式等の振替に関する法律
災免法…………………災害被害者に対する租税の減免、徴収猶予等に関する法律
災免令…………………災害被害者に対する租税の減免、徴収猶予等に関する法律の施行に関する政令
震災特例法……………東日本大震災の被災者等に係る国税関係法律の臨時特例に関する法律
震災特例令……………東日本大震災の被災者等に係る国税関係法律の臨時特例に関する法律施行令
震災特例規……………東日本大震災の被災者等に係る国税関係法律の臨時特例に関する法律施行規則
復興財確法……………東日本大震災からの復興のための施策を実施するために必要な財源の確保に関する特別措置法
復興特別所得税政令……復興特別所得税に関する政令
復興特別所得税省令……復興特別所得税に関する省令
資産流動化法…………資産の流動化に関する法律
投資信託法……………投資信託及び投資法人に関する法律
国送金法………………内国税の適正な課税の確保を図るための国外送金等に係る調書の提出等に関する法律

国送金法令………………内国税の適正な課税の確保を図るための国外送金等に係る調書の提出等に関する法律施行令

国送金法規………………内国税の適正な課税の確保を図るための国外送金等に係る調書の提出等に関する法律施行規則

日○租税条約……………所得に対する租税に関する二重課税の回避及び脱税の防止のための日本国と○○との間の条約

実施特例法………………租税条約等の実施に伴う所得税法、法人税法及び地方税法の特例等に関する法律

実施特例省令……………租税条約等の実施に伴う所得税法、法人税法及び地方税法の特例等に関する法律の施行に関する省令

オンライン化省令………国税関係法令に係る行政手続等における情報通信の技術の利用に関する省令

マイナンバー法…………行政手続における特定の個人を識別するための番号の利用等に関する法律

台法………………………外国居住者等の所得に対する相互主義による所得税等の非課税等に関する法律

台令………………………外国居住者等の所得に対する相互主義による所得税等の非課税等に関する法律施行令

⑵ 通　　達

所基通…………………所得税基本通達

法基通…………………法人税基本通達

相基通…………………相続税法基本通達

措　通…………………租税特別措置法に係る所得税の取扱いについて(法令解釈通達)

平10課法８－５………平成10年課法８－５　国税庁法令解釈通達

⑶ その他

所法９①三イ……………………所得税法第９条第１項第３号イ

(注)　本書は、令和２年４月30日現在の法令・通達によっています。

〔目　　次〕

第１章　総　　則

第２章　給与所得に対する源泉徴収

目　　　次

目　　次

第3章　退職所得に対する源泉徴収

第４章　公的年金等に対する源泉徴収

第５章　利子所得に対する源泉徴収

第６章　配当所得に対する源泉徴収

第７章　報酬・料金等に対する源泉徴収

第８章　内国法人に対する源泉徴収

第９章　非居住者及び外国法人に対する源泉徴収

第10章　特定口座内保管上場株式等の譲渡所得等の源泉徴収

第11章　その他の所得に対する源泉徴収

第12章　災害被害者に対する救済制度

第13章　源泉徴収税額の納付、徴収及び還付

第14章　源泉徴収票及び支払調書の作成、提出

第15章　復興特別所得税の源泉徴収

第16章　令和２年度税制改正の主な改正事項

〔付　　録〕税　額　表

第1章　総　　則

第1　源泉徴収制度のあらまし

所得税は、所得者自身がその年中に稼得した所得と、それに対する税額を計算し、これを自主的に申告・納税するといういわゆる「申告納税制度」を建前としていますが、これと併せて、特定の所得については、「源泉徴収制度」を採用しています。

この源泉徴収制度は、特定の所得の支払者がその所得を支払う際に所定の所得税を徴収し、これを国に納付するというもので、諸外国においても採用されているところです。

我が国においては、明治32年に利子所得について初めてこの制度が導入されましたが、現在では、配当所得、給与所得、公的年金等（雑所得）、退職所得など、様々な所得について採用されています。

また、平成25年１月１日から令和19年12月31日までの間に生じる所得については復興特別所得税についても源泉徴収制度が採用されています。

源泉徴収された所得税及び復興特別所得税の額は、例えば、給与所得については、原則として年末調整により、また、報酬・料金等については、確定申告によりその１年間に稼得した所得に対する本来の税額と精算される仕組みになっています。

このように、源泉徴収制度は、申告納税制度を建前とする所得税法からみると補充手段であり、最終的には確定申告や年末調整による精算手続を必要とするものですが、所得税額の大半を占める給与所得や退職所得については、一般的には源泉徴収だけで課税関係が完結することになりますので、非常に重要な制度であるといえます。

（源泉徴収制度のしくみ）

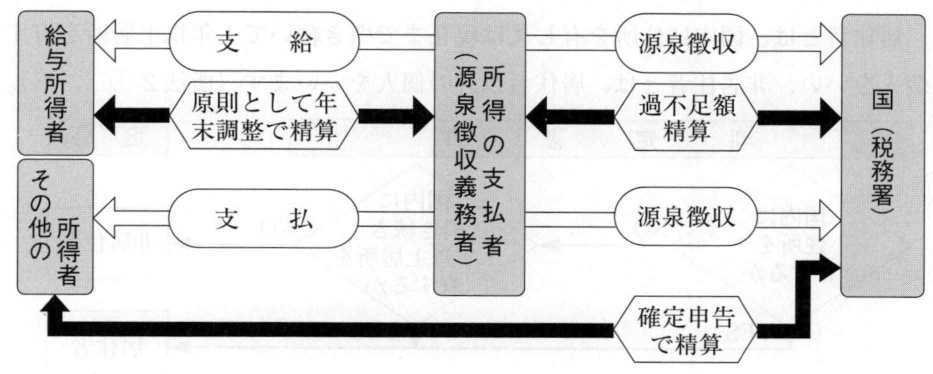

第2　納税義務

1　納税義務者

国税通則法上は、国税に関する法律の定めるところにより国税を国に納付する義務がある者を納税者としており（通則法２五）、源泉徴収制度における源泉徴収義務者もこれに当たることとされています。

一方、所得税法では、所得税を納める義務がある者を納税義務者とし（所法５）、所得税の源泉徴収をする義務のある者を源泉徴収義務者と規定しており（所法６）、納税義務者の区分及びこれらの者の課税所得の範囲をそれぞれ次のように定めています（所法７）。

区　分			課税所得の範囲
個人	居住者	非永住者以外	国内及び国外で生じた全ての所得（所法５①、７①一）
個人	居住者	非永住者	所得税法第95条第１項に規定する国外源泉所得以外の所得及び国外源泉所得で国内において支払われ、又は国外から送金されたもの（所法５①、７①二）
個人	非居住者		所得税法第164条第１項各号に掲げる非居住者の区分に応じそれぞれ同項各号及び同条第２項各号に掲げる国内源泉所得（所法５②、７①三）
法人	内国法人		国内において支払われる所得税法第174条各号に掲げる利子等、配当等、給付補填金、利息、利益、差益、利益の分配及び賞金（所法５③、７①四）
法人	外国法人		国内源泉所得のうち一定のもの（所法５④、７①五）
人格のない社団等			内国法人又は外国法人の課税所得と同じ（所法４）

また、復興特別所得税の納税義務者及び源泉徴収義務者についても所得税法と同様の取扱いとなります（復興財確法８）。

(1)　居住者及び非居住者

イ　居住者及び非居住者とは

居住者とは、国内に住所を有し又は現在まで引き続いて１年以上居所を有する個人をいい、非居住者とは、居住者以外の個人をいいます（所法２①三、五）。

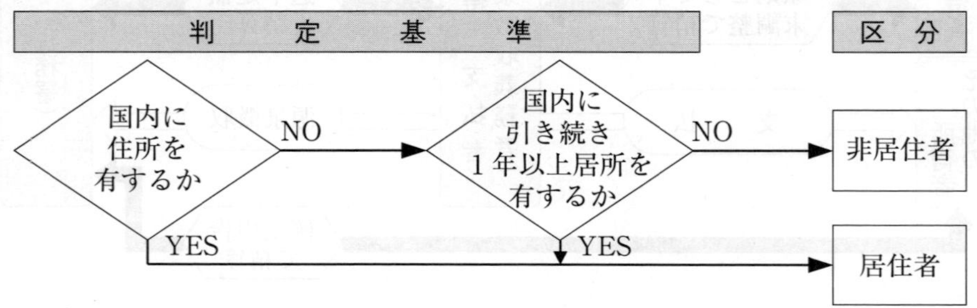

アドバイス

1　住所とは、個人の生活の本拠をいい、生活の本拠であるかどうかは客観的事実によって判定します（所基通2－1）。
2　居所とは、生活の本拠ではないが現実に居住している場所をいいます。
3　居住者を判定する場合における居住期間の計算の起算日は、入国の日の翌日となります（所基通2－4）。

ロ　国内に居所を有している人が一時的に国外に赴いた場合の取扱い

国内に居所を有していた人が国外に赴き再び入国した場合において、明らかにその国外に赴いた目的が一時的なものであると認められるときは、その在外期間中も引き続き国内に居所を有するものとして取り扱われます（所基通2－2）。

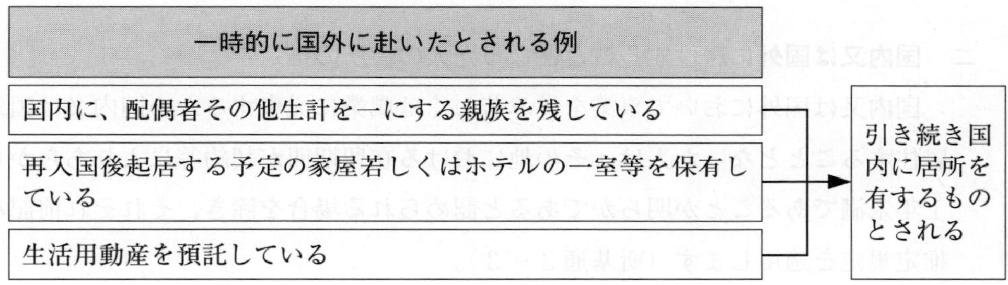

ハ　住所の判定（推定規定）

次のいずれかに該当する場合には、それぞれ国内に住所を有する人又は国内に住所を有しない人と推定されます（所令14①、15①）。

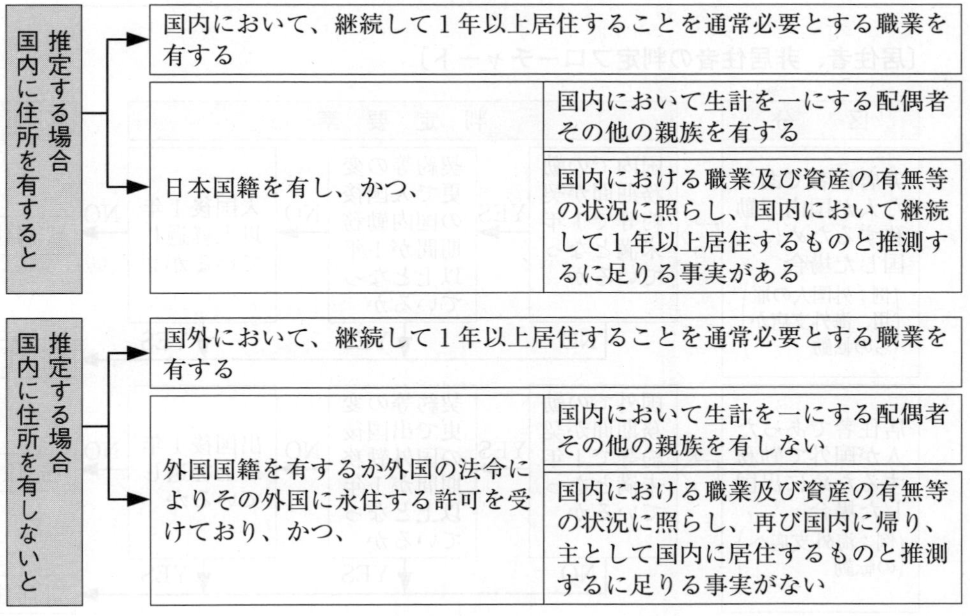

アドバイス

1　国内に住所を有する人と推定される個人と生計を一にする配偶者その他その人の扶養する親族が国内に居住する場合には、これらの人も国内に住所を有する人と推定されます（所令14②）。
2　国内に住所を有しない人と推定される個人と生計を一にする配偶者その他その人の扶養する親族が国外に居住する場合には、これらの人も国内に住所を有しない人と推定されます（所令15②）。
3　住所の推定規定は、国内に居住することとなった人又は国外に居住することとなった人について、国内に住所があるかどうかを推定するにすぎないものですから、その人がその推定に反する事実を挙げて反対の意思を表明したときは、たとえ推定規定に掲げる要件を満たしている場合であっても、その反する事実を含めて改めて住所の有無の判定を行うこととなります。

二　国内又は国外に居住することとなった人の住所の推定

国内又は国外において事業を営み若しくは職業に従事するため国内又は国外に居住することとなった人は、その地における在留期間が契約等によりあらかじめ１年未満であることが明らかであると認められる場合を除き、それぞれ前記ハの推定規定を適用します（所基通３－３）。

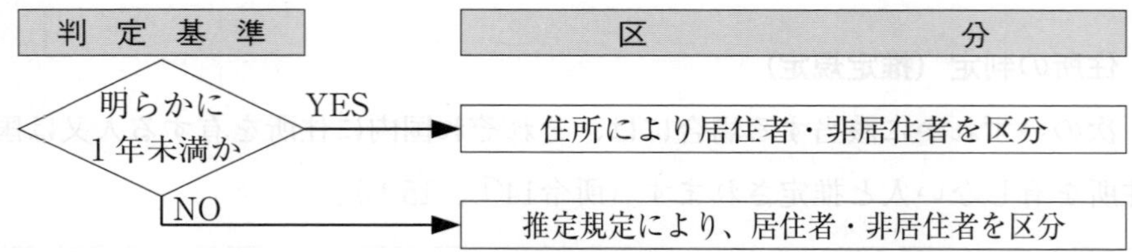

〔居住者、非居住者の判定フローチャート〕

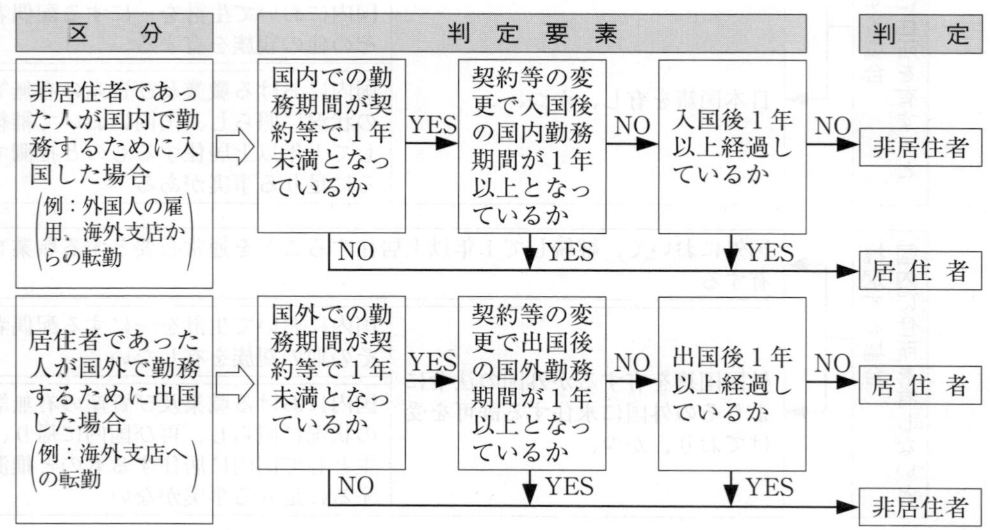

ホ　住所の有無の推定規定が適用されない者

国内に居住することとなった人又は国外に居住することとなった人が前記ハの推定規定の適用がない場合には、それぞれその人は、特に反する事実がない限り、前者が国内に住所を有しない人、後者は国内に住所を有する人として取り扱われます。

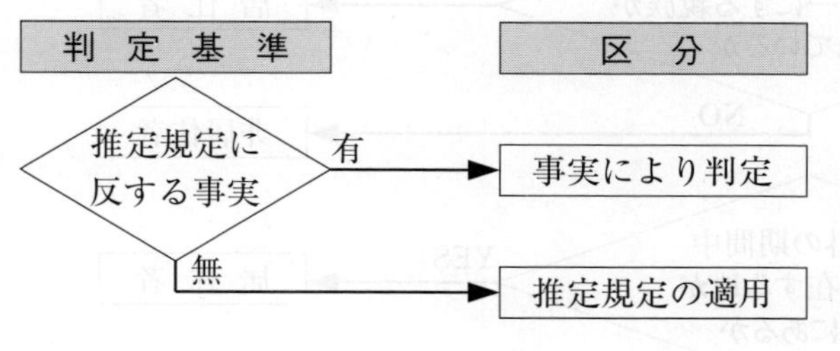

（注）　その人と生計を一にする配偶者その他その人の扶養する親族が国内又は国外に居住するときのこれらの人の住所の有無についても同様です。

〈判定例〉　海外勤務が当初１年未満だった者が１年以上となった場合

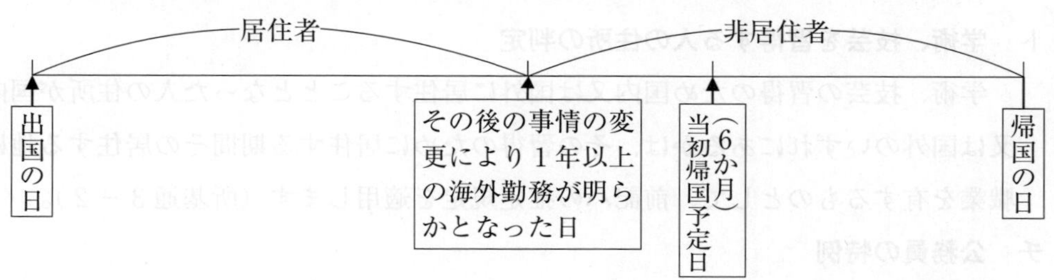

アドバイス

赴任地における勤務期間が１年未満の予定で出国した場合には、居住者として取り扱われます。しかし、その後事情の変更があったことによりその地での勤務期間が１年以上となることが明らかとなった場合には、その明らかとなった日からは非居住者として取り扱われます。

ヘ　船舶、航空機の乗組員の住所の判定

船舶、航空機の乗組員の住所が国内にあるかどうかは、次により判定します（所基通３－１）。

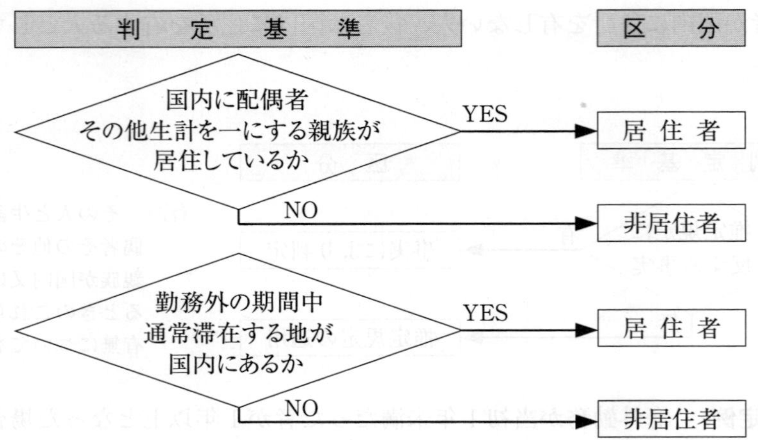

ト　学術、技芸を習得する人の住所の判定

学術、技芸の習得のため国内又は国外に居住することとなった人の住所が国内又は国外のいずれにあるかは、その習得のために居住する期間その居住する地に職業を有するものとして、前記ハの推定規定を適用します（所基通３－２）。

チ　公務員の特例

国家公務員又は地方公務員（これらのうち日本の国籍を有しない人その他日本の国籍を有する人で、現に国外に居住し、かつ、その地に永住すると認められる人を除きます。）は、国内に住所を有しない期間についても国内に住所を有するものとみなされます（所法３①、所令13）。

このような取扱いは、国際的な慣例として外交官等に対する駐在地国での課税が免除されていることによるものといわれています（外交関係に関するウィーン条約（昭和39年条約第14号）第34条、第37条）。

なお、次の規定を適用する場合には、このみなし規定の適用はありません。

みなし規定が適用されないもの	
	障害者等の少額預金の利子所得等の非課税（所法10）
	納税地（所法15）
	納税地の特例（所法16）

(2) 内国法人及び外国法人

内国法人とは、国内に本店又は主たる事務所を有する法人をいい、外国法人とは内国法人以外の法人をいいます（所法２①六、七）。

アドバイス

1　本店とは、営業活動の本拠である営業所をいいますが、それがどこにあるかは法人の定款等に定められた本店所在地によります。
2　主たる事務所とは、本店と同一の意義を有していますが、本店所在地が会社法上の用語であるのに対し、会社法上の会社でない一般社団法人等の場合にこの用語を用います。

(3) 人格のない社団等

人格のない社団等は、所得税法上、法人とみなされ、法人と同様に取り扱われます（所法４）。

イ　人格のない社団等とは

人格のない社団等とは、法人でない社団又は財団で代表者又は管理人の定めがあるものをいいます（所法２①八）。

次に掲げるようなものは、これに含まれません（所基通２－５）。

① 民法第667条《組合契約》の規定による組合
② 商法第535条《匿名組合契約》の規定による匿名組合

具体的要件	
	①　団体としての組織を備えていること
	②　多数決の原則が行われていること
	③　構成員の変更にもかかわらず団体そのものが存続すること
	④　その組織によって代表の選任方法、総会の運営、財産の管理その他団体としての主要な点が確定していること

（最高裁昭和39年10月15日判決）

ロ　法人でない財団とは

法人でない財団とは、一定の目的を達成するために出えんされた財産の集合体のうち法人格を有しないもので、特定の個人又は法人の所有に属さないで一定の組織による統一された意思の下にその出えん者の意図を実現するために独立して活動を行うものをいいます（所基通２－６）。

ハ　法人でない社団又は財団の代表者又は管理人の定め

法人でない社団又は財団について代表者又は管理人の定めがあるとは、その社団又は財団の定款、寄附行為、規則、規約等によって代表者又は管理人が定められている場合のほか、その社団又は財団の業務に係る契約を締結し、その金銭、物品等を管理するなどの業務を主宰する者が事実上あることをいいます。したがって、法人でない社団又は財団で代表者又は管理人の定めのないものは通常あり得ません（所基通２－７）。

二　人格のない社団等の本店又は主たる事務所の所在地

人格のない社団等の本店又は主たる事務所の所在地は、次に掲げる場合に応じ、次によります（法基通１－１－４）。

区　分	本店又は主たる事務所の所在地
①　定款、寄附行為、規則又は規約に本店又は主たる事務所の所在地の定めがある場合	その定款等に定められている所在地
②　その他の場合	その事業の本拠として代表者又は管理人が駐在し、その人格のない社団等の行う業務が企画され経理が総括されている場所（その場所が転々と移転する場合には、代表者又は管理人の住所）

２　源泉徴収義務者

給与等その他源泉徴収の対象となる所得の支払者は、所得税法及び東日本大震災からの復興のための施策を実施するために必要な財源の確保に関する特別措置法の定めるところにより、その支払に係る金額について源泉徴収義務があります（所法６、復興財確法８②）。この源泉徴収義務がある者を「源泉徴収義務者」といいます。

(1)　源泉徴収義務者の範囲

源泉徴収の対象とされている所得の支払者は、それが会社や協同組合である場合はもちろん、学校、官公庁であっても、また、個人や人格のない社団等であっても、原則として、源泉徴収義務者となります。

ただし、常時２人以下の家事使用人のみに対して給与等の支払をする個人が支払う給与や退職手当、弁護士報酬などの報酬・料金等については、所得税の源泉徴収を要しないこととされています（所法184、200、204②二）。

（注）上記ただし書きに該当する個人であっても、その個人が経営するバーやキャバレー等のホステスに支払う報酬等については、源泉徴収義務があります。

また、特定の国際機関等については源泉徴収義務がありません。

源泉徴収義務者		源泉徴収義務を負わない者　（例）
源泉徴収の対象となる所得の支払者	会社 協同組合 学校 官公庁 個人 人格のない社団等	国際通貨基金（国際通貨基金協定） 国際復興開発銀行（国際復興開発銀行協定） 国際開発協会（国際開発協会協定） アジア開発銀行（アジア開発銀行を設立する協定。なお、この源泉徴収義務免除の特権を放棄することもできます（同協定58）。） 国際投資紛争解決センター（国家と他の国家の国民との間の投資紛争の解決に関する条約） 国際金融公社（国際金融公社協定） 米州開発銀行（米州開発銀行を設立する協定） アフリカ開発基金（アフリカ開発基金を設立する協定） アフリカ開発銀行（アフリカ開発銀行を設立する協定） 欧州復興開発銀行（欧州復興開発銀行を設立する協定） 多数国間投資保証機関（多数国間投資保証機関を設立する条約）

アドバイス

○　社債利子の源泉徴収義務者

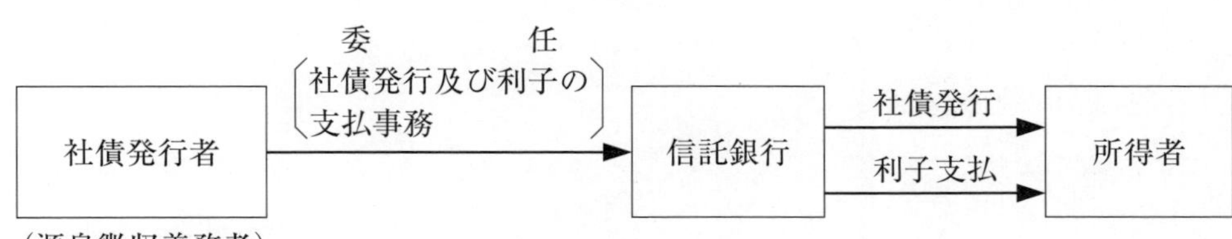

（注）　信託銀行は、社債発行者との支払代理契約に基づいて社債発行者の名において利子の支払をしたり、所得税の源泉徴収等の事務を行っているにすぎません。

⑵　報酬・料金等に係る源泉徴収義務者の範囲等

給与等の支払者である個人が、弁護士や税理士等に報酬・料金等を支払う場合には、たとえその給与等につき徴収して納付すべき所得税額がないときであっても、その報酬・料金等については源泉徴収義務があります。

この場合において、給与等の支払者である個人に該当するかどうかは、報酬・料金等を支払うべき日の現況により判定します（所基通204－５）。

(3)　上場株式等の配当等における源泉徴収義務者の特例

個人又は内国法人（非課税法人を除きます。）若しくは外国法人に対して支払われる①上場株式等（上場株式等の範囲については、268～269ページ参照）の利子等又は配当等（特定株式投資信託の収益の分配を含みます。）、②公募証券投資信託の収益の分配（公社債投資信託及び特定株式投資信託を除きます。）、③特定投資法人の投資口の配当等、④公募特定受益証券発行信託の収益の分配、⑤公募特定目的信託の社債的受益権の剰余金の配当、⑥特定公社債の利子について、国内における支払の取扱者を通じて交付を受ける場合にあっては、その配当等に係る所得税及び復興特別所得税については、その配当等の支払者ではなく、支払の取扱者が源泉徴収をすることとされています（措法9の3の2①）。

「支払の取扱者」とは、上場株式等の配当等の支払を受ける者のその上場株式等の配当等の受領の媒介、取次ぎ又は代理（業務として又は業務に関連して国内においてするものに限ります。）をする者であって、社債、株式等の振替に関する法律に規定する口座管理機関をいいます（措令4の6の2②、措規5の2①）。

第3　納　税　地

1　納税地の原則

源泉徴収による所得税及び復興特別所得税の納税地は、原則として、源泉徴収の対象とされている所得の支払事務を取り扱う事務所等のその支払の日における所在地とされています。

なお、その支払事務を取り扱う事務所等の移転があった場合には、移転前の支払に対する所得税及び復興特別所得税の納税地は、移転後の事務所等の所在地とされています（所法17、所令55①、復興財確法11②）。

アドバイス

本店の使用人等に対する給与の支払事務はその本店で取り扱い、支店の使用人等に対する給与の支払事務は、その支店で取り扱っているような場合には、それぞれその本店及び支店の所在地が源泉徴収による所得税及び復興特別所得税の納税地となります。

給与等の支払事務を取り扱う場所が本店又は支店のいずれであるかは、次のような事項を参考として判断することになります。

⑴　給与計算に関する人事考課上又は税務上の資料を管理している場所
⑵　給与計算に関して責任を有する場所

2　納税地の特例

次に掲げる所得に対する所得税及び復興特別所得税については、それぞれ次に掲げる所在地が納税地とされています。

なお、次に掲げる所在地の移転があった場合には、移転前の支払に対する所得税及び復興特別所得税の納税地は、移転の届出書に記載すべき移転後の次に掲げる所在地となります（所法17、所令55②、措令2の2④、3の2の2④、4③、4の5③、4の6の2③、25の10の11⑦、26の10②、26の17⑩⑪、26の32①）。

所　得		納　税　地
日本国の国債の利子	⇨	日本銀行の本店の所在地
日本の地方債又は社債の利子	⇨	地方公共団体の主たる事務所又はその法人の本店若しくは主たる事務所の所在地

所得	納税地
内国法人の支払う剰余金の配当、利益の配当、剰余金の分配、金銭の分配、基金利息（租税特別措置法第９条の３の２第１項に定める上場株式等の配当等を除きます。）	その法人の本店又は主たる事務所の所在地
法人課税信託の収益の分配	受託者の区分に応じ、 ① 個人…その支払者の国内にある事務所等の所在地（これらが２以上ある場合には、主たるものの所在地） ② 内国法人…その法人の本店又は主たる事務所の所在地 ③ 外国法人…その法人の国内にある主たる事務所の所在地
委託者指図型投資信託の収益の分配	その信託を引き受けた信託会社（信託業務を兼営する銀行を含みます。）の本店又は主たる事務所の所在地（その法人が外国法人である場合には、その法人の国内にある主たる事務所の所在地）
特定受益証券発行信託の収益の分配	その信託を引き受けた法人の本店又は主たる事務所の所在地（その法人が外国法人である場合には、その法人の国内にある主たる事務所の所在地）
国内源泉所得のうち国外で支払われる組合契約事業から生ずる利益の配分、土地等の譲渡による対価、人的役務の提供事業の対価、不動産の貸付け等に対する対価、貸付金の利子、工業所有権等の使用料又はその譲渡の対価、給与その他人的役務の提供に対する報酬・公的年金等・退職手当等、事業の広告宣伝のための賞金、保険業法に規定する生命保険会社・損害保険会社等と締結した保険契約等に基づく年金、定期積金の給付補塡金等及び匿名組合契約等に基づく利益の分配	その支払者の国内にある事務所等の所在地（これらが２以上ある場合には、主たるものの所在地）
外国法人の発行する債券の利子のうちその外国法人がその恒久的施設を通じて行う事業に係るもの	その外国法人の国内にある主たる事務所等の所在地（これらが２以上ある場合には、主たるものの所在地）
免税芸能法人等が国外において支払う芸能人等の役務提供報酬	その免税芸能法人等に対して芸能人等の役務提供に係る対価の支払をする者の国内にある事務所等の所在地（これらが２以上ある場合には、主たるものの所在地）

所　　得	納　　税　　地
法人の役員（注1）に対する賞与でその支払確定後1年を経過した日までに支払がないため、同日において支払があったとみなされるもの	同日においてその支払をするとしたならばその支払事務を取り扱うと認められるその支払者の事務所等の所在地
国外公社債等の利子等、国外投資信託等の配当等及び国外株式の配当等	国内の支払の取扱者のその支払事務を取り扱う事務所等の所在地
租税特別措置法第9条の3の2第1項に定める上場株式等の配当等	国内の支払の取扱者（注2）のその支払事務を取り扱う事務所や事業所等の所在地
特定口座内保管上場株式等の譲渡による所得等	上場株式等の譲渡の対価等の支払をする金融商品取引業者等の営業所の所在地
割引債の償還差益及び割引債の償還金に係る差益金額	割引債の発行者の本店又は主たる事務所の所在地（その割引債が国債である場合には、日本銀行の本店の所在地、外国法人が発行したものである場合には、その外国法人の国内にある主たる事務所の所在地）。ただし、割引債の償還金に係る差益金額について特定割引債取扱者又は国外割引債取扱者が償還金を交付する場合には、原則として、その交付事務を取り扱う事務所や事業所等の所在地
外国法人が発行した民間国外債の利子	その外国法人の国内にある主たる事務所の所在地

(注) 1　「役員」とは、法人税法第2条第15号に規定する法人の取締役、執行役、会計参与、監査役、理事、監事及び清算人並びにこれら以外の者で法人の経営に従事している者のうち一定のものをいいます。

2　「支払の取扱者」とは、上場株式等の配当等の支払を受ける者のその上場株式等の配当等の受領の媒介、取次ぎ又は代理（業務として又は業務に関連して国内においてするものに限ります。）をする者であって、社債、株式等の振替に関する法律に規定する口座管理機関をいいます。

3　納税地に関する届出

(1)　「給与支払事務所等の開設届出書」の提出

給与等の支払者は、次に掲げる事実が生じた場合には、その事実が生じた日から1か月以内に「給与支払事務所等の開設届出書」を、その給与支払事務所等の所在地の所轄税務署長に提出することになっています（所法230、所規99）。

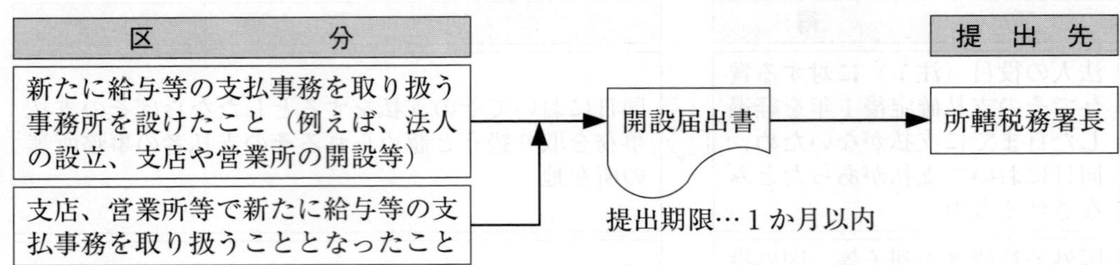

（注）　個人が新たに事業を始めたり、事業を行うための事務所などを設けたりした場合には、別に「個人事業の開業等届出書」を所轄税務署長に提出することになっていますので、「給与支払事務所等の開設届出書」を提出する必要はありません（所法229、230、所規98、99）。

⑵　「給与支払事務所等の移転（廃止）届出書」の提出

給与等の支払者は、次の事実が生じた場合には、その事実が生じた日から１か月以内に「給与支払事務所等の移転（廃止）届出書」を、その給与支払事務所等の所在地の所轄税務署長に提出することになっています（所法230、所規99）。

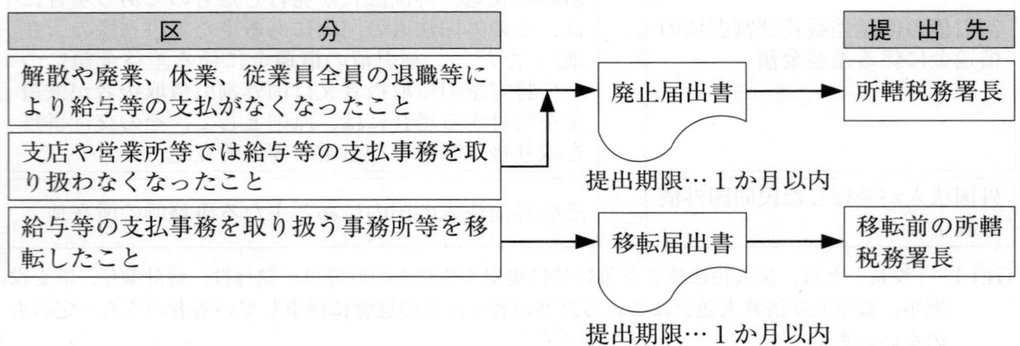

（注）　個人の事業を行う事務所等を移転したり廃止した場合には、「個人事業の廃業等届出書」を所轄税務署長に届出することになっていますので、「給与支払事務所等の移転（廃止）届出書」を提出する必要はありません（所法229、230、所規98、99）。

第４　源泉徴収の対象となる所得の範囲

源泉徴収の対象とされる所得の範囲は、その支払を受ける者の区分（居住者、非居住者、内国法人、外国法人）により異なります。

なお、これらの所得であっても、源泉徴収義務を負わない者から支払われるものについては、源泉徴収の対象となりません（９ページ参照）。

１　居住者が支払を受ける所得

居住者が支払を受ける場合に、源泉徴収の対象となる所得の種類と範囲は、次の表のとおりです。

なお、大使、公使及び外交官である大公使館員並びにこれらの者の配偶者に対しては、職務上の所得であると、それ以外の所得であるとを問わず所得税は課税されません（所基通９－11）。

（注）　国内に居住する外交官等及びその配偶者については、「外交関係に関するウィーン条約」《昭和39年条約第14号》に規定するものに限らず、全ての所得について課税されません。

所得の種類（関係法令）	範　　囲	解説章（ページ）
利子等（所法23、181①、措法3の3①③、4の4①、6②、9の3の2①）	①　公社債及び預貯金の利子 ②　合同運用信託、公社債投資信託及び公募公社債等運用投資信託の収益の分配 ③　勤労者財産形成貯蓄保険契約等に基づく差益 ④　国外公社債等の利子など	第５章（219ページ）
配当等（所法24、25、181、措法8の2①、8の3①③、9の2②、9の3の2①、37の11の6⑥）	①　法人から受ける剰余金の配当、利益の配当、剰余金の分配、金銭の分配 ②　基金利息 ③　投資信託（利子等に該当するものを除きます。）及び特定受益証券発行信託の収益の分配など	第６章（259ページ）
給与等（所法28、183）	俸給、給料、賃金、歳費、賞与その他これらの性質を有するもの	第２章（31ページ）
公的年金等（所法35③、203の２）	①　国民年金法、厚生年金保険法等に基づく年金 ②　恩給（一時恩給を除きます。）及び過去の勤務に基づき使用者であった者から支給される年金 ③　確定給付企業年金法の規定に基づいて支給を受ける年金など	第４章（191ページ）

所得の種類（関係法令）	範　　囲	解説章（ページ）
退職手当等〔所法30、31、199、措法29の４〕	①　退職手当、一時恩給その他これらの性質を有するもの ②　社会保険制度等に基づく一時金など	第３章（155ページ）
報酬・料金等〔所法204、所令320、措法41の20〕	①　原稿料、デザイン料、講演料、放送謝金、工業所有権の使用料等 ②　弁護士、公認会計士、税理士、建築士等の報酬・料金 ③　社会保険診療報酬支払基金から支払われる診療報酬 ④　外交員、集金人、電力量計の検針人、プロ野球の選手、プロサッカーの選手等の報酬・料金 ⑤　芸能、ラジオ放送及びテレビジョン放送の出演、演出等の報酬・料金並びに芸能人の役務提供事業を行う者が支払を受けるその役務の提供に関する報酬・料金 ⑥　バー、キャバレー等のホステス、バンケットホステス、コンパニオン等の報酬・料金 ⑦　役務の提供を約することにより一時に取得する契約金 ⑧　事業の広告宣伝のための賞金及び馬主が受ける競馬の賞金	第７章（279ページ）
定期積金の給付補塡金等〔所法174三〜八、209の２、措法41の10〕	①　定期積金の給付補塡金 ②　銀行法第２条第４項の契約に基づく給付補塡金 ③　抵当証券の利息 ④　貴金属等の売戻し条件付売買による利益 ⑤　外貨建預貯金等の為替差益 ⑥　一時払養老保険や一時払損害保険等の差益	第11章（435ページ）
保険業法に規定する生命保険会社、損害保険会社等と締結した保険契約等に基づく年金（所法207）	―	第11章（437ページ）
匿名組合契約等に基づく利益の分配（所法210）	―	第11章（443ページ）
特定口座内保管上場株式等の譲渡による所得等〔措法37の11の４〕	―	第10章（409ページ）

所得の種類（関係法令）	範囲	解説章（ページ）
懸賞金付預貯金等の懸賞金等（措法41の９）	—	第11章（445ページ）
割引債の償還差益（措法41の12）	—	第11章（431ページ）
割引債の償還金に係る差益金額（措法41の12の２）	—	第11章（433ページ）

２　内国法人が支払を受ける所得

内国法人が支払を受ける場合に、源泉徴収の対象となる所得の種類と範囲は、次の表のとおりです。

所得の種類（関係法令）	範囲	解説章（ページ）
利子等（所法174一、212③、措法３の３②③、６②）	①　公社債及び預貯金の利子 ②　合同運用信託、公社債投資信託及び公募公社債等運用投資信託の収益の分配 ③　国外公社債等の利子等	第５章、第８章（219、313ページ）
配当等（所法174二、212③、措法８の２③、８の３②③、９の２①②、９の３の２①）	①　法人から受ける剰余金の配当、利益の配当、剰余金の分配 ②　基金利息 ③　投資信託及び特定受益証券発行信託の収益の分配など	第６章、第８章（259、314ページ）
定期積金の給付補塡金等（所法174三～八、212③）	①　定期積金の給付補塡金 ②　銀行法第２条第４項の契約に基づく掛金の給付補塡金 ③　抵当証券の利息 ④　貴金属等の売戻し条件付売買による利益 ⑤　外貨建預貯金等の為替差益 ⑥　一時払養老保険や一時払損害保険等の差益	第８章、第11章（314、435ページ）
匿名組合契約等に基づく利益の分配（所法174九、212③）	—	第８章、第11章（314、443ページ）
馬主が受ける競馬の賞金（所法174十、212③）	—	第７章、第８章（304、314ページ）
懸賞金付預貯金等の懸賞金等（措法41の９）	—	第８章、第11章（315、445ページ）

所得の種類（関係法令）	範　　囲	解説章（ページ）
割引債の償還差益（措法41の12）	—	第８章、第11章（315、431ページ）
割引債の償還金に係る差益金額（一定の内国法人に限ります。）（措法41の12の２）	—	第８章、第11章（315、433ページ）

なお、公共法人等が支払を受ける利子等、配当等、定期積金の給付補塡金、利息、利益、差益及び利益の分配（貸付信託の受益権の収益の分配については、その受益権を引き続き所有していた期間に対応する部分の額）及び懸賞金付預貯金等の懸賞金等については、所得税は課されません（所法11①、措法41の９②）。その主なものは次のとおりです（所法別表第一）。

名　　称	根　　拠　　法
学校法人（私立学校法第64条第４項《専修学校及び各種学校》の規定により設立された法人を含みます。）	私立学校法
健康保険組合	健康保険法
健康保険組合連合会	
公益財団法人	一般社団法人及び一般財団法人に関する法律（平成18年法律第48号）及び公益社団法人及び公益財団法人の認定等に関する法律（平成18年法律第49号）
公益社団法人	
社会福祉法人	社会福祉法（昭和26年法律第45号）
宗教法人	宗教法人法（昭和26年法律第126号）
酒造組合	酒税の保全及び酒類業組合等に関する法律（昭和28年法律第７号）
酒販組合	
商工会	商工会法（昭和35年法律第89号）
商工会議所	商工会議所法（昭和28年法律第143号）
商工組合（組合員に出資をさせないものに限ります。）	中小企業団体の組織に関する法律（昭和32年法律第185号）
職員団体等（法人であるものに限ります。）	職員団体等に対する法人格の付与に関する法律（昭和53年法律第80号）
税理士会	税理士法（昭和26年法律第237号）
地方公共団体	地方自治法（昭和22年法律第67号）
地方公務員共済組合	地方公務員等共済組合法
日本弁護士連合会	弁護士法（昭和24年法律第205号）
労働組合（法人であるものに限ります。）	労働組合法（昭和24年法律第174号）

3　非居住者が支払を受ける所得

非居住者が支払を受ける場合に、源泉徴収の対象となる所得の種類と範囲は、次の表のとおりです。

所得の種類 （関係法令）	範　　　囲	解説章 （ページ）
組合契約事業利益の配分 （所法161①四、所令281の２）	—	第９章 （341ページ）
土地等の譲渡対価 （所法161①五、所令281の３）	土地、土地の上に存する権利、建物及びその附属設備又は構築物の譲渡による対価 ※　譲渡対価の金額が１億円以下で、かつ、その土地等を自己又はその親族の居住の用に供するために譲り受けた個人が支払うものを除きます。	第９章 （344ページ）
人的役務の提供事業の対価 （所法161①六、所令282）	①　映画や演劇の俳優、音楽家その他の芸能人、職業運動家の役務の提供に係る対価 ②　弁護士、公認会計士、建築士その他の自由職業者の役務の提供に係る対価 ③　科学技術、経営管理その他の分野に関する専門的知識や特別の技能のある人の役務の提供に係る対価	第９章 （348ページ）
不動産の賃貸料等 （所法161①七）	不動産、船舶、航空機の貸付けによる対価及び地上権などの設定の対価 ※　土地家屋等の貸付けによる対価で、その土地家屋等を自己又はその親族の居住の用に供するために借り受けた個人が支払うものを除きます。	第９章 （351ページ）
利子等 （所法161①八）	—	第９章 （352ページ）
配当等 （所法161①九）	—	第９章 （355ページ）
貸付金の利子 （所法161①十、所令283）	—	第９章 （356ページ）
使用料等 （所法161①十一、所令284）	①工業所有権その他の技術に関する権利、特別の技術による生産方法、ノーハウなどの使用料又はその譲渡の対価 ②　著作権、著作隣接権、出版権などの使用料又はこれらの権利の譲渡の対価 ③　機械、装置、車両、運搬具、工具、器具、備品の使用料	第９章 （358ページ）

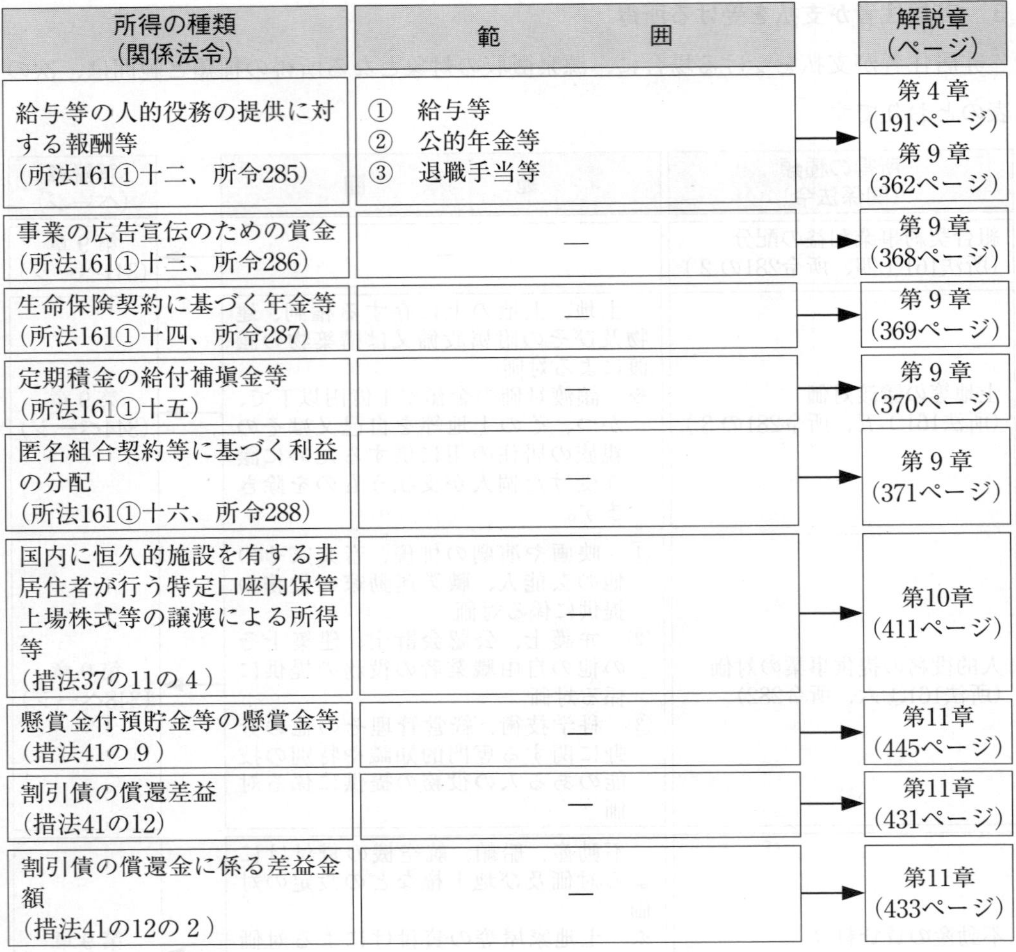

所得の種類 （関係法令）	範　　　囲	解説章 （ページ）
給与等の人的役務の提供に対する報酬等 （所法161①十二、所令285）	①　給与等 ②　公的年金等 ③　退職手当等	第４章 （191ページ） 第９章 （362ページ）
事業の広告宣伝のための賞金 （所法161①十三、所令286）	—	第９章 （368ページ）
生命保険契約に基づく年金等 （所法161①十四、所令287）		第９章 （369ページ）
定期積金の給付補塡金等 （所法161①十五）		第９章 （370ページ）
匿名組合契約等に基づく利益の分配 （所法161①十六、所令288）	—	第９章 （371ページ）
国内に恒久的施設を有する非居住者が行う特定口座内保管上場株式等の譲渡による所得等 （措法37の11の４）		第10章 （411ページ）
懸賞金付預貯金等の懸賞金等 （措法41の９）	—	第11章 （445ページ）
割引債の償還差益 （措法41の12）	—	第11章 （431ページ）
割引債の償還金に係る差益金額 （措法41の12の２）	—	第11章 （433ページ）

4　外国法人が支払を受ける所得

外国法人が支払を受ける場合に、源泉徴収の対象となる所得の種類と範囲は、次の表のとおりです。

所得の種類 （関係法令）	範　　　囲	解説章 （ページ）
組合契約事業利益の配分 （所法161①四、所令281の２）	—	第９章 （341ページ）
土地等の譲渡対価 （所法161①五、所令281の３）	土地、土地の上に存する権利、建物及びその附属設備又は構築物の譲渡による対価 ※　譲渡対価の金額が１億円以下で、かつ、その土地等を自己又はその親族の居住の用に供するために譲り受けた個人が支払うものを除きます。	第９章 （344ページ）

第４　源泉徴収の対象となる所得の範囲

所得の種類（関係法令）	範　　囲	解説章（ページ）
人的役務の提供事業の対価 （所法161①六、所令282）	①　映画や演劇の俳優、音楽家その他の芸能人、職業運動家の役務の提供の対価 ②　弁護士、公認会計士、建築士その他の自由職業者の役務の提供の対価 ③　科学技術、経営管理その他の分野に関する専門的知識や特別の技能のある人の役務の提供の対価	第９章 （348ページ）
不動産の賃貸料等 （所法161①七）	不動産、船舶、航空機の貸付けによる対価及び地上権などの設定の対価 ※　土地家屋等の貸付けによる対価で、その土地家屋等を自己又はその親族の居住の用に供するために借り受けた個人が支払うものを除きます。	第９章 （351ページ）
利子等 （所法161①八）	—	第９章 （352ページ）
配当等 （所法161①九）	—	第９章 （355ページ）
貸付金の利子 （所法161①十、所令283）	—	第９章 （356ページ）
使用料等 （所法161①十一、所令284）	①　工業所有権その他の技術に関する権利、特別の技術による生産方法、ノーハウなどの使用料又はその譲渡の対価 ②　著作権、著作隣接権、出版権などの使用料又はこれらの権利の譲渡の対価 ③　機械、装置、車両、運搬具、工具、器具、備品の使用料	第９章 （358ページ）
事業の広告宣伝のための賞金 （所法161①十三、所令286）	—	第９章 （368ページ）
生命保険契約に基づく年金等 （所法161①十四、所令287）	—	第９章 （369ページ）
定期積金の給付補塡金等 （所法161①十五）	—	第９章 （370ページ）
匿名組合契約等に基づく利益の分配 （所法161①十六、所令288）	—	第９章 （371ページ）
懸賞金付預貯金等の懸賞金等 （措法41の９）	—	第11章 （445ページ）

所得の種類 (関係法令)	範　　囲	解説章 (ページ)
割引債の償還差益 (措法41の12)	—	第11章 (431ページ)
割引債の償還金に係る差益金額 (措法41の12の２)	—	第11章 (433ページ)

第５　非課税所得

所得税法では、所得のうち所得税を課税しないこととするものを「非課税所得」として第９条に列挙しています。

源泉徴収に関係のある非課税所得のうち、給与所得者に関するものを除く主なものは、次のとおりです。

（注）　給与所得者に関する非課税所得の範囲等については、第２章（34ページ）を参照してください。

1　預金の利子等

次の預金の利子等は、非課税とされています。

項　　　　　目	内　　　　　　　容	関　係　法　令
当座預金の利子	年１％以下の利率の当座預金の利子	所法９①一 所令18
子供銀行の預貯金の利子等	小学校や中学校等の児童又は生徒がその学校の長の指導を受けて預入又は信託をした預貯金の利子又は合同運用信託の収益の分配	所法９①二 所令19 所規２①

（注）　この他に、預金の利子等で非課税とされるものに障害者等の少額貯蓄等、勤労者財産形成住宅貯蓄及び勤労者財産形成年金貯蓄に係るものがあります（第５章、232ページ参照）。

2 遺族年金等

次の増加恩給等、遺族年金等及び心身障害者扶養共済制度の給付は、非課税とされています。

項目	内容	関係法令
増加恩給等	恩給法に規定する増加恩給（これに併給される普通恩給を含みます。）及び傷病賜金その他公務上又は業務上の事由による負傷又は疾病に基因して受けるこれらに準ずる給付で次に掲げるもの ① 恩給法の一部を改正する法律《昭和28年法律第155号》附則第22条第1項《旧軍人等に対する増加恩給等》の規定による傷病年金 ② 労働基準法第8章《災害補償》の規定により受ける療養の給付若しくは費用、休業補償、障害補償、打切補償又は分割補償（障害補償に係る部分に限ります。） ③ 船員法第10章《災害補償》の規定により受ける療養の給付若しくは費用、傷病手当、予後手当又は障害手当 ④ 条例の規定により地方公共団体から支払われる給付で、前記の増加恩給又は傷病賜金に準ずるもの	所法9①三イ 所令20①
遺族年金等	遺族が受ける恩給及び年金（死亡した者の勤務に基づいて支給されるものに限ります。）には、次のものも含まれます。 ① 死亡した人の勤務に基づき、使用者であった者からその死亡した者の遺族に支給される年金 ② 死亡した人がその勤務に直接関連して加入した社会保険又は共済に関する制度、退職年金制度等に基づき、その死亡した人の遺族に支給される年金で、その死亡した人が生存中に支給を受けたとすれば所得税法第35条第3項《雑所得》の規定によってその人の公的年金等とされるもの	所法9①三ロ 所基通9－2
心身障害者扶養共済制度の給付	条例の規定により地方公共団体が精神又は身体に障害のある人に関して実施する一定の要件を備えた共済制度に基づいて受ける給付	所法9①三ハ 所令20②

3　所得税法以外の法令に基づく非課税所得

非課税となるもののうち、その主なものは所得税法で定められていますが、所得税法以外の法令で定めているものもあります。その主なものは次のとおりです。

公課を禁止した法令の名称と条文	非課税となるもの
独立行政法人医薬品医療機器総合機構法第36条	救済給付として支給を受ける金銭
健康保険法第62条	保険給付として支給を受ける金品
原子爆弾被爆者に対する援護に関する法律第46条	この法律により支給を受ける金品
公害健康被害の補償等に関する法律第17条	補償給付として支給を受ける金品
厚生年金保険法第41条	保険給付として支給を受ける金銭（老齢厚生年金を除きます。）
雇用対策法第22条	職業転換給付金（事業主に対して支給するものを除きます。）
雇用保険法第12条	失業等給付として支給を受ける金銭（注１）
国民健康保険法第68条	保険給付として支給を受ける金品
国民年金法第25条	給付として支給を受ける金銭（老齢基礎年金及び付加年金を除きます。）
国家公務員共済組合法第49条	組合の給付として支給を受ける金品（退職年金及び公務遺族年金並びに休業手当金（注２）を除きます。）
国家公務員災害補償法第30条	この法律により支給を受ける金品
災害弔慰金の支給等に関する法律第６条	災害弔慰金として支給を受ける金銭
児童手当法第16条	児童手当として支給を受ける金銭
児童福祉法第57条の５	この法律により支給を受ける金品
児童扶養手当法第25条	手当として支給を受ける金銭
私立学校教職員共済法第５条	この法律に基づく給付として支給を受ける金品（退職年金及び職務遺族年金並びに休業手当金を除きます。）
障害者の日常生活及び社会生活を総合的に支援するための法律第14条	自立支援給付として支給を受けた金品
じん肺法第36条	転換手当
スポーツ振興投票の実施等に関する法律第16条	合致投票券（toto チケット）を所有する者に交付される払戻金
生活保護法第57条	被保護者が受ける保護金品及び進学準備給付金
船員保険法第52条	保険給付として支給を受ける金品
船員の雇用の促進に関する特別措置法第５条	就職促進給付金（事業主に対して支給するものを除きます。）

公課を禁止した法令の名称と条文	非課税となるもの
戦傷病者戦没者遺族等援護法第48条	障害年金、障害一時金、遺族給与金及び弔慰金並びに第37条に規定する国債につき遺族又はその相続人が受ける利子及びこれらの者の当該国債の譲渡による所得
戦傷病者等の妻に対する特別給付金支給法第10条	特別給付金
戦傷病者特別援護法第27条	この法律により支給を受ける金品
戦没者等の遺族に対する特別弔慰金支給法第12条	特別弔慰金
戦没者等の妻に対する特別給付金支給法第10条	特別給付金
戦没者の父母等に対する特別給付金支給法第12条	特別給付金
地方公務員災害補償法第65条	この法律又はこの法律に基づく条例により支給を受ける金品
地方公務員等共済組合法第52条	組合の給付として支給を受ける金品（退職年金及び公務遺族年金並びに休業手当金（注２）を除きます。）
当せん金付証票法第13条	当せん金付証票（宝くじ）の当せん金品
日本国とアメリカ合衆国との間の相互協力及び安全保障条約第６条に基づく施設及び区域並びに日本国における合衆国軍隊の地位に関する協定の実施に伴う所得税法等の臨時特例に関する法律第３条	合衆国軍隊の構成員、軍属又はこれらの家族が、合衆国軍隊における勤務又は合衆国軍隊若しくは軍人用販売機関等による雇用により受ける所得等
母子保健法第23条	養育医療に要する費用として支給を受ける金品
労働者災害補償保険法第12条の６	保険給付として支給を受ける金品
高齢者の医療の確保に関する法律第63条	後期高齢者医療給付として支給を受ける金品

(注)１　育児休業基本給付金を含みます。

２　「休業手当金」には「育児休業手当金」は含まれません（したがって、育児休業手当金は非課税となります。）。

第６　所得税及び復興特別所得税を徴収する時期

１　徴収時期の原則

所得税及び復興特別所得税の源泉徴収をする時期は、源泉徴収の対象となる所得を現実に支払う時とされています（所法181①、183①、199、203の２、204①、207、209の２、210、212①③、復興財確法28①）。

したがって、これらの所得を支払うことが確定していても、現実にその支払がなければ源泉徴収をする必要はありません。

この「支払」というのは、現実に金銭を交付する行為のほか、元本に繰り入れ又は預金口座に振り替えるなどその支払の債務が消滅する一切の行為をいいます（所基通181～223共－１）。

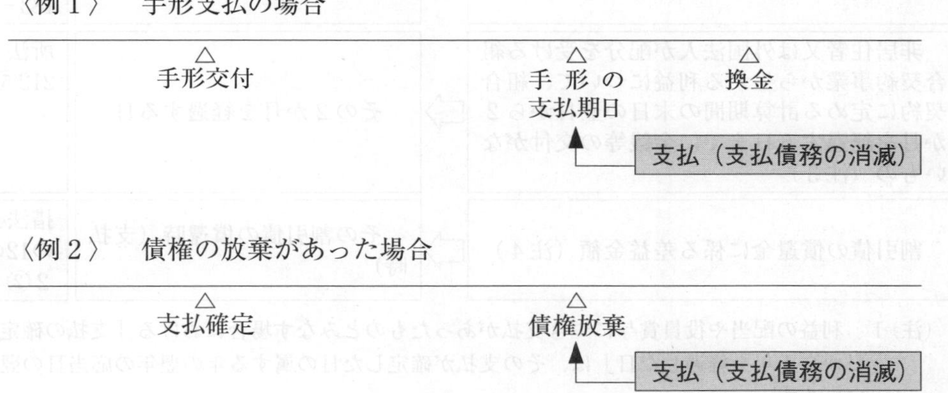

アドバイス

支払総額が確定している給与等を分割して支払う場合には、その確定している支払総額に対する源泉徴収税額を、各分割支払額にあん分して計算したものを、各分割支払時に徴収します（所基通183～193共－１）。

（算　式）

$$\text{支払総額に対する源泉徴収税額} \times \frac{\text{分割支払額}}{\text{支払総額}} = \text{分割支払額に対する源泉徴収税額}$$

2　徴収時期の特例

所得税及び復興特別所得税は、源泉徴収の対象となる所得の支払の際に徴収するのが原則ですが、次に掲げるものについては、それぞれ次に掲げる時に所得税及び復興特別所得税を徴収します。

項　　目	徴収をする時期	関係法令
配当等（投資信託（公社債投資信託及び公募公社債等運用投資信託を除きます。）又は特定受益証券発行信託の収益の分配を除きます。）のうち、その支払の確定した日から1年を経過した日までにその支払がないもの（注1）	その1年を経過した日	所法181②、所基通181－5
法人の役員に対する賞与のうち、その支払の確定した日から1年を経過した日までにその支払がないもの（注1）（注2）	その1年を経過した日	所法183②、所基通183－1
非居住者又は外国法人が配分を受ける組合契約事業から生ずる利益について、組合契約に定める計算期間の末日の翌日から2か月を経過する日までに金銭等の交付がないもの（注3）	その2か月を経過する日	所法212⑤
割引債の償還金に係る差益金額（注4）	その割引債の償還時（支払時）	措法41の12の2②

（注）1　利益の配当や役員賞与につき支払があったものとみなす場合における「支払の確定した日から1年を経過した日」は、その支払が確定した日の属する年の翌年の応当日の翌日をいいます。

〔例〕

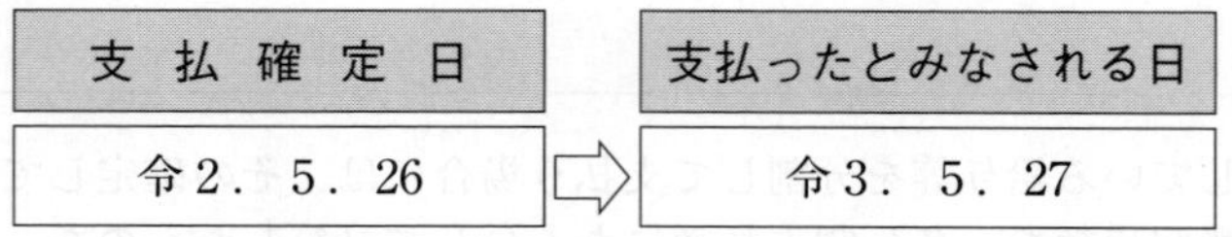

支払確定日	支払ったとみなされる日
令2．5．26	令3．5．27

2　「役員」とは、法人税法第2条第15号に規定する法人の取締役、執行役、会計参与、監査役、理事、監事及び清算人並びにこれら以外の者で法人の経営に従事している者のうち一定の者をいいます。

3　「計算期間の末日の翌日から2か月を経過する日」は、その計算期間の末日の2か月後の応当日をいいます。

計算期間の末日	支払ったとみなされる日
令2．9．30	令2．11．30

4　平成27年12月31日以前に発行された割引債の償還差益については、その発行の際に源泉徴収されます（措法41の12③）。

第７　源泉徴収をした所得税及び復興特別所得税の納付

1　納付期限

源泉徴収義務者が源泉徴収をした所得税及び復興特別所得税は、その源泉徴収の対象となる所得を支払った月の翌月10日までに納付しなければならないこととされています（所法181ほか）。

ただし、非居住者又は外国法人に対し、国外において国内源泉所得を支払った場合に源泉徴収をした所得税及び復興特別所得税の納付期限は、その支払った月の翌月末日とされるなど、一定の場合には例外があります（所法212②、措法６②、41の22①、復興財確法28①）。

なお、この納付期限が日曜、祝日などの休日や土曜日に当たる場合には、その休日明けの日が納付期限となります（通則法10②、通則法令２②）。

この納付期限までに納付がない場合には、源泉徴収義務者は延滞税や不納付加算税などを負担しなければならないことになります（通則法60、67、68③④）。

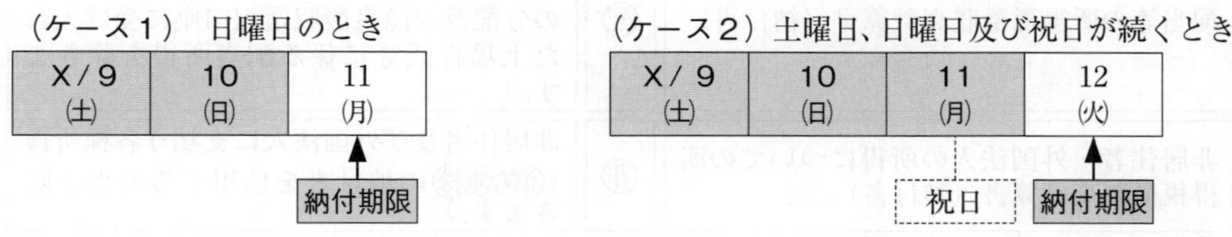

2　納期の特例

給与等の支給人員が常時10人未満である源泉徴収義務者については、その納付手続を簡素化するために、給与等や退職手当等（非居住者に支払ったこれらのものを含みます。）、税理士等の報酬・料金について源泉徴収をした所得税及び復興特別所得税を次のように年２回にまとめて納付する、納期の特例の制度が設けられています（所法216、復興財確法28①）。

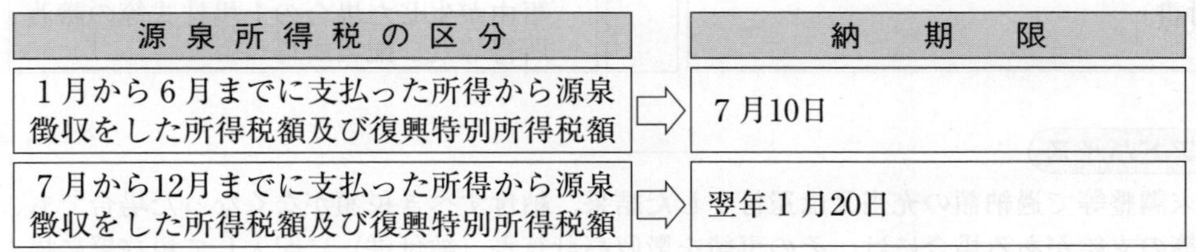

源泉所得税の区分	納期限
１月から６月までに支払った所得から源泉徴収をした所得税額及び復興特別所得税額	７月10日
７月から12月までに支払った所得から源泉徴収をした所得税額及び復興特別所得税額	翌年１月20日

3　納付の手続

源泉徴収をした所得税及び復興特別所得税は「所得税徴収高計算書（納付書）」を

添えて納付します（所法220、所規80、措令5の2の3①、25の10の11⑥、25の10の13⑬、26の10①、26の17⑨、通則法34①、復興財確法28⑤、復興特別所得税省令6）。

その際使用する納付書の種類とその使用区分は、次の表のとおりです。

また、イータックス（e－Tax）を利用して電子納税又はクレジットカードにより納付を行うこともできます。

所得税徴収高計算書（納付書）の種類	略号	左の納付書を使用する所得の種類
給与所得、退職所得等の所得税徴収高計算書（納付書）（一般用及び納期特例用）	㊎	給与所得、退職所得及び弁護士、税理士、司法書士等の報酬・料金
報酬・料金等の所得税徴収高計算書（納付書）	㊗	弁護士、税理士、司法書士等の報酬・料金以外の報酬・料金等、生命・損害保険契約等に基づく年金及び公的年金等
利子等の所得税徴収高計算書（納付書）	㊑	利子所得、投資信託（法人課税信託を除きます。）又は特定受益証券発行信託の収益の分配及び匿名組合契約等に基づく利益の分配（源泉徴収選択口座に受け入れた上場株式等に係る利子等を除きます。）
配当等の所得税徴収高計算書（納付書）	㊎	配当所得（投資信託（法人課税信託を除きます。）、特定受益証券発行信託の収益の分配及び源泉徴収選択口座に受け入れた上場株式等に係る配当所得を除きます。）
非居住者・外国法人の所得についての所得税徴収高計算書（納付書）	㊎	非居住者及び外国法人に支払う各種所得（㊎㊎㊎の納付書を使用する所得を除きます。）
償還差益の所得税徴収高計算書（納付書）	㊎	割引債の償還差益（発行時源泉徴収）
割引債の償還金に係る差益金額の所得税徴収高計算書（納付書）	㊎	割引債の償還金に係る差益金額（償還時源泉徴収）
定期積金の給付補てん金等の所得税徴収高計算書（納付書）	㊎	定期積金の補塡金等及び懸賞金付預貯金等の懸賞金等
上場株式等の源泉徴収選択口座内調整所得金額及び源泉徴収選択口座内配当等・未成年者口座等において契約不履行等事由が生じた場合の所得税徴収高計算書（納付書）	㊑	・源泉徴収を選択した特定口座内保管上場株式等に係る譲渡による所得等及び源泉徴収選択口座に受け入れた上場株式等に係る配当所得等 ・未成年者口座等において契約不履行等事由が生じた場合の上場株式等の譲渡所得等及び配当所得

アドバイス

年末調整等で過納額の充当又は還付をした結果、納付すべき税額がなくなった場合でも、給与等の支給がある場合には、その事績を徴収高計算書（納付書）に記入して税務署に提出することとされています（所規別表第三（三）備考17）。

第2章　給与所得に対する源泉徴収

第1　給与所得の意義

1　給与所得の範囲

給与所得とは、雇用契約等に基づき非独立的に提供される労務の対価をいい、具体的には次のようなものをいいます（所法28①）。

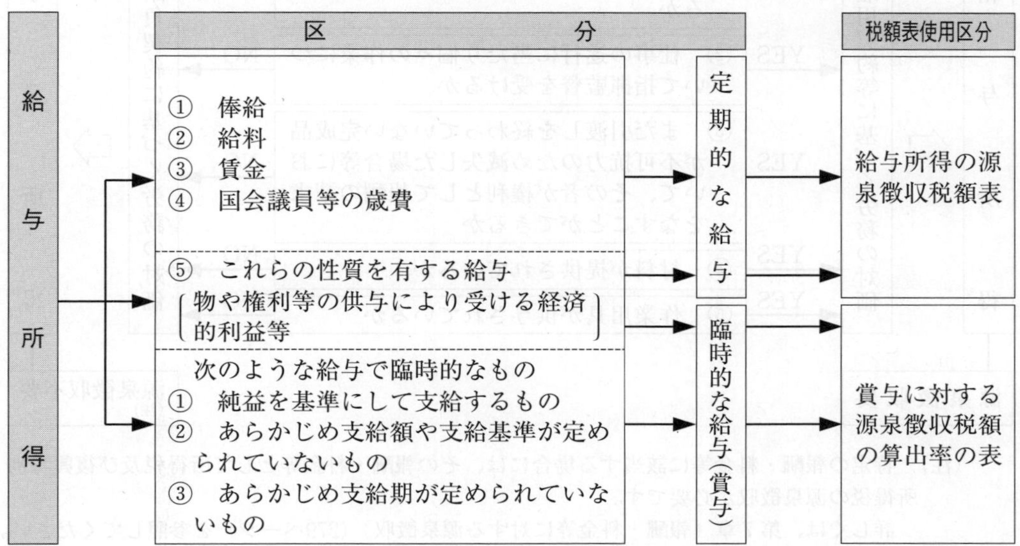

2　給与所得とその他の所得との区分

(1)　給与所得と事業所得の区分

一定の労務提供の対価が、雇用契約等に基づく給与所得又は請負契約に基づく事業所得のいずれに当たるのかについて疑念が生ずることがありますが、実務上は、次に掲げる事項等を総合勘案して判断することとしています。

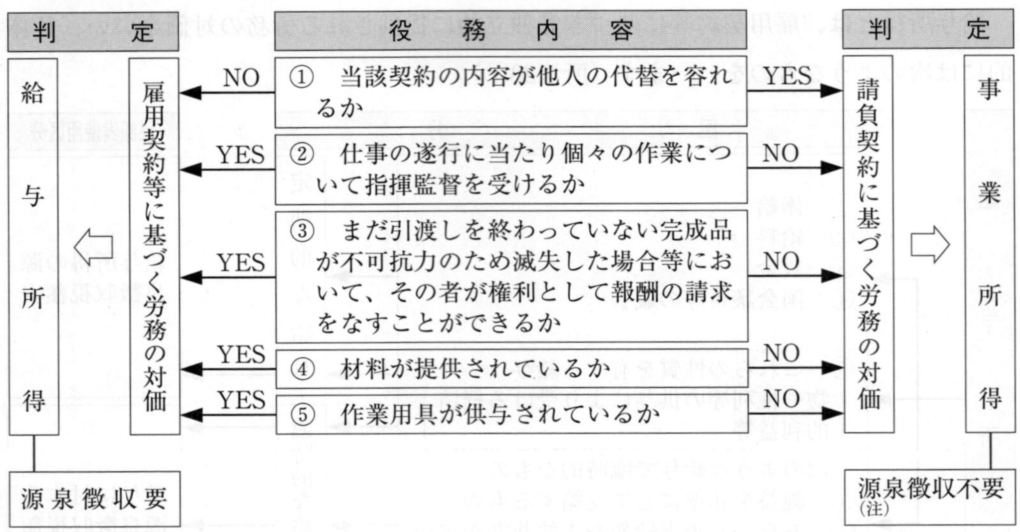

（注）　特定の報酬・料金等に該当する場合には、その報酬・料金等として所得税及び復興特別所得税の源泉徴収が必要です。

詳しくは、第７章《報酬・料金等に対する源泉徴収》（279ページ）を参照してください。

⑵　発明に対する表彰金等

業務上有益な発明等を行った役員又は使用人（以下、この章において「使用人等」といいます。）が使用者から支払を受ける金銭は、その形態により雑所得や一時所得等とされます。

何らかの権利等にまでは至らない工夫、考案などを行った場合で、その工夫、考案などを通常の職務としている者に支払ったときは、給与所得に該当します（所基通23～35共－１）。

<table>
<tr><th colspan="3">表彰金等の内容</th><th>所得区分</th></tr>
<tr><td rowspan="2">①　発明等に係る特許を受ける権利、実用新案登録を受ける権利若しくは意匠登録を受ける権利又は特許権、実用新案権若しくは意匠権を使用者に承継させたことにより支払を受けるもの</td><td colspan="2">発明、考案又は創作をした人の通常の職務の範囲内であるか否かにかかわらず、これらの権利の承継に際し一時に支払を受けるもの</td><td>譲渡所得</td></tr>
<tr><td colspan="2">これらの権利を承継させた後において支払を受けるもの</td><td>雑所得</td></tr>
<tr><td colspan="3">②　使用人等が取得した特許権や意匠権等に係る通常実施権又は専用実施権を設定したことにより支払を受けるもの</td><td>雑所得(注１)</td></tr>
<tr><td rowspan="3">③　特許等を受けるまでには至らない発明又は事務や作業の合理化、製品の品質の改善や経費の節約等に寄与する工夫、考案等を行った場合に支払を受けるもの</td><td colspan="2">発明や工夫等が通常の職務の範囲内の行為である場合</td><td>給与所得</td></tr>
<tr><td rowspan="2">その他の場合</td><td>一時に支払を受ける場合</td><td>一時所得</td></tr>
<tr><td>継続的に支払を受ける場合</td><td>雑所得</td></tr>
<tr><td rowspan="2">④　災害防止等の功績により一時に支払を受けるもの</td><td colspan="2">災害防止等が通常の職務の範囲内の行為である場合</td><td>給与所得</td></tr>
<tr><td colspan="2">その他の場合</td><td>一時所得</td></tr>
<tr><td colspan="3">⑤　人命救助等の篤行により社会的に顕彰され、使用者に栄誉を与えたことにより一時に支払を受けるもの</td><td>一時所得</td></tr>
</table>

(注) 1　通常実施権等を設定したことにより支払を受ける場合は、特許権等の使用料に該当しますので、その支払の際、所法204①一の規定により、報酬・料金等として所得税及び復興特別所得税の源泉徴収を要することになります。

2　使用者原始帰属制度に基づき、従業者が契約、勤務規則その他の定めにより職務発明に係る特許を受ける権利を使用者に原始的に取得させることにより、その使用者から受ける相当の金銭その他の経済上の利益は、雑所得とされます。

第２　非課税とされる給与

１　通勤手当等

通勤手当や通勤用定期乗車券（これらに類する手当や乗車券を含みます。）の支給は、次の区分に応じ、それぞれ１か月当たり次の金額までは非課税とされます（所法９①五、所令20の２）。

なお、通勤手当とは、通勤に必要な交通機関の利用又は交通用具の使用のために支出する費用に充てるものとして通常の給与に加算して支給するものをいいます。

区　　　分			１か月当たりの非課税限度額
①　交通機関又は有料道路を利用している人に支給する通勤手当		⇨	１か月当たりの合理的な運賃等の額　（最高限度150,000円）
②　自転車や自動車などの交通用具を使用している人に支給する通勤手当	通勤距離が片道55キロメートル以上である場合	⇨	31,600円
	通勤距離が片道45キロメートル以上55キロメートル未満である場合		28,000円
	通勤距離が片道35キロメートル以上45キロメートル未満である場合		24,400円
	通勤距離が片道25キロメートル以上35キロメートル未満である場合		18,700円
	通勤距離が片道15キロメートル以上25キロメートル未満である場合		12,900円
	通勤距離が片道10キロメートル以上15キロメートル未満である場合		7,100円
	通勤距離が片道２キロメートル以上10キロメートル未満である場合		4,200円
	通勤距離が片道２キロメートル未満である場合		（全額課税）
③　交通機関を利用している人に支給する通勤用定期乗車券		⇨	１か月当たりの合理的な運賃等の額　（最高限度150,000円）
④　交通機関又は有料道路を利用するほか交通用具も使用している人に支給する通勤手当や通勤用定期乗車券		⇨	１か月当たりの合理的な運賃等の額と②の金額との合計額　（最高限度150,000円）

アドバイス

1　非課税の通勤手当として取り扱われるためには、通常の給与に加算して支給することが要件とされていますので、基本給やその他の手当とは明確に区分し、給与明細書等に通勤手当等と明示して支給する必要があります。
2　非課税限度額超過部分は、その定期乗車券を交付した月の給与に加算して源泉徴収税額の計算を行うことになりますが、通用期間が長期のもので、このような計算をしてその月の給与に加算すべき金額が著しく多額な場合は、この金額を賞与としても差し支えないこととされています。
3「合理的な運賃等の額」とは、その給与所得者の通勤に係る運賃、時間、距離等の事情に照らし最も経済的かつ合理的と認められる通常の通勤の経路及び方法による運賃等の額とされており、新幹線鉄道を利用した場合の特別急行料金は該当しますが、グリーン料金は該当しないこととされています（所基通９－６の３）。

２　旅　　費

勤務する場所を離れて職務を遂行するために行う旅行等で、その旅行に必要な運賃、宿泊料、移転料等の支出に充てるために支給される金品のうち、その旅行について通常必要と認められるものについては、課税されません（所法９①四）。

⑴　非課税とされる旅費の範囲

給与所得者が勤務する場所を離れてその職務を遂行するための旅行その他次の旅行をした場合に、その旅費として支給される金品で、その旅行の目的、目的地、行路若しくは期間の長短、宿泊の要否、旅行者の職務内容及び地位等からみてその旅行について通常必要であると認められるものであり、かつ、その旅行に通常必要とされる費用の支出に充てられると認められる範囲内の金品である場合には、課税されません（所法９①四）。

しかし、支給される旅費の実質的な内容が給与等と認められる場合には、たとえ名目が旅費であっても給与所得として課税されることとなります。

なお、非課税とされる旅費に該当するかどうかは、次に掲げる事項を総合勘案して判定します。

旅行の種類	判定要素	判断基準（所基通９－３）
①　勤務する場所を離れて職務を遂行するための旅行 ②　転任に伴う転居のための旅行 ③　就職又は退職に伴う転居のための旅行 ④　死亡による退職をした者の遺族の転居のための旅行	①　旅行の目的 ②　目的地、行路 ③　期間の長短 ④　宿泊の要否 ⑤　職務内容、地位	①　その支給額が、全社員を通じて適正なバランスが保たれた基準によって計算されているかどうか ②　その支給額が、同業種、同規模の事業所に比し相当な金額であるかどうか

①及び②の範囲内か　→ YES：非課税　→ NO：課税

(2)　非課税とされる旅費の範囲を超えるものの所得区分

旅行をした人に対して使用者等からその旅行に必要な支出に充てるものとして支給される金品の額が、その旅行に通常必要とされる費用の支出に充てられると認められる範囲の金額を超える場合には、その超える部分の金額は、その超える部分の金額を生じた旅行の区分に応じ、それぞれ次に掲げる所得の収入金額又は総収入金額に算入します（所基通９－４）。

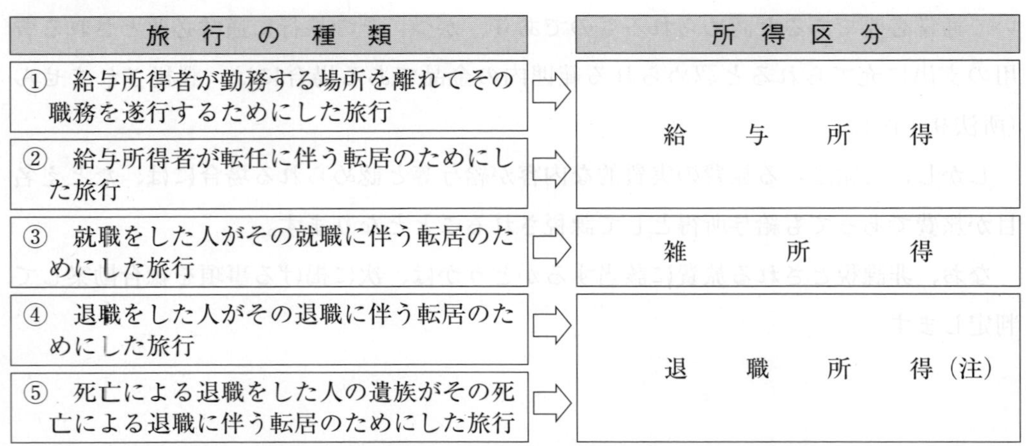

旅行の種類	所得区分
①　給与所得者が勤務する場所を離れてその職務を遂行するためにした旅行	給与所得
②　給与所得者が転任に伴う転居のためにした旅行	給与所得
③　就職をした人がその就職に伴う転居のためにした旅行	雑所得
④　退職をした人がその退職に伴う転居のためにした旅行	退職所得（注）
⑤　死亡による退職をした人の遺族がその死亡による退職に伴う転居のためにした旅行	退職所得（注）

（注）　⑤の退職所得については所法９①十六の規定により非課税とされています。

(3)　単身赴任者が職務上の旅行に付随して帰宅のための旅行を行った場合に支給される旅費の取扱い

単身赴任者（配偶者又は扶養親族を有する給与所得者で転居を伴う異動をした人の

うち単身で赴任した人をいいます。）が職務遂行上必要な旅行に付随して帰宅のための旅行を行った場合に支給される旅費については、これらの旅行の目的、行路等からみて、これらの旅行が主として職務遂行上必要な旅行と認められ、かつ、当該旅費の額が所得税基本通達９－３に定める非課税とされる旅費の範囲を著しく逸脱しない限り、非課税として取り扱って差し支えないこととされています（昭60直法６－７）。

＜事例＞

イ　帰宅日の日当、宿泊料

その職務を遂行する日の前後合わせて２日間以内の帰宅日（拘束しない日）がある場合の帰宅日の日当、宿泊料は、「主として職務遂行上必要な旅行と認められる」ことを前提に非課税とされます。

ロ　具体例

区分	通常の出張のケース	特例が認められる出張のケース
原則	３泊４日：火 旅行日／水・木 出社（職務）／金 旅行日	５泊６日：月 旅行日／火 帰宅日／水・木 出社（職務）／金 帰宅日／土 旅行日
週末を狭んだ場合	２泊３日：㊐ 旅行日／月 出社（職務）／火 旅行日	４泊５日：金 旅行日／土・㊐ 帰宅日／月 出社（職務）／火 旅行日

⑷　非常勤役員等の出勤のための費用

給与所得を有する人で常には出勤を要しない次に掲げるような人に対し、その勤務する場所に出勤するために行う旅行に必要な運賃、宿泊料等の支出に充てるものとして支給される金品で、社会通念上合理的な理由があると認められる場合に支給されるもののうち、その出勤のために直接必要であると認められる部分の金額については課税されません（所基通９－５）。

①　国、地方公共団体の議員、委員、顧問又は参与

②　会社その他の団体の役員、顧問、相談役又は参与

(5)　災害地に派遣された職員に支給される災害派遣手当

災害対策基本法第31条《職員の派遣義務》の規定により災害地に派遣された職員に対し、その派遣を受けた都道府県又は市町村から同法第32条《派遣職員の身分取扱い》の規定により支給される災害派遣手当のうち、その職員が本来の勤務地を離れて災害地に滞在するために必要な宿泊等の費用を弁償するものであると認められる部分の金額については、課税されません（所基通９－６）。

3　海外渡航費

使用者が使用人等に対して海外渡航のために支給する旅費等は、その海外渡航が使用者の業務の遂行上直接必要と認められる場合に、その海外渡航のために通常必要と認められる部分の金額に限り、非課税とされます（所法９①四、所基通37－17～22、法基通９－７－６～10、平12課法２－15）。

海外渡航費については、その旅行が業務の遂行上必要なものであるかどうかなどの区分に応じ、次により取り扱います。

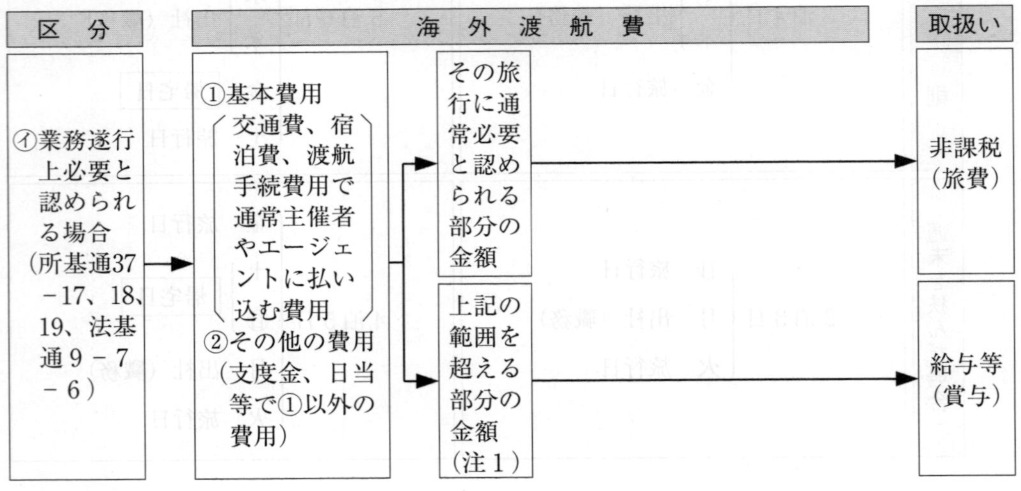

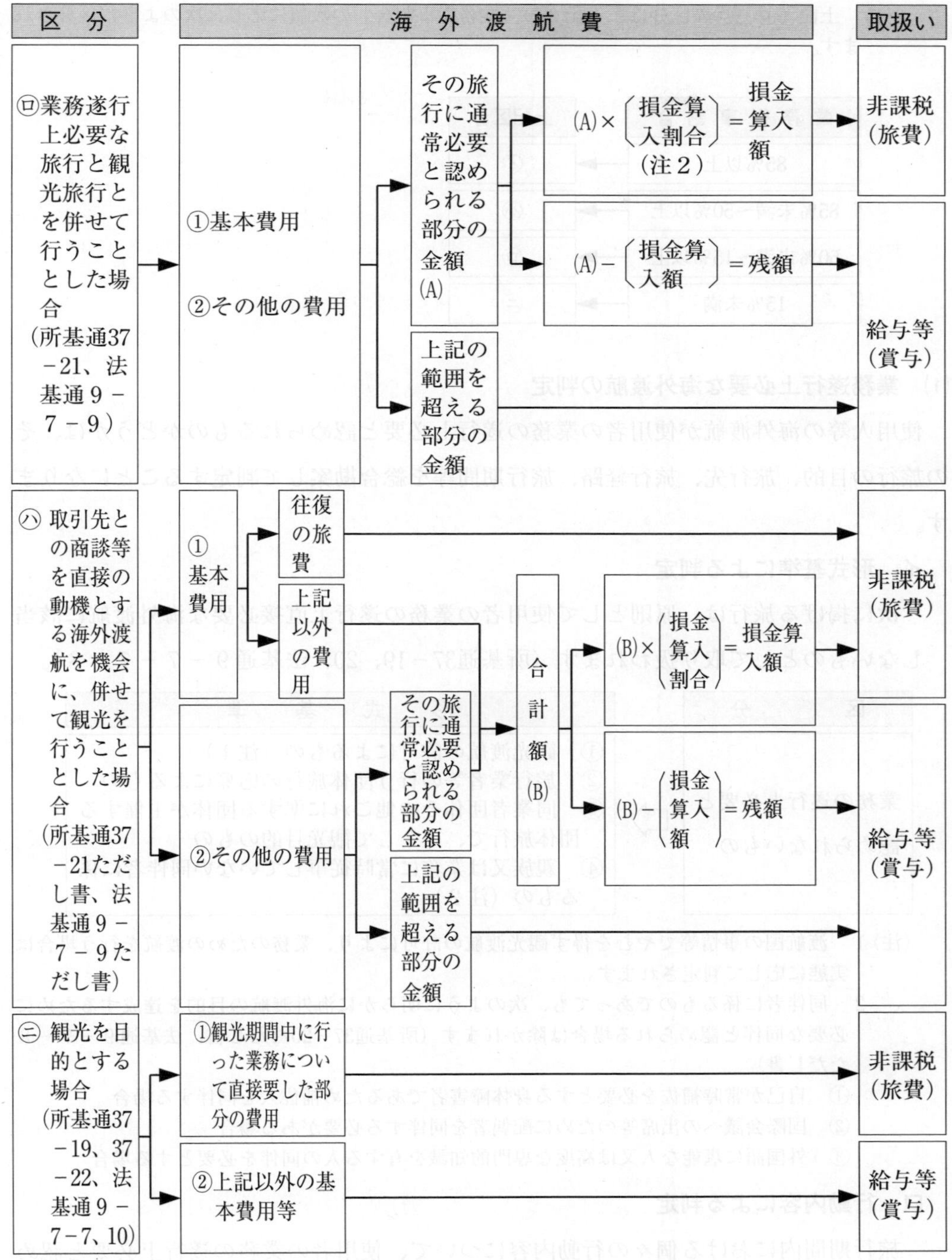

（注）１　その支度金、日当等として支給される額が社会通念上合理的な基準によって計算されたものを超えている場合のその超える部分の金額をいいます。上記図の㋺及び㋩の場合も同じです。

２　損金算入割合とは、下記⑵の「業務従事割合」で求めた数値を10％単位（10％未満の端数は四捨五入）にしたものをいいます。

3　上記㋑㋺㋩㋥の区分は、下記(2)の「業務従事割合」の数値に応じ、次のように区分されます。

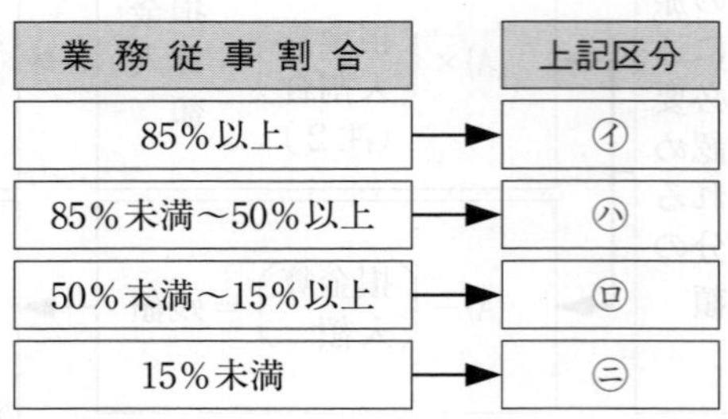

(1)　業務遂行上必要な海外渡航の判定

使用人等の海外渡航が使用者の業務の遂行上必要と認められるものかどうかは、その旅行の目的、旅行先、旅行経路、旅行期間等を総合勘案して判定することになります。

イ　形式基準による判定

次に掲げる旅行は、原則として使用者の業務の遂行上直接必要な海外渡航に該当しないものとして取り扱われます（所基通37－19、20、法基通９－７－７、８）。

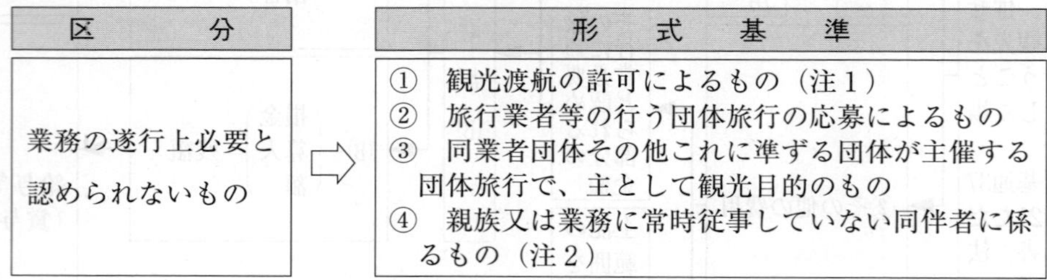

（注）1　渡航国の事情等でやむを得ず観光渡航の許可により、業務のための渡航を行う場合は実態に応じて判定されます。

2　同伴者に係るものであっても、次のように明らかに海外渡航の目的を達成するために必要な同伴と認められる場合は除かれます（所基通37－20ただし書、法基通９－７－８ただし書）。

①　自己が常時補佐を必要とする身体障害者であるため補佐人を同伴する場合
②　国際会議への出席等のために配偶者を同伴する必要がある場合
③　外国語に堪能な人又は高度な専門的知識を有する人の同伴を必要とする場合

ロ　行動内容による判定

旅行期間内における個々の行動内容について、使用者の業務の遂行上必要と認められるものと認められないものの例を掲げると次のようになります。

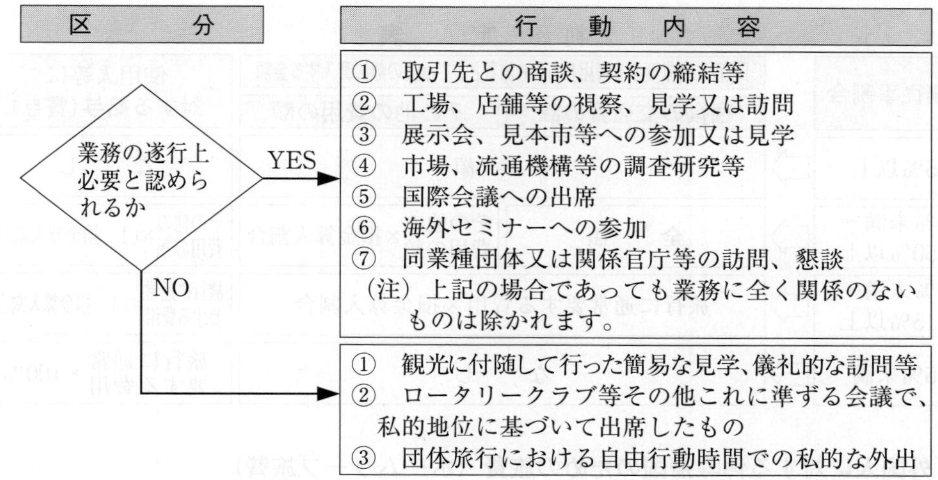

(2) 業務従事割合

使用人等が行った海外渡航が前記図の㋑、㋺、㋩及び㋥のいずれの区分に該当するものであるかは、次の「業務従事割合」がどの程度になっているかが一つの判定の目安となります。

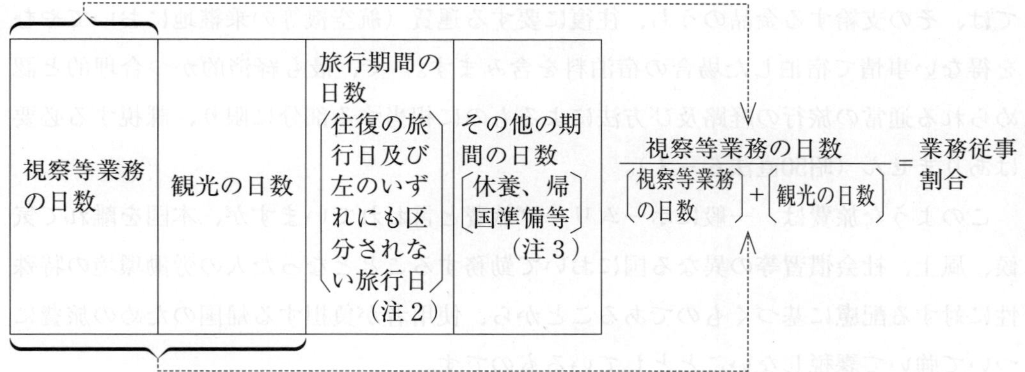

(注) 1　日数は、昼間の通常の業務時間（おおむね８時間）を１日として、その行動状況に応じ、おおむね0.25日単位に算出します。

2　旅行期間の日数は、航空機等による目的地までの往復及び現地での移動に要した日数によりますが、現地における移動日等でその内容からみて業務又は非業務（観光等）の旅行期間に含めることが相当と認められるものは、それぞれの日数に含めます。

3　旅行期間中の土曜、日曜のうち業務旅行を行っている日以外の日は、特別に多額の費用を支出したような場合を除き、「その他の期間」の日数に含めて差し支えありません。

判　定　表

業務従事割合	「旅行に通常要する費用」のうち旅費として損金の額に算入する金額		使用人等に対する給与（賞与）
	往復の交通費の額	その他の費用の額	
85％以上	全　額		な　し
85％未満～50％以上	全　額	その他の費用の額×損金算入割合	その他の費用の額×（1－損金算入割合）
50％未満～15％以上	旅行に通常要する費用×損金算入割合		旅行に通常要する費用×（1－損金算入割合）
15％未満	な　し		旅行に通常要する費用×100％

4　外国人に対する休暇帰国のための旅費（ホームリーブ旅費）

使用者が、国内において長期間引き続き勤務する外国人に対し、就業規則等に定めるところにより相当の勤務期間（おおむね1年以上の期間）を経過するごとに休暇のための帰国を認め、その帰国のための旅行に必要な支出（その人と生計を一にする配偶者その他の親族に係る支出を含みます。）に充てるものとして支給する金品については、その支給する金品のうち、往復に要する運賃（航空機等の乗継地においてやむを得ない事情で宿泊した場合の宿泊料を含みます。）で、最も経済的かつ合理的と認められる通常の旅行の経路及び方法によるものに相当する部分に限り、課税する必要はありません（昭50直法6－1）。

このような旅費は、一般にホームリーブ旅費と言われていますが、本国を離れて気候、風土、社会慣習等の異なる国において勤務することとなった人の労働環境の特殊性に対する配慮に基づくものであることから、使用者が負担する帰国のための旅費について強いて課税しないこととしているものです。

5　宿日直料

宿日直料は、1回の宿日直について支給される金額のうち、4,000円（宿直又は日直の勤務をすることにより支給される食事がある場合には、4,000円からその食事の価額を控除した残額）までの部分については、原則として課税されません（所基通28－1）。

非課税とされる宿日直料及び課税となる宿日直料の取扱いについては、次のとおりです。

<table>
<tr><th colspan="2">非課税とされる宿日直料</th><th>課税となる宿日直料</th></tr>
<tr><td rowspan="3">全てに該当するもの</td><td>①　その宿日直の勤務が、その人の正規の勤務時間内の勤務として行われるものでない場合に支給されるもの</td><td>①　休日や夜間の留守番として雇用した人に支給されるもの</td></tr>
<tr><td>②　その宿日直の勤務が、その人の本来の職務に従事することを目的としない場合に支給されるもの</td><td>②　通常の勤務時間内の勤務として行った人や代日休暇が与えられる人に支給されるもの</td></tr>
<tr><td>③　宿日直としての勤務時間内に、その人が本来の職務に従事することがあっても、その本来の職務に従事することが常態とされるものではない場合に支給されるもの</td><td>③　通常の給与の額にスライドされた宿日直料</td></tr>
</table>

区　分		例１	例２
食事の支給がある場合	宿日直料の額	3,400円	3,700円
	食事の価額	600円	600円
取　扱　い		非課税	課税　300円 （3,700－(4,000－600) ＝300）

（注）　同一人が日直と宿直とを引き続いて行う場合には、通常の日直又は宿直に相当する勤務時間を経過するごとに日直と宿直を１回行ったものとして計算します（所基通28－２）。

6　深夜勤務者の食事代

正規の勤務時間の一部又は全部が深夜（午後10時から翌日午前５時）に及ぶいわゆる深夜勤務者に対し、夜食の提供ができないため、これに代えて通常の給与に加算して支給される食事代で、その支給額が勤務１回につき300円以下のものについては、課税されません（昭59直法６－５）。

なお、この場合の支給額が非課税限度額の300円を超えるかどうかは、支給額から、消費税及び地方消費税の額を除いた金額により判定します（平元直法６－１（最終改正平26課法９－１））。

また、支給額から、消費税及び地方消費税の額を除いた金額に10円未満の端数が生じた場合には、この端数を切り捨てます。

7　結婚祝金品等

結婚、出産等の祝金品は、その金額が支給を受ける使用人等の地位などに照らして社会通念上相当と認められるものであれば、課税されません（所基通28－５）。

8　葬祭料、香典、見舞金

葬祭料、香典、災害等の見舞金は、その金額が支給を受ける使用人等の地位などに照らして社会通念上相当と認められるものであれば、課税されません（所基通９－23）。

9　失業保険金に相当する退職手当、休業手当金等の非課税

失業等の給付や、災害見舞金としての性格を有する次に掲げる給付については、課税されません（所基通９－24）。

①　国家公務員退職手当法第10条《失業者の退職手当》の規定による退職手当

②　次に掲げる休業手当金で、組合員、その配偶者又は被扶養者の傷病、葬祭又はこれらの者に係る災害により受けるもの

イ　国家公務員共済組合法第68条《休業手当金》の規定による休業手当金

ロ　地方公務員等共済組合法第70条《休業手当金》の規定による休業手当金

ハ　私立学校教職員共済法第25条《国家公務員共済組合法の準用》の規定によるイに準ずる休業手当金

③　労働基準法第76条第１項《休業補償》に定める割合を超えて休業補償を行った場合の当該休業補償

10　災害補償金等

次に掲げるものは非課税とされます（所法９①三イ、所令20①二、三、所基通９－１）。

根拠法	災害補償金等の種類
労働基準法	療養の給付や費用、休業補償、障害補償、打切補償、障害補償に係る分割補償、遺族補償及び葬祭料
船員法	療養の給付や費用、傷病手当、予後手当、障害手当

11　死亡退職者の給与等

死亡した人に係る給与や退職金で、その死亡後に支給期の到来するもののうち相続税法の規定により相続税の課税価格計算の基礎に算入されるものについては、所得税は課税されません（所法９①十六、所基通９－17）。

アドバイス

相続税法の規定により相続税の課税価格計算の基礎に算入されるものには次のようなものがあります。

1　被相続人に支給されるべきであった退職手当金等で、その被相続人の死亡後３年以内に確定したもの（注）

2　死亡後３年以内に支給の確定したベースアップの差額

3　死亡後３年以内に支払決議が行われた役員賞与

（注）　被相続人の死亡後３年経過後に確定した退職手当等で、相続税の課税価格の計算の基礎に算入されないものは、その支払を受ける遺族の一時所得とされます（所基通34－２）。

12　学資金

学資に充てるために給付される金品のうち、給与その他の対価の性質を有するものは課税となりますが、給与所得者が、その使用者から通常の給与に加算して受けるものであって、次に掲げるもの以外のものについては、課税されません（所法９①十五、所令29）。

①　法人である使用者からその法人の役員の学資に充てるため給付するもの

②　法人である使用者からその法人の使用人（その法人の役員を含みます。）と特別の関係がある者（注）の学資に充てるため給付するもの

③　個人である使用者からその個人の営む事業に従事するその個人の親族（その個人と生計を一にする者を除きます。）の学資に充てるため給付するもの

④　個人である使用者からその個人の使用人（その個人の営む事業に従事するその個人の親族を含みます。）と特別の関係がある者（注）（その個人と生計を一にするその個人の親族に該当する者を除きます。）の学資に充てるため給付するもの

（注）　特別の関係のある者とは、次に掲げる人をいいます（所令29）。

(1)　その使用人の親族

(2)　その使用人と婚姻の届出をしていないが、事実上婚姻関係と同様の事情にある人及びその人の直系血族

(3)　その使用人の直系血族と婚姻の届出をしていないが、事実上婚姻関係と同様の事情にある人

(4)　(1)～(3)に掲げる人以外の人で、その使用人から受ける金銭その他の財産によって生計を維持しているもの及びその人の直系血族

(5)　(1)～(4)以外の人で、その使用人の直系血族から受ける金銭その他の財産によって生計を維持している人

13　在外手当

国外で勤務する居住者に対して通常の給与に加算して支払う在外手当のうち、その勤務地の物価、生活水準等の格差を補てんするためのもので国内で勤務した場合に比

べて利益を受けると認められない部分の金額は、課税されません（所法９①七、所令22）。

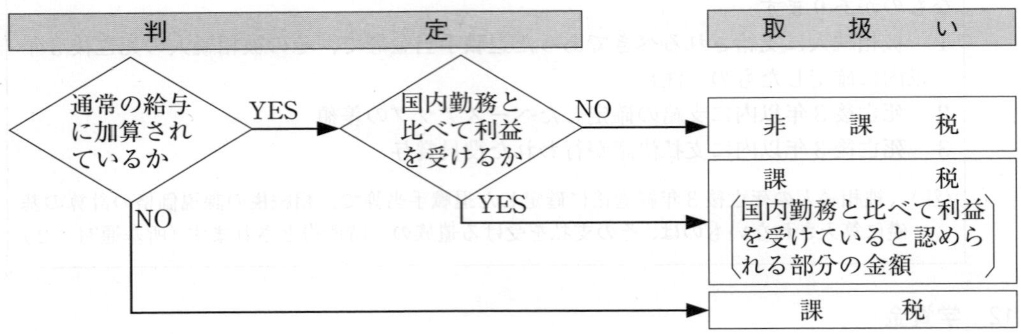

14　交際費等

交際費や接待費等として支給される金品は、給与所得とされますが、使用者の業務のために使用したことの事績の明らかなものについては、課税されません（所基通28－４）。

15　外国政府等に勤務する人の給与

外国政府、外国の地方公共団体又は一定の国際機関に勤務する人で次に掲げる要件を備える人がその勤務により受ける給与については、課税されません（所法９①八、所令23、24、所規３、所基通９－12、昭47大蔵省告示第152号）。

外国政府等の範囲	非課税とされる人の要件	非課税とされない給与等
①　外国政府（注１） ②　外国の地方公共団体（注１）	①　日本の国籍を有しない人で、日本国との平和条約に基づき日本の国籍を離脱した者等の出入国管理に関する特例法に定める特別永住者に該当しないこと	①　外国政府等に該当しない法人から受ける給与（注２） ②　退職手当、一時恩給等（注３）
③　次に掲げる国際機関 イ　犯罪の防止及び犯罪者の処遇に関するアジア及び極東研修所 ロ　東南アジア貿易投資観光促進センター	②　その人のその外国政府又は外国の地方公共団体のために行う勤務が日本国又は日本の地方公共団体の行う業務に準ずる業務で収益を目的としないものに係る勤務であること	③　我が国若しくは我が国の地方公共団体の行う業務以外の業務又は収益を目的とする業務に従事したことにより受ける給与（注４）

（注）１　その外国が、その国において勤務する日本国の国家公務員又は地方公務員の給与について所得税に相当する税を課さない場合に限られます。

２　外国政府等に該当しない法人から受ける給与は、たとえその法人が外国政府等の全額出資に係るものであっても、非課税とされません。

なお、上記③以外の国際機関からその職員が受ける給与についても、条約（例えば、国際連合の特権及び免除に関する条約やアジア開発銀行を設立する協定など）により非課税とされる場合があります。

3　外国政府等に勤務する人がその勤務により受けるものであっても、退職手当、一時恩給その他の退職により一時に受ける給与及びこれらの性質を有する給与は、非課税とされません。

なお、これにより非課税とならない給与についても、租税条約により非課税とされる場合があります。

4　その勤務が外国政府又は外国の地方公共団体のために行われるものであっても、例えば、その外国政府又は外国の地方公共団体が舞踊、サーカス、オペラ等の芸能の提供を行っている場合のその業務のように、我が国若しくは我が国の地方公共団体の行う業務以外の業務又は収益を目的とする業務に従事したことにより受ける給与は、非課税とされません。

第３　経済的利益

給与は、金銭で支給されるのが通常ですが、例えば食事の現物支給や商品の値引販売など金銭以外の「物又は権利その他の経済的利益」をもって支給される場合があります。

通常、これらを「経済的利益」又は「現物給与」といいますが、所得税法においては、金銭による収入のみならず、この経済的利益も給与所得の収入金額としてとらえることにしています。

この場合の収入すべき金額は、その物又は権利を取得し、又は経済的利益を享受する時の時価によって計算することとされています（所法36①②、所令84の２）。

１　経済的利益の範囲

経済的利益の範囲は、極めて多様ですが、その態様を分類すると次のとおりになります（所基通36－15）。

態　様	内　容	例　示	基　本　通　達　等
１　物品等の無償又は低価による譲渡	物品その他の資産の譲渡を無償又は低い対価で受けた場合におけるその資産のその時の価額又はその価額と実際に支払う対価の額との差額に相当する利益	会社の製品や商品などの値引販売、食事の無償支給による利益のほか、会社から有価証券や不動産の低額譲渡を受けたことなどによる利益	①　永年勤続者の記念品等（所基通36－21） ②　創業記念品等（所基通36－22） ③　商品、製品等の値引販売（所基通36－23） ④　残業又は宿日直をした人に支給する食事（所基通36－24） ⑤　掘採場勤務者に支給する燃料（所基通36－25） ⑥　寄宿舎の電気料等（所基通36－26） ⑦　株式等を取得する権利（所基通23～35共－６） ⑧　有価証券の評価（所基通36－36） ⑨　保険契約等に関する権利の評価（所基通36－37） ⑩　食事の評価（所基通36－38） ⑪　食事の支給による経済的利益はないものとする場合（所基通36－38の２） ⑫　商品、製品等の評価（所基通36－39）

態　様	内　容	例　示	基　本　通　達　等
２　土地・家屋等の無償又は低価による貸与	土地、家屋その他の資産（金銭を除きます。）の貸与を無償又は低い対価で受けた場合における通常支払うべき対価の額又はその通常支払うべき対価の額と実際に支払う対価との差額に相当する利益	低額の家賃で社宅の貸与を受けたことによる利益	①　役員に貸与した住宅等に係る通常の賃貸料の額の計算（所基通36－40） ②　小規模住宅等に係る通常の賃貸料の額の計算（所基通36－41） ③　豪華な役員住宅である場合の通常の賃貸料の額（平７課法８－１） ④　通常の賃貸料の額の計算に関する細目（所基通36－42） ⑤　通常の賃貸料の額の計算の特例（所基通36－43） ⑥　役員に貸与した住宅等の経済的利益の有無の判定上のプール計算（所基通36－44） ⑦　使用人に貸与した住宅等に係る通常の賃貸料の額の計算（所基通36－45） ⑧　無償返還の届出がある場合の通常の賃貸料の額（所基通36－45の２） ⑨　通常の賃貸料の額の改算を要しない場合（所基通36－46） ⑩　徴収している賃貸料の額が通常の賃貸料の額の50％相当額以上である場合（所基通36－47） ⑪　使用人に貸与した住宅等の経済的利益の有無の判定上のプール計算（所基通36－48）
３　金銭の無利息又は低利による貸付け	無利息又は通常の利率よりも低い利率で金銭の貸付けを受けた場合における通常の利率により計算した利息の額又はその通常の利率により計算した利息の額と実際に支払う利息の額との差額に相当する利益	会社から無利息又は低利で厚生資金や住宅資金の貸付けを受けたことによる利益	①　金銭の無利息貸付け等（所基通36－28） ②　利息相当額の評価（所基通36－49）

態　様	内　容	例　示	基　本　通　達　等
4　その他用役の無償又は低価による提供	２及び３以外の用役の提供を無償又は低い対価で受けた場合におけるその用役について通常支払うべき対価の額又はその通常支払うべき対価の額と実際に支払う対価の額との差額に相当する利益	会社の保養所・理髪室などの福利厚生施設を無償又は低額料金で利用したことによる利益	①　用役の提供等（所基通36－29） ②　使用者が負担するレクリエーションの費用（所基通36－30） ③　用役の評価（所基通36－50）
5　債務免除益等	借入金その他の債務の免除を受けた場合又は債務の負担をしてもらった場合（個人的費用の負担をしてもらった場合を含みます。）におけるその免除を受け又は負担をしてもらった金額に相当する利益	会社から借入れた厚生資金などの返済を免除されたことによる利益や会社に税金を負担してもらったことによる利益	①　免責許可の決定等により債務免除を受けた場合の経済的利益の総収入金額不算入（所法44の２） ②　使用者契約の養老保険に係る経済的利益（所基通36－31） ③　使用者契約の定期保険に係る経済的利益（所基通36－31の２） ④　使用者契約の定期付養老保険に係る経済的利益（所基通36－31の３） ⑤　使用者契約の傷害特約等の特約を付した保険に係る経済的利益（所基通36－31の４） ⑥　使用者契約の保険契約等に係る経済的利益（所基通36－31の７） ⑦　使用人契約の保険契約等に係る経済的利益（所基通36－31の８） ⑧　使用者が負担する少額な保険料等（所基通36－32） ⑨　使用者が負担する会社役員賠償責任保険料等（平６課法８－２） ⑩　使用者が負担する使用人等の行為に基因する損害賠償金等（所基通36－33） ⑪　使用者が負担するゴルフクラブの入会金（所基通36－34） ⑫　使用者が負担するゴルフクラブの年会費等（所基通36－34の２） ⑬　使用者が負担するレジャークラブの入会金等（所基通36－34の３） ⑭　使用者が負担する社交団体の入会金等（所基通36－35） ⑮　使用者が負担するロータリークラブ及びライオンズクラブの入会金等（所基通36－35の２）

2　経済的利益の評価の原則

経済的利益の評価は、原則として、「当該物若しくは権利を取得し、又は当該利益を享受する時における価額とする。」（所法36②）と規定され、いわゆる時価評価を建前としています。その評価方法は、現物給与としての支給慣行などを考慮してそれぞれの現物給与の実態に即して具体的に定められています。

実際には、個々の経済的利益について定められた評価方法があるものについては、その方法により、特に評価方法が定められていないものについては、いわゆる支給時の時価によることになります。

区　分	評　価　方　法
有価証券	その支給時の価額により評価（所基通36－36） （注）　所得税法施行令第84条第２項各号に掲げる権利で同条の規定の適用を受けるもの及び法人税法第２条第14号に規定する株主等として発行法人から与えられた新株等を取得する権利を除きます。
保険契約等に関する権利	その支給時において保険契約を解除したとした場合に支払われることとなる解約返戻金の額（解約返戻金のほかに支払われることとなる前納保険料の金額、剰余金の分配額等がある場合には、これらの金額との合計額）により評価（所基通36－37）
食　事	次に掲げる金額により評価（所基通36－38） ①　調理して支給する食事→その食事の材料等に要する直接費の額に相当する金額 ②　飲食店等から購入して支給する食事→その購入価額に相当する金額
商品、製品等	その支給時における次に掲げる価額により評価（所基通36－39） ①　使用者において通常他に販売するものである場合→その使用者の通常の販売価額 （製造業者が自家製品等を支給する場合は、製造業者の販売価額、販売業者が取扱商品を支給する場合は、卸売価額又は小売価額となります。） ②　使用者において通常他に販売するものでない場合→その商品等の通常売買される価額 （ただし、その商品等が、使用人等に支給するため使用者が購入したものであり、かつ、その購入時からその支給時までの間にその価額にさして変動がないものであるときには、その購入価額によることができます。） （注）　有価証券及び食事を除きます。
利息相当額	①　当該金銭が使用者において他から借り入れて貸し付けたものであることが明らかな場合→その借入金の利率により評価 ②　その他の場合→貸付けを行った日の属する年の租税特別措置法第93条第２項《利子税の割合の特例》に規定する特例基準割合による利率により評価（所基通36－49） （注）（下表）

貸付けを行った年	利率（年）
平成26年	1.9％
平成27～28年	1.8％
平成29年	1.7％
平成30年～令和２年	1.6％

<table>
<tr><th>区　分</th><th>評　価　方　法</th></tr>
<tr><td>利　息
相当額</td><td>※　平成26年１月１日以後貸付けを行ったものについては、貸付けを行った日の属する年の前々年の10月から前年の９月までの各月における短期貸付けの平均利率の合計を12で除して計算した割合として各年の12月15日までに財務大臣が告示する割合に、年１％の割合を加算した割合（租税特別措置法第93条第２項《利子税の割合の特例》に規定する特例基準割合）によることとなります。

〔参考〕　平成25年以前に貸付けを行ったものについては、貸付けを行った日の属する年の前年の11月30日を経過する時における基準割引率（日本銀行法第15条第１項第１号の規定により定められる商業手形の基準割引率）に年４％の税率を加算した税率（0.1％未満の端数切捨て）により評価します（旧所基通36－49）。

<table>
<tr><th>貸付けを行った年</th><th>利率（年）</th></tr>
<tr><td>平成14年～18年</td><td>4.1％</td></tr>
<tr><td>平成19年</td><td>4.4％</td></tr>
<tr><td>平成20年</td><td>4.7％</td></tr>
<tr><td>平成21年</td><td>4.5％</td></tr>
<tr><td>平成22～25年</td><td>4.3％</td></tr>
</table>
</td></tr>
<tr><td>用　役</td><td>当該用役につき通常支払われるべき対価の額により評価（所基通36－50）
ただし、課税しなくて差し支えないこととされるレクリエーションの行事に参加した使用人等が受ける経済的利益で、その行事に参加しなかった役員又は使用人（使用者の業務の必要に基づき参加できなかった人を除きます。）に対してその参加に代えて金銭が支給される場合に受けるものについては、その参加しなかった役員又は使用人に支給される金銭の額に相当する額とされます。</td></tr>
</table>

3　食事の支給

使用者が食事代を何らかの形で負担した場合には、食事の支給を受けた人にとっては経済的利益が発生したことになります。

しかしながら、食事の支給は福利厚生的な面があることも考慮し、一律に課税することは必ずしも適当ではないことから、一定の条件を満たす食事の経済的利益については、課税されません。

⑴　課税されない昼食等の支給

使用者が使用人等に支給する食事（残業又は宿日直をした場合に支給される食事を除きます。）については、次のいずれにも該当する場合には、課税されません（所基通36－38の２）。

①　使用人等が食事の価額の半額以上を負担していること

②　使用者の負担額が月額3,500円以下であること（注１、２）

(注)１　使用者が負担した金額が月額3,500円以下であるかどうかの判定に当たっては、食事の価額からその人の負担した金額を差し引いた後の残額（消費税及び地方消費税の額を除いた金額）をもって、3,500円を超えるかどうかの判定を行うこととされています（平元直法６－１（最終改正平26課法９－１））。

２　その残額から、消費税及び地方消費税の額を除いた金額に10円未満の端数が生じた場合には、この端数を切り捨てます。

〔参考〕食事の支給の課否判定表

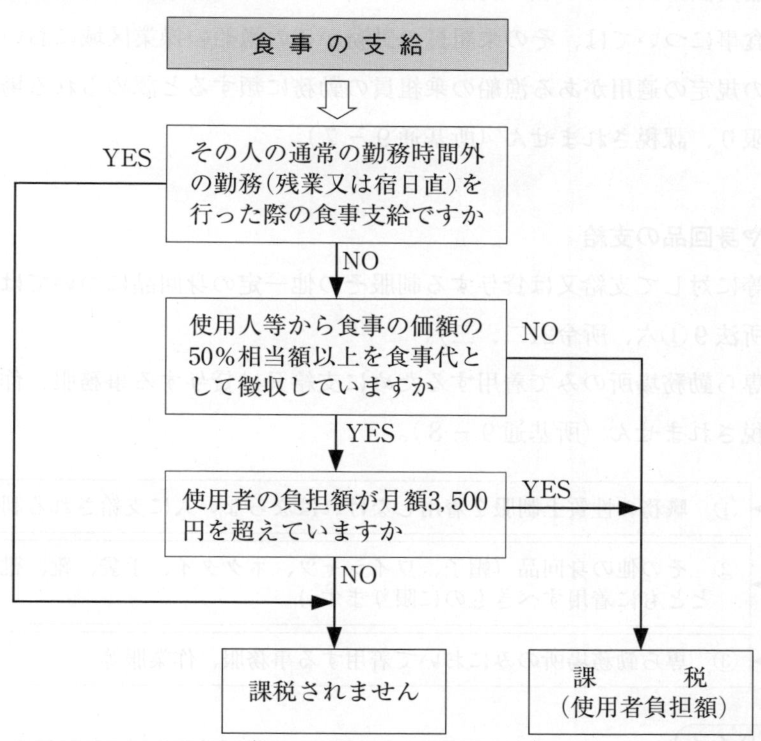

＜事例＞

月の食事の価額	使用人等の負担額	使用者の負担額	課税される金額
6,000円	2,500円	3,500円	3,500円
7,000円	3,500円	3,500円	課税されません
8,000円	4,000円	4,000円	4,000円
8,000円	4,500円	3,500円	課税されません
9,000円	5,000円	4,000円	4,000円

⑵　残業又は宿日直の際の食事の支給

通常の勤務時間外に残業又は宿日直をした使用人等に対し、これらの勤務をすることにより支給する食事については、課税しなくて差し支えありません（所基通36－24）。

(3)　船舶乗組員その他法令の規定により無料で支給される食事

乗船中の船員に対し船員法第80条第１項《食料の支給》の規定により支給する食事については、課税されません（所法９①六、所令21一）。

なお、船員法第80条第１項の規定の適用のない漁船の乗組員に対し、その乗船中に支給する食事については、その乗組員の勤務がその漁船の操業区域において操業する他の同項の規定の適用がある漁船の乗組員の勤務に類すると認められる場合に支給するものに限り、課税されません（所基通９－７）。

4　制服や身回品の支給

使用人等に対して支給又は貸与する制服その他一定の身回品については、課税されません（所法９①六、所令21二、三）。

また、専ら勤務場所のみで着用するために支給又は貸与する事務服、作業服等についても課税されません（所基通９－８）。

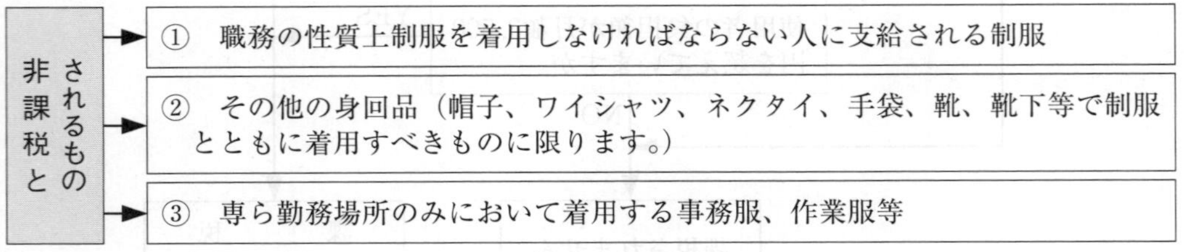

アドバイス

現金で支給する被服手当等は課税となります。

5　永年勤続者の記念品等の支給

永年にわたり勤続した使用人等の表彰に当たり、その記念として旅行、観劇等に招待し、又は記念品を支給することによりその使用人等が受ける経済的利益については、一定の要件のもとに課税されません（所基通36－21）。

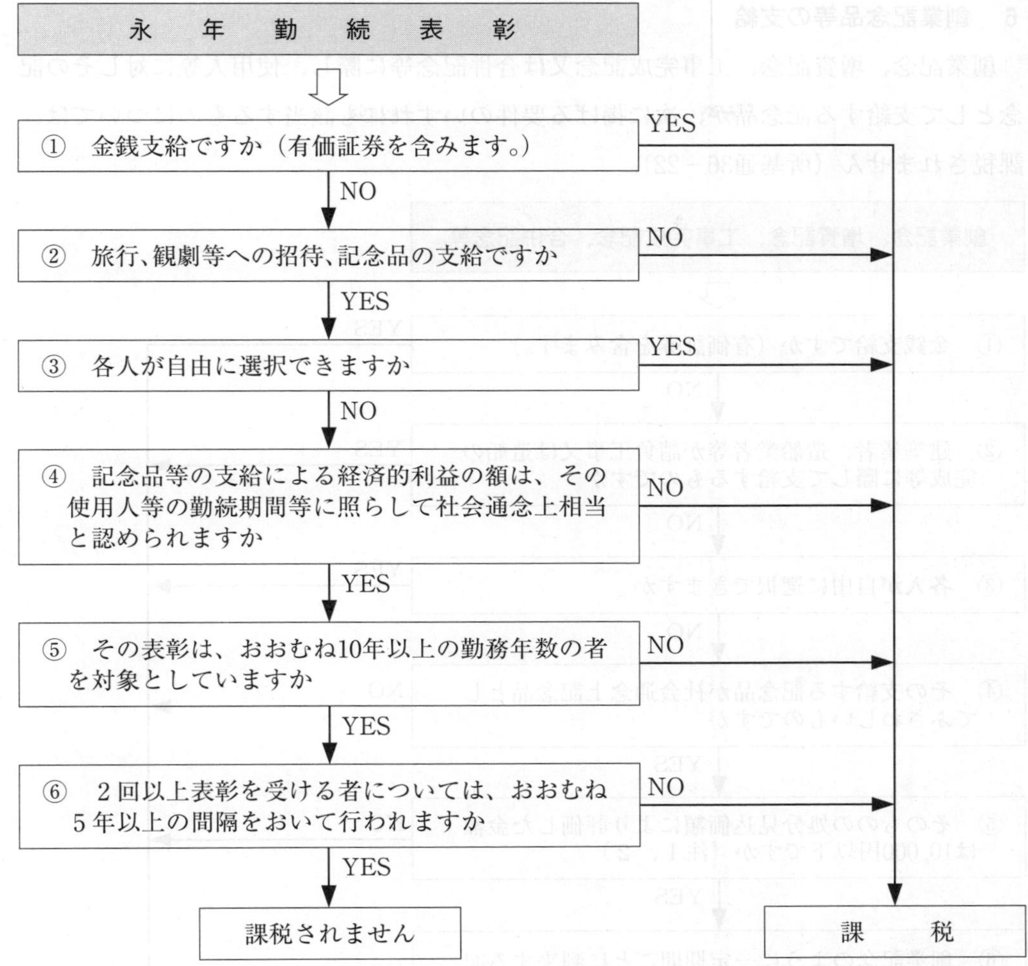

アドバイス

1　現金を支給した場合にはその全額が課税の対象となります。

2　永年勤続記念品等として、旅行ギフト券を支給する場合がありますが、一般に、旅行ギフト券は有効期限もなく、所定の手数料を支払えば換金が自由であり、実質的に金銭を支給したのと同様であることから、原則として、給与等として課税されます。

　ただし、その旅行ギフト券を交付してから相当の期間内（おおむね１年程度）に旅行をし旅行代金の精算を行い、その旅行の事実を確認できる書類を備えている場合など旅行に招待したものと実質的に変わりがない場合については、課税しなくて差し支えないこととされています（昭60直法６－４）。

6　創業記念品等の支給

創業記念、増資記念、工事完成記念又は合併記念等に際し、使用人等に対しその記念として支給する記念品が、次に掲げる要件のいずれにも該当するものについては、課税されません（所基通36－22）。

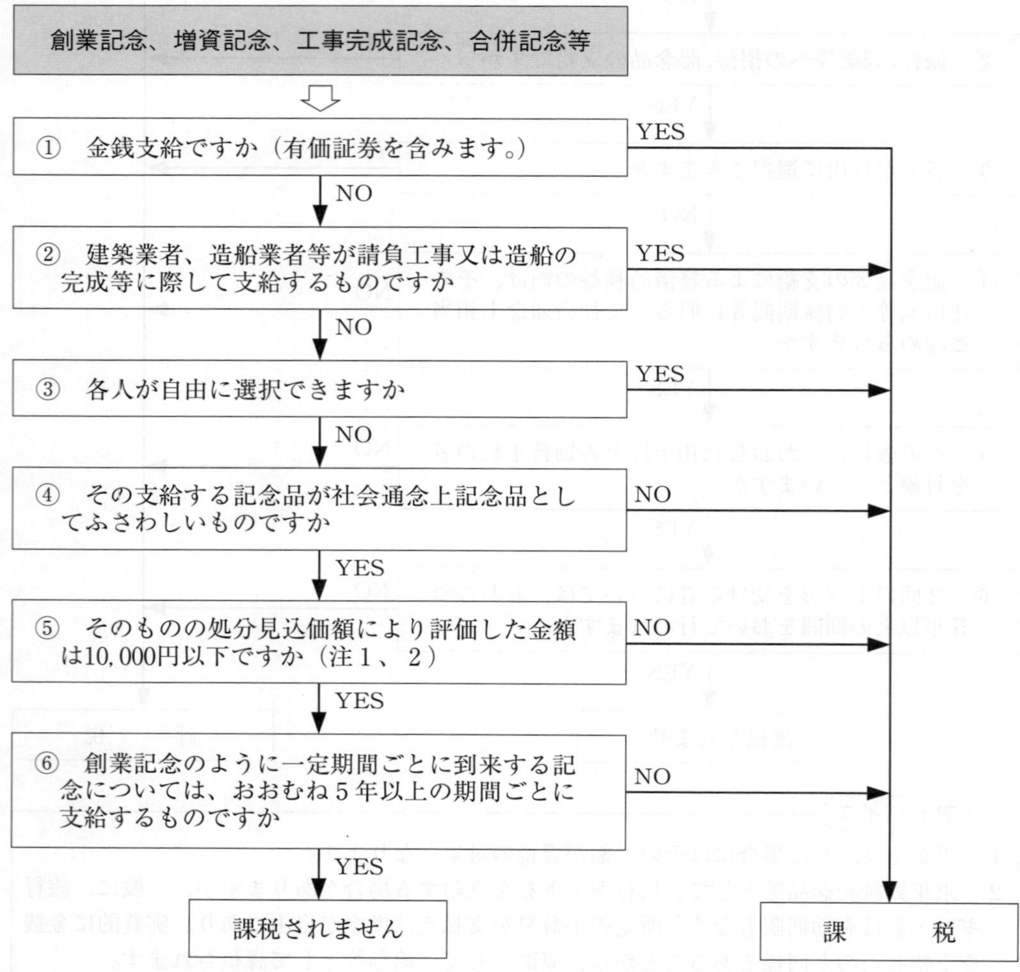

（注）1　処分見込価額により評価した金額が10,000円以下かどうかの判定は、処分見込価額から消費税及び地方消費税の額を除いた金額で行います（平元直法６－１（最終改正平26課法９－１））。

2　処分見込価額から、消費税及び地方消費税の額を除いた金額に10円未満の端数が生じた場合には、この端数を切り捨てます。

アドバイス

①　処分見込価額により評価した金額が10,000円を超えて課税される場合は、その記念品等の通常の販売価額（消費税等を含みます。）が経済的利益の額となります。

②　建築業者や造船業者等が、請負工事又は造船の完成等に際して支給する記念品等については、給与等として課税されます。

7　商品、製品等の値引販売

使用者の取り扱う商品、製品等（有価証券及び食事を除きます。）を値引販売することにより、その使用人等が受ける経済的利益については、その値引販売が次の要件のいずれにも該当する場合には、課税されません（所基通36－23）。

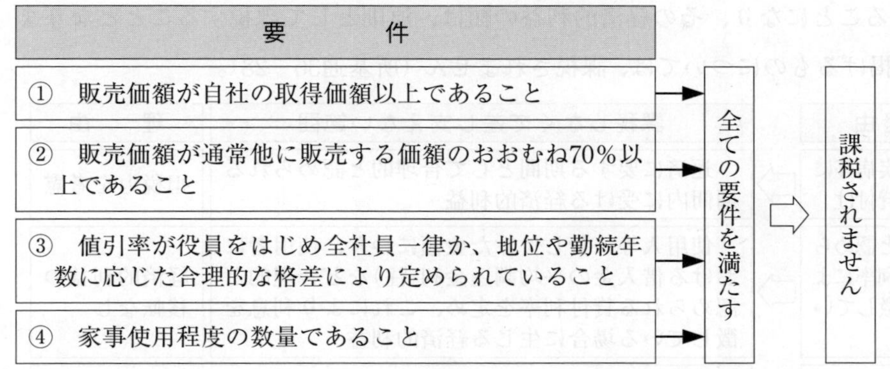

アドバイス

高額な商品、例えば不動産などについては、次の理由から値引販売の取扱いの対象とされません。

①　所得税法における課税されない経済的利益の取扱いは、少額不追及という考え方が根底にあり、経済的利益が著しく高額となるものについては、この趣旨を逸脱すること

②　課税されないための要件に「家事使用程度の数量であること」とあるように、通常家事に使用される物を対象としており、不動産等はこの範囲から外れると認められること

8　金銭の無利息貸付け等

(1)　一般の貸付け

金銭を無利息又は低い金利で貸し付けた場合には、その貸付けを受けた人は通常の利息相当額又はその金額と実際に支払っている利息との差額に相当する金額の経済的利益を受けることになり、その経済的利益の額は、原則として課税することとなりますが、次に掲げるものについては、課税されません（所基通36－28）。

貸付理由	課税しなくて差し支えない範囲	理由
①　災害、疾病等に基因する貸付け	返済に要する期間として合理的と認められる期間内に受ける経済的利益	担税力を考慮
②　合理的と認められる貸付利率により利息を徴している場合	使用人等に貸し付けた金額につき、使用者における借入金の平均調達金利(注)など合理的と認められる貸付利率を定め、これにより利息を徴している場合に生じる経済的利益	経済的利益の移転なし
③　その他	その年における利益の合計額が5,000円（その事業年度が１年に満たない場合は、$5{,}000円\times\frac{その事業年度の月数}{12}$）以下のもの	少額不追及

（注）　平均調達金利とは、例えば、当該使用者が貸付けを行った日の前年中又は前事業年度中における借入金の平均残高に占めるその前年中又は前事業年度中に支払うべき利息の額の割合など合理的に計算された利率をいいます。

(2)　通常の利息相当額

金銭の貸付けを行った場合の利息相当額の評価については、次に掲げる利率によります（所基通36－49）。

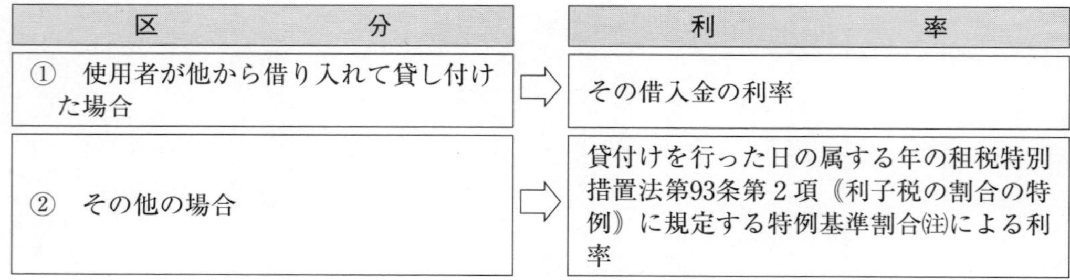

区　　分	利　　率
①　使用者が他から借り入れて貸し付けた場合	その借入金の利率
②　その他の場合	貸付けを行った日の属する年の租税特別措置法第93条第２項《利子税の割合の特例》に規定する特例基準割合(注)による利率

（注）　特例基準割合とは、貸付けを行った日の属する年の前々年の10月から前年の９月までの各月における短期貸付けの平均利率の合計を12で除して計算した割合として各年の12月15日までに財務大臣が告示する割合に、年１％の割合を加算した割合をいいます。詳しくは「２　経済的利益の評価の原則」（51ページ）を参照してください。

9　用役の提供等

興行業、クリーニング業、理容業、運送業等のサービス業を経営する使用者が、使用人等の日常生活について、その経営する事業に属するサービスを無償又は低い価額の対価で提供したことにより、その使用人等が受ける経済的利益については、その額が著しく多額な場合及び役員だけを対象としてサービスを提供する場合を除いて、課税されません。

また、使用人等のために保養所、理髪室などの福利厚生施設を設け（外部の旅館及び理髪店などと契約して使用人等に利用させることとしている場合を含みます。）、その運営費等を負担したことより、これらの施設の利用者が受ける経済的利益についても、同様に取り扱われます（所基通36－29）。

10　技術習得費用

使用者が業務上の必要性に基づいて、使用人等に対しその職務に直接必要な技術や知識の習得費用、免許や資格を取得させるための研修会、講習会等の出席費用や大学等における聴講費用に充てるものとして支給する金品（技術習得費用）については、これらの費用として適正なものに限り、課税されません（所基通36－29の２）。

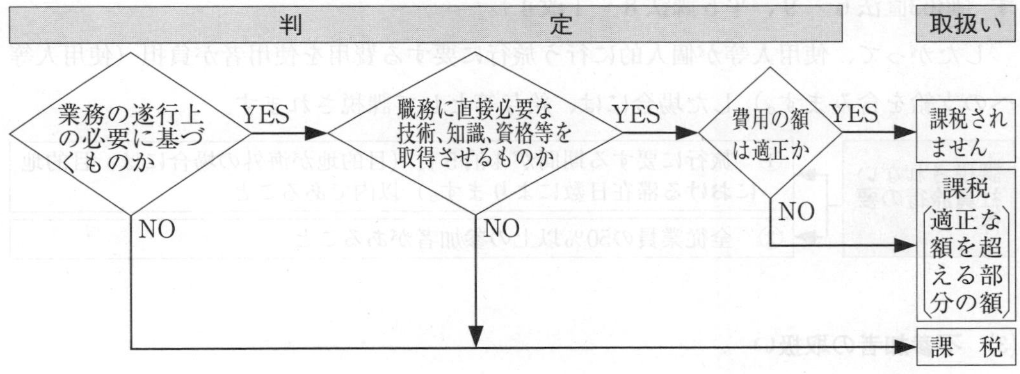

11　使用者が負担するレクリエーション費用

使用人等のレクリエーションのために社会通念上一般的に行われていると認められる行事は、簡易なものが多く、参加者全員の希望を満たすものばかりとはいえない点などを考慮し、一定の要件を満たす場合には、使用者がその行事の費用を負担した場合であっても、その参加による経済的利益については課税されません（所基通36－30）。

⑴　課税されない行事の範囲

レクリエーションのために社会通念上一般的に行われていると認められる会食、旅行、演芸会、運動会等の行事で次に掲げるいずれの要件も満たす場合には課税されません。

したがって、役員だけを対象として行われる行事に参加した場合の経済的利益は、給与等として課税されます。

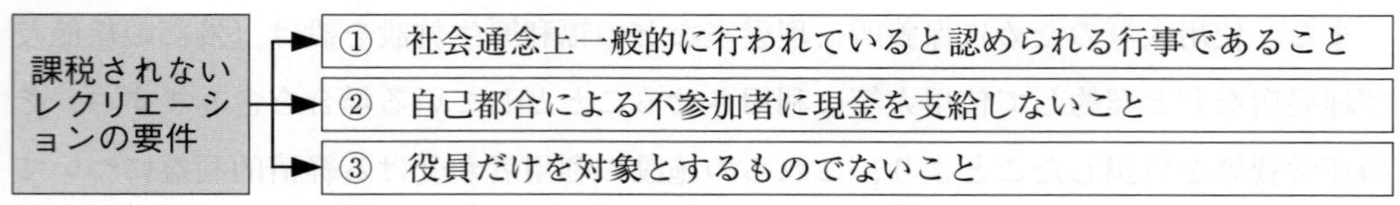

⑵　社員旅行を実施する場合の取扱い

社員旅行の企画立案、主催者、旅行の目的・規模・行程、従業員等の参加割合、使用者及び参加従業員等の負担額及び負担割合などを総合的に勘案して課税する必要があるかの判定を行います。

次に掲げるいずれの要件も満たす場合には、原則として課税されませんが、その金額が多額で社会通念上一般に行われていないような場合には給与等として課税されます（昭63直法６－９、平５課法８－１改正）。

したがって、使用人等が個人的に行う旅行に要する費用を使用者が負担（使用人等への支給を含みます。）した場合には、給与等として課税されます。

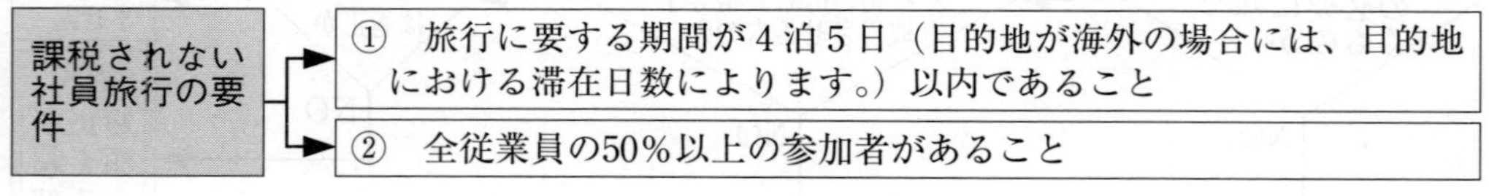

⑶　不参加者の取扱い

レクリエーション行事に参加しない人に金銭を支給した場合には、不参加の理由に応じ、それぞれ次により取り扱います。

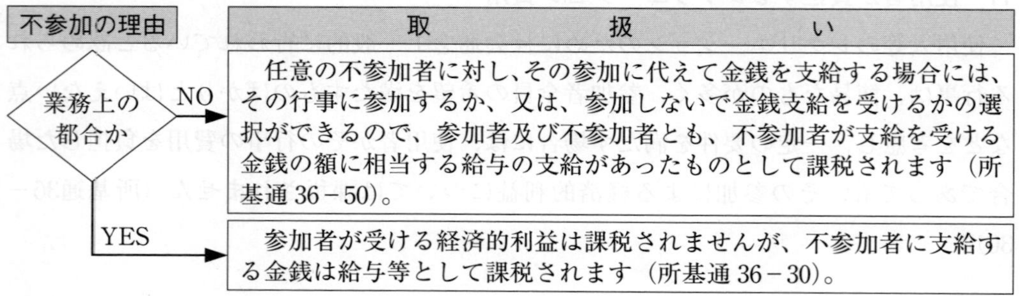

〔参考〕 レクリエーション費用の課否判定表

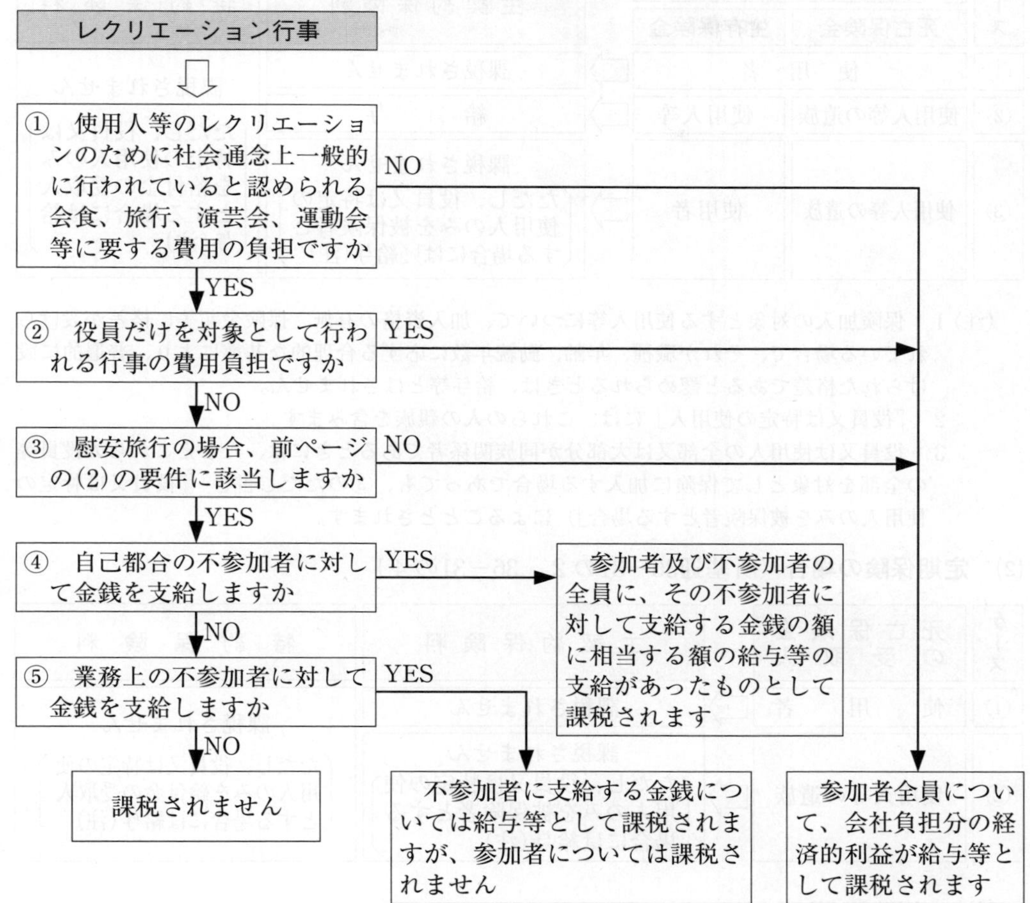

12　使用者契約の生命保険契約等

使用者が、自己を契約者とし、役員又は使用人（これらの人の親族を含み、この項において「使用人等」といいます。）を被保険者とする生命保険の保険料を支払ったことにより役員又は使用人が受ける経済的利益については、次の区分に応じ、それぞれ次により取り扱われます。

(1)　養老保険の場合（所基通36－31、36－31の４）

ケース	保険金受取人 死亡保険金	保険金受取人 生存保険金		主契約保険料	特約保険料
①	使用者	使用者	⇒	課税されません	課税されません（ただし、役員又は特定の使用人のみを給付金の受取人とする場合には給与（注））
②	使用人等の遺族	使用人等	⇒	給与	
③	使用人等の遺族	使用者	⇒	課税されません（ただし、役員又は特定の使用人のみを被保険者とする場合には½給与（注））	

（注）1　保険加入の対象とする使用人等について、加入資格の有無、保険金額等に格差が設けられている場合で、それが職種、年齢、勤続年数に応ずる合理的な基準により、普遍的に設けられた格差であると認められるときは、給与等とはされません。

2　「役員又は特定の使用人」には、これらの人の親族を含みます。

3　役員又は使用人の全部又は大部分が同族関係者であるときには、たとえこれらの役員等の全部を対象として保険に加入する場合であっても、③のただし書き（「役員又は特定の使用人のみを被保険者とする場合」）によることとされます。

(2)　定期保険の場合（所基通36－31の２、36－31の４）

ケース	死亡保険金の受取人		主契約保険料	特約保険料
①	使用者	⇒	課税されません	課税されません（ただし、役員又は特定の使用人のみを給付金の受取人とする場合には給与（注））
②	使用人等の遺族	⇒	課税されません（ただし、役員又は特定の使用人のみを被保険者とする場合には給与（注））	

（注）　上記(1)の（注）と同じです。

⑶　定期付養老保険の場合（所基通36－31の３、36－31の４）

区　分	ケース	保険金の受取人		主契約保険料		特約保険料
		死亡保険金	生存保険金	養老保険部分	定期保険部分	
保険料が区分されている場合	①	使用者		課税されません		課税されません（ただし、役員又は特定の使用人のみを被保険者とする場合には給与（注））
	②	使用人等の遺族	使用人等	給　与	課税されません（ただし、役員又は特定の使用人のみを被保険者とする場合には給与（注））	
	③	使用人等の遺族	使用者	課税されません（ただし、役員又は特定の使用人のみを被保険者とする場合には½給与（注））		
保険料が区分されていない場合	④	使用者		課税されません		
	⑤	使用人等の遺族	使用人等	給　与		
	⑥	使用人等の遺族	使用者	課税されません（ただし、役員又は特定の使用人のみを被保険者とする場合には½給与（注））		

（注）　上記⑴の（注）と同じです。

13　使用者契約の損害保険契約等

使用者が、自己を契約者とし、使用人等のために次に掲げる保険契約又は共済契約（その契約期間の満了に際し、満期返戻金、満期共済金等の給付がある場合には、その給付の受取人を使用者としている契約に限ります。）に係る保険料等を支払ったことにより使用人等が受ける経済的利益については、課税されません（所基通36－31の７）。

ただし、役員又は特定の使用人のみを対象としてその保険料を支払うこととしている場合には、その保険料の額（その契約期間の満了に際し満期返戻金、満期共済金等の給付がある場合には、支払った保険料の額から積立保険料に相当する部分の金額を控除した金額）は、その人に対する給与等とされます。

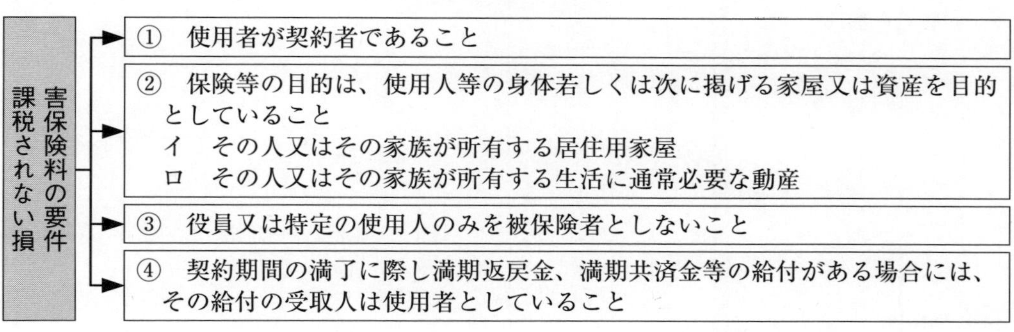

14　使用人等契約の保険契約等

使用者が、使用人等が負担すべき次に掲げるような保険料又は掛金を負担した場合には、その負担額はその使用人等に対する給与等として課税されます（所基通36－31の８）。

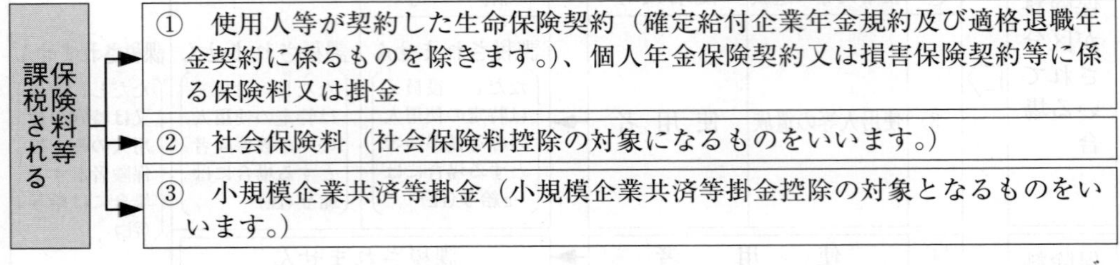

課税される保険料等
①　使用人等が契約した生命保険契約（確定給付企業年金規約及び適格退職年金契約に係るものを除きます。）、個人年金保険契約又は損害保険契約等に係る保険料又は掛金
②　社会保険料（社会保険料控除の対象になるものをいいます。）
③　小規模企業共済等掛金（小規模企業共済等掛金控除の対象となるものをいいます。）

15　少額な保険料の負担

使用者が、使用人等のために次に掲げる保険料や掛金を負担することにより、その使用人等に対して供与する経済的利益については、その人につきその月中に負担する金額の合計額が300円以下である場合に限り、課税されません。なお、年払又は半年払などの場合の300円以下かどうかの判定は、月割額によります（所基通36－32）。

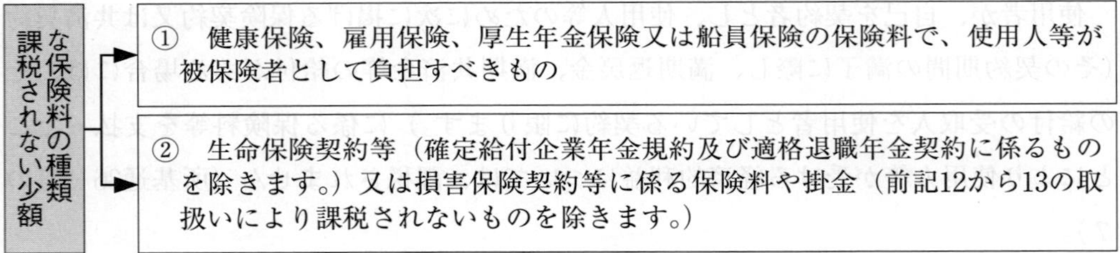

課税されない少額な保険料の種類
①　健康保険、雇用保険、厚生年金保険又は船員保険の保険料で、使用人等が被保険者として負担すべきもの
②　生命保険契約等（確定給付企業年金規約及び適格退職年金契約に係るものを除きます。）又は損害保険契約等に係る保険料や掛金（前記12から13の取扱いにより課税されないものを除きます。）

ただし、役員又は特定の使用人（これらの人の親族を含みます。）のみを対象として保険料や掛金を負担することとしている場合には、金額の多寡にかかわらず、これらの人に対する給与等として課税することとなります。

16　会社役員賠償責任保険の保険料の会社負担

使用者が会社役員賠償責任保険の保険料を負担した場合には、次のように取り扱われます（平６課法８－２）。

（注）使用者が特約部分に係る保険料を会社法上適法に負担することができる場合として、次の①及び②の手続を行った場合には、その特約部分に係る保険料を使用者が負担したとしても役員に対する給与課税を行う必要はありません。
① 取締役会の承認
② 社外取締役が過半数の構成員である任意の委員会の同意又は社外取締役全員の同意の取得

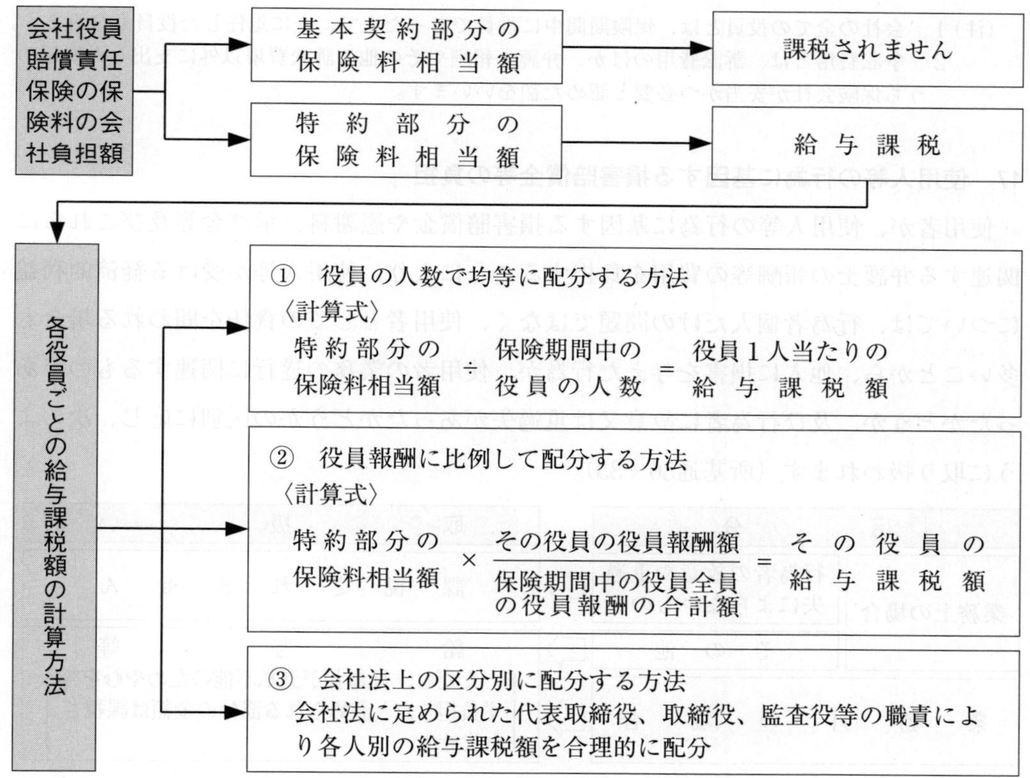

（注）役員１人当たりの給与課税額の計算に当たっては、経営活動等の状況からみて、その法人にとって合理性があり、かつ、課税上の弊害も生じない場合には上記①～③のいずれの方法を選択してもよいこととされています。

〔参考〕 **会社役員賠償責任保険の契約の概要**

損害賠償請求の形態	第三者訴訟		株主代表訴訟	
契約者	通常は会社		通常は会社	
被保険者	会社の全ての役員		会社の全ての役員	
保険金受取人	訴訟の提起を受けた役員		訴訟の提起を受けた役員	
勝訴／敗訴	賠償責任を負わない場合（役員勝訴）	賠償責任を負う場合（役員敗訴）	賠償責任を負わない場合（役員勝訴）	賠償責任を負う場合（役員敗訴）
支払われる保険金の種類	争訟費用	損害賠償金 争訟費用	争訟費用	損害賠償金 争訟費用
	←基本契約	←	→←	特約→

（注）1　会社の全ての役員とは、保険期間中に役員であった人で、既に退任した役員も含みます。
　　2　争訟費用とは、訴訟費用のほか、弁護士報酬やその他の訴訟費用以外に支出した費用のうち保険会社が妥当かつ必要と認めた額をいいます。

17　使用人等の行為に基因する損害賠償金等の負担

使用者が、使用人等の行為に基因する損害賠償金や慰謝料、示談金等及びこれらに関連する弁護士の報酬等の費用を負担することにより、使用人等が受ける経済的利益については、行為者個人だけの問題ではなく、使用者としての責任を問われる場合も多いことから、他人に損害を与えた行為が、使用者の業務の遂行に関連するものであったかどうか、及び行為者に故意又は重過失があったかどうかの区別に応じ、次のように取り扱われます（所基通36－33）。

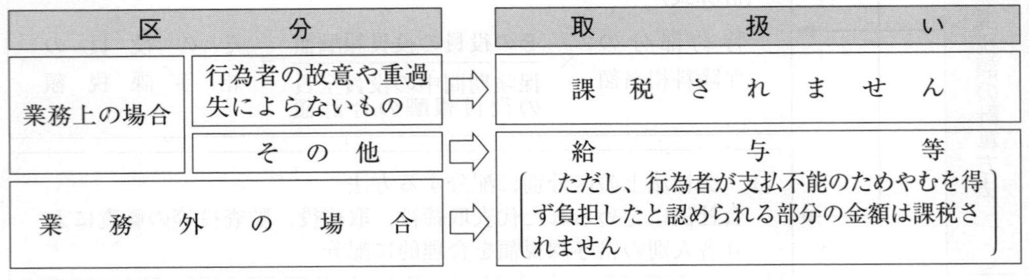

区分		取扱い
業務上の場合	行為者の故意や重過失によらないもの	課税されません
業務上の場合	その他	給与等（ただし、行為者が支払不能のためやむを得ず負担したと認められる部分の金額は課税されません）
業務外の場合		給与等（ただし、行為者が支払不能のためやむを得ず負担したと認められる部分の金額は課税されません）

18　ゴルフクラブ等の入会金等の負担

使用者がゴルフクラブやレジャークラブの入会金等を負担することにより、使用人等が受ける経済的利益については、次のように取り扱われます（所基通36－34、36－34の２～３）。

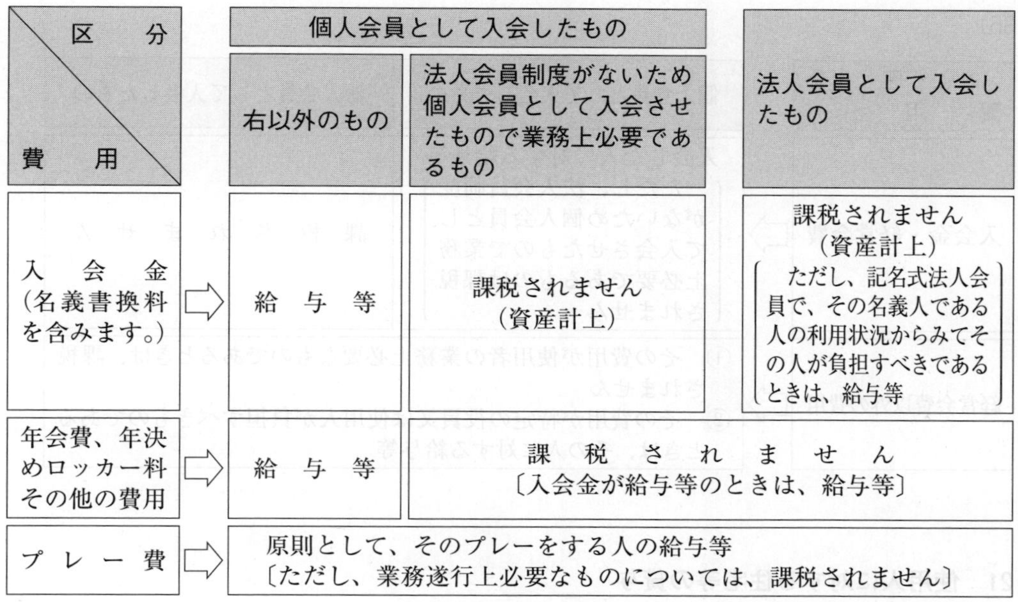

区分＼費用	個人会員として入会したもの：右以外のもの	個人会員として入会したもの：法人会員制度がないため個人会員として入会させたもので業務上必要であるもの	法人会員として入会したもの
入会金（名義書換料を含みます。）	給与等	課税されません（資産計上）	課税されません（資産計上）〔ただし、記名式法人会員で、その名義人である人の利用状況からみてその人が負担すべきであるときは、給与等〕
年会費、年決めロッカー料その他の費用	給与等	課税されません〔入会金が給与等のときは、給与等〕	
プレー費	原則として、そのプレーをする人の給与等〔ただし、業務遂行上必要なものについては、課税されません〕		

19　ロータリークラブ及びライオンズクラブの入会金等の負担

使用者が、ロータリークラブ及びライオンズクラブに対する入会金その他の費用を負担することにより、その使用人等が受ける経済的利益については、次のように取り扱われます（所基通36－35の２）。

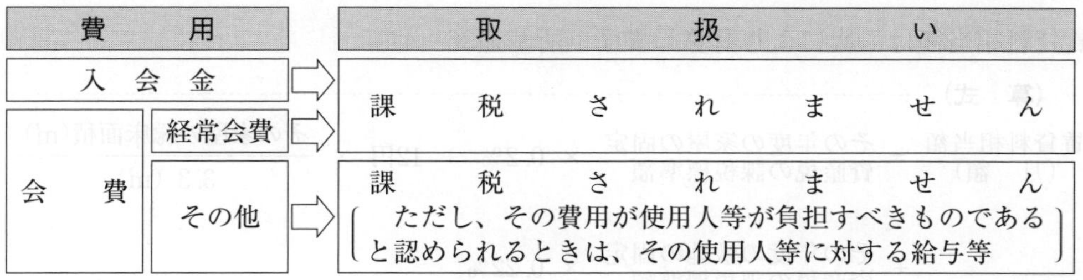

費用		取扱い
入会金		課税されません
会費	経常会費	課税されません
会費	その他	課税されません〔ただし、その費用が使用人等が負担すべきものであると認められるときは、その使用人等に対する給与等〕

20　社交団体の入会金等の負担

使用者が、社交団体（ゴルフクラブ、レジャークラブ、ロータリークラブ及びライオンズクラブを除きます。）の入会金、会費その他の費用を負担することにより、その使用人等が受ける経済的利益については、次のように取り扱われます（所基通36－35）。

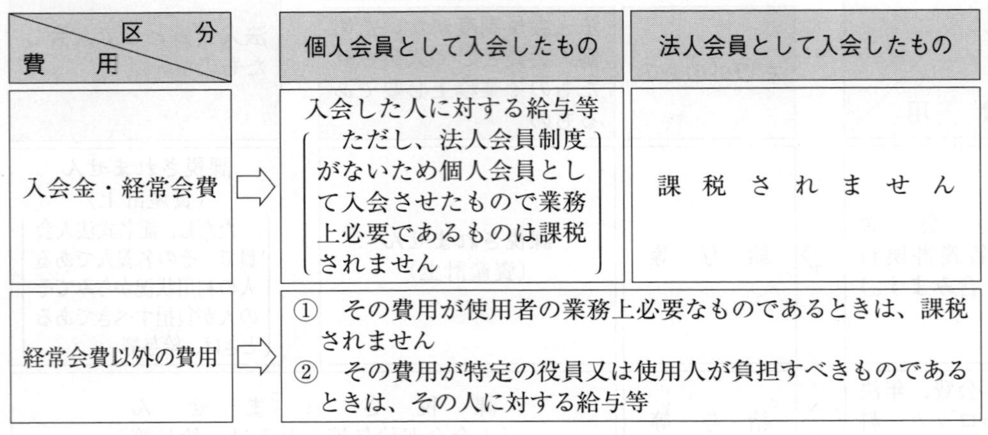

区分＼費用	個人会員として入会したもの	法人会員として入会したもの
入会金・経常会費 ⇨	入会した人に対する給与等 （ただし、法人会員制度がないため個人会員として入会させたもので業務上必要であるものは課税されません）	課　税　さ　れ　ま　せ　ん
経常会費以外の費用 ⇨	①　その費用が使用者の業務上必要なものであるときは、課税されません ②　その費用が特定の役員又は使用人が負担すべきものであるときは、その人に対する給与等	

21　使用人に対する住宅等の貸与

使用者が、使用人に対して無償又は低額の賃貸料で社宅や寮等を貸与することにより供与する経済的利益については、賃貸料相当額とその徴収している賃貸料の額との差額が給与等とされます（所令84の２、所基通36－41、36－45）。

ただし、本人から賃貸料相当額の50％以上を徴収していれば、課税されません（所基通36－47）。

〔賃貸料相当額の計算方法〕

賃貸料相当額は、次により計算します（所基通36－41）。

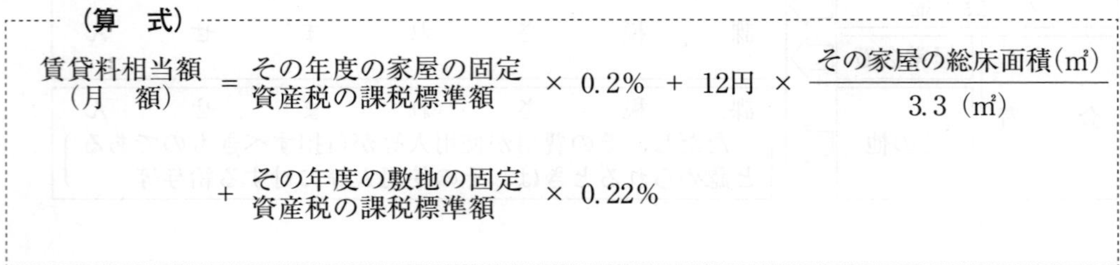

（算　式）

$$\text{賃貸料相当額（月額）} = \text{その年度の家屋の固定資産税の課税標準額} \times 0.2\% + 12\text{円} \times \frac{\text{その家屋の総床面積（m}^2\text{）}}{3.3\text{（m}^2\text{）}}$$

$$+ \text{その年度の敷地の固定資産税の課税標準額} \times 0.22\%$$

賃貸料相当額の計算に当たっての留意点
①　区分所有建物の床面積には、共通部分もあん分して加えます。（所基通36－42(1)）
②　固定資産税の課税標準額が改訂されたときは、その第１期分の納期限の月の翌月から改めます。（所基通36－42(2)）
③　固定資産税の課税標準額の改訂がその賃貸料相当額の計算の基礎となっている課税標準額の20％以内の増減であるときは、強いて賃貸料相当額の改訂をする必要はありません。（所基通36－46）
④　新築直後の建物などは類似のものの固定資産税の課税標準額に比準する価額を基として計算します。（所基通36－42(3)）
⑤　月の途中で入居したときは、その翌月から計算します。（所基通36－42(4)）

アドバイス

現金支給する住宅手当や入居者が直接契約している場合の家賃負担は、給与として課税されます。

22　役員に対する住宅等の貸与

使用者が、役員に対して無償又は低額の賃貸料で住宅等を貸与することにより供与する経済的利益については、役員に係る賃貸料相当額とその役員から徴収している賃貸料の額との差額が給与等とされます（所令84の２、所基通36－40）。

なお、役員とは社長、専務、常務、その他の取締役、執行役、会計参与、監査役などをいい、使用人兼務役員やいわゆるみなし役員も含まれます（法法２十五、法令７）。

(1) 役員に係る賃貸料相当額の計算方法

役員に係る賃貸料相当額は、次に掲げる場合の区分に応じ、それぞれ次により計算します。

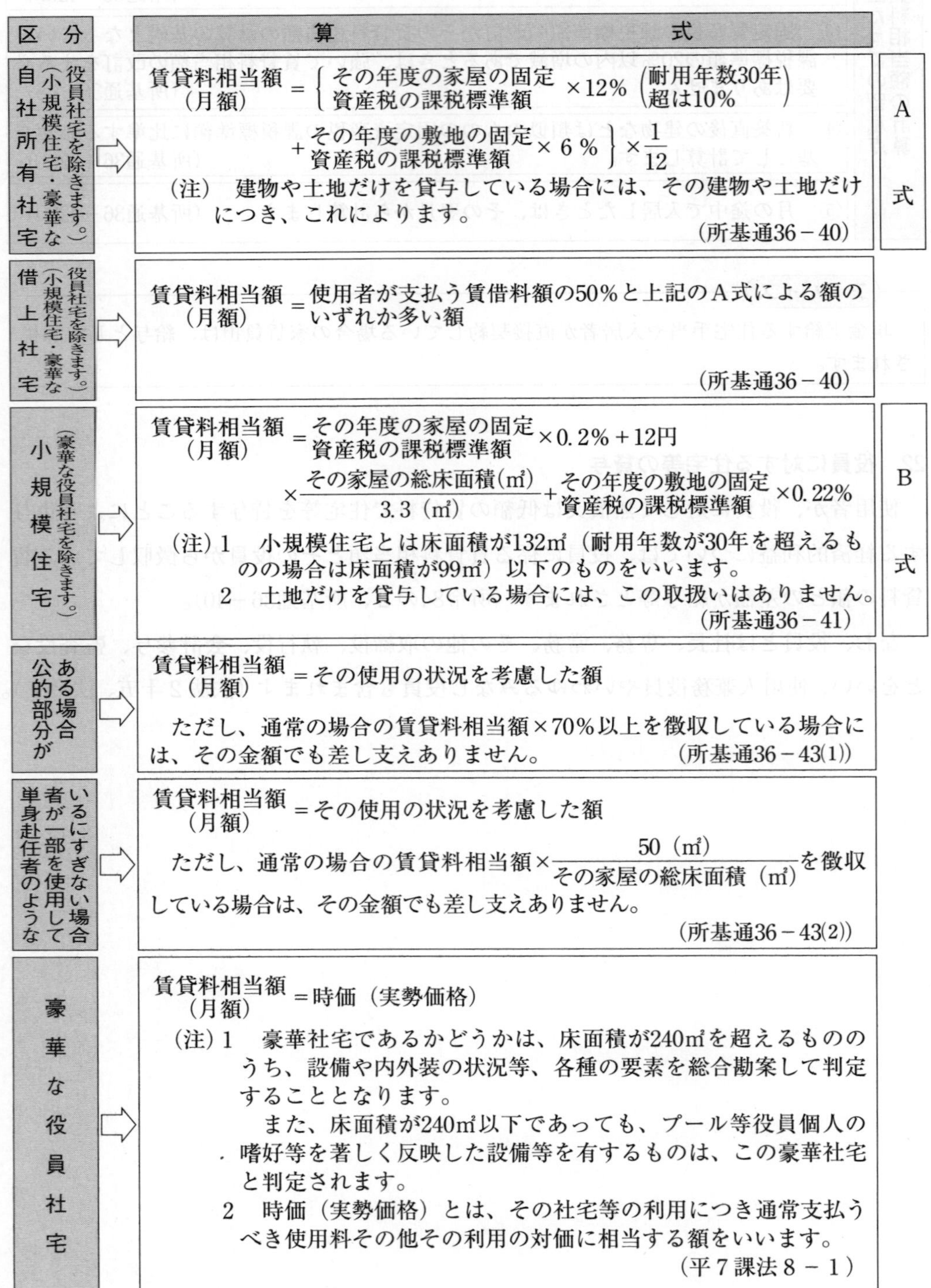

区　分	算　式	
自社所有社宅（小規模住宅・豪華な役員社宅を除きます。）	賃貸料相当額（月額）＝｛その年度の家屋の固定資産税の課税標準額×12%（耐用年数30年超は10%）＋その年度の敷地の固定資産税の課税標準額×６％｝×$\frac{1}{12}$ （注）建物や土地だけを貸与している場合には、その建物や土地だけにつき、これによります。 （所基通36－40）	A式
借上社宅（小規模住宅・豪華な役員社宅を除きます。）	賃貸料相当額（月額）＝使用者が支払う賃借料額の50%と上記のA式による額のいずれか多い額 （所基通36－40）	
小規模住宅（豪華な役員社宅を除きます。）	賃貸料相当額（月額）＝その年度の家屋の固定資産税の課税標準額×0.2%＋12円×$\frac{その家屋の総床面積(㎡)}{3.3(㎡)}$＋その年度の敷地の固定資産税の課税標準額×0.22% （注）1　小規模住宅とは床面積が132㎡（耐用年数が30年を超えるものの場合は床面積が99㎡）以下のものをいいます。 2　土地だけを貸与している場合には、この取扱いはありません。 （所基通36－41）	B式
公的部分がある場合	賃貸料相当額（月額）＝その使用の状況を考慮した額 ただし、通常の場合の賃貸料相当額×70%以上を徴収している場合には、その金額でも差し支えありません。（所基通36－43(1)）	
単身赴任者のような者が一部を使用しているにすぎない場合	賃貸料相当額（月額）＝その使用の状況を考慮した額 ただし、通常の場合の賃貸料相当額×$\frac{50(㎡)}{その家屋の総床面積(㎡)}$を徴収している場合は、その金額でも差し支えありません。 （所基通36－43(2)）	
豪華な役員社宅	賃貸料相当額（月額）＝時価（実勢価格） （注）1　豪華社宅であるかどうかは、床面積が240㎡を超えるもののうち、設備や内外装の状況等、各種の要素を総合勘案して判定することとなります。 また、床面積が240㎡以下であっても、プール等役員個人の嗜好等を著しく反映した設備等を有するものは、この豪華社宅と判定されます。 2　時価（実勢価格）とは、その社宅等の利用につき通常支払うべき使用料その他その利用の対価に相当する額をいいます。 （平７課法８－１）	

〔役員に対する社宅等の供与の課否判定表〕

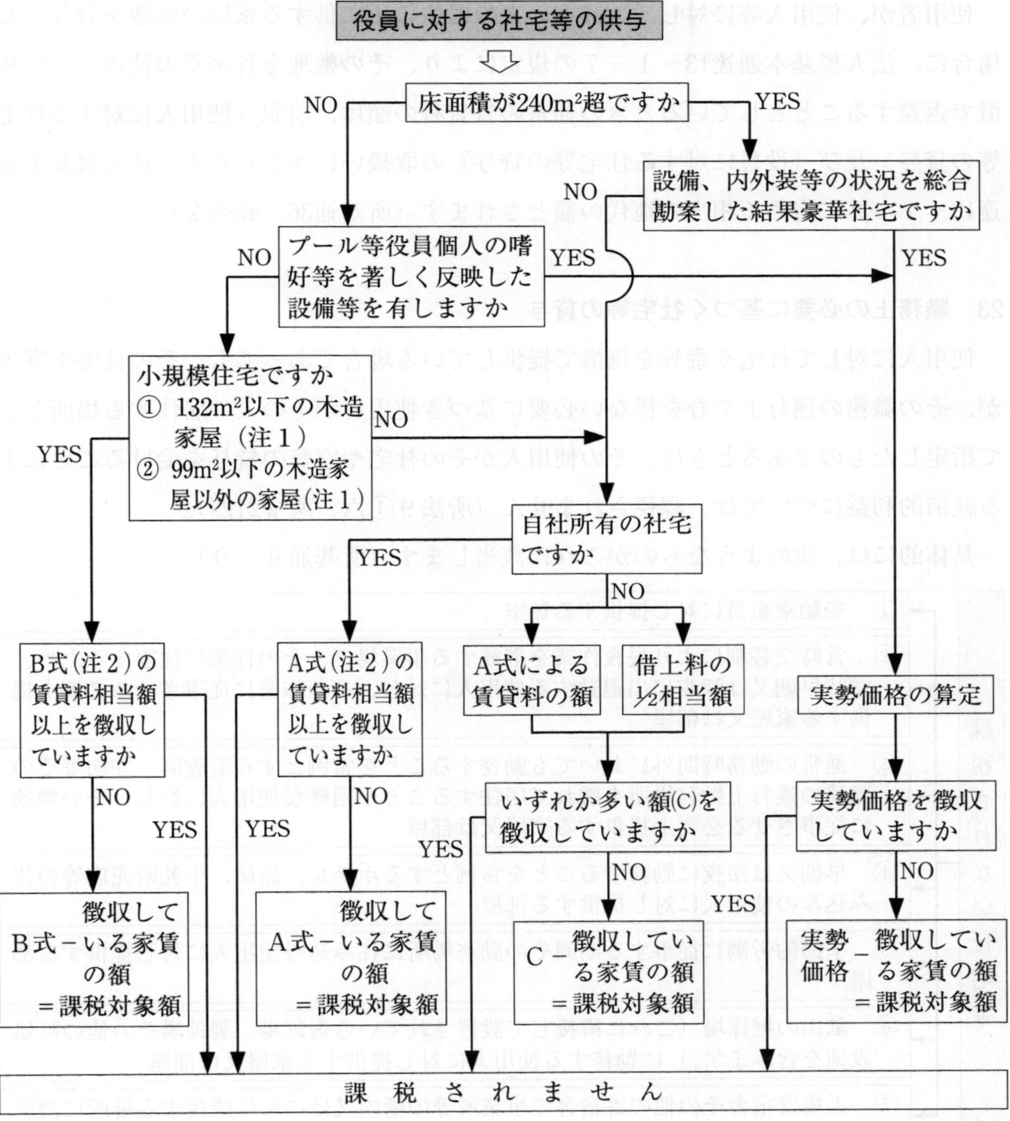

(注) 1　「木造家屋」とは、耐用年数が30年以下のものをいい、「木造家屋以外の家屋」とは耐用年数が30年を超えるものをいいます。

2　「A式」とは前ページの「自社所有社宅」の計算式を、また、「B式」とは、同「小規模住宅」の計算式をいいます。

⑵　無償返還の届出がある場合の通常の賃貸料の額

使用者が、使用人等に対し、これらの人の居住の用に供する家屋の敷地を貸与した場合に、法人税基本通達13－１－７の規定により、その敷地を将来その使用人等が無償で返還することとしているときの通常の賃貸料の額は、前記《使用人に対する住宅等の貸与》及び《役員に対する住宅等の貸与》の取扱いにかかわらず、法人税基本通達13－１－２に定める相当の地代の額とされます（所基通36－45の２）。

23　職務上の必要に基づく社宅等の貸与

使用人に対して社宅や寮等を無償で提供している場合であっても、その社宅や寮等が、その職務の遂行上やむを得ない必要に基づき使用者がその人の居住する場所として指定したものであるときは、その使用人がその社宅や寮等の貸与を受けることによる経済的利益については、課税されません（所法９①六、所令21四）。

具体的には、次のようなものがこれに該当します（所基通９－９）。

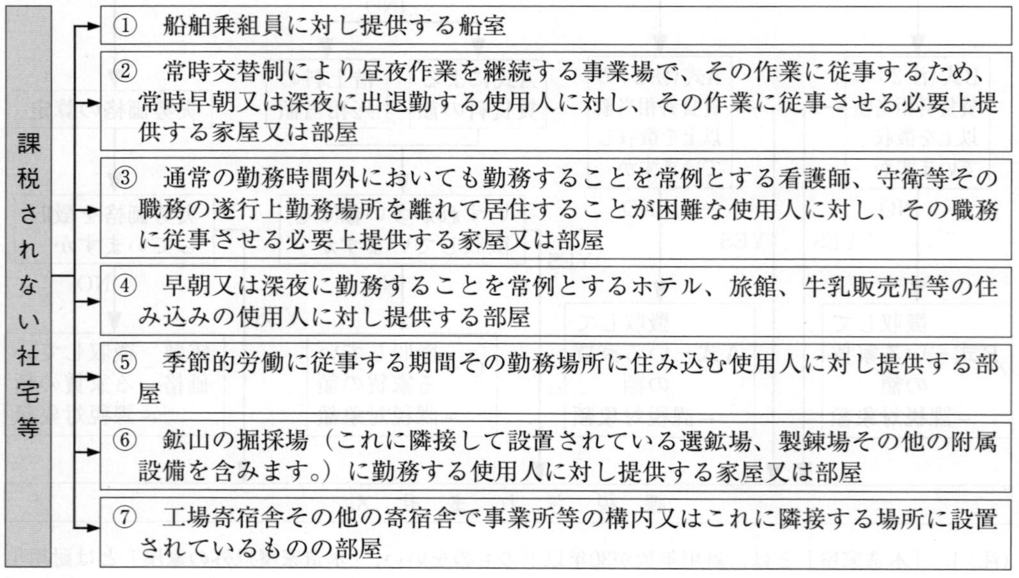

24　ストックオプションを行使して新株を取得した場合の経済的利益

ストックオプション（Stock option）とは、法人がその法人（その法人の子会社等を含みます。）の役員や使用人に対し与える自社株式の購入選択権をいいます。

この制度は業績（株価）連動型のインセンティブ報酬として位置付けられており、会社の業績が良くなり株価が高騰すると、ストックオプションを与えられた役員等はあらかじめ定められた割安な権利行使価額で自社株を購入し、その株式を市場で売却することにより多額の利益を得ることができることになります。

(1)　ストックオプションに係る課税区分等

ストックオプションに係る課税関係は、それが租税特別措置法に規定する特例の適用が受けられるストックオプション（以下「税制適格ストックオプション」といいます。）であるか、それとも特例の適用がないストックオプション（以下「税制非適格ストックオプション」といいます。）であるかにより異なります。

すなわち、税制非適格ストックオプションについては、権利行使時に原則として給与所得課税が行われ株式を売却した時に譲渡所得課税が行われるのに対し、税制適格ストックオプションについては、権利行使時の課税が行われず、株式を売却した時に権利行使による経済的利益を含めて譲渡所得として課税されることになります。

これを図で示すと、次のようになります。

種　類	区　分	権利行使時	売　却　時
税制適格ストックオプション ⇨	所得区分	―	株式の譲渡所得
	所得金額	―	売却価額－払込価額
税制非適格ストックオプション ⇨	所得区分	給与所得	株式の譲渡所得
	所得金額	権利行使時の時価－権利行使価額	売却価額－権利行使時の時価

〔参考〕

役員等が、１株の価額が500円の時に、将来の一定期間内に１株600円で新株を購入できる権利を付与され、

① その株式の価額が１株2,500円の時に、権利行使して１株購入し

② その後１株3,000円になったときに、その株式を売却した場合

の利益の額及び課税関係は次のようになります。

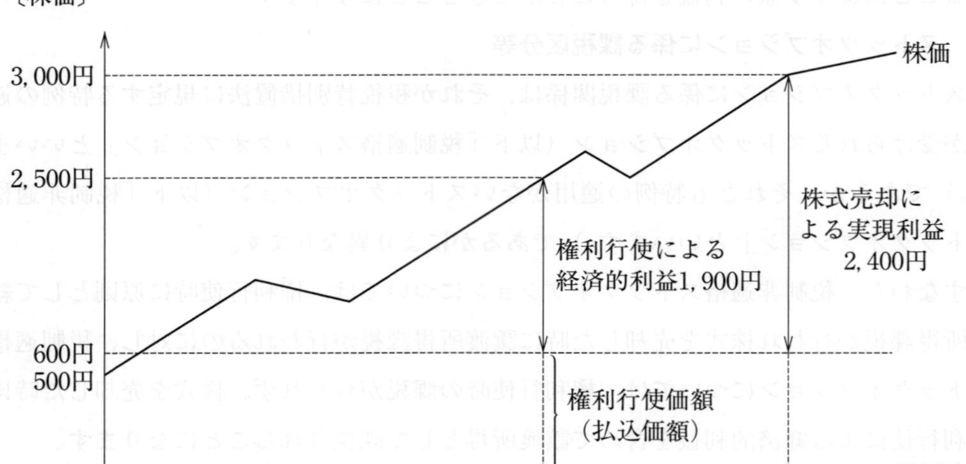

イ　利益の額

役員等は、上記①の権利行使時と②の株式売却時にそれぞれ利益を得ることとなります。

①　権利行使による経済的利益

権利行使時の時価（2,500円）－権利行使価額（600円）＝経済的利益（1,900円）

②　株式売却による実現利益

株式売却時の価額（3,000円）－権利行使価額（600円）＝実現利益（2,400円）

ロ　課税関係

(イ)　税制非適格ストックオプションの場合

①　権利行使時

権利行使時の時価（2,500円）と権利行使価額（600円）の差額（1,900円）が経済的利益となり、給与等として課税されます。

②　株式売却時

株式売却時の価額（3,000円）から、権利行使価額（600円）と①の給与等としての課税対象額（1,900円）の合計を控除した金額（500円）が株式等に係る譲渡所得等の金額として課税の対象となります。

(ロ)　税制適格ストックオプションの場合

①　権利行使時

この時点では課税関係は生じません。

②　株式売却時

株式売却時の価額（3,000円）から権利行使価額（600円）を控除した金額（2,400円）が株式等に係る譲渡所得等の金額として課税の対象となります。

(2)　税制適格ストックオプションの範囲

株式会社又はその株式会社がその発行済株式（議決権があるものに限ります。）若しくは出資の総数若しくは総額の100分の50を超える数若しくは金額の株式若しくは出資を直接若しくは間接に保有する関係にある法人の取締役、執行役若しくは使用人（一定の大口株主等を除きます。）又は特定従事者が、次の要件等が定められた付与契約に従って権利行使した場合の経済的利益については、一定の要件の下で課税されません（措法29の２）。

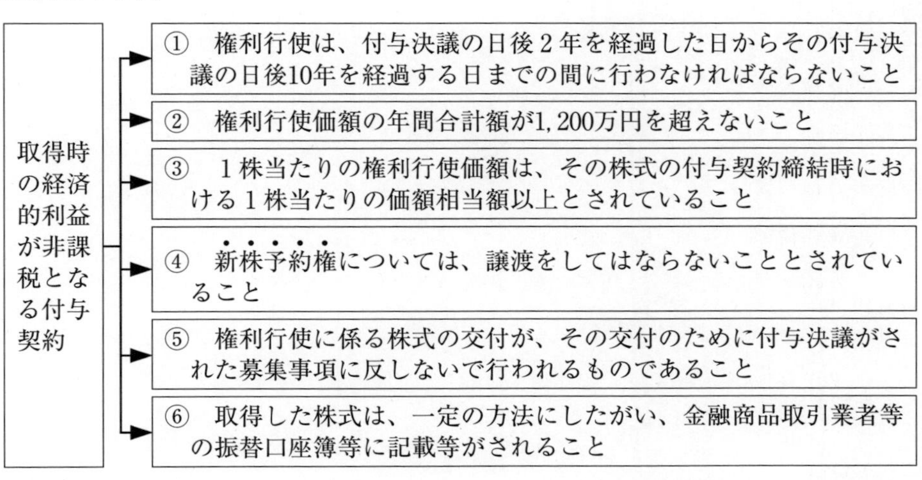

（注）１　特定従事者とは、上記の株式会社等の取締役、執行役及び使用人以外の個人で次の要件を満たす人をいいます。

①　中小企業等経営強化法第13条の認定新規中小企業者等に該当する株式会社が認定社外高度人材活用新事業分野開拓計画（新株予約権の行使の日以前に認定の取消しがあったものを除きます。）に従って行う社外高度人材活用新事業分野開拓に従事する社外高度人材であること

②　認定社外高度人材活用新事業分野開拓計画に従って新株予約権を与えられる社外高度人材であること

③　認定社外高度人材活用新事業分野開拓計画の実施時期の開始の日から新株予約権の行使の日まで引き続き居住者であること

④　付与決議のあった日においてその株式会社の大口株主又は大口株主の特別関係者に該当しないこと

2　新株予約権が特定従事者に対して与えられたものである場合には、上記「取得時の経済的利益が非課税となる付与契約」①～⑥の要件のほか、その契約を締結した日から新株予約権の行使の日までの間において国外転出をするときは、その国外転出をする時までにその新株予約権に係る契約を締結した株式会社にその旨を通知しなければならないなど一定の要件を満たす必要があります。

(3)　株式等を取得する権利を与えられた場合の所得区分等

発行法人から株式等を取得する権利を与えられた場合（株主等として与えられた場合を除きます。）で、その権利を行使した時にその発行価額と権利行使時の株式の価額との差額に係る経済的利益の所得区分は次のとおり取り扱われます（所令84、所基通23～35共－６、所基通23～35共－６の２）。

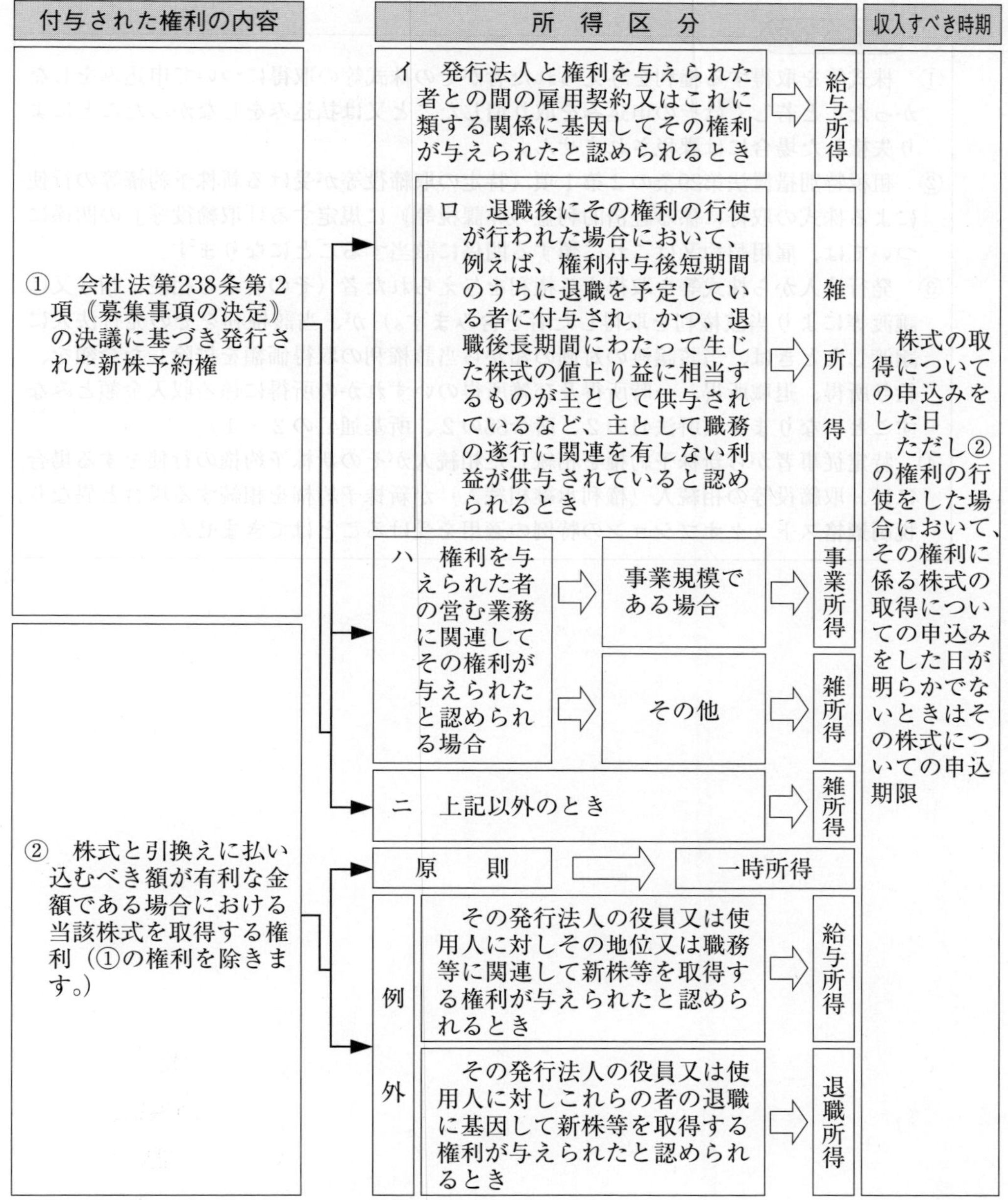
付与された権利の内容
所　得　区　分
収入すべき時期
①　会社法第238条第２項《募集事項の決定》の決議に基づき発行された新株予約権
イ　発行法人と権利を与えられた者との間の雇用契約又はこれに類する関係に基因してその権利が与えられたと認められるとき
給与所得
ロ　退職後にその権利の行使が行われた場合において、例えば、権利付与後短期間のうちに退職を予定している者に付与され、かつ、退職後長期間にわたって生じた株式の値上り益に相当するものが主として供与されているなど、主として職務の遂行に関連を有しない利益が供与されていると認められるとき
雑所得
ハ　権利を与えられた者の営む業務に関連してその権利が与えられたと認められる場合
事業規模である場合
事業所得
その他
雑所得
ニ　上記以外のとき
雑所得
株式の取得についての申込みをした日
ただし②の権利の行使をした場合において、その権利に係る株式の取得についての申込みをした日が明らかでないときはその株式についての申込期限
②　株式と引換えに払い込むべき額が有利な金額である場合における当該株式を取得する権利（①の権利を除きます。）
原　則
一時所得
例外
その発行法人の役員又は使用人に対しその地位又は職務等に関連して新株等を取得する権利が与えられたと認められるとき
給与所得
その発行法人の役員又は使用人に対しこれらの者の退職に基因して新株等を取得する権利が与えられたと認められるとき
退職所得

アドバイス

① 株式等を取得する権利を与えられた者がその株式等の取得について申込みをしなかったこと若しくはその申込みを取り消したこと又は払込みをしなかったことにより失権した場合には課税されません。

② 租税特別措置法第29条の２第１項《特定の取締役等が受ける新株予約権等の行使による株式の取得に係る経済的利益の非課税等》に規定する「取締役等」の関係については、雇用契約又はこれに類する関係に該当することになります。

③ 発行法人から株式等を取得する権利を与えられた者（その者から相続、贈与又は譲渡等により当該権利を取得した者を含みます。）が、当該権利をその発行法人に譲渡したときは、当該譲渡の対価の額から当該権利の取得価額を控除した金額を、給与所得、退職所得、一時所得及び雑所得のいずれかの所得に係る収入金額とみなすことになります（所法41の２、所令88の２、所基通41の２－１）。

④ 特定従事者から新株予約権を相続した相続人がその新株予約権の行使をする場合には、取締役等の相続人（権利承継相続人）が新株予約権を相続する場合と異なり、税制適格ストックオプションの特例の適用を受けることはできません。

第４　給与所得の課税標準

給与所得については、その年中の給与等の収入金額から給与所得控除額を控除した残額が課税標準となります（所法28②）。

給与所得の課税標準 ＝ その年中の給与等の収入金額 － 給与所得控除額

1　給与所得控除額

給与所得控除額は、給与等の収入金額に応じて次のように定められています（所法28③④）。

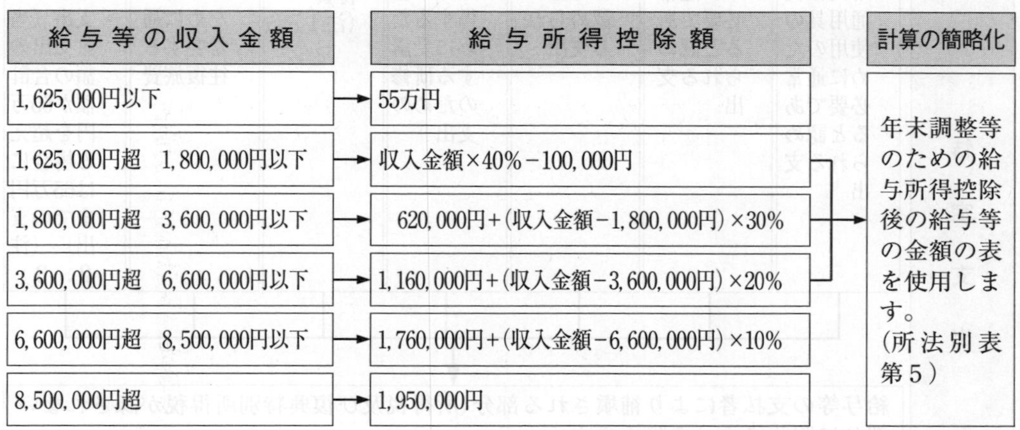

給与等の収入金額	給与所得控除額	計算の簡略化
1,625,000円以下	55万円	
1,625,000円超　1,800,000円以下	収入金額×40%－100,000円	年末調整等のための給与所得控除後の給与等の金額の表を使用します。（所法別表第５）
1,800,000円超　3,600,000円以下	620,000円＋（収入金額－1,800,000円）×30%	
3,600,000円超　6,600,000円以下	1,160,000円＋（収入金額－3,600,000円）×20%	
6,600,000円超　8,500,000円以下	1,760,000円＋（収入金額－6,600,000円）×10%	
8,500,000円超	1,950,000円	

2　給与所得控除の性格

給与所得控除は、給与所得特有の控除であり、その考え方としては次のようなものがあげられます（昭和60.3.27最高裁判決）。

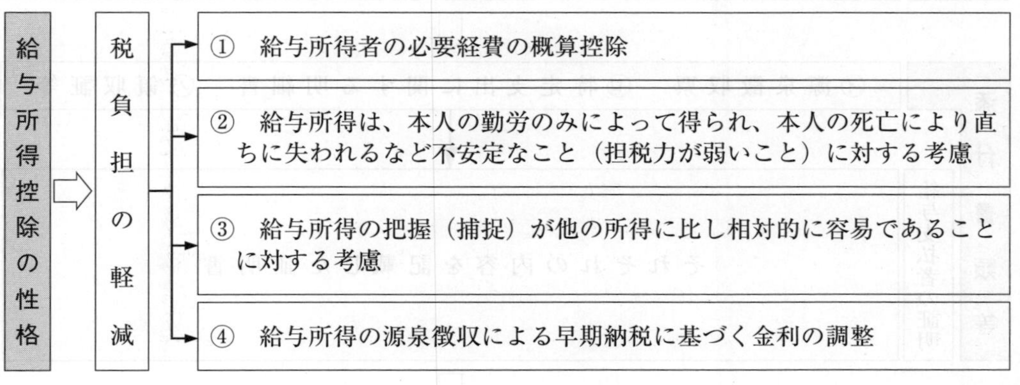

3　給与所得者の特定支出控除

給与所得者が、特定支出をした場合において、その年中の特定支出の額の合計額が、給与所得控除額の２分の１に相当する金額を超えるときは、その年分の給与所得の金額は、給与所得控除後の給与等の金額から、その超える部分の金額を控除した金額とすることができます（所法57の２①②）。

なお、特定支出とは、次に掲げる支出で、一定の要件に当てはまるものをいいます。

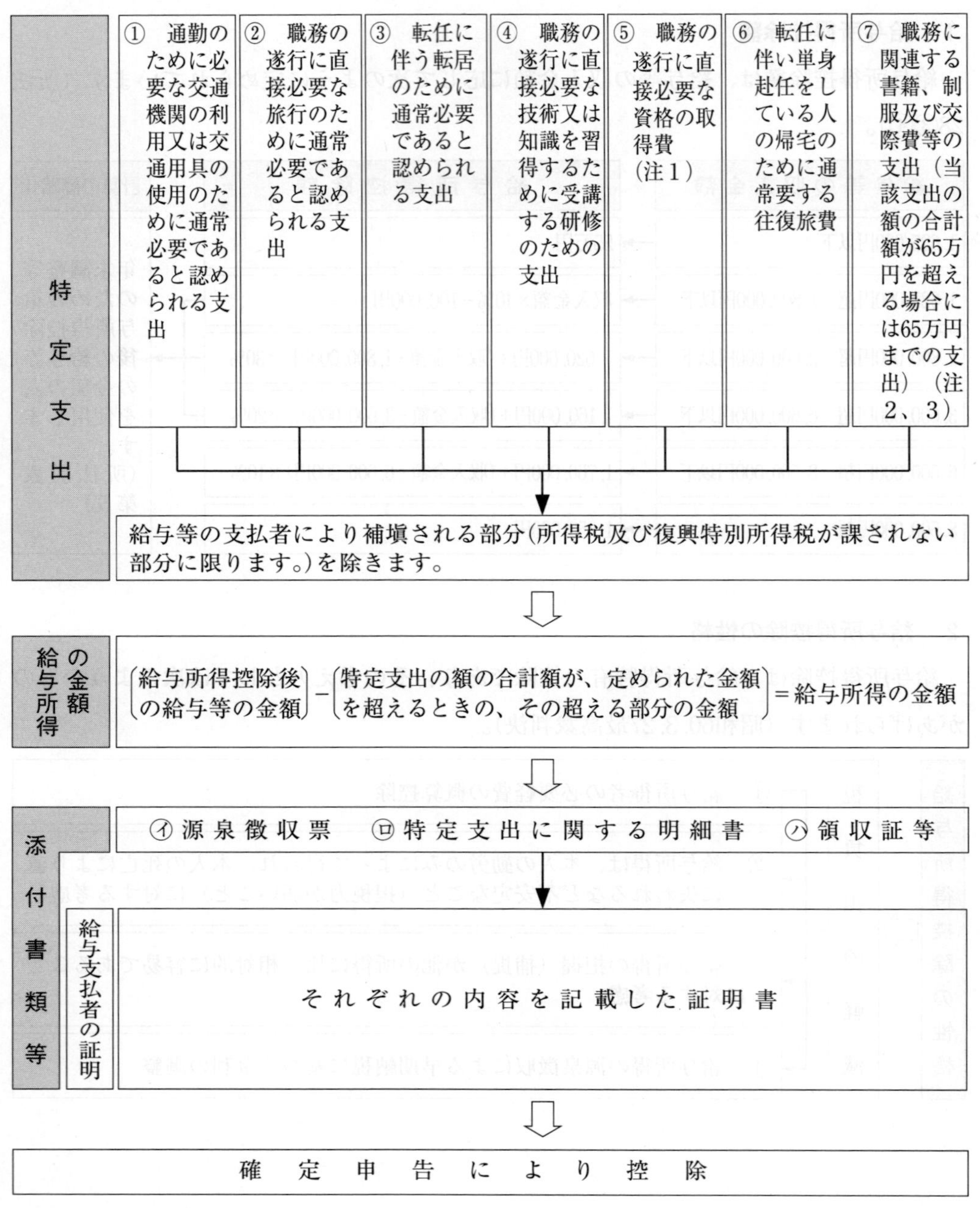

(注) 1　弁護士、公認会計士、税理士など、法令の規定に基づいてその資格を有する者に限って特定の業務を営むことができる資格の取得費を含みます。

2　書籍、定期刊行物その他の図書で職務に関連するもの等及び制服、事務服その他の勤務場所において着用が必要とされる衣服等を購入するための支出を含みます。

3　交際費、接待費その他の費用で、給与等の支払者の得意先、仕入先その他職務上関係のある者に対する接待、供応、贈答その他これらに類する行為のための支出を含みます。

第５　給与所得の収入金額の収入すべき時期

給与等の収入すべき時期は、その給与等についての収入すべき権利が確定した時とされており、具体的には次のとおり取り扱うこととされています（所法36①、所基通36－９、36－15、36－16）。

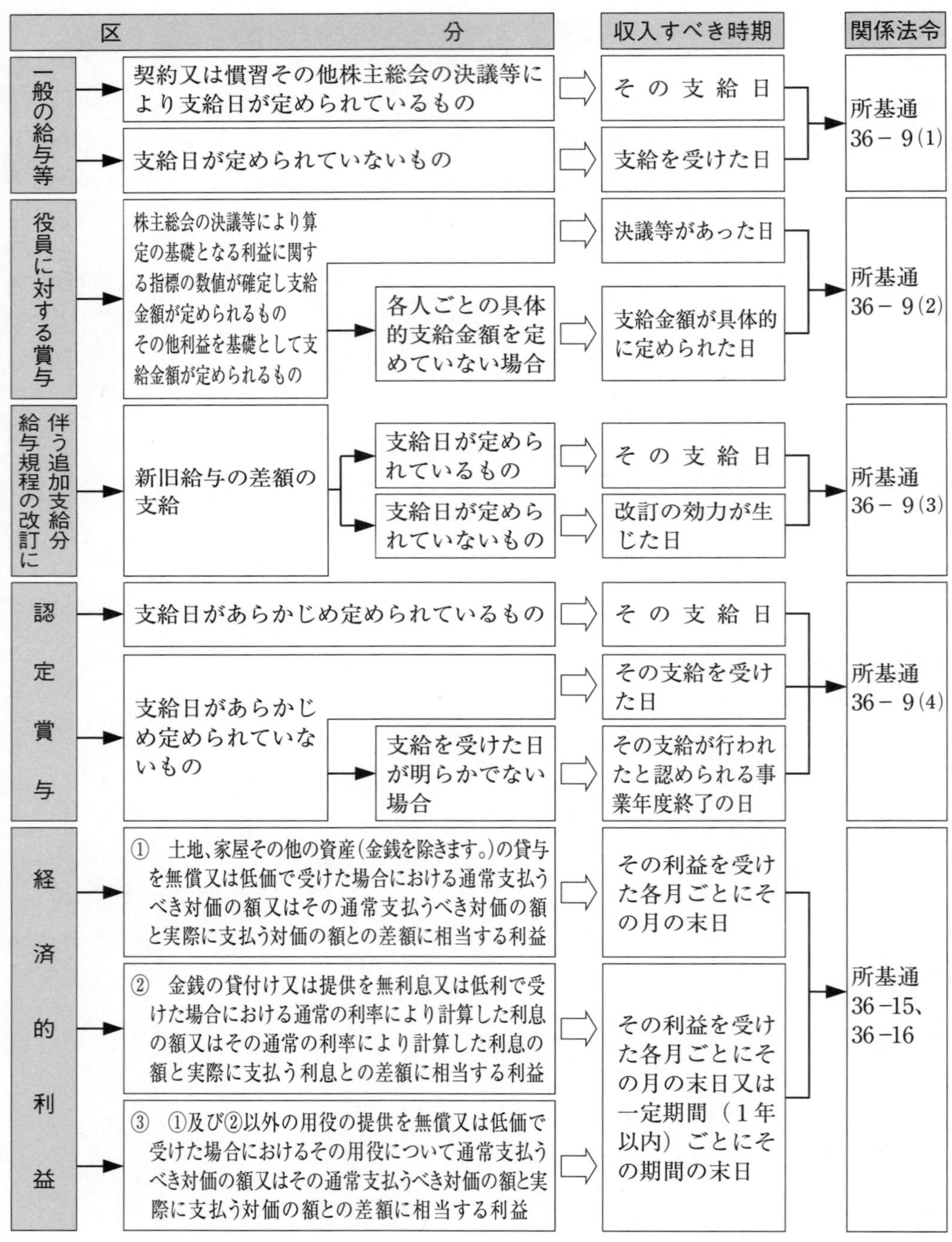

区	分		収入すべき時期	関係法令
一般の給与等	契約又は慣習その他株主総会の決議等により支給日が定められているもの		その支給日	所基通36－９(1)
	支給日が定められていないもの		支給を受けた日	
役員に対する賞与	株主総会の決議等により算定の基礎となる利益に関する指標の数値が確定し支給金額が定められるものその他利益を基礎として支給金額が定められるもの		決議等があった日	所基通36－９(2)
		各人ごとの具体的支給金額を定めていない場合	支給金額が具体的に定められた日	
給与規程の改訂に伴う追加支給分	新旧給与の差額の支給	支給日が定められているもの	その支給日	所基通36－９(3)
		支給日が定められていないもの	改訂の効力が生じた日	
認定賞与	支給日があらかじめ定められているもの		その支給日	所基通36－９(4)
	支給日があらかじめ定められていないもの		その支給を受けた日	
		支給を受けた日が明らかでない場合	その支給が行われたと認められる事業年度終了の日	
経済的利益	①　土地、家屋その他の資産（金銭を除きます。）の貸与を無償又は低価で受けた場合における通常支払うべき対価の額又はその通常支払うべき対価の額と実際に支払う対価の額との差額に相当する利益		その利益を受けた各月ごとにその月の末日	所基通36－15、36－16
	②　金銭の貸付け又は提供を無利息又は低利で受けた場合における通常の利率により計算した利息の額又はその通常の利率により計算した利息の額と実際に支払う利息との差額に相当する利益		その利益を受けた各月ごとにその月の末日又は一定期間（１年以内）ごとにその期間の末日	
	③　①及び②以外の用役の提供を無償又は低価で受けた場合におけるその用役について通常支払うべき対価の額又はその通常支払うべき対価の額と実際に支払う対価の額との差額に相当する利益			

第６　源泉徴収の際に控除される諸控除

１　諸控除の種類

所得税は、納税者の担税力に応じた課税を行うことなどを目的とするため、その課税に当たっては、各種の控除を行うこととしています。

この控除には、各人の所得金額から控除する「所得控除」と、各人の所得税額から控除する「税額控除」とがあります。

また、これらの控除には、源泉徴収の段階で控除されるものと確定申告によってのみ控除されるものとがあります。これらの控除の種類、方法等をまとめると、次のようになります。

控除の種類		控除の方法等			
		源泉徴収の段階で控除されるもの		源泉徴収の段階で控除を受けるために提出する申告書	確定申告によって控除されるもの（注１）
		月々の源泉徴収の際に控除されるもの	年末調整の際に控除されるもの		
所得控除	雑損控除（所法72）	－	－	－	○
	医療費控除（所法73、措法41の17）	－	－	－	○
	社会保険料控除（所法74、措法41の７）・小規模企業共済等掛金控除（所法75）　給与から控除されるもの	○	○	－	－
	社会保険料控除・小規模企業共済等掛金控除　本人が直接支払うもの	－	○	給与所得者の保険料控除申告書	△
	生命保険料控除（所法76）	－	○	給与所得者の保険料控除申告書	△
	地震保険料控除（所法77）	－	○	給与所得者の保険料控除申告書	△
	寄附金控除（所法78、措法41の18①、41の18の２①、41の19）	－	－	－	○
	障害者控除（所法79）	○	○	給与所得者の扶養控除等申告書	△
	寡婦控除（所法80）	○	○	給与所得者の扶養控除等申告書	△
	ひとり親控除（所法81）	△（注３）	○	給与所得者の扶養控除等申告書	△
	勤労学生控除（所法82）	○	○	給与所得者の扶養控除等申告書	△
	配偶者控除（所法83）	○（注２）	○	給与所得者の扶養控除等申告書、従たる給与についての扶養控除等申告書又は給与所得者の配偶者控除等申告書	△
	配偶者特別控除（所法83の２）	○（注２）	○	給与所得者の扶養控除等申告書、従たる給与についての扶養控除等申告書又は給与所得者の配偶者控除等申告書	△
	扶養控除（所法84、措法41の16）	○	○	給与所得者の扶養控除等申告書又は従たる給与についての扶養控除等申告書	△
	基礎控除（所法86）	○	○	給与所得者の基礎控除申告書	△
税額控除	配当控除（所法92、措法９）	－	－	－	○
	分配時調整外国税相当額控除（所法93）	－	－	－	○
	外国税額控除（所法95、95の２）	－	－	－	○
	（特定増改築等）住宅借入金等特別控除（措法41、41の２、41の２の２、41の３の２）	－	（２年目以降）○	給与所得者の（特定増改築等）住宅借入金等特別控除申告書	（初年度）○（△）
	政党等寄附金特別控除（措法41の18②）	－	－	－	○
	認定NPO法人等寄附金特別控除（措法41の18の２②）	－	－	－	○

公益社団法人等寄附金特別控除（措法41の18の３）	－	－	－	○
住宅耐震改修特別控除（措法41の19の２）	－	－	－	○(注４)
住宅特定改修特別税額控除（措法41の19の３）	－	－	－	○(注５)
認定住宅新築等特別税額控除（措法41の19の４）	－	－	－	○(注５)

（注）１　源泉徴収の段階で控除を受けなかったものについては、確定申告により控除を受けることができます（△印）。

２　源泉控除対象配偶者に該当する場合のみ月々の源泉徴収の際に控除されます。

３　令和３年１月から適用となります（令和２年分の所得税については、年末調整において控除されます。）。

４　住宅借入金等特別控除（要耐震改修住宅に係るものに限ります。）との選択適用になります。

５　（特定増改築等）住宅借入金等特別控除との選択適用となります。

2　所得控除

(1)　社会保険料控除

所得者が社会保険料を支払った場合や給与等から控除された場合には、その全額が所得から控除されます（所法74、所令208、措法41の７②）。

控除の対象となる社会保険料 ⇨	①　健康保険、雇用保険、国民年金、厚生年金保険、船員保険又は農業者年金の保険料で被保険者として負担するもの ②　健康保険法附則又は船員保険法附則の規定により被保険者が承認法人等に支払う金銭 ③　国民健康保険の保険料又は国民健康保険税 ④　高齢者の医療の確保に関する法律の規定による保険料 ⑤　介護保険法の規定による介護保険料 ⑥　国民年金基金の加入員として負担する掛金 ⑦　改正前の厚生年金保険法の規定により存続厚生年金基金の加入員として負担する掛金 ⑧　労働者災害補償保険の特別加入者として負担する保険料 ⑨　国家公務員共済組合法、地方公務員等共済組合法、恩給法の規定による掛金又は納金（地方公務員等共済組合法にあっては特別掛金を含みます。） ⑩　私立学校教職員共済法の規定により加入者として負担する掛金 ⑪　地方公共団体の職員が条例の規定により組織する互助会の行う職員の相互扶助に関する制度で一定の要件を備えているものとして所轄税務署長の承認を受けた制度に基づき、その職員が負担する掛金 ⑫　公庫等の復帰希望職員の掛金
対象額 ⇨	次の人の負担すべき社会保険料 ①　所得者本人　　②　所得者本人と生計を一にする配偶者、親族
控除額 ⇨	その年中に支払った保険料の全額

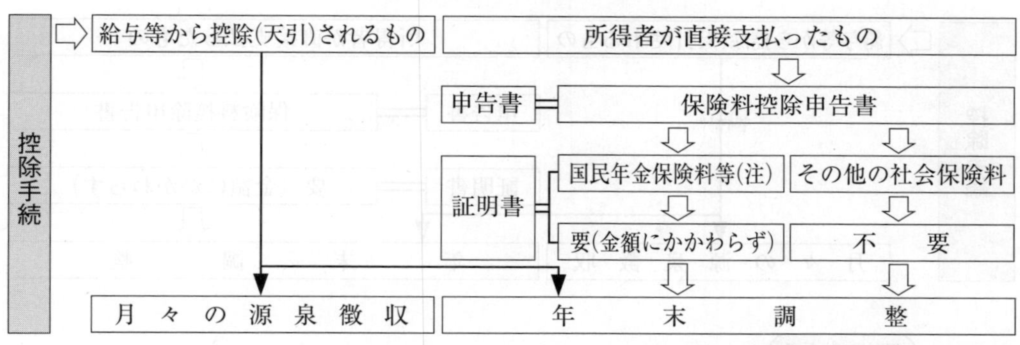

(注)　国民年金保険料等とは、国民年金法の規定により被保険者として負担する国民年金の保険料及び国民年金基金の加入員として負担する掛金をいいます（所法74②、所令319)。

アドバイス

国民年金の保険料及び国民年金基金の掛金については、証明書が必要です。

(2)　小規模企業共済等掛金控除

所得者が小規模企業共済等掛金を支払った場合や給与等から控除された場合には、その掛金の全額が所得から控除されます（所法75、所令20②、208の２)。

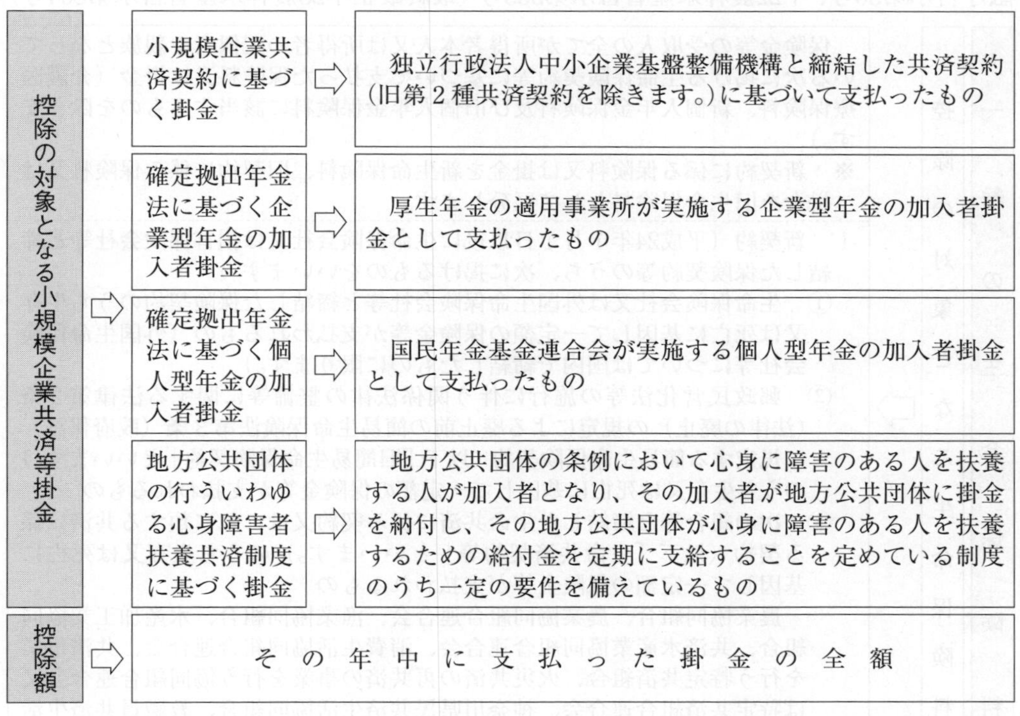

控除の対象となる小規模企業共済等掛金	小規模企業共済契約に基づく掛金	独立行政法人中小企業基盤整備機構と締結した共済契約(旧第２種共済契約を除きます。)に基づいて支払ったもの
	確定拠出年金法に基づく企業型年金の加入者掛金	厚生年金の適用事業所が実施する企業型年金の加入者掛金として支払ったもの
	確定拠出年金法に基づく個人型年金の加入者掛金	国民年金基金連合会が実施する個人型年金の加入者掛金として支払ったもの
	地方公共団体の行ういわゆる心身障害者扶養共済制度に基づく掛金	地方公共団体の条例において心身に障害のある人を扶養する人が加入者となり、その加入者が地方公共団体に掛金を納付し、その地方公共団体が心身に障害のある人を扶養するための給付金を定期に支給することを定めている制度のうち一定の要件を備えているもの
控除額	その年中に支払った掛金の全額	

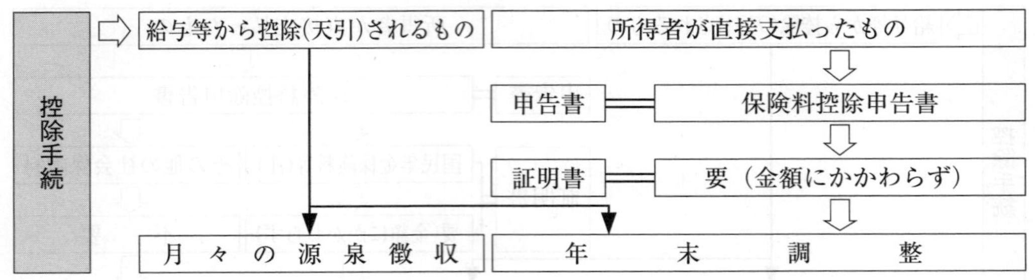

アドバイス

独立行政法人中小企業基盤整備機構と契約した旧第２種共済契約に基づいて支払った掛金は、生命保険料控除の対象となります。

(3)　生命保険料控除

所得者が、一般の生命保険料、介護医療保険料又は個人年金保険料を支払った場合には、生命保険料控除として、一定金額の控除を受けられます（所法76、所令208の３、208の４、208の５、208の６、208の７、208の８、209、210、210の２、211、212、措法４の４②、昭62大蔵省告示第159号（最終改正平30財務省告示第243号）、平22金融庁告示第36号、平22農林水産省告示第535号（最終改正平28農林水産省告示第864号）。

一般の生命保険料	控除の対象となる生命保険料	
		保険金等の受取人の全てが所得者本人又は所得者の配偶者や親族となっている次に掲げる生命保険契約等に基づいて支払った保険料又は掛金（介護医療保険料、新個人年金保険料及び旧個人年金保険料に該当するものを除きます。） ※　新契約に係る保険料又は掛金を新生命保険料、旧契約に係る保険料又は掛金を旧生命保険料として区分します。
		１　新契約（平成24年１月１日以後に生命保険会社又は損害保険会社等と締結した保険契約等のうち、次に掲げるものをいいます。） ①　生命保険会社又は外国生命保険会社等と締結した保険契約のうち生存又は死亡に基因して一定額の保険金等が支払われるもの（外国生命保険会社等については国内で締結したものに限ります。） ②　郵政民営化法等の施行に伴う関係法律の整備等に関する法律第２条（法律の廃止）の規定による廃止前の簡易生命保険法第３条（政府保証）に規定する簡易生命保険契約（以下「旧簡易生命保険契約」といいます。）のうち生存又は死亡に基因して一定額の保険金等が支払われるもの ③　次の組合等と締結した生命共済に係る契約又はこれに類する共済に係る契約（以下「生命共済契約等」といいます。）のうち生存又は死亡に基因して一定額の保険金等が支払われるもの 農業協同組合、農業協同組合連合会、漁業協同組合、水産加工業協同組合、共済水産業協同組合連合会、消費生活協同組合連合会、共済事業を行う特定共済組合、火災共済の再共済の事業を行う協同組合連合会又は特定共済組合連合会、神奈川県民共済生活協同組合、教職員共済生活協同組合、警察職員生活協同組合、埼玉県民共済生活協同組合、全国交通運輸産業労働者共済生活協同組合、電気通信産業労働者共済生活協同

一般の生命保険料	控除の対象となる生命保険料	⇒	組合、全国理容生活衛生同業組合連合会、独立行政法人中小企業基盤整備機構 ④　確定給付企業年金に係る規約 ⑤　適格退職年金契約 (注)　①～③の契約等に係るものにあっては生存又は死亡に基因して一定額の保険金等を支払うことを約する部分に係るものなど一定のものに限ります。 ２　旧契約（平成23年12月31日以前に生命保険会社又は損害保険会社等と締結した保険契約等のうち、次に掲げるものをいいます。） ①　上記１の①の契約 ②　旧簡易生命保険契約 ③　生命共済契約等 ④　生命保険会社、外国生命保険会社等、損害保険会社又は外国損害保険会社等と締結した疾病又は身体の傷害その他これらに類する事由により保険金等が支払われる保険契約のうち、医療費等支払事由(注)に基因して保険金等が支払われるもの ⑤　上記１の④及び⑤の契約等 (注)　「医療費等支払事由」とは、次に掲げる事由をいいます。 ・　疾病にかかったこと又は身体の傷害を受けたことを原因とする人の状態に基因して生ずる医療費その他の費用を支払ったこと ・　疾病若しくは身体の傷害又はこれらを原因とする人の状態（約款に、これらの事由に基因して一定額の保険金等を支払う旨の定めがある場合に限ります。） ・　疾病又は身体の傷害により就業することができなくなったこと
	控除の対象とならない生命保険料	⇒	次の①～⑤の契約等に基づいて支払った保険料又は掛金 ①　保険期間又は共済期間が５年に満たない保険契約又は共済契約のうち、被保険者が保険期間又は共済期間の満了の日に生存している場合や保険期間又は共済期間中に災害、特定の感染症その他これらに類する特別の事由で死亡した場合にだけ保険金等を支払うこととされている、いわゆる貯蓄保険（共済） ②　外国生命（損害）保険会社等と国外で締結した保険契約 ③　海外旅行期間内に発生した疾病等に基因して保険金等が支払われるもの ④　傷害保険契約 ⑤　財形貯蓄契約、財形年金貯蓄契約又は財形住宅貯蓄契約に基づく生命（損害）保険契約又は生命共済契約
介護医療保険料	控除の対象となる生命保険料	⇒	平成24年１月１日以後に生命保険会社又は損害保険会社等と締結した次に掲げる保険契約等のうち、保険金等の受取人の全てが所得者本人又は所得者の配偶者や親族となっているものに基づき支払った保険料又は掛金で、医療費等支払事由に基因して保険金等を支払うことを約する部分に係るものなど一定のもの ①　上記「一般の生命保険料の控除の対象となる生命保険料」２の④の契約 ②　疾病又は身体の傷害その他これらに類する事由に基因して保険金等が支払われる旧簡易生命保険契約又は生命共済契約等（上記「一般の生命保険料の控除の対象となる生命保険料」１の②③を除きます。）のうち医療費等支払事由に基因して保険金等が支払われるもの

個人年金保険料

控除の対象となる生命保険料 ⇨

一般の生命保険料に掲げる生命保険契約等のうち、年金を給付する定めのあるもの（退職年金を給付する定めのあるものは除きます。）で、次に掲げる契約に基づいて支払った保険料又は掛金

※　平成24年1月1日以後に締結されたものに係る保険料又は掛金を新個人年金保険料、平成23年12月31日以前に締結されたものに係る保険料又は掛金を旧個人年金保険料として区分します。

区　分	契約の範囲
①　生命保険契約	契約の内容が次のイからニまでの要件を満たすもの イ　年金以外の金銭の支払（剰余金の分配及び解約返戻金の支払を除きます。）は、被保険者が死亡し又は重度の障害に該当することとなった場合に限り行うものであること ロ　イの金銭の額は、その契約の締結日以後の期間又は支払保険料の総額に応じて逓増的に定められていること ハ　年金の支払は、その支払期間を通じて年1回以上定期に行うものであり、かつ、年金の一部を一括して支払う旨の定めがないこと ニ　剰余金の分配は、年金支払開始日前に行わないもの又はその年の払込保険料の範囲内の額とするものであること
②　旧簡易生命保険契約	契約の内容が上記①のイからニまでの要件を満たすもの
③　農協・漁協等の生命共済契約	契約の内容が上記①のイからニまでの要件に相当する要件その他の財務省令で定める要件を満たすもの
④　③以外の生命共済契約	一定の要件を満たすものとして、財務大臣が指定するもの

契約の要件	
年金の受取人	保険料等の払込みをする人又はその配偶者が生存している場合には、これらの人のいずれかとするものであること
保険料等の払込方法	年金支払開始日前10年以上の期間にわたって定期に行うものであること
年金の支払方法	年金の支払は、次のいずれかとするものであること ①　年金の受取人の年齢が60歳に達した日以後の日(注)で、その契約で定める日以後10年以上の期間にわたって定期に行うものであること (注)　契約で定める日は、次の日以後とすること イ　1月から6月までの間に60歳となる人……前年の7月1日 ロ　7月以後に60歳となる人……その年の1月1日 ②　年金受取人が生存している期間にわたって定期に行うものであること ③　①の年金の支払のほか、被保険者の重度の障害を原因として年金の支払を開始し、かつ、年金の支払開始日以後10年以上の期間にわたって、又はその人が生存している期間にわたって定期に行うものであること

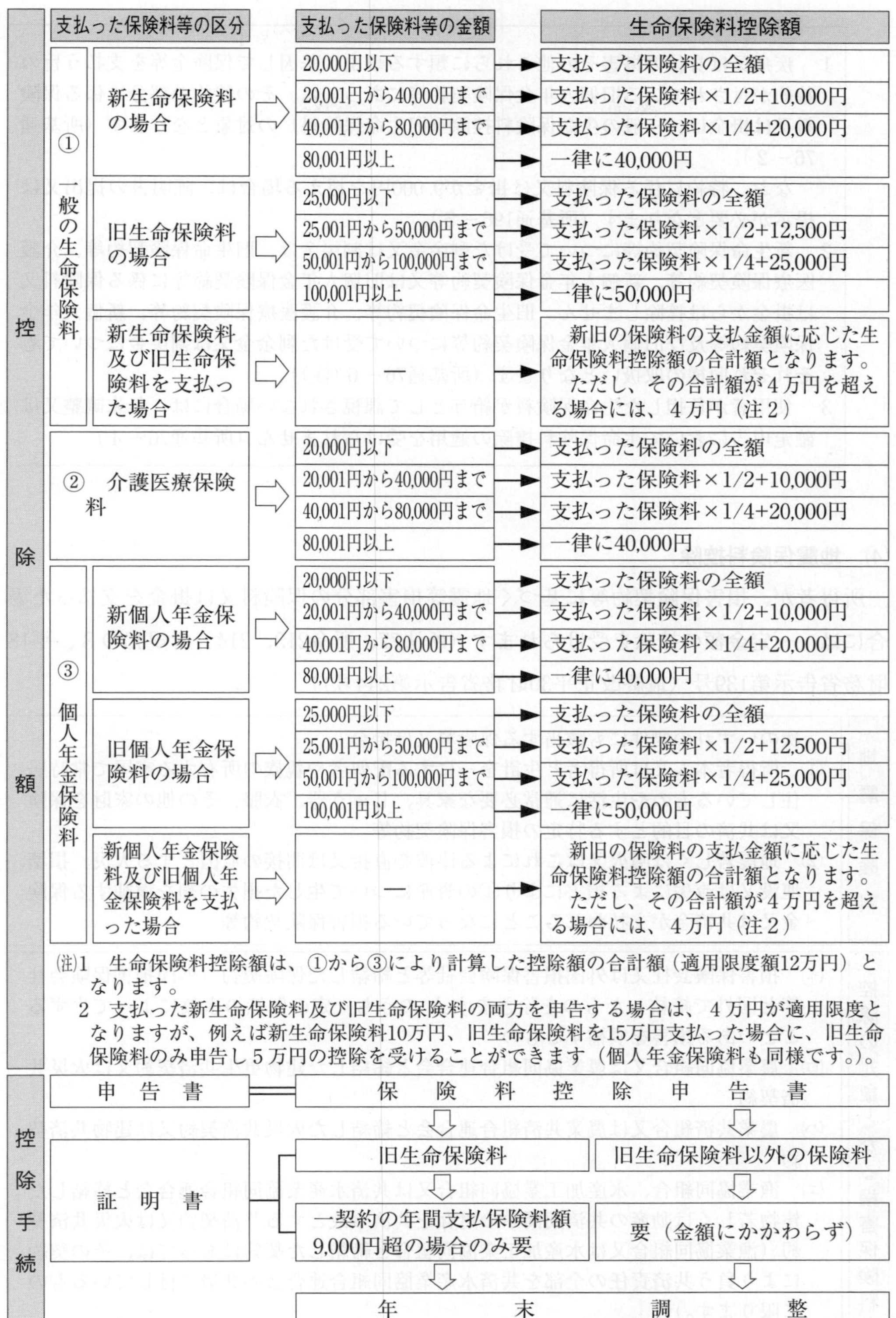

	支払った保険料等の区分		支払った保険料等の金額	生命保険料控除額
控除額	①一般の生命保険料	新生命保険料の場合	20,000円以下	支払った保険料の全額
			20,001円から40,000円まで	支払った保険料×1/2+10,000円
			40,001円から80,000円まで	支払った保険料×1/4+20,000円
			80,001円以上	一律に40,000円
		旧生命保険料の場合	25,000円以下	支払った保険料の全額
			25,001円から50,000円まで	支払った保険料×1/2+12,500円
			50,001円から100,000円まで	支払った保険料×1/4+25,000円
			100,001円以上	一律に50,000円
		新生命保険料及び旧生命保険料を支払った場合	—	新旧の保険料の支払金額に応じた生命保険料控除額の合計額となります。ただし、その合計額が４万円を超える場合には、４万円（注２）
	②介護医療保険料		20,000円以下	支払った保険料の全額
			20,001円から40,000円まで	支払った保険料×1/2+10,000円
			40,001円から80,000円まで	支払った保険料×1/4+20,000円
			80,001円以上	一律に40,000円
	③個人年金保険料	新個人年金保険料の場合	20,000円以下	支払った保険料の全額
			20,001円から40,000円まで	支払った保険料×1/2+10,000円
			40,001円から80,000円まで	支払った保険料×1/4+20,000円
			80,001円以上	一律に40,000円
		旧個人年金保険料の場合	25,000円以下	支払った保険料の全額
			25,001円から50,000円まで	支払った保険料×1/2+12,500円
			50,001円から100,000円まで	支払った保険料×1/4+25,000円
			100,001円以上	一律に50,000円
		新個人年金保険料及び旧個人年金保険料を支払った場合	—	新旧の保険料の支払金額に応じた生命保険料控除額の合計額となります。ただし、その合計額が４万円を超える場合には、４万円（注２）

(注)１　生命保険料控除額は、①から③により計算した控除額の合計額（適用限度額12万円）となります。

２　支払った新生命保険料及び旧生命保険料の両方を申告する場合は、４万円が適用限度となりますが、例えば新生命保険料10万円、旧生命保険料を15万円支払った場合に、旧生命保険料のみ申告し５万円の控除を受けることができます（個人年金保険料も同様です。）。

控除手続			
申告書	保険料控除申告書		
証明書	旧生命保険料	旧生命保険料以外の保険料	
	一契約の年間支払保険料額9,000円超の場合のみ要	要（金額にかかわらず）	
	年末調整		

アドバイス

1　疾病又は身体の傷害その他これらに類する事由に基因して保険金等を支払う旨の特約が付されている旧個人年金保険契約等にあっては、その特約の部分に係る保険料又は掛金は、一般の生命保険料控除（旧生命保険料）の対象となります（所基通76－２）。

なお、特約に係る保険料又は掛金が9,000円を超える場合は、証明書の提出又は提示が必要となります（所基通196－５）。

2　新生命保険契約等について受けた剰余金又は割戻金は、旧生命保険契約等、介護医療保険契約等、新個人年金保険契約等又は旧個人年金保険契約等に係る保険料又は掛金からは控除しません。旧生命保険契約等、介護医療保険契約等、新個人年金保険契約等及び旧個人年金保険契約等について受けた剰余金又は割戻金についてもそれぞれ同様の取扱いとなります（所基通76－６(注)）。

3　使用者が負担した生命保険料が給与として課税されない場合には、年末調整又は確定申告において生命保険料控除の適用を受けられません（所基通76－４）。

(4)　地震保険料控除

所得者が、損害保険契約等に基づく地震等損害部分の保険料又は掛金を支払った場合には、一定金額の控除を受けられます（所法77、所令213、214、所規40の８、平18財務省告示第139号（最終改正平30財務省告示第244号））。

地震保険料	次のいずれの要件にも該当する保険料又は掛金 ①　所得者本人又は所得者と生計を一にする配偶者や親族の所有する家屋で常時居住しているものや生活に通常必要な家具、じゅう器、衣服、その他の家財を保険又は共済の目的とする特定の損害保険契約等 ②　地震若しくは噴火又はこれによる津波を直接又は間接の原因とする火災、損壊、埋没又は流失による損害により①の資産について生じた損失の額を塡補する保険金又は共済金が支払われることになっている損害保険契約等
控除の対象となる損害保険料等	(イ)　損害保険会社又は外国損害保険会社等と締結した保険契約（外国損害保険会社等と国外で締結したものを除きます。）のうち一定の偶然の事故によって生ずることのある損害を塡補するもの (ロ)　農業協同組合又は農業協同組合連合会と締結した建物更生共済契約又は火災共済契約 (ハ)　農業共済組合又は農業共済組合連合会と締結した火災共済契約又は建物共済契約 (ニ)　漁業協同組合、水産加工業協同組合又は共済水産業協同組合連合会と締結した建物若しくは動産の共済期間中の耐存を共済事故とする共済契約又は火災共済契約（漁業協同組合又は水産加工業協同組合と締結した契約にあっては、その契約により負う共済責任の全部を共済水産業協同組合連合会の共済に付しているものに限ります。） (ホ)　火災等共済組合と締結した火災共済契約

(ヘ)　消費生活協同組合連合会と締結した火災共済契約又は自然災害共済契約
(ト)　次に掲げる法人と締結した自然災害共済契約
　①　教職員共済生活協同組合
　②　全国交通運輸産業労働者共済生活協同組合
　③　電気通信産業労働者共済生活協同組合

（算　式）

地震保険料控除額（最高５万円）　＝　地震等損害部分の保険料又は掛金　－　剰余金又は割戻金

アドバイス

1　家財を保険の目的とする契約であっても、宝石、貴金属、書画、骨とうなどで１個又は１組の価額が30万円を超えるものその他の生活に通常必要でない資産が保険の目的となっている家財のうちに含まれている場合には、この契約により支払う保険料のうち生活に通常必要な資産に対応する部分の保険料だけが地震保険料控除の対象になります（所法９①九、77①、所令25）。

2　剰余金の分配や割戻金の割戻しを受けたり、その剰余金や割戻金を保険料の払込みに充てたりした場合には、その年中に支払った保険料の合計額からその支払を受けたり払込みに充てたりした剰余金や割戻金の合計額を控除した残額が、「支払った地震保険料の金額」になります（所法77①）。

イ　地震保険料控除の対象とならない保険料等

次に掲げる保険料又は掛金は地震保険料控除の対象となりません（所法77①、所令213）。

①　地震等損害により臨時に生ずる費用又は家屋等の取壊し若しくは除去に係る費用その他これらに類する費用に対して支払われる保険金又は共済金に係る保険料又は掛金

②　一の損害保険契約等の契約内容につき、次の算式により計算した割合が100分の20未満であることとされている場合における地震等損害部分の保険料又は掛金（イ①に掲げるものを除きます。）

（算　式）

$$\frac{\text{地震等損害により家屋等について生じた損失の額を填補する保険金又は共済金の額（注３）}}{\text{火災（注１）による損害により家屋等について生じた損失の額を填補する保険金又は共済金の額（注２）}} < \frac{20}{100}$$

(注)１　「火災」は、地震若しくは噴火又はこれらによる津波を直接又は間接の原因とする火災を除きます。
　２　損失の額を填補する保険金又は共済金の額の定めがない場合には、その火災により支

払われることとされている保険金又は共済金の限度額とします。

3　損失の額を塡補する保険金又は共済金の額の定めがない場合には、その地震等損害により支払われることとされている保険金又は共済金の限度額とします。

アドバイス

損害保険契約等において地震等損害により家屋等について生じた損失の額を塡補する保険金又は共済金の額が地震保険に関する法律施行令第２条に規定する限度額（原則として家屋については5,000万円、家財については1,000万円）以上とされている保険契約については、上記算式にかかわらず地震保険料控除の対象となります。

ロ　経過措置

所得者が、平成19年分以後の各年において、平成18年12月31日までに締結した長期損害保険契約等（注）に係る保険料等（以下「旧長期損害保険料等」といいます。）を支払った場合には、支払った地震保険料等（地震保険料控除の対象となる地震保険料及び旧長期損害保険料等）の区分に応じて次により計算した金額を控除することができます（平18改正法附則10②）。

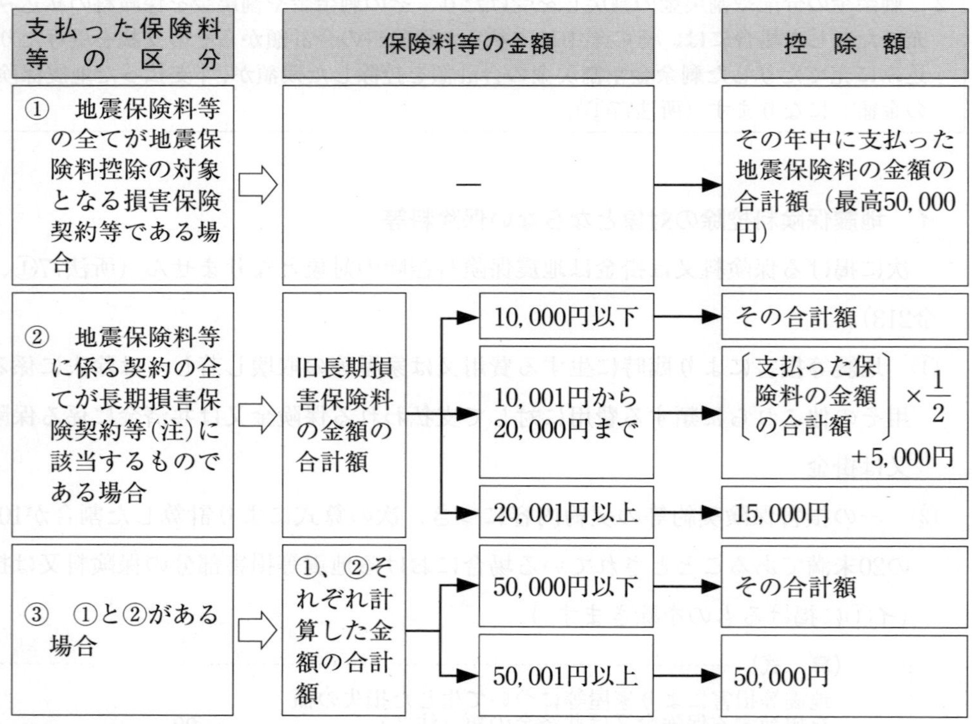

(注) 1 「長期損害保険契約等」とは、次の全てに該当する損害保険契約等をいいます（保険期間又は共済期間の始期が平成19年１月１日以後であるものを除きます。）。

①　保険期間又は共済期間の満了後に満期返戻金を支払う旨の特約のある契約その他一定の契約(※)であること

②　保険期間又は共済期間が10年以上であること

③　平成19年１月１日以後にその損害保険契約等の変更をしていないものであること

※「その他一定の契約」とは、建物又は動産の共済期間中の耐存を共済事故とする共済に係る契約をいいます（平18改正令附則14①）。

2　上記①～③により控除額を計算する場合において、一の損害保険契約等又は一の長期損害保険契約等が①又は②のいずれにも該当するときは、いずれか一の契約のみに該当するものとして控除額を計算します。

(5)　障害者控除

所得者本人や所得者の同一生計配偶者、若しくは扶養親族が一般の障害者又は特別障害者である場合には、障害者控除が受けられます（所法２①二十八、二十九、79、85、所令10、所基通２－38、２－39）。

	一般の障害者	特別障害者
対象者	①　児童相談所、知的障害者更生相談所、精神保健福祉センター又は精神保健指定医から知的障害者と判定された人	①　精神上の障害により事理を弁識する能力を欠く常況にある人及び左のうち重度の知的障害者と判定された人
	②　精神保健及び精神障害者福祉に関する法律の規定により精神障害者保健福祉手帳の交付を受けている人	②　左のうち、障害等級が１級である者と記載されている人
	③　身体障害者福祉法の規定により交付を受けた身体障害者手帳に、身体上の障害がある者として記載されている人	③　左のうち、障害の程度が１級又は２級であると記載されている人
	④　戦傷病者特別援護法の規定による戦傷病者手帳の交付を受けている人	④　左のうち、障害の程度が恩給法別表第１号表ノ２の特別項症から第三項症までの人
		⑤　原子爆弾被爆者に対する援護に関する法律第11条第１項の規定による厚生労働大臣の認定を受けている人
		⑥　常に就床を要し、複雑な介護を要する人（引き続き６か月以上にわたり身体の障害により就床を要し、介護を受けなければ自ら排便等をすることができない程度の状態にあると認められる人）
	⑤　精神又は身体に障害のある年齢65歳以上の人で、その障害の程度が上記①及び③に該当する人と同程度であることの市町村長等の認定を受けている人	⑦　左のうち、上記①及び③と同程度の障害のある人として市町村長等の認定を受けている人
控除額	270,000円	①　特別障害者　400,000円 ②　同居特別障害者（注）　750,000円
控除手続	申告書　扶養控除等（異動）申告書	
	月々の源泉徴収又は年末調整	

(注) 1　同居特別障害者とは、同一生計配偶者又は扶養親族のうち、特別障害者に該当する人で、所得者、その配偶者又は所得者と生計を一にするその他の親族のいずれかとの同居を常況としている人をいいます。

2　障害者控除の対象となる親族が非居住者である場合には、当該親族に係る親族関係書類等を提出又は提示する必要があります。

アドバイス

障害者控除は、16歳未満の扶養親族である場合でも適用されます。

(6)　寡婦控除及びひとり親控除

令和2年度の税制改正により寡婦（寡夫）控除の見直しと未婚のひとり親に対する税制上の措置が創設され、所得者本人が寡婦又はひとり親である場合には、寡婦控除又はひとり親控除が受けられます（所法2①三十、三十一、80、81、所令11、11の2）。

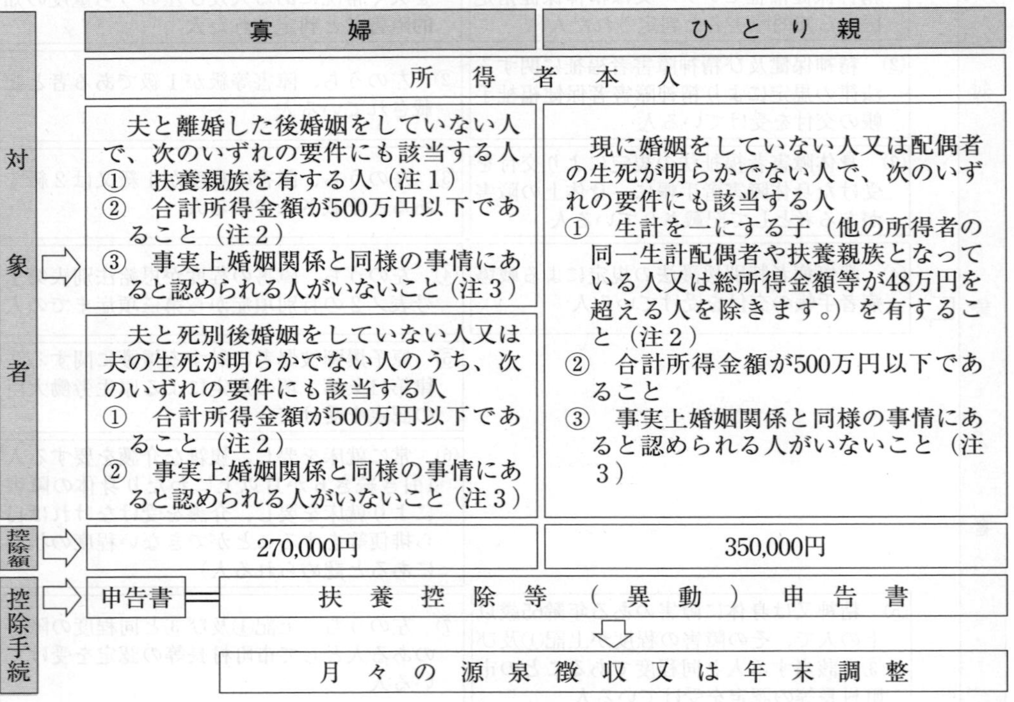

	寡婦	ひとり親
対象者	所得者本人	
	夫と離婚した後婚姻をしていない人で、次のいずれの要件にも該当する人 ①　扶養親族を有する人（注1） ②　合計所得金額が500万円以下であること（注2） ③　事実上婚姻関係と同様の事情にあると認められる人がいないこと（注3） 夫と死別後婚姻をしていない人又は夫の生死が明らかでない人のうち、次のいずれの要件にも該当する人 ①　合計所得金額が500万円以下であること（注2） ②　事実上婚姻関係と同様の事情にあると認められる人がいないこと（注3）	現に婚姻をしていない人又は配偶者の生死が明らかでない人で、次のいずれの要件にも該当する人 ①　生計を一にする子（他の所得者の同一生計配偶者や扶養親族となっている人又は総所得金額等が48万円を超える人を除きます。）を有すること（注2） ②　合計所得金額が500万円以下であること ③　事実上婚姻関係と同様の事情にあると認められる人がいないこと（注3）
控除額	270,000円	350,000円
控除手続	申告書＝扶養控除等（異動）申告書 ⇩ 月々の源泉徴収又は年末調整	

(注) 1　「扶養親族」については、99ページを参照してください。

2　「合計所得金額」については、101ページを参照してください。

3　寡婦控除、ひとり親控除のいずれについても、住民票の続柄に「夫（未届）」、「妻（未届）」の記載がある場合は対象外となります。

〔参考〕

これらの改正は、令和2年分以後の所得税について適用されます（515ページ参照）。

(7)　勤労学生控除

所得者本人が勤務学生である場合には、勤労学生控除が受けられます（所法２①三十二、82、85、所令11の３、所規47の２⑦、73の２、所基通２－43～２－45）。

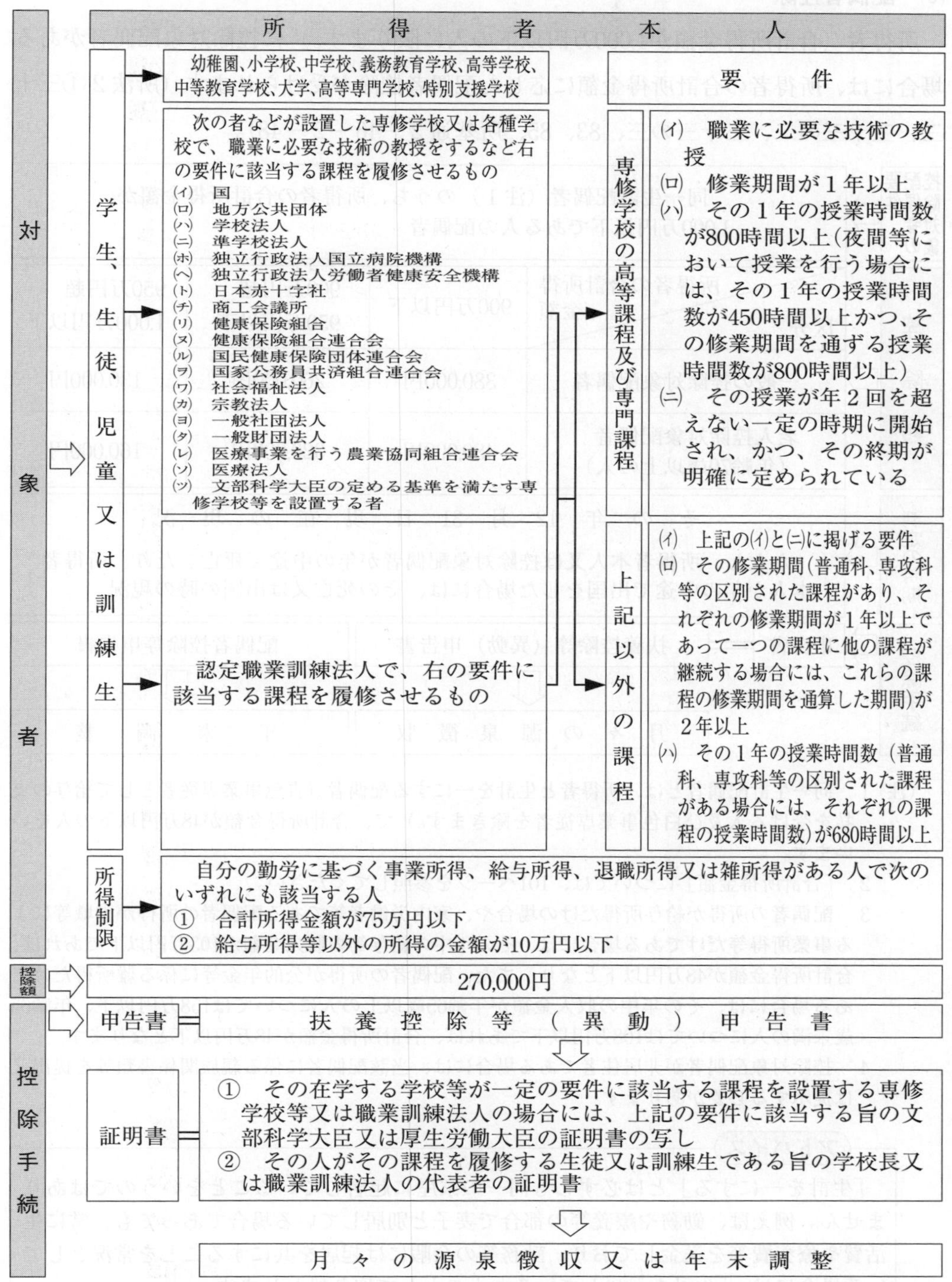

（注）１　「合計所得金額」については、101ページを参照してください。

2　その所得が給与所得だけの場合には、その年中の給与等の収入金額が130万円以下であれば、合計所得金額が75万円以下となります。

(8)　配偶者控除

所得者（合計所得金額が1,000万円以下の人に限ります。）に控除対象配偶者がある場合には、所得者の合計所得金額に応じた配偶者控除が受けられます（所法２①三十三、三十三の二、三十三の三、83、85、所基通２－46～２－48）。

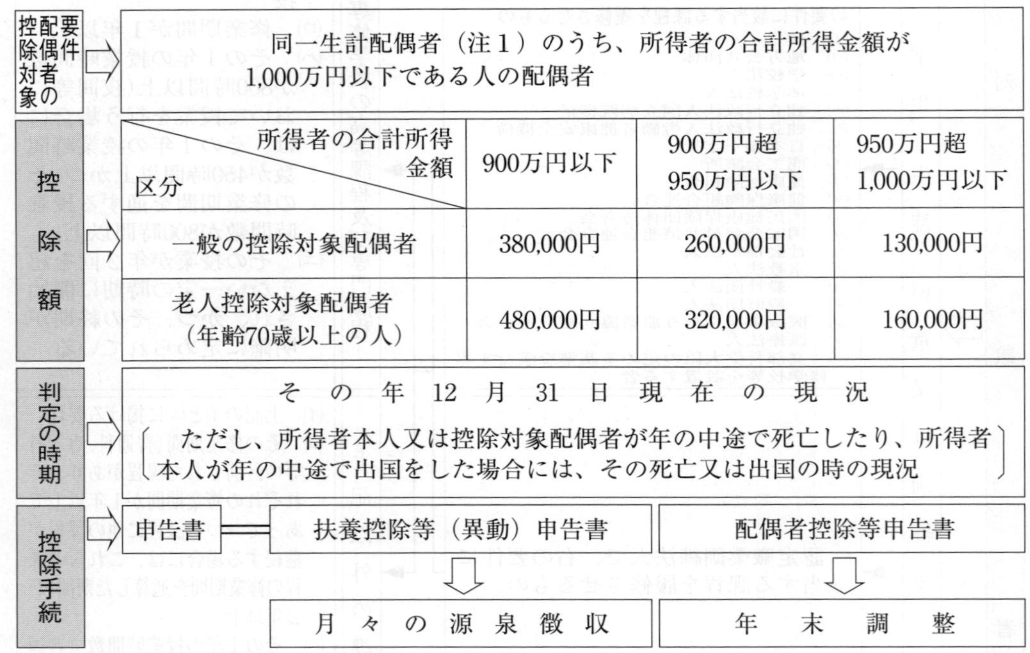

控除対象配偶者の要件	同一生計配偶者（注１）のうち、所得者の合計所得金額が1,000万円以下である人の配偶者		

控除額	900万円以下	900万円超 950万円以下	950万円超 1,000万円以下
区分＼所得者の合計所得金額			
一般の控除対象配偶者	380,000円	260,000円	130,000円
老人控除対象配偶者（年齢70歳以上の人）	480,000円	320,000円	160,000円

判定の時期：そ　の　年　12　月　31　日　現　在　の　現　況

（ただし、所得者本人又は控除対象配偶者が年の中途で死亡したり、所得者本人が年の中途で出国をした場合には、その死亡又は出国の時の現況）

控除手続：申告書＝扶養控除等（異動）申告書 → 月　々　の　源　泉　徴　収

申告書＝配偶者控除等申告書 → 年　末　調　整

（注）1　同一生計配偶者とは、所得者と生計を一にする配偶者（青色事業専従者として給与の支払を受ける人及び白色事業専従者を除きます。）で、合計所得金額が48万円以下の人をいいます。

2　「合計所得金額」については、101ページを参照してください。

3　配偶者の所得が給与所得だけの場合や、家内労働者等である配偶者の所得が内職等による事業所得等だけである場合には、その年中の給与等の収入金額が103万円以下であれば、合計所得金額が48万円以下となり、また、配偶者の所得が公的年金等に係る雑所得だけである場合には、その年中の収入金額が年齢65歳以上の人については158万円以下、年齢65歳未満の人については108万円以下であれば、合計所得金額が48万円以下となります。

4　控除対象配偶者が非居住者である場合には、当該配偶者に係る親族関係書類等を提出又は提示する必要があります。

アドバイス

「生計を一にする」とは必ずしも同一の家屋に起居していることをいうのではありません。例えば、勤務や療養等の都合で妻子と別居している場合であっても、常に生活費や療養費等を送金しており、勤務等の余暇には起居を共にすることを常況としている場合には、「生計を一にしている」ものとして取り扱われます。

⑼　配偶者特別控除

所得者（合計所得金額が1,000万円以下の人に限ります。）が生計を一にする配偶者を有する場合には、配偶者の所得に応じて一定額の配偶者特別控除が受けられます（所法83の２）。

対象者

所得者と生計を一にする配偶者

除外される人
- ①　合計所得金額が133万円を超える人
- ②　青色事業専従者として給与の支払を受ける人
- ③　白色事業専従者

控除額

配偶者の合計所得金額 ＼ 所得者の合計所得金額	900万円以下	900万円超 950万円以下	950万円超 1,000万円以下
48万円超　95万円以下	38万円	26万円	13万円
95　〃　100　〃	36万円	24万円	12万円
100　〃　105　〃	31万円	21万円	11万円
105　〃　110　〃	26万円	18万円	9万円
110　〃　115　〃	21万円	14万円	7万円
115　〃　120　〃	16万円	11万円	6万円
120　〃　125　〃	11万円	8万円	4万円
125　〃　130　〃	6万円	4万円	2万円
130　〃　133　〃	3万円	2万円	1万円
133万円超	0円	0円	0円

控除手続

申告書 ＝ 扶養控除等（異動）申告書 → 月々の源泉徴収

配偶者控除等申告書 → 年末調整

（注）　配偶者特別控除の対象となる配偶者が非居住者である場合には、当該配偶者に係る親族関係書類等を提出又は提示する必要があります。

アドバイス

1　控除対象配偶者を有する場合には、配偶者特別控除の適用を受けることはできません。
2　夫婦の双方がお互いに配偶者特別控除の適用を受けることはできませんので、いずれか一方の配偶者は、この控除の対象とはなりません。
3　年末調整における配偶者特別控除額とその後の配偶者の確定した合計所得金額を基に算出した配偶者特別控除額とに違いが生じた場合には、翌年の１月末までに年末調整の再調整を行う必要があります。

配偶者の収入が給与のみの場合、給与収入と合計所得金額の関係を一覧表にすると次のようになります。

配偶者の給与収入の金額	配偶者の合計所得金額
1,030,001円～1,500,000円	48万円超　95万円以下
1,500,001円～1,550,000円	95万円超　100万円以下
1,550,001円～1,600,000円	100万円超　105万円以下
1,600,001円～1,667,999円	105万円超　110万円以下
1,668,000円～1,751,999円	110万円超　115万円以下
1,752,000円～1,831,999円	115万円超　120万円以下
1,832,000円～1,903,999円	120万円超　125万円以下
1,904,000円～1,971,999円	125万円超　130万円以下
1,972,000円～2,015,999円	130万円超　133万円以下
2,016,000円～	133万円超

〔参考〕

【配偶者（特別）控除のイメージ】（居住者の合計所得金額が900万円以下の場合）

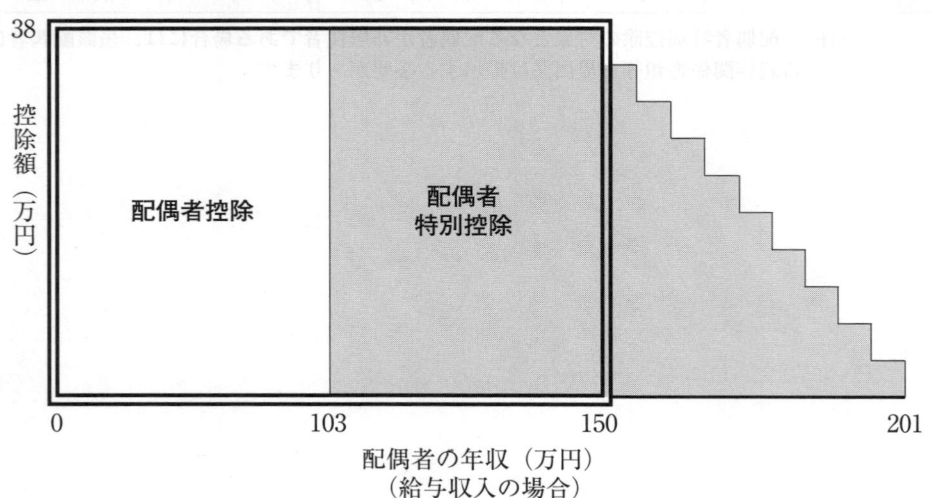

（注）1　網掛けした部分が配偶者特別控除の対象となります。
2　図の二重線に囲まれた部分を「源泉控除対象配偶者」といいます。

アドバイス

「源泉控除対象配偶者」とは、所得者（合計所得金額が900万円以下である人に限ります。）と生計を一にする配偶者（青色事業専従者として専従者給与の支払を受ける人及び白色事業専従者に該当する人を除きます。）で合計所得金額が95万円以下の者をいいます。

⑽　扶養控除

所得者に控除対象扶養親族（年齢16歳以上の扶養親族をいいます。）がある場合には、扶養控除が受けられます（所法２①三十四、三十四の二、三十四の三、三十四の四、84、85、措法41の16、所基通２－48の２、２－49）。

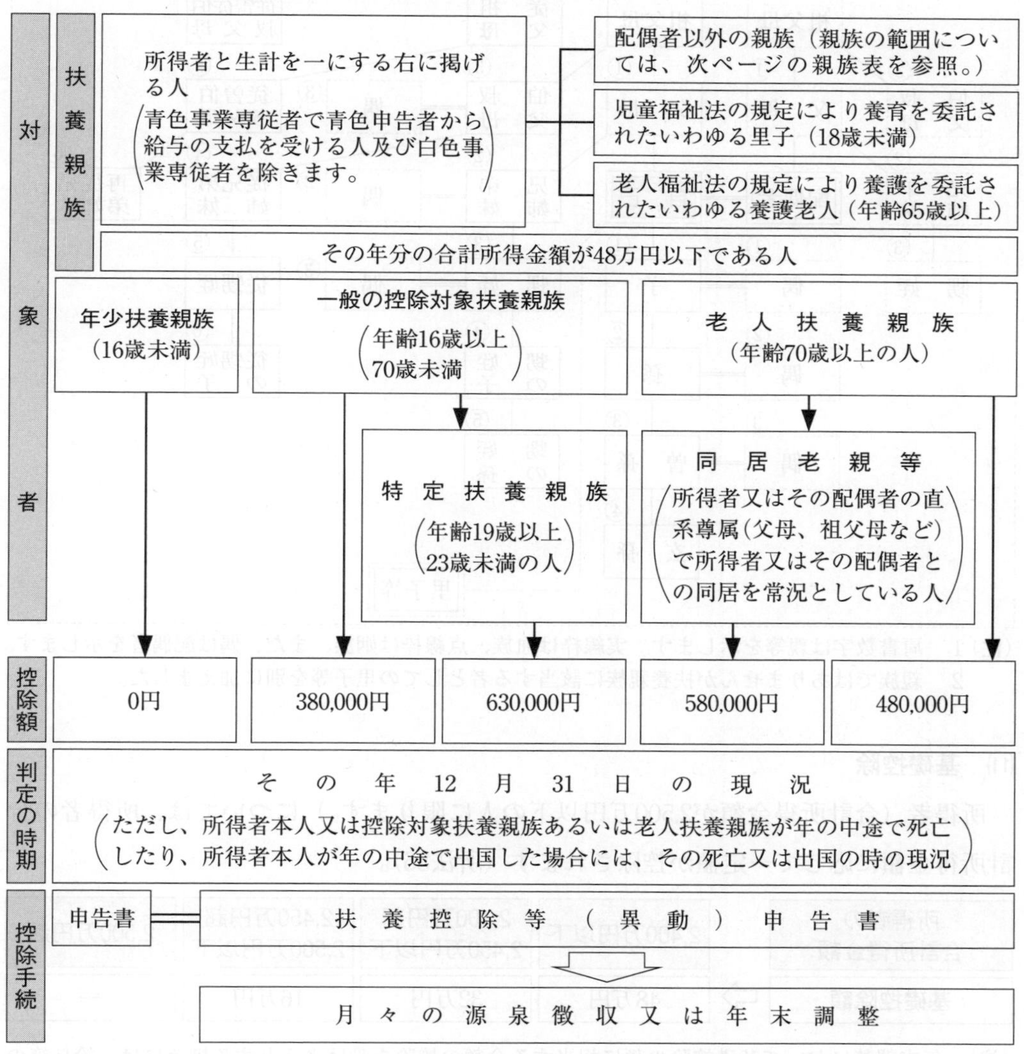

（注）１　「合計所得金額」については、101ページを参照してください。

２　控除対象扶養親族が非居住者である場合には、当該親族に係る親族関係書類等を提出又は提示する必要があります。

〔参　考〕

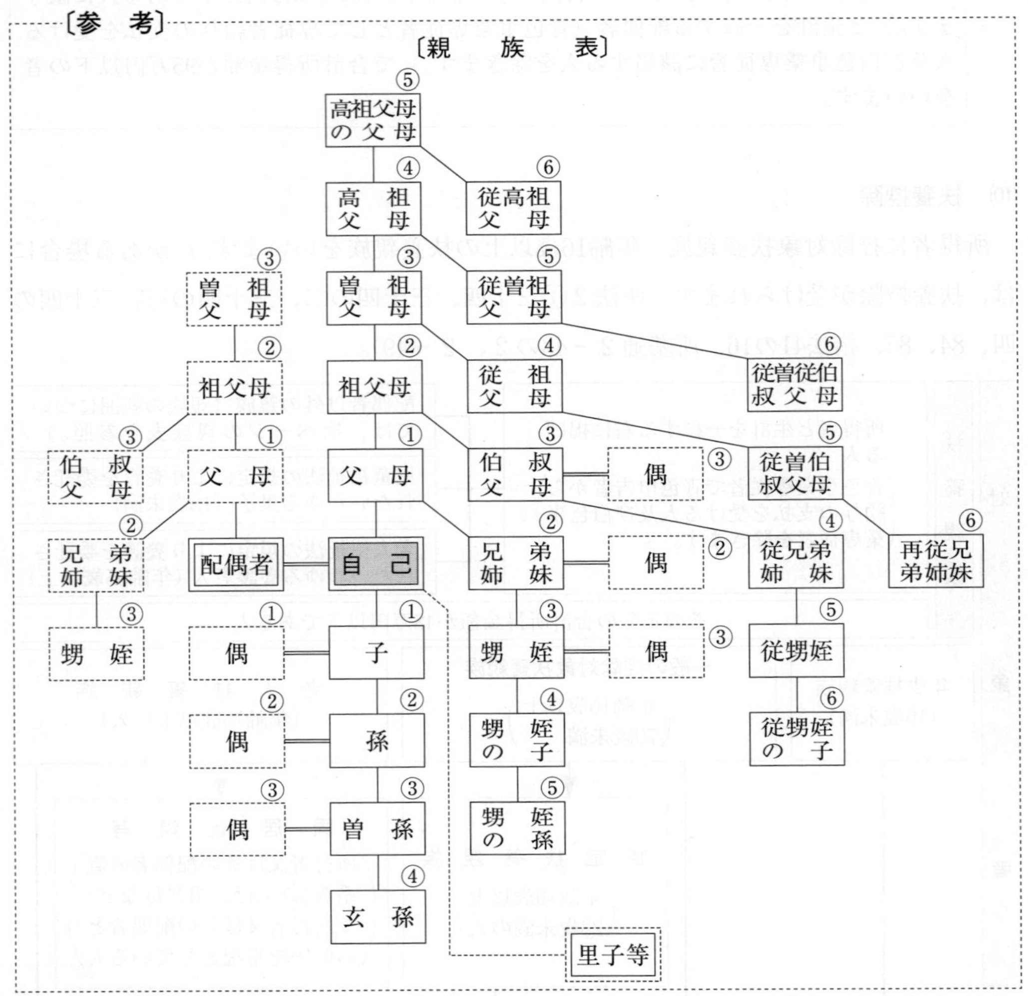

（注）１　肩書数字は親等を示します。実線枠は血族、点線枠は姻族、また、偶は配偶者を示します。
　　　２　親族ではありませんが扶養親族に該当する者としての里子等を別に加えました。

⑾　基礎控除

所得者（合計所得金額が2,500万円以下の人に限ります。）については、所得者の合計所得金額に応じて一定額が控除されます（所法86）。

所得者の合計所得金額		2,400万円以下	2,400万円超 2,450万円以下	2,450万円超 2,500万円以下	2,500万円超
基礎控除額	⇨	48万円	32万円	16万円	—

（注）　年末調整において基礎控除の額に相当する金額の控除を受けようとする場合には、給与等の支払者からその年最後に給与等の支払を受ける日の前日までに、所要の事項を記載した「給与

所得者の基礎控除申告書」を提出する必要があります（所法190、195の３）。

⑿　所得金額調整控除

その年の給与等の収入金額が850万円を超える居住者で、特別障害者に該当する人又は年齢23歳未満の扶養親族を有する人若しくは特別障害者である同一生計配偶者若しくは扶養親族を有する人の総所得金額を計算する場合には、給与等の収入金額（その給与等の収入金額が1,000万円を超える場合には1,000万円）から850万円を控除した金額の10％に相当する金額が給与所得の金額から控除されます（措法41の３の３、41の３の４）。

（注）　上記の所得金額調整控除の適用を受けようとする人は、所要の事項を記載した「所得金額調整控除申告書」をその年最後に給与等の支払を受ける日の前日までに提出する必要があります。

〔参考〕　合計所得金額とは

「合計所得金額」とは、次の表に掲げる方法によって計算した総所得金額、上場株式等の配当等に係る配当所得について申告分離課税の適用を受けることとした場合のその配当所得の金額、分離課税とされた土地、建物等の譲渡による所得の金額、株式等の譲渡所得等の金額、先物取引に係る雑所得等の金額、退職所得金額及び山林所得金額の合計額をいいます（所法２①三十ロ、措法８の４③一、28の４⑤一、⑥、31③一、32④、37の10⑥一、37の11⑥、37の12の２④⑧、37の13の２⑨、41の５⑫一、41の５の２⑫一、41の14②一、41の15④、所基通２－41）。

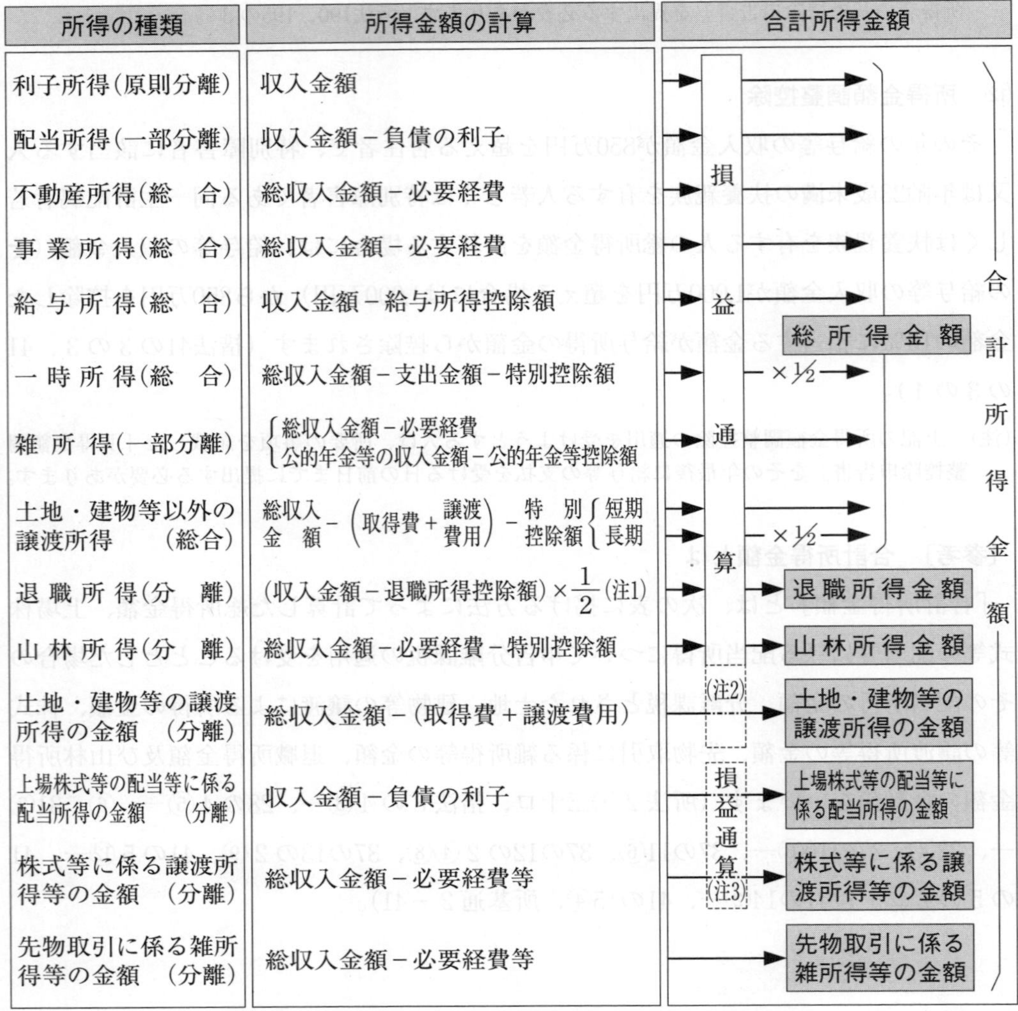

（注）１　特定役員退職手当等に係る退職手当の金額の計算については２分の１する措置は適用されません（180ページを参照してください）。

２　譲渡所得の金額の計算上生じた居住用財産の買換え等の場合又は特定居住用財産の譲渡損失の金額については、一定の要件を満たせば損益通算等を行うことができます。

３　上場株式等に係る譲渡損失がある場合は、その年分の上場株式等に係る配当所得と損益通算ができます。

○　合計所得金額に含まれないもの

次のような所得は、「合計所得金額」には含まれません。

区分		所得
非課税所得		1　遺族の受ける恩給及び年金（死亡した人の生前の勤務に基づいて支給されるものに限ります。）（所法９①三、所令20） 2　生活用動産の売却による所得（所法９①九、所令25） 3　障害者等の郵便貯金の利子（旧所法９の２） 4　障害者等の少額貯蓄非課税制度等の適用を受ける預貯金や公社債等の利子等（所法10、措法４①） 5　貸付信託の受益権等の譲渡による所得（措法37の15） 6　雇用保険法の規定により支給される失業等給付（雇用保険法10、12） 7　労働基準法の規定により支給される休業補償等（所法９①三、所令20①二、所基通９－１）
源泉分離課税とされる所得	利子又は給付補填金等	1　預貯金、特定公社債等以外の公社債の利子等（措法３①） 2　勤労者財産形成（住宅・年金）貯蓄の利子（措法４の２⑨、４の３⑩） 3　国外一般公社債等の利子等（措法３の３①） 4　懸賞金付預貯金等の懸賞金（措法41の９） 5　定期積金の給付補填金等（措法41の10） 6　分離課税とされる割引債の償還差益（措法41の12、平25改正法附則56）
	投資信託等の収益の分配	1　私募公社債等運用投資信託の収益の分配（措法８の２①一） 2　特定目的信託（社債的受益権に限ります。）の収益の分配（措法８の２①二）

申告不要制度の適用を受けて確定申告をしないことを選択した利子等又は配当等（措法８の５）

①　内国法人等から支払を受ける特定公社債の利子
②　内国法人から支払を受ける特定目的信託の社債的受益権の剰余金の配当
③　上場株式等の配当等（特定株式投資信託の収益の分配を含みます。）
④　公募証券投資信託（特定株式投資信託を除きます。）の収益の分配
⑤　特定投資法人の投資口の配当等
⑥　②～⑤以外の内国法人から支払を受ける配当等で、１銘柄について１回の金額が10万円に配当計算期間の月数（最高12か月）を乗じてこれを12で除して計算した金額以下の配当等

上場株式に係る譲渡所得の金額について、源泉徴収選択口座を選択し、確定申告をしないことを選択したもの（措法37の11の５①、措通37の11の５－１）

3　住宅借入金等特別控除

(1)　本則の住宅借入金等特別控除

個人（非居住者を含みます。）が、一定の要件を満たす住宅の取得等をして、その家屋を令和３年12月31日までの間に居住の用に供した場合において、その人がその取得資金に係る借入金等（その住宅の取得等とともにするその住宅の取得等に係る家屋の敷地の用に供される土地または土地の上に存する権利の取得に要する資金に充てるための借入金等を含みます。）を有するときは、その居住の用に供した日の属する年以後10年間の各年にわたって、その年分の所得税の額から、一定金額の控除が受けられます（措法41、41の２の２、措令26）。

なお、令和１年10月１日からの消費税率の引上げに伴い、消費税等の税率が10％である住宅の取得等をした場合について、住宅借入金等を有する場合の所得税額の特別控除の特例が設けられました。

（注）　非居住者については、平成28年４月１日以後に取得等をする場合について適用されます。

<table>
<tr><th rowspan="2">住宅を居住の用に供した日</th><th rowspan="2" colspan="3">控除期間</th><th colspan="5">住宅借入金等の年末残高に乗ずる控除率</th><th rowspan="2">各年の控除限度額</th></tr>
<tr><th>2,000万円以下の部分の金額</th><th>2,000万円超2,500万円以下の部分の金額</th><th>2,500万円超3,000万円以下の部分の金額</th><th>3,000万円超4,000万円以下の部分の金額</th><th>4,000万円超5,000万円以下の部分の金額</th></tr>
<tr><td>平成23.1.1～23.12.31</td><td colspan="3">10年間</td><td colspan="4">1.0％</td><td>──</td><td>40万円</td></tr>
<tr><td>平成24.1.1～24.12.31</td><td colspan="3">10年間</td><td colspan="3">1.0％</td><td colspan="2">──</td><td>30万円</td></tr>
<tr><td>平成25.1.1～26.3.31</td><td colspan="3">10年間</td><td>1.0％</td><td colspan="4">──</td><td>20万円</td></tr>
<tr><td rowspan="4">平成26.4.1～令和３.12.31（特別特定取得に係るものは、令和１年10月１日から令和２年12月31日まで）</td><td rowspan="3">特定取得（注１）</td><td rowspan="2">特別特定取得（注２）</td><td>1～10年目</td><td colspan="4">1.0％</td><td>──</td><td>40万円</td></tr>
<tr><td>11～13年目</td><td colspan="4">1.0％</td><td>──</td><td>（注３）</td></tr>
<tr><td>特別特定取得以外</td><td>10年間</td><td colspan="4">1.0％</td><td>──</td><td>40万円</td></tr>
<tr><td colspan="2">特定取得以外</td><td>10年間</td><td>1.0％</td><td colspan="4">──</td><td>20万円</td></tr>
</table>

（注）１　特定取得とは、住宅の取得等の対価の額又は費用の額に含まれる消費税額等（消費税額及び地方消費税額の合計額をいいます。以下同じです。）が８％又は10％の税率により課されるべき消費税額等である場合におけるその住宅の取得等をいいます（措法41⑤）。

２　特別特定取得とは、住宅の取得等の対価の額又は費用の額に含まれる消費税額等が10％の税率により課されるべき消費税額等である場合におけるその住宅の取得等をいいます（措法41⑭）。

３　適用年の11年目から13年目までの各年の控除額は、次のイ又はロの金額のいずれか少ない金額となります（措法41⑬⑮）。

イ　住宅借入金等の年末残高（4,000万円を限度）×１％

ロ〔住宅の取得等の対価の額又は費用の額－その住宅の取得等の対価の額又は費用の額に含まれる消費税額等〕（4,000万円を限度）×２％÷３

アドバイス

１　住宅借入金等特別控除額に100円未満の端数があるときは、これを切り捨てます。

２　平成19年１月１日から平成20年12月31日までの間に居住の用に供した場合については、本人の選択により121ページの特例措置（〔参考２〕税源移譲の実施に伴う特例措置）の適用があります。

３　平成21年６月４日から令和３年12月31日までの間に居住の用に供した場合については次に記載する「⑵認定住宅の新築等に係る住宅借入金等特別控除の特例」との選択適用が認められます。

４　その適用を受ける家屋（以下「従前家屋」といいます。）が災害により居住の用に供することができなくなった年以後についても、本制度の適用を受けることができます（一定の場合に該当した年以後は適用できません。）（118ページ参照）。

⑵　認定住宅の新築等に係る住宅借入金等特別控除

個人（非居住者を含みます。）が、認定長期優良住宅（「長期優良住宅の普及の促進に関する法律」に規定する認定長期優良住宅に該当する家屋で一定のものをいいます。）若しくは認定低炭素住宅（「都市の低炭素化の促進に関する法律」に規定する低炭素建築物又は同法の規定により低炭素建築物とみなされる特定建築物に該当する家屋で一定のものをいいます。）（以下、これらを併せて「認定住宅」といいます。）の新築又は建築後使用されたことのない認定住宅の取得を行った場合において、当該家屋を平成21年６月４日（認定低炭素住宅にあっては、平成24年12月４日）から令和３年12月31日までの間に居住の用に供したときは、次の表のとおり、認定住宅の新築等のための住宅借入金等の年末残高の限度額、控除率及び控除期間による特例が、他の住宅借入金等特別控除との選択により適用されます（措法41⑩⑪⑫、措令26⑳㉑㉒）。

なお、令和１年10月１日からの消費税率引上げに伴い、消費税等の税率が10％である認定住宅の取得等をした場合について、住宅借入金等を有する場合の所得税額の特別控除の特例が設けられました。

（注）１　非居住者については、平成28年４月１日以後に取得等をする場合について適用されます。

２　低炭素建築物とみなされる特定建築物に該当する家屋については、平成25年６月１日以後に自己の居住の用に供する場合に住宅借入金等特別控除の適用を受けることができます（平25改正措法附則54②）。

<table>
<tr><th>住宅を居住の用に供した日</th><th colspan="3">控除期間</th><th>住宅借入金等の年末残高の限度額</th><th>住宅借入金等の年末残高に乗ずる控除率</th><th>各年の控除限度額</th></tr>
<tr><td>平成21.6.4
〜23.12.31</td><td colspan="3" rowspan="3">10年間</td><td>5,000万円</td><td>1.2％</td><td>60万円</td></tr>
<tr><td>平成24.1.1（認定低炭素住宅に係るものは平成24.12.4）〜24.12.31</td><td>4,000万円</td><td rowspan="6">1.0％</td><td>40万円</td></tr>
<tr><td>平成25.1.1
〜26.3.31</td><td>3,000万円</td><td>30万円</td></tr>
<tr><td rowspan="4">平成26.4.1
〜
令和３.12.31
〔特別特定取得に係るものは、令和１年10月１日から令和２年12月31日まで〕</td><td rowspan="3">特定取得（注１）</td><td rowspan="2">特別特定取得（注１）</td><td>１〜10年目</td><td>5,000万円</td><td>50万円</td></tr>
<tr><td>11〜13年目</td><td>5,000万円</td><td>（注２）</td></tr>
<tr><td>特別特定取得以外</td><td>10年間</td><td>5,000万円</td><td>50万円</td></tr>
<tr><td colspan="2">特定取得以外</td><td>10年間</td><td>3,000万円</td><td>30万円</td></tr>
</table>

（注）１　「特定取得」及び「特別特定取得」については、104ページを参照してください。

２　適用年の11年目から13年目までの各年の控除額は、次のイ又はロの金額のいずれか少ない金額となります（措法41⑯⑰）。

イ　住宅借入金等の年末残高（5,000万円を限度）×１％

ロ　〔住宅の取得等の対価の額－その住宅の取得等の対価の額に含まれる消費税額等〕（5,000万円を限度）×２％÷３

なお、認定住宅の新築等について、住宅借入金等特別控除を適用する場合には、その認定住宅の新築等について認定住宅新築等特別税額控除は適用できません（措法41㉒）。

⑶　特定の増改築等に係る住宅借入金等特別控除

①　バリアフリー改修工事等（高齢者等居住改修工事等）に係る住宅借入金等特別控除

特定の個人（注１）が、その人の所有する居住の用に供する家屋について高齢者等居住改修工事等（注２）を含む増改築等（以下「バリアフリー改修工事等」といいます。）を行い、その家屋を平成28年１月１日から令和３年12月31日までの間に自己の居住の用に供したときは、次の表のとおり、増改築等住宅借入金等の年末残高の限度額、控除率及び控除期間による特例が、増改築等に係る104ページ記載の(1)「本則の住宅借入金等特別控除」、119ページ記載の②イ「住宅の再取得等に係る住宅借入金等特別控除の控除額の特例」、又は121ページ記載の〔**参考２**〕「税源移譲の実施に伴う特例措置」の住宅借入金等特別控除との選択により適用されます（措法41の３の２①～④、措令26の４④～⑧、措規18の23の２①②、昭63建設省告示第1274号（最終改正平31国土交通省告示第471号）、平19国土交通省告示第407号（最終改正平31国土交通省告示第489号））。

(注) 1　「特定の個人」とは、①年齢が50歳以上であること、②介護保険法の要介護又は要支援の認定を受けていること、③障害者であること、④前記の②若しくは③に該当する親族又は年齢が65歳以上の親族との同居を常況としていること、のいずれかに該当する個人をいい非居住者を含みます。

なお、非居住者については平成28年４月１日以後に取得等をする場合に適用されます。

2　「高齢者等居住改修工事等」とは、廊下の拡幅、階段の勾配の緩和、浴室の改良、手すりの設置など家屋について行う高齢者等が自立した日常生活を営むのに必要な構造及びその設備の基準に適合させるための改修工事（その工事が行われる構造又は設備と一体となって効用を果たす設備の取替え又は取付けに係る工事を含みます。）であり、これらに該当するものとして一定の証明がなされたものをいい、その改修工事に要した費用の額（工事費用に充てるための補助金等の額を除きます。）が50万円を超えるものをいいます。

なお、一定の証明とは、住宅の品質確保の促進等に関する法律に規定する登録住宅性能評価機関、建築基準法に規定する指定確認検査機関、建築基準法に基づく建築士事務所に所属する建築士又は特定住宅瑕疵担保責任の履行の確保等に関する法律の規定による指定を受けた住宅瑕疵担保責任保険法人が発行する証明書をいいます。

<table>
<tr><th>項目
区分</th><th>住宅を居住の用に供した日</th><th colspan="2">増改築等住宅借入金等の年末残高の限度額</th><th>控除率</th><th>控除期間</th><th>各年の控除限度額</th></tr>
<tr><td>① バリアフリー改修工事等費用</td><td rowspan="3">平成28.1.1
～
令和3.12.31</td><td colspan="2">1,000万円（注１）</td><td>1.0％</td><td rowspan="3">５年</td><td rowspan="3">12.5万円
（注６）</td></tr>
<tr><td rowspan="2">② うち高齢者等居住改修工事等、特定断熱改修工事等（注２）、特定多世帯同居改修工事等（注３）及び特定耐久性向上改修工事等（注４）に係る費用</td><td>特定取得（注５）</td><td>250万円</td><td rowspan="2">2.0％</td></tr>
<tr><td>特定取得以外</td><td>200万円</td></tr>
</table>

(注) 1　増改築等住宅借入金等の年末残高の限度額は、②を含めた合計で1,000万円となります。

2　「特定断熱改修工事等」とは下記②(注２)の「特定断熱改修工事等」をいいます。

3　「特定多世帯同居改修工事等」とは下記③（注）の「特定多世帯同居改修工事等」をいい、平成28年４月１日以降の適用となります。
4　「特定耐久性向上改修工事等」とは下記④（注）の「特定耐久性向上改修工事等」をいい、平成29年４月１日以降の適用となります。
5　「特定取得」については、104ページを参照してください。
6　特定取得以外の場合は12万円となります。

なお、バリアフリー改修工事等、省エネ改修工事等、多世帯同居改修工事等又は特定耐久性向上改修工事等について、住宅借入金等特別控除又は特定増改築等住宅借入金等特別控除を適用する場合には、その改修工事について住宅特定改修特別税額控除（106ページ参照）は適用できません（措法41㉒）。

②　省エネ改修工事等（断熱改修工事等又は特定断熱改修工事等）に係る住宅借入金等特別控除

個人（非居住者を含みます。）が、その人の所有する居住の用に供する家屋について断熱改修工事等（注１）又は特定断熱改修工事等（注２）を含む増改築等（以下「省エネ改修工事等」といいます。）を行い、その家屋を平成28年１月１日から令和３年12月31日までの間に自己の居住の用に供したときは、一定の要件（注３）の下で、次の表のとおり、増改築等住宅借入金等の年末残高の限度額、控除率及び控除期間の特例について、増改築等に係る104ページ記載の⑴「本則の住宅借入金等特別控除」、119ページ記載の②イ「住宅の再取得等に係る住宅借入金等特別控除の控除額の特例」、又は121ページ記載の〔**参考２**〕「税源移譲の実施に伴う特例措置」の住宅借入金等特別控除との選択により特別控除が適用されます（措法41の３の２②二、⑤～⑦、措令26の４⑥～⑧⑱～⑳、措規18の23の２①②、昭63建設省告示第1274号（最終改正平31国土交通省告示第471号）、平20国土交通省告示第513号（最終改正平31国土交通省告示第491号））。

（注）1　「断熱改修工事等」とは、①居室の全ての窓の改修工事（全窓要件）、又は①の工事と併せて行う②床の断熱工事、③天井の断熱工事若しくは④壁の断熱工事のいずれかに該当する工事であって、次に掲げる要件を満たすものをいいます。
イ　改修部位の省エネ性能がいずれも平成28年基準以上となること
ロ　改修後の住宅全体の断熱等性能等級が改修前から一段階相当以上上がると認められる工事内容であること
なお、平成29年３月31日以前に居住の用に供する場合は、イについて平成25年基準相当額以上となることが必要です。
2　「特定断熱改修工事等」とは、断熱改修工事等のうち、改修後の住宅全体の省エネ性能が平成28年基準相当となると認められる工事内容のものをいい、平成29年４月１日以降にあっては、その対象となる工事に、その工事と併せて行う特定耐久性向上改修工事等を含みます。

3　「一定の要件」とは、次に掲げるものをいいます。

イ　住宅借入金等の償還期間が５年以上のものであること

ロ　住宅の品質確保の促進等に関する法律に基づく登録住宅性能評価機関、建築基準法に基づく指定確認検査機関、建築士法に基づく建築士事務所に所属する建築士又は特定住宅瑕疵担保責任の履行の確保等に関する法律の規定による指定を受けた住宅瑕疵担保責任保険法人が発行する断熱改修工事等又は耐久性向上改修工事に該当する旨の証明書の交付がされること

ハ　省エネ改修工事に係る費用から補助金等を控除した金額の合計額が50万円を超えるものであること

ニ　その他増改築等に係る現行特別控除と同様の要件を満たすこと

4　非居住者については、平成28年４月１日以後に取得等をする場合について適用されます。

<table>
<tr><th>区分＼項目</th><th>住宅を居住の用に供した日</th><th colspan="2">増改築等住宅借入金等の年末残高の限度額</th><th>控除率</th><th>控除期間</th><th>各年の控除限度額</th></tr>
<tr><td>① 省エネ改修工事等に係る費用</td><td rowspan="3">平成28.1.1
〜
令和3.12.31</td><td colspan="2">1,000万円（注１）</td><td>1.0％</td><td rowspan="3">５年</td><td rowspan="3">12.5万円
（注５）</td></tr>
<tr><td rowspan="2">② うち特定断熱改修工事等、特定多世帯同居改修工事等（注２）、及び特定耐久性向上改修工事等（注３）に係る費用</td><td>特定取得（注４）</td><td>250万円</td><td rowspan="2">2.0％</td></tr>
<tr><td>特定取得以外</td><td>200万円</td></tr>
</table>

（注）1　増改築等住宅借入金等の年末残高の限度額は、②を含めた合計額で1,000万円となります。

2　「特定多世帯同居改修工事等」とは下記③（注）の「特定多世帯同居改修工事等」をいい、平成28年４月１日以降の適用となります。

3　「特定耐久性向上改修工事等」とは下記④（注）の「特定耐久性向上改修工事等」をいい、平成29年４月１日以降の適用となります。

4　「特定取得」については、104ページを参照してください。

5　特定取得以外の場合は12万円となります。

なお、バリアフリー改修工事等、省エネ改修工事等、多世帯同居改修工事等又は特定耐久性向上改修工事等について、住宅借入金等特別控除又は特定増改築等住宅借入金等特別控除を適用する場合には、その改修工事について住宅特定改修特別税額控除（106ページ参照）は適用できません（措法41㉒）。

③　三世帯同居対応改修工事等に係る住宅借入金等特別控除

個人（非居住者を含みます。）が、その人の所有する居住用の家屋について、特定多世帯同居改修工事等（注）を含む増改築等（以下「三世帯同居対応改修工事等」といいます。）を行い、その家屋を平成28年４月１日から令和３年12月31日までの間に自己の居住の用に供したときは、次の表のとおり、増改築等住宅借入金等の年末残高

の限度額、控除率及び控除期間による特例が、増改築等に係る104ページ記載の(1)「本則の住宅借入金等特別控除」、119ページ記載の②イ「住宅の再取特等に係る住宅借入金等特別控除の控除額の特例」、又は121ページ記載の〔参考２〕「税源移譲の実施に伴う特例措置」の住宅借入金等特別控除との選択により適用されます（措法41の３の２②三、⑧～⑩、措令26の４⑧⑳、措規18の23の２①、昭63建設省告示第1274号（最終改正平31国土交通省告示第471号）、平28国土交通省告示第585号（最終改正平29国土交通省告示第290号））。

（注）「特定多世帯同居改修工事等」とは、国土交通大臣が財務大臣と協議して定める他の世帯との同居をするのに必要な設備の数を増加させるため家屋について行う増改築等であり、①調理室、②浴室、③便所、④玄関を増設する工事等（自己の居住の用に供する部分に①から④のうちいずれか２以上の室がそれぞれ複数になる場合に限ります。）をいい、これらに該当するものとして一定の証明がなされたもので、その改修工事に要した費用の額（工事費用に充てるための補助金等の額を除きます。）が50万円を超えるものをいいます。

なお、一定の証明とは、住宅の品質確保の促進等に関する法律に規定する登録住宅性能評価機関、建築基準法に規定する指定確認検査機関、建築基準法に基づく建築士事務所に所属する建築士又は特定住宅瑕疵担保責任の履行の確保等に関する法律の規定による指定を受けた住宅瑕疵担保責任保険法人が発行する証明書をいいます。

区　分	住宅を居住の用に供した日	増改築等住宅借入金等の年末残高の限度額	控除率	控除期間	各年の控除限度額
①　三世帯同居対応改修工事等に係る費用	平成28.4.1 ～ 令和3.12.31	1,000万円（注）	1.0%	５年	12.5万円
②　うち特定多世帯同居改修工事等に係る費用		250万円	2.0%		

（注）増改築等住宅借入金等の年末残高の限度額は、②を含めた合計で1,000万円となります。

なお、バリアフリー改修工事等、省エネ改修工事等、多世帯同居改修工事等又は特定耐久性向上改修工事等について、住宅借入金等特別控除又は特定増改築等住宅借入金等特別控除を適用する場合には、その改修工事について住宅特定改修特別税額控除（106ページ参照）は適用できません（措法41㉒）。

④　特定耐久性向上改修工事等に係る住宅借入金等特別控除

個人（非居住者を含みます。）が、その人の所有する居住用の家屋について、特定断熱改修工事等と併せて行う特定耐久性向上改修工事等（注）を含む増改築等（以下「耐久性向上改修工事等」といいます。）を行い、その家屋を平成29年４月１日から令和３年12月31日までの間に自己の居住の用に供したときは、次の表のとおり、増改築等住宅借入金等の年末残高の限度額、控除率及び控除期間による特例が、増改築等に係る104ページ記載の⑴「本則の住宅借入金等特別控除」、119ページ記載の②イ「住宅の再取特等に係る住宅借入金等特別控除の控除額の特例」、又は121ページ記載の〔参考２〕「税源移譲の実施に伴う特例措置」の住宅借入金等特別控除との選択により適用されます（措法41の３の２②四、⑥、措令26の４⑨、措規18の23の２①、昭63建設省告示第1274号（最終改正平31国土交通省告示第471号）、平29国土交通省告示第279号）。

（注）「特定耐久性向上改修工事等」とは、①小屋裏、②外壁、③浴室、脱衣室、④土台、軸組等、⑤床下、⑥基礎若しくは⑦地盤に関する劣化対策工事又は⑧給排水管若しくは給湯管に関する維持管理若しくは更新を容易にするための工事をいい、これらに該当するものとして一定の証明がなされたもので、その改修工事に要した費用の額（工事費用に充てるための補助金等の額を除きます。）が50万円を超えるものをいいます。

なお、一定の証明とは、住宅の品質確保の促進等に関する法律に規定する登録住宅性能評価機関、建築基準法に規定する指定確認検査機関、建築士法の規定により登録された建築士事務所に所属する建築士又は特定住宅瑕疵担保法人が交付する増改築等工事証明書をいいます。

区　分	住宅を居住の用に供した日	増改築等住宅借入金等の年末残高の限度額	控除率	控除期間	各年の控除限度額
①　耐久性向上改修工事等に係る費用	平成29.4.1 ～ 令和3.12.31	1,000万円（注）	1.0％	5年	12.5万円
②　うち特定耐久性向上改修工事等に係る費用		250万円	2.0％		

（注）　増改築等住宅借入金等の年末残高の合計額は、②を含めた合計で1,000万円となります。

なお、バリアフリー改修工事等、省エネ改修工事等、多世帯同居改修工事等又は特定耐久性向上改修工事等について、住宅借入金等特別控除又は特定増改築等住宅借入金等特別控除を適用する場合には、その改修工事について住宅特定改修特別税額控除（106ページ参照）は適用できません（措法41㉒）。

⑷　補助金等の交付を受ける場合の（特定増改築等）住宅借入金等特別控除額

（特定増改築等）住宅借入金等特別控除額の対象となる住宅の取得等、バリアフリー改修工事等、省エネ改修工事等、住宅の多世帯同居改修工事等又は特定耐久性向上改修工事等に関し、補助金等（国又は地方公共団体から交付される補助金又は給付金その他これらに準ずるものをいいます。）の交付を受ける場合には、住宅の取得等、バリアフリー改修工事等、省エネ改修工事等、住宅の多世帯同居改修工事等又は特定耐久性向上改修工事等に係る対価の額又は費用の額からその補助金等の額を控除した金額を基礎として、住宅借入金等特別控除額を計算します（措法41⑱、41の３の２③⑥⑦⑨、措令26、26の４）。

(5)　(特定増改築等) 住宅借入金等特別控除の対象となる住宅の取得等の範囲等

<table>
<tr>
<td>居住の用に供する期間制限</td>
<td colspan="3">①　取得等をした日から６か月以内に居住
②　居住日以後その年の12月末日まで引き続き居住
③　住宅借入金等特別控除の適用を受けていた者が、転勤その他やむを得ない事由により転居した後、再び居住
④　住宅の取得等をして居住の用に供した居住者が、当初居住年に転勤その他やむを得ない事由により転居した後、再び居住（※）
※　当初居住年については、住宅借入金等特別控除の適用を受けることはできません。</td>
</tr>
<tr>
<td rowspan="3">住宅の取得等の範囲</td>
<td>家屋の新築又は新築家屋の取得の場合</td>
<td colspan="2">①　床面積が50㎡以上であること
②　床面積の２分の１以上が専ら自己の居住の用に供されるものであること
③　認定住宅の新築等に係る住宅借入金等特別控除の特例（105ページ参照）を適用する場合には、認定住宅であると証明されたものであること</td>
</tr>
<tr>
<td>中古家屋の取得の場合</td>
<td colspan="2">新築等の場合の要件のほか、次に掲げる要件を満たすもの
①　建築後使用されたことのあるものであること
②　次のいずれかに該当する家屋であること
㋑　取得の日以前20年以内（耐火建物の場合は25年以内）に建築された家屋
㋺　取得の日前２年以内に地震に対する安全上必要な構造方法に関する技術的基準等に適合する建物であると証明された家屋
㋩　㋑又は㋺の要件に当てはまらない家屋で、その家屋の取得の日までに耐震改修を行うことについて一定の申請手続をし、かつ居住の用に供する日（その取得等の日から６か月以内に限ります。）までにその耐震改修（住宅耐震改修特別控除の適用を受けるものを除きます。）によりその家屋が耐震基準に適合することにつき証明された家屋（平成26年４月１日以後に取得する場合に限ります。）
③　その家屋の購入時において自己と生計を一にし、その後においても引き続き自己と生計を一にしている親族等から購入したものでないこと。</td>
</tr>
<tr>
<td>家屋の増改築等の場合（注１）</td>
<td>自己の所有している家屋で自己の居住の用に供するものについて行う次に掲げる工事
①　増築、改築、大規模の修繕、大規模の模様替の工事
②　マンション等の区分所有建物のうち、その人の区分所有する部分の床、間仕切壁又は壁等について行う一定の修繕又は模様替えの工事
③　家屋（マンション等の区分所有建物については、その人が区分所有する部分に限ります。）のうち居室、調理室、浴室、便所、洗面所、納戸、玄関又は廊下の一室の床又は壁の全</td>
<td>要　　件
①　工事に要した費用の額から補助金等の額を控除した金額が100万円を超えるもの
②　居住の用以外の用に供する部分の工事がある場合には、その居住の用に供する部分に係る工事の費用がその工事に係る総工費の２分の１以上であること
③　工事をした後の家屋の床面積が50㎡以上であること
④　その工事をした後の家屋</td>
</tr>
</table>

<table>
<tr><td rowspan="4">住宅の取得等の範囲</td><td></td><td>部について行う修繕又は模様替の工事
④　地震に対する一定の安全基準に適合させるための修繕又は模様替えの工事
⑤　一定のバリアフリー改修工事
⑥　一定の省エネ改修工事
⑦　一定の多世帯同居改修工事</td><td>の床面積の２分の１以上が専ら自己の居住の用に供されるものであること
⑤　その工事をした後の家屋が、その人が主としてその居住の用に供すると認められるものであること</td></tr>
<tr><td rowspan="3">特定増改築等の場合</td><td>バリアフリー改修工事等に係る特定増改築等</td><td colspan="2">特定の個人が、居住の用に供する自己所有の家屋について行う高齢者等居住改修工事等を含む上記「増改築等」の要件を満たす工事で、当該工事に該当するものであることについて証明されたものであって、次に掲げる要件を満たすもの
①　高齢者等居住改修工事等に要した費用の額から補助金等の額を控除した金額が50万円を超えること。
②　工事をした家屋のその工事をした部分のうちに自己の居住の用以外の用に供する部分がある場合には、自己の居住の用に供する部分の工事に要した費用の額がその工事に要した費用の額の総額の２分の１以上であること。
③　工事をした後の家屋の床面積が50㎡以上であること。
④　工事をした後の家屋の床面積の２分の１以上が専ら自己の居住の用に供されるものであること。
⑤　その工事をした後の家屋が、その人が主としてその居住の用に供すると認められるものであること。</td></tr>
<tr><td>省エネ改修工事等に係る特定増改築等</td><td colspan="2">個人が、居住の用に供する自己所有の家屋について行う省エネ改修工事等を含む上記「増改築等」の要件に掲げる工事で、当該工事に該当するものであることについて証明されたものであって、次に掲げる要件を満たすもの
①　省エネ改修工事等に要した費用の額から補助金等の額を控除した金額が50万円を超えること。
②　工事をした家屋のその工事をした部分のうちに自己の居住の用以外の用に供する部分がある場合には、自己の居住の用に供する部分の工事に要した費用の額がその工事に要した費用の額の総額の２分の１以上であること。
③　工事をした後の家屋の床面積が50㎡以上であること。
④　工事をした後の家屋の床面積の２分の１以上が専ら自己の居住の用に供されるものであること。
⑤　その工事をした後の家屋が、その人が主としてその居住の用に供すると認められるものであること。</td></tr>
<tr><td>三世帯同居対応改修工事等に係る特定増改築等</td><td colspan="2">個人が、居住の用に供する自己所有の家屋について行う特定多世帯同居改修工事等を含む上記「増改築等」の要件に掲げる工事で、当該工事に該当するものであることについて証明されたものであって、次に掲げる要件を満たすもの
①　特定多世帯同居改修工事等に要した費用の額から補助金等の額を控除した金額が50万円を超えること。
②　工事をした家屋のその工事をした部分のうちに自己の居住の用以外の用に供する部分がある場合には、自己の居住の用に供する部分の工事に要した費用の額がその工事に要した費用の額の総額の２分の１以</td></tr>
</table>

住宅の取得等の範囲

特定増改築等の場合

三世帯同居対応改修工事等に係る特定増改築等

上であること。
③ 工事をした後の家屋の床面積が50㎡以上であること。
④ 工事をした後の家屋の床面積の２分の１以上が専ら自己の居住の用に供されるものであること。
⑤ その工事をした後の家屋が、その人が主としてその居住の用に供すると認められるものであること。

特定耐久性向上改修工事等に係る特定増改築等

個人が、居住の用に供する自己所有の家屋について行う特定の省エネ改修工事と併せて行う特定耐久性向上改修工事等を含む上記「増改築等」の要件に掲げる工事で、当該工事に該当するものであることについて証明されたものであって、次に掲げる要件を満たすもの
①　長期優良住宅の普及の促進に関する法律第９条第１項に規定する認定長期優良住宅建築等計画に基づくものであること。
②　特定耐久性向上改修工事等に要した費用の額から補助金等の額を控除した金額が50万円を超えること。
③　工事をした家屋のその工事をした部分のうちに自己の居住の用以外の用に供する部分がある場合には、自己の居住の用に供する部分の工事に要した費用の額がその工事に用した費用の額の総額の２分の１以上であること。
④ 工事をした後の家屋の床面積が50㎡以上であること。
⑤　工事をした後の家屋の床面積の２分の１以上が専ら自己の居住の用に供されるものであること。
⑥　その工事をした後の家屋が、その人が主としてその居住の用に供すると認められるものであること。

住宅の取得等の範囲から除かれるもの

①　贈与による住宅の取得等
②　配偶者その他所得者等と特別の関係がある者からの住宅の取得等
③　その居住した年の前々年分からその居住した年の翌々年分までの間の所得税について、前に居住していた住宅等を譲渡し、居住用財産を譲渡した場合の長期譲渡所得の課税の特例、居住用財産の譲渡所得の特別控除、居住用財産の買換え及び交換の場合の長期譲渡所得の課税の特例等の規定を受けている場合の住宅の取得等

対象となる借入金等の範囲

償還期間等が10年以上のもの

①住宅取得等に要する資金に充てるための借入金

(イ)　次の金融機関等からの借入金
銀行、信用金庫、労働金庫、信用協同組合、農業協同組合、農業協同組合連合会、漁業協同組合、漁業協同組合連合会、水産加工業協同組合、水産加工業協同組合連合会、株式会社商工組合中央金庫、生命保険会社、損害保険会社、信託会社、農林中央金庫、信用金庫連合会、労働金庫連合会、共済水産業協同組合連合会、信用協同組合連合会、株式会社日本政策投資銀行、株式会社日本貿易保険

(ロ)　独立行政法人住宅金融支援機構、地方公共団体、住宅資金の長期融資を業とする貸金業を営む法人、沖縄振興開発金融公庫、独立行政法人福祉医療機構、国家公務員共済組合、国家公務員共済組合連合会、日本私立学校振興・共済事業団、地方公務員共済組合、農林漁業団体職員共済組合、独立行政法人北方領土問題対策協会又はNTT厚生年金基金からの借入金

(ハ)　家屋の新築又は増改築等の工事を請け負わせた建設業者からの借入金

対象となる借入金等の範囲	償還期間等が10年以上のもの	区分	内容
		①住宅取得等に要する資金に充てるための借入金	(ニ)　新築家屋又は中古家屋の譲渡をした宅地建物取引業者からの借入金
			(ホ)　住宅資金の長期融資を業とする貸金業を営む法人又は宅地建物取引業者である法人で、家屋の新築工事の請負代金又は購入の対価の支払の代行を業とするものから、家屋の新築工事の請負代金又は新築家屋の購入の対価が建設業者等に支払われたことにより、その法人に対して負担する債務
			(ヘ)　勤労者財産形成促進法第９条第１項に規定する事業主団体又は福利厚生会社からの借入金（独立行政法人勤労者退職金共済機構からの転貸貸付けの資金に係る部分に限ります。）
			(ト)　厚生年金保険の被保険者等に対して住宅資金の貸付けを行う一定の法人等からの借入金（独立行政法人福祉医療機構からの転貸貸付けの資金に係る部分に限ります。）
		②住宅の取得等の工事の請負代金に係る債務、住宅の取得等の対価に係る債務	(イ)　建設業者に請け負わせた新築又は増改築等の工事の請負代金に係る債務
			(ロ)　宅地建物取引業者、独立行政法人都市再生機構、地方住宅供給公社、地方公共団体、日本勤労者住宅協会に対する住宅の取得等の対価に係る債務
			(ハ)　事業主団体又は福利厚生会社から購入した新築家屋の購入の対価に係る債務（独立行政法人勤労者退職金共済機構からの分譲貸付けの資金に係る部分に限ります。）
			(ニ)　厚生年金保険又は国民年金の被保険者等に住宅を分譲する一定の法人等から購入した新築家屋の購入の対価に係る債務（独立行政法人福祉医療機構からの分譲貸付けの資金に係る部分に限ります。）
		③中古家屋の取得に係る債務の承継に関する債務契約に基づく債務	(イ)　独立行政法人都市再生機構、地方住宅供給公社又は日本勤労者住宅協会を当事者とする中古家屋の購入の対価に係る債務の承継契約に基づく債務
			(ロ)　厚生年金保険又は国民年金の被保険者等に住宅を分譲する一定の法人等を当事者とする中古家屋の購入の対価に係る債務の承継契約に基づく債務（独立行政法人福祉医療機構からの分譲貸付けの資金に係る部分に限ります。）
		④住宅の取得等の資金に充てるための使用者等からの借入金又は使用者に対する住宅の取得等の対価に係る債務	(イ)　使用者から借り入れた借入金又は使用者に対する住宅の取得等の対価に係る債務（注２）
			(ロ)　使用者に代わって住宅の取得等に要する資金の貸付けを行っていると認められる一般社団法人又は一般財団法人で国土交通大臣が指定した者からの借入金

控除手続

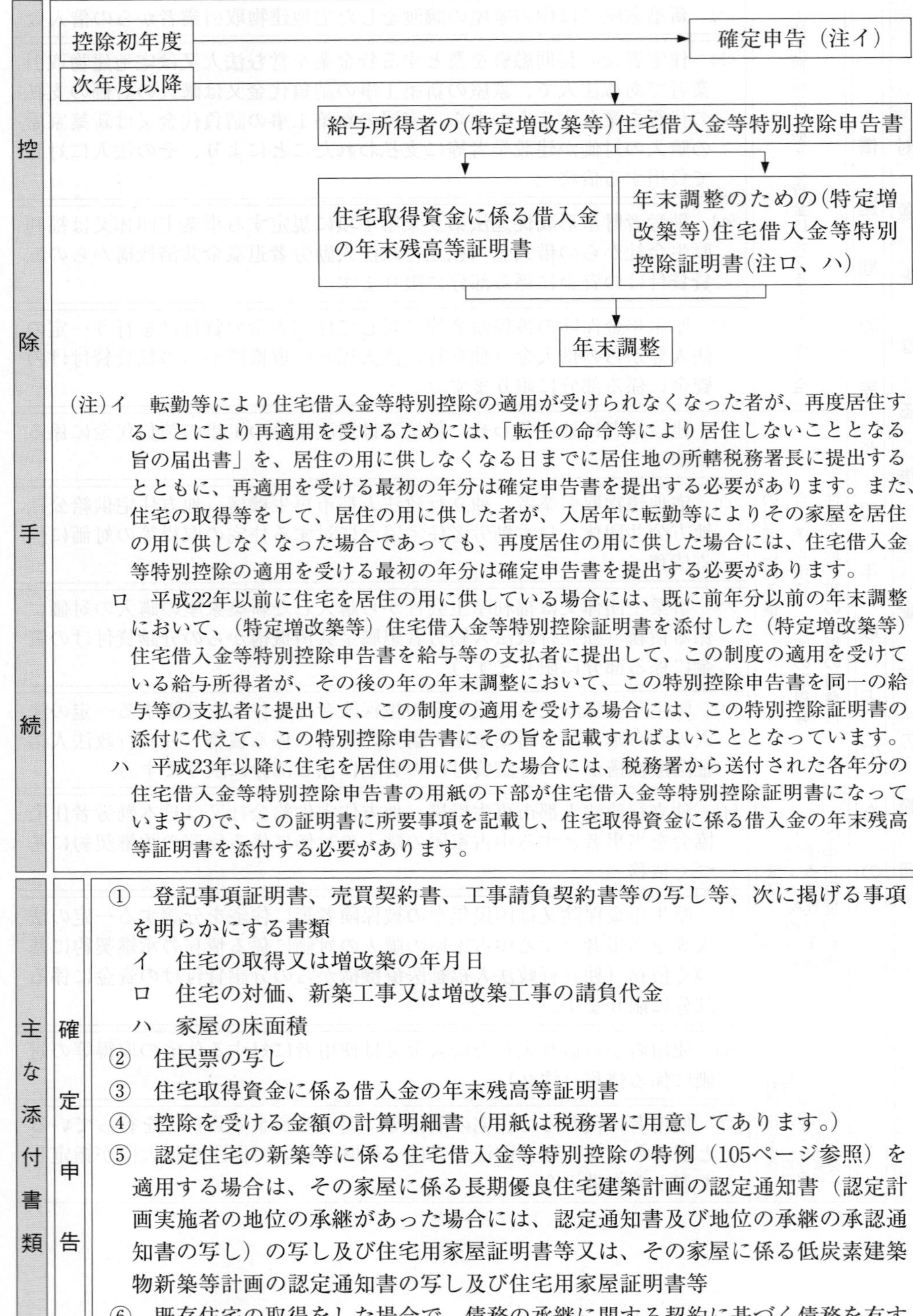

(注)イ　転勤等により住宅借入金等特別控除の適用が受けられなくなった者が、再度居住することにより再適用を受けるためには、「転任の命令等により居住しないこととなる旨の届出書」を、居住の用に供しなくなる日までに居住地の所轄税務署長に提出するとともに、再適用を受ける最初の年分は確定申告書を提出する必要があります。また、住宅の取得等をして、居住の用に供した者が、入居年に転勤等によりその家屋を居住の用に供しなくなった場合であっても、再度居住の用に供した場合には、住宅借入金等特別控除の適用を受ける最初の年分は確定申告書を提出する必要があります。

ロ　平成22年以前に住宅を居住の用に供している場合には、既に前年分以前の年末調整において、(特定増改築等) 住宅借入金等特別控除証明書を添付した (特定増改築等) 住宅借入金等特別控除申告書を給与等の支払者に提出して、この制度の適用を受けている給与所得者が、その後の年の年末調整において、この特別控除申告書を同一の給与等の支払者に提出して、この制度の適用を受ける場合には、この特別控除証明書の添付に代えて、この特別控除申告書にその旨を記載すればよいこととなっています。

ハ　平成23年以降に住宅を居住の用に供した場合には、税務署から送付された各年分の住宅借入金等特別控除申告書の用紙の下部が住宅借入金等特別控除証明書になっていますので、この証明書に所要事項を記載し、住宅取得資金に係る借入金の年末残高等証明書を添付する必要があります。

主な添付書類　**確定申告**

① 登記事項証明書、売買契約書、工事請負契約書等の写し等、次に掲げる事項を明らかにする書類

　イ　住宅の取得又は増改築の年月日

　ロ　住宅の対価、新築工事又は増改築工事の請負代金

　ハ　家屋の床面積

② 住民票の写し

③ 住宅取得資金に係る借入金の年末残高等証明書

④ 控除を受ける金額の計算明細書（用紙は税務署に用意してあります。）

⑤ 認定住宅の新築等に係る住宅借入金等特別控除の特例（105ページ参照）を適用する場合は、その家屋に係る長期優良住宅建築計画の認定通知書（認定計画実施者の地位の承継があった場合には、認定通知書及び地位の承継の承認通知書の写し）の写し及び住宅用家屋証明書等又は、その家屋に係る低炭素建築物新築等計画の認定通知書の写し及び住宅用家屋証明書等

⑥ 既存住宅の取得をした場合で、債務の承継に関する契約に基づく債務を有するときは、その債務の承継に係る契約書の写し

⑦ 増改築等をした場合は、建築確認済証の写し、検査済証の写し、又は建築士

主な添付書類		等から交付を受けた増改築等工事証明書
	年末調整	○ 前ページ「控除手続」欄の「次年度以降」の記載事項を参照してください。

(注) 1 ①から⑦に該当することについて、一定の証明がされたものに限ります。

2 (特定増改築等) 住宅借入金等特別控除の対象とされる住宅借入金には、使用者から借り入れたもので利率が0.2%未満又は使用者から利子補給を受けるものでその実質的な利率が0.2%未満となるものは含まれません。

アドバイス

令和２年４月30日に成立し、同日付で施行された「新型コロナウイルス感染症等の影響に対応するための国税関係法律の臨時特例に関する法律」により、新型コロナウイルス感染症の影響による住宅建設の遅延等により、令和２年12月31日までに居住の用に供することができなかった場合等についても、一定の要件を満たすときは、期限内に居住の用に供したものと同様の（特定増改築）住宅借入金等特別控除の適用が受けられるよう適用要件が弾力化されました（519ページ参照）。

(6) 再び居住の用に供した場合の（特定増改築等）住宅借入金等特別控除の再適用又は適用

① 当初居住年の翌年以降に転居した場合

住宅の取得等及び認定住宅の新築等をして（特定増改築等）住宅借入金等特別控除の適用を受けていた人が、勤務先からの転任命令に従う転居その他これに準ずるやむを得ない事由（以下「転任命令等」といいます。）により、当該控除の適用を受けていた家屋を居住の用に供しなくなった後、その家屋を再び居住の用に供した場合には、一定の要件の下で、その住宅の取得等に係る（特定増改築等）住宅借入金等特別控除の控除期間内の各年のうち、再び居住の用に供した日の属する年（その年にその家屋を賃貸の用に供していた場合にはその翌年）以後の各適用年について、（特定増改築等）住宅借入金等特別控除の再適用を受けることができます（措法41㉓）。

② 当初居住年に転居した場合

（特定増改築等）住宅借入金等特別控除（認定住宅等に係るものを含みます。）の対象となる住宅の取得等をし、居住の用に供していた人がその居住の用に供した日からその年の12月31日までの間に、転任命令等により、その家屋をその人の居住の用に供しなくなった場合であっても、居住の用に供した年の翌年以後再びその家屋をその人の居住の用に供した場合には、一定の要件のもとでその住宅の取得等に係る（特定増改築等）住宅借入金等特別控除の控除期間内の各年のうち、再居住年以後の各適用年（再居住年にその家屋を賃貸の用に供していた場合にはその翌年以後の各適用年）について、(特定増改築等) 住宅借入金等特別控除の適用を受けることができます（措法41㉖)。

(7)　被災者等に対する特例

（特定増改築）住宅借入金等特別控除の適用対象となっていた家屋（以下「従前家屋」といいます。）が災害により居住の用に供することができなくなった場合においても、居住の用に供することができなくなった年以後においてその家屋に係る住宅借入金との金額を有するときは、一定の場合を除き、残りの適用期間についても引き続き（特定増改築等）住宅借入金等特別控除の適用を受けることができます（措法41㉙、41の３の２⑳)。

なお、被災者生活再建支援法が適用された市町村の区域内に所在する従前家屋をその災害により居住の用に供することができなくなった人が、住宅の再取得又は増改築をした場合には、従前家屋に係る住宅借入金等特別控除とその再取得等をした家屋に係る住宅借入金等特別控除の適用を重複して受けることができます（重複適用の場合の税額控除の計算については、調整措置があります。)。

(8)　東日本大震災の被災者等に対する特例

①　適用期間についての特例

イ　制度の概要

（特定増改築等）住宅借入金等特別控除の適用対象となっていた家屋が東日本大震災によって被害を受けたことにより居住の用に供することができなくなった場合においても、居住の用に供することができなくなった年以後の各年においてその家屋に係る住宅借入金等の金額を有するときは、残りの適用期間についても引き続き（特定増改築等）住宅借入金等特別控除の適用を受けることができます（震災特例法13、震災特例令15)。

ロ　適用を受けるための手続

この特例の適用を受ける場合の手続は、通常の（特定増改築等）住宅借入金等特別控除を受けるための手続と同じです。

なお、年末調整で適用を受ける場合は、税務署から送付された「年末調整のための（特定増改築等）住宅借入金等特別控除証明書」や「給与所得者の（特定増改築等）住宅借入金等特別控除申告書」などを給与の支払者に提出することにより、引き続き控除を受けることができます。

②　控除額の特例等

イ　住宅の再取得等に係る住宅借入金等特別控除の控除額の特例

自己の所有していた家屋でその居住の用に供していたものが東日本大震災により居住の用に供することができなくなった個人（非居住者を含みます。）が、再取得又は増改築をした住宅（要耐震改修住宅を含みます。）を、その居住の用に供することができなくなった日から令和３年12月31日までの間に居住の用に供した場合には、その居住日の属する年以後10年間の各年における住宅借入金等を有する場合の所得税額の特別控除についての住宅借入金等の年末残高の限度額及び控除率は次のとおりとなります（震災特例法13の２）。

<table>
<tr><th>住宅を居住の用に供した日</th><th colspan="2">控除期間</th><th>住宅借入金等の年末残高の限度額</th><th>住宅借入金等の年末残高に乗ずる控除率</th><th>各年の控除限度額</th></tr>
<tr><td>平成23.3.11
～23.12.31</td><td colspan="2" rowspan="3">10年間</td><td rowspan="2">4,000万円</td><td rowspan="6">1.2%
（通常：1.0%）</td><td rowspan="2">48万円</td></tr>
<tr><td>平成24.1.1
～24.12.31</td></tr>
<tr><td>平成25.1.1
～26.3.31</td><td>3,000万円</td><td>36万円</td></tr>
<tr><td rowspan="3">平成26.4.1
～
令和３.12.31
〔特別特定取得に係るものは令和１年10月１日から令和２年12月31日まで〕</td><td rowspan="2">特別特定取得（注１）</td><td>１～10年目</td><td rowspan="3">5,000万円</td><td>60万円</td></tr>
<tr><td>11～13年目</td><td>（注２）</td></tr>
<tr><td>特別特定取得以外</td><td>10年間</td><td>60万円</td></tr>
</table>

（注）１　「特別特定取得」については、104ページを参照してください。

２　適用年の11年目から13年目までの各年の控除額は、次のイ又はロの金額のいずれか少ない金額となります（震災特例法13の２③④）。

イ　住宅借入金等の年末残高（5,000万円を限度）×1.2％

ロ　〔住宅の取得等の対価の額－その住宅の取得等の対価の額に含まれる消費税額等〕（5,000万円を限度）×２％÷３

ロ　居住の用に供することができなくなった家屋に係る住宅借入金等特別控除と再取得等をした住宅に係る住宅借入金等特別控除の重複適用の特例

その有していた住宅が東日本大震災により滅失等をして居住の用に供することができなくなった個人（非居住者を含み、その滅失等をした住宅について住宅借入金等を有する場合の所得税額の特別控除を受けていた個人に限ります。）が、住宅の再取得又は増改築をした場合には、当該滅失等をした住宅に係る住宅借入金等を有する場合の所得税額の特別控除（継続適用の特例により適用される場合を含みます。）と当該再取得又は増改築をした住宅に係る住宅借入金等を有する場合の所得税額の特別控除を重複して適用できるものとし、各年における特別控除額はそれぞれの特例による特別控除額の合計額となります（震災特例法13の２）。

〔参考１〕　再び居住の用に供した場合等の（特定増改築等）住宅借入金等特別控除の再適用又は適用

①　再び居住の用に供した場合の再適用

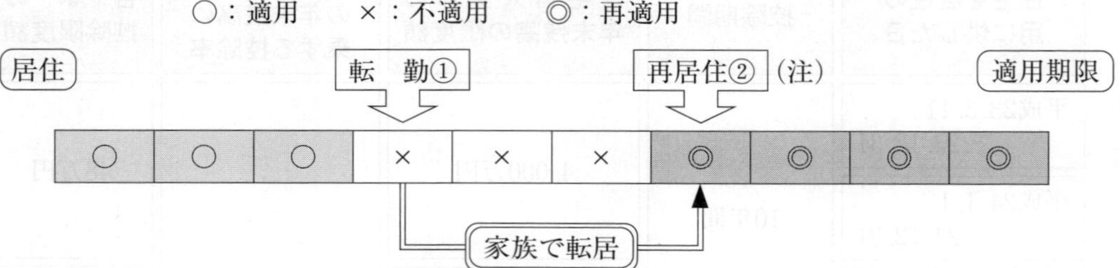

○　特例の適用を受けるための手続

１　居住の用に供しなくなる日までに転勤の事由等を記載した書類（年末調整のための住宅借入金等特別控除証明書の添付）を税務署長に提出します。

２　その事由が解消され再び居住した場合には、再居住した旨等を記載した書類をこの住宅借入金等特別控除の適用を受けようとする年の確定申告期限までに、税務署長に提出します。

（注）　再居住年に賃貸をしている場合には再居住年は不適用となり、その再居住年の翌年から再適用されます。

②　入居年に転任の命令等により年末まで居住しなかった場合の適用

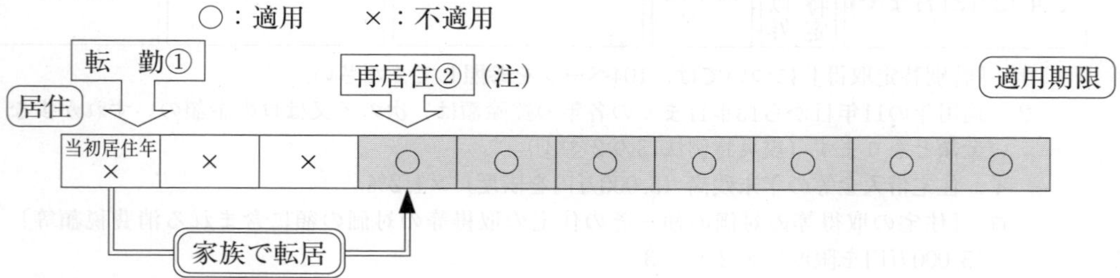

○　特例の適用を受けるための手続

住宅借入金等特別控除の適用を受ける最初の年分の確定申告書に通常の住宅借入金等特別控除に係る添付書類のほか当初居住年において自己の居住の用に供していたことを証する書類等一定の書類を添付して所轄税務署長に提出します。

（注）　再居住年に賃貸をしている場合には再居住年は不適用となり、その再居住年の翌年から適用されます。

〔参考２〕　税源移譲の実施に伴う特例措置

居住者が、住宅の取得等をして、平成19年１月１日から平成20年12月31日までの間に、その家屋をその者の居住の用に供した場合において、その者がその住宅の取得等のための住宅借入金等を有するときは、次の表のとおりの控除率及び適用年（控除期間）による特例が、本則の住宅借入金等特別控除との選択により適用されます（措法41⑥⑦⑧）。

（注）　平成22年１月１日から同年12月31日までの間に居住の用に供した場合、本則の住宅借入金等特別控除については令和１年が控除期間の最終年となりますので、令和２年分以後は控除を受けることはできません。

	区分＼項目		適用年			最高控除額計
			１～６年目	７～10年目	11～15年目	
平成19年居住分 （住宅借入金等の年末残高の限度額2,500万円）	本則の特別控除	各年の控除率	1.0%	0.5%	—	200万円
		各年の最高控除額	25万円	12.5万円	—	
	税源移譲対応特例	各年の控除率	0.6%		0.4%	200万円
		各年の最高控除額	15万円		10万円	

	区分＼項目		適用年			最高控除額計
			１～６年目	７～10年目	11～15年目	
平成20年居住分 （住宅借入金等の年末残高の限度額2,000万円）	本則の特別控除	各年の控除率	1.0%	0.5%	—	160万円
		各年の最高控除額	20万円	10万円	—	
	税源移譲対応特例	各年の控除率	0.6%		0.4%	160万円
		各年の最高控除額	12万円		８万円	

〔参考〕　個人住民税における住宅借入金等特別税額控除制度

個人住民税について、税源移譲の実施に伴い、平成19年分以降の所得税（国税）の額が減少したことにより、所得税の額から控除しきれなかった住宅借入金等特別控除額（平成21年１月１日から令和３年12月31日までの間に入居した人に限ります。）がある人については、翌年度分の個人住民税から控除できる場合があります。

この控除の適用を受ける場合には、お住まいの市区町村へ毎年度申告する必要はありません。

詳しくは、お住まいの市区町村にお尋ねください。

第７　給与所得に対する源泉徴収税額の計算

給与所得の源泉徴収に係る所得税及び復興特別所得税は、給与等の支払者（源泉徴収義務者）が自らその税額を計算し、これを徴収して納付しなければなりません。

所得税法では給与等の源泉徴収に適用する「源泉徴収税額表」を定め、給与等の支払者が給与等の額に応じて容易に税額が求められるようにしています（所法別表二、三、四、平24財務省告示第115号（最終改正平31財務省告示第97号））。

１　「給与所得者の扶養控除等（異動）申告書」の提出

「給与所得者の扶養控除等（異動）申告書」は、給与等の支払者が、その給与等に対する源泉徴収税額の計算の基礎とするもので、給与等の支払を受ける人が毎年最初にその支払を受けるときまでに、その支払者（２か所以上から給与の支払を受けている人は主たる給与等の支払者）を経由して所轄税務署長に提出することになっています（所法194①）。

なお、この申告書を提出した後に記載内容について異動があった場合には、「給与所得者の扶養控除等（異動）申告書」をその異動があった日後最初に給与等の支払を受ける日の前日までに提出する必要があります（所法194②）。

また、この申告書を受理した給与等の支払者は、税務署長から特に提出を求められた場合を除いて、この申告書を保存することとされています。

ただし、この申告書の提出期限の属する年の翌年の１月10日の翌日から７年を経過する日後においては、保存する必要はありません（所規76の３）。

なお、給与等の支払者が所轄税務署長に対し「源泉徴収に関する申告書に記載すべき事項の電磁的方法による提供の承認申請書」を提出し、一定の要件を満たしていることについてその税務署長の承認を受けている場合で、かつ、受給者が給与等の支払者に対し同日以後に「給与所得者の扶養控除等（異動）申告書」を提出する場合には、受給者は書面による申告書の提出に代えて、電磁的方法により申告書に記載すべき事項の提供を行うことができます（所法198②～⑤、所令319の２、所規76の２）。

アドバイス

１　「源泉徴収に関する申告書に記載すべき事項の電磁的方法による提供の承認申請書」の提出をした日の属する月の翌月末日までにその承認又は不承認の決定がなかったときは、その提出日の翌月末日において承認があったものとみなされます。

２　申告書に記載すべき事項の電磁的提供に当たっては、その支払者に対して、①その支払者が発行した個々の受給者の識別ができるID及びパスワードを用いて申告書情報を送信すること、又は②受給者の電子署名及びその電子署名に係る電子証明書を申告書情報と併せて送信することによって、申告書にすべき本人の署名・押印に代えることができます。

3　申告書に添付すべき証明書類については、書面による提出又は掲示が必要となります。

2　「給与所得者の扶養控除等（異動）申告書」の記載事項及び添付書類

(1)　記載事項

「給与所得者の扶養控除等（異動）申告書」は、給与の支払を受ける人が、障害者控除や寡婦控除、ひとり親控除、勤労学生控除、配偶者控除、扶養控除を受けようとする場合には、次のような事項をこの申告書に記載して提出します（所法194①、所規73、措法41の16②、41の17②）。

主な記載事項
①　給与の支払を受ける人が一般の障害者、特別障害者、寡婦、ひとり親又は勤労学生に該当する場合には、これらに該当することの事実
②　給与の支払を受ける人の同一生計配偶者又は扶養親族のうちに一般の障害者又は特別障害者若しくは同居特別障害者に該当する人がいる場合には、その人の氏名及び個人番号並びにこれらに該当することの事実（同居特別障害者に該当する人がいる場合には、同居特別障害者に該当することの事実）
③　源泉控除対象配偶者及び控除対象扶養親族の氏名及び個人番号、また、これらの控除対象扶養親族等のうちに老人控除対象配偶者や特定扶養親族又は老人扶養親族に該当する人がいる場合には、老人控除対象配偶者や特定扶養親族又は老人扶養親族に該当することの事実（同居老親等に該当する人がいる場合には、同居老親等に該当することの事実）
④　②の一般の障害者・特別障害者・同居特別障害者又は③の源泉控除対象配偶者・控除対象扶養親族が非居住者である場合には、その旨
⑤　この申告書を提出する人の氏名、生年月日、住所及び個人番号

(2)　添付書類

勤労学生控除や非居住者である親族に係る扶養控除、源泉控除対象配偶者に係る配偶者（特別）控除又は障害者控除を受けようとする場合には、次の書類をこの申告書に添付等する必要があります（所法194③～⑥、所令316の２、所規47の２、73）。

イ　専修学校又は各種学校の生徒や職業訓練法人の行う認定職業訓練を受ける訓練生が勤労学生控除を受ける場合には、これらの生徒や訓練生に該当する旨の証明書

ロ　非居住者である親族（以下「国外居住親族」といいます。）に係る扶養控除、源泉控除対象配偶者に係る配偶者（特別）控除又は障害者控除の適用を受ける場合には、その親族に係る「親族関係書類」

ハ　年末調整において、国外居住親族に係る扶養控除又は障害者控除の適用を受ける場合には、「送金関係書類」

なお、この場合には、その年最後に給与等の支払を受ける日の前日までに、この申告書に国外居住親族と生計を一にする事実（送金額）を記載した上で、「送金関係書類」を添付等する必要があります。

(注) 1　「親族関係書類」とは、次の①又は②のいずれかの書類で、国外居住親族が居住者の親族であることを証するものをいいます（その書類が外国語で作成されている場合には、その翻訳文を含みます。）。

① 戸籍の附票の写しその他の国又は地方公共団体が発行した書類及び国外居住親族の旅券（パスポート）の写し

② 外国政府又は外国の地方公共団体が発行した書類（国外居住親族の氏名、生年月日及び住所又は居所の記載があるものに限ります。）

2　「送金関係書類」とは、次の書類で、居住者がその年において国外居住親族の生活費又は教育費に充てるための支払を、必要の都度、各人に行ったことを明らかにするものをいいます（その書類が外国語で作成されている場合には、その翻訳文を含みます。）。

① 金融機関の書類又はその写しで、その金融機関が行う為替取引によりその居住者から国外居住親族に支払をしたことを明らかにする書類

② いわゆるクレジットカード発行会社の書類又はその写しで、国外居住親族がそのクレジットカード発行会社が交付したカードを提示等してその国外居住親族が商品等を購入したこと等により、その商品等の購入等の代金に相当する額の金銭をその居住者から受領し、又は受領することとなることを明らかにする書類

アドバイス

平成29年１月１日以後に支払を受けるべき給与に係る扶養控除等申告書については、給与の支払者が提出者等の個人番号等を記載した帳簿を備えている場合には、その帳簿に記載している人については扶養控除等申告書に個人番号の記載を要しないこととされています。

3　税額の算定方法

給与等を支払う際に源泉徴収をすることとなる税額の算定方法は、その支払う給与等が賞与である場合と賞与以外の給与等である場合とでは異なっていますので、税額の算定に当たっては、その支払う給与等を賞与とそれ以外の給与とに区分する必要があります。

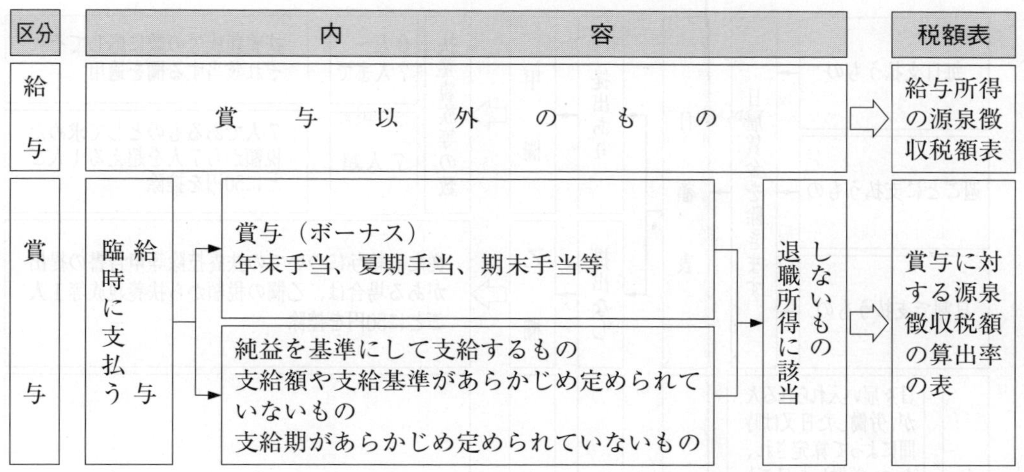

(1)　**賞与以外の給与に対する源泉徴収**

イ　税額表の適用区分

賞与以外の給料や賃金等を月々（日々）支払う際に源泉徴収をする税額は、「給与所得の源泉徴収税額表」によって求めます（所法185）。

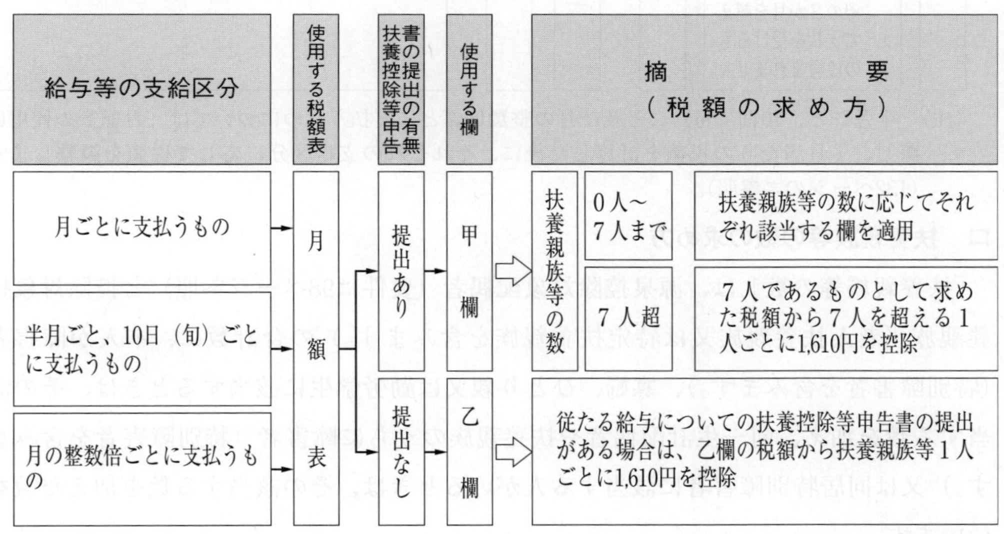

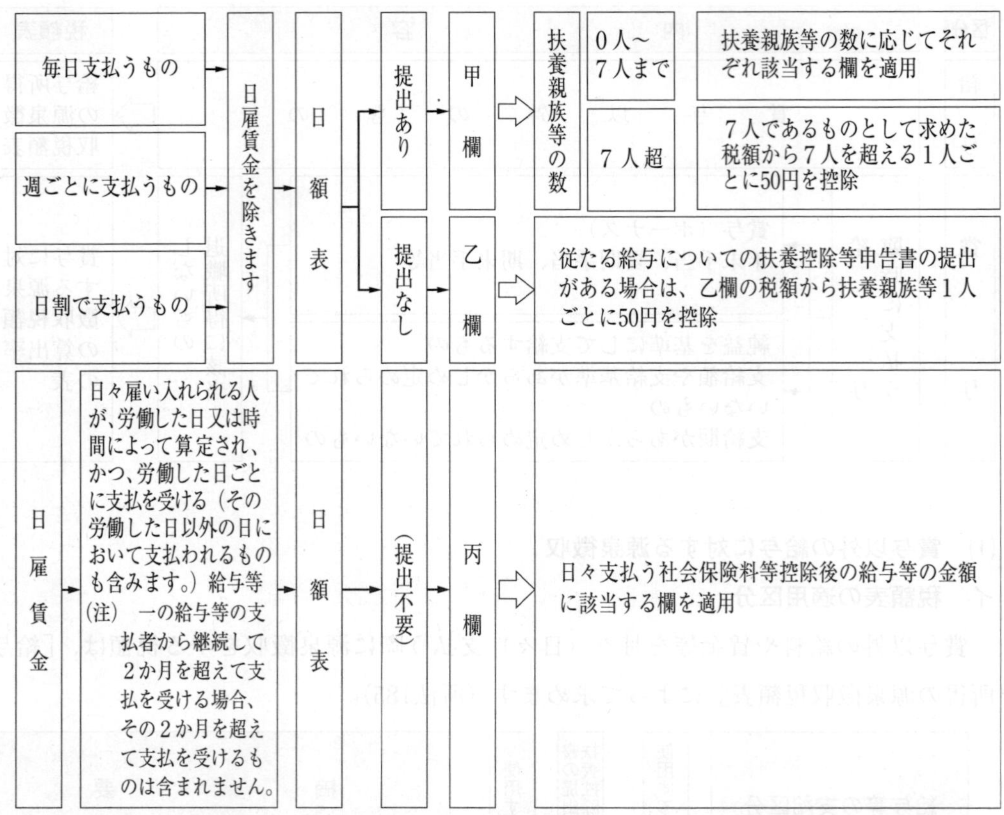

(注)　半月ごと、10日（旬）ごと及び月の整数倍ごとに支払うものについては、月額表の使用に際し、１月当たりの税額を計算した後に、それぞれの支給区分に応じて税額を調整します（132ページのニ参照）。

ロ　扶養親族等の数の求め方

「扶養親族等の数」は、源泉控除対象配偶者（要件は98ページ参照）と控除対象扶養親族（老人扶養親族又は特定扶養親族を含みます。）の合計数に、本人が障害者（特別障害者を含みます。）、寡婦、ひとり親又は勤労学生に該当するときは、その該当する数を加え、同一生計配偶者や扶養親族のうちに障害者（特別障害者を含みます。）又は同居特別障害者に該当する人がいるときは、その該当する数を加えた数をいいます。

したがって、次の設例では、それぞれ次のようになります。

〔1　**配偶者に係る扶養親族等の数の算定方法（具体例）**〕

（凡例）□所得者　㊎配偶者（※の金額は配偶者の合計所得金額（見積額）を示します。）

障（特別）障害者

【**下図中の点線囲みの図形は扶養親族等の数に含まれません。**】

設例	給与所得者の合計所得金額（見積額）	900万円以下	※95万円超 □—（配）	※95万円超 □—（配） （障）	※95万円以下 □—配 （源泉控除対象配偶者）	※48万円超95万円以下 □—配 （障） （源泉控除対象配偶者）	※48万円以下 □—配 障 （源泉控除対象配偶者同一生計配偶者）
		900万円超	※48万円以下 □—（配） （同一生計配偶者）	※48万円超 □—（配）　※48万円超 □—（配） （障）	※48万円以下 □—（配） 障 （同一生計配偶者）		
扶養親族等の数			０人		１人		２人

〔2　**配偶者以外の扶養親族等の数の算定方法（具体例）**〕

（凡例）□所得者　㊕控除対象扶養親族（扶養親族のうち年齢16歳以上の人）

扶 扶養親族のうち年齢16歳未満の人（扶養親族等の数には加算しません。）

寡 寡婦（特別の寡婦を含みます。）又は寡夫（注）　学 勤労学生　障（特別）障害者

同障 同居特別障害者

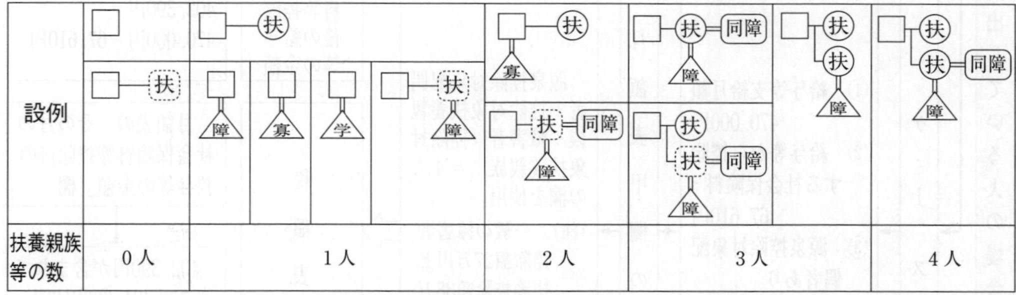

（注）　ひとり親（94ページ参照）については、令和３年１月１日以後に支払うべき給与等について適用されます。なお、令和２年分の所得税については年末調整で清算されることになります。

ハ　税額表適用の具体例

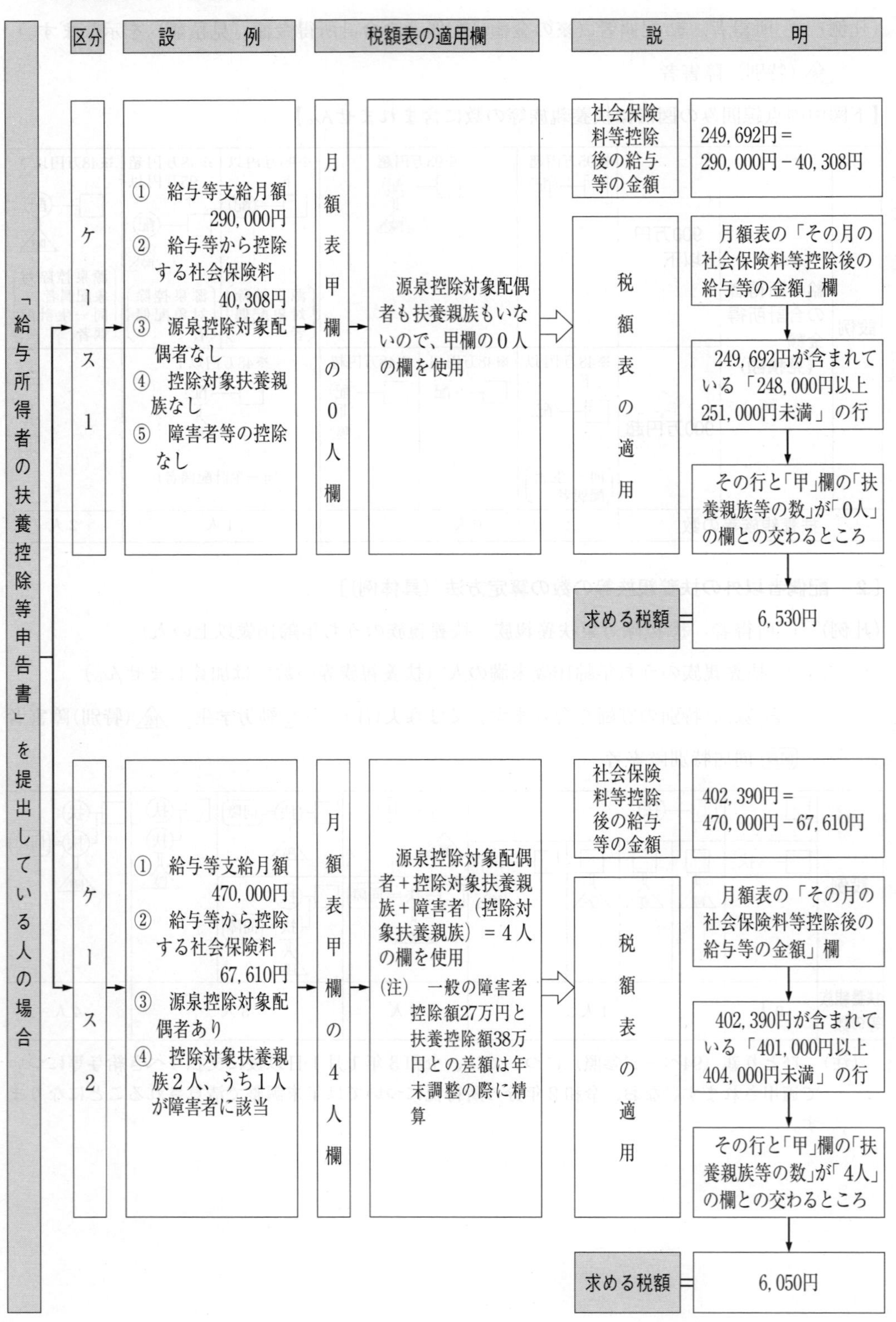
区分
設　例
税額表の適用欄
説　明
「給与所得者の扶養控除等申告書」を提出している人の場合
ケース1
①　給与等支給月額 290,000円
②　給与等から控除する社会保険料 40,308円
③　源泉控除対象配偶者なし
④　控除対象扶養親族なし
⑤　障害者等の控除なし
月額表甲欄の０人欄
源泉控除対象配偶者も扶養親族もいないので、甲欄の０人の欄を使用
社会保険料等控除後の給与等の金額
249,692円＝290,000円－40,308円
税額表の適用
月額表の「その月の社会保険料等控除後の給与等の金額」欄
249,692円が含まれている「248,000円以上251,000円未満」の行
その行と「甲」欄の「扶養親族等の数」が「0人」の欄との交わるところ
求める税額
6,530円
ケース2
①　給与等支給月額 470,000円
②　給与等から控除する社会保険料 67,610円
③　源泉控除対象配偶者あり
④　控除対象扶養親族２人、うち１人が障害者に該当
月額表甲欄の４人欄
源泉控除対象配偶者＋控除対象扶養親族＋障害者（控除対象扶養親族）＝４人の欄を使用
(注)　一般の障害者控除額27万円と扶養控除額38万円との差額は年末調整の際に精算
社会保険料等控除後の給与等の金額
402,390円＝470,000円－67,610円
税額表の適用
月額表の「その月の社会保険料等控除後の給与等の金額」欄
402,390円が含まれている「401,000円以上404,000円未満」の行
その行と「甲」欄の「扶養親族等の数」が「4人」の欄との交わるところ
求める税額
6,050円

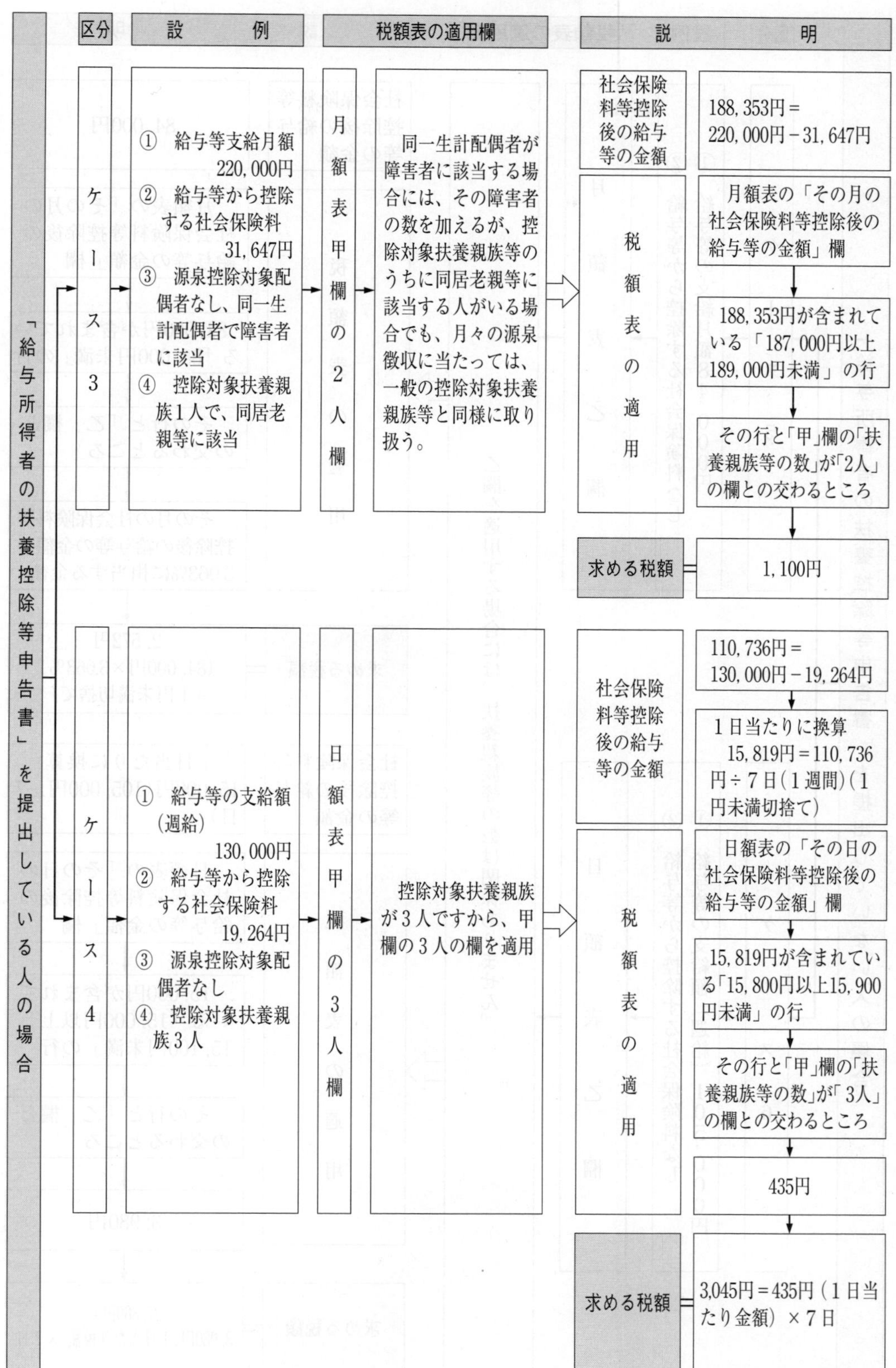
区分
設　　例
税額表の適用欄
説　　明
「給与所得者の扶養控除等申告書」を提出している人の場合
ケース３
①　給与等支給月額 220,000円
②　給与等から控除する社会保険料 31,647円
③　源泉控除対象配偶者なし、同一生計配偶者で障害者に該当
④　控除対象扶養親族１人で、同居老親等に該当
月額表甲欄の２人欄
同一生計配偶者が障害者に該当する場合には、その障害者の数を加えるが、控除対象扶養親族等のうちに同居老親等に該当する人がいる場合でも、月々の源泉徴収に当たっては、一般の控除対象扶養親族等と同様に取り扱う。
社会保険料等控除後の給与等の金額
188,353円＝220,000円－31,647円
税額表の適用
月額表の「その月の社会保険料等控除後の給与等の金額」欄
188,353円が含まれている「187,000円以上189,000円未満」の行
その行と「甲」欄の「扶養親族等の数」が「2人」の欄との交わるところ
求める税額
1,100円
ケース４
①　給与等の支給額（週給） 130,000円
②　給与等から控除する社会保険料 19,264円
③　源泉控除対象配偶者なし
④　控除対象扶養親族３人
日額表甲欄の３人欄
控除対象扶養親族が３人ですから、甲欄の３人の欄を適用
社会保険料等控除後の給与等の金額
110,736円＝130,000円－19,264円
１日当たりに換算 15,819円＝110,736円÷７日（１週間）（１円未満切捨て）
税額表の適用
日額表の「その日の社会保険料等控除後の給与等の金額」欄
15,819円が含まれている「15,800円以上15,900円未満」の行
その行と「甲」欄の「扶養親族等の数」が「3人」の欄との交わるところ
435円
求める税額
3,045円＝435円（１日当たり金額）×７日

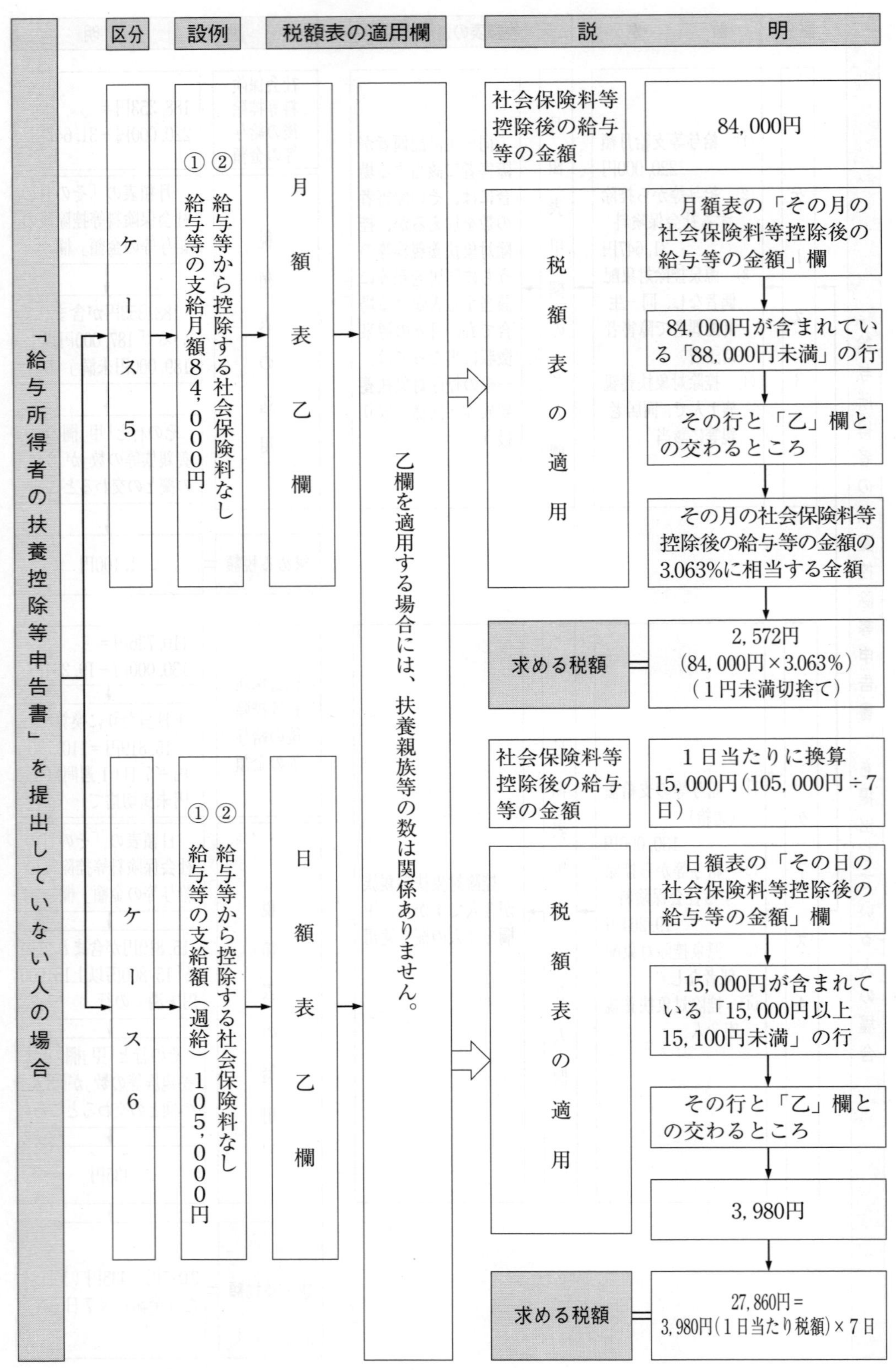

区分
設例
税額表の適用欄
説　明
「給与所得者の扶養控除等申告書」を提出していない人の場合
ケース５
①②給与等から控除する社会保険料なし
給与等の支給月額84,000円
月額表乙欄
乙欄を適用する場合には、扶養親族等の数は関係ありません。
社会保険料等控除後の給与等の金額
84,000円
税額表の適用
月額表の「その月の社会保険料等控除後の給与等の金額」欄
84,000円が含まれている「88,000円未満」の行
その行と「乙」欄との交わるところ
その月の社会保険料等控除後の給与等の金額の3.063%に相当する金額
求める税額
2,572円
(84,000円×3.063%)
（１円未満切捨て）
ケース６
①②給与等から控除する社会保険料なし
給与等の支給額（週給）105,000円
日額表乙欄
社会保険料等控除後の給与等の金額
１日当たりに換算
15,000円(105,000円÷7日)
税額表の適用
日額表の「その日の社会保険料等控除後の給与等の金額」欄
15,000円が含まれている「15,000円以上15,100円未満」の行
その行と「乙」欄との交わるところ
3,980円
求める税額
27,860円＝
3,980円(１日当たり税額)×７日

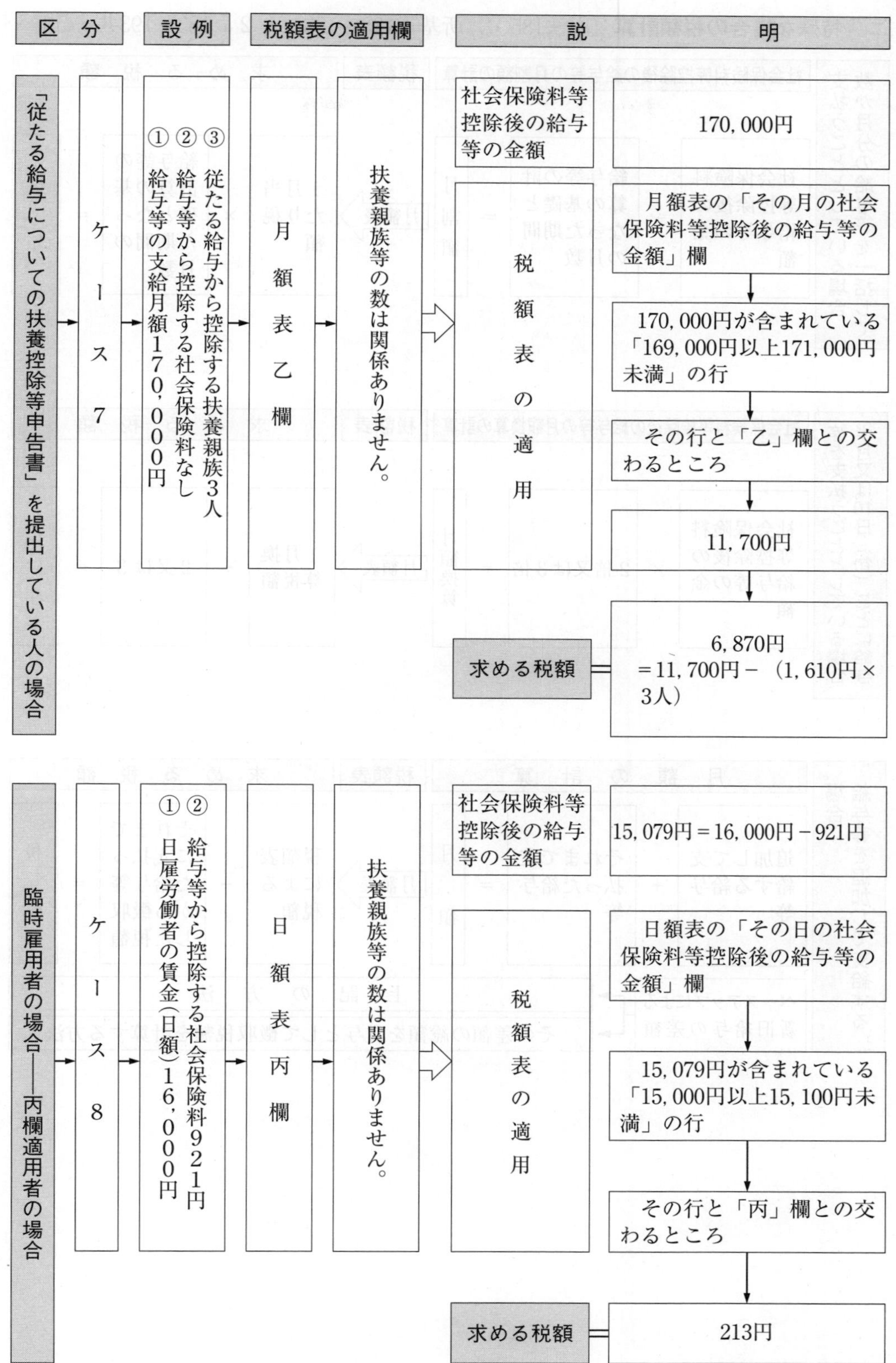
区　分
設　例
税額表の適用欄
説　　　明
「従たる給与についての扶養控除等申告書」を提出している人の場合
ケース７
①従たる給与から控除する扶養親族３人
②給与等から控除する社会保険料なし
③給与等の支給月額170,000円
月額表乙欄
扶養親族等の数は関係ありません。
社会保険料等控除後の給与等の金額
170,000円
税額表の適用
月額表の「その月の社会保険料等控除後の給与等の金額」欄
170,000円が含まれている「169,000円以上171,000円未満」の行
その行と「乙」欄との交わるところ
11,700円
求める税額
6,870円
＝11,700円－（1,610円×3人）
臨時雇用者の場合――丙欄適用者の場合
ケース８
①給与等から控除する社会保険料921円
②日雇労働者の賃金（日額）16,000円
日額表丙欄
扶養親族等の数は関係ありません。
社会保険料等控除後の給与等の金額
15,079円＝16,000円－921円
税額表の適用
日額表の「その日の社会保険料等控除後の給与等の金額」欄
15,079円が含まれている「15,000円以上15,100円未満」の行
その行と「丙」欄との交わるところ
求める税額
213円

二　特殊な場合の税額計算（所法185①、所基通183～193共－２、183～193共－５）

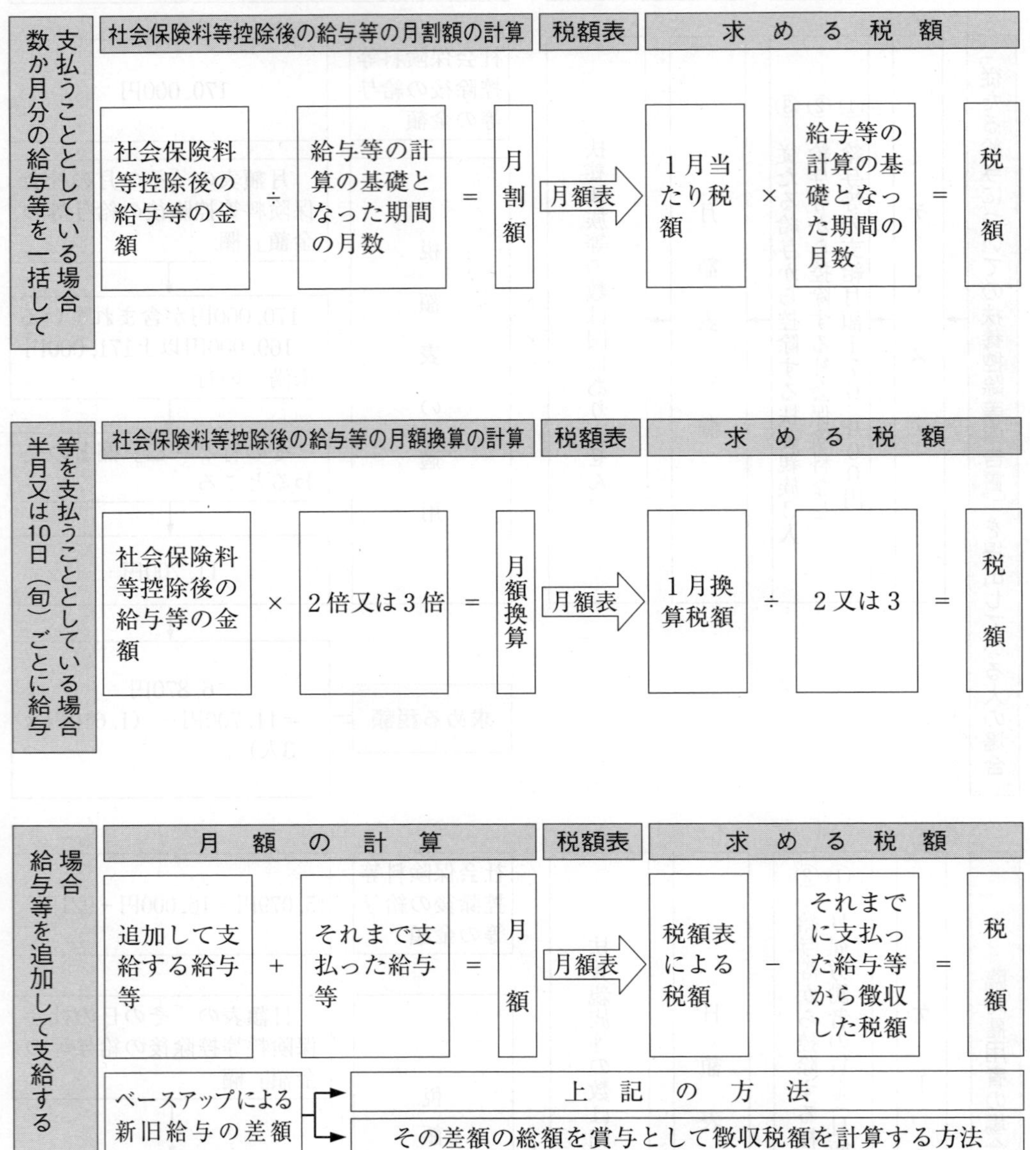

⑵　賞与に対する源泉徴収

イ　税額表の区分

賞与に対する源泉徴収税額は、一般の場合には、「賞与に対する源泉徴収税額の算出率の表」（以下「算出率表」といいます。）を使って求めますが、月額表を使って求める場合もあります（所法186）。

適用する税額表は、次のとおりです。

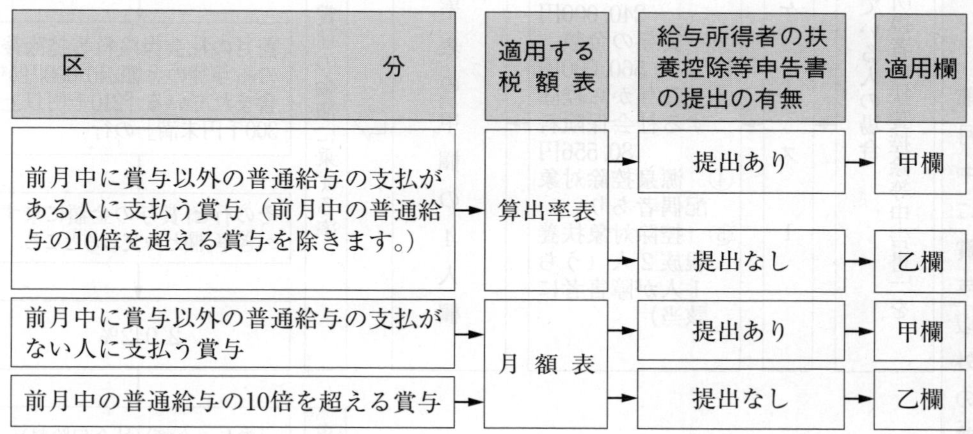

アドバイス

「従たる給与についての扶養控除等申告書」の提出がある場合に、月額表の乙欄を使って給与や賞与に対する源泉徴収税額を求めるときは、乙欄に記載されている税額から申告されている扶養親族等の数に応じ、扶養親族等１人につき1,610円を控除しますが、算出率表を使って賞与に対する源泉徴収税額を求める場合には、この控除はしないこととなっています。

ロ　税額表適用の具体例

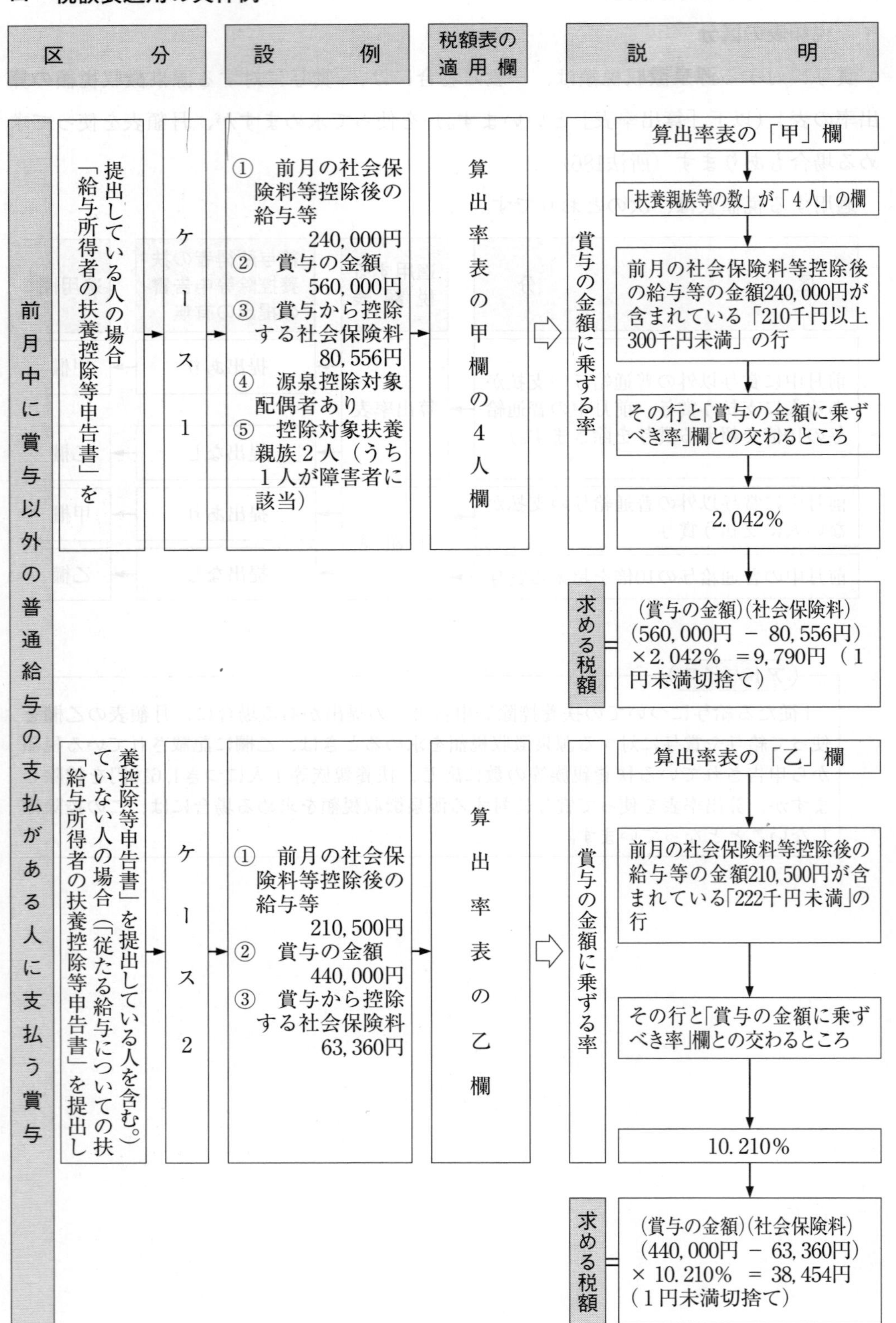
区　分
設　例
税額表の適用欄
説　明
前月中に賞与以外の普通給与の支払がある人に支払う賞与
「給与所得者の扶養控除等申告書」を提出している人の場合
ケース１
① 前月の社会保険料等控除後の給与等 240,000円
② 賞与の金額 560,000円
③ 賞与から控除する社会保険料 80,556円
④ 源泉控除対象配偶者あり
⑤ 控除対象扶養親族２人（うち１人が障害者に該当）
算出率表の甲欄の４人欄
賞与の金額に乗ずる率
算出率表の「甲」欄
「扶養親族等の数」が「４人」の欄
前月の社会保険料等控除後の給与等の金額240,000円が含まれている「210千円以上300千円未満」の行
その行と「賞与の金額に乗ずべき率」欄との交わるところ
2.042％
求める税額
（賞与の金額）（社会保険料）
（560,000円 － 80,556円）×2.042％ ＝9,790円（１円未満切捨て）
「給与所得者の扶養控除等申告書」を提出していない人の場合（「従たる給与についての扶養控除等申告書」を提出している人を含む。）
ケース２
① 前月の社会保険料等控除後の給与等 210,500円
② 賞与の金額 440,000円
③ 賞与から控除する社会保険料 63,360円
算出率表の乙欄
賞与の金額に乗ずる率
算出率表の「乙」欄
前月の社会保険料等控除後の給与等の金額210,500円が含まれている「222千円未満」の行
その行と「賞与の金額に乗ずべき率」欄との交わるところ
10.210％
求める税額
（賞与の金額）（社会保険料）
（440,000円 － 63,360円）× 10.210％ ＝ 38,454円（１円未満切捨て）

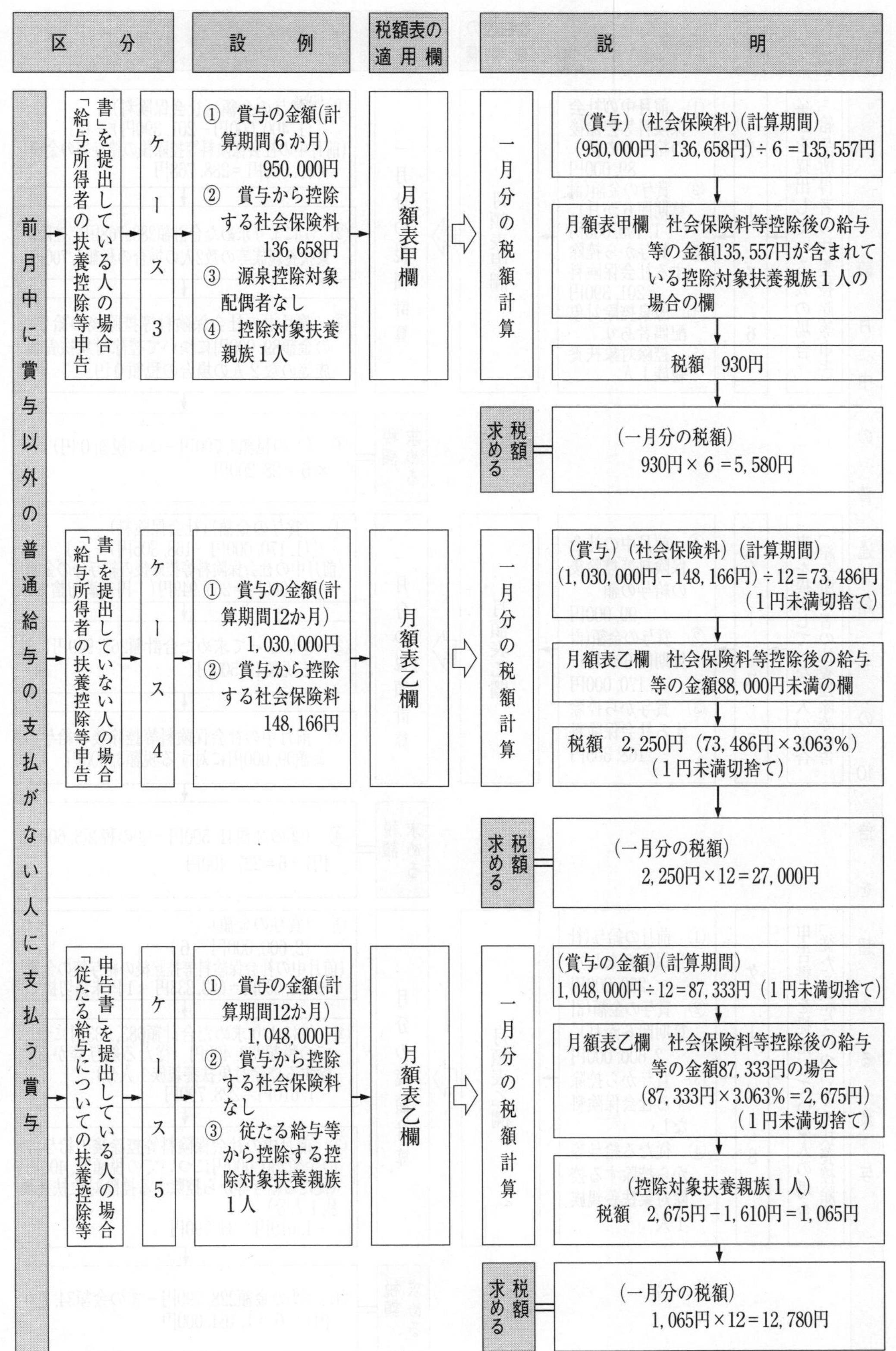

区分
設例
税額表の適用欄
説明
前月中に賞与以外の普通給与の支払がない人に支払う賞与
「給与所得者の扶養控除等申告書」を提出している人の場合
ケース３
①　賞与の金額(計算期間６か月)　950,000円
②　賞与から控除する社会保険料　136,658円
③　源泉控除対象配偶者なし
④　控除対象扶養親族１人
月額表甲欄
一月分の税額計算
(賞与)　(社会保険料)(計算期間)
(950,000円－136,658円)÷６＝135,557円
月額表甲欄　社会保険料等控除後の給与等の金額135,557円が含まれている控除対象扶養親族１人の場合の欄
税額　930円
税額求める
(一月分の税額)
930円×６＝5,580円
「給与所得者の扶養控除等申告書」を提出していない人の場合
ケース４
①　賞与の金額(計算期間12か月)　1,030,000円
②　賞与から控除する社会保険料　148,166円
月額表乙欄
一月分の税額計算
(賞与)　(社会保険料)　(計算期間)
(1,030,000円－148,166円)÷12＝73,486円
(１円未満切捨て)
月額表乙欄　社会保険料等控除後の給与等の金額88,000円未満の欄
税額　2,250円（73,486円×3.063％）
(１円未満切捨て)
税額求める
(一月分の税額)
2,250円×12＝27,000円
「従たる給与についての扶養控除等申告書」を提出している人の場合
ケース５
①　賞与の金額(計算期間12か月)　1,048,000円
②　賞与から控除する社会保険料なし
③　従たる給与等から控除する控除対象扶養親族１人
月額表乙欄
一月分の税額計算
(賞与の金額)(計算期間)
1,048,000円÷12＝87,333円（１円未満切捨て）
月額表乙欄　社会保険料等控除後の給与等の金額87,333円の場合
(87,333円×3.063％＝2,675円)
(１円未満切捨て)
(控除対象扶養親族１人)
税額　2,675円－1,610円＝1,065円
税額求める
(一月分の税額)
1,065円×12＝12,780円

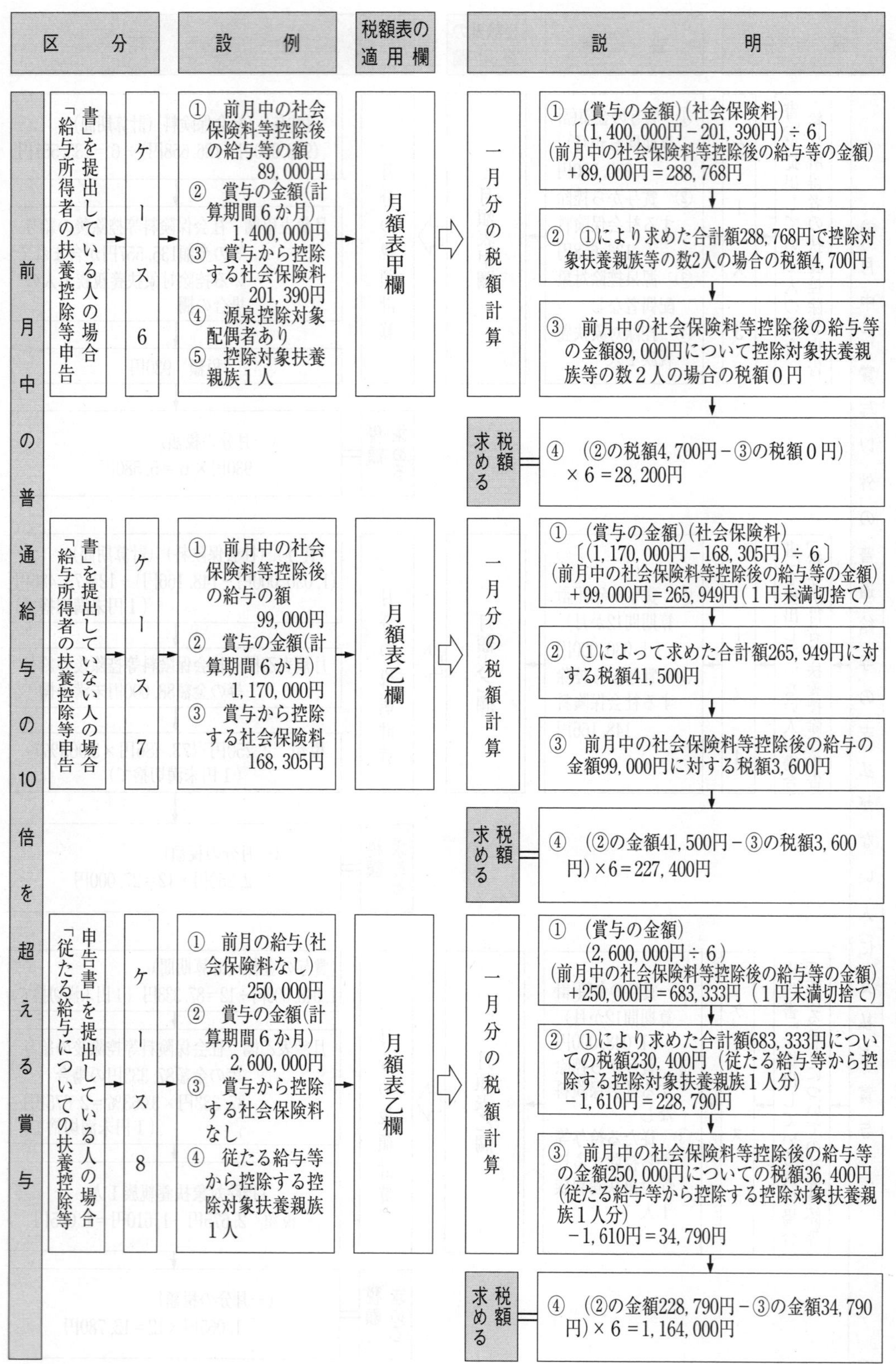
区　分
設　例
税額表の適用欄
説　明
前月中の普通給与の10倍を超える賞与
「給与所得者の扶養控除等申告書」を提出している人の場合
ケース6
① 前月中の社会保険料等控除後の給与等の額 89,000円
② 賞与の金額(計算期間６か月) 1,400,000円
③ 賞与から控除する社会保険料 201,390円
④ 源泉控除対象配偶者あり
⑤ 控除対象扶養親族１人
月額表甲欄
一月分の税額計算
① (賞与の金額)(社会保険料)
〔(1,400,000円－201,390円)÷６〕
(前月中の社会保険料等控除後の給与等の金額)
＋89,000円＝288,768円
② ①により求めた合計額288,768円で控除対象扶養親族等の数2人の場合の税額4,700円
③ 前月中の社会保険料等控除後の給与等の金額89,000円について控除対象扶養親族等の数２人の場合の税額０円
税額求める
④ (②の税額4,700円－③の税額０円)×６＝28,200円
「給与所得者の扶養控除等申告書」を提出していない人の場合
ケース7
① 前月中の社会保険料等控除後の給与の額 99,000円
② 賞与の金額(計算期間６か月) 1,170,000円
③ 賞与から控除する社会保険料 168,305円
月額表乙欄
一月分の税額計算
① (賞与の金額)(社会保険料)
〔(1,170,000円－168,305円)÷６〕
(前月中の社会保険料等控除後の給与等の金額)
＋99,000円＝265,949円(１円未満切捨て)
② ①によって求めた合計額265,949円に対する税額41,500円
③ 前月中の社会保険料等控除後の給与の金額99,000円に対する税額3,600円
税額求める
④ (②の金額41,500円－③の税額3,600円)×6＝227,400円
「従たる給与についての扶養控除等申告書」を提出している人の場合
ケース8
① 前月の給与(社会保険料なし) 250,000円
② 賞与の金額(計算期間６か月) 2,600,000円
③ 賞与から控除する社会保険料なし
④ 従たる給与等から控除する控除対象扶養親族１人
月額表乙欄
一月分の税額計算
① (賞与の金額)
(2,600,000円÷６)
(前月中の社会保険料等控除後の給与等の金額)
＋250,000円＝683,333円（１円未満切捨て）
② ①により求めた合計額683,333円についての税額230,400円（従たる給与等から控除する控除対象扶養親族１人分）
－1,610円＝228,790円
③ 前月中の社会保険料等控除後の給与等の金額250,000円についての税額36,400円
(従たる給与等から控除する控除対象扶養親族１人分)
－1,610円＝34,790円
税額求める
④ (②の金額228,790円－③の金額34,790円)×６＝1,164,000円

第８　年　末　調　整

年末調整は、年税額の精算を行うものであり、一の使用者から給与等の支給を受ける多くの給与所得者については、確定申告を要することなく納税手続が完結することになり、その面では確定申告と同様に重要な手続であるといえます（所法190）。

なお、年末調整というのは、一の給与所得者の月々の給与等に対する源泉徴収税額とその年中の給与等の総額に対する年税額との精算を、原則として、その年最後の給与等である12月分の給与等で行うことから、このように呼称されています。

1　年末調整を行う理由

給与等の支払者は、月々の給与を支払う際に所得税及び復興特別所得税を源泉徴収することになっていますが、次のようないくつかの理由により、その徴収した税額の年間の合計額と給与所得者のその年中における給与等の総額に対する年税額とは必ずしも一致しません。

理　由	内　　　　容
税額表の作り方によるもの	①　月額表や日額表の税額表は、年間を通して毎月（日）の給与の額に変化がないものとして作成されています。 ②　毎月（日）の給与からは、１年間で控除する給与所得控除額や配偶者控除額、扶養控除額、基礎控除額、障害者等の控除額などの所得控除額をそれぞれ月割額、日割額にして控除した上で税額を計算しています。 ③　老人控除対象配偶者や老人扶養親族の控除額、障害者等の控除額が通常の扶養控除額と同額として作成されています。
扶養親族等の異動によるもの	控除対象配偶者や控除対象扶養親族、障害者等に該当するかどうかは、その年12月31日（年の途中で死亡した人については、死亡の時）の現況によることとなっているため、結婚や扶養親族等であった人の就職等により、年の途中でこれらの人に異動があった場合でも、その年分について控除が受けられるのに実際は受けていない月（日）があったり、あるいはその逆の場合などがあります。
賞与の支給額等によるもの	①「賞与に対する源泉徴収税額の算出率の表」の税率は、前月分の給与の金額を基にして求めることになっているため、前月分の給与の高低によって税率が異動します。 ②　賞与の税率は、年に５か月分の給与が支払われる場合を一応の基準として計算しています。
生命保険料控除等によるもの	生命保険料控除、地震保険料控除の額は、月々（日々）の源泉徴収の際には控除しないで、年末調整の際に一括して控除することになっています。

2　年末調整の手順

年末調整の事務は、次のような手順により行います。

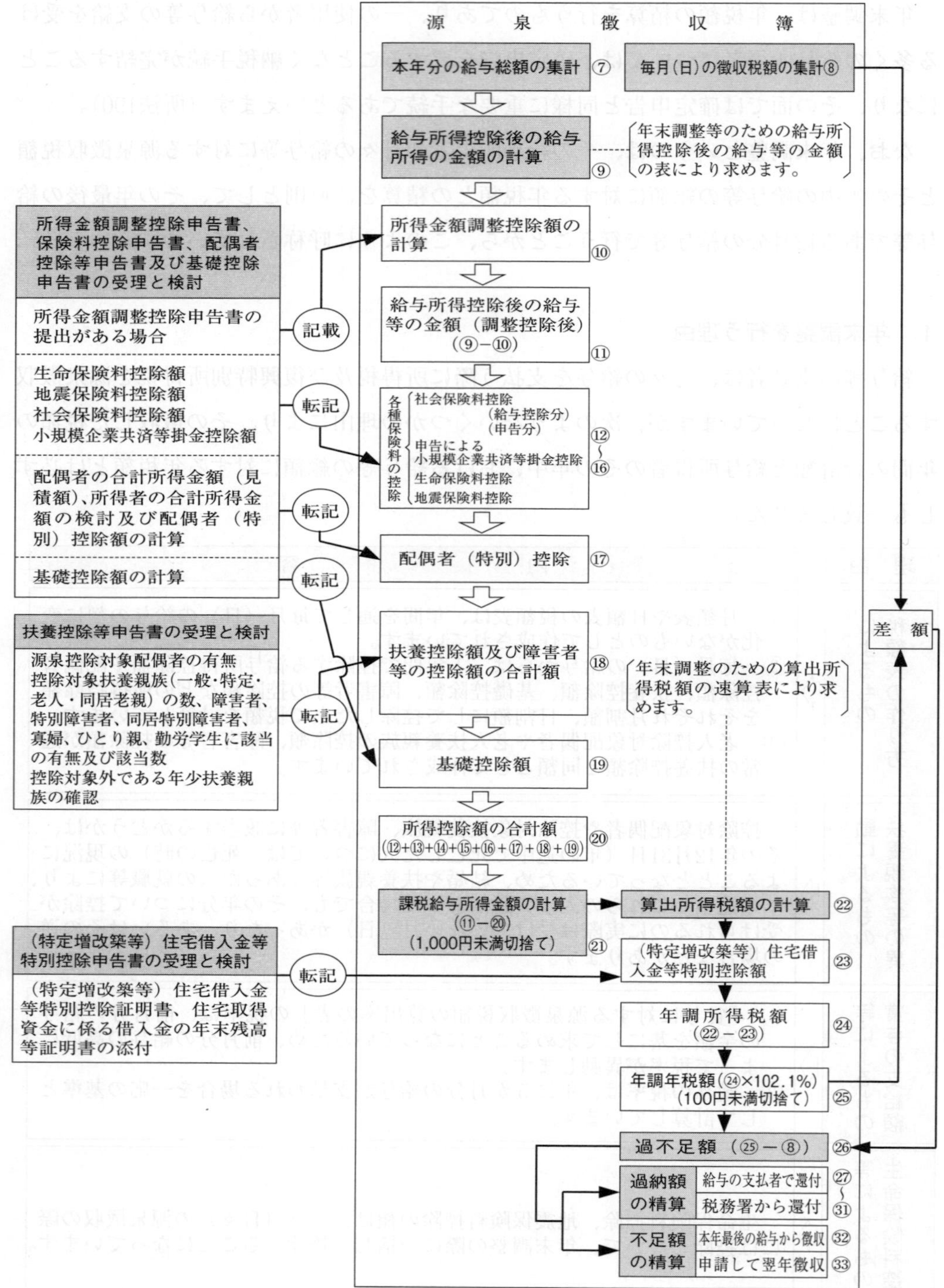

（注）○内の番号は源泉徴収簿（483ページ参照）の該当箇所の番号を示します。

3　年末調整の対象となる人とならない人

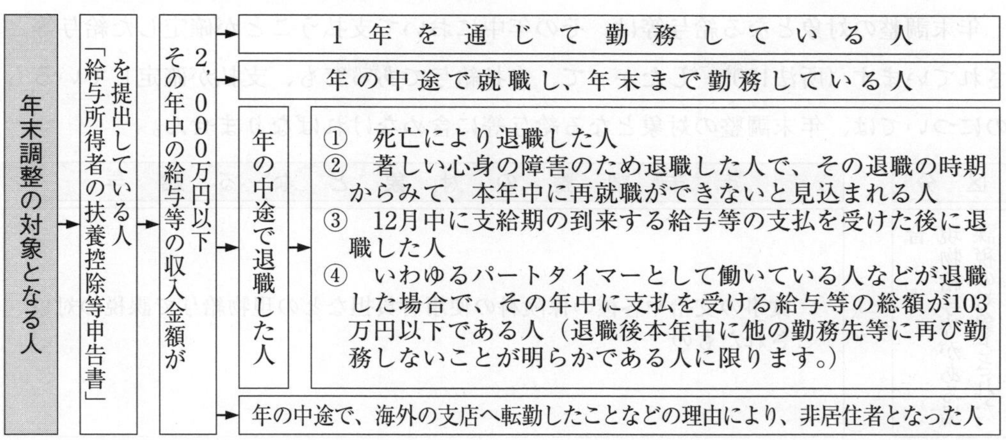

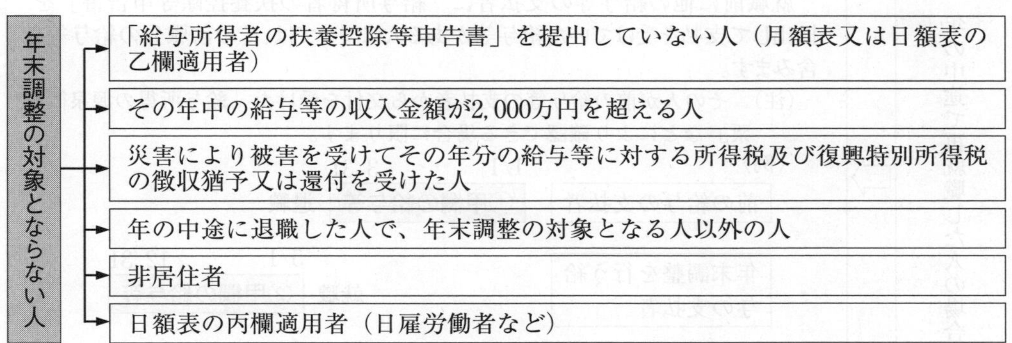

4　年末調整を行う時期

年末調整は、原則として年末に行いますが、次の者についてはそれぞれ次の時期に年末調整を行います（所基通190－1）。

年末調整の対象となる人	年末調整を行う時期
①　年の中途で死亡退職した人	退職の時
②　著しい心身の障害のため年の中途で退職した人（その退職後、再就職しないなど一定の要件を満たす人に限ります。）	退職の時
③　12月中に支給期の到来する給与等の支払を受けた後に退職した人	退職の時
④　いわゆるパートタイマーとして働いている人などで、年の中途で退職した人（給与等の総額が103万円以下で、かつ、退職後、他の勤務先等に再び勤務しないことが明らかである人に限ります。）	退職の時
⑤　年の中途で非居住者となった人	非居住者となった時

5　年末調整の対象となる給与

年末調整の対象となる給与等は、その年中において支払うことが確定した給与等とされています（所法190）。したがって、未払給与であっても、支払が確定しているものについては、年末調整の対象となる給与等に含めなければなりません。

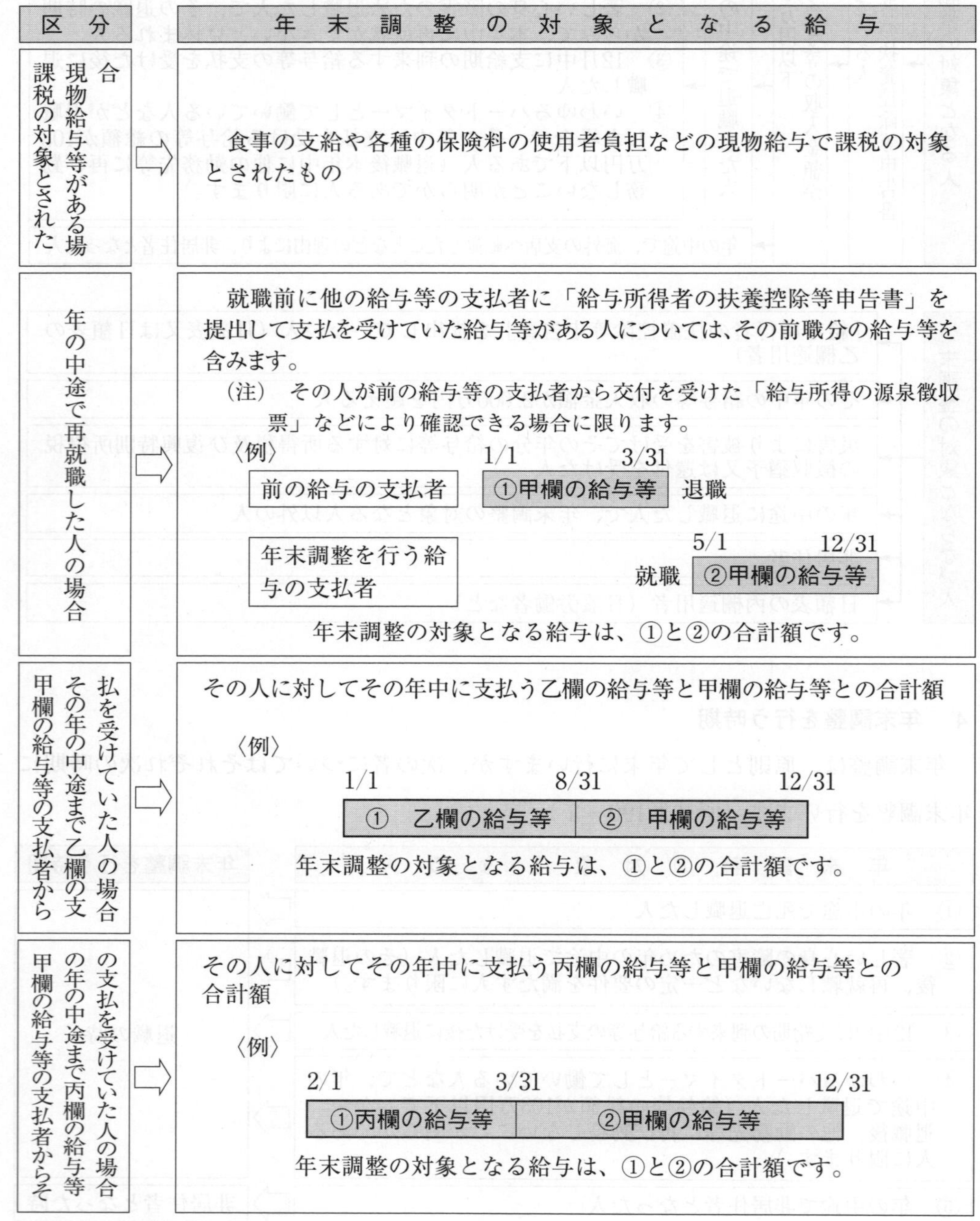

区　分	年　末　調　整　の　対　象　と　な　る　給　与
課税の対象とされた現物給与等がある場合	食事の支給や各種の保険料の使用者負担などの現物給与で課税の対象とされたもの
年の中途で再就職した人の場合	就職前に他の給与等の支払者に「給与所得者の扶養控除等申告書」を提出して支払を受けていた給与等がある人については、その前職分の給与等を含みます。 （注）　その人が前の給与等の支払者から交付を受けた「給与所得の源泉徴収票」などにより確認できる場合に限ります。 〈例〉 前の給与の支払者　1/1 ①甲欄の給与等 3/31 退職 年末調整を行う給与の支払者　就職 5/1 ②甲欄の給与等 12/31 年末調整の対象となる給与は、①と②の合計額です。
甲欄の給与等の支払者からその年の中途まで乙欄の支払を受けていた人の場合	その人に対してその年中に支払う乙欄の給与等と甲欄の給与等との合計額 〈例〉 1/1 ①　乙欄の給与等 8/31 ②　甲欄の給与等 12/31 年末調整の対象となる給与は、①と②の合計額です。
甲欄の給与等の支払者からその年の中途まで丙欄の給与等の支払を受けていた人の場合	その人に対してその年中に支払う丙欄の給与等と甲欄の給与等との合計額 〈例〉 2/1 ①丙欄の給与等 3/31 ②甲欄の給与等 12/31 年末調整の対象となる給与は、①と②の合計額です。

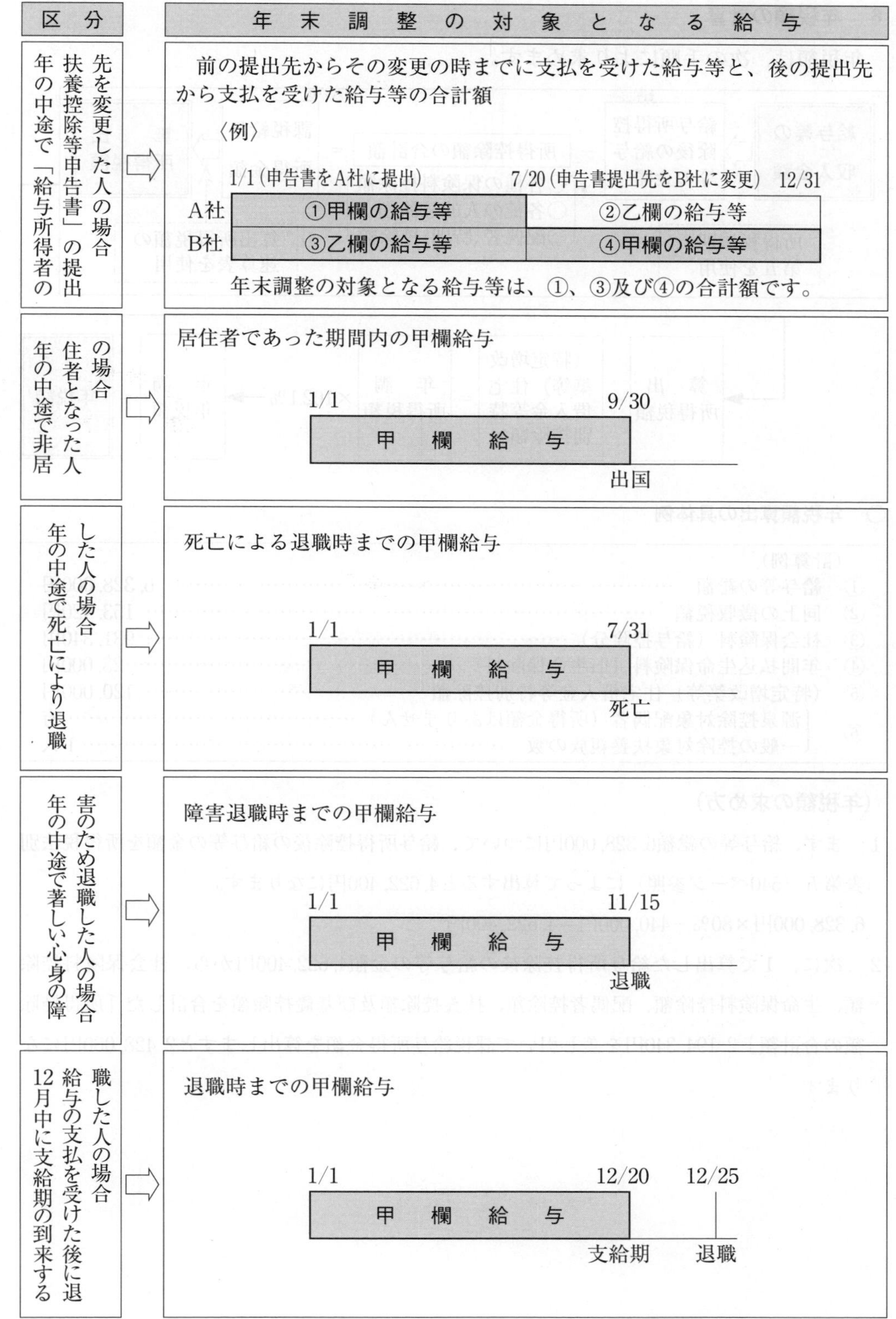

区　分	年末調整の対象となる給与
年の中途で「給与所得者の扶養控除等申告書」の提出先を変更した人の場合	前の提出先からその変更の時までに支払を受けた給与等と、後の提出先から支払を受けた給与等の合計額 〈例〉 1/1（申告書をA社に提出）　7/20（申告書提出先をB社に変更）　12/31 A社　①甲欄の給与等　②乙欄の給与等 B社　③乙欄の給与等　④甲欄の給与等 年末調整の対象となる給与等は、①、③及び④の合計額です。
年の中途で非居住者となった人の場合	居住者であった期間内の甲欄給与 1/1　9/30 甲　欄　給　与 出国
年の中途で死亡により退職した人の場合	死亡による退職時までの甲欄給与 1/1　7/31 甲　欄　給　与 死亡
年の中途で著しい心身の障害のため退職した人の場合	障害退職時までの甲欄給与 1/1　11/15 甲　欄　給　与 退職
12月中に支給期の到来する給与の支払を受けた後に退職した人の場合	退職時までの甲欄給与 1/1　12/20　12/25 甲　欄　給　与 支給期　退職

6　年税額の計算

年税額は、次の手順により求めます。

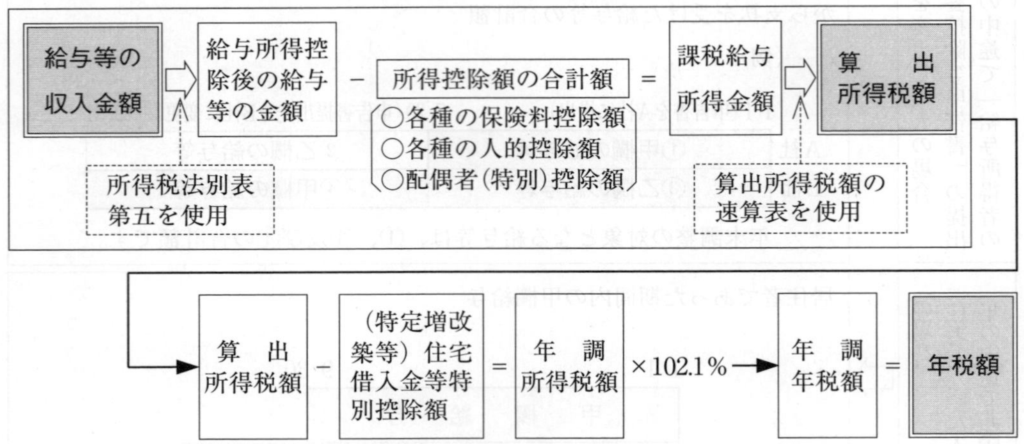

○　年税額算出の具体例

（計算例）

① 給与等の総額 …… 6,328,000円
② 同上の徴収税額 …… 153,420円
③ 社会保険料（給与控除分） …… 931,340円
④ 年間払込生命保険料（旧生命保険料） …… 23,000円
⑤ （特定増改築等）住宅借入金等特別控除額 …… 120,000円
⑥ 源泉控除対象配偶者（所得金額はありません） …… 有
　 一般の控除対象扶養親族の数 …… 1人

（年税額の求め方）

1　まず、給与等の総額6,328,000円について、給与所得控除後の給与等の金額を所得税法別表第五（540ページ参照）によって算出すると4,622,400円になります。

6,328,000円×80％－440,000円＝4,622,400円

2　次に、1で算出した給与所得控除後の給与等の金額4,622,400円から、社会保険料控除額、生命保険料控除額、配偶者控除額、扶養控除額及び基礎控除額を合計した「所得控除額の合計額」2,194,340円を差し引いて課税給与所得金額を算出しますと2,428,000円になります。

所得控除額の合計額　2,194,340円

（給与所得控除後の給与等の金額）4,622,400円－（（社会保険料控除額）931,340円＋（生命保険料控除額）23,000円＋（配偶者、扶養、基礎控除額の合計額）1,240,000円）＝2,428,060円（課税給与所得金額）
→2,428,000円（1,000円未満切捨て）

（注）１　生命保険料控除額
　年間の旧生命保険料の払込保険料が25,000円以下ですので、支払った金額の全額が控除額となり、23,000円を控除します。
２　配偶者控除額等
（配偶者控除額）（扶養控除額）（基礎控除額）
380,000円　＋　380,000円　＋　480,000円＝1,240,000円
３　配偶者特別控除の適用はありません。
４　課税給与所得金額に1,000円未満の端数があるときは、その端数を切り捨てます。

３　次に、２で算出した課税給与所得金額2,428,000円に対する算出年税額を算出所得税額の速算表（523ページ参照）により求めると145,300円になります。

2,428,000円×10％－97,500円＝　145,300円

４　次に、３で算出した算出所得税額145,300円から（特定増改築等）住宅借入金等特別控除額120,000円を差し引くと、年調所得税額は25,300円となります。

５　次に、４で算出した年調所得税額25,300円に102.1％を乗じて、復興特別所得税を含む年調年税額を求めると25,300円×102.1％＝25,800円（100円未満端数切捨て）となり、年税額は25,800円です。

（過不足額の計算）

年間の徴収税額153,420円と差引年税額25,800円との差額127,620円が年末調整による過納額となります。

７　過不足額の精算

給与等の支払者は、年税額の計算が終わった場合には、その年税額と既に源泉徴収をした各月の税額との合計額とを比べて過不足額を求めます。

その年分の給与からの徴収税額の合計額の方が年税額よりも多い場合には、その差額は「過納額」、逆に年税額よりも少ない場合には、その差額は「不足額」となります。

区分	原　因
過納額が生ずる原因	①　年の中途で控除対象配偶者を有することとなったり、控除対象扶養親族の数が増加した場合 ②　年の中途で障害者、寡婦、寡夫又は勤労学生に該当することとなった場合 ③　生命保険料、地震保険料等の控除額が多かった場合 ④　年間の賞与の金額が比較的少なかった場合 ⑤　賞与を支払う月の前月分の普通給与の金額が通常の月に比べて多かった場合 ⑥　年の中途で就職した人又は年の中途で死亡により退職した人など１年を通じて勤務していない人について年末調整を行った場合 ⑦　（特定増改築等）住宅借入金等特別控除があった場合
不足額が生ずる原因	①　年の中途で控除対象配偶者を有しないこととなったり、控除対象扶養親族の数が減少した場合 ②　年の中途で本人が寡婦、寡夫又は勤労学生に該当しないこととなった場合 ③　年間の賞与の金額が比較的多かった場合 ④　賞与を支払う月の前月分の普通給与の金額が通常の月に比べて少なかった場合

(1) 過納額の精算

過納額は、次の方法で精算します（所法191、所令312、313、所基通191－1、191－2）。

給与支払者からの還付

① 過納額は、給与の支払者が年末調整をした月分として納付する源泉徴収税額から控除

② その後に納付する給与、退職手当及び弁護士、司法書士、税理士等に支払われた報酬・料金等に対する源泉徴収税額から順次控除

その年最後に支払をする給与について税額の計算を省略しないで通常どおり計算して年末調整を行った場合	まず、その年最後に支払う給与に対する税額に充当し、残りの過納額について上記の①、②の方法により行います。
その年分の給与に未払のものがある場合	その未徴収の税額を控除した残りの過納額について、上記の①、②の方法により行います。

税務署からの還付

給与の支払者からの還付を終わらないうちに、給与の支払者が次のような場合に該当することになったとき

(イ) 給与の支払者が解散、廃業などによって給与の支払者でなくなったため、過納額の還付ができなくなった場合

(ロ) 給与の支払者が徴収して納付すべき税額が全くなくなったため、過納額の還付ができなくなった場合

(ハ) 給与の支払者が還付すべきこととなった月の翌月から２か月を経過しても、なお還付しきれない場合

(ニ) 給与の支払者が過納額を還付すべきこととなった日の現況において、納付すべき源泉徴収税額よりも還付すべき金額が著しく過大であるため、その過納額を翌年２月末日までに還付することが極めて困難であると見込まれる場合

手続

税務署から給与の支払者に一括して還付	税務署から直接本人に還付
⇩	⇩
一人一人の還付すべき金額及びそのうち還付できなくなった過納額（残存過納額）についての明細を記載した「源泉所得税及び復興特別所得税の年末調整過納額還付請求書兼残存過納額明細書」及び「国税還付金支払内訳書」を作成	その人についての「源泉所得税及び復興特別所得税の年末調整過納額還付請求書兼残存過納額明細書」を別葉で作成し、これにその人の源泉徴収簿の写しを添えて提出
⇩	
残存過納額のある人についての源泉徴収簿の写しと過納額の請求及び受領に関する「委任状」（連記式）を添付	
⇩	⇩

給与の支払者の所轄税務署に提出

(2)　不足額の精算

不足額は、次により精算します（所法192、所令315、316、所基通192－１）。

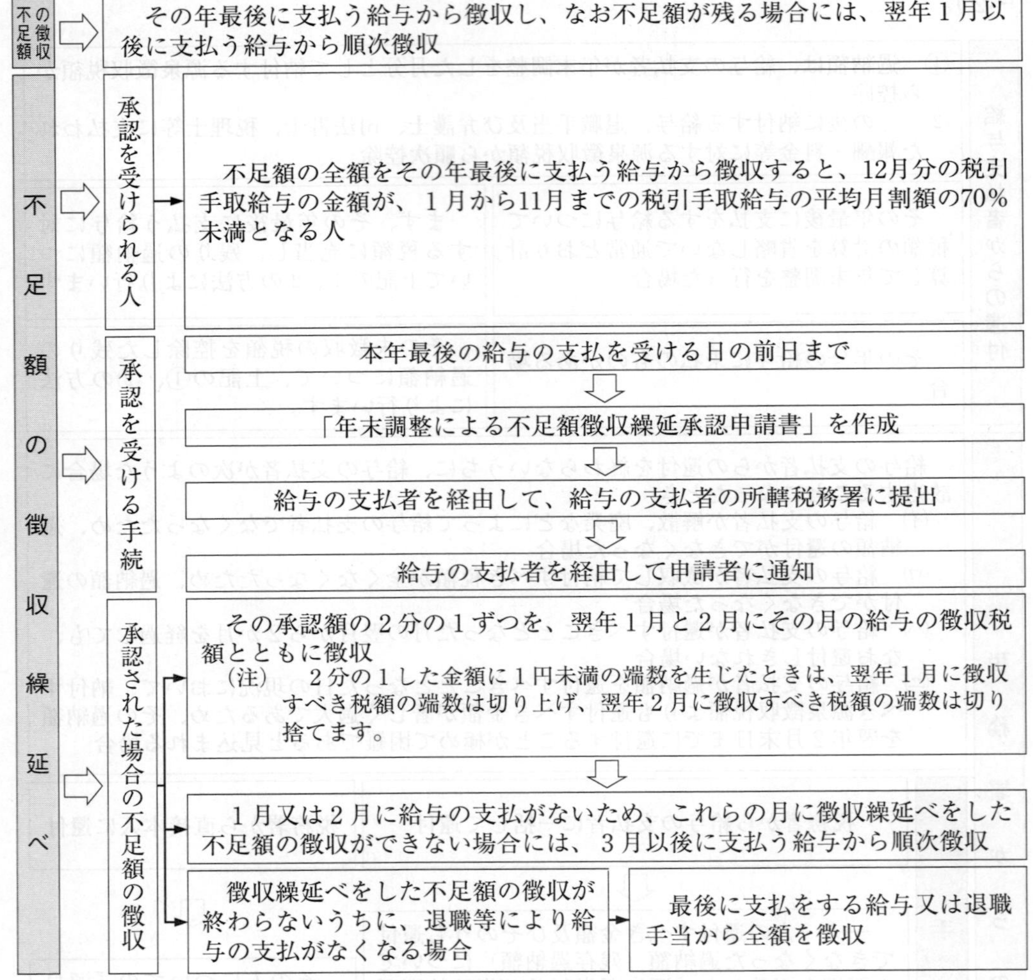

8　給与の計算を事務機械によっている場合の源泉徴収税額の求め方の特例

○　財務省告示による税額計算の特例（所法189、昭63大蔵省告示第185号（最終改正平31財務省告示第89号）、復興財確法29、平24財務省告示第116号（最終改正平31財務省告示第98号））

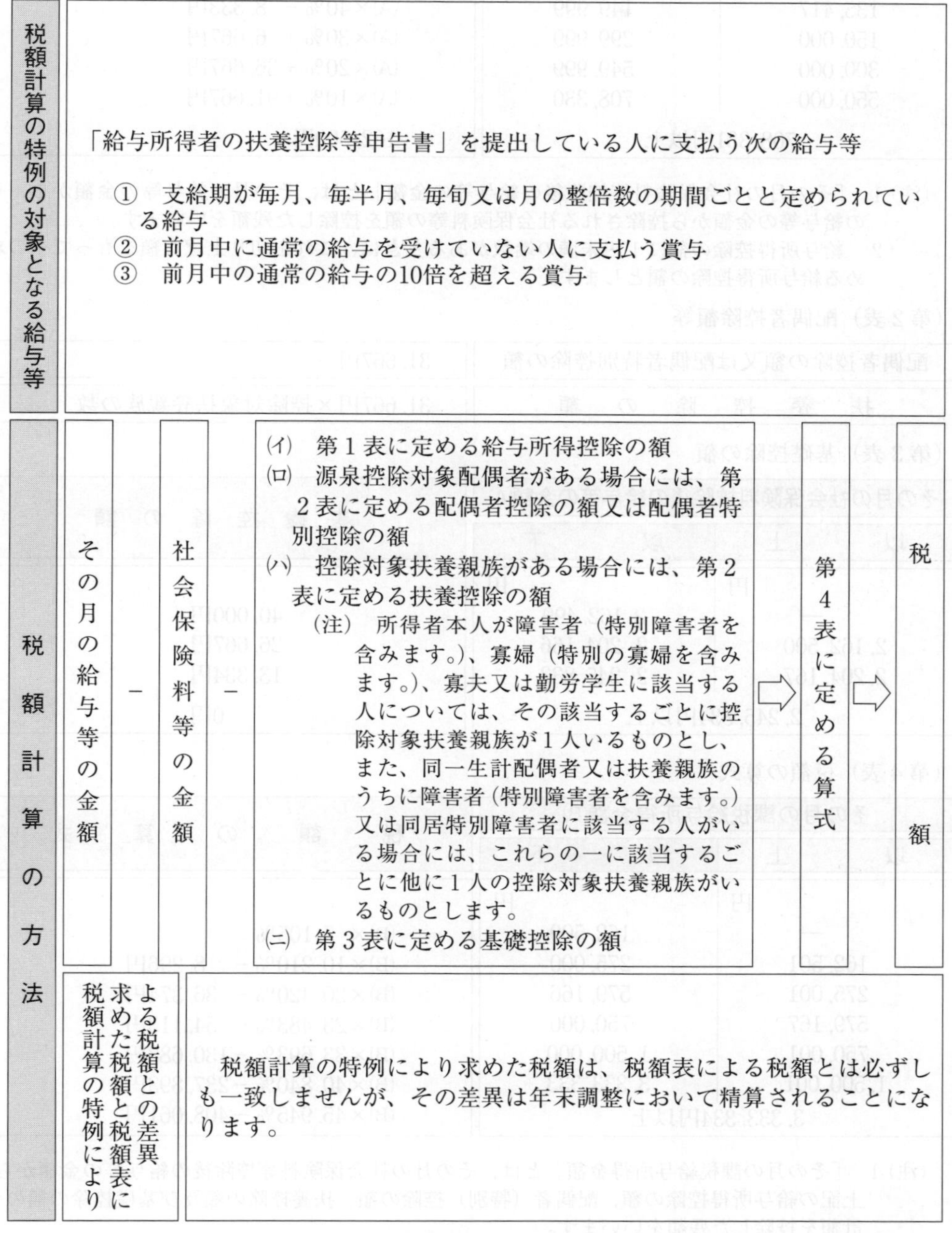

(注)　第１表から第３表は、次ページを参照してください。

（第１表）給与所得控除の額

その月の社会保険料等控除後の給与等の金額(A) 以上	以下	給与所得控除の額
円	円	
—	135,416	45,834円
135,417	149,999	(A)×40％－ 8,333円
150,000	299,999	(A)×30％＋ 6,667円
300,000	549,999	(A)×20％＋36,667円
550,000	708,330	(A)×10％＋91,667円
708,331円以上		162,500円

（注）1　「その月の社会保険料等控除後の給与等の金額」とは、その月の給与等の金額から、その給与等の金額から控除される社会保険料等の額を控除した残額をいいます。

2　給与所得控除の額に１円未満の端数があるときは、これを切り上げた額をもってその求める給与所得控除の額とします。

（第２表）配偶者控除額等

配偶者控除の額又は配偶者特別控除の額	31,667円
扶養控除の額	31,667円×控除対象扶養親族の数

（第３表）基礎控除の額

その月の社会保険料控除後の給与等の金額(A) 以上	以下	基礎控除の額
円	円	
—	2,162,499	40,000円
2,162,500	2,204,166	26,667円
2,204,167	2,245,833	13,334円
2,245,834円以上		0円

（第４表）税額の算式

その月の課税給与所得金額(B) 以上	以下	税額の算式
円	円	
—	162,500	(B)× 5.105％
162,501	275,000	(B)×10.210％－ 8,296円
275,001	579,166	(B)×20.420％－ 36,374円
579,167	750,000	(B)×23.483％－ 54,113円
750,001	1,500,000	(B)×33.693％－130,688円
1,500,001	3,333,333	(B)×40.840％－237,893円
3,333,334円以上		(B)×45.945％－408,061円

（注）1　「その月の課税給与所得金額」とは、その月の社会保険料等控除後の給与等の金額から、上記の給与所得控除の額、配偶者（特別）控除の額、扶養控除の額及び基礎控除の額の合計額を控除した残額をいいます。

2　税額に10円未満の端数があるときは、これを四捨五入した額をもってその求める税額とします。

(参考)

⑴ 月額表の乙欄を適用する給与に対する税額の機械計算

イ その月の社会保険料等控除後の給与等の金額による税額計算の方法

その月の社会保険料等控除後の給与等の金額		税額計算の方法
88,000円未満	⇨	社会保険料等控除後の給与等の金額×3.063％（注１、２）
88,000円以上 740,000円以下	⇨	機械計算の方法
740,001円以上 1,700,000円未満	⇨	259,800円＋(社会保険料等控除後の給与等の金額－740,000円)×40.84％(注１、２)
1,700,000円以上	⇨	651,900円＋(社会保険料等控除後の給与等の金額－1,700,000円)×45.945％(注１、２、３)

(注) １　求めた税額に１円未満の端数があるときは、これを切り捨てます。

２　「従たる給与についての扶養控除等申告書」が提出されている場合には、その申告書に記載された扶養親族等の数に応じて扶養親族等１人ごとに1,610円を計算式によって求めた税額から控除します。

なお、この場合、税額がマイナスとなったときは税額０とします。

３　社会保険料控除後の給与等の金額が1,700,000円の場合は、651,900円が求める税額となります（従たる給与から控除する扶養控除等がない場合)。

計算式：651,900円＋（1,700,000円－1,700,000円）×45.945％＝651,900円

ロ　機械計算の方法

計算基準額の算出

$$\frac{(社会保険料等控除後の給与等の金額)-(同一階差の最小値)}{階差}=商\cdots余り\ (R)$$

（この商の値は自然数又は０に限ります。）

⇩

（社会保険料等控除後の給与等の金額）－Ｒ＝計算基準額

（注）１　階差

その月の社会保険料等控除後の給与等の金額		階差
以上	以下	
88,000円	98,999円	1,000円
99,000円	220,999円	2,000円
221,000円	739,999円	3,000円

２　同一階差の最小値

階差	同一階差の最小値
1,000円	88,000円
2,000円	99,000円
3,000円	221,000円

３　その月の社会保険料等控除後の給与等の金額が740,000円の場合は、740,000円が計算基準額となります。

税額計算の方法

計算方法
Ⓐ＝(計算基準額×2.5－給与所得控除額－基礎控除額)×税率 Ⓑ＝(計算基準額×1.5－給与所得控除額－基礎控除額)×税率 Ⓐ－Ⓑ＝Ⓒ Ⓒ×1.021＝乙欄の税額

（注）１　算式中の給与所得控除額、基礎控除額及び税率は、計算基準額を2.5倍又は1.5倍した金額を基に次ページの第１表、第２表及び第３表により求めます。

２　端数処理は、次によります。

区分		端数処理
Ⓐ及びⒷの金額に端数がある場合		１円未満切捨て
算出した税額に100円未満の端数がある場合（Ⓐ－Ⓑ、Ⓒ×1.021）	50円未満	切捨て　⇨　0円
	50円以上100円未満	切上げ　⇨　100円

３　Ⓐは主たる給与等と従たる給与等の合計額に対する税額を、Ⓑは主たる給与等に対する税額を意味します。

扶養控除等の額の控除	「従たる給与についての扶養控除等申告書」を提出して従たる給与等から控除する扶養控除等がある場合には、上記により求めた税額からその控除対象扶養親族等１人につき1,610円を控除します。 （注） 税額がマイナスとなったときは、税額０円とします。

（第１表）給与所得控除の額

その月の社会保険料等控除後の給与等の金額(A) 以上	以下	給与所得控除の額
円	円	
—	135,416	45,834円
135,417	149,999	(A)×40％－ 8,333円
150,000	299,999	(A)×30％＋ 6,667円
300,000	549,999	(A)×20％＋36,667円
550,000	708,330	(A)×10％＋91,667円
708,331		162,500円

（注）１ 「その月の社会保険料等控除後の給与等の金額」とは、その月の給与等の金額から、その給与等の金額から控除される社会保険料等の額を控除した残額をいいます。
　　２ 給与所得控除の額に１円未満の端数があるときは、これを切り上げた額をもってその求める給与所得控除の額とします。

（第２表）基礎控除の額

その月の社会保険料等控除後の給与等の金額(A)	基礎控除の額
2,162,499円以下	40,000円

（注）「その月の社会保険料等控除後の給与等の金額」が2,162,500円以上の場合には、上記ロの機械計算の対象とはなりません。

（第３表）税額の算式

その月の課税給与所得金額(B) 以上	以下	税額の算式
円	円	
—	162,500	(B)×５％
162,501	275,000	(B)×10％－ 8,125円
275,001	579,166	(B)×20％－ 35,625円
579,167	750,000	(B)×23％－ 53,000円
750,001	1,500,000	(B)×33％－128,000円
1,500,001	3,333,333	(B)×40％－233,000円

（注）１ 「その月の課税給与所得金額」とは、その月の社会保険料等控除後の給与等の金額から、上記の給与所得控除の額、配偶者（特別）控除の額、扶養控除の額及び基礎控除の額の合計額を控除した残額をいいます。
　　２ 税額に10円未満の端数があるときは、これを四捨五入した額をもってその求める税額とします。
　　３ 「その月の課税給与所得金額」が3,333,333円を超える場合には、上記ロの機械計算の対象とはなりません。

(2)　電子計算機等による年末調整

電子計算機等を使用する場合の年末調整の手順は、次のとおりです。

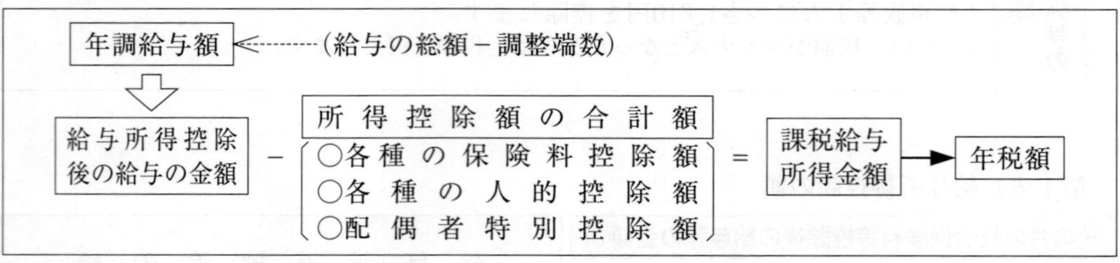

①給与所得控除後の給与の金額

年調給与額の算出

（表１）

給与等の総額の区分	階差	同一階差の最小値	年調給与額の求め方
1,618,999円まで	—	—	給与等の総額をそのまま年調給与額とします。
1,619,000円から 1,619,999円まで	1,000円	1,619,000円	次の算式により計算した金額を年調給与額とします。 Ⓐ $\frac{（給与等の総額）－（同一階差の最小値）}{階差}$ ＝商…余り （この商の値は、自然数又は０とします。） Ⓑ　給与等の総額－Ⓐの余り＝年調給与額
1,620,000円から 1,623,999円まで	2,000円	1,620,000円	
1,624,000円から 6,599,999円まで	4,000円	1,624,000円	
6,600,000円から	—	—	給与等の総額をそのまま年調給与額とします。

給与所得控除後の給与等の金額の計算

上記により算出した年調給与額を基にして、次の表により計算します。

（表２）

年調給与額の区分(A)	給与所得控除後の給与等の金額の計算式
1円から　550,999円まで	0円
551,000 〃　1,618,999 〃	A－550,000円
1,619,000 〃　1,619,999 〃	A×60%＋97,600円
1,620,000 〃　1,621,999 〃	A×60%＋98,000円
1,622,000 〃　1,623,999 〃	A×60%＋98,800円
1,624,000 〃　1,627,999 〃	A×60%＋99,600円
1,628,000 〃　1,799,999 〃	A×60%＋100,000円
1,800,000 〃　3,599,999 〃	A×70%－80,000円
3,600,000 〃　6,599,999 〃	A×80%－440,000円
6,600,000 〃　8,499,999 〃	A×90%－1,100,000円
8,500,000 〃　20,000,000 〃	A－1,950,000円

（注）１　Aは、年調給与額を表します。

２　年調給与額が660万円以上のものについて、上記の算式により計算した金額に１円未満の端数があるときは、その端数を切り捨てた金額を給与所得控除後の給与等の金額とします。

３　給与等の総額が2,000万円を超える場合には、年末調整を行いませんので、この表は、年調給与額が2,000万円以下の場合だけについて作成してあります。

② 所得控除の合計額と課税給与所得金額の計算

所得控除額の計算	(イ) 配偶者（特別）控除額、扶養控除額及び基礎控除額の合計額	＋	(ロ) 障害者控除額、寡婦控除額、ひとり親控除額及び勤労学生控除額の合計額	＋	(ハ) 社会保険料控除額、小規模企業共済等掛金控除額、生命保険料控除額及び地震保険料控除額の合計額

課税給与所得金額の計算	課税給与所得金額	＝	①により求めた給与所得控除後の給与等の金額	－	上記で求めた所得控除額

（注）　課税給与所得金額に1,000円未満の端数があるときは、これを切り捨てます。

③ 年税額の計算

イ　算出所得税額の計算

算出所得税額 ＝ 課税給与所得金額 × 次表の税率(A) － 次表の控除額(B)

（表3）

課税給与所得金額		税率 (A)	控除額 (B)
	1,950,000円以下	5　%	—
1,950,000円超	3,300,000　〃	10　〃	97,500円
3,300,000　〃	6,950,000　〃	20　〃	427,500〃
6,950,000　〃	9,000,000　〃	23　〃	636,000〃
9,000,000　〃	18,000,000　〃	33　〃	1,536,000〃
18,000,000　〃	18,050,000　〃	40　〃	2,796,000〃

（注）　課税給与所得金額が18,050,000円を超えるときは、年末調整の対象となりません。

ロ　年調年税額の計算

年調年税額 ＝（算出所得税額 －（特定増改築等）住宅借入金等特別控除額）×102.1%

（注）　年調年税額に100円未満の端数があるときは、これを切り捨てます。

第3章　退職所得に対する源泉徴収

第1　退職所得の意義と範囲

退職所得とは、退職手当、一時恩給その他の退職により一時に受ける給与及びこれらの性質を有する給与（以下「退職手当等」といいます。）に係る所得をいいます（所法30①）。

すなわち、退職手当等とは、本来退職しなかったとしたならば支払われなかったもので、退職したことに基因して一時に支払われることとなった給与をいうものとされています（所基通30－1）。

また、社会保険制度などに基づいて支給される退職一時金や、適格退職年金契約に基づき生命保険会社又は信託会社などから受ける退職一時金も退職所得とみなすこととされています（所法31、所令72）。

退職所得の範囲	
退職手当等	退職手当、一時恩給、その他の退職により一時に受ける給与等
	引き続き勤務する者に支給される一定のもので、その給与が支払われた後に支払われる退職手当等の計算上その給与の計算の基礎となった勤続期間を一切加味しない条件の下に支払われる給与等
	退職手当等とみなされる一時金
	その他退職手当等とされるもの

アドバイス

退職所得は、過去の長期間にわたる勤労の対価の後払い、更には老後の生活を保障するという性質を持っていると考えられることから、他の所得に比べ税負担が軽減されています。

したがって、使用者から支払を受ける給与が退職手当等に当たるかどうかの判定は極めて重要となります。

1　退職所得の範囲

退職等に際し使用者等から支払われる給与等のうち、退職手当等に該当するものは次のとおりです。

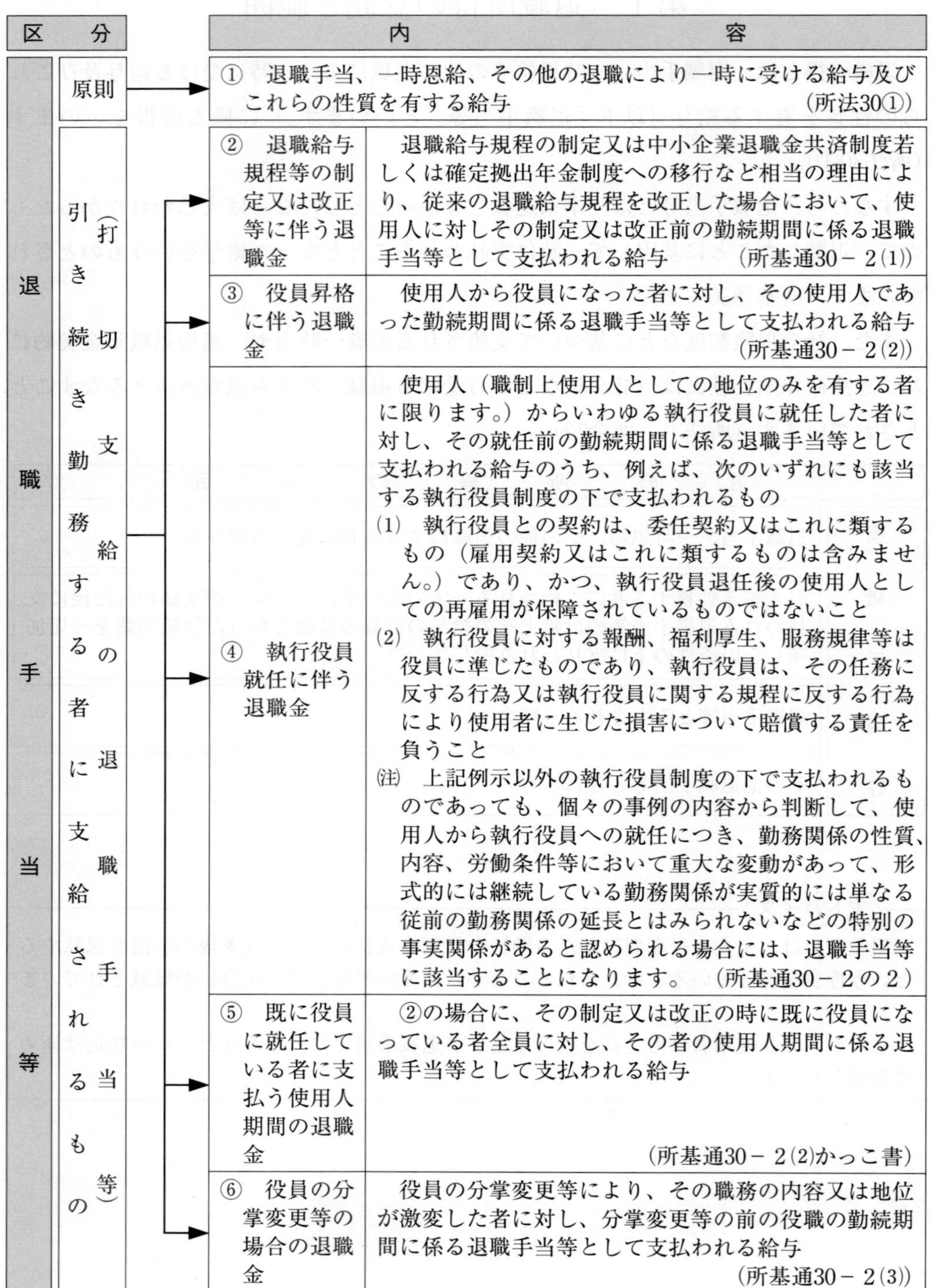

区分		内容	
退職手当等	原則	①　退職手当、一時恩給、その他の退職により一時に受ける給与及びこれらの性質を有する給与（所法30①）	
	引き続き勤務する者に支給されるもの（打切支給の退職手当等）	②　退職給与規程等の制定又は改正等に伴う退職金	退職給与規程の制定又は中小企業退職金共済制度若しくは確定拠出年金制度への移行など相当の理由により、従来の退職給与規程を改正した場合において、使用人に対しその制定又は改正前の勤続期間に係る退職手当等として支払われる給与（所基通30－２⑴）
		③　役員昇格に伴う退職金	使用人から役員になった者に対し、その使用人であった勤続期間に係る退職手当等として支払われる給与（所基通30－２⑵）
		④　執行役員就任に伴う退職金	使用人（職制上使用人としての地位のみを有する者に限ります。）からいわゆる執行役員に就任した者に対し、その就任前の勤続期間に係る退職手当等として支払われる給与のうち、例えば、次のいずれにも該当する執行役員制度の下で支払われるもの ⑴　執行役員との契約は、委任契約又はこれに類するもの（雇用契約又はこれに類するものは含みません。）であり、かつ、執行役員退任後の使用人としての再雇用が保障されているものではないこと ⑵　執行役員に対する報酬、福利厚生、服務規律等は役員に準じたものであり、執行役員は、その任務に反する行為又は執行役員に関する規程に反する行為により使用者に生じた損害について賠償する責任を負うこと ㊟　上記例示以外の執行役員制度の下で支払われるものであっても、個々の事例の内容から判断して、使用人から執行役員への就任につき、勤務関係の性質、内容、労働条件等において重大な変動があって、形式的には継続している勤務関係が実質的には単なる従前の勤務関係の延長とはみられないなどの特別の事実関係があると認められる場合には、退職手当等に該当することになります。（所基通30－２の２）
		⑤　既に役員に就任している者に支払う使用人期間の退職金	②の場合に、その制定又は改正の時に既に役員になっている者全員に対し、その者の使用人期間に係る退職手当等として支払われる給与（所基通30－２⑵かっこ書）
		⑥　役員の分掌変更等の場合の退職金	役員の分掌変更等により、その職務の内容又は地位が激変した者に対し、分掌変更等の前の役職の勤続期間に係る退職手当等として支払われる給与（所基通30－２⑶）

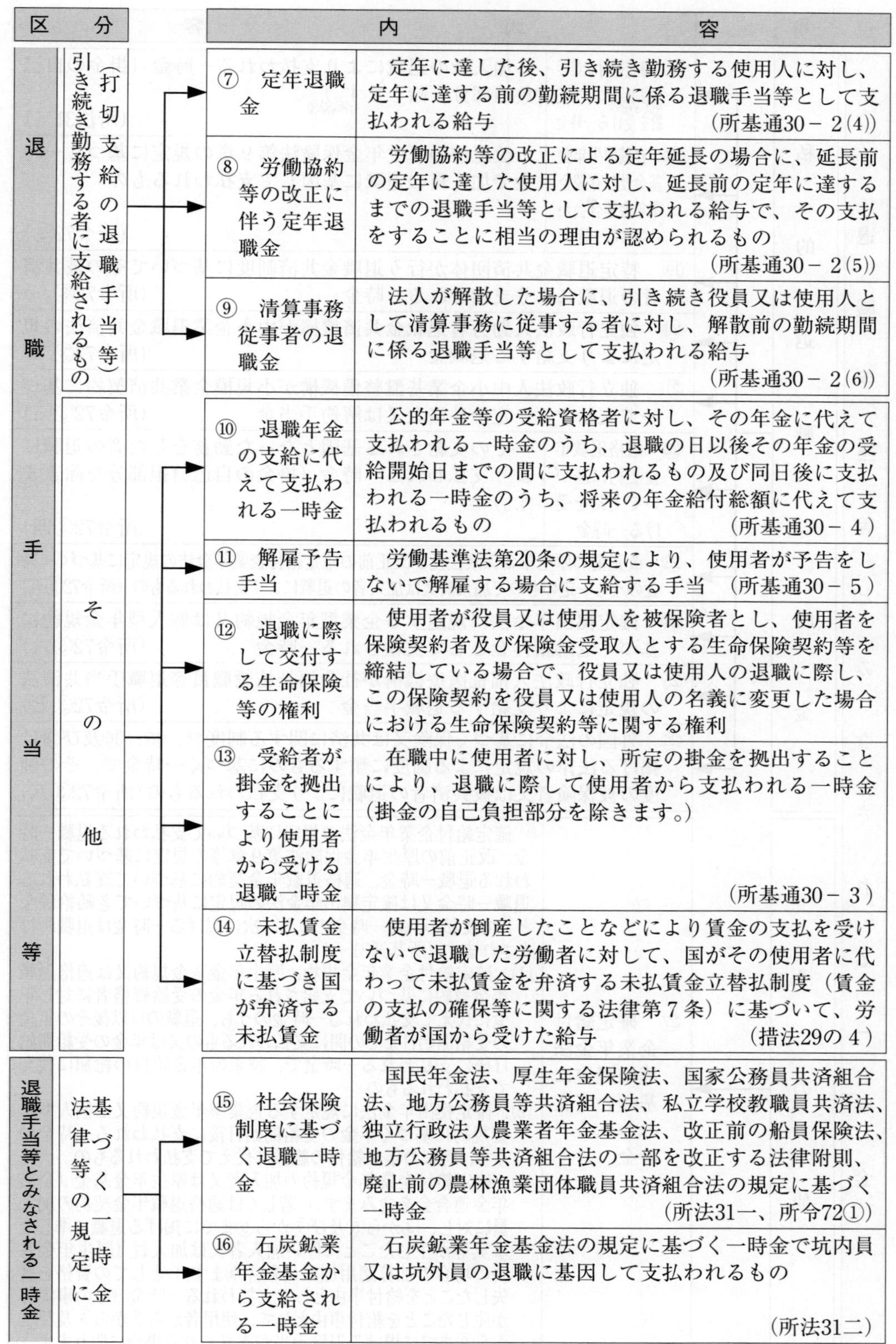

区分		内容	
退職手当等	引き続き勤務する者に支給されるもの（打切支給の退職手当等）	⑦　定年退職金	定年に達した後、引き続き勤務する使用人に対し、定年に達する前の勤続期間に係る退職手当等として支払われる給与（所基通30－２⑷）
		⑧　労働協約等の改正に伴う定年退職金	労働協約等の改正による定年延長の場合に、延長前の定年に達した使用人に対し、延長前の定年に達するまでの退職手当等として支払われる給与で、その支払をすることに相当の理由が認められるもの（所基通30－２⑸）
		⑨　清算事務従事者の退職金	法人が解散した場合に、引き続き役員又は使用人として清算事務に従事する者に対し、解散前の勤続期間に係る退職手当等として支払われる給与（所基通30－２⑹）
	その他	⑩　退職年金の支給に代えて支払われる一時金	公的年金等の受給資格者に対し、その年金に代えて支払われる一時金のうち、退職の日以後その年金の受給開始日までの間に支払われるもの及び同日後に支払われる一時金のうち、将来の年金給付総額に代えて支払われるもの（所基通30－４）
		⑪　解雇予告手当	労働基準法第20条の規定により、使用者が予告をしないで解雇する場合に支給する手当（所基通30－５）
		⑫　退職に際して交付する生命保険等の権利	使用者が役員又は使用人を被保険者とし、使用者を保険契約者及び保険金受取人とする生命保険契約等を締結している場合で、役員又は使用人の退職に際し、この保険契約を役員又は使用人の名義に変更した場合における生命保険契約等に関する権利
		⑬　受給者が掛金を拠出することにより使用者から受ける退職一時金	在職中に使用者に対し、所定の掛金を拠出することにより、退職に際して使用者から支払われる一時金（掛金の自己負担部分を除きます。）（所基通30－３）
		⑭　未払賃金立替払制度に基づき国が弁済する未払賃金	使用者が倒産したことなどにより賃金の支払を受けないで退職した労働者に対して、国がその使用者に代わって未払賃金を弁済する未払賃金立替払制度（賃金の支払の確保等に関する法律第７条）に基づいて、労働者が国から受けた給与（措法29の４）
退職手当等とみなされる一時金	法律等の規定に基づく一時金	⑮　社会保険制度に基づく退職一時金	国民年金法、厚生年金保険法、国家公務員共済組合法、地方公務員等共済組合法、私立学校教職員共済法、独立行政法人農業者年金基金法、改正前の船員保険法、地方公務員等共済組合法の一部を改正する法律附則、廃止前の農林漁業団体職員共済組合法の規定に基づく一時金（所法31一、所令72①）
		⑯　石炭鉱業年金基金から支給される一時金	石炭鉱業年金基金法の規定に基づく一時金で坑内員又は坑外員の退職に基因して支払われるもの（所法31二）

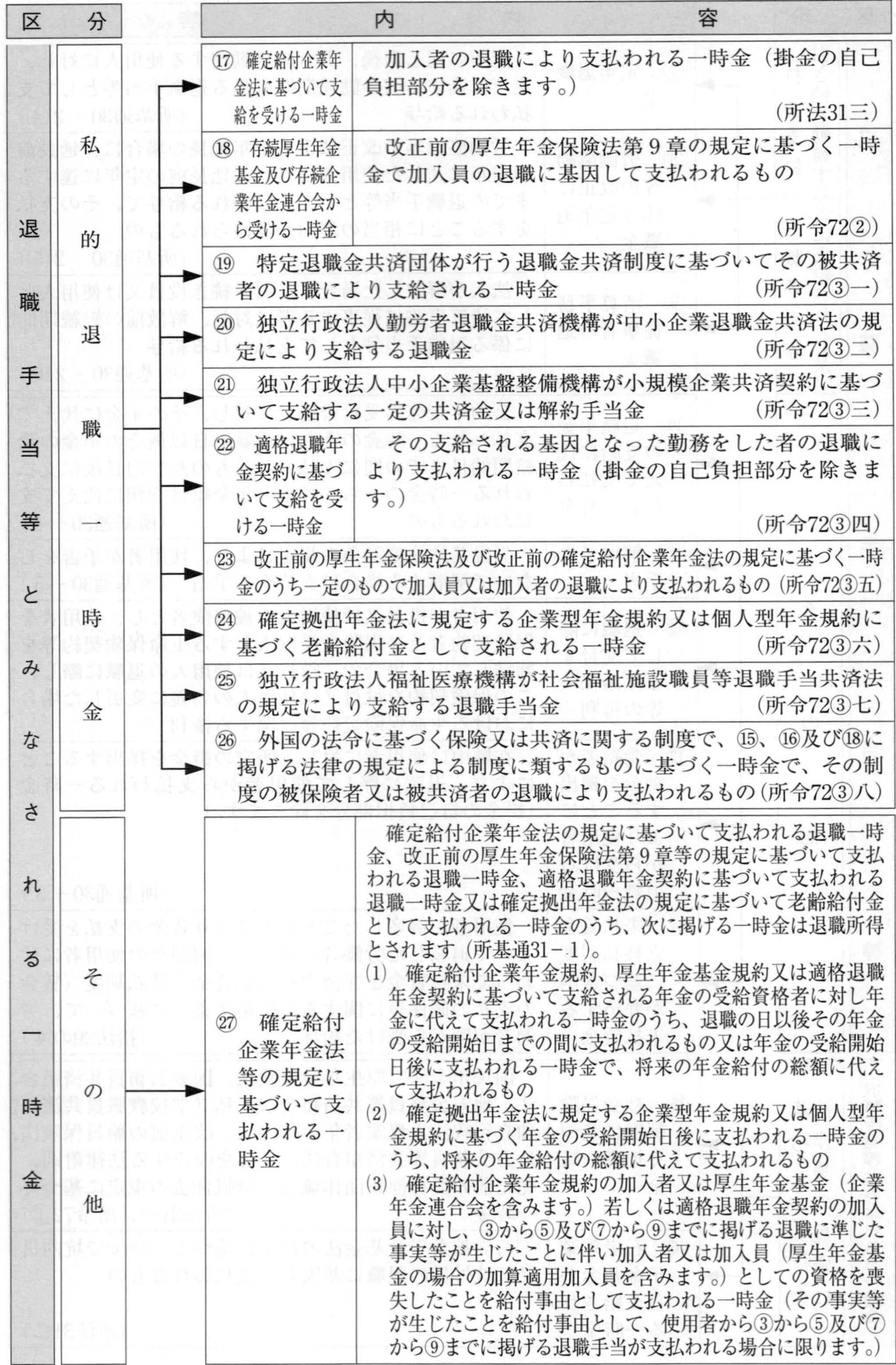

区分		内容	
退職手当等とみなされる一時金	私的退職一時金	⑰ 確定給付企業年金法に基づいて支給を受ける一時金	加入者の退職により支払われる一時金（掛金の自己負担部分を除きます。）（所法31三）
		⑱ 存続厚生年金基金及び存続企業年金連合会から受ける一時金	改正前の厚生年金保険法第９章の規定に基づく一時金で加入員の退職に基因して支払われるもの（所令72②）
		⑲ 特定退職金共済団体が行う退職金共済制度に基づいてその被共済者の退職により支給される一時金（所令72③一）	
		⑳ 独立行政法人勤労者退職金共済機構が中小企業退職金共済法の規定により支給する退職金（所令72③二）	
		㉑ 独立行政法人中小企業基盤整備機構が小規模企業共済契約に基づいて支給する一定の共済金又は解約手当金（所令72③三）	
		㉒ 適格退職年金契約に基づいて支給を受ける一時金	その支給される基因となった勤務をした者の退職により支払われる一時金（掛金の自己負担部分を除きます。）（所令72③四）
		㉓ 改正前の厚生年金保険法及び改正前の確定給付企業年金法の規定に基づく一時金のうち一定のもので加入員又は加入者の退職により支払われるもの（所令72③五）	
		㉔ 確定拠出年金法に規定する企業型年金規約又は個人型年金規約に基づく老齢給付金として支給される一時金（所令72③六）	
		㉕ 独立行政法人福祉医療機構が社会福祉施設職員等退職手当共済法の規定により支給する退職手当金（所令72③七）	
		㉖ 外国の法令に基づく保険又は共済に関する制度で、⑮、⑯及び⑱に掲げる法律の規定による制度に類するものに基づく一時金で、その制度の被保険者又は被共済者の退職により支払われるもの（所令72③八）	
	その他	㉗ 確定給付企業年金法等の規定に基づいて支払われる一時金	確定給付企業年金法の規定に基づいて支払われる退職一時金、改正前の厚生年金保険法第９章等の規定に基づいて支払われる退職一時金、適格退職年金契約に基づいて支払われる退職一時金又は確定拠出年金法の規定に基づいて老齢給付金として支払われる一時金のうち、次に掲げる一時金は退職所得とされます（所基通31－1）。 ⑴ 確定給付企業年金規約、厚生年金基金規約又は適格退職年金契約に基づいて支給される年金の受給資格者に対し年金に代えて支払われる一時金のうち、退職の日以後その年金の受給開始日までの間に支払われるもの又は年金の受給開始日後に支払われる一時金で、将来の年金給付の総額に代えて支払われるもの ⑵ 確定拠出年金法に規定する企業型年金規約又は個人型年金規約に基づく年金の受給開始日後に支払われる一時金のうち、将来の年金給付の総額に代えて支払われるもの ⑶ 確定給付企業年金規約の加入者又は厚生年金基金（企業年金連合会を含みます。）若しくは適格退職年金契約の加入員に対し、③から⑤及び⑦から⑨までに掲げる退職に準じた事実等が生じたことに伴い加入者又は加入員（厚生年金基金の場合の加算適用加入員を含みます。）としての資格を喪失したことを給付事由として支払われる一時金（その事実等が生じたことを給付事由として、使用者から③から⑤及び⑦から⑨までに掲げる退職手当が支払われる場合に限ります。）

アドバイス

引き続き勤務する者に支給されるものが打切支給の退職手当等と認められる場合とは、退職に準ずる事実が生じた場合やその支給をすることについて相当の理由がある場合等に限られ、使用人としての職制上の地位の昇格や、受給者の選択による打切支給などは該当しないものと考えられます。

2　退職所得に該当しないもの

次に掲げるものは、退職所得に該当しません。

区	分	所得区分	関係法令
①　退職の際に支払われる賞与等	退職に際し又は退職後に使用者から支払われる給与で、その支払金額の計算基準からみて、他の引き続き勤務している者に支払われる賞与等と同じ性質であるもの	給与所得（賞与）	所基通30－１
②　雇用契約の更新等により毎年支給される退職給与		給与所得	所基通30－１
③　遺族が受ける死亡退職金	イ　死亡により退職した者の遺族が受ける退職手当等でその死亡後に支給期が到来するもので、相続税の課税価額計算の基礎に算入されるもの	非課税（相続税の対象）	所法９①十六 所基通９－17
	ロ　死亡後に支給期が到来するもので、上記イ以外のもの	一時所得	所基通34－２
④　公傷病により退職する者に支払われる特別見舞金	公傷病により退職する者に対し、内規により支払われる見舞金で、一般の退職手当と明確に区分され、その見舞金を支払うことにより一般の退職手当の支給額が減額されることのないもの	非課税	所法９①十七 所令30三
⑤　年金に代えて支払われる一時金	雑所得とされる公的年金等の受給資格者に対し、その年金に代えて支払われる一時金のうち年金の受給開始日後支払われるもの（将来の年金給付の総額に代えて支払われるものを除きます。）	雑所得	所基通30－４
⑥　退職手当とみなされない一時金	法律の規定に基づく一時金のうち改正前の厚生年金保険法第９章の規定に基づく一時金及び私的退職一時金で、退職に基因して支払われるもの以外の一時金（解約手当金等）	一時所得	所令76①、②、④

第2　退職所得の収入すべき時期

退職所得の収入金額の収入すべき時期は、次のように取り扱われています（所基通36－10）。

1　一般的な場合

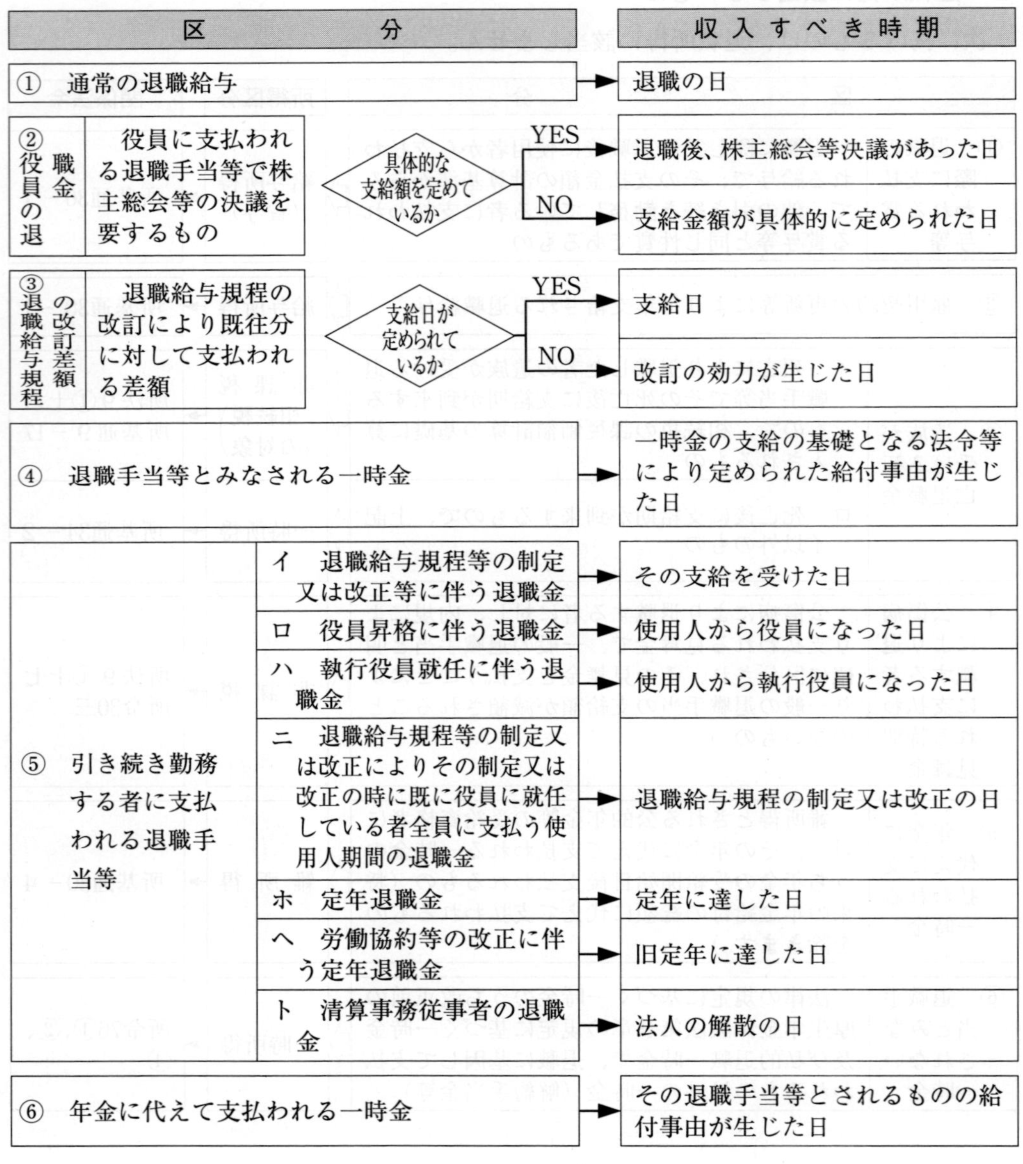

区分			収入すべき時期
① 通常の退職給与			退職の日
② 役員の退職金	役員に支払われる退職手当等で株主総会等の決議を要するもの	具体的な支給額を定めているか　YES	退職後、株主総会等決議があった日
		NO	支給金額が具体的に定められた日
③ 退職給与規程の改訂差額	退職給与規程の改訂により既往分に対して支払われる差額	支給日が定められているか　YES	支給日
		NO	改訂の効力が生じた日
④ 退職手当等とみなされる一時金			一時金の支給の基礎となる法令等により定められた給付事由が生じた日
⑤ 引き続き勤務する者に支払われる退職手当等	イ　退職給与規程等の制定又は改正等に伴う退職金		その支給を受けた日
	ロ　役員昇格に伴う退職金		使用人から役員になった日
	ハ　執行役員就任に伴う退職金		使用人から執行役員になった日
	ニ　退職給与規程等の制定又は改正によりその制定又は改正の時に既に役員に就任している者全員に支払う使用人期間の退職金		退職給与規程の制定又は改正の日
	ホ　定年退職金		定年に達した日
	ヘ　労働協約等の改正に伴う定年退職金		旧定年に達した日
	ト　清算事務従事者の退職金		法人の解散の日
⑥ 年金に代えて支払われる一時金			その退職手当等とされるものの給付事由が生じた日

アドバイス

退職所得に対する所得税及び復興特別所得税の源泉徴収は、退職手当等を支払う際に行いますが、それがいつの年分の所得になるかは、その退職手当等の収入すべき日がいつであるかによって判定することとされています。

2　一の勤務先の退職により２以上の退職手当等の支払を受ける場合

内　　容	収入すべき時期
一の勤務先を退職することによって２以上の退職手当等の支払を受ける権利を有することとなり、退職手当等が年を異にして支払われる場合 〔具体例〕 ①　勤務先を退職することにより、勤務先から退職手当等の支払を受けるほか、共済組合等からも一時金の支払を受けることとなる場合 ②　退職手当等の支払を受けた者が、その後退職給与規程の改訂等により退職手当等の差額の支払を受けることとなる場合	２以上の退職手当等のうち、最初に支払を受けるべき日（所令77、所基通36－11）

アドバイス

この場合に支払われる①及び②の退職手当等については、既に支払を受けた退職手当等と同一年分の収入として、合算課税されることとなります。

ただし、①の一時金又は②の差額の支給期がその者の死亡後に到来したときは、これらの一時金又は差額については、非課税又は一時所得となります（所基通９－17、34－２）。

第３　退職所得控除額

退職所得控除額は、退職所得の課税標準を算出するに当たり、支給された退職手当等の金額から勤続年数に応じて一定額を控除するものです。

１　勤続年数の計算

(1)　原　則

退職所得控除額の計算の基礎となる勤続年数は、原則として、退職手当等の支払を受ける者が退職手当等の支払者の下において引き続き勤務した期間（以下、勤続年数と区別して「勤続期間」といいます。）によるものとされています（所令69①）。

勤続年数の計算方法は次のとおりです（所令69②、所基通30－13）。

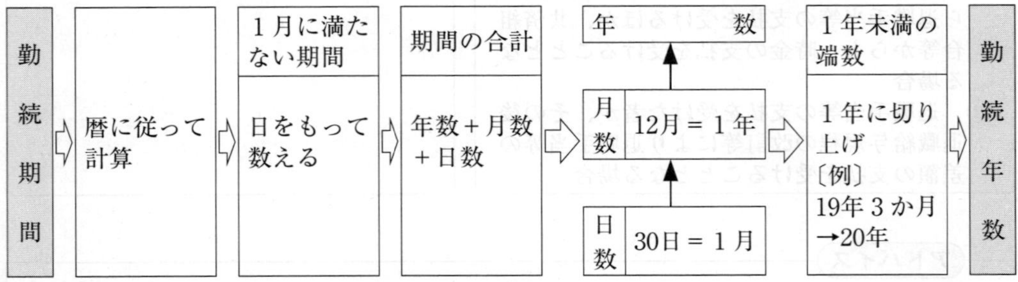

なお、次のような場合の勤続年数の計算は、それぞれ次のとおりです。

区　　分	勤　続　期　間
①　退職手当等の計算期間が一定の率を乗ずるなどの換算期間としているため、実際に勤務した期間と異なる場合	実際に勤務した期間により計算します。（所基通30－６）
②　長期欠勤又は休職中の期間	他に勤務するためのものを除き、勤続年数に含めます。（所基通30－７）
③　打切支給などの勤続期間	退職給与の計算の基礎とされた勤続期間によります。（所基通30－８）
④　日額表丙欄の適用を受けていた期間	勤続年数に含めません。（所基通30－９）

(2)　一時勤務しなかった期間がある場合

退職手当等の支払を受ける者がその支払者の下において一時勤務しなかった期間がある場合には、次により勤続年数の計算をすることとされています。

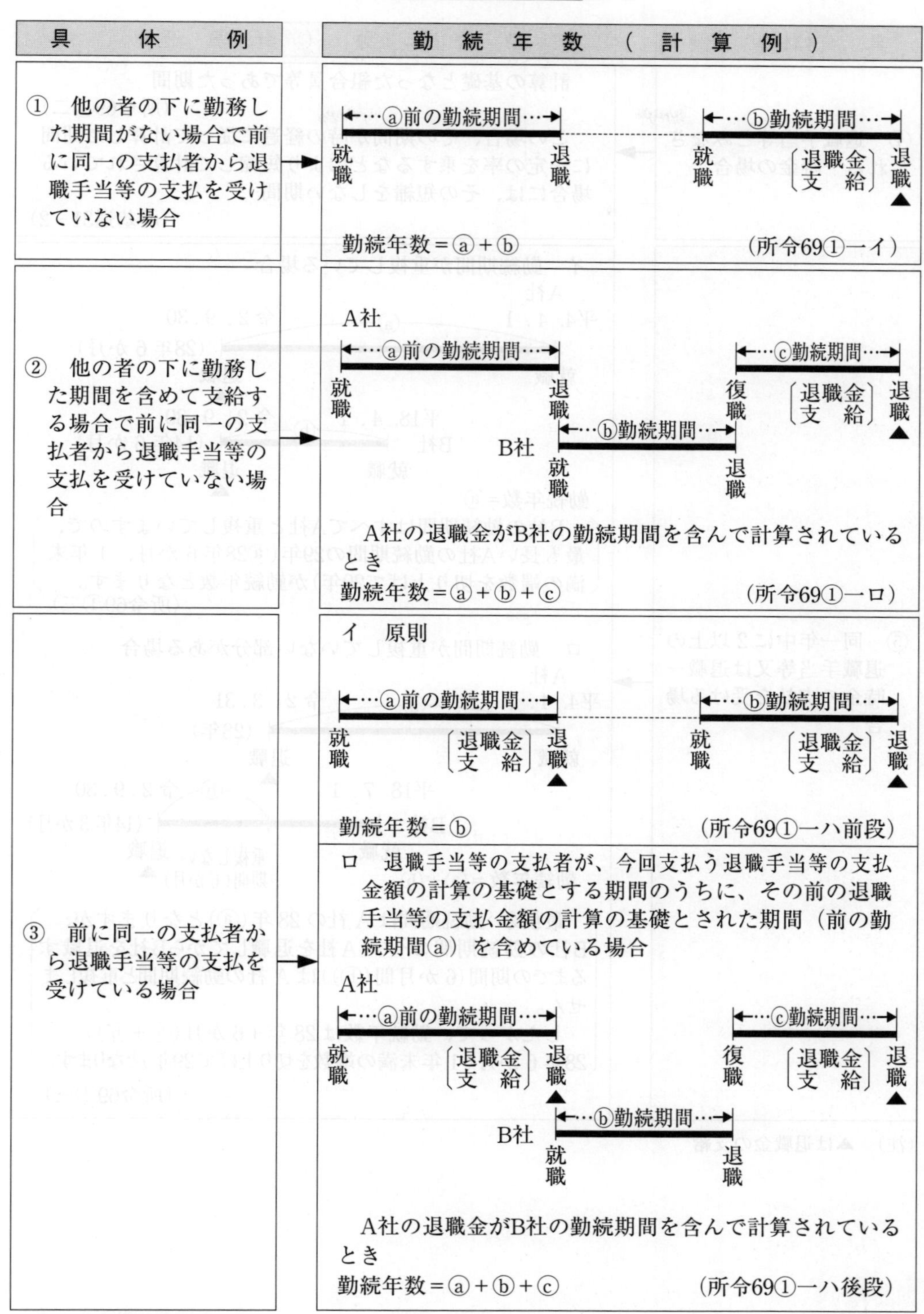

具体例	勤続年数（計算例）
①　他の者の下に勤務した期間がない場合で前に同一の支払者から退職手当等の支払を受けていない場合	←…ⓐ前の勤続期間…→　就職　退職 ←…ⓑ勤続期間…→　就職　〔退職金支給〕　退職▲ 勤続年数＝ⓐ＋ⓑ　（所令69①一イ）
②　他の者の下に勤務した期間を含めて支給する場合で前に同一の支払者から退職手当等の支払を受けていない場合	A社 ←…ⓐ前の勤続期間…→　就職　退職 ←…ⓒ勤続期間…→　復職　〔退職金支給〕　退職▲ B社　←…ⓑ勤続期間…→　就職　退職 A社の退職金がB社の勤続期間を含んで計算されているとき 勤続年数＝ⓐ＋ⓑ＋ⓒ　（所令69①一ロ）
③　前に同一の支払者から退職手当等の支払を受けている場合	イ　原則 ←…ⓐ前の勤続期間…→　就職　〔退職金支給〕　退職▲ ←…ⓑ勤続期間…→　就職　〔退職金支給〕　退職▲ 勤続年数＝ⓑ　（所令69①一ハ前段）
	ロ　退職手当等の支払者が、今回支払う退職手当等の支払金額の計算の基礎とする期間のうちに、その前の退職手当等の支払金額の計算の基礎とされた期間（前の勤続期間ⓐ）を含めている場合 A社 ←…ⓐ前の勤続期間…→　就職　〔退職金支給〕　退職▲ ←…ⓒ勤続期間…→　復職　〔退職金支給〕　退職▲ B社　←…ⓑ勤続期間…→　就職　退職 A社の退職金がB社の勤続期間を含んで計算されているとき 勤続年数＝ⓐ＋ⓑ＋ⓒ　（所令69①一ハ後段）

（注）　▲は退職金の支給

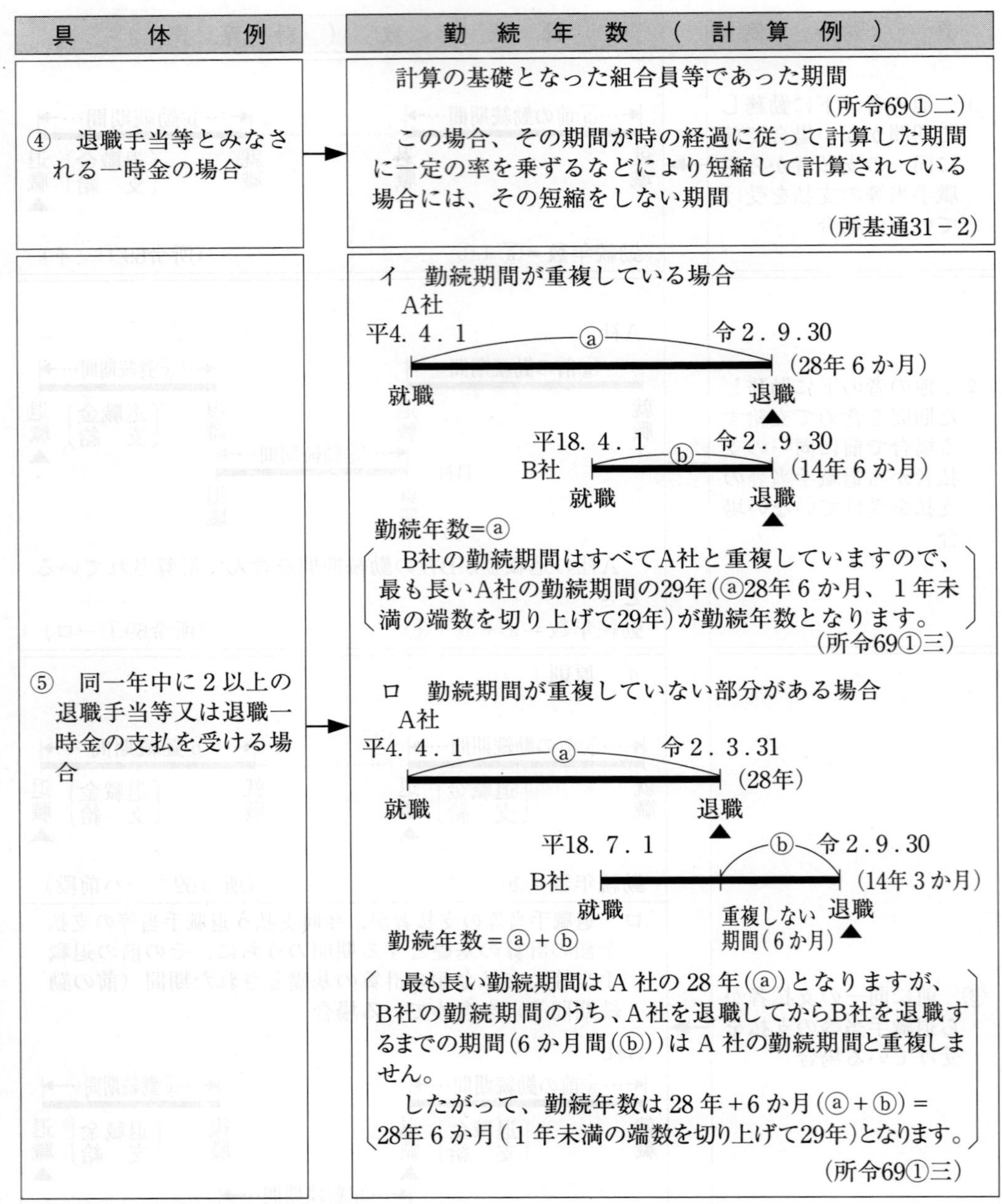

具　体　例	勤　続　年　数　（　計　算　例　）
④　退職手当等とみなされる一時金の場合	計算の基礎となった組合員等であった期間 （所令69①二） この場合、その期間が時の経過に従って計算した期間に一定の率を乗ずるなどにより短縮して計算されている場合には、その短縮をしない期間 （所基通31－2）
⑤　同一年中に２以上の退職手当等又は退職一時金の支払を受ける場合	イ　勤続期間が重複している場合 A社　平4．4．1 就職 ―ⓐ― 令2．9．30 退職▲（28年６か月） B社　平18．4．1 就職 ―ⓑ― 令2．9．30 退職▲（14年６か月） 勤続年数=ⓐ B社の勤続期間はすべてA社と重複していますので、最も長いA社の勤続期間の29年（ⓐ28年６か月、１年未満の端数を切り上げて29年）が勤続年数となります。 （所令69①三） ロ　勤続期間が重複していない部分がある場合 A社　平4．4．1 就職 ―ⓐ― 令2．3．31 退職▲（28年） B社　平18．7．1 就職 ―ⓑ― 令2．9．30 退職▲（14年３か月） 重複しない期間（６か月） 勤続年数＝ⓐ＋ⓑ 最も長い勤続期間はＡ社の28年（ⓐ）となりますが、B社の勤続期間のうち、A社を退職してからB社を退職するまでの期間（６か月間（ⓑ））はＡ社の勤続期間と重複しません。 したがって、勤続年数は28年＋6か月（ⓐ＋ⓑ）＝28年６か月（１年未満の端数を切り上げて29年）となります。 （所令69①三）

（注）　▲は退職金の支給

２　退職所得控除額の計算

(1)　通常の場合の退職所得控除額の計算

退職所得控除額は「一般退職」と「障害退職」の区分及び勤続年数に応じて、それぞれ次のとおりとなっています（所法30③、⑤三）。

区分	勤続年数	退職所得控除額
一般退職	20年以下	①　40万円×勤続年数
	20年超	②　(800万円)＋70万円×(勤続年数－20年)
障害退職	20年以下	③　①＋100万円
	20年超	④　②＋100万円

（注）　算出した退職所得控除額が80万円に満たない場合には、80万円とします（所法30⑤二）。

アドバイス

「障害退職」とは、職務上又は職務外の傷病により障害者になったことに直接基因して退職した場合（退職手当等の支給を受ける者が在職中に障害者になったことにより、その該当することとなった日以後全く又はほとんど勤務に服さないで退職した場合に限られます。）をいい、「一般退職」はそれ以外の退職をいいます（所令71）。

この場合、障害者となったかどうかは、障害者控除の対象となる障害者に該当することとなったかどうかにより判定します。

なお、次に掲げるような場合には、障害者になったことに基づいて退職したものでないことが明らかである場合を除き、障害者になったことに直接基因して退職したものとされます（所基通30－15）。

イ　障害者になった後一応勤務には復したが、平常の勤務に復することができないまま、その勤務に復した後おおむね６か月以内に退職した場合

ロ　障害者になった後一応平常の勤務に復したが、その勤務に耐えられないで、その勤務に復した後おおむね２か月以内に退職した場合

（注）　イ及びロの場合とも、常勤の役員又は使用人が非常勤の役員又は使用人となったことにより退職手当等の支払を受け、常勤の役員又は使用人としては退職したと同様の状態となった場合を含みます。

源泉徴収のための退職所得控除額の表
（所得税法別表第六）

勤続年数	退職所得控除額		勤続年数	退職所得控除額	
	一般退職の場合	障害退職の場合		一般退職の場合	障害退職の場合
	千円	千円		千円	千円
2年以下	800	1,800	24　年	10,800	11,800
			25　年	11,500	12,500
			26　年	12,200	13,200
3　年	1,200	2,200	27　年	12,900	13,900
4　年	1,600	2,600	28　年	13,600	14,600
5　年	2,000	3,000	29　年	14,300	15,300
6　年	2,400	3,400	30　年	15,000	16,000
7　年	2,800	3,800	31　年	15,700	16,700
8　年	3,200	4,200	32　年	16,400	17,400
9　年	3,600	4,600	33　年	17,100	18,100
10　年	4,000	5,000	34　年	17,800	18,800
11　年	4,400	5,400	35　年	18,500	19,500
12　年	4,800	5,800	36　年	19,200	20,200
13　年	5,200	6,200	37　年	19,900	20,900
14　年	5,600	6,600	38　年	20,600	21,600
15　年	6,000	7,000	39　年	21,300	22,300
16　年	6,400	7,400	40　年	22,000	23,000
17　年	6,800	7,800			
18　年	7,200	8,200	41年以上	22,000千円に、勤続年数が40年を超える１年ごとに700千円を加算した金額	23,000千円に、勤続年数が40年を超える１年ごとに700千円を加算した金額
19　年	7,600	8,600			
20　年	8,000	9,000			
21　年	8,700	9,700			
22　年	9,400	10,400			
23　年	10,100	11,100			

（注）　この表における用語の意味は、次のとおりです。

⑴　「勤続年数」とは、退職手当等の支払を受ける人が、退職手当等の支払者の下においてその退職手当等の支払の基因となった退職の日まで引き続き勤務した期間により計算した一定の年数をいいます（所得税法施行令第69条）。

⑵　「障害退職の場合」とは、障害者になったことに直接基因して退職したと認められる一定の場合をいいます（所得税法第30条第５項第３号）。

⑶　「一般退職の場合」とは、障害退職の場合以外の退職の場合をいいます。

（備考）

⑴　退職所得控除額は、⑵に該当する場合を除き、退職手当等に係る勤続年数に応じ「勤続年数」欄の該当する行に当てはめて求めます。この場合、一般退職のときはその行の「退職所得控除額」の「一般退職の場合」欄に記載されている金額が、また、障害退職のときはその行の「退職所得控除額」の「障害退職の場合」欄に記載されている金額が、それぞれその退職手当等に係る退職所得控除額です。

⑵　所得税法第30条第５項第１号（退職所得控除額の計算の特例）に掲げる場合に該当するときは、同項の規定に準じて計算した金額が、その退職手当等に係る退職所得控除額です。

(2) 特殊な場合の退職所得控除額の計算

イ　退職手当等が前年以前に支給を受けた退職手当等に係る勤続期間を通算して計算されている場合

<table>
<tr><th>区　　　分</th><th>退 職 所 得 控 除 額</th></tr>
<tr><td>①　退職手当等の支給を受ける人が、子会社に出向するなど、その支払者の下において勤務しなかった期間に他の者の下において勤務したことのある場合に、その支払者の下において勤務しなかった期間をその年に支払う退職手当等の支払金額の計算の基礎としている場合
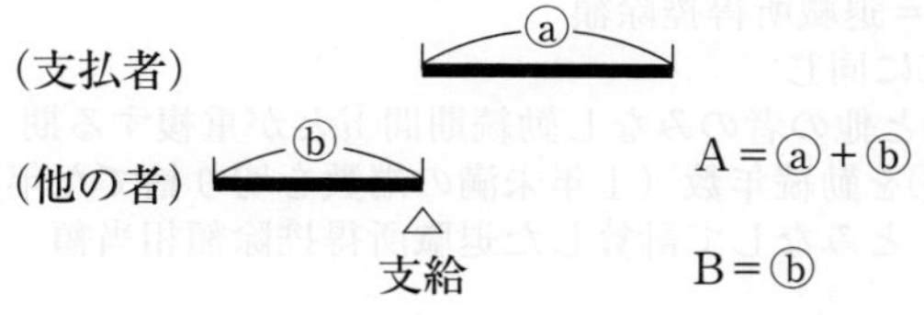
</td><td>A－B＝退職所得控除額
（所法30⑤一、所令70①一、③）
A＝その年に支払を受ける退職手当等の金額の計算の基礎とされた勤続年数に係る退職所得控除額
B＝他の者から支払を受けた退職手当等に係る勤続期間（１年未満の端数を切り捨てた年数）を勤続年数とみなして計算した退職所得控除額相当額</td></tr>
<tr><td>②　退職手当等の支給を受ける人が、その支払者から前年以前に支給を受けた退職手当等がある場合に、その支払者が、前に支払った退職手当等に係る勤続期間をその年に支払う退職手当等の支払金額の計算の基礎としている場合
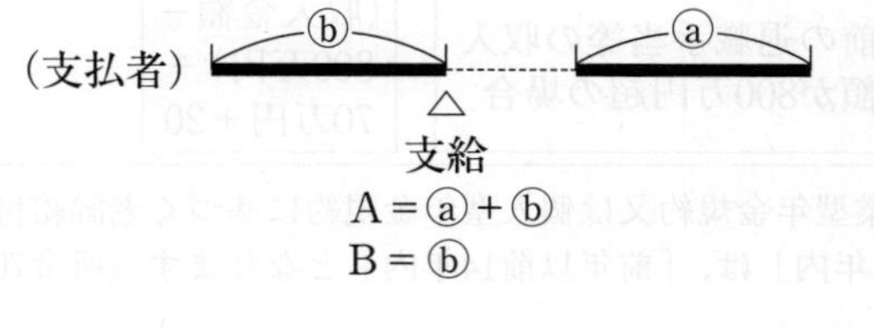
</td><td>A－B＝退職所得控除額
（所法30⑤一、所令70①一、③）
A＝その年に支払を受ける退職手当等の金額の計算の基礎とされた勤続年数に係る退職所得控除額
B＝その年に支払を受ける退職手当等の支払者から前に支払を受けた退職手当等に係る勤続期間（１年未満の端数を切り捨てた年数）を勤続年数とみなして計算した退職所得控除額相当額</td></tr>
</table>

ロ　その年に支払を受ける退職手当等に係る勤続年数と前年以前４年内に支給を受けた他の退職手当等に係る勤続年数との間に重複している期間がある場合

区　　分	退　職　所　得　控　除　額
①　通常の場合 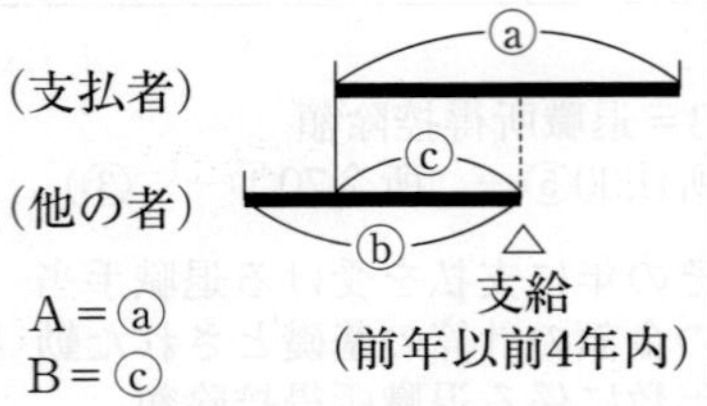 （支払者）　ⓐ （他の者）　ⓒ　ⓑ △ 支給 （前年以前4年内） A＝ⓐ B＝ⓒ	A－B＝退職所得控除額 （所法30⑤一、所令70①二、③） A＝その年に支払を受ける退職手当等の金額の計算の基礎とされた勤続年数に係る退職所得控除額 B＝ⓐと他の者の勤続期間ⓑとが重複するⓒの期間を勤続年数（１年未満の端数を切り捨てた年数）とみなして計算した退職所得控除額相当額
②　前年以前４年内に支給を受けた退職手当等の金額が退職所得控除額に満たない（控除不足がある）場合 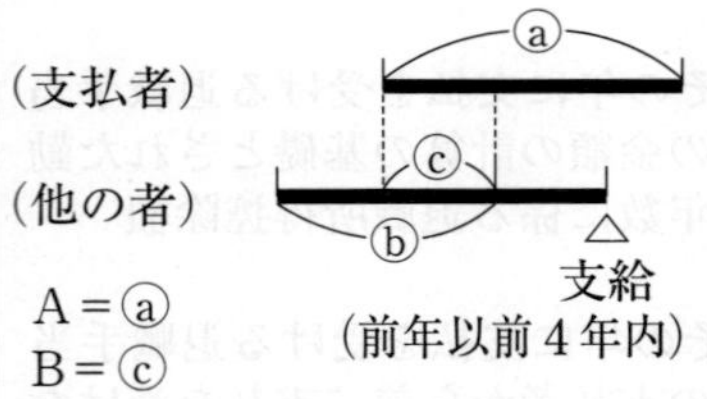 （支払者）　ⓐ （他の者）　ⓒ　ⓑ △ 支給 （前年以前４年内） A＝ⓐ B＝ⓒ	A－B＝退職所得控除額 A＝①に同じ B＝ⓐと他の者のみなし勤続期間ⓑとが重複する期間ⓒを勤続年数（１年未満の端数を切り捨てた年数）とみなして計算した退職所得控除額相当額 Bの他の者のみなし勤続期間ⓑは、他の者に就職した日から、次のイ又はロに掲げる場合の区分に応じて、それぞれイ又はロに掲げる数（１に満たない端数を切り捨てた数）に相当する年数を経過した日の前日までの期間です。　（所令70②、③） イ　前の退職手当等の収入金額が800万円以下の場合 ― 収入金額÷40万円 ロ　前の退職手当等の収入金額が800万円超の場合 ― （収入金額－800万円）÷70万円＋20

（注）その年に確定拠出年金法に規定する企業型年金規約又は個人型年金規約に基づく老齢給付金の支払を受ける場合には、「前年以前４年内」は、「前年以前14年内」となります（所令70①二）。

アドバイス

退職日が令和２年中の場合は、平成28年１月１日～令和１年12月31日の間に退職金の支給があれば「前年以前４年内」の退職金に該当します。

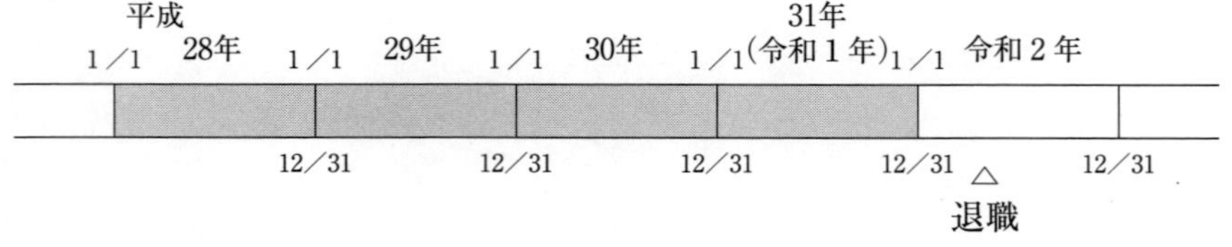

(3) 特殊な場合の勤続年数及び退職所得控除額の計算例

退職手当の支払者の下において一時勤務しなかった期間がある場合

〈設例〉

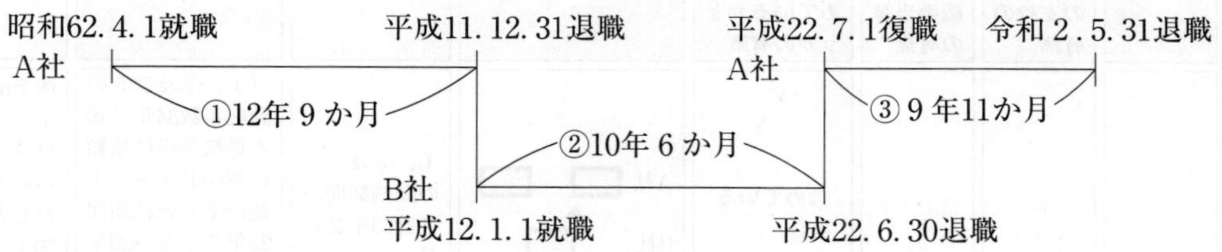

（注）□部分は、今回の退職金の計算の基礎とされない勤続期間
■部分は、今回の退職金の計算の基礎とされた勤続期間
▲部分は、退職金の支給時点

区分	A社の前回の退職の際におけるA社からの退職手当等の支給の有無	A社の今回の退職手当等の支払金額の計算期間に前回の勤続期間①を含めているかどうかの有無	図解	勤続年数の計算	退職所得控除額の計算	適用条項
A社の今回の退職手当等の支払金額の計算の基礎となる期間にB社の勤続期間②を含めていない場合（②の期間に他に勤続していない場合も同じです。）	支給を受けている場合	含めている場合	A社 B社	①の勤続期間12年９か月＋③の勤続期間９年11か月＝22年８か月→23年	（①＋③の勤続年数23年に係る退職所得控除額1,010万円）－（①の勤続期間12年９か月→12年に係る退職所得控除額480万円）＝530万円	所令69①一イ、ハのただし書、70①一
		含めていない場合	A社 B社	③の勤続期間９年11か月→10年	400万円	所令69①一イ、ハの本文
	支給を受けていない場合	含めている場合	A社 B社	①の勤続期間12年９か月＋③の勤続期間９年11か月＝22年８か月→23年	1,010万円	所令69①一イ
		含めていない場合	A社 B社	同　上	同　上	同　上

<table>
<tr><th>区　分</th><th>B社退職の際におけるB社からの退職手当等の支給の有無</th><th>A社の前回の退職の際におけるA社からの退職手当等の有無</th><th>A社の今回の退職手当等の支払金額の計算に前回の勤続期間①を含めているかどうかの有無</th><th>図　解</th><th>勤続年数の計算</th><th>退職所得控除額の計算</th><th>適用条項</th></tr>
<tr><td rowspan="8">A社の今回の退職手当等の支払金額の計算の基礎となる期間にB社の勤続期間②を含めている場合</td><td rowspan="4">支給を受けている場合</td><td rowspan="2">支給を受けている場合</td><td>含めている場合</td><td>A社
B社</td><td>①、②及び③の勤続期間の合計33年２か月→34年</td><td>（①、②及び③の勤続年数34年に係る退職所得控除額1,780万円）－（①及び②の勤続期間23年３か月→23年に係る退職所得控除額1,010万円）＝770万円</td><td>所令69①一イ、ロ及びハのただし書、70①一</td></tr>
<tr><td>含めていない場合</td><td>A社
B社</td><td>②及び③の勤続期間の合計20年５か月→21年</td><td>（②及び③の勤続年数21年に係る退職所得控除額870万円）－（②の勤続期間10年６か月→10年に係る退職所得控除額400万円）＝470万円</td><td>所令69①一イ、ロ及びハの本文、70①一</td></tr>
<tr><td rowspan="2">支給を受けていない場合</td><td>含めている場合</td><td>A社
B社</td><td>①、②及び③の勤続期間の合計33年２か月→34年</td><td>（①、②及び③の勤続年数34年に係る退職所得控除額1,780万円）－（②の勤続期間10年６か月→10年に係る退職所得控除額400万円）＝1,380万円</td><td>所令69①一イ及びロ、70①一</td></tr>
<tr><td>含めていない場合</td><td>A社
B社</td><td>同　上</td><td>同　上</td><td>同　上</td></tr>
<tr><td rowspan="4">支給を受けていない場合</td><td rowspan="2">支給を受けている場合</td><td>含めている場合</td><td>A社
B社</td><td>①、②及び③の勤続期間の合計33年２か月→34年</td><td>（①、②及び③の勤続年数34年に係る退職所得控除額1,780万円）－（①の勤続期間12年９か月→12年に係る退職所得控除額480万円）＝1,300万円</td><td>所令69①一イ、ロ及びハのただし書、70①一</td></tr>
<tr><td>含めていない場合</td><td>A社
B社</td><td>②及び③の勤続期間の合計20年５か月→21年</td><td>870万円</td><td>所令69①一イ、ロ及びハの本文</td></tr>
<tr><td rowspan="2">支給を受けていない場合</td><td>含めている場合</td><td>A社
B社</td><td>①、②及び③の勤続期間の合計33年２か月→34年</td><td>1,780万円</td><td>所令69①一イ及びロ</td></tr>
<tr><td>含めていない場合</td><td>A社
B社</td><td>同　上</td><td>同　上</td><td>同　上</td></tr>
</table>

第４　特定役員退職手当等に係る退職所得

その年中に支払を受ける退職手当等の全てが一般退職手当等の場合には、その退職手当等の収入金額から退職所得控除額を控除した残額の２分の１に相当する金額が退職所得の課税標準とされていますが、その年中に支払を受ける退職手当等の全てが特定役員退職手当等の場合には、その退職手当等の収入金額から退職所得控除額を控除した残額が退職所得の課税標準とされます（退職所得控除額を控除した残額を２分の１する措置は適用されません。）（所法30②）。

また、その年中に支払を受ける退職手当等が、一般退職手当等と特定役員退職手当等の両方を含むものである場合には、次の算式により計算した金額が退職所得の課税標準とされます。

１　特定役員退職手当等に係る退職所得の課税標準

（算　式）

$$\text{退職所得の金額}=\left(\begin{matrix}\text{特定役員}\\\text{退職手当等}\\\text{の収入金額}\end{matrix}-\begin{matrix}\text{特定役員}\\\text{退職所得}\\\text{控除額}\end{matrix}\right)+\left[\begin{matrix}\text{一般退職}\\\text{手当等の}\\\text{収入金額}\end{matrix}-\left(\begin{matrix}\text{退職所得}\\\text{控除額}\end{matrix}-\begin{matrix}\text{特定役員}\\\text{退職所得}\\\text{控除額}\end{matrix}\right)\right]\times\frac{1}{2}$$

次の場合には、それぞれ次の算式により計算します。

（算　式）

⑴　「特定役員退職手当等の収入金額」＜「特定役員退職所得控除額」の場合

$$\text{退職所得の金額}=\left[\begin{matrix}\text{一般退職}\\\text{手当等の}\\\text{収入金額}\end{matrix}-\left(\text{退職所得控除額}-\begin{matrix}\text{特定役員}\\\text{退職手当等}\\\text{の収入金額}\end{matrix}\right)\right]\times\frac{1}{2}$$

⑵　「一般退職手当等の収入金額」＜「（退職所得控除額－特定役員退職所得控除額）」の場合

$$\text{退職所得の金額}=\left(\begin{matrix}\text{特定役員}\\\text{退職手当等}\\\text{の収入金額}\end{matrix}+\begin{matrix}\text{一般退職}\\\text{手当等の}\\\text{収入金額}\end{matrix}\right)-\text{退職所得控除額}$$

２　特定役員退職手当等の範囲

特定役員退職手当等とは、役員等勤続年数が５年以下である人が支払を受ける退職手当等のうち、その役員等勤続年数に対応する退職手当等として支払を受けるものをいいます（所法30④）。

この役員等勤続年数とは、役員等勤続期間（所得税法施行令第69条第１項第１号の規定に基づき算出した退職手当等に係る勤続期間（調整後勤続期間）のうち、役員等として勤務した期間をいいます。）の年数（１年未満の端数がある場合はその端数を切り上げたもの）をいいます（所法30④、所令69の２）。

役　員　等　勤　続　年　数	
５　年　以　下	５　年　超
特定役員退職手当等	一般退職手当等

役　員　等	
①	法人の取締役、執行役、会計参与、監査役、理事、監事及び清算人並びにこれら以外の者で法人の経営に従事している一定の人（法人税法第２条第15号に規定している役員）
②	国会議員及び地方公共団体の議会の議員
③	国家公務員及び地方公務員

なお、一般の使用人として入社し、一定期間勤務した後に役員等に就任してその後退職した場合に、その退職の際に一般の使用人の分と役員等の分とを合わせて退職手当等の支払を受けるケースのように、調整後勤続期間のうちに５年以下の役員等勤続期間と役員等勤続期間以外の期間がある退職手当等を受ける場合には、その退職手当等は次に掲げるものからなるものとされます（所令71の２⑤）。

①　退職手当等の金額から②に掲げる金額を控除した残額に相当する特定役員退職手当等

②　役員等勤続期間以外の期間を基礎として、他の使用人に対する退職給与の支給の水準等を勘案して相当と認められる金額に相当する一般退職手当等

⑴　特定役員退職手当等に該当するもの

①　令２．３．31の退職に基因して平27．７．１から令２．３．31までの期間に対応する退職手当700万円が支払われる場合

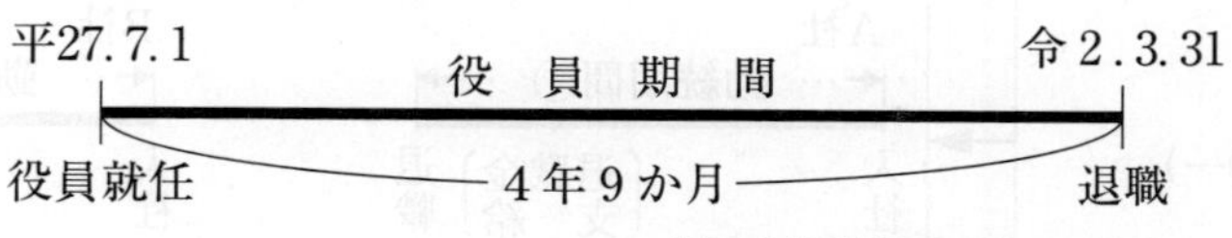

〔役員等勤続年数　５年〕

②　令２．11．30の退職に基因して次の退職手当が支払われる場合

イ　平16．８．１から平28．３．31までの期間に対応する退職手当　1,300万円

ロ　平28．４．１から令２．11．30までの期間に対応する退職手当　600万円

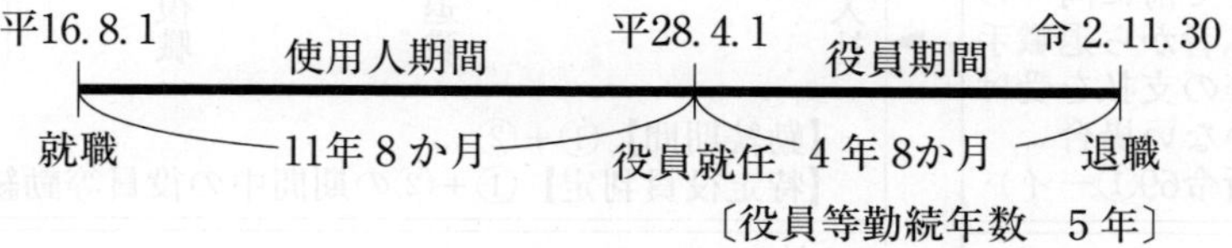

（注）　役員就任時に使用人期間に係る退職手当等は支払われていません。
（イについては、一般退職手当等に該当します。）

⑵　特定役員退職手当等に該当しないもの

①　令２．11．30の退職に基因して平27．11．１から令２．11．30までの期間に対応する退職手当700万円が支払われる場合

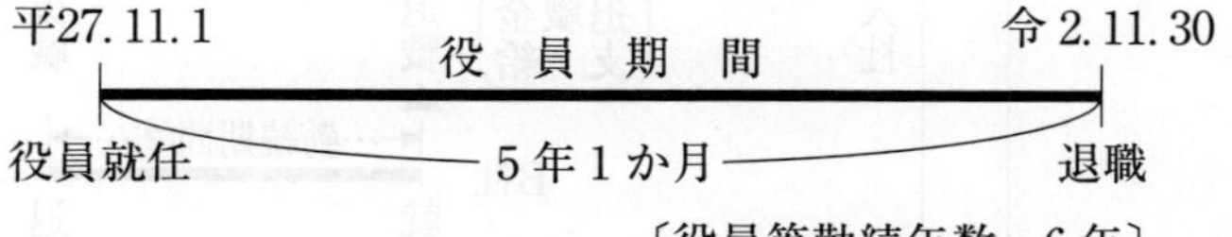

〔役員等勤続年数　６年〕

②　令２．12．31の退職に基因して次の退職手当が支払われる場合

イ　平27．10．１から平30．８．31までの期間に対応する退職手当　500万円

ロ　平30．９．１から令２．12．31までの期間に対応する退職手当　300万円

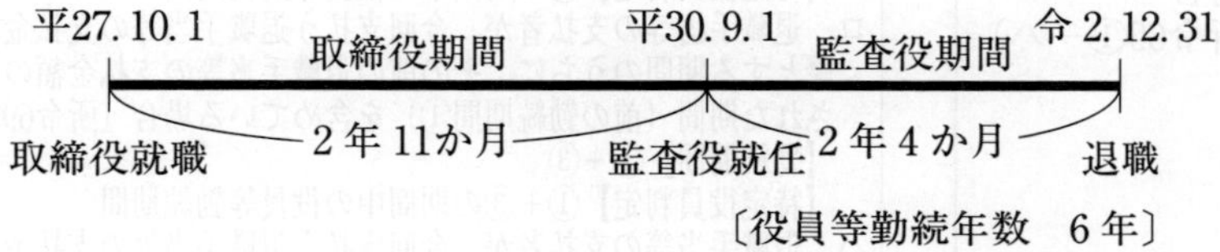

（注）　監査役就任時に取締役期間に係る退職手当等は支払われていません。

(3)　一時勤務しなかった期間がある場合

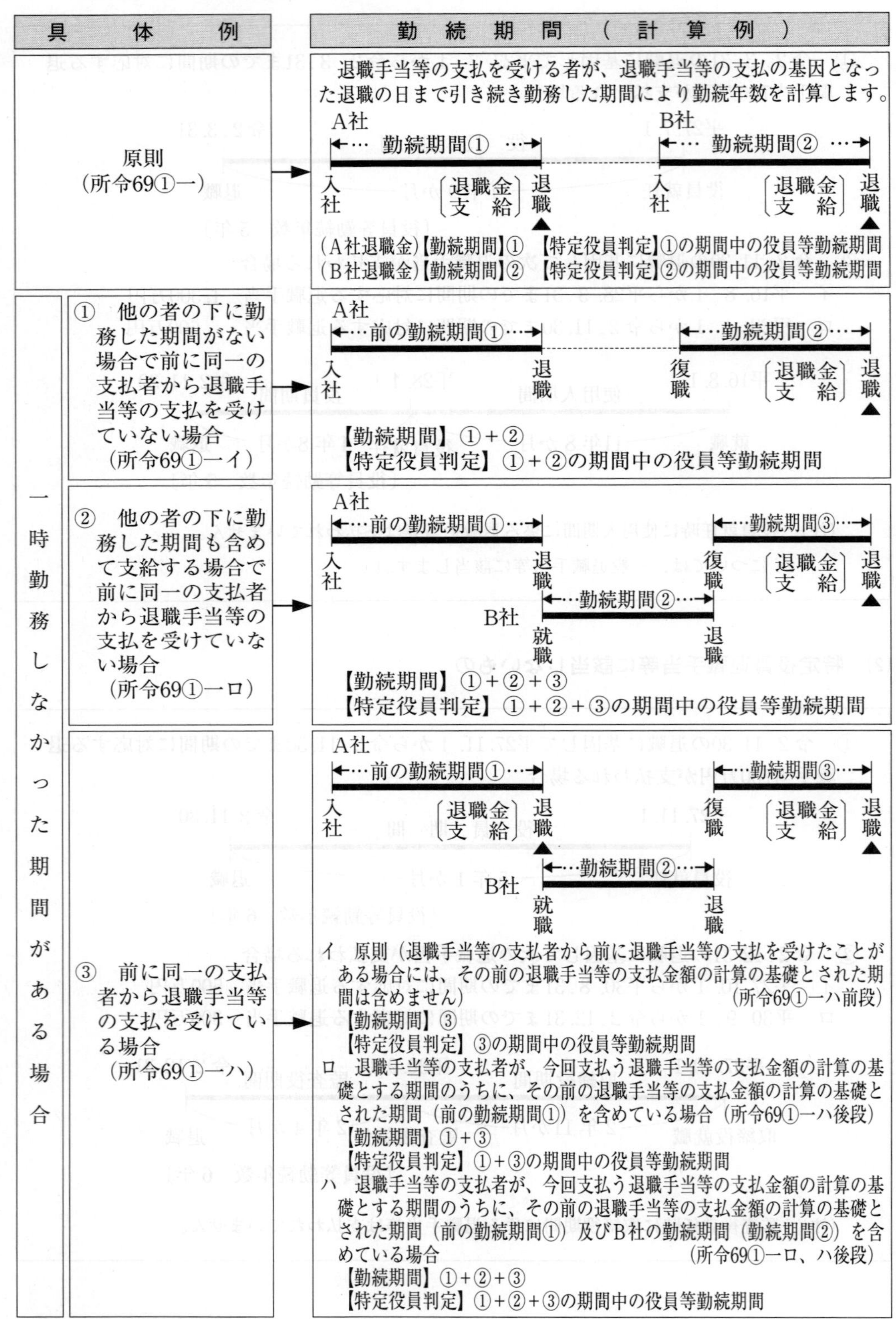

（注）　▲は退職金の支給

３　特定役員退職所得控除額

⑴　特定役員退職所得控除額の計算

特定役員退職所得控除額は、次の計算により求めた金額となります（所令71の２①一）。

（算　式）

特定役員退職所得控除額＝40万円×（特定役員等勤続年数－重複勤続年数）＋20万円×重複勤続年数

（注）１　特定役員等勤続年数は、特定役員等勤続期間（特定役員退職手当等について所得税法施行令第69条第１項各号の規定により計算した期間）の年数（１年未満の端数がある場合はその端数を１年に切り上げたもの）をいいます。

２　一般勤続期間は、一般退職手当等（特定役員退職手当等以外の退職手当等）について、所得税法施行令第69条第１項各号の規定により計算した期間をいいます。

３　重複勤続年数とは、特定役員等勤続期間と一般勤続期間とが重複している期間の年数（１年未満の端数がある場合はその端数を１年に切り上げたもの）をいいます。

(2)　特定役員退職所得控除額の計算例

区　　　　　分	退職所得控除額
①　特定役員等勤続期間と一般勤続期間とが重複していない場合 勤続期間　平15.6.1～令２.11.30 うち　一般勤続期間 平15.6.1～平29.6.30 特定役員等勤続期間 平29.7.1～令２.11.30 平15.6.1　平29.7.1　令2.11.30 使用人期間　役員期間 就職　役員就任　退職 （注）　役員就任時に使用人期間に係る退職手当等は支払われていません。	この場合の特定役員等勤続年数は、平29.７.１から令２.11.30までの４年（３年５か月→４年）となり、特定役員退職所得控除額は160万円（＝40万円×４（年））となります。 なお、この場合の退職所得控除額は勤続年数が平15.６.１から令２.11.30までの18年（17年６か月→18年）ですので、720万円となります。
②　特定役員等勤続期間と一般勤続期間とが重複している場合 勤続期間　平15.4.1～令２.６.30 うち　一般勤続期間 平15.4.1～平29.8.31 特定役員等勤続期間 平27.7.1～令２.６.30 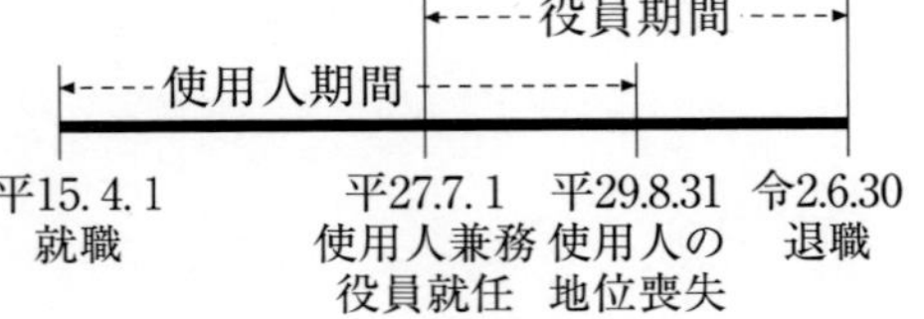 （注）　使用人兼務役員就任時や使用人の地位喪失時に使用人期間に係る退職手当等は支払われていません。	この場合の特定役員等勤続年数は、平27.７.１から令２.６.30までの５年となります。また、重複勤続年数は、特定役員等勤続期間（平27.７.１～令２.６.30）と一般勤続期間（平15.４.１～平29.８.31）とが重複している平27.７.１から平29.８.31までの２年２か月で３年となります。 よって、特定役員退職所得控除額は、160万円（＝40万円×（５（年））－３（年））＋20万円×３（年））となります。 なお、この場合の退職所得控除額は勤続年数が平15.４.１から令２.６.30までの18年（17年３か月→18年）ですので、720万円となります。

区　　分	退職所得控除額
③　その年に２以上の特定役員退職手当等の支給を受けている場合 A社　勤続期間　平15.1.1～令１.12.31 うち　使用人として勤務した期間 平15.1.1～平27.3.31 役員として勤務した期間 平27.4.1～令１.12.31 B社　勤続期間　平21.4.1～令２.11.30 うち　使用人として勤務した期間 平21.4.1～平29.6.30 役員として勤務した期間 平29.7.1～令２.11.30 平15.1.1 就職　平27.4.1 役員就任　令1.12.31 退職 A社　使用人期間　役員期間 B社　使用人期間　役員期間 平21.4.1 就職　平29.7.1 役員就任　令2.11.30 退職 一般勤続期間 特定役員等勤続期間 (注)　A社でもB社でも役員就任時に、使用人期間に係る退職手当等は支払われていません。	この場合の特定役員等勤続年数は、A社及びB社において役員として勤務した期間のうち、最も長い期間により計算しますが、この最も長い期間と重複していない期間は、この最も長い期間に加算します。 また、一般勤続期間についても同様に、A社及びB社において使用人として勤務した期間のうち、最も長い期間に、この最も長い期間と重複していない期間を加算した期間となります。 (特定役員退職所得控除額の計算) 設例の場合、A社及びB社のそれぞれの役員として勤務した期間の長さを比べると、A社の役員として勤務した期間４年９か月（平27．４．１～令１.12.31）が最も長い期間であり、この期間と重複していないB社の令２．１．１から令２.11.30までの11か月をその最も長い期間に加算します。したがって、特定役員等勤続年数は５年８か月（４年９か月＋11か月）で６年となります。 また、一般勤続期間は、A社の使用人として勤務した期間である平15．１．１から平27．３.31までの期間に、B社の平27．４．１から平29．６.30までの期間を加算した平15．１．１から平29．６.30までの期間となりますので、重複勤続年数は、この一般勤続期間（平15．１．１～平29．６.30）と特定役員等勤続期間（平27．４．１～令２.11.30）とが重複している平27．４．１から平29．６.30までの２年３か月で３年となります。 よって、特定役員退職所得控除額は、180万円（＝40万円×（６(年)－３(年)）＋20万円×３(年)）となります。 なお、この場合の退職所得控除額は、勤続年数が平15．１．１から令２.11.30までの18年（17年11か月→18年）ですので、720万円となります。

区　　　　　　　　分	退 職 所 得 控 除 額
④ 今回の退職手当等の支払金額の計算の基礎となる期間のうちに、前に支給を受けた特定役員退職手当等の支払金額の計算の基礎とされた期間を含めて計算する場合 C社　勤続期間 平19.11.1～平23.3.31、 平28.7.1～令２.６.30 うち　使用人として勤務した期間 平19.11.1～平23.3.31 役員として勤務した期間 平28.7.1～令２.６.30 C社の退職手当等の支払金額の計算の基礎となる期間に含めたD社の勤続期間 平23.4.1～平28.6.30 うち　使用人として勤務した期間 平23.4.1～平24.12.31 役員として勤務した期間 平25.1.1～平28.6.30 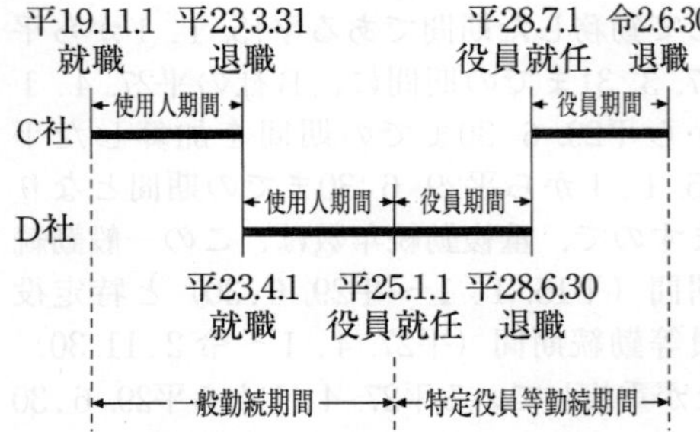 (注)　C社では、前回の退職時（平23.３.31）に使用人期間に係る退職手当等は支払われていません。一方、D社では、退職時にD社の使用人期間及び役員期間に係る退職手当等が支払われています。	この場合の特定役員等勤続年数は、C社の役員として勤務した期間（平28.７.１～令２.６.30）に、今回のC社からの退職手当の支払金額の計算の基礎に含めたD社の役員として勤務した期間（平25.１.１～平28.６.30）を加算した平25.１.１から令２.６.30までの期間の８年（７年６か月→８年）となります。 なお、D社からは退職時に退職手当等の支給を受けていますので、特定役員退職所得控除額は、特定役員等勤続年数８年に対応する控除額から、前にD社から受けた特定役員退職手当等に係る勤続期間により計算した年数３年(注)に対応する控除額を差し引いた額となります。 (注)　前に受けた退職手当等に係る勤続期間に１年未満の端数があれば、これを切り捨てます。 (特定役員退職所得控除額の計算) （通算したC社及びD社の特定役員等勤続年数８年に対応する退職所得控除額320万円）－（D社から前に受けた特定役員退職手当等に係る勤続期間３年６か月→３年に対応する退職所得控除額120万円）＝200万円 また、この場合の退職所得控除額は、C社の勤続期間（平19.11.１～平23.３.31及び平28.７.１～令２.６.30）にD社の勤続期間（平23.４.１～平28.６.30）を加算した平19.11.１から令２.６.30までの13年（12年８か月→13年）に対応する退職所得控除額520万円から、D社の勤続期間５年（５年３か月→５年）に対応する退職所得控除額200万円を差し引いた320万円となります。

<table>
<tr><th>区　　分</th><th>退職所得控除額</th></tr>
<tr><td>⑤　その年に支給を受ける退職手当の特定役員等勤続期間の全部又は一部が、その年の前年以前４年内に他から受けた退職手当等の勤続期間等と重複している場合

Ｅ社　勤続期間　平12. 4. 1～令２. 6. 30
うち　一般勤続期間
平12. 4. 1～平28. 4. 30
特定役員等勤続期間
平28. 5. 1～令２. 6. 30

前年以前４年内にＦ社から支払を受けた退職手当等についての勤続期間
平23. 5. 1～平30. 11. 30 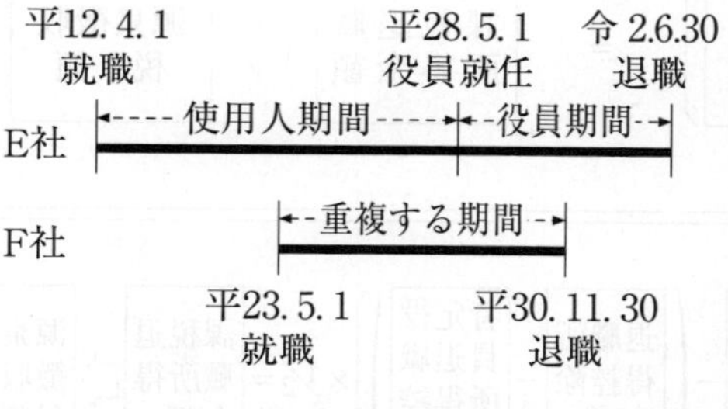

平12. 4. 1 就職　平28. 5. 1 役員就任　令 2.6.30 退職
Ｅ社　←使用人期間→←役員期間→
Ｆ社　←重複する期間→
平23. 5. 1 就職　平30. 11. 30 退職

（注）　Ｅ社では役員就任時に使用人期間に係る退職手当等は支払われていません。</td><td>この場合の特定役員等勤続年数は、特定役員等勤続期間である平28．５．１から令２．６．30までの４年２か月で５年となりますが、この特定役員等勤続期間の一部が前年以前４年内にＦ社から支払を受けた退職手当等についての勤続期間と重複していますので、この重複している平28．５．１から平30. 11. 30までの期間を勤続年数とみなして計算した退職所得控除額を差し引いたものが特定役員退職所得控除額となります。この場合、重複している期間に１年未満の端数があれば、これを切り捨てます。
（特定役員退職所得控除額の計算）
（Ｅ社の特定役員等勤続年数５年に対応する退職所得控除額200万円）－（特定役員等勤続期間とＦ社の勤続期間とが重複している期間２年７か月→２年に対応する退職所得控除額80万円）＝120万円
なお、この場合の退職所得控除額は、Ｅ社の勤続期間20年３か月（平12．４．１～令２．６．30）→21年に対応する退職所得控除額870万円から、Ｅ社の勤続期間とＦ社の勤続期間とが重複している期間７年７か月（平23．５．１～平30. 11. 30）→７年に対応する退職所得控除額280万円を差し引いた590万円となります。</td></tr>
</table>

第５　退職所得に対する源泉徴収税額

退職手当等に対する源泉徴収は、受給者が「退職所得の受給に関する申告書」を提出しているかどうかにより税額計算の方法が、次のとおり異なります（所法201）。

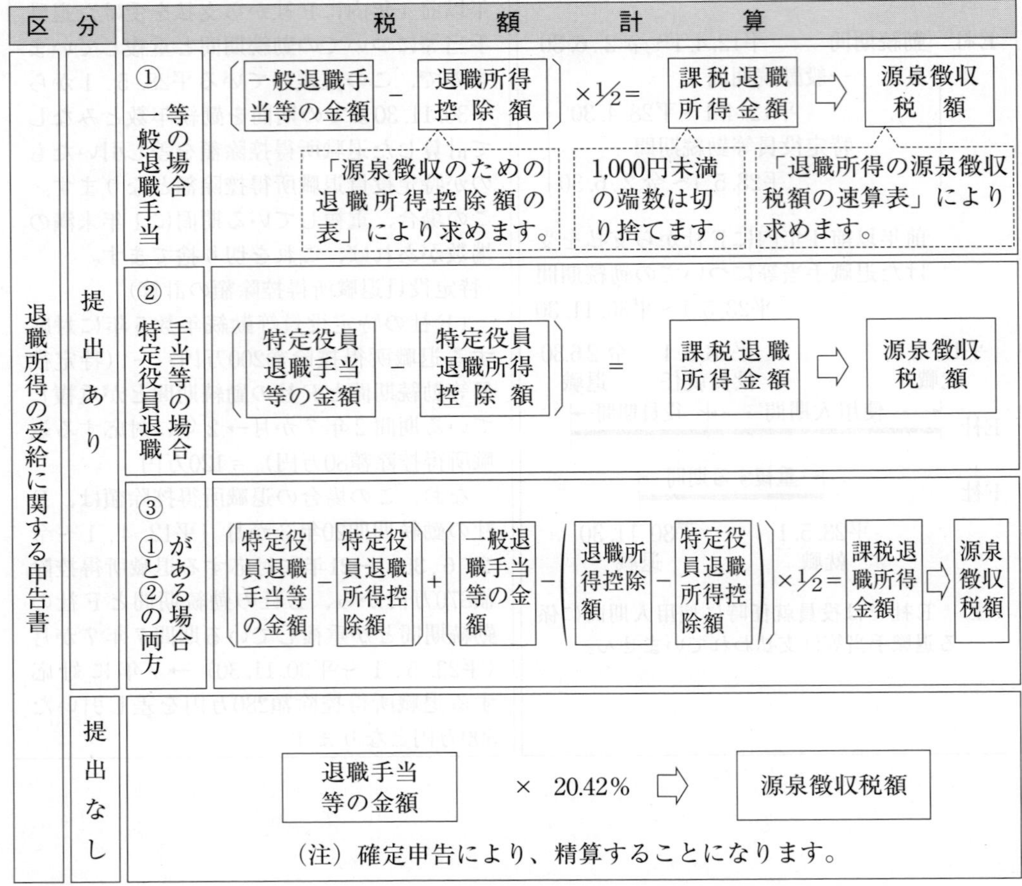

区分			税額計算
退職所得の受給に関する申告書	提出あり	① 一般退職手当等の場合	（一般退職手当等の金額 － 退職所得控除額）×½＝ 課税退職所得金額 ⇨ 源泉徴収税額 退職所得控除額：「源泉徴収のための退職所得控除額の表」により求めます。 課税退職所得金額：1,000円未満の端数は切り捨てます。 源泉徴収税額：「退職所得の源泉徴収税額の速算表」により求めます。
		② 特定役員退職手当等の場合	（特定役員退職手当等の金額 － 特定役員退職所得控除額）＝ 課税退職所得金額 ⇨ 源泉徴収税額
		③ ①と②の両方がある場合	｛特定役員退職手当等の金額 － 特定役員退職所得控除額 ＋（一般退職手当等の金額 －（退職所得控除額 － 特定役員退職所得控除額））×½｝＝ 課税退職所得金額 ⇨ 源泉徴収税額
	提出なし		退職手当等の金額 × 20.42％ ⇨ 源泉徴収税額 （注）確定申告により、精算することになります。

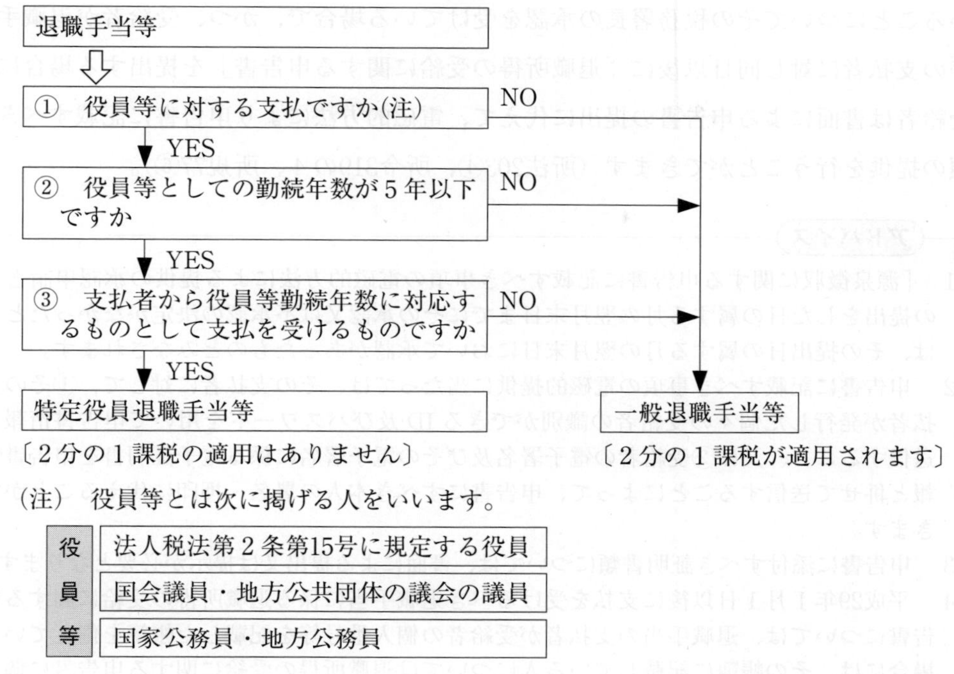

１「退職所得の受給に関する申告書」の提出

「退職所得の受給に関する申告書」は、退職手当等の支払者が、その退職手当等に対する源泉徴収税額の計算の基礎とするもので、退職手当等の支払を受ける人がその支払を受ける時までに、その支払者を経由して所轄税務署長に提出することになっています（所法203①）。

ただし、税務署長から提出を求められるまでの間、これを受理した退職手当等の支払者は、この申告書を提出期限の属する年の翌年１月10日の翌日から７年を経過する日の間保存することとされています（所規77⑦）。

この「退職所得の受給に関する申告書」を提出する際に添付する書類は、次のとおりです。

区　　分	添　付　書　類
①　その年中に他の退職手当等の支給を受けている場合	その退職手当等に係る「退職所得の源泉徴収票」
②　障害退職である場合	障害者に該当する旨の医師の診断書又は１級から６級までの身体障害者の記載のある身体障害者手帳の写し（支払者に提示して確認を受けたものに限ります。）

なお、退職手当等の支払者が所轄税務署長に対し「源泉徴収に関する申告書に記載すべき事項の電磁的方法による提供の承認申請書」を提出し、一定の要件を満たして

いることについてその税務署長の承認を受けている場合で、かつ、受給者が退職手当等の支払者に対し同日以後に「退職所得の受給に関する申告書」を提出する場合には、受給者は書面による申告書の提出に代えて、電磁的方法により申告書に記載すべき事項の提供を行うことができます（所法203④、所令319の４、所規77⑥）。

アドバイス

1　「源泉徴収に関する申告書に記載すべき事項の電磁的方法による提供の承認申請書」の提出をした日の属する月の翌月末日までにその承認又は不承認の決定がなかったときは、その提出日の属する月の翌月末日において承認があったものとみなされます。
2　申告書に記載すべき事項の電磁的提供に当たっては、その支払者に対して、①その支払者が発行した個々の受給者の識別ができるID及びパスワードを用いて申告書情報を送信すること、又は②受給者の電子署名及びその電子署名に係る電子証明書を申告書情報と併せて送信することによって、申告書にすべき本人の署名・押印に代えることができます。
3　申告書に添付すべき証明書類については、書面による提出又は提示が必要となります。
4　平成29年１月１日以後に支払を受けるべき退職手当に係る退職所得の受給に関する申告書については、退職手当の支払者が受給者の個人番号等を記載した帳簿を備えている場合には、その帳簿に記載している人については退職所得の受給に関する申告書に個人番号の記載を要しないこととされています。

2　源泉徴収税額の計算例

(1)　「退職所得の受給に関する申告書」が提出されている場合

イ　その年分において他から退職手当等の支給を受けていないとき

(イ)　一般退職手当等の場合

退職手当等の金額から退職所得控除額を控除し、その残額の２分の１に相当する金額について「退職所得の源泉徴収税額の速算表」により税額を求めます（所法201①一イ、②、別表第六、復興財確法28①②、31①②）。

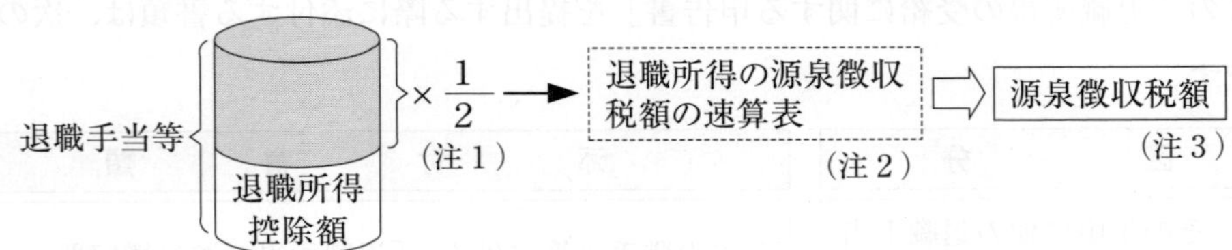

(ロ)　特定役員退職手当等の場合

退職手当等の金額から退職所得控除額を控除し、その残額に相当する金額について「退職所得の源泉徴収税額の速算表」により税額を求めます（所法201①一ロ、②、別表第六、復興財確法28①②、31①②）。

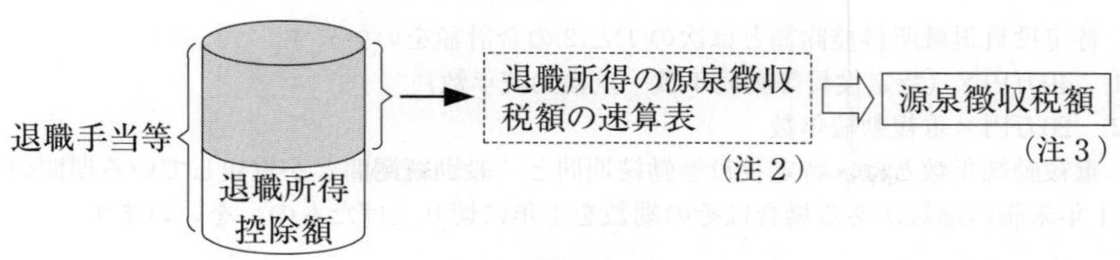

（注）１　退職所得控除額を控除し、その残額の２分の１相当額に1,000円未満の端数があるときは、これを切り捨てます。

２　退職所得の源泉徴収税額の速算表

課税退職所得金額等(A)	税率(B)	控除額(C)	税額＝((A)×(B)－(C))×102.1％
1,950,000円以下	５％		(A)×５％　×102.1％
1,950,000円超　3,300,000　〃	10％	97,500円	((A)×10％－　97,500円)×102.1％
3,300,000　〃　6,950,000　〃	20％	427,500円	((A)×20％－　427,500円)×102.1％
6,950,000　〃　9,000,000　〃	23％	636,000円	((A)×23％－　636,000円)×102.1％
9,000,000　〃　18,000,000　〃	33％	1,536,000円	((A)×33％－1,536,000円)×102.1％
18,000,000　〃　40,000,000　〃	40％	2,796,000円	((A)×40％－2,796,000円)×102.1％
40,000,000　〃	45％	4,796,000円	((A)×45％－4,796,000円)×102.1％

３　求めた税額に１円未満の端数があるときは、これを切り捨てます。

ロ　その年分において既に他から退職手当等の支給を受けているとき

他から受けた退職手当等の金額と今回受ける退職手当等の金額について、次の区分に応じて求めた税額から、既に他から受けた退職手当等について源泉徴収された税額を控除した金額が、今回の退職手当等から源泉徴収する税額となります（所法201①二、所令319の３、復興財確法28①②、31①②）。

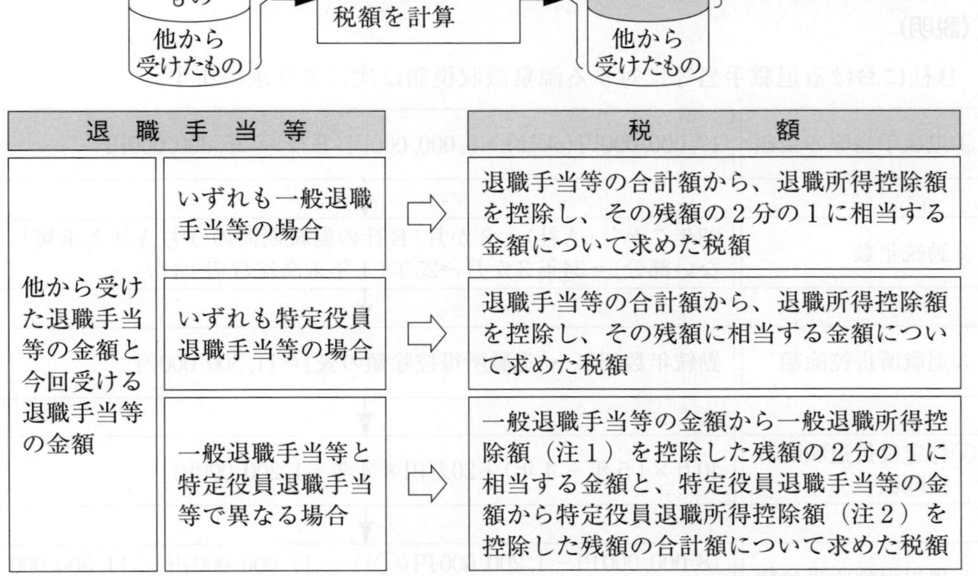

退職手当等		税額
他から受けた退職手当等の金額と今回受ける退職手当等の金額	いずれも一般退職手当等の場合	退職手当等の合計額から、退職所得控除額を控除し、その残額の２分の１に相当する金額について求めた税額
	いずれも特定役員退職手当等の場合	退職手当等の合計額から、退職所得控除額を控除し、その残額に相当する金額について求めた税額
	一般退職手当等と特定役員退職手当等で異なる場合	一般退職手当等の金額から一般退職所得控除額（注１）を控除した残額の２分の１に相当する金額と、特定役員退職手当等の金額から特定役員退職所得控除額（注２）を控除した残額の合計額について求めた税額

（注）１　一般退職所得控除額とは、退職所得控除額から特定役員退職所得控除額（特定役員退職手当等の収入金額に満たない場合はその収入金額）を控除したものです。

2　特定役員退職所得控除額とは次の(1)と(2)の合計額をいいます。

(1)　40万円×（特定役員等勤続年数－重複勤続年数）

(2)　20万円×重複勤続年数

3　重複勤続年数とは、特定役員等勤続期間と一般勤続期間とが重複している期間の年数（１年未満の端数がある場合はその端数を１年に切り上げたもの）をいいます。

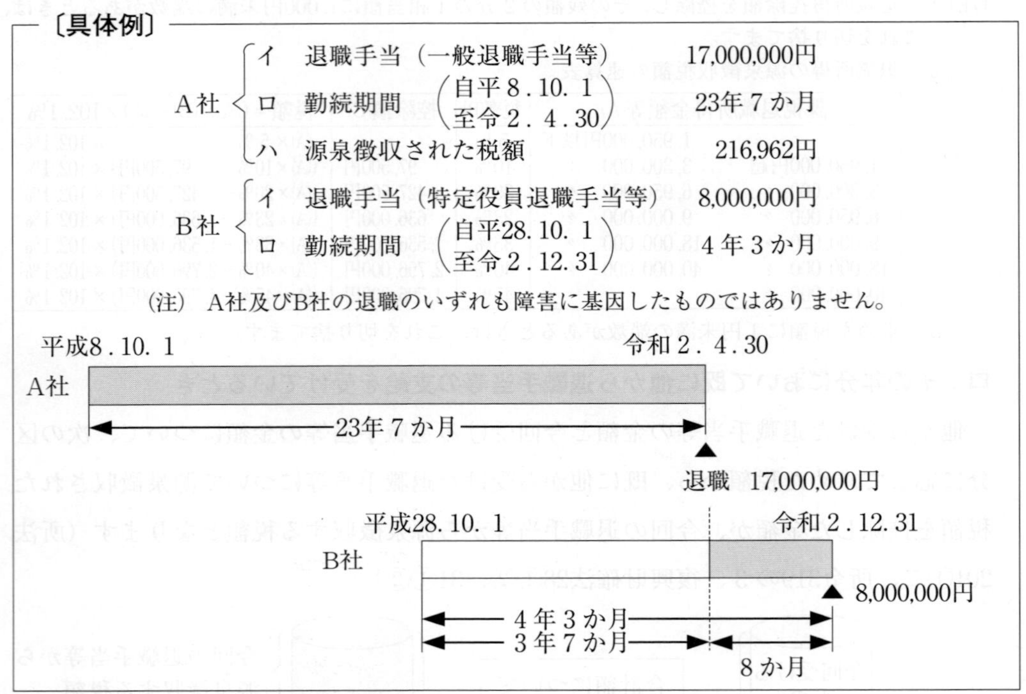

〔具体例〕

A社
- イ　退職手当（一般退職手当等）　17,000,000円
- ロ　勤続期間（自平８．10．１　至令２．４．30）　23年７か月
- ハ　源泉徴収された税額　216,962円

B社
- イ　退職手当（特定役員退職手当等）　8,000,000円
- ロ　勤続期間（自平28．10．１　至令２．12．31）　４年３か月

(注)　A社及びB社の退職のいずれも障害に基因したものではありません。

(説明)

B社における退職手当等に対する源泉徴収税額は次により求めます。

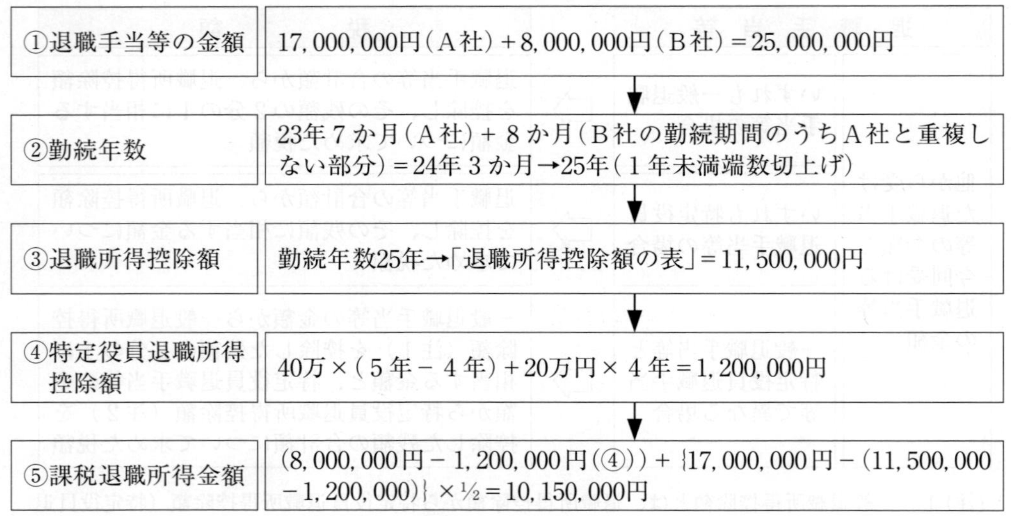

①退職手当等の金額	17,000,000円（Ａ社）＋8,000,000円（Ｂ社）＝25,000,000円
②勤続年数	23年７か月（Ａ社）＋８か月（Ｂ社の勤続期間のうちＡ社と重複しない部分）＝24年３か月→25年（１年未満端数切上げ）
③退職所得控除額	勤続年数25年→「退職所得控除額の表」＝11,500,000円
④特定役員退職所得控除額	40万×（５年－４年）＋20万円×４年＝1,200,000円
⑤課税退職所得金額	(8,000,000円－1,200,000円(④))＋{17,000,000円－(11,500,000－1,200,000)}×½＝10,150,000円

⑥源泉徴収税額 （Ａ社＋Ｂ社）	10,150,000円（⑤）→「退職所得の源泉徴収税額の速算表」 （10,150,000円×33％－1,536,000円）×102.1％＝1,851,583円
⑦源泉徴収税額 （Ｂ社）	1,851,583円（⑥）－216,962円（Ａ社で源泉徴収された税額） ＝1,634,621円

（注）「退職所得控除額の表」については166、549ページを、「退職所得の源泉徴収税額の速算表」については183、523ページ参照してください。

(2) 「退職所得の受給に関する申告書」が提出されていない場合

「退職所得の受給に関する申告書」が提出されていない場合は、勤続年数に応じて退職所得控除額の計算を行うことなく、その支払う退職手当等の金額に、一律20.42％の税率を乗じて求めます（所法201③、復興財確法28①②、31①②）。

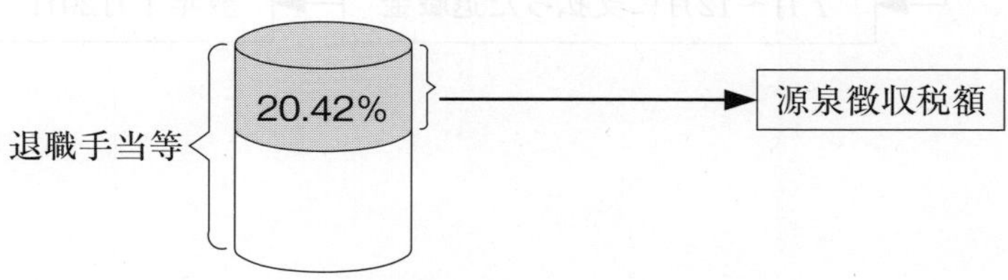

アドバイス

1　退職手当等の概算払等をする場合の源泉徴収税額の計算は、給与等の概算払をする場合と同様であり、最初に退職手当等を支払う際には、その支払金額に対して源泉徴収税額を計算し、第２回以後に退職手当等を支払う際には、その直前までに既に支払った退職手当等の累計額と、その時に支払う額との合計額に対して計算した税額から、その直前までに徴収した税額の累計額を控除して計算するものとされています（所基通201－3）。

2　「退職所得の受給に関する申告書」の提出をしないで20.42％の税率で源泉徴収された人は、確定申告により、その過不足税額を精算することになります。

第６　源泉徴収をした所得税及び復興特別所得税の納付

退職手当等につき源泉徴収をした所得税及び復興特別所得税は、次に掲げる納付期限までに、退職手当等の支給人員、支給金額、税額などを記載した「給与所得、退職所得等の所得税徴収高計算書（納付書）」を添えて納付します（所法199、216、220、所規80、所規別表第三㈢、通則法34①、復興財確法28⑧、復興特別所得税省令６）。

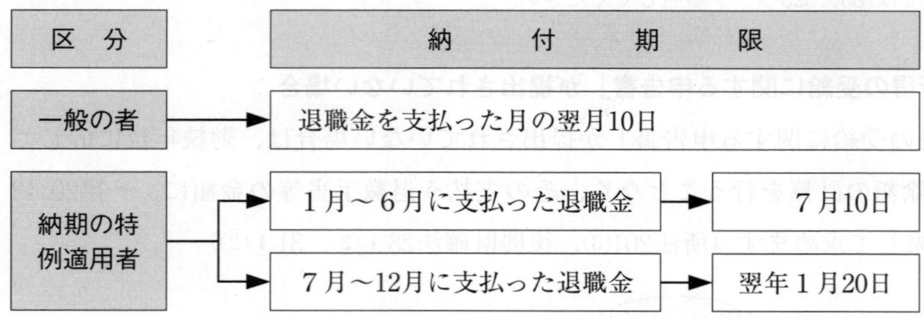

第７　非居住者に支払う退職所得の源泉徴収

１　非居住者に支払う退職所得の源泉徴収

非居住者に支払う退職手当等については、居住者であった期間に行った勤務（非居住者であった期間に行った内国法人の役員としての勤務や内国法人等が運航する船舶等における勤務等を含みます。）に対応する部分がいわゆる国内源泉所得に該当し、この部分のみが所得税の課税対象になります（所法161①十二ハ）。

また、この居住者であった期間に行った勤務に対応する部分（国内源泉所得）の金額は、原則として次のように計算し、国内源泉所得の金額に対し20.42％の税率を乗じた金額を源泉徴収することになります（所法212、213、復興財確法28①②、31①②、所基通161－41（注２））。

（算　式）

$$\text{退職手当等の額}\times\frac{\text{(A)のうち居住者としての勤務期間}}{\text{退職手当等の計算の基礎となった期間(A)}}=\text{国内源泉所得に該当する退職手当等の額}$$

〔設例〕

当社の社員甲は、国内にある本店に21年間勤務したのち海外支店に勤務し、９年を経てこの度現地で定年退職します。

甲に支払う退職金3,600万円については、所得税及び復興特別所得税をどのように計算して源泉徴収したらよいのでしょうか。

（図解）

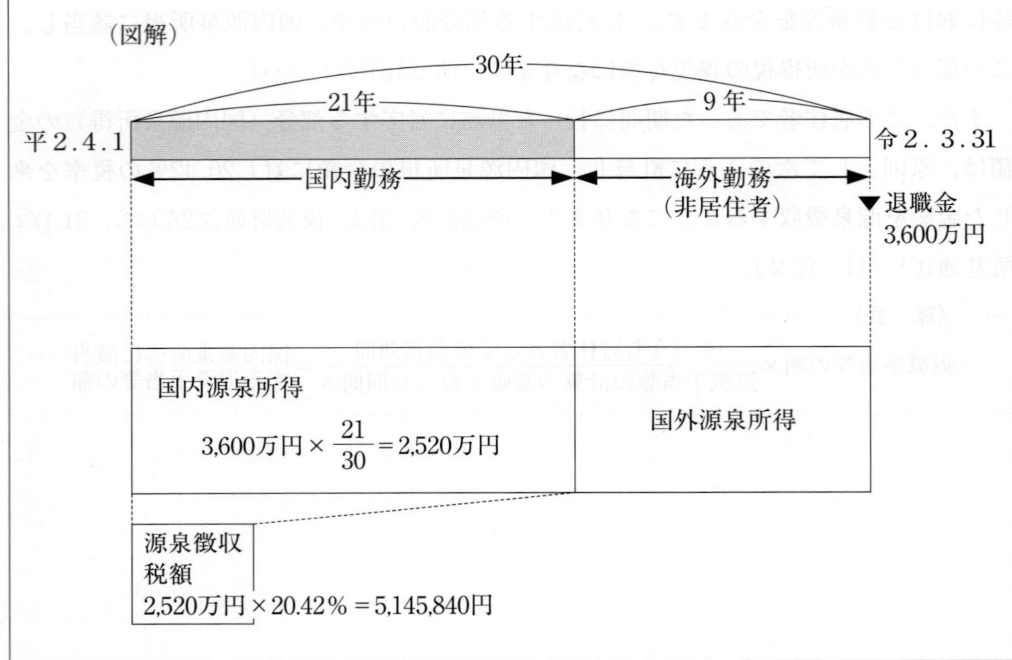

2　退職所得についての選択課税

非居住者が支払を受ける退職手当等については、受給の際、源泉徴収されますが、本人の選択により、今回の退職に基づいてその年中に支払われる退職手当等の総額を居住者が受けたものとみなして、居住者と同じ課税を受けることができます（所法171）。

これは、「退職所得についての選択課税」といわれる制度で、長年国内で勤務した者が、たまたま海外支店等に転勤して非居住者のまま退職した場合に、国内勤務のまま退職した者と比較して税負担が不公平になることのないように設けられた規定であり、この選択課税制度の適用を受ける場合には、確定申告をする必要があります。

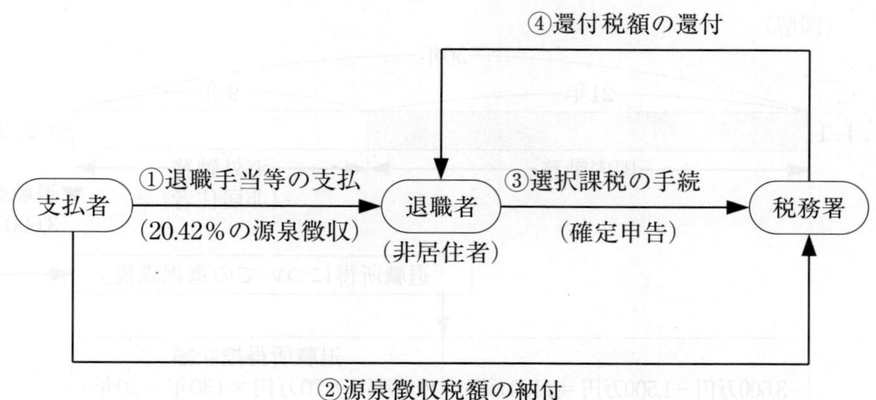

この「退職所得についての選択課税」を受ける場合であっても、退職金の支払者は、支払の際に、退職手当等のうち国内勤務に対応する部分の金額について20.42％の税率により所得税及び復興特別所得税を源泉徴収しなければなりません。

退職金の受給者は、源泉徴収された税額の精算のために退職金の支払を受けた翌年１月１日（その日までに、その年中の退職所得の総額が確定したときは、その確定した日）以後に、税務署長に対し所得税及び復興特別所得税の確定申告書を提出し、既に源泉徴収された税額との差額を還付してもらうことになります（所法173、復興財確法17⑥）。

前記設例の場合に、「退職所得についての選択課税」を選択したときの税額は以下のようになります（一般退職手当等、退職の区分「一般退職」の場合）。

（図解）

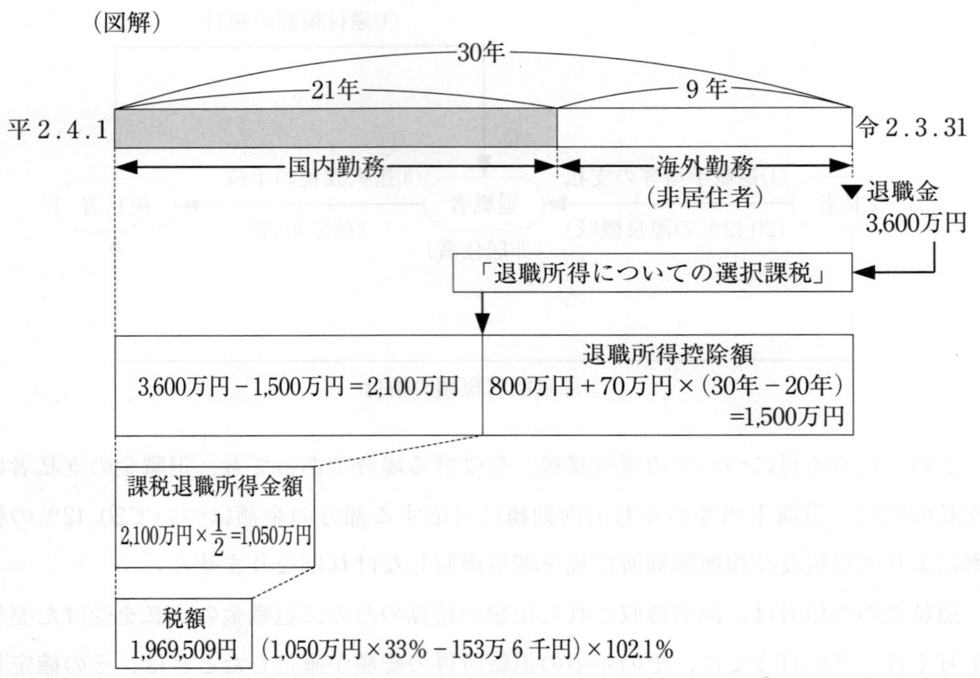

この場合、選択課税を選択した場合に算出された税額1,969,509円とすでに源泉徴収された税額5,145,840円との差額3,176,331円は、確定申告をすることによって還付されることになります。

第4章　公的年金等に対する源泉徴収

第1　概　　要

1　課税方法

年金等に対する課税方法の概要は、次のとおりです。

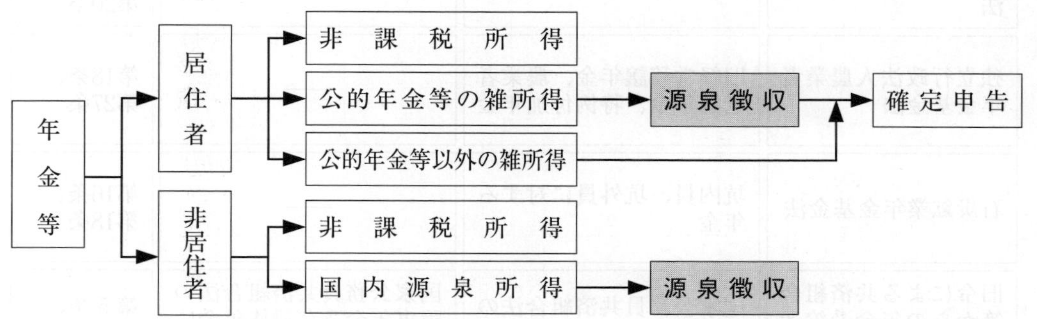

アドバイス

転籍前の法人が、転籍者（他の法人に転籍した使用人をいいます。）に支給する年金については、公的年金等の雑所得に該当することとされます。

ただし、転籍前の法人が転籍後の法人との給与条件の較差を補塡するために、転籍者に対して支給する較差補塡金（転籍後の法人を経由して支給されるものを含みます。）は、給与所得とされます（所基通35－7）。

○　主な公的年金の課税関係

課税の要否等／関係法令	給付の種類：雑所得として課税されるもの	給付の種類：課税されないもの	参考条文
国民年金法	老齢基礎年金、付加年金	障害基礎年金、遺族基礎年金、寡婦年金	第15条、第25条、第102条第1項（注）
厚生年金保険法	老齢厚生年金	障害厚生年金、遺族厚生年金	第32条、第41条、第92条第1項（注）
旧船員保険法	——	障害年金、遺族年金	第29条、第52条

関係法令＼課税の要否等	給付の種類 雑所得として課税されるもの	給付の種類 課税されないもの	参考条文
国家公務員共済組合法	退職共済年金	障害共済年金、遺族共済年金	第49条、第72条
地方公務員等共済組合法	退職共済年金	障害共済年金、遺族共済年金	第52条、第74条
私立学校教職員共済法	退職共済年金	障害共済年金、遺族共済年金	第５条、第20条
独立行政法人農業者年金基金法	旧経営移譲年金、農業者老齢年金、特例付加年金	——	第18条、第27条
石炭鉱業年金基金法	坑内員、坑外員に対する年金	——	第16条、第18条
旧令による共済組合等からの年金受給者のための特別措置法	国家公務員共済組合法の退職年金に相当するもの	国家公務員共済組合法の障害年金及び遺族年金に相当するもの	第５条、第16条

（注）　保険給付を受ける権利の消滅時効が完成した場合において、その権利の消滅時効を援用せずに支払われる年金については、源泉徴収を要しないこととされています（措法41の15の４）。

アドバイス

年金として支給される全てのものが雑所得として課税の対象となるものではなく、各種の政策的見地から所得税法第９条第１項第３号やそれぞれの法律において非課税措置が講じられています。

２　公的年金等の雑所得の金額

居住者が支払を受ける公的年金等の所得区分は雑所得とされています。雑所得については、原則として、収入金額から必要経費を控除した残額が雑所得の金額とされますが、公的年金等については、通常、経済的稼得力が減退する局面にある人の生計手段とするために給付されるものであること等を考慮して、通常の雑所得とは異なった所得金額の計算方法が採用されています。

このため、源泉徴収の方法についても、公的年金等の性質に即した仕組みとなっています。

また、公的年金等の受給者については、給与所得のような年末調整も行わないこととされており、生命保険料控除、地震保険料控除などは源泉徴収の段階で控除できないこととされているため、源泉徴収された税額とその年に納付すべき税額との差額については、確定申告で精算することになります。

しかしながら、その年中の公的年金等の収入金額が400万円以下であり、かつ、その年分の公的年金等に係る雑所得以外の所得金額が20万円以下である場合には、その年分の所得税について確定申告の必要はありません（所法121③）。

⑴ 公的年金等以外の雑所得の金額

収入金額	
所得金額	必要経費 （保険料又は掛金の実額）

⑵ 公的年金等の雑所得の金額（所法35②一、35④、措法41の15の３）

収入金額	
所得金額	公的年金等控除額

受給者の年齢	公的年金等の収入金額(A)	公的年金等に係る雑所得以外の所得に係る合計所得金額		
		1,000万円以下	1,000万円超 2,000万円以下	2,000万円超
65歳以上	330万円以下	110万円	100万円	90万円
	330万円超　410万円以下	(A)×25％＋ 27万5,000円	(A)×25％＋ 17万5,000円	(A)×25％＋ ７万5,000円
	410万円超　770万円以下	(A)×15％＋ 68万5,000円	(A)×15％＋ 58万5,000円	(A)×15％＋ 48万5,000円
	770万円超　1,000万円以下	(A)×５％＋ 145万5,000円	(A)×５％＋ 135万5,000円	(A)×５％＋ 125万5,000円
	1,000万円超	195万5,000円	185万5,000円	175万5,000円
65歳未満	130万円以下	60万円	50万円	40万円
	130万円超　410万円以下	(A)×25％＋ 27万5,000円	(A)×25％＋ 17万5,000円	(A)×25％＋ ７万5,000円
	410万円超　770万円以下	(A)×15％＋ 68万5,000円	(A)×15％＋ 58万5,000円	(A)×15％＋ 48万5,000円
	770万円超　1,000万円以下	(A)×５％＋ 145万5,000円	(A)×５％＋ 135万5,000円	(A)×５％＋ 125万5,000円
	1,000万円超	195万5,000円	185万5,000円	175万5,000円

（注）「公的年金等に係る雑所得以外の所得に係る合計所得金額」とは、公的年金等の収入金額がないものとして計算した場合における合計所得金額をいいます。

アドバイス

受給者の年齢が65歳以上であるかどうかの判定は、その年12月31日（その人が年の中途で死亡し又は出国する場合には、その死亡又は出国の時）の年齢によることとされています（措法41の15の３④）。

第２　公的年金等の範囲

1　公的年金等の範囲

雑所得とされる公的年金等とは、次に掲げるものをいいます（所法35③、所令82の２）。

公的年金等	
公的年金等	①　国民年金法の規定に基づく年金
	②　厚生年金保険法の規定に基づく年金
	③　被用者年金制度の一元化等を図るための厚生年金保険法等の一部を改正する法律（平成24年法律第63号）附則の規定に基づく年金
	④　国家公務員共済組合法の規定に基づく年金及び改正前の国家公務員共済組合法の規定に基づく一定の年金
	⑤　地方公務員等共済組合法の規定に基づく年金及び改正前の地方公務員等共済組合法の規定に基づく一定の年金
	⑥　私立学校教職員共済法の規定に基づく年金及び改正前の私立学校教職員共済法の規定に基づく一定の年金
	⑦　独立行政法人農業者年金基金法の規定に基づく年金
	⑧　石炭鉱業年金基金法第16条第１項《坑内員に関する給付》又は第18条第１項《坑外員に関する給付》
	⑨　国民年金法等の一部を改正する法律第５条《船員保険法の一部改正》の規定による改正前の船員保険法の規定に基づく年金
	⑩　厚生年金保険法附則第28条《指定共済組合の組合員》に規定する共済組合が支給する年金
	⑪　旧令による共済組合等からの年金受給者のための特別措置法第３条第１項若しくは第２項《旧陸軍共済組合及び共済協会の権利義務の承継》、第４条第１項《外地関係共済組合に係る年金の支給》又は第７条の２第１項《旧共済組合員に対する年金の支給》の規定に基づく年金
	⑫　厚生年金保険制度及び農林漁業団体職員共済組合制度の統合を図るための農林漁業団体職員共済組合法等を廃止する等の法律第１条《農林漁業団体職員共済組合法等の廃止》の規定による廃止前の農林漁業団体職員共済組合法の規定に基づく年金
	⑬　旧厚生年金保険法第９章の規定に基づく年金
	⑭　恩給（一時恩給を除きます。）及び過去の勤務に基づき使用者であった者から支給される年金（いわゆる自社年金）
	⑮　地方公務員の退職年金に関する条例の規定による退職を給付事由とする年金
	⑯　国会議員互助年金法を廃止する法律に規定する普通年金又は廃止前の国会議員互助年金法の規定に基づく普通退職年金

公的年金等	
	⑰　確定給付企業年金法の規定に基づく年金
	⑱　適格退職年金契約に基づく退職年金
	⑲　特定退職金共済団体が行う退職金共済に関する制度に基づく退職年金
	⑳　中小企業退職金共済法に規定する分割払の方法により支給される分割退職金
	㉑　確定拠出年金法に規定する企業型年金規約又は個人型年金規約に掲げる老齢給付金として支給される年金
	㉒　外国の法令に基づく保険又は共済に関する制度で、所得税法第31条第一号及び第二号に規定する「法律の規定に基づく年金」に類するものに基づき支給される年金
	㉓　小規模企業共済法に規定する分割払の方法により支給される一定の分割共済金
	㉔　改正前の厚生年金保険法及び改正前の確定給付企業年金法の規定に基づく一時金のうち一定のもので加入員又は加入者の退職により支給される年金

アドバイス

死亡後に支給期（198ページの公的年金等の収入すべき時期をいいます。）の到来する公的年金等のうち相続税法の規定により相続税の課税価格計算の基礎に算入されるものについては所得税は課されません（所基通９－17）。

2　適格退職年金契約等に基づく退職年金

(1)　適格退職年金契約の範囲

適格退職年金契約とは、退職年金に関する信託、生命保険又は生命共済の契約で、一定の要件に該当するものとして国税庁長官の承認を受けたものをいいます（法法附則20③、法令附則16）。

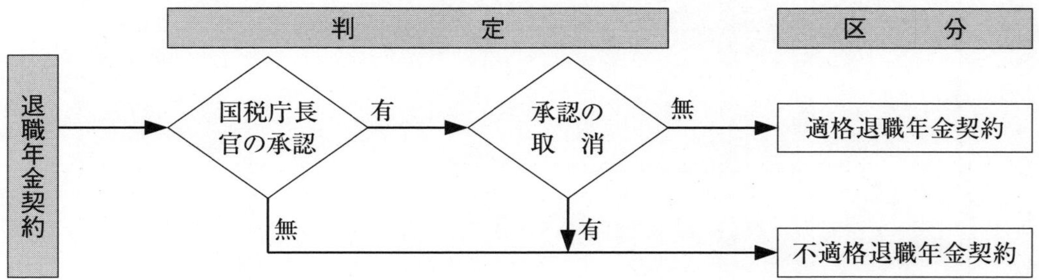

(2)　掛金、支給額の取扱い

区　分		適格退職年金契約	不適格退職年金契約
掛　金	使用者	必要経費又は損金（所令64②、法令135一、二）	必要経費又は損金
	使用人	給与等とはされません（所令64①）	給与等とされます（所令65）
支給額	年　金	公的年金等の雑所得（所法35③）	公的年金等以外の雑所得（所令82の２④）
	一時金	退職所得（所法31）	一時所得（所令76④）
	収入金額	支給額－受給者の負担額（所法35③三） ＊受給者の負担額は、次の算式による額です（所令82の２②四）。 〔その年中に支給される退職年金の額 － 剰余金の額〕× その使用人が負担した掛金の額／退職年金の支給総額（又は見込み額）	

（注）　年金の支給開始日以後に支払を受ける剰余金の額は、その金額が公的年金等の収入金額となります（所基通35－６）。

3　特定退職金共済団体から支給される退職年金

(1)　特定退職金共済団体とは

特定退職金共済団体とは、退職金共済事業を行う市町村（特別区を含みます。）、商工会議所、商工会、商工会連合会、都道府県中小企業団体中央会、退職金共済事業を主たる目的とする一般社団法人又は一般財団法人、その他財務大臣の指定するこれらに準ずる法人で、その行う退職金共済事業について一定の要件を備えているものとして税務署長の承認を受けたものをいいます（所令73、74、所規19）。

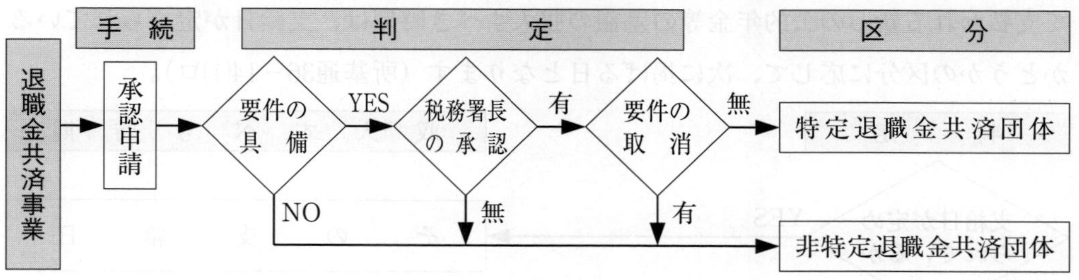

(2)　掛金、支給額の取扱い

区分		特定退職金共済契約	非特定退職金共済契約
掛　金	使用者	必要経費又は損金（所令64②、法令135一、二）	必要経費又は損金
	使用人	給与等とはされません（所令64①）	給与等とされます（所令65）
支給額	年　金	公的年金等の雑所得（所法35③）	公的年金等以外の雑所得（所令82の２④）
	一時金	退職所得（所法31）	一時所得（所令76④）
	収入金額	支給額－受給者の負担額（所法35③三） ＊受給者の負担額は、次の算式による額です（所令82の３）。 $\left\{\text{その年中に支給される退職年金の額} - \text{剰余金の額}\right\} \times \dfrac{\text{その使用人が負担した掛金の額}}{\text{退職年金の支給総額（又は見込み額）}}$	

(注)　年金の支給開始日以後に支払を受ける剰余金の額は、その金額が公的年金等の収入金額となります（所基通35－６）。

第３　公的年金等の収入すべき時期

１　公的年金等の収入すべき時期

公的年金等の収入すべき時期は、原則として、公的年金等の支給の基礎となる法令、契約、規程又は規約（以下「法令等」といいます。）により定められた支給日となります（所基通36－14(1)イ）。

法令等の改正、改訂が、既往にさかのぼって実施されたため、既往の期間に対応して支払われる新旧の公的年金等の差額の収入すべき時期は、支給日が定められているかどうかの区分に応じて、次に掲げる日となります（所基通36－14(1)ロ）。

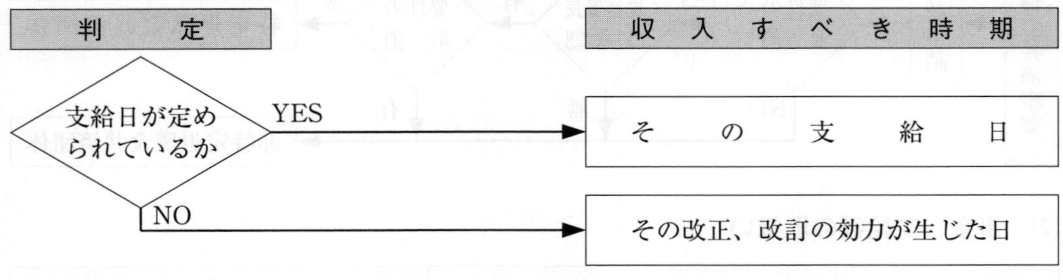

２　裁定等の遅延により既往にさかのぼって支給される年金

公的年金等の裁定や改定等の遅延、誤びゅう等により、既往にさかのぼって支払われることとなった公的年金等（誤びゅう等による新旧公的年金等の差額を含みます。）については、その公的年金等の計算の対象とされた期間に係る各々の支給日が収入すべき時期となります（所基通36－14(1)ロ（注））。

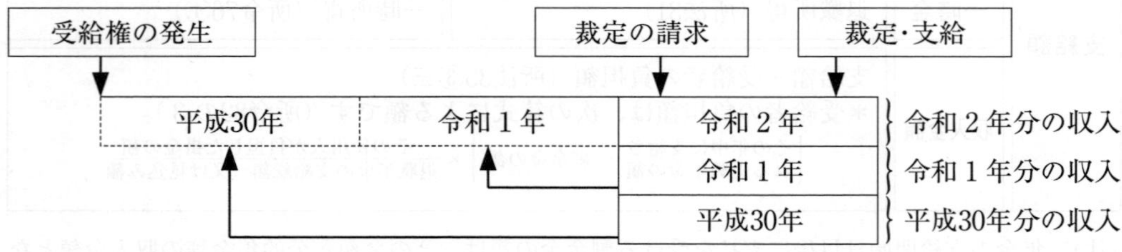

アドバイス

前年分以前の期間に対応する年金が一時に支給された場合は、それぞれ定められた各年ごとに課税されることとなります。

第４　公的年金等に対する源泉徴収税額の計算

１　源泉徴収義務

国内において、公的年金等の支払をする者は、その支払の際、所得税及び復興特別所得税を徴収しなければならないこととされています（所法203の２、復興財確法28①）。

徴収した所得税及び復興特別所得税は、徴収の日の属する月の翌月10日までに、報酬・料金等の所得税徴収高計算書（納付書）を添えて国に納付します。

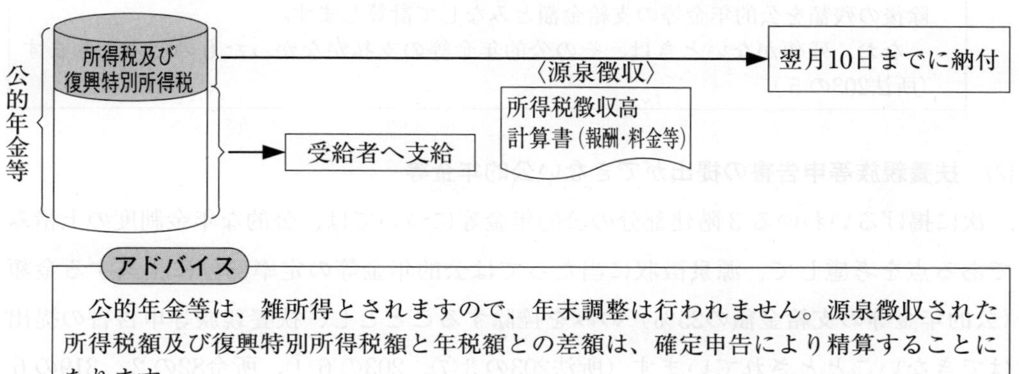

アドバイス

公的年金等は、雑所得とされますので、年末調整は行われません。源泉徴収された所得税額及び復興特別所得税額と年税額との差額は、確定申告により精算することになります。

２　源泉徴収税額の計算

⑴　源泉徴収税額

源泉徴収税額は、「公的年金等の受給者の扶養親族等申告書」（以下「扶養親族等申告書」といいます。212ページ参照）の提出ができる公的年金等か否かにより、次により計算した額となります（所法203の３、復興財確法28②）。

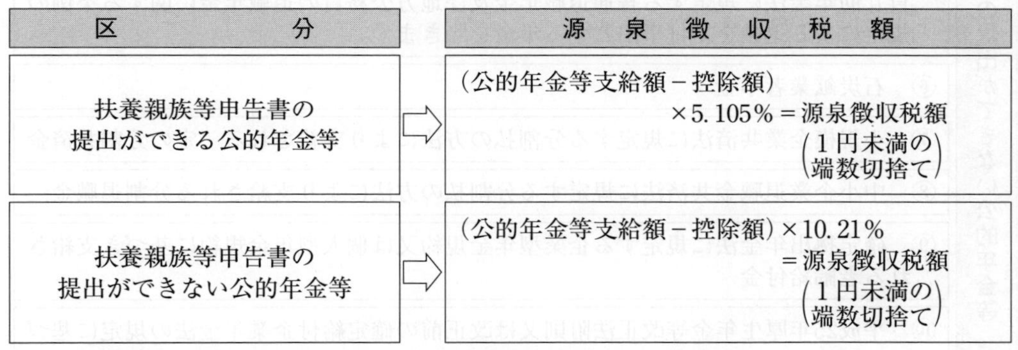

区　　分	源泉徴収税額
扶養親族等申告書の提出ができる公的年金等	（公的年金等支給額－控除額）×5.105％＝源泉徴収税額（１円未満の端数切捨て）
扶養親族等申告書の提出ができない公的年金等	（公的年金等支給額－控除額）×10.21％＝源泉徴収税額（１円未満の端数切捨て）

※　扶養親族等申告書の提出ができない公的年金等は200ページ参照。

アドバイス

① 国家公務員共済組合連合会等が、公的年金等の受給者の扶養親族等申告書を提出している居住者に対して国家公務員共済組合法第74条第１号に掲げる退職年金その他の一定の公的年金等を支払う場合の源泉徴収すべき税額については、公的年金等の額から各種控除の月割額に公的年金等の金額に係る月数を乗じて計算した金額を控除した残額に5.105％（当該残額が162,500円に公的年金等の金額に係る月数を乗じて計算した金額を超える場合におけるその超える部分の金額については10.21％）の税率を乗じて計算します。

② 公的年金等の支払の際に控除される社会保険料がある場合は、その社会保険料控除後の残額を公的年金等の支給金額とみなして計算します。

なお、残額がないときは、その公的年金等の支払がなかったものとみなします（所法203の５）。

(2) 扶養親族等申告書の提出ができない公的年金等

次に掲げるいわゆる３階建部分の公的年金等については、公的な年金制度の上積みである点を考慮して、源泉徴収に当たっては公的年金等の定率部分に相当する金額（公的年金等の支給金額の25％）のみを控除することとし、扶養親族等申告書の提出はできないこととされています（所法203の３⑦、203の６①、所令82の２、319の６③）。

扶養親族等申告書の提出ができない公的年金等
① 確定給付企業年金法の規定に基づく年金
② 適格退職年金
③ 特定退職金共済団体から支給される年金
④ 外国年金
⑤ 過去の勤務に基づき、使用者であった者から支給される年金（廃止前の国会議員互助年金法に規定する普通退職年金及び地方公務員の退職年金に関する条例の規定による退職を給付事由とする年金を除きます。）
⑥ 石炭鉱業者年金
⑦ 小規模企業共済法に規定する分割払の方法により支給される一定の分割共済金
⑧ 中小企業退職金共済法に規定する分割払の方法により支給される分割退職金
⑨ 確定拠出年金法に規定する企業型年金規約又は個人型年金規約に基づき支給される老齢給付金
⑩ 平成25年厚生年金等改正法附則又は改正前の確定給付企業年金法の規定に基づいて支給される年金

⑶　控除額の計算

公的年金等の支給金額から控除される額は、扶養親族等申告書の提出ができる公的年金等か否かにより、次により計算します（所法203の３）。

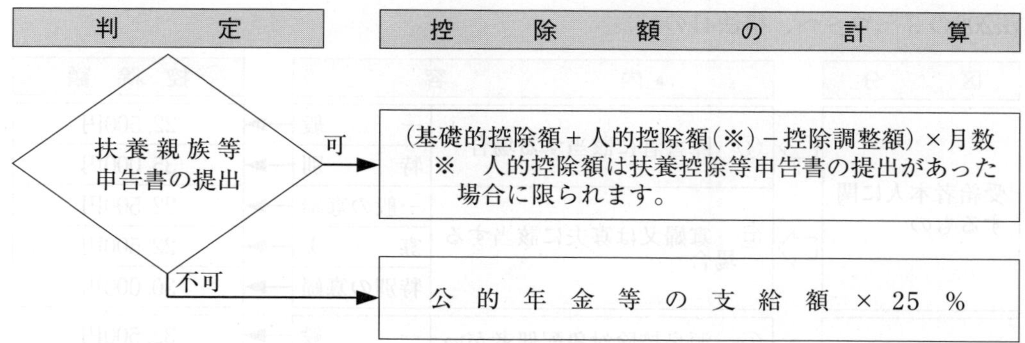

アドバイス

控除額に１円未満の端数があるときは、これを１円に切り上げます（所令319の７②）。
また、月数は、その支給額の計算の基礎となった期間の月数をいいます。

⑷　基礎的控除額

受給者の年齢に応じて、次により計算した金額が控除されます（所法203の３一イ、措法41の15の３②）。

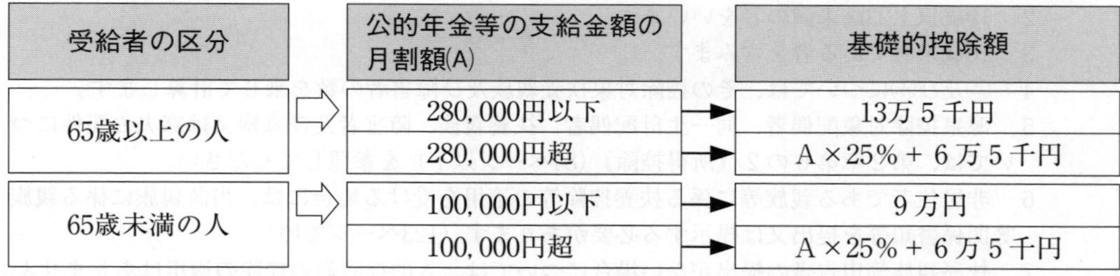

受給者の区分	公的年金等の支給金額の月割額(A)	基礎的控除額
65歳以上の人	280,000円以下	13万５千円
	280,000円超	Ａ×25％＋６万５千円
65歳未満の人	100,000円以下	９万円
	100,000円超	Ａ×25％＋６万５千円

（注）公的年金等の支給金額の月割額とは、公的年金等の金額をその公的年金等の金額に係る月数で除して計算された金額をいいます（所令319の５）。

なお、その月割額が４円の整数倍でないときは、その金額を超える４円の整数倍である金額のうち最も少ない金額をその月割額とします（所令319の７①）。

（計算例）	公的年金等の支給金額239,700円（支給の月数２月）、受給者の年齢64歳
月割額の計算	（公的年金等の支給金額）（支給の月数） 239,700円　÷　2　＝　119,850円
月割額の調整	①　（119,850円÷４円＝29,962.5円）⇨（４円の整数倍でない） ②　119,850円を超える４の整数倍のうち最も少ない金額119,852円
基礎的控除額	119,852円×25％＋65,000円＝94,963円

(5)　人的控除額

受給者が、障害者に該当する場合や受給者に源泉控除対象配偶者又は扶養親族等がある場合には、それぞれ、次の㋑～㋭により求めた金額の合計額が控除されます（所法203の３一ロ～へ、措法41の17）。

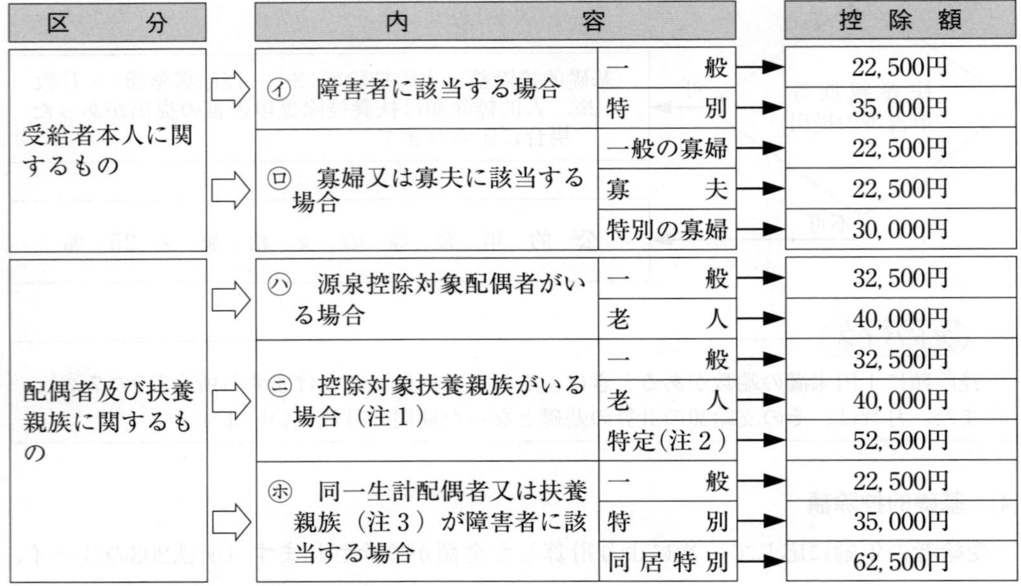

区分	内容		控除額
受給者本人に関するもの	㋑　障害者に該当する場合	一般	22,500円
		特別	35,000円
	㋺　寡婦又は寡夫に該当する場合	一般の寡婦	22,500円
		寡夫	22,500円
		特別の寡婦	30,000円
配偶者及び扶養親族に関するもの	㋩　源泉控除対象配偶者がいる場合	一般	32,500円
		老人	40,000円
	㊁　控除対象扶養親族がいる場合（注１）	一般	32,500円
		老人	40,000円
		特定（注２）	52,500円
	㋭　同一生計配偶者又は扶養親族（注３）が障害者に該当する場合	一般	22,500円
		特別	35,000円
		同居特別	62,500円

（注）１　16歳以上の扶養親族をいいます。
２　19歳以上23歳未満の者をいいます。
３　16歳未満である者を含みます。
４　㊁及び㋭については、その控除対象扶養親族及び障害者の数を乗じて計算します。
５　源泉控除対象配偶者、同一生計配偶者、扶養親族、障害者及び寡婦又は寡夫の要件については、第２章第６の２《所得控除》（84ページ以下）を参照してください。
６　非居住者である親族等に係る扶養控除等の適用を受ける場合には、当該親族に係る親族等関係書類等を提出又は提示する必要があります（123ページ参照）。
７　扶養親族等申告書の提出がない場合については、人的控除額の控除の適用はありません。
８　夫婦の双方が互いに源泉控除対象配偶者に係る控除の適用を受けることはできません。

〔参考〕

令和２年度税制改正により以下の見直しが行われました。

未婚のひとり親に対する税制上の措置及び寡婦（寡夫）控除の見直しが行われ、令和３年１月１日以後に支払われる公的年金等に対する源泉徴収の際、ひとり親控除が適用されることとなります（94、515ページ参照）。

非居住者である扶養親族に係る扶養控除の適用について見直しが行われ、令和５年１月１日以後支払われる公的年金等に対する源泉徴収の際、適用要件が変更されることとなります（517ページ参照）。

(6)　控除調整額

次に掲げるいわゆる２階建部分の公的年金等の場合には、公的年金等の控除額から、右欄の控除調整額をその年金給付の金額に係る月数を乗じて計算した金額を控除します（所法203の３、所令319の６）。

<table>
<tr><th>公　的　年　金　の　種　類</th><th>控除調整額</th></tr>
<tr><td>①　存続厚生年金基金又は存続連合会からの年金
（旧厚生年金保険法第130条第１項《基金の業務》又は平成25年厚生年金等改正法附則第40条第３項第１号若しくは第２号《存続連合会の業務》に規定する老齢年金給付）</td><td>72,500円</td></tr>
<tr><td>②　国家公務員共済組合法第74条第１号《退職等年金給付の種類》及び旧国家公務員共済組合法第72条第１項第１号《長期給付の種類等》に掲げる退職共済年金（所規77の２①に掲げるものは除きます。）</td><td rowspan="5">47,500円</td></tr>
<tr><td>③　地方公務員等共済組合法第76条第１号《退職等年金給付の種類》及び旧地方公務員等共済組合法第74条第１号《長期給付の種類》に掲げる退職共済年金（所規77の２②に掲げるものは除きます。）</td></tr>
<tr><td>④　私立学校教職員共済法第20条第２項第１号《給付》及び旧私立学校教職員共済法第20条第２項第１号《給付》に掲げる退職共済年金（所規77の２③に掲げるものは除きます。）</td></tr>
<tr><td>⑤　独立行政法人農業者年金基金法第18条第１号《給付の種類》及び平成13年改正前の旧農業者年金基金法第32条第２号《給付の種類》に掲げる農業者老齢年金</td></tr>
<tr><td>⑥　国民年金法第128条第１項《国民年金基金の業務》又は第137条の15第１項《国民年金基金連合会の業務》に規定する年金</td></tr>
</table>

〔源泉徴収の際の控除額の調整例〕

年金支給額

基礎的控除額　｜　人的控除額　｜　源泉徴収の対象

イ　１階建部分の公的年金　　控　除　額

この部分に対し5.105％
を乗じた金額を源泉徴収

ロ　２階建部分の公的年金

①　厚生年金基金の年金

控　除　額	控除調整額 72,500円	

この部分に対し5.105％を乗じた金額を源泉徴収

②　退職共済年金等の年金

控　除　額	控除調整額 47,500円	

この部分に対し5.105％を乗じた金額を源泉徴収

３　特殊な場合の源泉徴収税額の計算

⑴　公的年金等を併給する場合

一の公的年金等の支払者が、一の受給者に対し、種類の異なる２以上の公的年金等を支給する場合には、次により税額計算することになります（所基通203の３－１）。

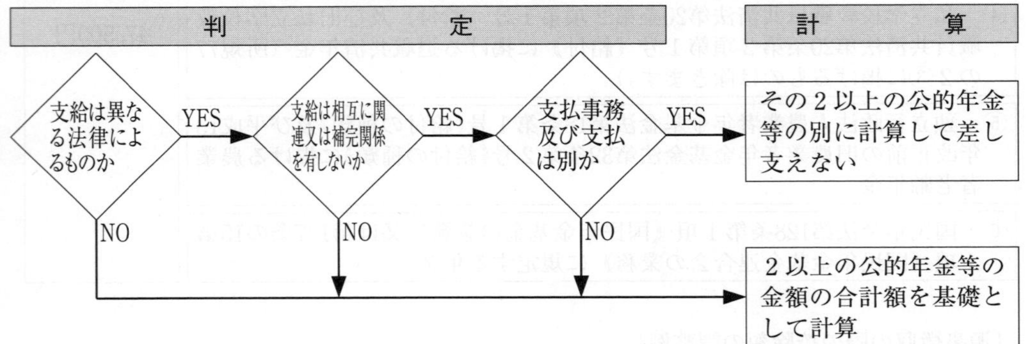

アドバイス

一の受給者に支給する種類の異なる２以上の公的年金等が、所得税法第203条の３第１号に掲げるいわゆる１階建部分の公的年金等と同条第２号に掲げるいわゆる２階建部分の公的年金等であるときは、上記で計算した公的年金等の金額の合計額が、いわゆる１階建部分に当たるものとして、その公的年金等に係る控除額を計算します（一定の場合を除きます。）（所基通203の３－１⑴）。

⑵　新旧公的年金等の差額等に対する税額の計算

公的年金等の改定、裁定等が既往にさかのぼって実施されたため、既往の期間に対応して支払われる公的年金等の税額計算は、次によります（所基通203の３－２）。

イ　新旧公的年金等の差額

公的年金等の支給の基礎となる法令等の改正又は改訂が既往にさかのぼって実施されたため、既往の期間に対応して支払われる新旧公的年金等の差額については、その新旧公的年金等の差額の収入すべき日の属する月が、その公的年金等の通常の支払期月と同一であるかどうかにより、次により税額の計算をします。

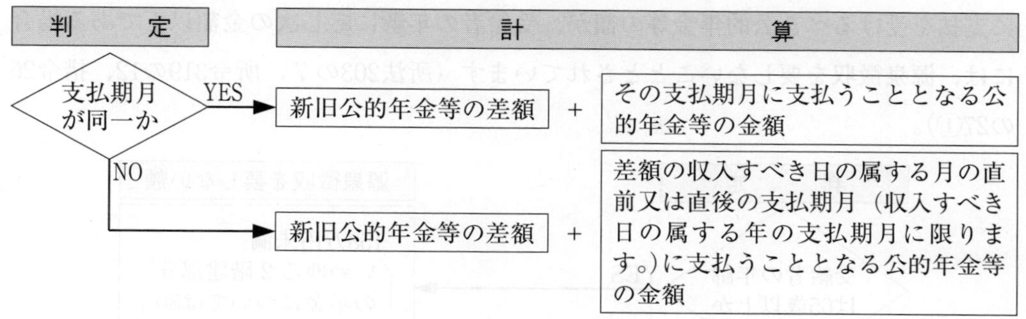

ロ　裁定等の遅延等により支払われる公的年金等

裁定、改定等の遅延、誤びゅう等により既往にさかのぼって支払われる公的年金等（誤びゅう等による新旧公的年金等の差額を含みます。）については、その公的年金等の支給額の計算の対象とされた期間に係るそれぞれの支払期月の公的年金等として、税額の計算を行います（所基通36－14⑴㊟、203の３－２⑵）。

この場合の公的年金等の控除額は、その公的年金等の収入すべき日において提出されている扶養親族等申告書（新規裁定の場合には、支払をする日の前日までに提出された扶養親族等申告書）に基づいて計算します。

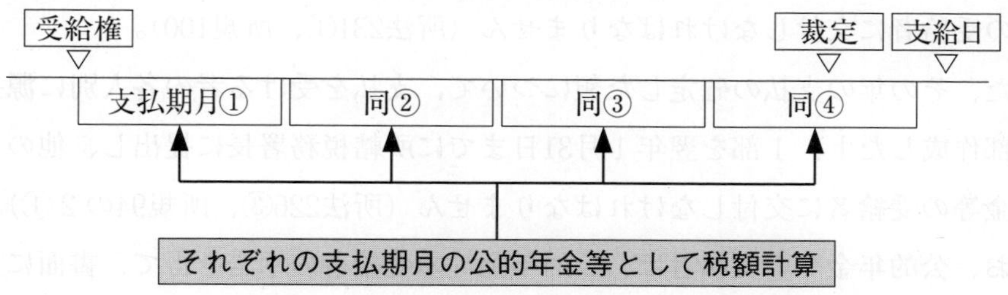

４　源泉徴収を要しない公的年金等

その年の最初に公的年金等の支払を受けるべき日の前日の現況において、その年中に支払を受けるべき公的年金等の額が、受給者の年齢に応じ次の金額以下である場合には、源泉徴収を要しないこととされています（所法203の７、所令319の12、措令26の27①）。

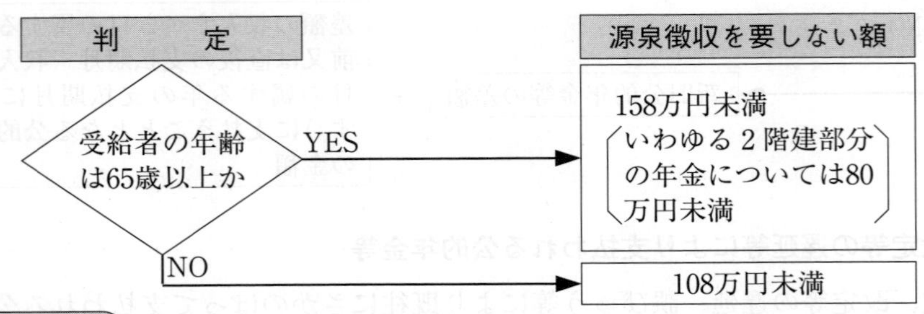

アドバイス

１　この規定は、扶養親族等申告書の提出ができないこととされている公的年金等については、適用されませんので注意してください。
２　受給者の年齢は、その年の12月31日における年齢となります（措令26の27②）。

５　支払明細書及び源泉徴収票の交付

公的年金等の支払者は、公的年金等の支払の都度、原則として支払明細書を公的年金等の受給者に交付しなければなりません（所法231①、所規100）。

また、その年の支払の確定した額について、支払を受ける者の各人別に源泉徴収票を２部作成した上、１部を翌年１月31日までに所轄税務署長に提出し、他の１部を公的年金等の受給者に交付しなければなりません（所法226③、所規94の２①）。

なお、公的年金等の支払者は、公的年金等の受給者の承諾を得て、書面による公的年金等の支払明細書及び源泉徴収票の交付に代えて、公的年金等の支払明細書及び源泉徴収票に記載すべき事項を、電磁的方法により提供することができ、この提供により、交付したものとみなされます（所法226④、231②）（489ページ参照）。

また、その年分の公的年金等の支給額が、次の金額以下である場合には、源泉徴収票の所轄税務署長への提出は要しないこととされています（所規94の２②）。

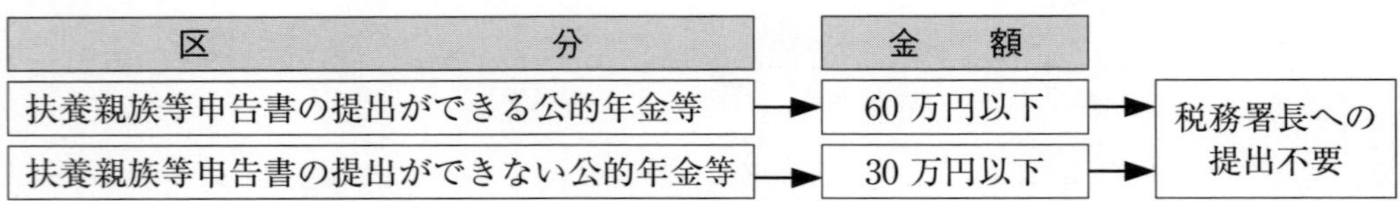

区　分	金　額	
扶養親族等申告書の提出ができる公的年金等	60万円以下	税務署長への提出不要
扶養親族等申告書の提出ができない公的年金等	30万円以下	税務署長への提出不要

（注）　扶養親族等申告書の提出ができない公的年金等については200ページを参照してください。

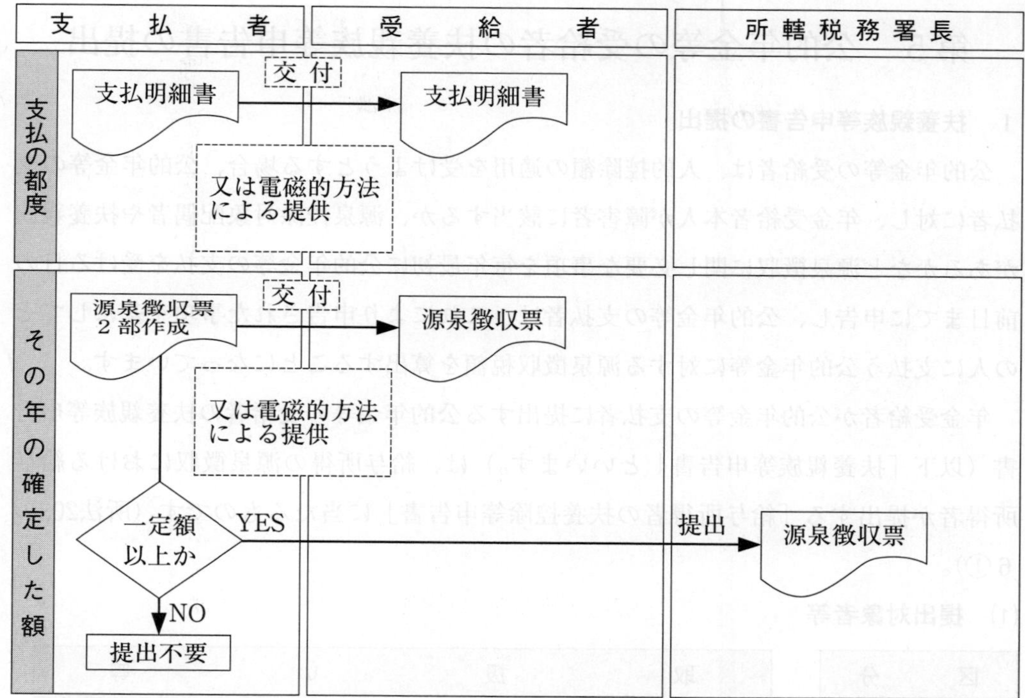

アドバイス

公的年金等の支払者は、電磁的方法により支払明細書や源泉徴収票を提供した場合であっても、受給者からの請求があるときには、書面により交付する必要があります。

第５　公的年金等の受給者の扶養親族等申告書の提出

１　扶養親族等申告書の提出

公的年金等の受給者は、人的控除額の適用を受けようとする場合、公的年金等の支払者に対し、年金受給者本人が障害者に該当するか、源泉控除対象配偶者や扶養親族があるかなど源泉徴収に関し必要な事項を毎年最初に公的年金等の支払を受ける日の前日までに申告し、公的年金等の支払者は、これにより申告された事項を基にしてその人に支払う公的年金等に対する源泉徴収税額を算出することになっています。

年金受給者が公的年金等の支払者に提出する公的年金等の受給者の扶養親族等申告書（以下「扶養親族等申告書」といいます。）は、給与所得の源泉徴収における給与所得者が提出する「給与所得者の扶養控除等申告書」に当たるものです（所法203の６①）。

(1)　提出対象者等

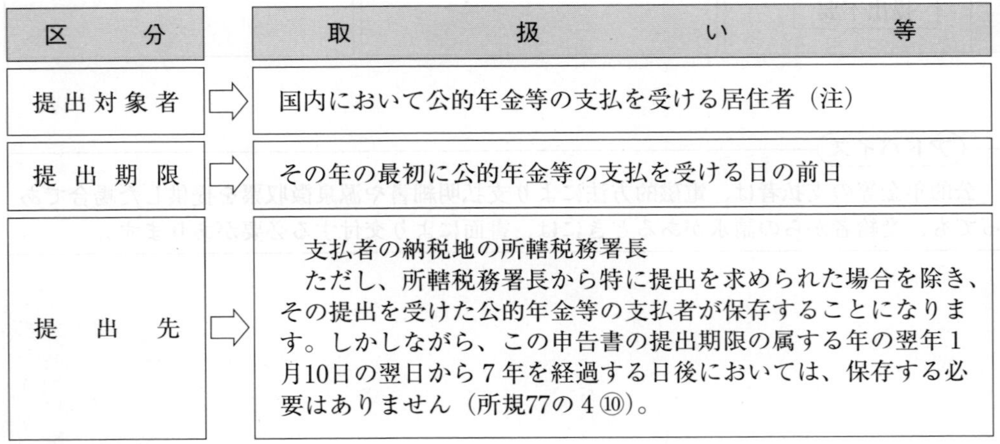

区　分	取　扱　い　等
提出対象者	国内において公的年金等の支払を受ける居住者（注）
提出期限	その年の最初に公的年金等の支払を受ける日の前日
提出先	支払者の納税地の所轄税務署長 ただし、所轄税務署長から特に提出を求められた場合を除き、その提出を受けた公的年金等の支払者が保存することになります。しかしながら、この申告書の提出期限の属する年の翌年１月10日の翌日から７年を経過する日後においては、保存する必要はありません（所規77の４⑩）。

（注）　公的年金等（扶養親族等申告書の提出ができないものを除きます。）のその年中に支払を受けるべき金額が65歳未満の人の場合には108万円、65歳以上の人の場合には158万円未満であれば、扶養親族等申告書を提出する必要はありません（所法203の７、所令319の６、319の12、措令26の27①）。

なお、次に掲げるいわゆる２階建部分の年金については80万円未満であれば、この申告書を提出する必要はありません。

(1)　改正前の厚生年金保険法の規定により存続厚生年金基金又は存続連合会が支給する老齢年金

(2)　改正前の国家公務員共済組合法、改正前の地方公務員等共済組合法又は改正前の私立学校教職員共済法に掲げる退職共済年金（一定のものを除きます。）

(3)　独立行政法人農業者年金基金法（平成13年改正前の旧法を含みます。）に掲げる農業者老齢年金

(4)　国民年金法の規定により国民年金基金又は国民年金基金連合会が支給する年金

(5)　国家公務員共済組合法、地方公務員等共済組合法又は私立学校教職員共済法に掲げる退職

年金及び改正前の国家公務員共済組合法、改正前の地方公務員等共済組合法又は改正前の私立学校教職員共済法により準用する改正前の国家公務員共済組合法に定める旧職域加算年金給付並びにこれらの支払者から支払われる厚生年金保険法に定める老齢厚生年金その他の一定の公的年金等

なお、公的年金等の支払者が、所轄税務署長に対し承認を受けるための申請書を提出し、一定の要件を満たしていることについてその税務署長の承認を受けている場合で、かつ、受給者が公的年金等の支払をする者に対し同日以後に扶養親族等申告書を提出する場合には、受給者は書面による申告書の提出に代えて、電磁的方法により申告書に記載すべき事項の提供を行うことができます（所法203の６⑥～⑨、所令319の２、319の11、所規76の２、77の４③）。

（注）１　承認を受けるための申請書の提出をした日の属する月の翌月末日までにその承認又は不承認の決定がなかったときは、その提出日の翌月末日において承認があったものとみなされます。
２　申告書に記載すべき事項の電磁的提供に当たっては、その支払者に対して、①その支払者が発行した個々の受給者の識別ができるID及びパスワードを用いて申告書情報を送信すること、又は②受給者の電子署名及びその電子署名に係る電子証明書を申告書情報と併せて送信することによって、申告書にすべき本人の署名・押印に代えることができます。
３　申告書に添付すべき証明書類については、書面による提出又は提示が必要となります。
４　申告書に受給者が氏名を自署した場合、その人の押印は必要ありません。

⑵　記載事項

扶養親族等申告書には、次のような事項を記載します（所法203の６①、所規77の４）。

主な記載事項	
	①　公的年金等の支払を受ける人が一般の障害者、特別障害者、一般の寡婦、特別の寡婦又は寡夫に該当する場合には、これらに該当することの事実
	②　源泉控除対象配偶者や控除対象扶養親族の氏名及び個人番号、また、これらの控除対象扶養親族等のうちに老人控除対象配偶者、老人扶養親族又は特定扶養親族に該当する人がいる場合には、老人控除対象配偶者、老人扶養親族又は特定扶養親族に該当することの事実
	③　公的年金等の支払を受ける人の同一生計配偶者や扶養親族のうちに同居特別障害者若しくはその他の特別障害者又は一般の障害者に該当する人がいる場合には、その人の氏名及び個人番号並びにこれらに該当することの事実

（注）１　公的年金等の支払者が国税庁長官の承認を受けている場合には、簡略化した申告書により申告することができます（所法203の６②）（213ページ参照）。
２　源泉控除対象配偶者、同一生計配偶者、扶養親族、障害者及び寡婦又は寡夫の要件については、第２章第６の２《所得控除》（84ページ以下）を参照してください。
３　非居住者である親族等に係る扶養控除等の適用を受ける場合には、当該親族に係る親族関係書類等を提出又は提示する必要があります（123ページ参照）。

アドバイス

公的年金等の支払者が、扶養親族等申告書に記載される受給者本人、源泉控除対象配偶者、同一生計配偶者又は控除対象扶養親族等の個人番号その他の事項を記載した帳簿（一定の申告書の提出を受けて作成されたものに限ります。）を備えているときは、その受給者が提出する扶養親族等申告書には、その帳簿に記載された個人番号の記載は必要ありません。

(3) 扶養親族等申告書で受けられる諸控除一覧表

源泉徴収の段階で受けられる控除は、次の表のとおりです（○印を付したもの）。

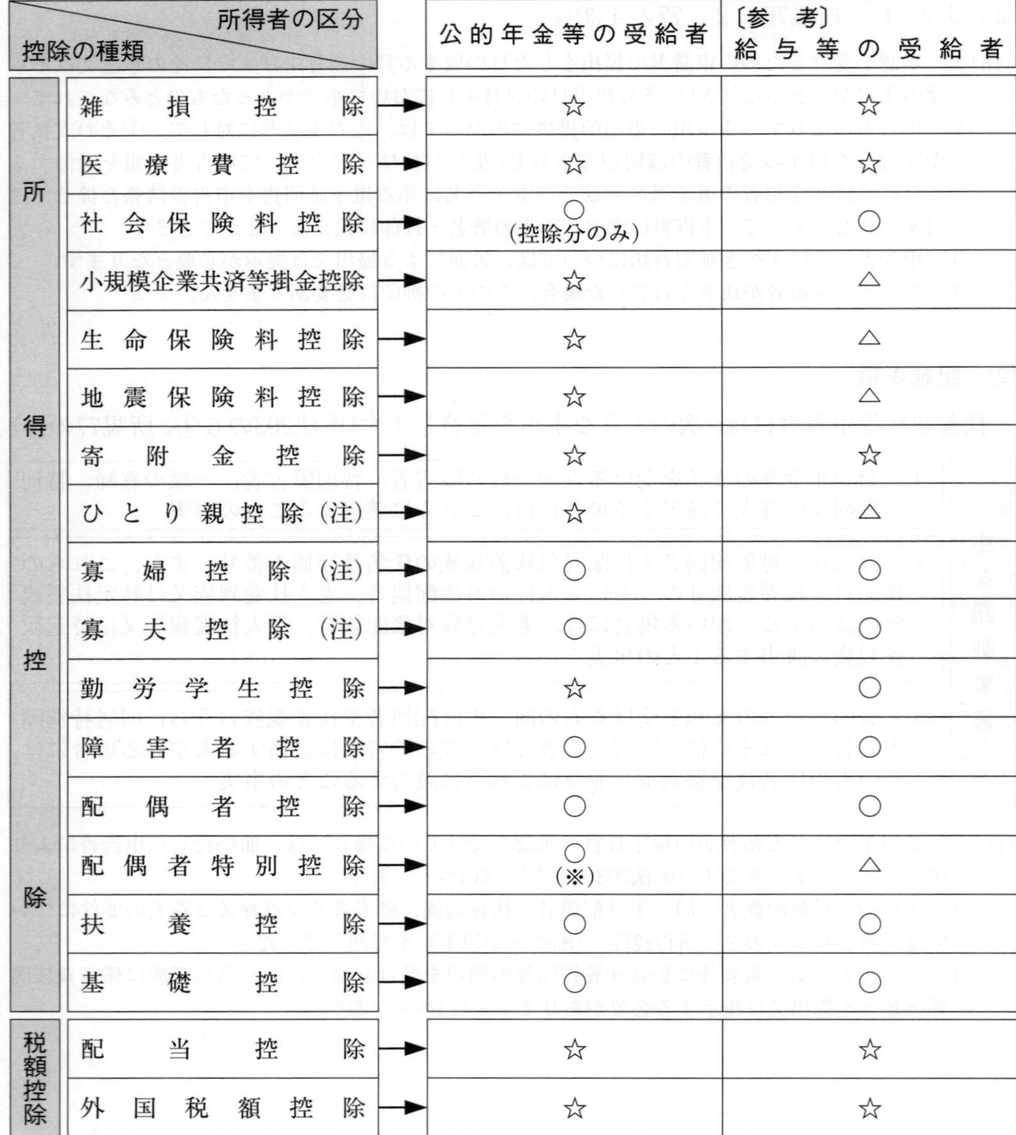

	控除の種類＼所得者の区分	公的年金等の受給者	〔参考〕給与等の受給者
所得控除	雑損控除	☆	☆
	医療費控除	☆	☆
	社会保険料控除	○（控除分のみ）	○
	小規模企業共済等掛金控除	☆	△
	生命保険料控除	☆	△
	地震保険料控除	☆	△
	寄附金控除	☆	☆
	ひとり親控除（注）	☆	△
	寡婦控除（注）	○	○
	寡夫控除（注）	○	○
	勤労学生控除	☆	○
	障害者控除	○	○
	配偶者控除	○	○
	配偶者特別控除	○（※）	△
	扶養控除	○	○
	基礎控除	○	○
税額控除	配当控除	☆	☆
	外国税額控除	☆	☆

控除		
住宅借入金等特別控除	☆	△ （初年度は☆）
政党等寄附金特別控除	☆	☆

凡例　△印：給与所得者の年末調整の段階で控除が受けられるもの
　　　☆印：確定申告の段階で控除が受けられるもの

（※）　源泉控除対象配偶者に該当する場合は、源泉徴収の段階で控除が受けられ、該当しない場合は、確定申告の段階で控除が受けられます。

（注）　ひとり親控除は令和２年分以後の所得税について適用され、令和３年１月１日以後に支払われるべき給与等及び公的年金等については源泉徴収の段階で控除が受けられます。なお、寡婦（寡夫）控除についても要件を見直した上でひとり親に該当しない寡婦に係る寡婦控除に改組されました。

⑷　二か所以上から年金の支給を受ける場合の申告

一の年金受給者が、二か所以上の公的年金等の支払者から、公的年金等（扶養親族等申告書の提出ができない公的年金等を除きます。）の支給を受ける場合には、それぞれの公的年金等の支払者に対して、扶養親族等申告書の提出ができることとされています。

なお、一の年金受給者が、二か所以上の公的年金等の支払者を経由してこの申告書を提出した結果、源泉徴収税額がその年金受給者に係る全公的年金等の額を合計して計算した所得税額（年税額）に不足が生じるときは、確定申告で精算（不足額の納付）することになります（所法120）。

ただし、その年中の公的年金等の収入金額が400万円以下であり、その公的年金等に係る雑所得以外の所得金額が20万円以下であるときはその年分の総所得金額又は課税山林所得金額についての申告は不要となります（所法121③）。

◎この申告書は、あなたの公的年金等（確定給付企業年金や一定金額以下の公的年金等を除きます。）について、障害者や源泉控除対象配偶者などを対象とする人的控除を受けようとする場合又は「住民税に関する事項」に記載する事項がある場合に提出する必要があります。
◎この申告書の記載に当たっては、裏面の「申告についてのご注意」をお読みください。

令和２年分　公的年金等の受給者の扶養親族等申告書

所轄税務署長等	公的年金等の支払者の名称		（フリガナ） あなたの氏名	㊞	あなたの生年月日	明・大・昭 平・令　　年　月　日
税務署長	公的年金等の支払者の法人番号	※この申告書の提出を受けた公的年金等の支払者が記載してください。	あなたの個人番号		世帯主の氏名	
					あなたとの続柄	
市区町村長	公的年金等の支払者の所在地		あなたの住所又は居所	（郵便番号　－　）	配偶者の有無	有・無

区分等	（フリガナ） 氏名	個人番号 あなたとの続柄	生年月日	老人控除対象配偶者又は老人扶養親族（昭26.1.1以前生） 特定扶養親族（平10.1.2生～平14.1.1生）	令和２年中の所得の見積額 非居住者である親族	住所又は居所
A 源泉控除対象配偶者（注1）			明・大 昭・平　・　・		円	
B 控除対象扶養親族（16歳以上）（平17.1.1以前生）			明・大 昭・平　・　・		円	
			明・大 昭・平　・　・		円	
			明・大 昭・平　・　・		円	

C　障害者、寡婦又は寡夫

☐ 障害者

区分＼該当者	本人	同一生計配偶者（注2）	扶養親族
一般の障害者			
特別障害者			
同居特別障害者			

上の該当する項目及び欄にチェックを付けてください。

☐ 寡婦
☐ 特別の寡婦
☐ 寡夫

左記の内容（この欄の記載に当たっては、裏面の「2　記載についてのご注意」の(7)をお読みください。）

（注）1　源泉控除対象配偶者とは、受給者（令和２年中の所得の見積額が900万円以下の人に限ります。）と生計を一にする配偶者（青色事業専従者として給与の支払を受ける人及び白色事業専従者を除きます。）で令和２年中の所得の見積額が95万円以下の人をいいます。
2　同一生計配偶者とは、受給者と生計を一にする配偶者（青色事業専従者として給与の支払を受ける人及び白色事業専従者を除きます。）で、令和２年中の所得の見積額が48万円以下の人をいいます。

区分等	氏名	あなたとの続柄	生年月日	住所又は居所	控除を受ける他の所得者 氏名	あなたとの続柄	住所又は居所
D 他の所得者が控除を受ける扶養親族等			明・大・昭 平・令　・　・				
			明・大・昭 平・令　・　・				

○住民税に関する事項（この欄は、地方税法第45条の３の３及び第317条の３の３に基づき、公的年金等の支払者を経由して市区町村長に提出する公的年金等受給者の扶養親族等申告書の記載欄を兼ねています。）

区分	（フリガナ） 氏名	個人番号	あなたとの続柄	生年月日	住所又は居所	控除対象外国外扶養親族	令和２年中の所得の見積額
16歳未満の扶養親族（平17.1.2以後生）				平・令　・　・			円
				平・令　・　・			円

単身児童扶養者	☐ 該当する場合には左記にチェックを付けてください。	児童扶養手当証書の番号		生計を一にする児童の氏名		左記の児童の令和２年中の所得の見積額		異動月日及び事由	

2　簡易な扶養親族等申告書の提出の特例

⑴　簡易な扶養親族等申告書

公的年金等の支払者が、国税庁長官の承認を受けている場合には、公的年金等の受給者は、その年の前年において提出した扶養親族等申告書に記載した事項と異動がないときには、本来の記載事項（209ページ参照）に代えて、その異動がない旨を記載した簡易な扶養親族等申告書を提出することができることとされています（所法203の６②）。

⑵　国税庁長官の承認の手続

イ　公的年金等の支払者が、簡易な扶養親族等申告書の提出について国税庁長官の承認を受けようとするときには、最初に簡易な扶養親族等申告書を受理しようとする年の前年の10月31日までに、所定の事項を記載した申請書を、公的年金等の支払者の所轄税務署長を経由して、国税庁長官に提出しなければなりません（所令319の９①、所規77の６）。

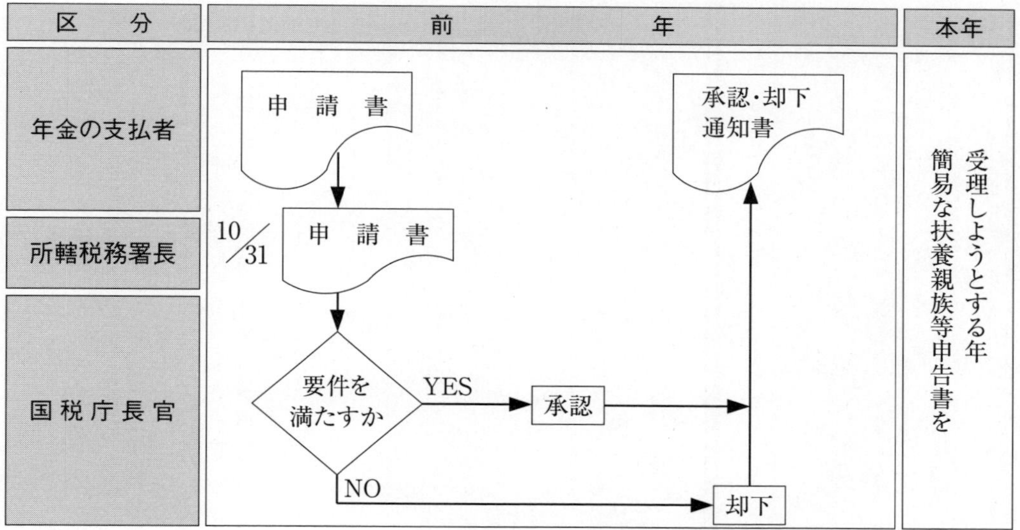

ロ　承認を受けるための要件及び承認申請書の記載事項は、次のとおりです。

要件 〔所令319の９②〕	①　申請書の提出があった年に提出された扶養親族等申告書に記載された事項について各人別に記録されていること ②　簡易な扶養親族等申告書に基づき源泉徴収することが適当であると認められること
承認申請書の記載事項 〔所規77の６〕	①　公的年金等の支払者の名称 ②　公的年金等に係る所得税の納税地及び法人番号 ③　簡易な扶養親族等申告書の提出について承認を受けようとする事由の詳細 ④　簡易な扶養親族等申告書の書式及び記載の要領 ⑤　その年に受理した扶養親族等申告書に記載された事項の記録の方法及びその内容並びにその記録に関する書類の保存状況 ⑥　申請の日の前年以前３年内の各年における公的年金等の支払金額及び源泉徴収した所得税額並びにその受給者数 ⑦　その他参考となるべき事項

第６　非居住者に支払う公的年金等の取扱い

1　国内法の取扱い

(1)　退職年金

非居住者に対して支払う公的年金等（外国の法令等に基づくものを除きます。以下同じです。）については、国内において行った勤務に基因する部分に限らず、支払われる金額の全てが源泉徴収の対象とされます（所法161①十二ロ、所令285②）。

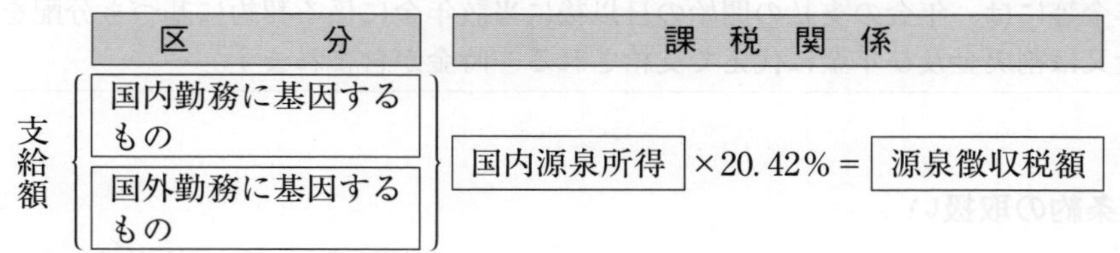

イ　源泉徴収税額

源泉徴収税額は、公的年金等の支給金額から一定金額を控除した残額の20.42％となります（所法212①、213①一イ、復興財確法28②）。

算　式

（公的年金等の支給金額－控除額）×20.42％ ＝ 源泉徴収税額

ロ　控除額

公的年金等の支給金額から控除する金額は、次の金額となります（所法213①一イ、措法41の15の３③）。

受給者の区分	控　除　額
65才以上の人	９万５千円×年金の額に係る月数
65才未満の人	５万円×年金の額に係る月数

(2)　退職金共済契約に基づく年金等

退職金共済契約に基づく年金等（国内にある営業所若しくは契約締結の代理をする者を通じて締結した、次に掲げる契約に基づいて支給を受ける年金（源泉徴収を要しない年金は除きます。）（所得税法第161条第１項第12号ロに掲げるもの以外））は、国内源泉所得に該当しますので、日本において20.42％の税率により源泉徴収されます（所法161①十四、所令72③八、183、285②、287、復興財確法28②）。

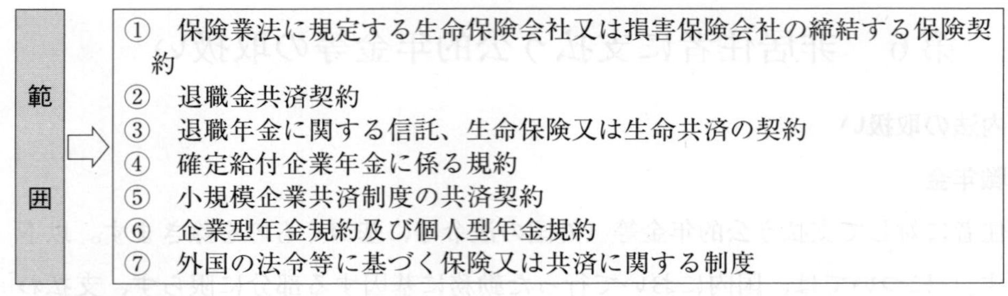

アドバイス

この年金等には、年金の支払の開始の日以後に当該年金に係る契約に基づき分配を受ける剰余金又は割戻金及び年金に代えて支給される一時金が含まれます。

2　租税条約の取扱い

(1)　退職年金

我が国が締結した租税条約の多くはOECDモデル条約に準拠し、公的年金等（退職年金）について、居住地国課税（源泉地国免税）を規定していますので、「租税条約に関する届出書」（様式９）を提出することにより我が国における課税が免除される場合があります。

なお、政府職員が受ける退職年金については、その政府職員が条約相手国に居住しており、かつ、その居住地国の国民等である場合を除いて、政府職員の派遣国が課税権を持つことになっています。

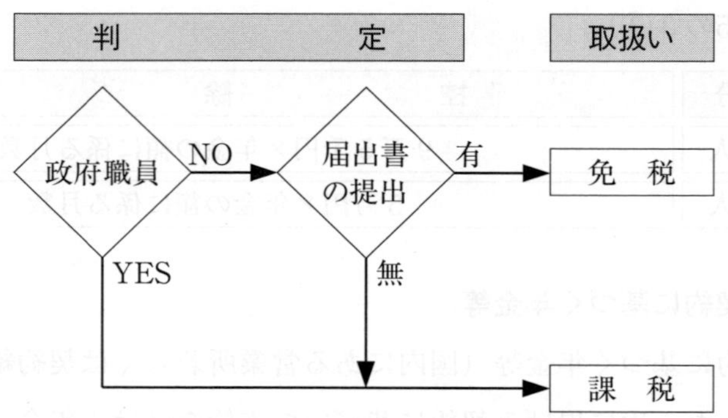

(2)　退職金共済契約に基づく年金等

我が国が締結した租税条約の多くは、別段の定めがない所得（明示なき所得）について、受益者の居住地国のみが課税権を有することとし、源泉地国では課税しないこととしていますので、「租税条約に関する届出書」（様式９）を提出することにより我が国における課税が免除される場合があります。

⑶　租税条約締結国別の取扱い

租税条約締結国別の取扱いは、400ページを参照してください。

第5章　利子所得に対する源泉徴収

第1　利子所得の意義及び範囲

1　利子所得の意義及び範囲

所得税法における利子所得は、公社債及び預貯金の利子（公社債で元本に係る部分と利子に係る部分とに分離されてそれぞれ独立して取引されるもののうち、当該利子に係る部分であった公社債に係るものを除きます。）並びに合同運用信託、公社債投資信託及び公募公社債等運用投資信託の収益の分配（以下これらを「利子等」といいます。）に係る所得とされています（所法23①）。

このほか、租税特別措置法により、勤労者財産形成貯蓄契約、勤労者財産形成年金貯蓄契約又は勤労者財産形成住宅貯蓄契約に係る生命保険若しくは損害保険又は生命共済に係る契約に基づき支払を受ける差益は、所得税法上の利子所得とみなされます(措法4の4①)。

しかし、貸付金の利子は、通常、利子といわれるものであっても、税法上の利子所得には該当しません。

利子		
利子所得	所得税法上の利子所得	①　公社債の利子 ②　預貯金の利子 ③　合同運用信託の収益の分配 ④　公社債投資信託の収益の分配 ⑤　公募公社債等運用投資信託の収益の分配
利子所得	租税特別措置法上の利子所得	①　国外公社債等の利子等 ②　勤労者財産形成貯蓄契約である生命保険契約等に係る差益 ③　勤労者財産形成年金貯蓄契約である生命保険契約等に係る差益 ④　勤労者財産形成住宅貯蓄契約である生命保険契約等に係る差益 ⑤　民間国外債の利子
上記以外	①　貸付金の利子 ②　懸賞金付預貯金等の懸賞金等 ③　その他	

(1)　源泉徴収の対象となる利子所得の範囲

源泉徴収の対象となる利子所得は、次のとおりです（所法23①、174、181、212、措法3、3の3、4の4、6）。

種　　類	内　　　　容	関係法令
公債の利子	国又は地方公共団体（外国及び外国の地方公共団体を含みます。）が発行する債券の利子 (注)　分離利子公社債に係るものを除きます。	所法２①九、所基通2-10
社債の利子	①　会社が会社法等の規定により発行する債券の利子 ②　①以外の内国法人が特別の法律の規定により発行する債券（農林債券、商工債券、東京交通債券等）の利子 ③　外国法人が発行する債券で①又は②に準ずるものの利子 (注) 1　分離利子公社債に係るものを除きます。 2　債券の発行につき法律の規定をもたない会社以外の内国法人が発行する、いわゆる学校債、組合債等の利子は、利子所得ではなく、雑所得になります。	所法２①九、所基通2-11
預貯金の利子	①　金融機関に対する預金及び貯金の利子 (注)　金融機関とは、法律の規定により預貯金の受入れの業務を行うことが認められている銀行、信用金庫、信用金庫連合会、労働金庫、労働金庫連合会、信用協同組合、農業協同組合、漁業協同組合、水産加工業協同組合等をいいます。 ②　労働基準法又は船員法の規定により管理されるいわゆる勤務先預金の利子 (注)　労働基準法第18条又は船員法第34条に基づく貯蓄金管理協定が作成されていない勤務先預金の利子やこれらの協定のある勤務先預金であっても、代表権や業務執行権のある役員や従業員の家族などの預金に対する利子を除きます。 ③　国家公務員共済組合法等に規定する組合等に対する組合員等の貯金の利子 ④　証券会社（外国証券会社を含みます。）に対する預託金の利子で、勤労者財産形成貯蓄契約、勤労者財産形成住宅貯蓄契約又は勤労者財産形成年金貯蓄契約に基づく有価証券の購入のためのもの	所法２①十、所令２、所基通2-12、措規３の８
合同運用信託の収益の分配	信託会社が引き受けた金銭信託で、共同しない多数の委託者の信託財産を合同して運用するいわゆる指定金銭信託や貸付信託の収益の分配（委託者非指図型投資信託等を除きます。）	所法２①十一
公社債投資信託の収益の分配	証券投資信託のうち、その信託財産を公社債に対する投資として運用することを目的とするもので、株式（投資法人の投資口を含みます。）又は出資に対する投資として運用しないものの収益の分配	所法２①十五
公募公社債等運用投資信託の収益の分配	証券投資信託以外の投資信託のうち、信託財産として受け入れた金銭を公社債等（公社債、手形、指名金銭債権等）に対して運用するもので、その設定に係る受益権の募集が公募によって行われるものの収益の分配	所法２①十五の二、十五の三

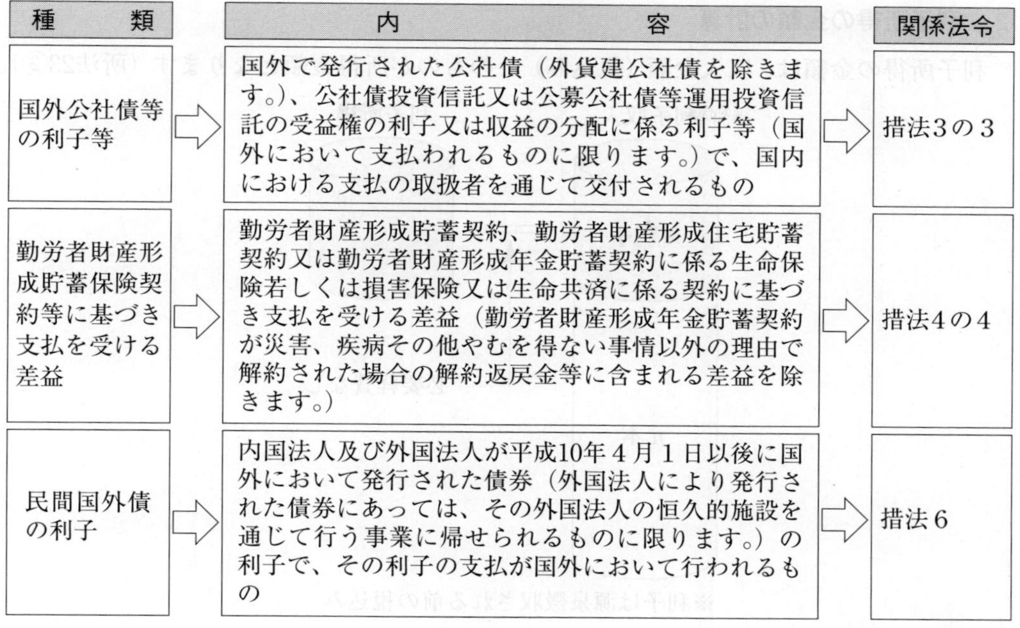

種　　類	内　　　　容	関係法令
国外公社債等の利子等	国外で発行された公社債（外貨建公社債を除きます。）、公社債投資信託又は公募公社債等運用投資信託の受益権の利子又は収益の分配に係る利子等（国外において支払われるものに限ります。）で、国内における支払の取扱者を通じて交付されるもの	措法３の３
勤労者財産形成貯蓄保険契約等に基づき支払を受ける差益	勤労者財産形成貯蓄契約、勤労者財産形成住宅貯蓄契約又は勤労者財産形成年金貯蓄契約に係る生命保険若しくは損害保険又は生命共済に係る契約に基づき支払を受ける差益（勤労者財産形成年金貯蓄契約が災害、疾病その他やむを得ない事情以外の理由で解約された場合の解約返戻金等に含まれる差益を除きます。）	措法４の４
民間国外債の利子	内国法人及び外国法人が平成10年４月１日以後に国外において発行された債券（外国法人により発行された債券にあっては、その外国法人の恒久的施設を通じて行う事業に帰せられるものに限ります。）の利子で、その利子の支払が国外において行われるもの	措法６

⑵　所得税法上の利子所得に該当しないもの

次に掲げる利子は、所得税法上の利子所得ではなく雑所得となります（所法23①、35、所基通35－１）。

利子所得に該当しないもの	
	①　学校債、組合債等の利子
	②　知人又は会社等に対する貸付金の利子
	③　定期積金又は銀行法第２条第４項の契約に基づく給付補塡金
	④　労働基準法第18条又は船員法第34条に基づく貯蓄金管理協定が作成されていない勤務先預金の利子やこれらの協定のある勤務先預金であっても、代表権や業務執行権のある役員や従業員の家族などの預金に対する利子

2　利子所得の金額の計算

利子所得の金額は、収入金額（税込み）そのものが所得金額となります（所法23②）。

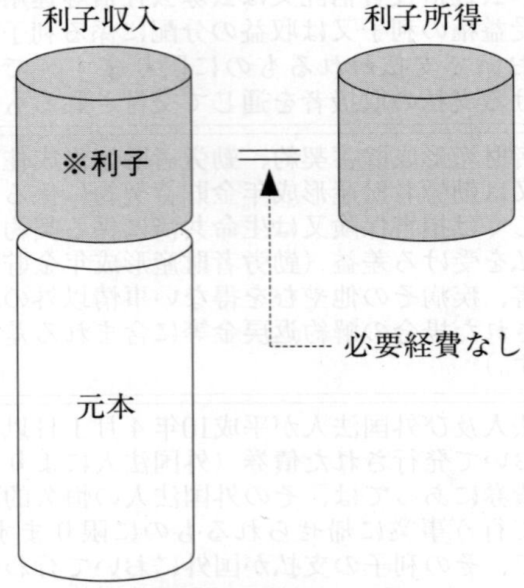

※利子は源泉徴収される前の税込み

第２　利子所得の収入金額の収入すべき時期

利子所得の収入金額の収入すべき時期は、それぞれ次に掲げる日によります（所法36③、所基通36－２、措通４の２－40、４の３－12）。

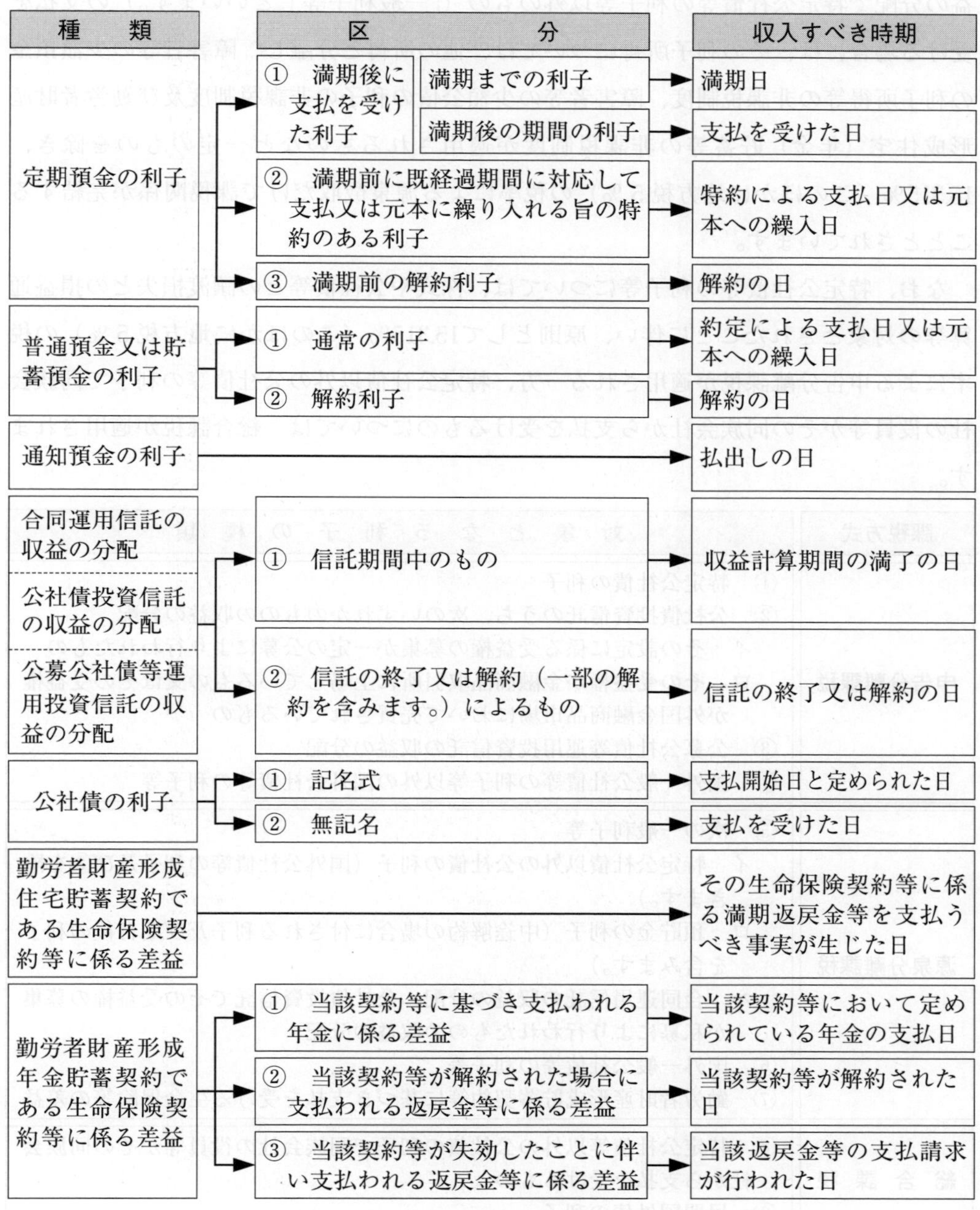

種　類	区　分		収入すべき時期
定期預金の利子	①　満期後に支払を受けた利子	満期までの利子	満期日
		満期後の期間の利子	支払を受けた日
	②　満期前に既経過期間に対応して支払又は元本に繰り入れる旨の特約のある利子		特約による支払日又は元本への繰入日
	③　満期前の解約利子		解約の日
普通預金又は貯蓄預金の利子	①　通常の利子		約定による支払日又は元本への繰入日
	②　解約利子		解約の日
通知預金の利子			払出しの日
合同運用信託の収益の分配 公社債投資信託の収益の分配 公募公社債等運用投資信託の収益の分配	①　信託期間中のもの		収益計算期間の満了の日
	②　信託の終了又は解約（一部の解約を含みます。）によるもの		信託の終了又は解約の日
公社債の利子	①　記名式		支払開始日と定められた日
	②　無記名		支払を受けた日
勤労者財産形成住宅貯蓄契約である生命保険契約等に係る差益			その生命保険契約等に係る満期返戻金等を支払うべき事実が生じた日
勤労者財産形成年金貯蓄契約である生命保険契約等に係る差益	①　当該契約等に基づき支払われる年金に係る差益		当該契約等において定められている年金の支払日
	②　当該契約等が解約された場合に支払われる返戻金等に係る差益		当該契約等が解約された日
	③　当該契約等が失効したことに伴い支払われる返戻金等に係る差益		当該返戻金等の支払請求が行われた日

第３　利子所得に対する源泉徴収

１　居住者が支払を受ける利子所得に対する課税関係の概要

居住者が、国内において預貯金、貸付信託、公社債、公社債投資信託の利子又は収益の分配で特定公社債等の利子等以外のもの（「一般利子等」といいます。）の支払を受ける場合には、その利子所得については、他の所得と分離し、障害者等の少額預金の利子所得等の非課税制度、障害者等の少額公債の利子の非課税制度及び勤労者財産形成住宅（年金）貯蓄等の非課税制度が適用されるものなど一定のものを除き、15.315％（このほかに地方税５％）の税率による源泉徴収だけで課税関係が完結することとされています。

なお、特定公社債等の利子等については、株式や公社債等との譲渡損失との損益通算等の対象とされたことに伴い、原則として15.315％（このほかに地方税５％）の税率による申告分離課税が適用される一方、特定公社債以外の公社債等の利子で同族会社の役員等がその同族会社から支払を受けるものについては、総合課税が適用されます。

課税方式	対象となる利子の種類
申告分離課税	①　特定公社債の利子 ②　公社債投資信託のうち、次のいずれかのものの収益の分配 イ　その設定に係る受益権の募集が一定の公募により行われたもの ロ　その受益権が金融商品取引所に上場しているもの又はその受益権が外国金融商品市場において売買されているもの ③　公募公社債等運用投資信託の収益の分配 ④　国外一般公社債等の利子等以外の国外公社債等の利子等
源泉分離課税	⑤　次の一般利子等 イ　特定公社債以外の公社債の利子（国外公社債等の利子及び⑧を除きます。） ロ　預貯金の利子（中途解約の場合に付される利子及び期日後の利子を含みます。） ハ　合同運用信託の収益の分配、公社債投資信託でその受益権の募集が私募により行われたものの収益の分配 ⑥　国外一般公社債等の利子等 ⑦　勤労者財産形成貯蓄契約等に基づき支払を受ける生命保険等の差益
総合課税	⑧　特定公社債等以外の公社債の利子で同族会社の役員等がその同族会社から支払を受けるもの ⑨　民間国外債の利子

⑴　特定公社債

特定公社債は、次の①から⑩までの公社債（長期信用銀行債等、農林債及び償還差益について発行時に源泉徴収された一定の割引債を除きます。）となります（措法３①一、37の10②七、37の11②一、五～十四、措令25の８③）。

① 金融商品取引所に上場されている公社債、外国金融商品市場において売買されている公社債その他これらに類するもの
② 国債、地方債、外国国債、外国地方債
③ 会社以外の法人が特別の法律により発行する債券（外国法人に係るもの並びに投資法人債、短期投資法人債、特定社債及び特定短期社債を除きます。）
④ 公募公社債、上場公社債
⑤ 発行の日前９月以内（外国法人は12月以内）に有価証券報告書等を提出している法人が発行する社債
⑥ 金融商品取引所（外国の法令に基づき設立されたこれに類するものを含みます。）において公表された公社債情報（一定の期間内に発行する公社債の種類及び総額、発行者の財務状況等その他その公社債に関する基本的な情報をいいます。）に基づき発行する公社債で、目論見書にその公社債情報に基づき発行されるものである旨の記載のあるもの
⑦ 国外において発行された公社債で、次に掲げるもの（取得後引き続き保管の委託がされているものに限ります。）
　イ　国内において売出しに応じて取得した公社債
　ロ　国内において売付け勧誘等に応じて取得した公社債（イに掲げる公社債を除きます。）で、その取得の日前９月以内（外国法人は12月以内）に有価証券報告書等を提出している法人が発行するもの
⑧ 外国法人が発行し、又は保証する債券で一定のもの
⑨ 国内又は国外の法令に基づいて銀行業又は金融商品取引業を行う法人又はその法人との間に完全支配の関係がある法人等が発行する社債（その取得をした者が実質的に多数でないものを除きます。）
⑩ 平成27年12月31日以前に発行された公社債（発行の時において同族会社に該当する会社が発行した社債を除きます。）

(2) 課税方式

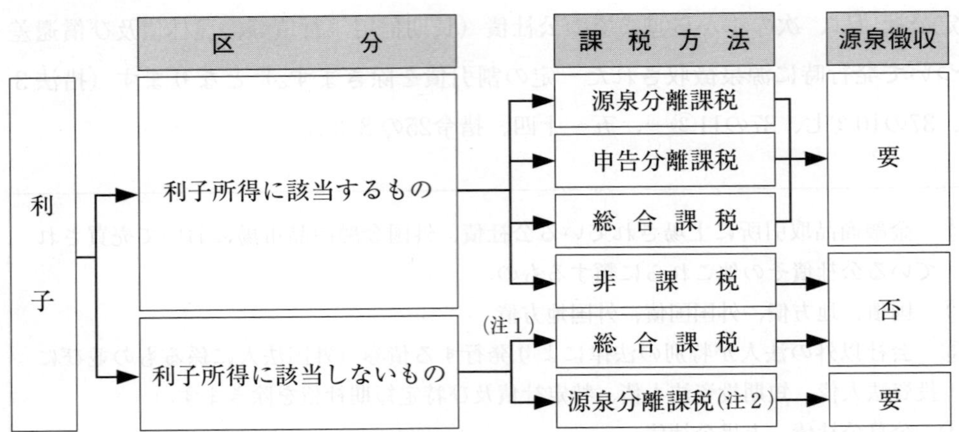

(注) 1　国際通貨基金等一定の国際機関等の発行する債券の利子については、源泉徴収は行われないこととなっており、源泉分離課税は適用されません。

2　懸賞金付定期預金等の懸賞金等及び定期積金の給付補塡金等については、源泉分離課税の対象とされています（第11章《その他の所得に対する源泉徴収》（431ページ）参照）。

アドバイス

法人が利子等の支払を受ける場合にも、その支払を受ける際に源泉徴収されますが、源泉徴収だけで課税関係が完了する分離課税は適用されず、他の収入と合わせて法人税の申告に係る課税所得を計算することになります。

したがって、法人が利子等の支払を受ける際に源泉徴収された税額については、法人税の確定申告において税額控除の対象とされます（法法68）。

2　利子の受取人別による課税関係

(1) 居住者又は国内に恒久的施設を有する非居住者が支払を受ける利子等

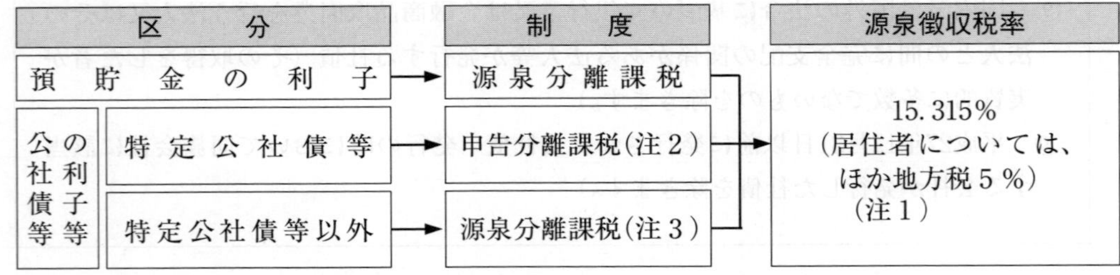

(注) 1　振替国債、振替地方債又は特定社債等の利子については一定の要件の下に非課税とされます（措法５の２⑤、５の３③）。

2　一定の特定公社債等の利子等（源泉徴収が行われたものに限ります。）については、申告を要しないこととすることができます（措法３の３⑦、８の５①）。

3　同族会社が発行した社債の利子でその同族会社の役員等が支払を受けるものは、源泉徴収の上、総合課税の対象となります。

⑵　国内に恒久的施設を有しない非居住者又は外国法人が支払を受ける利子等

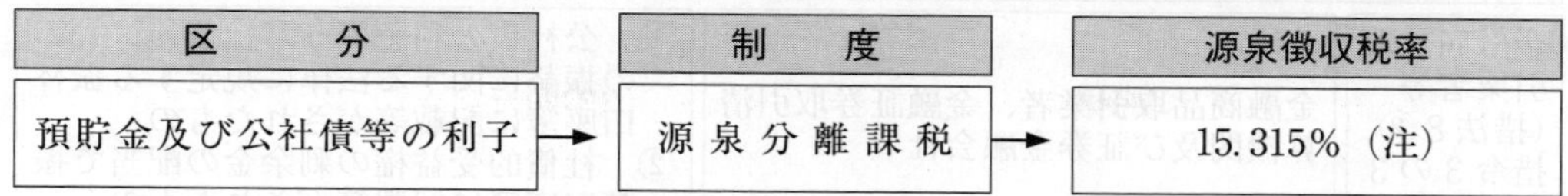

区　分		制　度		源泉徴収税率
預貯金及び公社債等の利子	→	源泉分離課税	→	15.315%（注）

（注）　振替国債、振替地方債又は特定振替社債等の利子については一定の要件の下に非課税とされます（措法５の２①～④、５の３①②）。

⑶　公共法人等以外の内国法人又は国内に恒久的施設を有する外国法人が支払を受ける利子等

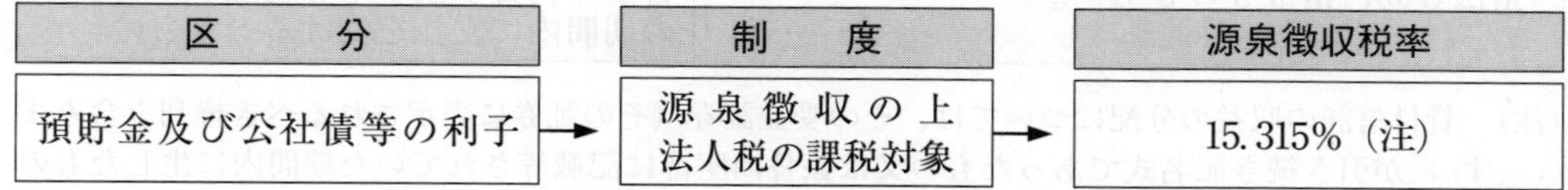

区　分		制　度		源泉徴収税率
預貯金及び公社債等の利子	→	源泉徴収の上法人税の課税対象	→	15.315%（注）

（注）　国内に営業所を有する金融機関、金融商品取引業者等並びに一定の内国法人が受ける利子等で一定の要件を満たす場合には源泉徴収不適用の特例があります（下記「３」参照）。

⑷　公共法人等（内国法人に限ります。）が支払を受ける利子等（所法11）

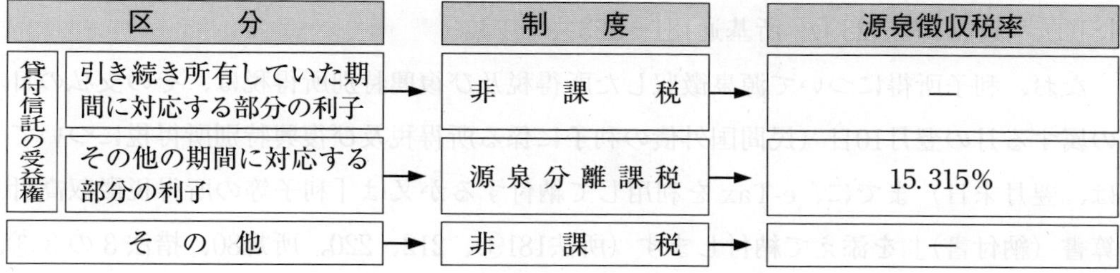

区　分			制　度		源泉徴収税率
貸付信託の受益権	引き続き所有していた期間に対応する部分の利子	→	非　課　税	→	―
貸付信託の受益権	その他の期間に対応する部分の利子	→	源泉分離課税	→	15.315%
その他		→	非　課　税	→	―

３　金融機関等に対する特例

国内に営業所を有する金融機関、金融商品取引業者等並びに資本金又は出資金の額が１億円以上である内国法人のうち、一定の者などが支払を受ける利子等で次のものについては、源泉徴収を要しないこととされています（措法８）。

区　分		源泉徴収不適用となる利子等
金融機関 （措法８①、措令２の36、３の３①）	銀行、信用金庫、労働金庫、信用協同組合、農業協同組合、農業協同組合連合会、漁業協同組合、漁業協同組合連合会、水産加工業協同組合、水産加工業協同組合連合会、株式会社商工組合中央金庫、生命保険会社、損害保険会社、信託会社、農林中央金庫、信用金庫連合会、労働金庫連合会、共済水産業協同組合連合会、信用協同組合連合会、株式会社日本政策投資銀行及び株式会社日本貿易保険	①　公社債の利子のうち社債、株式等の振替に関する法律に規定する振替口座簿に記載等がされたもの ②　預貯金の利子 ③　合同運用信託の収益の分配又は特定公募公社債等運用投資信託の収益の分配のうちその委託した期間内に生じたもの（注） ④　社債的受益権の剰余金の配当で振替口座簿に記載等がされたもの

区　分		源泉徴収不適用となる利子等
金融商品取引業者等（措法８②、措令３の３⑥）	金融商品取引業者、金融証券取引清算機関及び証券金融会社	①　公社債の利子のうち社債、株式等の振替に関する法律に規定する振替口座簿に記載等がされたもの ②　社債的受益権の剰余金の配当で振替口座簿に記載等がされたもの
内国法人（資本金又は出資金の額が１億円以上のもので振替機関等から確認を受けた法人に限り、公共法人等並びに一定の投資法人及び特定目的会社を除きます。）（措法８③、措令３の３⑦～⑨）		公社債の利子又は社債的受益権の剰余金の配当のうち社債、株式等の振替に関する法律に規定する振替口座簿に記載等がされたもので、振替機関等の営業所等の長が要件を確認した日の翌日から同日以後１年を経過する日までの期間内に支払を受けるべきもの

(注)　貸付信託の収益の分配については、その受益証券（その証券に表示されるべき権利を含みます。）が引き続き記名式であったもの又は振替口座簿に記載等されていた期間内に生じたものに限ります。

4　源泉徴収の時期及び納付期限

利子所得に対する源泉徴収は、利子等の支払の際に行うこととされています（所法181①、復興財確法28①、所基通181～223共－１）。

なお、利子所得について源泉徴収した所得税及び復興特別所得税は、その支払の日の属する月の翌月10日（民間国外債の利子に係る所得税及び復興特別所得税については、翌月末日）までに、e-Taxを利用して納付するか又は「利子等の所得税徴収高計算書（納付書）」を添えて納付します（所法181①、212、220、所規80、措法３の３③、６②、通則法34①、復興財確法28⑧、復興特別所得税省令６）。

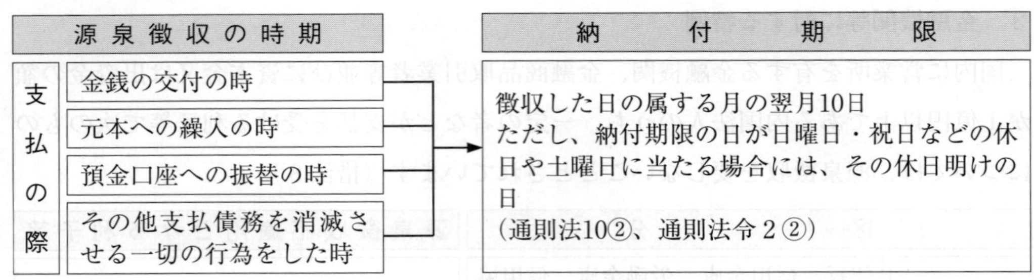

5　源泉徴収税額

源泉徴収税額は、利子等の金額に15.315％（居住者については、このほかに地方税５％）の税率を乗じて算出します（所法182一、措法３の３、復興財確法28②）。

なお、算出した税額に１円未満の端数があるときは、その端数を切り捨てます（通則法119②、復興財確法31②）。

（算　式）

利子等の金額 ×15.315％ ＝ 源泉徴収税額

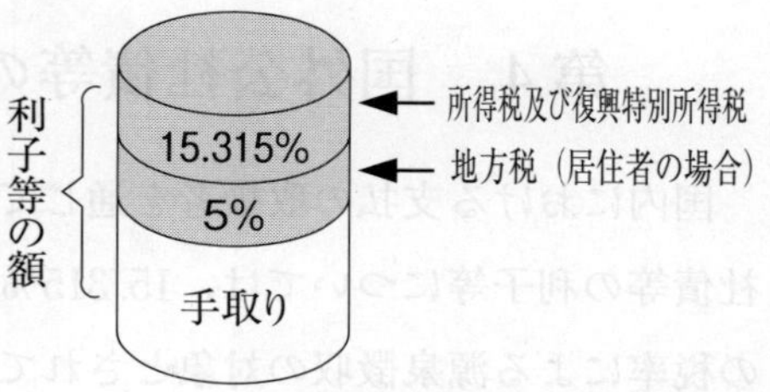

利子等の額

15.315％　←所得税及び復興特別所得税

5％　←地方税（居住者の場合）

手取り

〔設例〕

◎端数計算方法

利子等の額　50,470円

国　税　50,470円×15.315％＝7,729.4円＝7,729円

地方税　50,470円×５％＝2,523.5円＝2,523円

第４　国外公社債等の利子等に対する分離課税等

国内における支払の取扱者を通じて居住者又は内国法人に対して支払われる国外公社債等の利子等については、15.315％（居住者については、このほかに地方税５％）の税率による源泉徴収の対象とされており、その利子等の範囲、源泉徴収義務者等の概要は次のとおりです（措法３の３、措令２の２、措規２の４、復興財確法28②）。

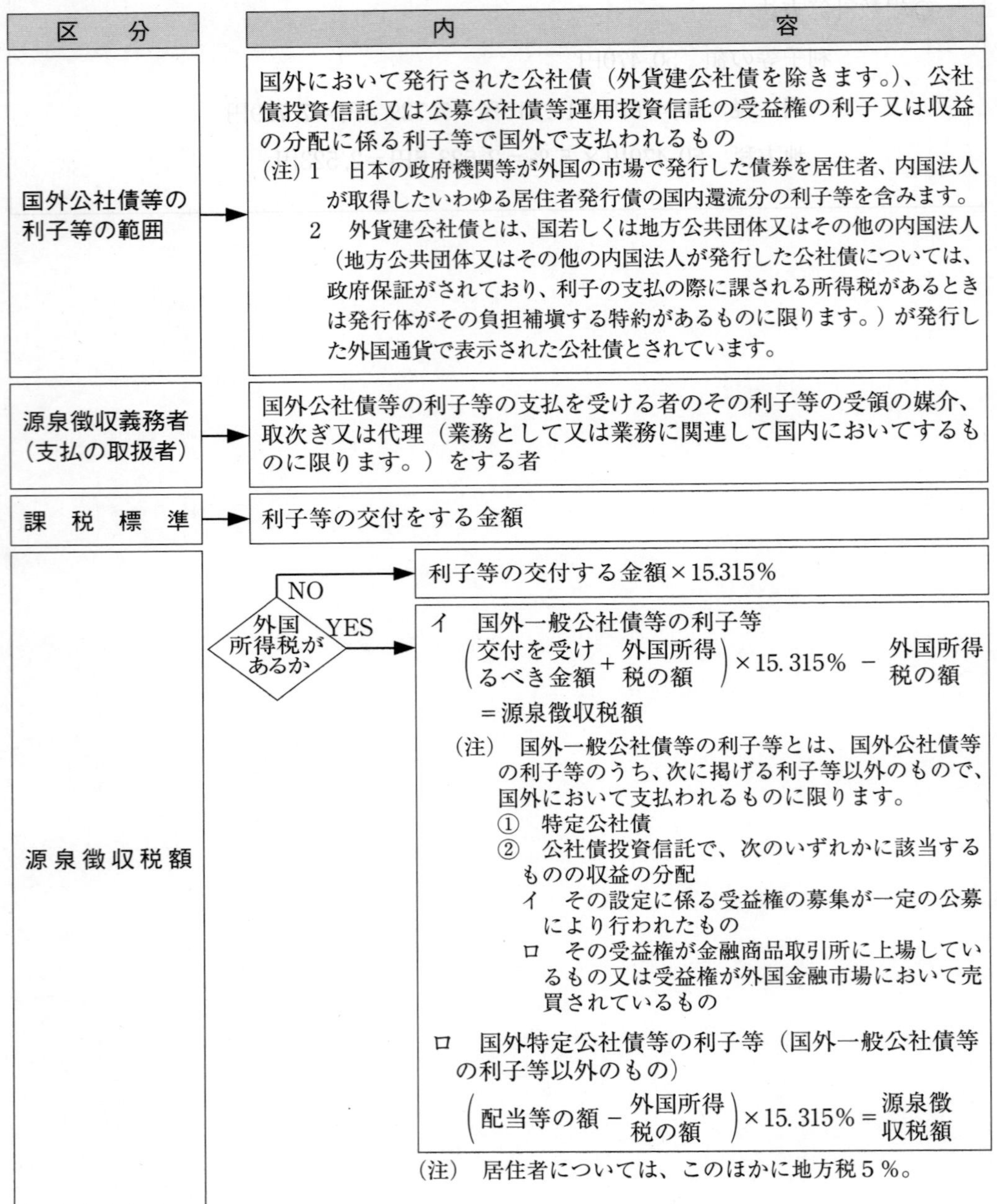

区　分	内　容
国外公社債等の利子等の範囲	国外において発行された公社債（外貨建公社債を除きます。）、公社債投資信託又は公募公社債等運用投資信託の受益権の利子又は収益の分配に係る利子等で国外で支払われるもの （注）１　日本の政府機関等が外国の市場で発行した債券を居住者、内国法人が取得したいわゆる居住者発行債の国内還流分の利子等を含みます。 ２　外貨建公社債とは、国若しくは地方公共団体又はその他の内国法人（地方公共団体又はその他の内国法人が発行した公社債については、政府保証がされており、利子の支払の際に課される所得税があるときは発行体がその負担補塡する特約があるものに限ります。）が発行した外国通貨で表示された公社債とされています。
源泉徴収義務者（支払の取扱者）	国外公社債等の利子等の支払を受ける者のその利子等の受領の媒介、取次ぎ又は代理（業務として又は業務に関連して国内においてするものに限ります。）をする者
課　税　標　準	利子等の交付をする金額
源泉徴収税額	外国所得税があるか NO → 利子等の交付する金額×15.315％ YES → イ　国外一般公社債等の利子等 （交付を受けるべき金額＋外国所得税の額）×15.315％－外国所得税の額＝源泉徴収税額 （注）国外一般公社債等の利子等とは、国外公社債等の利子等のうち、次に掲げる利子等以外のもので、国外において支払われるものに限ります。 ①　特定公社債 ②　公社債投資信託で、次のいずれかに該当するものの収益の分配 イ　その設定に係る受益権の募集が一定の公募により行われたもの ロ　その受益権が金融商品取引所に上場しているもの又は受益権が外国金融市場において売買されているもの ロ　国外特定公社債等の利子等（国外一般公社債等の利子等以外のもの） （配当等の額－外国所得税の額）×15.315％＝源泉徴収税額 （注）居住者については、このほかに地方税５％。

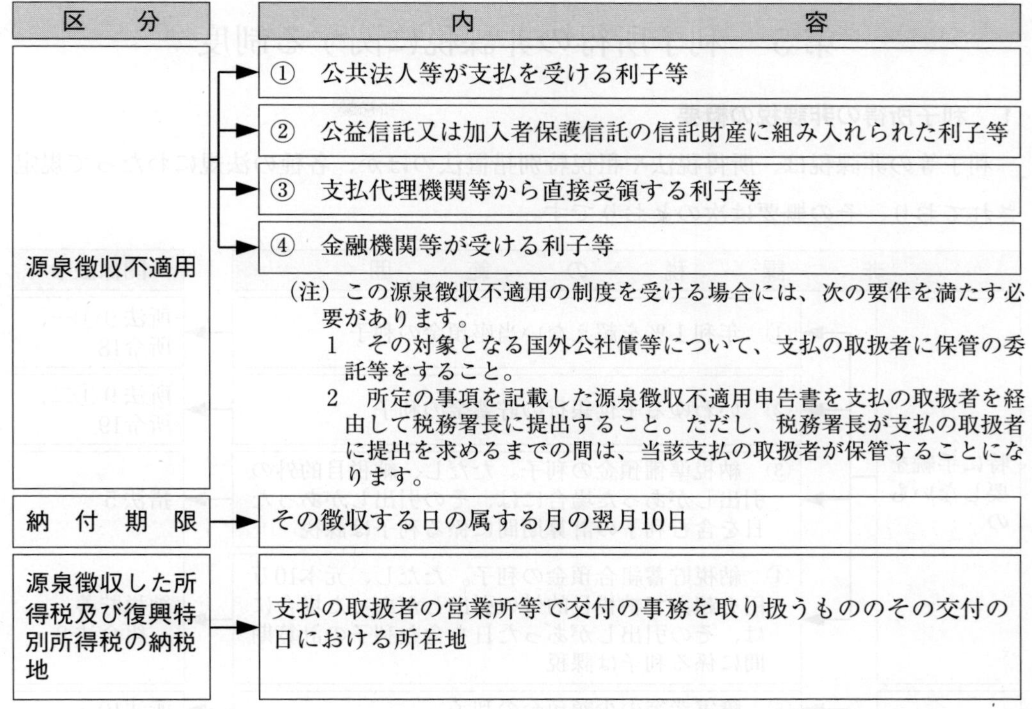

区　分	内　容
源泉徴収不適用	①　公共法人等が支払を受ける利子等 ②　公益信託又は加入者保護信託の信託財産に組み入れられた利子等 ③　支払代理機関等から直接受領する利子等 ④　金融機関等が受ける利子等 (注) この源泉徴収不適用の制度を受ける場合には、次の要件を満たす必要があります。 １　その対象となる国外公社債等について、支払の取扱者に保管の委託等をすること。 ２　所定の事項を記載した源泉徴収不適用申告書を支払の取扱者を経由して税務署長に提出すること。ただし、税務署長が支払の取扱者に提出を求めるまでの間は、当該支払の取扱者が保管することになります。
納付期限	その徴収する日の属する月の翌月10日
源泉徴収した所得税及び復興特別所得税の納税地	支払の取扱者の営業所等で交付の事務を取り扱うもののその交付の日における所在地

第５　利子所得の非課税に関する制度

1　利子所得の非課税の概要

利子等の非課税は、所得税法や租税特別措置法のほか、各種の法規にわたって規定されており、その概要は次のとおりです。

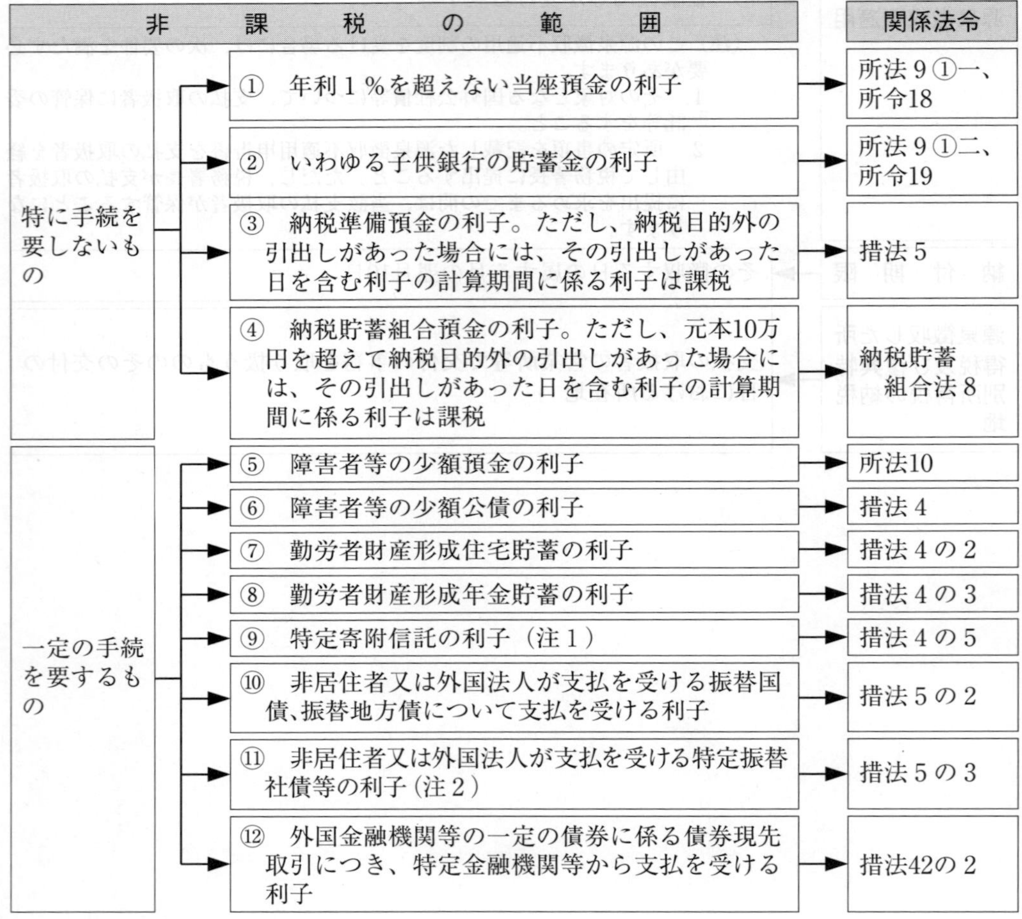

	非課税の範囲	関係法令
特に手続を要しないもの	①　年利１％を超えない当座預金の利子	所法９①一、所令18
	②　いわゆる子供銀行の貯蓄金の利子	所法９①二、所令19
	③　納税準備預金の利子。ただし、納税目的外の引出しがあった場合には、その引出しがあった日を含む利子の計算期間に係る利子は課税	措法５
	④　納税貯蓄組合預金の利子。ただし、元本10万円を超えて納税目的外の引出しがあった場合には、その引出しがあった日を含む利子の計算期間に係る利子は課税	納税貯蓄組合法８
一定の手続を要するもの	⑤　障害者等の少額預金の利子	所法10
	⑥　障害者等の少額公債の利子	措法４
	⑦　勤労者財産形成住宅貯蓄の利子	措法４の２
	⑧　勤労者財産形成年金貯蓄の利子	措法４の３
	⑨　特定寄附信託の利子（注１）	措法４の５
	⑩　非居住者又は外国法人が支払を受ける振替国債、振替地方債について支払を受ける利子	措法５の２
	⑪　非居住者又は外国法人が支払を受ける特定振替社債等の利子（注２）	措法５の３
	⑫　外国金融機関等の一定の債券に係る債券現先取引につき、特定金融機関等から支払を受ける利子	措法42の２

(注) 1　特定寄附信託契約に基づき設定された信託の信託財産につき生ずる公社債若しくは預貯金の利子又は合同運用信託の収益の分配のうち、一定のものについては、特定寄附信託申告書の提出等を要件として、所得税及び復興特別所得税が課税されません（措令２の35、措規３の17）。

2　その利子の額が振替社債等の発行者等の利益の額等に連動するもの、発行者と特殊の関係にある者（発行者との間に発行済株式等の50％超の保有関係がある者等）が利子の支払を受けるものを除きます。

アドバイス

利子等の受取人が外国の大使、公使及び外交官である大公使館員（これらの者の配偶者を含みます。）である場合には、「外交関係に関するウィーン条約」により、職務上の所得であるとそれ以外の所得であるとを問わず所得税を課税しないこととされていますので、これらの者が支払を受ける利子等については源泉徴収を要しないことになります（所基通９－11）。

２　障害者等の少額貯蓄非課税制度

(1)　障害者等の少額貯蓄非課税制度の概要

この制度は、障害者等が有する預貯金等（１人350万円まで）の元本から生ずる利子等について、一定の手続を要件として非課税とするものでその概要は次のとおりです（所法10、措法３の４、４）。

区分 / 制度	適用対象者	非課税限度額（万円）
障害者等の少額預金の利子所得の非課税制度（注）	国内に住所を有する個人で障害者等に該当する人	350
障害者等の少額公債の利子の非課税制度		350

（注）　日本郵政公社の民営化に伴い、障害者等の郵便貯金の利子所得の非課税制度については、郵政民営化法の施行の日（平成19年10月１日）をもって廃止されました。
　なお、日本郵政公社の民営化後においては、郵便貯金の利子については、経過措置のあるものを除き、障害者等の少額預金の利子所得等の非課税制度の適用対象とされます。
　郵政民営化法の施行日前に適用を受けて預入れされた一定の郵便貯金（積立・定額・定期・住宅積立・教育積立郵便貯金等）の利子については、満期（又は解約）までの間、引き続き非課税とされます。

(2)　障害者等の範囲

少額貯蓄非課税制度の適用が受けられる障害者等とは、国内に住所を有する個人で次に掲げるような人をいいます（所法10、所令31の２、所規４、措法４）。

（障害者）

対象者
１　身体障害者手帳の交付を受けている身体上の障害がある人（所法10①）
２　療育手帳の交付を受けている人（所令31の２十四）
３　戦傷病者手帳の交付を受けている人（所令31の２十七）
４　精神保健及び精神障害者福祉に関する法律第45条第２項《精神障害者保健福祉手帳の交付》の規定により精神障害者保健福祉手帳の交付を受けている人（所令31の２十五）
５　国民年金法に基づく ○　障害基礎年金、障害年金の受給者（所令31の２一、所規４一）

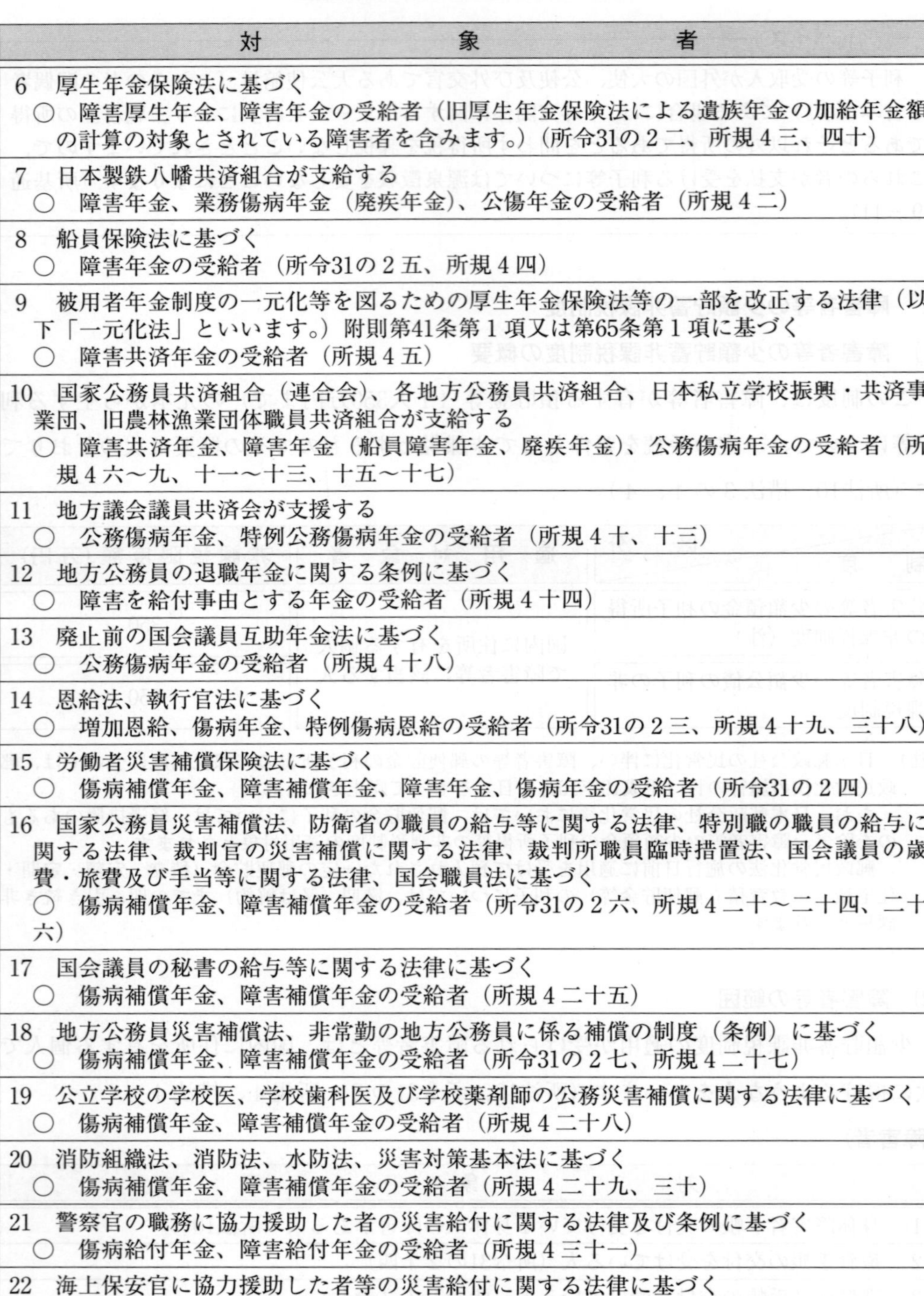

対　　　象　　　者
6　厚生年金保険法に基づく ○　障害厚生年金、障害年金の受給者（旧厚生年金保険法による遺族年金の加給年金額の計算の対象とされている障害者を含みます。）（所令31の２二、所規４三、四十）
7　日本製鉄八幡共済組合が支給する ○　障害年金、業務傷病年金（廃疾年金）、公傷年金の受給者（所規４二）
8　船員保険法に基づく ○　障害年金の受給者（所令31の２五、所規４四）
9　被用者年金制度の一元化等を図るための厚生年金保険法等の一部を改正する法律（以下「一元化法」といいます。）附則第41条第１項又は第65条第１項に基づく ○　障害共済年金の受給者（所規４五）
10　国家公務員共済組合（連合会）、各地方公務員共済組合、日本私立学校振興・共済事業団、旧農林漁業団体職員共済組合が支給する ○　障害共済年金、障害年金（船員障害年金、廃疾年金）、公務傷病年金の受給者（所規４六～九、十一～十三、十五～十七）
11　地方議会議員共済会が支援する ○　公務傷病年金、特例公務傷病年金の受給者（所規４十、十三）
12　地方公務員の退職年金に関する条例に基づく ○　障害を給付事由とする年金の受給者（所規４十四）
13　廃止前の国会議員互助年金法に基づく ○　公務傷病年金の受給者（所規４十八）
14　恩給法、執行官法に基づく ○　増加恩給、傷病年金、特例傷病恩給の受給者（所令31の２三、所規４十九、三十八）
15　労働者災害補償保険法に基づく ○　傷病補償年金、障害補償年金、障害年金、傷病年金の受給者（所令31の２四）
16　国家公務員災害補償法、防衛省の職員の給与等に関する法律、特別職の職員の給与に関する法律、裁判官の災害補償に関する法律、裁判所職員臨時措置法、国会議員の歳費・旅費及び手当等に関する法律、国会職員法に基づく ○　傷病補償年金、障害補償年金の受給者（所令31の２六、所規４二十～二十四、二十六）
17　国会議員の秘書の給与等に関する法律に基づく ○　傷病補償年金、障害補償年金の受給者（所規４二十五）
18　地方公務員災害補償法、非常勤の地方公務員に係る補償の制度（条例）に基づく ○　傷病補償年金、障害補償年金の受給者（所令31の２七、所規４二十七）
19　公立学校の学校医、学校歯科医及び学校薬剤師の公務災害補償に関する法律に基づく ○　傷病補償年金、障害補償年金の受給者（所規４二十八）
20　消防組織法、消防法、水防法、災害対策基本法に基づく ○　傷病補償年金、障害補償年金の受給者（所規４二十九、三十）
21　警察官の職務に協力援助した者の災害給付に関する法律及び条例に基づく ○　傷病給付年金、障害給付年金の受給者（所規４三十一）
22　海上保安官に協力援助した者等の災害給付に関する法律に基づく ○　傷病給付年金、障害給付年金の受給者（所規４三十二）
23　証人等の被害についての給付に関する法律に基づく ○　傷病給付年金、障害給付年金の受給者（所規４三十三）

対　　　象　　　者
24　公害健康被害の補償等に関する法律に基づく ○　障害補償費の受給者（第１種地域の被認定者で、市から支給される障害補償費に相当する給付の受給者を含みます。） ○　水俣病、イタイイタイ病、慢性砒素中毒症の被認定者（所令31の２八、所規４三十四、三十五）
25　新型インフルエンザ予防接種による健康被害の救済に関する特別措置法に基づく ○　障害年金の受給者（所規４三十六）
26　独立行政法人医薬品医療機器総合機構法に基づく ○　障害年金の受給者（所令31の２九）
27　戦傷病者戦没者遺族等援護法に基づく ○　障害年金の受給者（所令31の２十）
28　予防接種法に基づく ○　障害年金の受給者（所令31の２十二）
29　原子爆弾被爆者に対する援護に関する法律に基づく ○　医療特別手当、特別手当、原子爆弾小頭症手当、健康管理手当、保健手当の受給者（所令31の２十六）
30　毒ガス等の影響によりガス障害にり患している人として健康管理手当、保健手当、特別手当、医療手当を受給している人（所規４四十二）
31　ハンセン病問題の解決の促進に関する法律第２条第３項に規定する入所者（所規４四十一）
32　特別児童扶養手当等の支給に関する法律に基づく ○　障害児福祉手当、特別障害者手当、福祉手当の受給者（所令31の２十三、所規４三十九）
33　精神に障害がある人で、厚生労働大臣又は都道府県知事からその障害の程度が国民年金法施行令別表又は厚生年金保険法施行令別表第一に定める障害の状態と同程度の状態にある旨を証する書類の交付を受けている人（平成９年９月30日までに預入等するものに限ります。（平７政令278号附則３））

（その他の人（妻））

対　　　象　　　者
1　国民年金法に基づく ○　遺族基礎年金、寡婦年金、母子年金、準母子年金の受給者（妻）（所法10①、所規４一）
2　厚生年金保険法に基づく ○　遺族厚生年金、遺族年金、特例遺族年金、通算遺族年金の受給者（妻）（所令31の２二、所規４二、三）
3　日本製鉄八幡共済組合が支給する ○　遺族年金、寡婦年金、業務死亡年金、障害遺族年金の受給者（妻）（所規４二）
4　船員保険法に基づく ○　遺族年金、寡婦年金、特例遺族年金、通算遺族年金の受給者（妻）（所令31の２五、所規４四）
5　一元化法附則第41条第１項又は第65条第１項に基づく ○　遺族共済年金の受給者（妻）（所規４五）

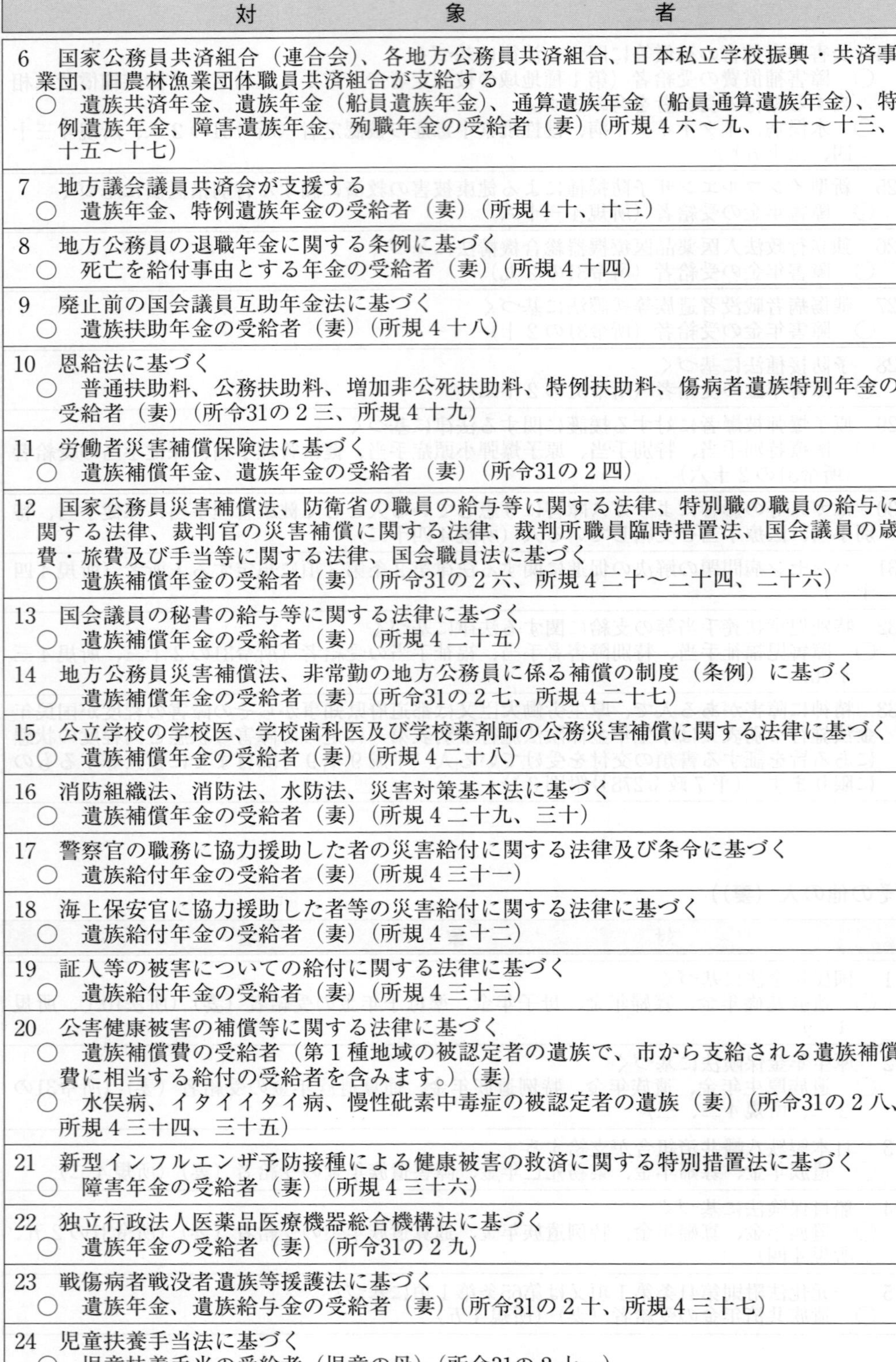

対　　　象　　　者
6　国家公務員共済組合（連合会）、各地方公務員共済組合、日本私立学校振興・共済事業団、旧農林漁業団体職員共済組合が支給する ○　遺族共済年金、遺族年金（船員遺族年金）、通算遺族年金（船員通算遺族年金）、特例遺族年金、障害遺族年金、殉職年金の受給者（妻）（所規４六～九、十一～十三、十五～十七）
7　地方議会議員共済会が支援する ○　遺族年金、特例遺族年金の受給者（妻）（所規４十、十三）
8　地方公務員の退職年金に関する条例に基づく ○　死亡を給付事由とする年金の受給者（妻）（所規４十四）
9　廃止前の国会議員互助年金法に基づく ○　遺族扶助年金の受給者（妻）（所規４十八）
10　恩給法に基づく ○　普通扶助料、公務扶助料、増加非公死扶助料、特例扶助料、傷病者遺族特別年金の受給者（妻）（所令31の２三、所規４十九）
11　労働者災害補償保険法に基づく ○　遺族補償年金、遺族年金の受給者（妻）（所令31の２四）
12　国家公務員災害補償法、防衛省の職員の給与等に関する法律、特別職の職員の給与に関する法律、裁判官の災害補償に関する法律、裁判所職員臨時措置法、国会議員の歳費・旅費及び手当等に関する法律、国会職員法に基づく ○　遺族補償年金の受給者（妻）（所令31の２六、所規４二十～二十四、二十六）
13　国会議員の秘書の給与等に関する法律に基づく ○　遺族補償年金の受給者（妻）（所規４二十五）
14　地方公務員災害補償法、非常勤の地方公務員に係る補償の制度（条例）に基づく ○　遺族補償年金の受給者（妻）（所令31の２七、所規４二十七）
15　公立学校の学校医、学校歯科医及び学校薬剤師の公務災害補償に関する法律に基づく ○　遺族補償年金の受給者（妻）（所規４二十八）
16　消防組織法、消防法、水防法、災害対策基本法に基づく ○　遺族補償年金の受給者（妻）（所規４二十九、三十）
17　警察官の職務に協力援助した者の災害給付に関する法律及び条令に基づく ○　遺族給付年金の受給者（妻）（所規４三十一）
18　海上保安官に協力援助した者等の災害給付に関する法律に基づく ○　遺族給付年金の受給者（妻）（所規４三十二）
19　証人等の被害についての給付に関する法律に基づく ○　遺族給付年金の受給者（妻）（所規４三十三）
20　公害健康被害の補償等に関する法律に基づく ○　遺族補償費の受給者（第１種地域の被認定者の遺族で、市から支給される遺族補償費に相当する給付の受給者を含みます。）（妻） ○　水俣病、イタイイタイ病、慢性砒素中毒症の被認定者の遺族（妻）（所令31の２八、所規４三十四、三十五）
21　新型インフルエンザ予防接種による健康被害の救済に関する特別措置法に基づく ○　障害年金の受給者（妻）（所規４三十六）
22　独立行政法人医薬品医療機器総合機構法に基づく ○　遺族年金の受給者（妻）（所令31の２九）
23　戦傷病者戦没者遺族等援護法に基づく ○　遺族年金、遺族給与金の受給者（妻）（所令31の２十、所規４三十七）
24　児童扶養手当法に基づく ○　児童扶養手当の受給者（児童の母）（所令31の２十一）

対　　　　象　　　　者
25　予防接種法に基づく ○　遺族年金の受給者（妻）（所令31の２十二）

アドバイス

障害者等の範囲の寡婦及び障害者は、所得控除における寡婦及び障害者とはそれぞれ要件が異なり、少額貯蓄非課税制度における「寡婦」は、寡婦年金や遺族基礎年金の受給者等であり、「障害者」は障害基礎年金の受給者や身体障害者手帳の交付を受けている人等が対象となります。

(3)　障害者等に該当するかどうかの判定の時期

障害者等に該当するかどうかの判定は、預貯金等の預入等のときに行います（所法10①）。

障害者等の少額貯蓄非課税制度の適用を受けることができるのは、預入等の時に、障害者等に該当している場合に限られています。したがって、障害者等に該当する前に預け入れられている預貯金等の利子等については、その後、障害者等に該当することになっても非課税の適用を受けることができませんので、非課税の適用を受けるためには、障害者等になった後、既に預け入れられている預貯金等を解約した上、一定の手続をして、改めて預け入れ直す必要があります。

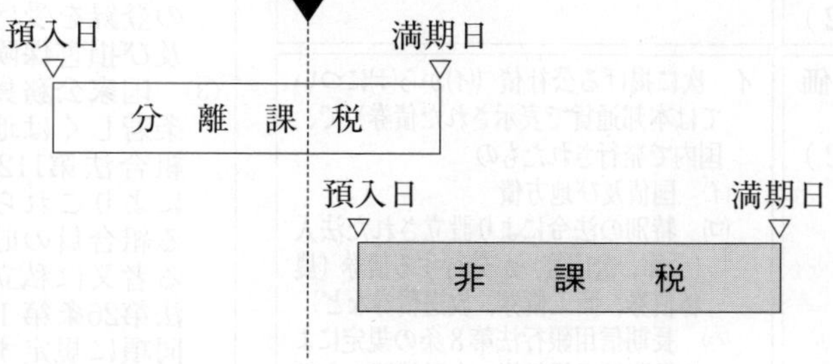

(4)　非課税の対象となる貯蓄の範囲と非課税貯蓄の受入金融機関等

非課税の対象となる預貯金等の範囲及び非課税貯蓄の受入金融機関等は、次のとおりです（所法２①九～十一、十五の三、10①、所令２、32、33、37、措法４、措令２の４）。

<table>
<tr><th>区分
制度</th><th colspan="2">預貯金等の範囲</th><th>受入金融機関等</th></tr>
<tr><td rowspan="5">少額預金の利子所得等の非課税制度</td><td rowspan="2">①預貯金</td><td>○銀行等預金（貯金）
普通預金、貯蓄預金、通知預金、納税準備預金、定期預金、期日指定定期預金、積立定期預金、通帳式定期預金など</td><td>銀行、信託会社、信用金庫、信用金庫連合会、労働金庫、労働金庫連合会、信用協同組合、信用協同組合連合会、農林中央金庫及び株式会社商工組合中央金庫並びに貯金の受入れをする農業協同組合、農業協同組合連合会、漁業協同組合、漁業協同組合連合会、水産加工業協同組合及び水産加工業協同組合連合会</td></tr>
<tr><td>○勤務先預金</td><td>労働基準法第18条《貯蓄金の管理等》又は船員法第34条《貯蓄金の管理等》の規定によりこれらの規定に規定する労働者又は船員の貯蓄金をその委託を受けて管理する者</td></tr>
<tr><td colspan="2">②　合同運用信託（注１）</td><td>信託会社（信託業務を兼営する銀行その他の金融機関を含みます。）</td></tr>
<tr><td>③　特定公募公社債等運用投資信託（注２）</td><td>○委託者非指図型投資信託で円貨建のもの</td><td rowspan="2">①　金融商品取引法第２条第９項《定義》に規定する金融商品取引業者（第１種金融商品取引業を行う者に限ります。）
②　金融商品取引法第33条の２の登録を受けた生命保険会社及び損害保険会社
③　国家公務員共済組合法第98条若しくは地方公務員等共済組合法第112条第１項の規定によりこれらの規定に規定する組合員の貯金の受入れをする者又は私立学校教職員共済法第26条第１項の規定により同項に規定する加入者の貯金の受入れをする者</td></tr>
<tr><td>④　有価証券（注２）</td><td>イ　次に掲げる公社債（(イ)から(ホ)については本邦通貨で表示された債券）で、国内で発行されたもの
(イ)　国債及び地方債
(ロ)　特別の法令により設立された法人（公庫、公団等）が発行する債券（農林債券、商工債券、放送債券など）
(ハ)　長期信用銀行法第８条の規定による長期信用銀行債、金融機関の合併及び転換に関する法律第８条第１項の規定による特定社債（特定の普通銀行の発行する債券を含みます。）、信用金庫法第54条の２の４第１項の規定による全国連合会債又は株式会社商工組合中央金庫法第33条の規定による商工債
(ニ)　政府保証債のうち、公社、公庫、公団等が発行する債券以外のもの
(ホ)　電力債など内国法人が発行する社債でいわゆる公募の方法により発行されたもの
(ヘ)　外国、外国の地方公共団体その他</td></tr>
</table>

区分 / 制度	預貯金等の範囲		受入金融機関等
少額預金の利子所得等の非課税制度		の外国法人（条約又は国際間の協定により国内において発行する債券の利子につき源泉徴収義務を免除されている国際機関を除きます。）が発行する円貨建債券でいわゆる公募の方法により発行されたもの ロ　次の投資信託の受益権で、信託の設定又は追加設定があった日に購入したもの (イ)　公社債投資信託（外国投資信託を除きます。）の受益権 (ロ)　公募公社債等運用投資信託（委託者指図型投資信託に限り、外国投資信託を除きます。）の受益権 ハ　特定目的信託の社債的受益権（公募のものに限ります。） ⇨	

（注）1　貸付信託については、収益の分配の計算期間を通じて金融機関の振替口座簿に記載又は記録がされているものに限られます（所令37）。

2　受益権につき収益の分配の計算期間を通じて金融機関の振替口座簿に記載又は記録がされているものに限られます（所令33、37）。

区分 / 制度	預貯金等の範囲	受入金融機関等
少額公債の利子の非課税制度	国債及び地方債（本邦通貨で表示された債権で、国内において発行されたもの） ⇨	次の公債の販売機関 ①　金融商品取引法第２条第９項に規定する金融商品取引業者 ②　金融商品取引法第33条の２の登録を受けた銀行、生命保険会社、損害保険会社、信用金庫、信用金庫連合会、労働金庫、労働金庫連合会、信用協同組合、信用協同組合連合会、農業協同組合、農業協同組合連合会、漁業協同組合、漁業協同組合連合会、水産加工業協同組合、水産加工業協同組合連合会、農林中央金庫及び株式会社商工組合中央金庫

(5)　非課税とされる元本の額

障害者等の少額貯蓄非課税制度により非課税扱いとして預入等ができる金額は、少額預金及び少額公債それぞれ１人350万円までとされています。なお、非課税貯蓄申告書又は特別非課税貯蓄申告書は１店舗だけでなく複数の店舗に提出することができますが、この場合、全ての店舗の合計額が350万円を超えることとなる場合には提出できません（所法10⑦、措法３の４、４②③）。

例１

銀行	非課税貯蓄申告書提出年月日	非課税貯蓄申告書に記載された限度額
A	令和２年２月28日	150万円
B	令和２年３月31日	200万円
C	令和２年４月30日	100万円

例２

銀行	非課税貯蓄申告書提出年月日	非課税貯蓄申告書に記載された限度額
A	令和２年２月28日	250万円
B	令和２年３月31日	150万円
C	令和２年４月30日	100万円

例１の場合、非課税貯蓄の最高限度額350万円を超えて提出されたＣ銀行の100万円の非課税貯蓄申告書は無効となり、Ｃ銀行に預け入れた預金の利子は課税扱いとなります。

例２の場合、非課税貯蓄の最高限度額350万円を超えて提出されたＢ銀行の150万円の非課税貯蓄申告書は無効となり、Ｂ銀行に預け入れた預金の利子は課税扱いとなります。この場合、令和２年３月31日における非課税貯蓄の限度額は、Ａ銀行の250万円のみとなりますので、最高限度額までの枠は100万円残っていることとなり、令和２年４月30日に提出されたＣ銀行の100万円の非課税貯蓄申告書は有効とされ、Ｃ銀行に預け入れた預金の利子は、非課税扱いとなります。

アドバイス

非課税貯蓄の最高限度額が350万円を超えるか否かは預貯金の残高ではなく、あくまでも非課税貯蓄申告書に記載された限度額により判断されますので、注意が必要です。

⑹　非課税扱いを受けるための手続等

イ　非課税扱いを受けるための手続

障害者等が少額貯蓄非課税制度の適用を受けるためには、次の申告書等を提出しなければなりません（所法10、措法４）。

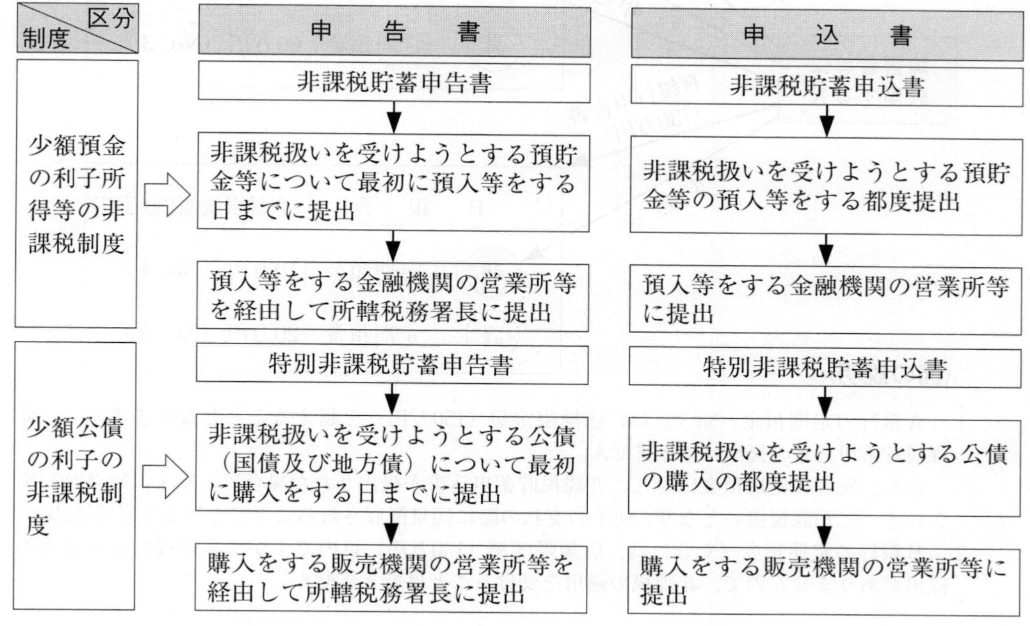

制度＼区分	申告書	申込書
少額預金の利子所得等の非課税制度	非課税貯蓄申告書 ↓ 非課税扱いを受けようとする預貯金等について最初に預入等をする日までに提出 ↓ 預入等をする金融機関の営業所等を経由して所轄税務署長に提出	非課税貯蓄申込書 ↓ 非課税扱いを受けようとする預貯金等の預入等をする都度提出 ↓ 預入等をする金融機関の営業所等に提出
少額公債の利子の非課税制度	特別非課税貯蓄申告書 ↓ 非課税扱いを受けようとする公債（国債及び地方債）について最初に購入をする日までに提出 ↓ 購入をする販売機関の営業所等を経由して所轄税務署長に提出	特別非課税貯蓄申込書 ↓ 非課税扱いを受けようとする公債の購入の都度提出 ↓ 購入をする販売機関の営業所等に提出

（参考） 申告書の流れ

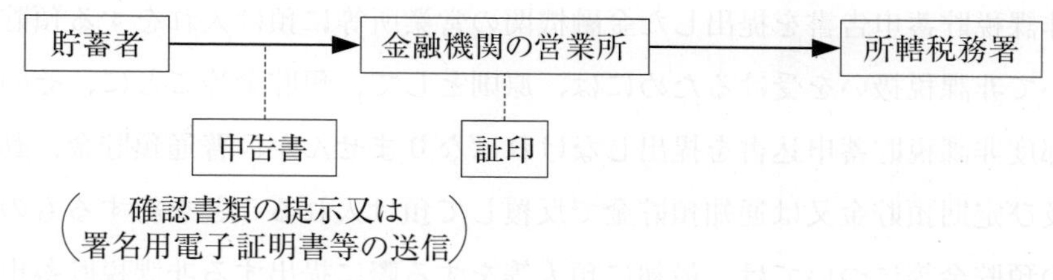

ロ　「非課税貯蓄申告書」と「非課税貯蓄申込書」の関係

「非課税貯蓄申告書」と「非課税貯蓄申込書」の関係は、次の図のとおりとなります（所法10、所令34、35）。

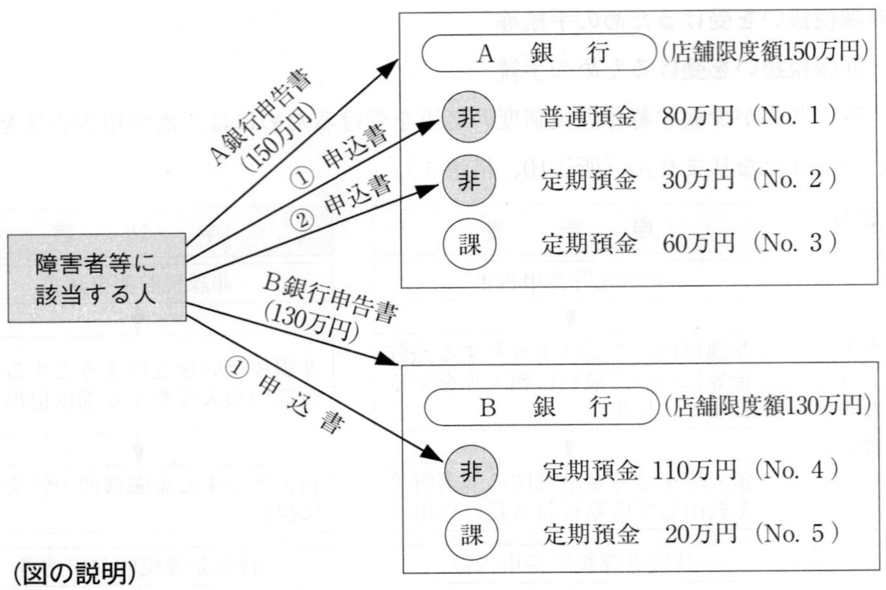

(図の説明)

1　A銀行の定期預金（№３）は、店舗限定額（150万円）を超えることとなりますので、非課税貯蓄申込書の提出はできません。

なお、№３の定期預金に対し、非課税貯蓄申込書が提出された場合は、№１、№２及び№３のすべてが課税扱いとなり、利子の支払の際に源泉徴収されることになります（所法10①）。

2　B銀行の定期預金（№５）は、店舗限度額（130万円）以内ですが、非課税貯蓄申込書の提出がありませんので、非課税の適用を受けることはできません。

ハ　最高限度額方式の適用がある預貯金等

非課税貯蓄申告書を提出した金融機関の営業所等に預け入れをする預貯金等について非課税扱いを受けるためには、原則として、預貯金等ごとに、その預入等の都度非課税貯蓄申込書を提出しなければなりませんが、普通預貯金、勤務先預金及び定期預貯金又は通知預貯金で反覆して預け入れることを約するものなど一定の預貯金等については、最初に預入等をする際に提出する非課税貯蓄申込書に、その預貯金等の口座に預入等をする予定最高限度額（口座限度額）を記載した場合、その後の預入等に際しては、その都度非課税貯蓄申込書を提出する必要はないこととされています。これを「最高限度額方式（いわゆるマル限方式）」といいます（所令35①③、所規６）。

ニ　非課税貯蓄申告書と350万円の関係

非課税貯蓄申告書は、その申告書に記載された最高限度額の合計額が350万円を超えることとなる場合には提出することができないこととされていますので、最高限度額の合計額が350万円を超えることになった場合には、その超えることとなった申告書は無効となります（所法10⑦、措法３の４）。

したがって、既に提出した非課税貯蓄申告書については、最高限度額の合計額が350万円以下である限り、有効とされます。

非課税貯蓄申告書と350万円の関係は、次の例のとおりです。

(イ)　非課税貯蓄申告書の効力と350万円の関係

提出日	申告書の提出状況			
甲銀行Ａ支店	2.1.9（新規） 300万円 （預貯金）		2.3.10（新規） 30万円（無効…二重申告） （預貯金）	
乙銀行Ｂ支店		2.2.6（新規） 150万円（無効…350万円限度超過） （預貯金）		
丙銀行Ｃ支店				2.4.8（新規） 50万円（有効） （預貯金）
最高限度額の合計額推移	300万円	300万円	300万円	350万円

(ロ)　限度額変更申告書の効力と350万円の関係

提出日	申告書の提出状況		
甲銀行Ａ支店		2.2.17（新規） 200万円	2.3.16（限度額変更） 200万円→300万円 （無効…350万円超過　2.2.17の申告書も2.3.16以降は無効となります（所基通10－13）。）
乙銀行Ｂ支店	2.1.14（新規） 100万円		
最高限度額の合計額推移	100万円	300万円	100万円

ホ　非課税貯蓄申込書を提出後に障害者等の要件を充たさなくなった場合の取扱い

(イ)　定期預金等については、非課税貯蓄申込書を提出するとき（預入時点）に、障害者等に該当していれば、その後、障害者等に該当しなくなった（資格喪失）としても、その預貯金等は非課税となります。

この場合、満期払利子及び期限前解約利子はもちろんのこと、期日後利子（満期後の期間に対応するもの）についても非課税とされます。

〔例〕

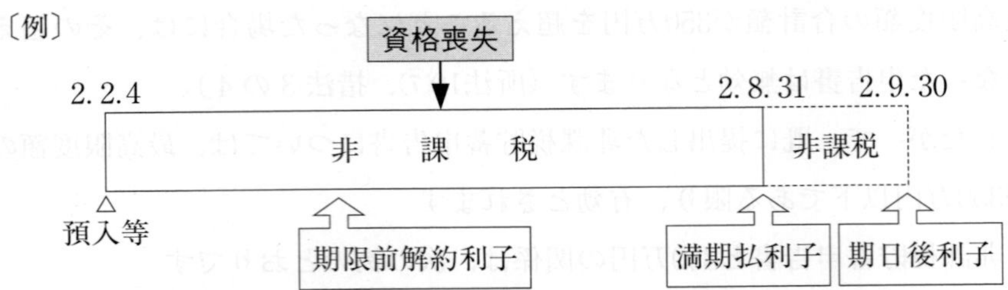

ただし、資格喪失後に追加預入等をした場合には、その預貯金等について非課税の適用を受けることはできません（所令36②、所規６の２①）。

〔例〕

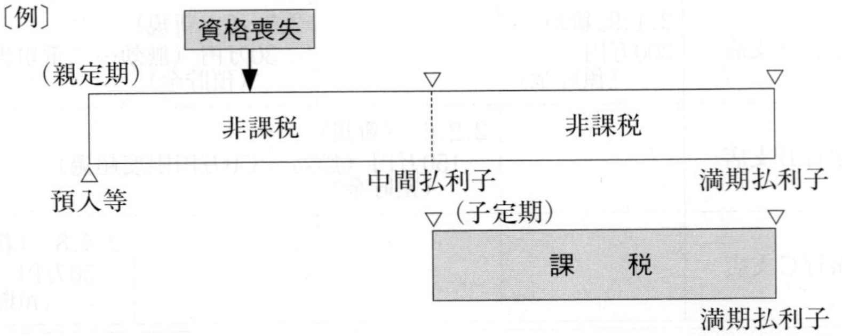

(ロ)　普通預金等の場合は、障害者等に該当しなくなった日を含む利子計算期間（Ⓐの計算期間）については引き続き非課税として取扱いますが、次の利子計算期間（Ⓑの利子計算期間）からはその全額が課税されます（所令36③）。

〔例〕

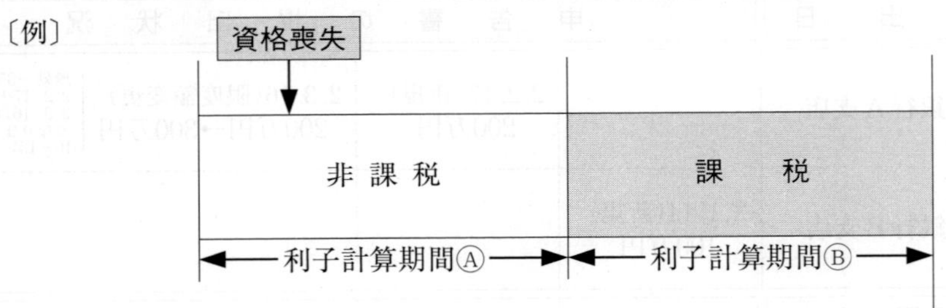

(注)　普通預金等に該当するかどうかは、その預貯金に、①満期日の定めがあるかどうか、②利息は毎日又は一定の日の残高を基に累積計算により算出され、毎年一定の時期に支払うこととされているかどうか等を勘案して判定します（所基通10－６）。

へ　非課税規定の適用を受けていた人が死亡した場合の課税関係

その利子等について障害者等の少額預金の利子所得等の非課税制度の適用を受ける預貯金等の貯蓄者が死亡した場合には、その預貯金等についてその死亡後に支払を受けるべき利子等に対する課税関係は、次によります（所令46、47、所基通10－21）。

区　分	課税関係	備　　考	
非課税貯蓄相続申込書の提出がある場合 ⇨	非課税	その非課税貯蓄相続申込書を提出した日にその相続人（障害者等に該当する人に限ります。）が非課税貯蓄申込書を提出した場合その預貯金等の預入等をしたものとみなして、非課税の規定が適用されます。	
上記以外の場合 ⇨	分割計算により課税	普通預金等以外	利子等の計算期間のうち、死亡日までの期間は非課税。死亡日の翌日以後の期間に対応する部分のみ課税。
		普通預金等	死亡した日を含む利子等の計算期間については非課税。その翌計算期間から課税。

⑺　障害者等の事実の確認手続

非課税貯蓄を受け入れる金融機関等は、障害者等に該当する事実を確認しなければなりません。

一方、障害者等の少額預金の利子所得等の非課税制度の適用を受けようとする者は、障害者等に該当する者であること及びその者の氏名・生年月日・住所・個人番号が確認できる公的な書類（住民票の写し等）を提示しなければなりません（所法10②⑤）。

確認手続の概要は247ページのとおりです。

○　確認書類として提示しなければならない書類

⑴　障害者に該当

障害者に該当する場合には、その資格を証する「手帳・証書等」のほか、別途「個人番号カード等」の提示が必要となります。

⑵　その他の人に該当

その他の人に該当する場合には、その資格を証する「証明書」と「妻（母）であることを証する書類」のほか、別途「個人番号カード等」の提示が必要とされています。

（注）「個人番号カード等」とは、次のいずれかの書類をいいます。

イ　個人番号カード

ロ　通知カード及び住所等確認書類

ハ　住民票の写し又は住民票の記載事項証明書（個人番号の記載のあるものに限ります。）及びこれら以外の住所等確認書類

※「住所等確認書類」とは、住民票の写し、住民票の記載事項証明書、印鑑証明書、健康保険の被保険者証、国民年金手帳、運転免許証、旅券など一定の書類をいいます。

アドバイス

①「手帳・証書等」に住所、氏名及び生年月日の記載（住所、氏名に変更があった場合には、その変更後の住所、氏名の記載のあるものに限ります。）がある場合には、「住所等確認書類」の提示は不要となります。

②「妻（母）であることを証する事項の記載のある住民票の写し又は住民票の記載事項証明書（削除された住民票に記載されていた事項が確認できるものを含みます。）」のように「妻（母）であることを証する書類」に、その人の現在の住所、氏名及び生年月日が記載されているものであれば、「住所等確認書類」を重複して提出する必要はありません。

　また、「証書等」に妻（母）である旨の「続柄」の記載がある場合には、「妻（母）であることを証する書類」は不要とされます。

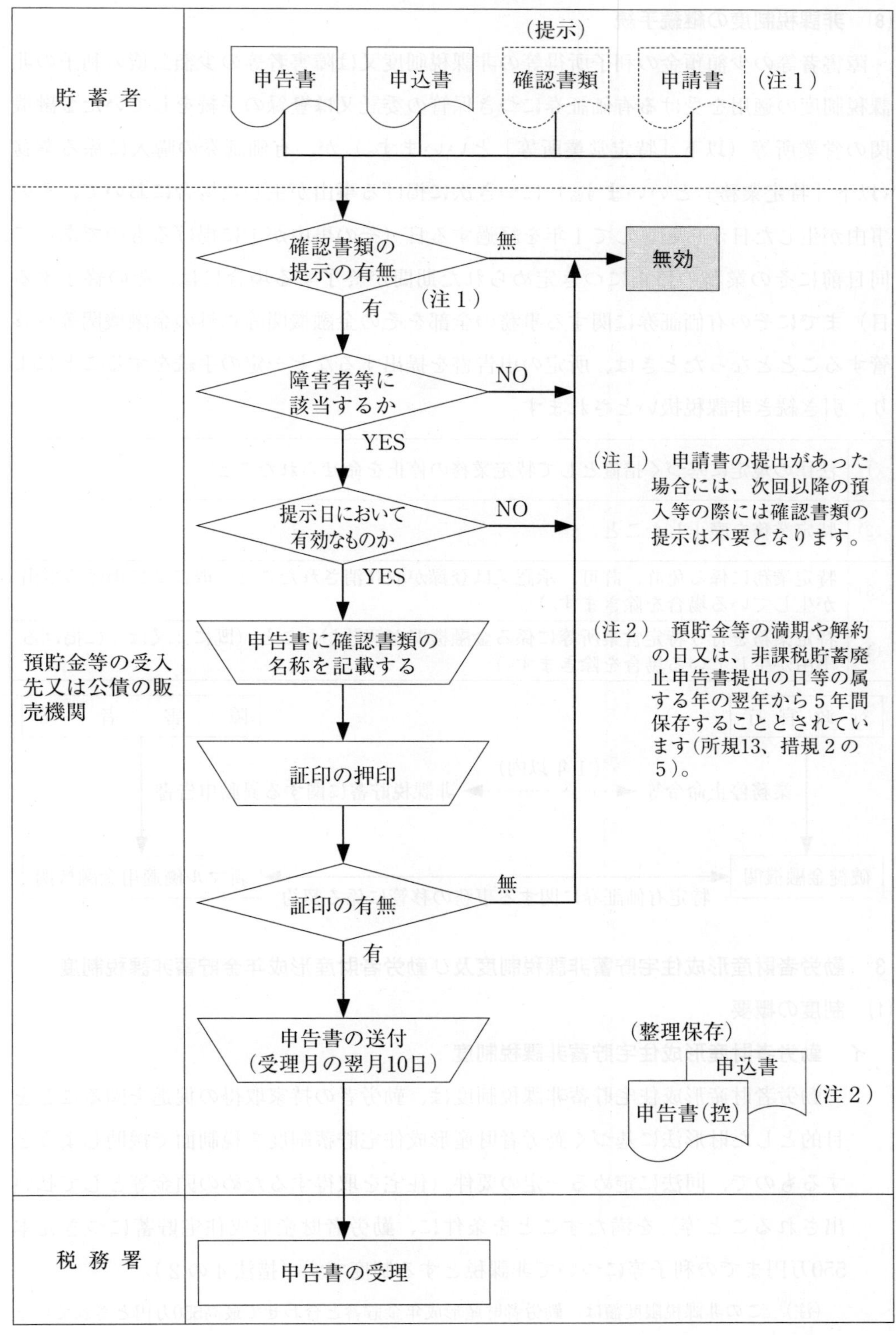
貯　蓄　者
（提示）
申告書
申込書
確認書類
申請書
（注１）
預貯金等の受入先又は公債の販売機関
確認書類の提示の有無
無
無効
有
（注１）
障害者等に該当するか
NO
YES
提示日において有効なものか
NO
YES
申告書に確認書類の名称を記載する
証印の押印
証印の有無
無
有
申告書の送付（受理月の翌月10日）
（整理保存）
申込書
申告書(控)
（注２）
税　務　署
申告書の受理
（注１）　申請書の提出があった場合には、次回以降の預入等の際には確認書類の提示は不要となります。
（注２）　預貯金等の満期や解約の日又は、非課税貯蓄廃止申告書提出の日等の属する年の翌年から５年間保存することとされています（所規13、措規２の５）。

(8) 非課税制度の継続手続

障害者等の少額預金の利子所得等の非課税制度又は障害者等の少額公債の利子の非課税制度の適用を受ける有価証券につき保管の委託又は登録の手続をしていた金融機関の営業所等（以下「特定営業所等」といいます。）が、有価証券の購入に係る業務（以下「特定業務」といいます。）につき次に掲げる事由が生じた場合において、その事由が生じた日から起算して１年を経過する日（その事由が①に掲げるものであって、同日前にその業務の停止につき定められた期間が終了する場合には、その終了する日）までにその有価証券に関する事務の全部をその金融機関等以外の金融機関等へ移管することとなったときは、所定の申告書を提出するなど一定の手続をすることにより、引き続き非課税扱いとされます。

①	法律の規定に基づく措置として特定業務の停止を命ぜられたこと
②	特定業務を廃止したこと
③	特定業務に係る免許、許可、承認又は登録が取り消されたこと（既に②に掲げる事由が生じている場合を除きます。）
④	特定業務を行う特定営業所等に係る金融機関が解散したこと（既に②又は③に掲げる事由が生じている場合を除きます。）

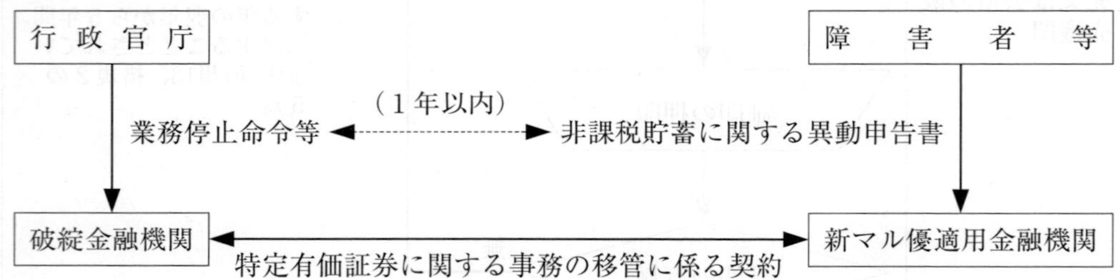

3 勤労者財産形成住宅貯蓄非課税制度及び勤労者財産形成年金貯蓄非課税制度

(1) 制度の概要

イ 勤労者財産形成住宅貯蓄非課税制度

勤労者財産形成住宅貯蓄非課税制度は、勤労者の持家取得の促進を図ることを目的とした財形法に基づく勤労者財産形成住宅貯蓄制度を税制面で援助しようとするもので、同法に定める一定の要件（住宅を取得するための頭金等として払い出されること等）を満たすことを条件に、勤労者財産形成住宅貯蓄につき元本550万円までの利子等について非課税とする制度です（措法４の２）。

（注）　この非課税限度額は、勤労者財産形成年金貯蓄と合わせて最高550万円とされています。

ロ　勤労者財産形成年金貯蓄非課税制度

勤労者財産形成年金貯蓄非課税制度は、勤労者の計画的な財産形成（特に老後の生活安定）に資するために創設された勤労者財産形成年金貯蓄に係る利子等について、元本550万円を限度として、積立期間中の利子のほか退職後の年金支払期間中の利子等についても非課税扱いとする制度です（措法４の３）。

（注）　この非課税限度額は、勤労者財産形成住宅貯蓄と合わせて最高550万円とされています。なお、生命保険の保険料、損害保険の保険料、生命共済の共済掛金、郵便貯金にあっては、385万円（残りの165万円については財産形成住宅貯蓄の非課税枠として利用できます。）を超えてはならないこととされています（措法４の３⑦）。

区分／制度	適用対象者	非課税限度額
勤労者財産形成住宅貯蓄非課税制度	勤労者 （55歳未満） （財形法６②④）	合わせて 元本550万円
勤労者財産形成年金貯蓄非課税制度		

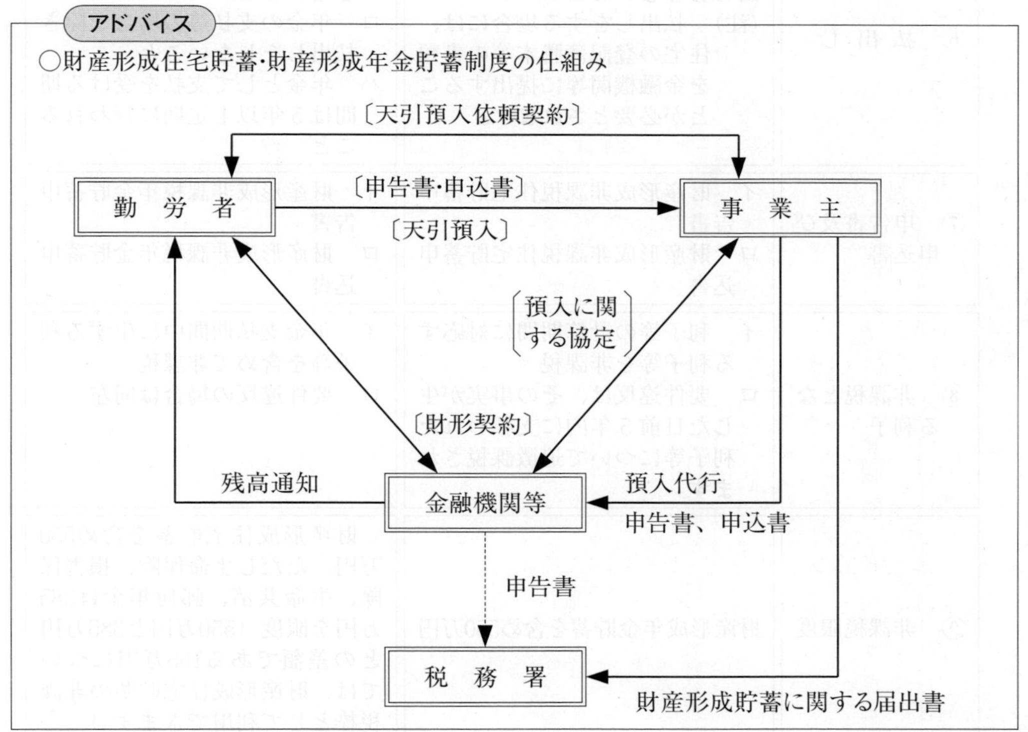

(2)　勤労者財産形成住宅貯蓄契約と勤労者財産形成年金貯蓄契約の要件の概要

区　分	勤労者財産形成住宅貯蓄契約	勤労者財産形成年金貯蓄契約
① 対 象 者	55歳未満の勤労者	同　　左
② 契約制限	一種類・一店舗・一契約	同　　左
③ 対象貯蓄	イ　預貯金（勤務先預金及び共済組合貯金を除きます。） ロ　合同運用信託 ハ　有価証券 ニ　公社債 ホ　生命保険の保険料、損害保険の保険料、生命共済の共済掛金	同　　左
④ 積立方法	事業主を通ずる給与天引預入等	同　　左
⑤ 積立期間	定期に５年以上	同　　左
⑥ 払 出 し	住宅取得又は増築等の時の頭金等のための払出し等を除き払出しをしないこと (注)　払出しをする場合には、住宅の登記簿謄本等の書類を金融機関等に提出することが必要とされます。	イ　年金支払開始日（60歳以降契約所定の日）まで払出しをしないこと ロ　年金の支払等の場合を除き払出しをしないこと ハ　年金として支払を受ける期間は５年以上定期に行われること
⑦ 申告書及び申込書	イ　財産形成非課税住宅貯蓄申告書 ロ　財産形成非課税住宅貯蓄申込書	イ　財産形成非課税年金貯蓄申告書 ロ　財産形成非課税年金貯蓄申込書
⑧ 非課税となる利子	イ　利子等の計算期間に対応する利子等を非課税 ロ　要件違反は、その事実が生じた日前５年内に支払われた利子等について追徴課税されます。	イ　年金支払期間中に生ずる利子等を含めて非課税 ロ　要件違反の場合は同左
⑨ 非課税限度	財産形成年金貯蓄を含め550万円	財産形成住宅貯蓄を含め550万円。ただし生命保険、損害保険、生命共済、郵便年金は385万円を限度（550万円と385万円との差額である165万円については、財産形成住宅貯蓄の非課税枠として利用できます。）

イ　勤労者とは

国内に住所を有する年齢55歳未満の勤労者で、勤務先に「給与所得者の扶養控除等申告書」を提出している者に限られます（措法４の２①、４の３①）。

区　分	適　用　対　象　の　有　無
国家公務員	特別職のうち、機関の長としての業務執行権を持つ各省庁の大臣を除いて適用があります。
自営業者 農業所得者	事業主に雇用される者ではないため適用はありません。
法人の役員	原則として適用はありません。 ただし、代表権又は業務執行権を持たない役員で工場長、部長などの使用人としての職にあって賃金の支払を受ける者については適用があります。
監査役 非常勤取締役	使用人としての職制上の地位がないため適用はありません。
個人事業の家族従業員（青色事業専従者のうち、同居の親族）	原則として適用はありません。 ただし、次の要件を満たす者については適用があります。 ⑴　常時同居の親族以外の労働者を使用する事業において一般事務又は現場作業に従事していること ⑵　業務を行うにつき、事業主の指揮命令に従っていることが明確であること ⑶　就労の実態が当該事業場における他の労働者と同様であり、賃金もこれに応じて支払われていること
地方公務員	都道府県知事又は市区町村長を除いて適用があります。
議員等	適用はありません。 ただし、議員に雇用される秘書は適用があります。
公益法人、公社公団等の特殊法人等の理事	その理事の権限や職務内容により判断します。
国内に住所を有しない者や退職者等	適用はありません。

アドバイス

1　勤労者であっても国内に住所を有しない人や、退職又は役員昇格によりその勤務先の勤労者に該当しなくなった人は、この制度を利用することはできませんが、この制度を利用していた人が海外の支店等に転勤することとなった場合で一定の要件を満たすときは、所定の手続をとることにより、引き続きこの制度を利用することができます（措令２の21①②）。

2　この制度の適用を受けていた勤労者が、育児休業等（注）をすることとなった場合において、育児休業等の開始の日までに、「育児休業等をする者の財産形成非課税住宅貯蓄継続適用申告書」を勤務先等及び金融機関の営業所等を経由して税務署長に提出することにより、その財形住宅貯蓄の利子等について引き続き非課税扱いを受けることができます（措令２の21の２①）。

（注）「育児休業等」とは、厚生年金保険法第23条の３第１項に規定する産前産後休業並びに同法第23条の２第１項に規定する育児休業等及び裁判官の育児休業に関する法律第２条第１項に規定する育児休業をいいます。

ロ　持家としての住宅等の範囲（財形令14、14の２、財形規１の14、１の14の２）

①　持家としての住宅

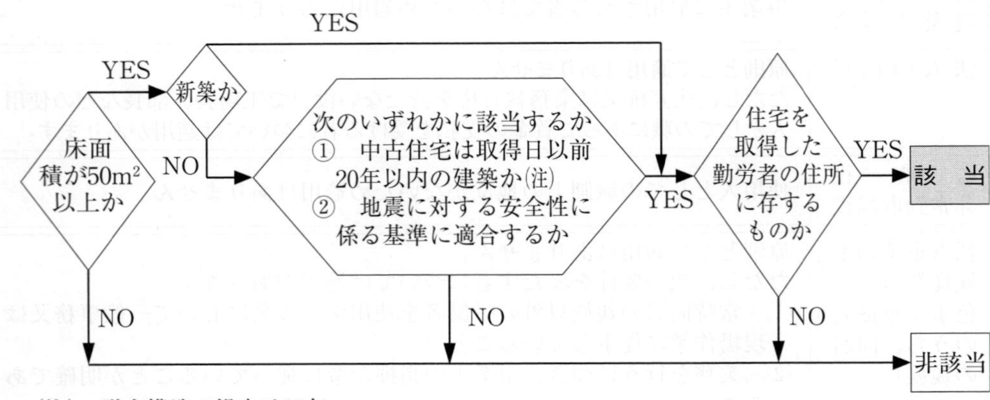

（注）耐火構造の場合は25年。

②　持家である住宅の増改築等

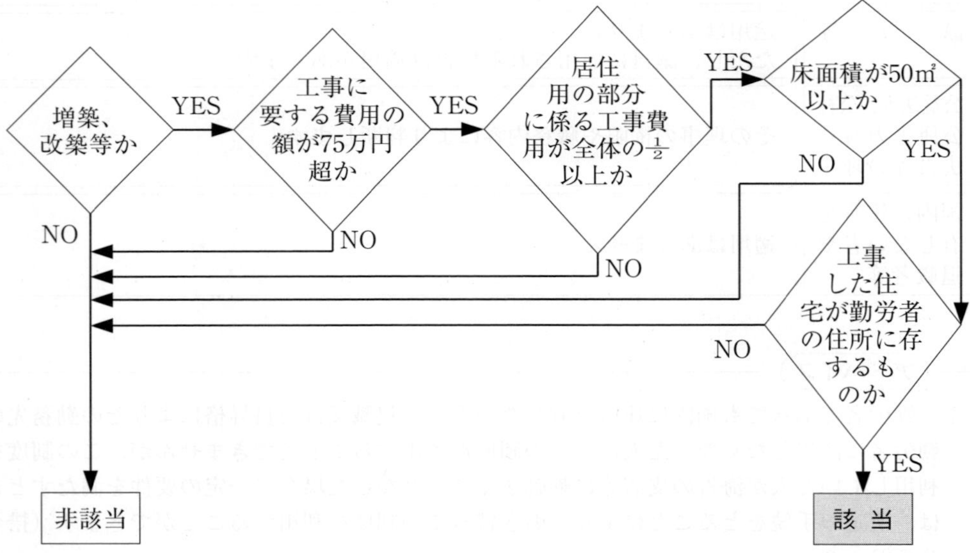

ハ　財形住宅貯蓄について課税される場合

(イ)　退職等による不適格事由が生じた場合（転職者等又は海外転勤者で非課税措置が継続される場合を除きます。）（措法4の2②、措令2の12）

①　利子等の計算期間が1年以下のとき

退職等した日の属する利子等の計算期間後の計算期間に係る利子等については、課税されることになります。

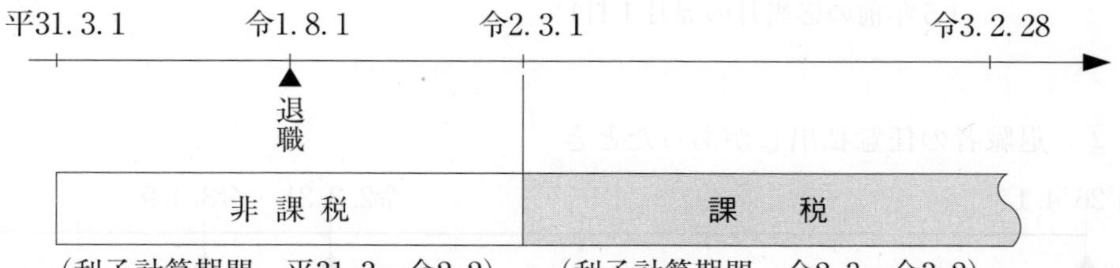

(注)　勤労者財産形成住宅（年金）貯蓄の利子所得等の非課税制度の適用を受けていた勤労者が、海外に勤務するために出国することとなった場合であっても、一定の要件のもとに引き続き7年間はこの非課税制度の適用を受けることができます（措令2の21①②）。

②　利子等の計算期間が1年超のとき

退職した日から起算して1年を経過する日後に支払われるものについては、課税されることになります。

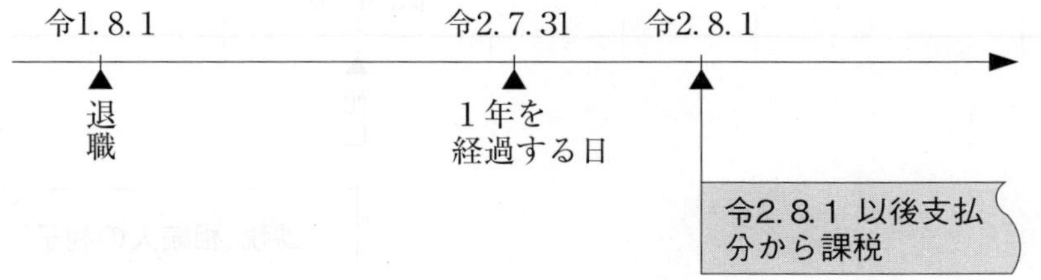

(ロ)　2年以上の期間にわたって払込みが中断した場合（海外転勤者で非課税措置が継続される場合及び次の(ハ)の場合を除きます。）（措令2の13）

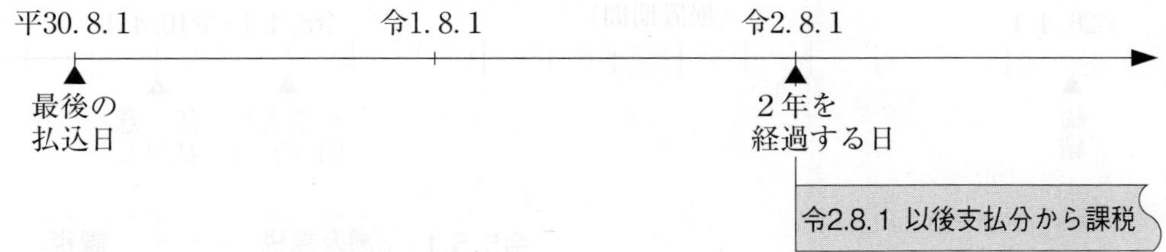

(ハ)　任意払出しがあった場合（措法４の２⑨、措令２の16）

①　在職者の任意払出しがあったとき

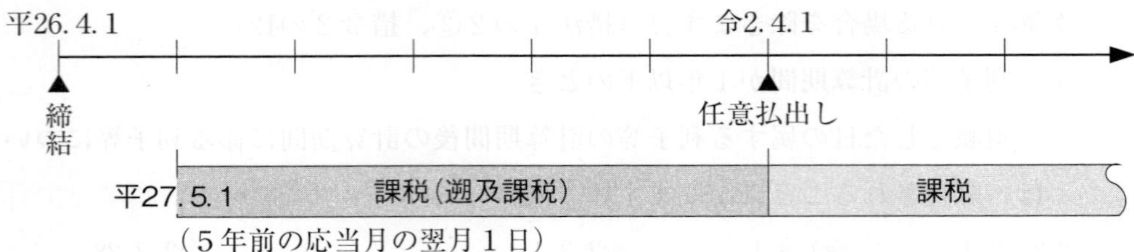

②　退職者の任意払出しがあったとき

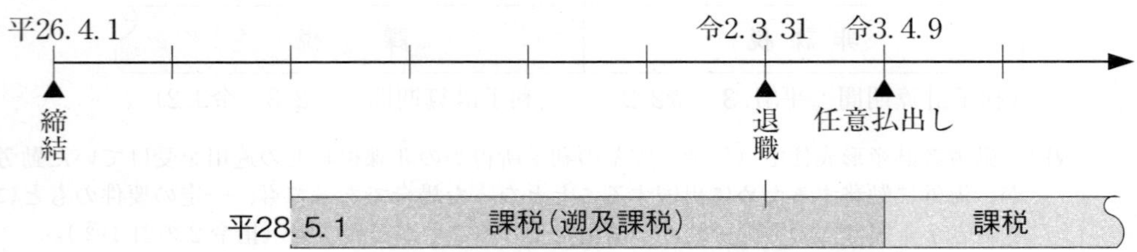

③　死亡のとき

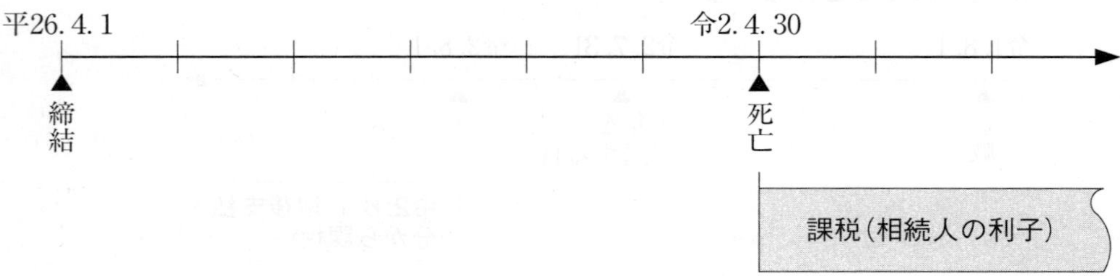

ニ　財形年金貯蓄について課税される場合

①　年金支払開始日から２年後に任意の払出しがあったとき

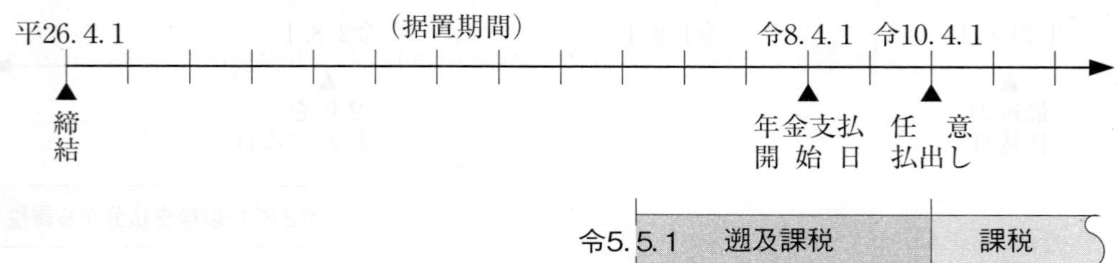

②　年金支払開始日から６年後に任意の払出しがあったとき

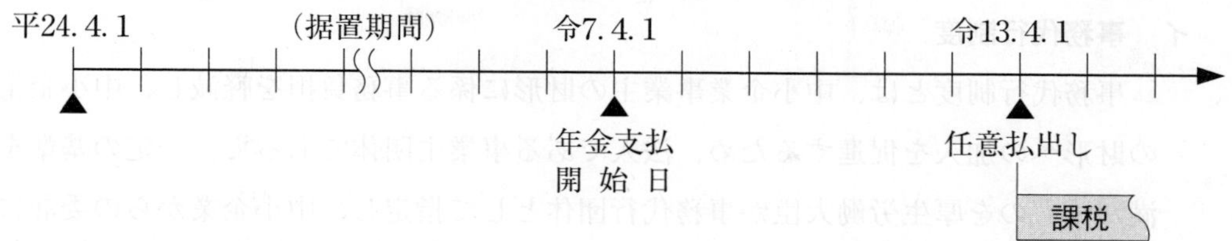

アドバイス

財形年金貯蓄については、積立期間中に元本が非課税限度額（最高550万円）を超過した場合には、原則として、解約扱いとなり、過去５年間に支払われた利子について遡及課税が行われることとなります。ただし、積立期間満了前３年以内に限度額を超過したものに限っては、解約することなく、引き続き金融機関が課税財形年金貯蓄として取り扱うことができます。

なお、非課税限度額超過日以後に支払う利子等については課税対象となりますので注意が必要です。

また、非課税限度額超過後は、積立額の増額変更もできません。

ホ　災害等の事由による金銭の払出し

勤労者につき、次の事由が生じた日から同日以後１年を経過する日までの間に、当該事由が生じたことによりその勤労者が勤労者財産形成住宅（年金）貯蓄の払出しを行う場合には、所轄税務署長の確認を受けることによって、その払出しをした日に係る利子等に対する課税及び同日前５年内に支払われた利子等に対する遡及課税を行わないこととされています（措令２の25の２）。

災　害　等　の　事　由
①　勤労者が居住の用に供している家屋であってその者又はその者と生計を一にする親族が所有しているものについて、災害により全壊、流失、半壊、床上浸水その他これらに準ずる損害を受けたこと。
②　勤労者が支払った医療費で、その者又はその支払の時においてその者と生計を一にする親族のためにその年中に支払ったものの金額の合計額が200万円を超えたこと。
③　勤労者が配偶者と死別等をし、所得税法に規定する一定の寡婦又は寡夫に該当することとなったこと。
④　勤労者が特別障害者に該当することとなったこと。
⑤　勤労者が雇用保険法に規定する特定受給資格者又は特定理由離職者に該当することとなったこと。

（注）所轄税務署長の確認を受けようとする勤労者は、災害等の事由が生じた日から11か月を経過する日までに、その災害等の事由が生じたことについて税務署長の確認を受けたい旨の申出書を勤務者の住所地の所轄税務署に提出する必要があります（措規３の５⑲）。

(3)　勤労者財産形成促進法による整備

イ　事務代行制度

事務代行制度とは、中小企業事業主の財形に係る事務負担を軽減し、中小企業の財形への加入を促進するため、法人である事業主団体であって、一定の基準を満たすものを厚生労働大臣が事務代行団体として指定し、中小企業からの委託に基づいて財形事務の代行を行う制度です。この制度により、事業主が事務代行団体に勤労者財産形成住宅（年金）貯蓄契約に関する事務の委託をした場合、「財産形成非課税住宅（年金）貯蓄申告書」の提出等に当たっては事務代行先を経由するなど、非課税手続に関する一定の事務を事務代行団体が行うことが認められています（措法４の２①）。

ロ　金融機関等が業務停止命令を受けた場合等における勤労者財産形成貯蓄契約等に係る預替えの特例制度

勤労者と財形住宅（年金）貯蓄契約を締結している金融機関が次に掲げる事由が生じたため、又はその財形貯蓄取扱機関から営業譲渡を受けた者が財形住宅（年金）貯蓄の事務を行わない金融機関の営業所等であるため、財形住宅（年金）貯蓄契約の金銭の払込みができなくなったことにより、勤労者がその勤務先の財形貯蓄取扱機関である他の金融機関等と一定の内容の新契約を締結し、財形住宅（年金）貯蓄に関する事務の全部をその金融機関の営業所等に移管したときは、その事由が生じた日から起算して１年を経過する日（同日前にその新契約に基づく預入等に係る金銭の払込みをする場合には、その金銭の払込みをする日）までに所定の申告書を提出するなど一定の手続をとることにより、勤労者が転職等をした場合と同様、その財形住宅(年金)貯蓄の利子等は引き続き非課税とされます(措令２の20②)。

事　　由
①　法律の規定に基づく措置として財形住宅（年金）貯蓄に係る業務の停止を命ぜられたこと
②　財形住宅（年金）貯蓄に係る業務を廃止したこと
③　財形住宅（年金）貯蓄に係る業務についての免許、許可、承認又は登録が取り消されたこと（既に②に掲げる事由が生じている場合を除きます。）
④　財形住宅（年金）貯蓄取扱金融機関が解散したこと（既に②又は③に掲げる事由が生じている場合を除きます。）

〔業務停止命令を受けた場合等の財形貯蓄取扱機関からの預替えの特例制度の概要〕

1　破綻金融機関から新たな財形貯蓄取扱機関へ預替えを行う場合

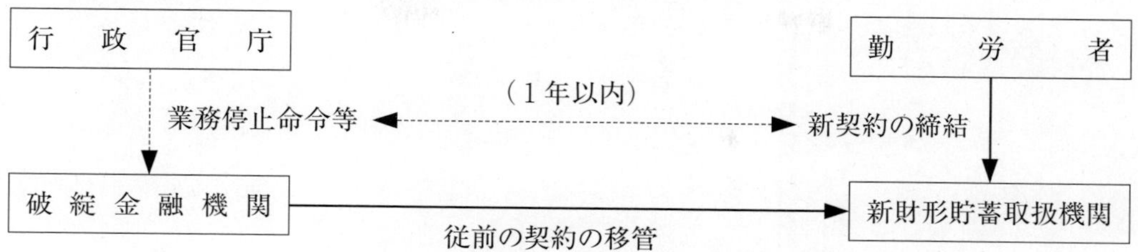

2　破綻金融機関から受皿金融機関等への営業譲渡後に新たな財形貯蓄取扱機関に預替えを行う場合

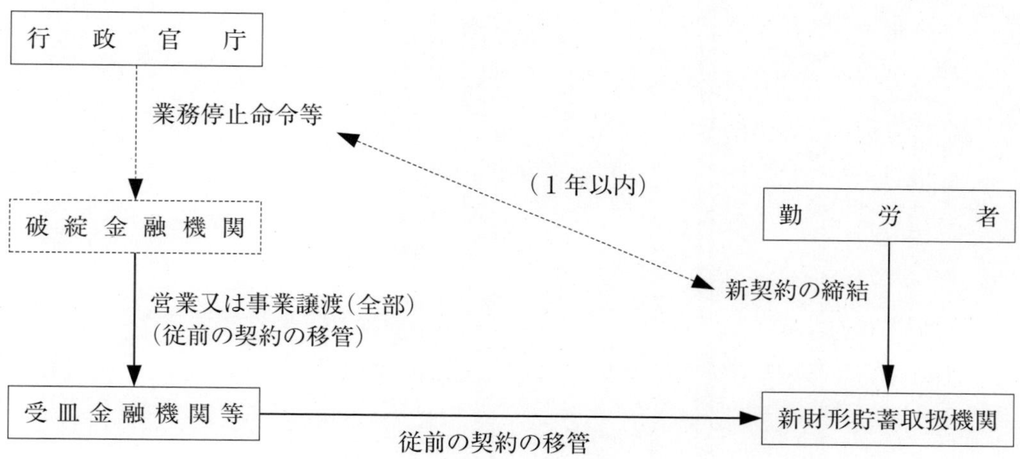

第6章　配当所得に対する源泉徴収

第1　配当所得の意義及び範囲

1　配当所得の意義

源泉徴収の対象とされる「配当等」とは、法人（公益法人等及び人格のない社団等を除きます。）から支払を受ける次に掲げるもの（法人税法第2条第12号の15に規定する適格現物分配に係るものを除きます。）をいいます（所法24①）。

なお、剰余金の配当、利益の配当、剰余金の分配には、法人が剰余金又は利益の処分により配当又は分配をしたものだけでなく、株主等に対しその株主等である地位に基づいて供与した経済的な利益も含まれます（所基通24－1）。

① 剰余金の配当（株式又は出資に係るものに限るものとし、資本剰余金の額の減少に伴うもの、法人税法第2条第12号の9に規定する分割型分割（法人課税信託に係る信託の分割を含みます。）によるもの及び株式分配を除きます。）

② 利益の配当（資産流動化法第115条第1項《中間配当》に規定する金銭の分配を含むものとし、法人税法第2条第12号の9に規定する分割型分割（法人課税信託に係る信託の分割を含みます。）によるもの及び株式分配を除きます。）

③ 剰余金の分配（出資に係るものに限られます。）

④ 金銭の分配（投資信託及び投資法人に関する法律第137条《金銭の分配》に規定する金銭の分配をいい、出資総額等の減少に伴う金銭の分配として所得税法施行規則第18条第1項に規定するもの（以下この章において「出資等減少分配」といいます。）を除きます。）

⑤ 基金利息（保険業法第55条第1項《基金利息の支払等の制限》に規定する基金利息をいいます。）

⑥ 投資信託（公社債投資信託及び公募公社債等運用投資信託を除きます。）の収益の分配

⑦ 特定受益証券発行信託の収益の分配

配当所得

2　配当所得の範囲

配当所得には、次の「通常の配当所得」と「みなし配当所得」があります。

(1)　通常の配当所得

通常の配当所得は次のとおりです（所法24①）。

配当所得の範囲	具体例
①　法人から受ける剰余金の配当	株式配当、中間配当　（注１） 農業協同組合や信用金庫、企業組合などがその出資額に応じて支払う剰余金の分配　（注２） このほか、剰余金の分配には、次に掲げるものが含まれます（所令62①）。 ①　企業組合がその組合員にその企業組合の事業に従事した程度に応じて支払う分配金 ②　協業組合がその組合員に定款の定めに基づき出資口数に応じないで支払う分配金 ③　農事組合法人、漁業生産組合又は生産森林組合のうち、組合員に給与を支給している組合が、その組合員にその組合などの事業に従事した程度に応じて支払う分配金 ④　農住組合がその組合員に組合事業の利用分量に応じて支払う分配金
②　法人から受ける利益の配当	利益の配当　（注３）
③　剰余金の分配（出資に係るものに限られます。）	船主相互保険組合法上の船主相互保険組合から支払われる配当など
④　投資法人から受ける金銭の分配	金銭の分配
⑤　基金利息	相互保険会社が保険業法第55条第１項の規定により基金の拠出者に対して支払う基金利息
⑥　投資信託（公社債投資信託及び公募公社債等運用投資信託を除きます。）及び特定受益証券発行信託の収益の分配（注４）	投資信託（公社債投資信託及び公募公社債等運用投資信託を除きます。）及び特定受益証券発行信託の収益の分配 この収益の分配には、毎決算期ごとに支払われる分配金と信託契約の終了又は一部解約により支払われる分配金とがありますが、いわゆるオープン型の証券投資信託の分配金のうち、信託財産の元本の払戻しに相当する部分として分配される特別分配金（収益調整金の分配金）は、非課税とされており、ここにいう収益の分配には含まれません（所法９①十一、所令27）。

（注）１　株式又は出資に係るものに限るものとし、資本剰余金の額の減少に伴うもの、分割型分割（法人課税信託に係る信託の分割を含みます。）及び株式分配によるものを除きます。

２　協同組合等が支払う分配金であっても、その協同組合等の事業を利用した分量（取り扱った物の数量や金額）などに応じて支払うもので、その協同組合等の所得の計算上損金に算入されるいわゆる事業分量配当は、配当所得ではなく事業所得などになります（所令62④）。

３　資産流動化法第115条第１項《中間配当》に規定する金銭の分配を含むものとし、分割型分割（法人課税信託に係る信託の分割を含みます。）によるものを除きます。

４　特定受益証券発行信託とは、法人税法第２条第29号ハに規定する特定受益証券発行信託をいいます（所法２十五の五）。

⑵　みなし配当所得

イ　みなし配当の範囲

会社法上は利益の配当とされないものであっても、その実質が利益の配当と変わらないものは、所得税法上配当とみなされて配当所得とされるものがあります。

法人（公益法人等及び人格のない社団等を除きます。）の株主等が、次に掲げる事由により金銭その他の資産の交付を受けた場合で、その金銭の額とその他の資産の価額（適格現物分配に係る資産については、当該法人のその交付の直前の当該資産の帳簿価額に相当する金額）との合計額が、その法人の資本金等の額又は連結個別資本金等の額のうちその交付の基因となった株式又は出資に対応する部分の金額を超えるときは、その超える部分の金額に係る金銭その他の資産は、配当等とみなされて課税の対象とされます（所法25）。

みなし配当として取り扱われる場合は次のとおりです。

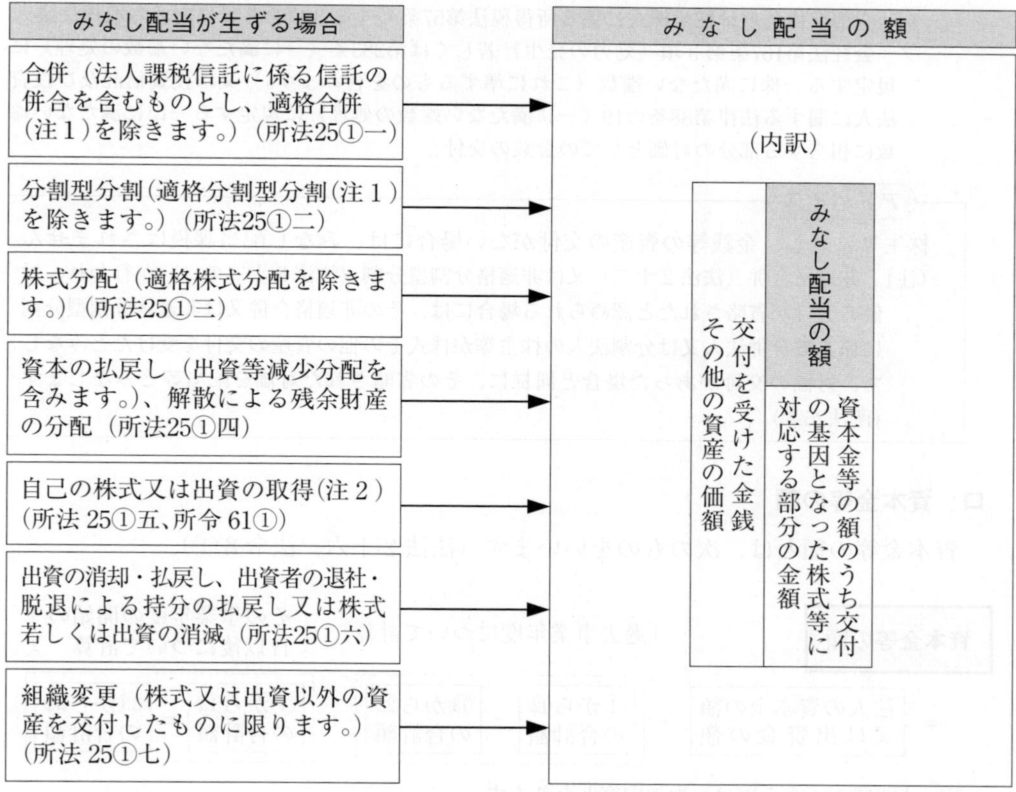

（注）１　「適格合併」及び「適格分割型分割」とは、合併及び分割型分割（分割により分割承継法人の株式その他の資産が分割法人の株主等に交付される場合の当該分割をいいます。）のうち、企業グループ内での組織再編成や共同事業を行うための組織再編成を目的としたもので、被合併法人や分割法人の株主等には合併法人や分割承継法人の株式以外の資産は交付されないなど一定の要件を満たしているものをいいます（法法２十二の八、十二の九、

十二の十一、十二の十二)。

2　自己株式の取得は、次に掲げる取得を除きます（所令61①)。

イ　金融商品取引所の開設する市場における購入

ロ　店頭売買登録銘柄として登録された株式のその店頭売買による購入

ハ　金融商品取引業のうち電子情報処理組織を使用して、同時に多数の者を一方の当事者又は各当事者として一定の売買価格の決定方法によって有価証券の売買の媒介等をする場合のその売買

ニ　事業の全部の譲受け

ホ　合併又は分割若しくは現物出資による被合併法人、分割法人又は現物出資法人からの移転

ヘ　適格分社型分割による分割承継法人からの交付

ト　株式交換による株式交換完全親法人からの交付

チ　法人の合併に反対するその被合併法人の株主等の買取請求に基づく買取り

リ　会社法第182条の４第１項《反対株主の株式買取請求》、同法第192条第１項《単元未満株式の買取り請求》又は同法第234条第４項《一に満たない端数の処理》の規定による買取り

ヌ　全部取得条項付種類株式を発行する定めを設ける法人税法第13条第１項《事業年度の意義》に規定する定款等の変更に反対する株主等の買取請求に基づく買取り

ル　全部取得条項付種類株式に係る所得税法第57条の４第３項第３号に定める取得決議

ヲ　会社法第167条第３項《効力の発生》若しくは第283条《一に満たない端数の処理》に規定する一株に満たない端数（これに準ずるものを含みます。）又は投資信託及び投資法人に関する法律第88条の19《一に満たない端数の処理》に規定する一口に満たない端数に相当する部分の対価としての金銭の交付

アドバイス

株主等に対し、金銭等の資産の交付がない場合には、みなし配当課税はされません。

(注)　非適格合併（法法２十二）又は非適格分割型分割（法法２十二の二）が行われ、対価の交付が省略されたと認められる場合には、その非適格合併又は非適格分割型分割に係る被合併法人又は分割法人の株主等が株式その他の資産の交付を受けたとみなして、対価の交付があった場合と同様に、その省略された対価を配当等とみなします（所法25②)。

ロ　資本金等の額

資本金等の額とは、次のものをいいます（法法２十六、法令８①)。

資本金等の額

〔過去事業年度について計算〕　〔その事業年度の開始の日以後について計算〕

＝ 法人の資本金の額又は出資金の額 ＋ (①から⑫の合計額 － ⑬から㉒の合計額) ＋ (①から⑫の合計額 － ⑬から㉒の合計額)

(注)　上の式の①から㉒は、次の内容となります。

①	株式の発行（出資を含みます。）又は自己株式の譲渡をした場合に払い込まれた金銭等の額から、その株式の発行等により増加した資本金又は出資金の額を減算した金額

②	新株予約権の行使によりその行使をした者に自己株式を交付した場合のその行使に際して払い込まれた金銭等の額及び行使直前の新株予約権の帳簿価額の合計額から、その行使に伴う株式の発行により増加した資本金の額を減算した金額
③	取得条項付新株予約権についての法人税法第61条の２第14項第５号に定める事由による取得の対価として自己株式を交付した場合の当該取得直前の取得条項付新株予約権の帳簿価額に相当する金額から、その取得に伴う株式の発行により増加した資本金の額を減算した金額
④	協同組合等の法人が新たに出資者となる者から徴収した加入金の額
⑤	合併法人が合併により移転を受けた純資産価額（適格合併にあっては合併の前日の属する事業年度終了時の被合併法人の資本金等の額）から、その合併に伴う増加資本金額等及び抱合株式の合併直前の帳簿価額等の合計額を減算した金額
⑥	分割型分割により移転を受けた純資産価額（適格分割型分割にあっては、分割法人の資本金等の額につき⑮により計算した金額）から、その分割による増加資本金額等及び法人が有していた分割法人の株式に係る分割純資産対応帳簿価額を減算した金額
⑦	分社型分割により移転を受けた純資産価額（適格分社型分割にあっては簿価純資産価額）から、その分割に伴う増加資本金額等を減算した金額
⑧	適格現物出資により移転を受けた簿価純資産価額から、その現物出資により増加した資本金又は出資金の額を減算した金額
⑨	非適格現物出資により現物出資法人に交付した株式の現物出資の時の価額から、その現物出資により増加した資本金又は出資金の額を減算した金額
⑩	株式交換（適格株式交換に該当しない無対価株式交換を除きます。）により移転を受けた株式交換完全子法人の株式の取得価額から、増加資本金額等を減算した金額
⑪	株式移転により移転を受けた株式移転完全子法人の株式の取得価額から、株式移転の時の資本金の額及び株式移転完全子法人の株主に交付した株式以外の資産の価額等の合計額を減算した金額
⑫	資本金の額又は出資金の額を減少した場合（⑭に該当する場合を除きます。）のその減少した金額に相当する金額
⑬	準備金の額若しくは剰余金の額を減少して資本金の額若しくは出資金の額を増加した場合のその増加した金額又は再評価積立金を資本に組み入れた場合のその組み入れた金額に相当する金額
⑭	資本又は出資を有する法人が資本又は出資を有しないこととなった時の直前における資本金等の額（資本金の額又は出資金の額を除きます。）に相当する金額
⑮	分割法人の分割型分割の直前の資本金等の額に分割割合を乗じて計算した金額
⑯	現物分配法人の適格株式分配の直前のその適格株式分配によりその株主に交付した完全子法人株式の帳簿価額に相当する金額
⑰	現物分配法人の適格株式分配に該当しない株式分配の直前の資本金等の額に分配割合を乗じて計算した金額
⑱	資本の払戻し（出資等減少分配を除きます。）又は解散による残余財産の一部の分配に係る減資資本金額（交付した金銭等の額からみなし配当となる額を控除した金額）

⑲	出資等減少分配に係る分配資本金額（出資等減少分配の直前の資本金等の額に分配割合を乗じて計算した金額）
⑳	法人税法第24条第１項第５号から第７号に掲げる事由（自己株式の取得（みなし配当の適用がある場合に限ります。）、出資の消却等及び組織変更）により金銭等を交付した場合の取得資本金額（交付した金銭等の額からみなし配当となる額を控除した金額）
㉑	自己株式の取得（みなし配当の適用がない取得）の対価の額に相当する金額
㉒	法人税法第24条第１項各号に掲げる事由（みなし配当事由）により、完全支配関係がある内国法人から金銭等の交付を受けた場合又はその法人の株式を有しないこととなった場合の、みなし配当の額及び法人税法第61条の２第17項の規定により株式の譲渡対価とされる金額の合計額から、交付された金銭等の額を減算した金額に相当する金額

計算例　１株当たり1,000円の減資払戻金の交付を受けた場合のみなし配当

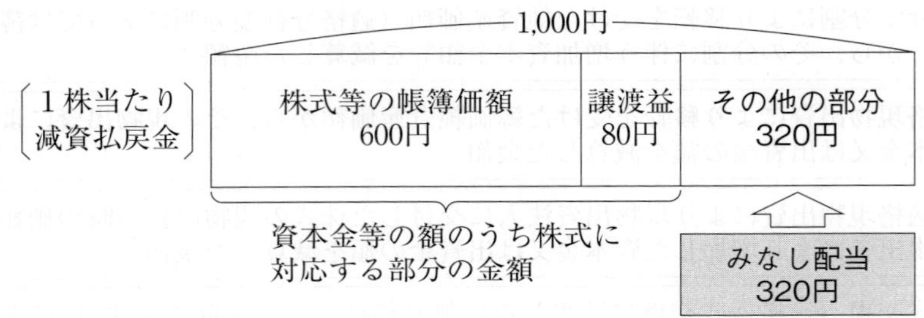

ハ　相続財産に係る非上場株式のみなし配当課税の特例

相続又は遺贈により取得（みなし取得を含みます。）した非上場株式を、相続の開始があった日の翌日からその相続税の申告書の提出期限の翌日以後３年を経過する日までの間にその発行会社に譲渡した場合には、非上場株式の譲渡対価が資本金等の額を超えたとしてもその相続等により財産を取得した個人に生じるみなし配当課税は行われません（譲渡所得課税となります。）（措法９の７①）。

この特例の適用を受ける場合には、一定の事項を記載した書面を、非上場株式の発行会社を通じて、発行会社の所在地の所轄税務署長に提出することとされています（措令５の２②）。

(注)１　この特例は、相続又は遺贈につき納付すべき相続税額がある場合に限られます。
　２　会社法の施行前に有限会社の出資持分を相続し、施行後に発行会社に譲渡した場合には、この特例の適用はありません。

3　配当所得の金額の計算

(1)　配当所得の金額

配当所得の金額は、次の算式で計算します（所法24②）。

（算　式）

配当所得の金額 ＝〔収入金額（税込み）〕－〔株式などを取得するための負債の利子〕

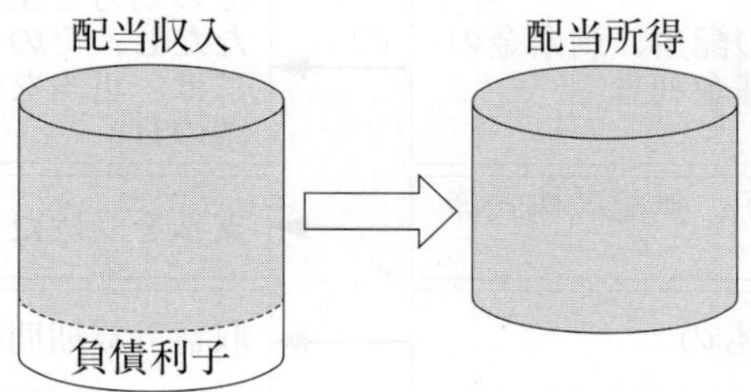

（注）　源泉徴収の対象となる金額は、支払うべき金額とされていますので、負債利子の額を考慮する必要はありません。

(2)　負債の利子の計算

配当所得の収入金額から差し引く株式等（株式その他配当所得を生ずべき元本をいいます。）を取得するために要した負債の利子の額は、次の算式で計算します（所法24②、所令59）。

（算　式）

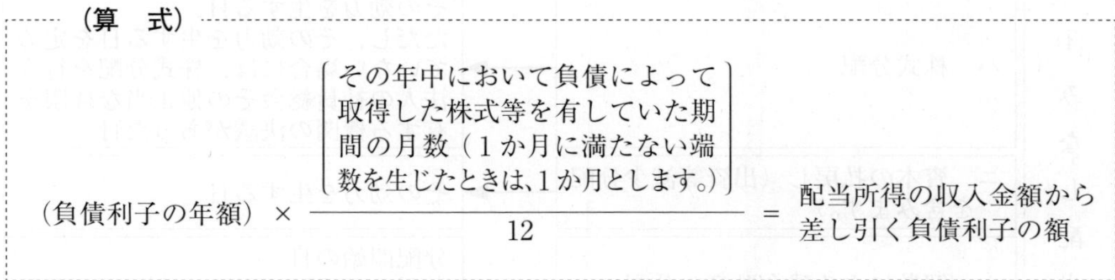

$$（負債利子の年額）\times \frac{\left(\begin{array}{l}その年中において負債によって\\取得した株式等を有していた期\\間の月数（１か月に満たない端\\数を生じたときは、1か月とします。）\end{array}\right)}{12} = \begin{array}{l}配当所得の収入金額から\\差し引く負債利子の額\end{array}$$

ただし、次に該当する場合の株式等を取得するために要した負債の利子は、配当所得の収入金額から控除することはできません。

配当所得	
	私募公社債等運用投資信託等の受益権にかかるもの（措通８の２－１）
	確定申告をしないことを選択した配当等（措通８の５－２）

第２　配当所得の収入金額の収入すべき時期

配当所得の収入金額の収入すべき時期は、それぞれ次に掲げる日によります（所基通36－４）。

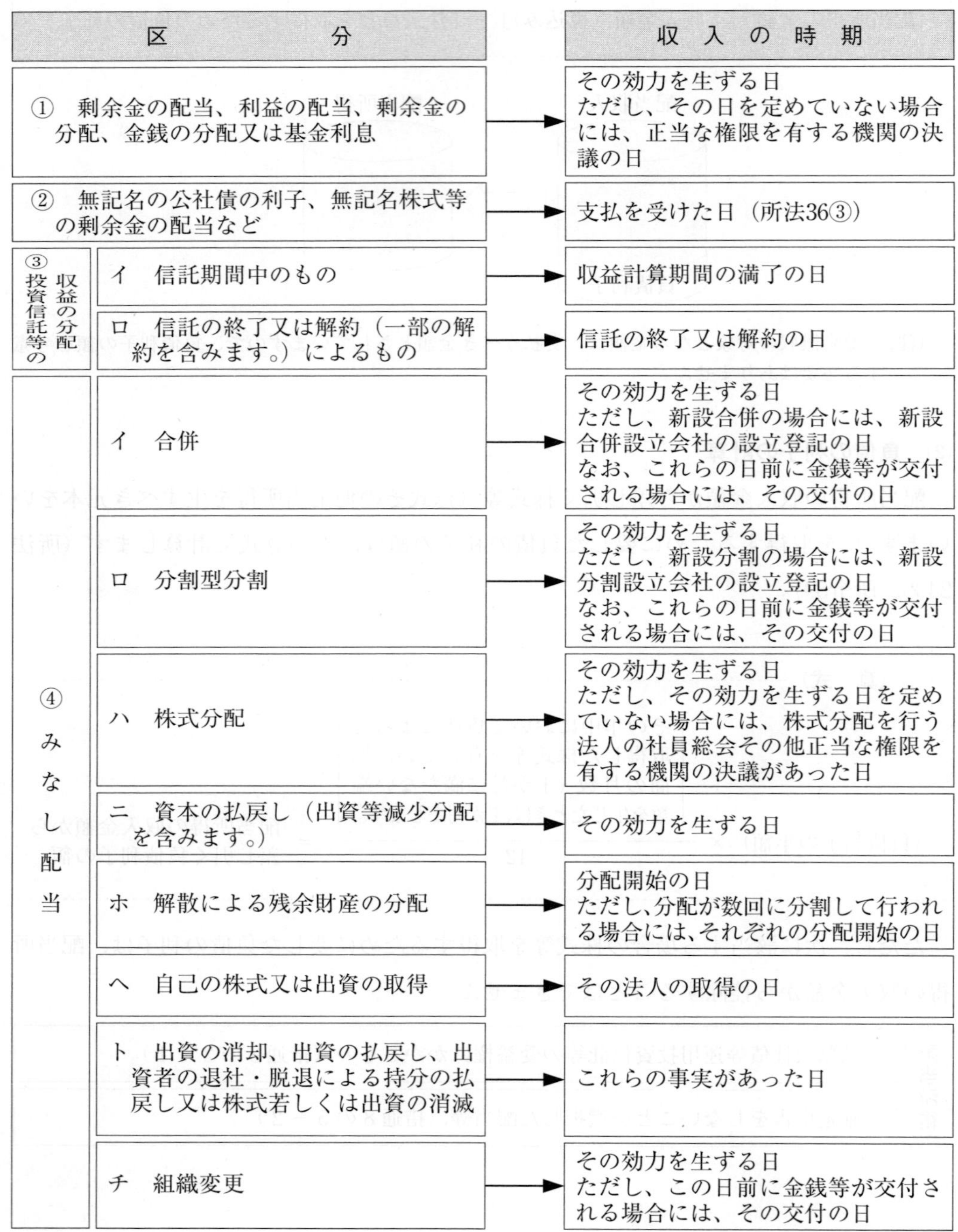

区分		収入の時期
①　剰余金の配当、利益の配当、剰余金の分配、金銭の分配又は基金利息		その効力を生ずる日 ただし、その日を定めていない場合には、正当な権限を有する機関の決議の日
②　無記名の公社債の利子、無記名株式等の剰余金の配当など		支払を受けた日（所法36③）
③投資信託等の収益の分配	イ　信託期間中のもの	収益計算期間の満了の日
	ロ　信託の終了又は解約（一部の解約を含みます。）によるもの	信託の終了又は解約の日
④みなし配当	イ　合併	その効力を生ずる日 ただし、新設合併の場合には、新設合併設立会社の設立登記の日 なお、これらの日前に金銭等が交付される場合には、その交付の日
	ロ　分割型分割	その効力を生ずる日 ただし、新設分割の場合には、新設分割設立会社の設立登記の日 なお、これらの日前に金銭等が交付される場合には、その交付の日
	ハ　株式分配	その効力を生ずる日 ただし、その効力を生ずる日を定めていない場合には、株式分配を行う法人の社員総会その他正当な権限を有する機関の決議があった日
	ニ　資本の払戻し（出資等減少分配を含みます。）	その効力を生ずる日
	ホ　解散による残余財産の分配	分配開始の日 ただし、分配が数回に分割して行われる場合には、それぞれの分配開始の日
	ヘ　自己の株式又は出資の取得	その法人の取得の日
	ト　出資の消却、出資の払戻し、出資者の退社・脱退による持分の払戻し又は株式若しくは出資の消滅	これらの事実があった日
	チ　組織変更	その効力を生ずる日 ただし、この日前に金銭等が交付される場合には、その交付の日

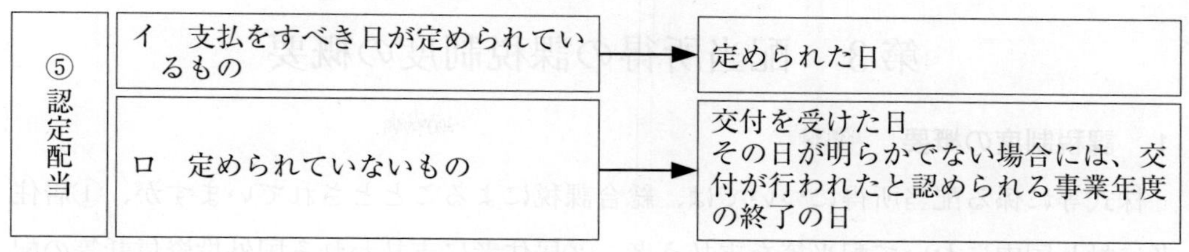
⑤
認定配当
イ　支払をすべき日が定められているもの
定められた日
ロ　定められていないもの
交付を受けた日
その日が明らかでない場合には、交付が行われたと認められる事業年度の終了の日

第３　配当所得の課税制度の概要

1　課税制度の概要

株式等に係る配当所得については、総合課税によることとされていますが、①居住者に対し国内において配当等を支払う者、②居住者に支払われる国外投資信託等の配当等（配当等に該当する投資信託又は特定目的信託の収益の分配のうち、国外で発行され国外で支払われるものをいいます。）の国内における支払の取扱者、又は③居住者に支払われる国外株式の配当等（国外で発行された株式の利益の配当で国外で支払われるものをいいます。）の国内における支払の取扱者は、その支払又は交付の際、所得税及び復興特別所得税の源泉徴収を行うことになっています（所法181①、182二、措法８の２、８の３、８の４、９の２、９の３、９の３の２、37の11の６、復興財確法28①）。

なお、個人又は内国法人（非課税法人を除きます。）若しくは外国法人に対して支払われる上場株式等の配当等について、国内における支払の取扱者を通じて交付を受ける場合には、その配当等に係る所得税及び復興特別所得税については、その配当等の支払者ではなく、配当等の支払の取扱者が源泉徴収をすることとされています（措法９の３の２、復興財確法28①）。

配当課税の例外的なものとして以下のようなものがあります。

⑴　上場株式等の配当等に係る源泉徴収

一定の個人（居住者及び非居住者をいい、個人の大口株主等を除きます。）又は内国法人若しくは外国法人が受ける、上場株式等の配当等については、15.315％の税率により源泉徴収を行うこととされています（措法９の３、９の３の２、復興財確法28②）。

(注) 1　「個人の大口株主等」とは、内国法人から支払がされるその配当等の支払に係る基準日においてその内国法人の発行済株式の総数又は出資金額の３％以上に相当する数又は金額の株式又は出資を有する個人をいいます（措法９の３一）。

2　上場株式等とは、次に掲げるものをいいます（措法37の11②一、措令25の９②、措規18の10①）。

<table>
<tr><td rowspan="6">上場株式等</td><td>①　金融商品取引所に上場されている株式等</td></tr>
<tr><td>②　店頭売買登録銘柄として登録された株式</td></tr>
<tr><td>③　店頭転換社債型新株予約権付社債</td></tr>
<tr><td>④　店頭管理銘柄株式</td></tr>
<tr><td>⑤　認可金融商品取引業協会の定める規則に従い、登録銘柄として認可金融商品取引業協会に備える登録原簿に登録された日本銀行出資証券</td></tr>
<tr><td>⑥　外国金融商品市場において売買されている株式等</td></tr>
</table>

(2)　上場株式等の配当等の総合課税と申告分離課税の選択適用

上場株式等の配当等に係る配当所得については、総合課税に代えて申告分離課税を適用することができます（措法８の４）。

なお、上場株式等の配当等を申告する場合には、その申告する上場株式等の配当等の全てについて総合課税と申告分離課税のいずれか一方を選択しなければならないこととされ、申告分離課税を選択した場合には、その上場株式等の配当等については配当控除は適用しないこととされています。

(3)　上場株式等の配当等に係る申告不要制度

居住者又は国内に恒久的施設を有する非居住者が支払を受ける配当等の所得については、原則として総合課税によることとなっていますが、１回に支払を受けるべき配当等の金額が10万円に配当計算期間（その配当等の直前の配当等の支払の基準日の翌日からその配当等の支払の基準日までの期間）の月数（最高12か月）を乗じてこれを12で除して計算した金額以下の少額配当については、確定申告を要しないこととされています（措法８の５、９の２⑤）。

ただし、確定申告をして源泉徴収税額の還付を受けることもできます。

(4)　源泉徴収選択口座内配当等に係る源泉徴収の特例

居住者又は恒久的施設を有する非居住者が源泉徴収選択口座を開設している金融商品取引業者等の営業所から上場株式等の配当等の交付を受けることとしている場合には、その交付を受ける配当等については、その源泉徴収選択口座が開設されている金融商品取引業者等が源泉徴収を行うこととされています。

なお、源泉徴収選択口座内配当等に係る配当所得の計算は、他の配当等に係る配当所得の金額と区分して行うこととされています（措法37の11の６、425ページ参照）。

(5)　公募証券投資信託の収益の分配及び特定投資法人の投資口の配当等に係る配当所得

公募証券投資信託の収益の分配及び特定投資法人の投資口（均等の割合的単位に細分化された投資法人の社員の地位をいいます。）に係る配当等については、15.315％の源泉分離課税の対象から除外されるとともに、上場株式等の配当等と同様の源泉徴収制度及び申告不要制度の対象とされています（措法８の５①三、９の３①二、三、復興財確法28②）。

(6)　私募公社債等運用投資信託等の収益の分配に係る配当所得

国内において支払うべき配当等で次に掲げる私募公社債等運用投資信託等の受益権の収益の分配に係るものについては、15.315％の税率による源泉徴収の対象となり、そのうち、居住者又は国内に恒久的施設を有する非居住者については、源泉分離課税が適用されます（措法８の２、復興財確法28②）。

私募公社債等運用投資信託等の受益権（上場株式等に該当するものは除きます。）	公募により募集が行われない公社債等運用投資信託の受益権
	特定目的信託の社債的受益権（注）のうち一定のもの

（注）　社債的受益権とは、資産流動化法第230条第１項第３号に掲げる条件が付されている特定目的信託で、あらかじめ定められた金額の分配を受ける種類の受益権をいいます。

(7)　上場証券投資信託等の償還金に係る課税の特例

内国法人又は国内に恒久的施設を有する外国法人が、上場証券投資信託（注１）及び上場特定受益証券発行信託（注２）の終了又は一部の解約により交付を受ける金銭等のうち、収益の分配については、源泉徴収を要しないこととされています（措法９の４の２）。

（注）１　上場証券投資信託とは、公社債投資信託以外の証券投資信託のうちその設定に係る受益権の募集が公募（金融商品取引法第２条第３項に規定する取得勧誘のうち、同項第１号に掲げる場合に該当するものをいいます。）により行われたもの（特定株式投資信託を除きます。）で、次の要件を満たすものをいいます（措令４の７の２①）。

イ　その証券投資信託の受益権が金融商品取引所又は外国金融商品取引所に上場されていること又は上場されていたこと。

ロ　その証券投資信託の委託者指図型投資信託約款又は信託契約に、すべての金融商品取引所においてその証券投資信託の受益権の上場が廃止された場合には、その廃止された日にその証券投資信託を終了するための手続を開始する旨の定めがあること。

２　上場特定受益証券発行信託とは、特定受益証券発行信託のうち次の要件を満たすものをいいます（措令４の７の２①）。

イ　その特定受益証券発行信託の受益権が金融商品取引所又は外国金融商品取引所に上場されていること又は上場されていたこと。

ロ　その特定受益証券発行信託の委託者指図型投資信託約款又は信託契約に、すべての金融商品取引所においてその特定受益証券発行信託の受益権の上場が廃止された場合には、その廃止された日にその特定受益証券発行信託を終了するための手続を開始する旨の定めがあること。

〔参考〕主な配当所得の課税関係の経過

		～平成15年３月	平成15年４月～12月	平成16年１月～24年12月	平成25年１月～12月	平成26年１月～
原　　則		総合課税				
	源泉徴収税率	20％				20.42％
	確定申告不要制度	１銘柄当たり１回５万円（年１回10万円）以下		平成18年５月～ １回10万円に配当計算期間の月数を乗じてこれを12で除して計算した金額以下		
	源泉分離選択課税	１銘柄当たり１回25万円（年１回50万円）未満かつ発行済株式総数の５％未満	制度廃止			
上場株式等の配当等 （個人の大口株主等を除きます。）		総合課税				
	源泉徴収税率	20％	10％	７％（ほか個人住民税３％）	7.147％（ほか個人住民税３％）	15.315％（ほか個人住民税５％）
	確定申告不要制度	１銘柄当たり１回５万円（年１回10万円）以下	上限なし			
	源泉分離選択課税	１銘柄当たり１回25万円（年１回50万円）未満かつ発行済株式総数の５％未満	制度廃止			
公募証券投資信託の収益の分配 特定投資法人の投資口の配当等		源泉分離課税		総合課税		
	源泉徴収税率	15％（ほか個人住民税５％）		７％（ほか個人住民税３％）	7.147％（ほか個人住民税３％）	15.315％（ほか個人住民税５％）
	確定申告不要制度	対象外		適用（上限なし）		

２　確定申告を要しない配当所得

配当所得のうち特定のものについては、源泉徴収をされた後、申告するかしないかを選択できることとされています（措法８の５、９の２⑤)。

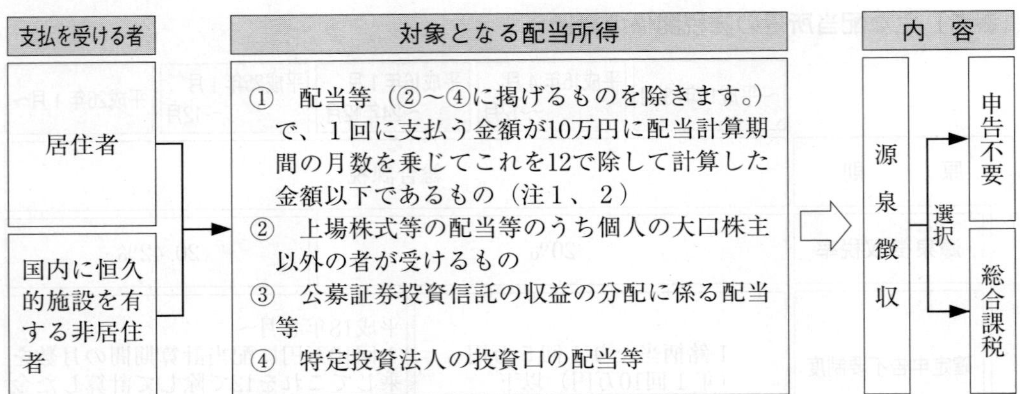

（注）１　国外で発行された株式等の配当につき外国所得税が課されている場合には、これを控除した後の金額について支払を受けるべき１回の配当金額が10万円に配当計算期間の月数を乗じてこれを12で除して計算した金額以下であるかどうかを判断します（措法９の２③)。

２　みなし配当（所法25①）についてはその計算の基礎となった期間が12か月であるものとされます（措令４の３④)。

第４　配当所得に対する源泉徴収

１　源泉徴収の時期

配当所得に対する源泉徴収の時期は、次の表のとおりです。

区　　分	源泉徴収の時期	留　意　事　項
通常の配当の場合	その支払の際に源泉徴収します（所法181①）。	①　源泉徴収の対象となる金額は支払うべき金額であり、配当所得の負債の利子を控除する前の金額です。 ②「支払」とは、現実に金銭を交付する行為のほか、その支払の債務が消滅する一切の行為をいいます（所基通181～223共－１）。
未払配当の場合	支払の確定した日から１年を経過した日までにその支払がされない配当等については、その１年を経過した日においてその支払があったものとみなして源泉徴収します（所法181②）。	①　支払の確定した日から「１年を経過した日」とは、その支払の確定した日の属する年の翌年の応当日の翌日をいいます（所基通181－５）。 ②　投資信託（利子所得とされるものを除きます。）及び特定受益証券発行信託の収益の分配については、この特例の適用対象から除外し、現実の支払の時が源泉徴収の時期となります。
債務免除を受けた場合	配当その他の源泉徴収の対象となるものの支払者が、当該源泉徴収の対象となるもので未払のものにつきその支払債務の免除を受けた場合には、その債務の免除を受けた日においてその支払があったものとして源泉徴収します。	債務の免除が支払者の債務超過の状態が相当期間継続しその支払をすることができないと認められる場合に行われたものであるときは、源泉徴収は不要です（所基通181～223共－２）。 ただし、支払の確定した日から１年を経過した日に支払があったものとみなされた未払配当につき債務の免除が行われた場合にはこの限りではありません。
みなし配当の場合	その交付のあった時に源泉徴収します。	①　源泉徴収の対象となる金額は支払うべき金額であり、配当所得の負債の利子を控除する前の金額です。 ②「支払」とは、現実に金銭を交付する行為のほか、その支払の債務が消滅する一切の行為をいいます（所基通181～223共－１）。

区　　分	源泉徴収の時期	留　意　事　項
未払配当を社内留保した場合 	取締役会の決議に基づき、かつ、株主の同意を得て株主配当金の全額又はその大部分を社内留保の処理をした場合には、社内留保の処理を行うことが確定した時に支払があったものとして、源泉徴収をします。	社内留保に計上できる金額は、未払配当金から源泉徴収税額を控除した金額となります。 支払者が次に掲げるような事情があり、かつ、株主である役員が他の一般債権者の損失を軽減する目的でその立場上やむなく配当の受領を辞退したことによる未払配当金については、源泉徴収を要しないこととされています（所基通181～223共－３）。 ①　支払者が会社法の規定による特別清算開始の命令を受けたこと ②　支払者が破産法の規定による破産手続開始の決定を受けたこと ③　支払者が民事再生法の規定による再生手続開始の決定を受けたこと ④　支払者が会社更生法の規定による更生手続の開始決定を受けたこと ⑤　支払者が事業不振のため会社整理の状態に陥り、債権者集会等の協議決定により債務の切捨てを行ったこと

アドバイス

源泉徴収は原則として支払の際に行うこととされていますが、配当と役員賞与については支払の確定した日から１年を経過した日までにその支払がない場合には、その１年を経過した日においてその支払があったものとみなして、源泉徴収することになります。

［例］

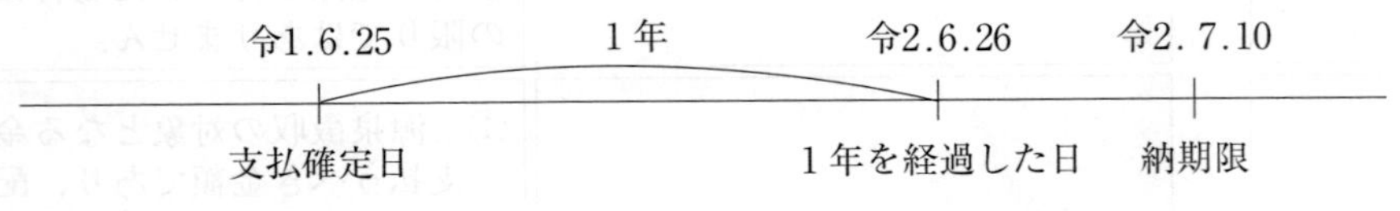

2　源泉徴収の対象となる額（課税標準）

⑴　源泉徴収の対象となる額（配当所得の課税標準）は、配当等の支払うべき金額とされています（所法24、25、181①、所基通181－3）。

区　分		課　税　標　準
通常の配当	⇨	実際に支払うべきこととなる金額 （注）配当等を生ずべき元本を取得するために要した負債の利子がある場合であっても、その負債利子を控除する前の金額により源泉徴収します。
みなし配当	⇨	配当等とみなされる金額
オープン型の証券投資信託の終了又は一部の解約による収益の分配	⇨	①　黒字の収益調整金がある場合 支払金額－（元本額＋収益調整金） ②　赤字の収益調整金がある場合 支払金額－（元本額－収益調整金）

⑵　次に掲げる配当等に対する源泉徴収税額は、次に掲げる区分に応じ、それぞれ単位当たりの税額に配当等の基礎となる株数（口数）を乗じて計算することができます（所基通181－2）。

区　分		単位当たりの税額	端　数　調　整
株式の配当	⇨	1株当たりの税額	毛位未満の端数切捨て
公社債投資信託の収益の分配	⇨	1万口当たりの税額	厘位未満の端数切捨て
公社債投資信託以外の投資信託、特定受益証券発行信託又は特定目的信託の収益の分配	⇨	1口当たりの税額	厘位未満の端数切捨て

3　源泉徴収税率

配当所得に対する源泉徴収税率は、次のとおりです。

<table>
<tr><th>区　分</th><th>～平成15年３月</th><th>平成15年４月～12月</th><th>平成16年１月～24年12月</th><th>平成25年１月～12月</th><th>平成26年１月～</th></tr>
<tr><td>原　則
（未上場株式等の配当等個人の大口株主等が受ける上場株式等の配当等）</td><td colspan="3">所得税20％
（所法182二）</td><td colspan="2">所得税及び復興特別所得税
20.42％
（所法182二、復興財確法28②）</td></tr>
<tr><td>上場株式等の配当等
（個人の大口株主等を除きます。）</td><td>所得税20％
（所法182二）</td><td>所得税10％
（旧措法９の３②、平15改正法附則68②）</td><td rowspan="3">所得税７％
（ほか個人住民税３％）
（旧措法９の３②、平20改正法附則33）</td><td rowspan="3">所得税及び復興特別所得税
7.147％
（ほか個人住民税３％）
（旧措法９の３②、平20改正法附則33、復興財確法28②）</td><td rowspan="3">所得税及び復興特別所得税
15.315％
（ほか個人住民税５％）
（措法９の３、復興財確法28②）</td></tr>
<tr><td>公募証券投資信託の収益の分配</td><td colspan="2" rowspan="2">所得税15％
（ほか個人住民税５％）
〔源泉分離課税〕
（旧措法８の２①、８の４①、平15改正法附則61、63）</td></tr>
<tr><td>特定投資法人の投資口の配当等</td></tr>
<tr><td>私募公社債等運用投資信託の収益の分配</td><td colspan="3" rowspan="2">所得税15％（ほか個人住民税５％）
〔源泉分離課税〕
（旧措法８の２①）</td><td colspan="2" rowspan="2">所得税及び復興特別所得税
15.315％
（ほか個人住民税５％）
〔源泉分離課税〕
（措法８の２①、復興財確法28②）</td></tr>
<tr><td>特定目的信託の社債的受益権の剰余金の配当
（私募のものに限ります。）</td></tr>
</table>

（注）　平成22年１月１日以後に支払を受けるべき源泉徴収選択口座内配当等については、各年における特定口座内保管上場株式等の譲渡所得等の金額の計算上生じた損失の金額がある場合には、同一の特定上場株式配当等勘定へ受け入れられる源泉徴収選択口座内配当等のその年の総額からその損失の金額を控除した残額を支払事務取扱者が交付をする金額とみなして計算された金額を徴収して納付すべき所得税及び復興特別所得税の額とすることとされています。

また、対象となった損失の金額を、申告により、他の株式等に係る譲渡所得等の金額又は上場株式等に係る配当所得の金額から控除するときは、この特例の適用を受けた上場株式等の配当等については、申告不要の特例は適用されません。

第５　国外株式等の配当等

居住者又は内国法人（所得税法別表第一に掲げる内国法人を除きます。）に対して国内における支払の取扱者を通じて支払われる国外株式等の配当等については、源泉徴収が必要であり、その概要は次のとおりとされています（措法８の３、９の２、措令４、４の５、復興財確法28②）。

区　分	国外において発行された株式（資産流動化法第２条第５項に規定する優先出資を含みます。）の剰余金の配当又は利益の配当及び国外私募公社債等運用信託等の配当等以外の国外投資信託等の配当（国外において支払われるものに限ります。）	国外において発行された国外私募公社債等運用投資信託等の配当（国外において支払われるものに限ります。）
源泉徴収義務者（支払の取扱者）	国外株式等及び国外投資信託等の配当等の受領の媒介、取次ぎ又は代理（業務として又は業務に関連して国内においてするものに限ります。）をする者	国外投資信託等の配当等の受領の媒介、取次ぎ又は代理（業務として又は業務に関連して国内においてするものに限ります。）をする者
課税標準	配当等の交付をする金額 （注）外国所得税額があるときは、これを控除した後の金額となります。	配当等の交付をする金額 （注）外国所得税額があるときは、これを加算した金額となります。
源泉徴収税額	総　合　課　税 （配当の支払額 − 外国所得税額）×20.42％＝源泉徴収税額	（交付する配当額 ＋ 外国所得税の額）×15.315％ − 外国所得税の額 ＝源泉徴収税額 （注）控除する外国所得税の額は国内の支払の取扱者により徴収された所得税及び復興特別所得税の額を限度とします。
源泉徴収不適用	①　公益信託又は加入者保護信託の信託財産に属する国外株式等の配当等 ②　投資法人又は特定目的会社が支払の取扱者を通じて交付される一定の国外株式等の配当等 ③　内国信託会社が、支払の取扱者を通じて交付される一定の国外株式等の配当等	
源泉徴収をした所得税及び復興特別所得税の納税地	支払の取扱者の営業所等でその交付の事務を取り扱うもののその交付の日における所在地 （注）ただし、実務上は当該支払の取扱者の本店が一括納付して差し支えないこととされています。	

第７章　報酬・料金等に対する源泉徴収

第１　概　　要

源泉徴収の対象とされる所得には、給与所得、退職所得のように所得税法における所得の種類によって定められているもののほか、例えば、弁護士、税理士や建築士などのように一定の資格を有する人に支払う業務の対価、プロ野球の選手やプロサッカーの選手などのように一定の業務に従事する人に支払う業務の対価など個別的に定められている報酬・料金等の所得があり、これらの報酬・料金等については、一定の税率によって源泉徴収を行うこととされています。

１　源泉徴収を要する者の範囲等

(1)　居住者に対して支払う報酬・料金等の源泉徴収義務者

居住者に報酬・料金等の支払をする者は、その報酬・料金等を支払う際に所得税及び復興特別所得税を源泉徴収する必要があります（所法204①、復興財確法28①）。

ただし、その報酬・料金等の支払をする者が、給与等の支払をしていない個人又は常時２人以下の家事使用人のみに対して給与等の支払をする個人である場合には、ホステス等の業務に関するものを除き、報酬・料金等について源泉徴収を要しないこととされています（所法184、204②二）。

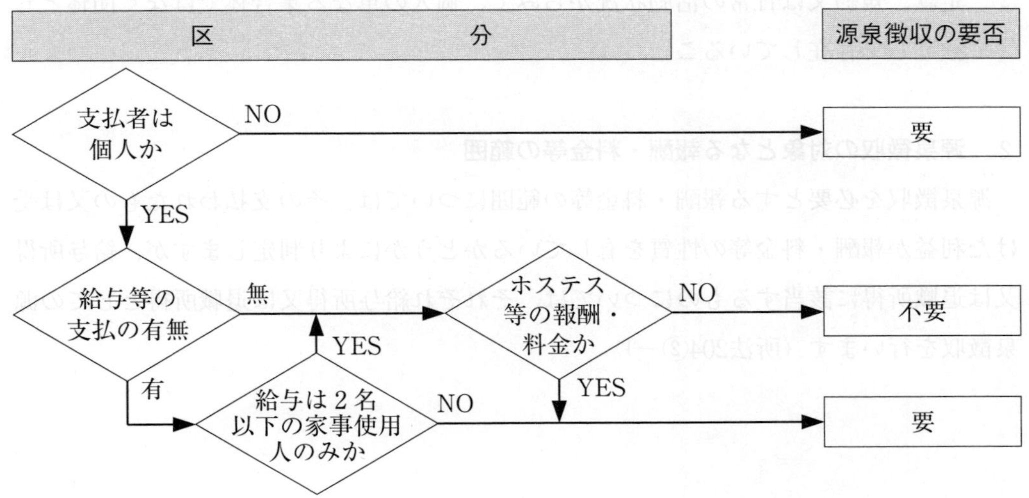

アドバイス

「給与等につき所得税を徴収して納付すべき個人」には、実際に徴収して納付する税額がない人も含まれます。この場合において、当該個人に該当するかどうかは、当該報酬・料金等を支払うべき日の現況により判定することとなります（所基通204－５）。

⑵　内国法人に対して支払う報酬・料金等の源泉徴収義務者

内国法人に対して次の報酬・料金等を支払う者は、その支払の際、源泉徴収する必要があります（所法174十、212③、所令298⑨）。

区分	法人馬主に支払う競馬の賞金（金銭で支払われるもの）	→	源泉徴収　要

⑶　支払を受ける者が法人以外の団体等である場合

報酬・料金、契約金又は賞金の支払を受ける者が、官庁等の部、課、係、研究会又は劇団若しくは楽団等の名称のものであって、人格のない社団等に該当するかどうかが明らかでない場合には、その支払を受ける者が次のいずれかに掲げるような事実を挙げて人格のない社団等であることを立証した場合のほかは、個人が支払を受けるものとして所得税及び復興特別所得税の源泉徴収を要することとされています（所基通204－１）。

①　法人税を納付する義務があること。

②　定款、規約又は日常の活動状況からみて、個人の単なる集合体ではなく団体として独立して存在していること。

2　源泉徴収の対象となる報酬・料金等の範囲

源泉徴収を必要とする報酬・料金等の範囲については、その支払われたもの又は受けた利益が報酬・料金等の性質を有しているかどうかにより判定しますが、給与所得又は退職所得に該当するものについては、それぞれ給与所得又は退職所得としての源泉徴収を行います（所法204②一）。

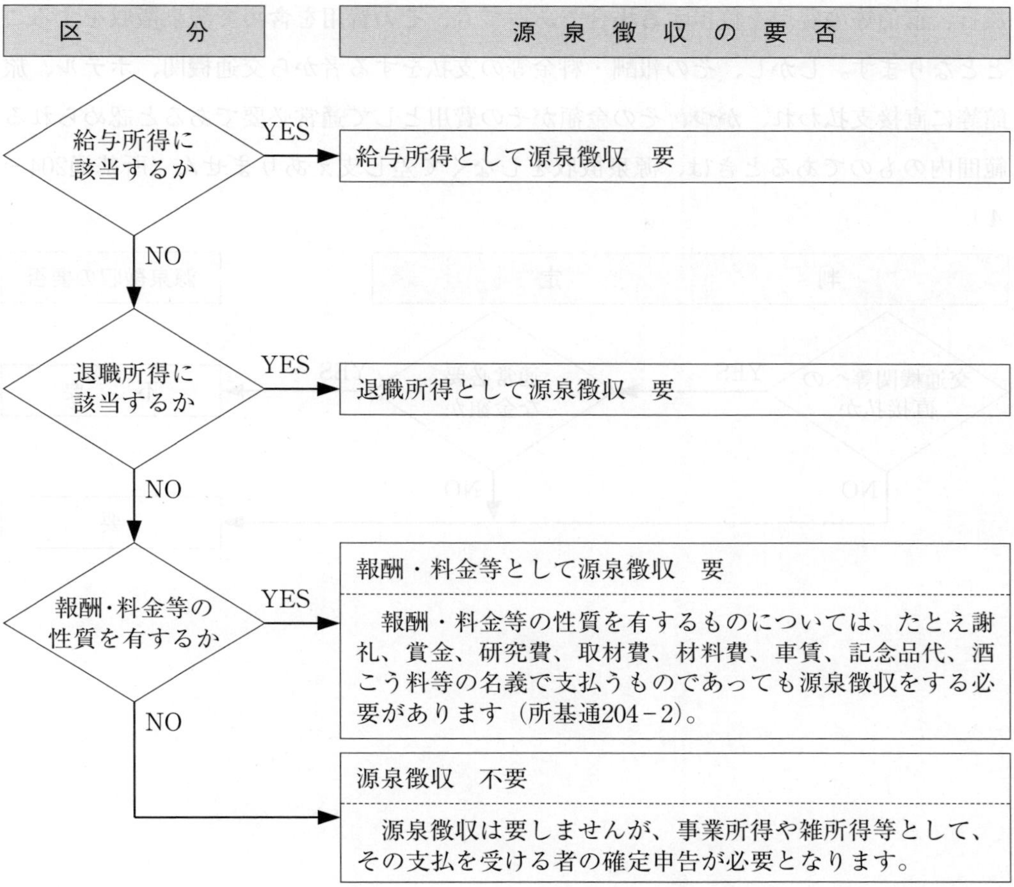

区　　　分	源　泉　徴　収　の　要　否
給与所得に該当するか　→ YES	給与所得として源泉徴収　要
↓ NO 退職所得に該当するか　→ YES	退職所得として源泉徴収　要
↓ NO 報酬・料金等の性質を有するか　→ YES	報酬・料金等として源泉徴収　要 報酬・料金等の性質を有するものについては、たとえ謝礼、賞金、研究費、取材費、材料費、車賃、記念品代、酒こう料等の名義で支払うものであっても源泉徴収をする必要があります（所基通204－2）。
↓ NO	源泉徴収　不要 源泉徴収は要しませんが、事業所得や雑所得等として、その支払を受ける者の確定申告が必要となります。

⑴　報酬・料金等の性質を有する経済的利益

報酬・料金等の性質を有する経済的利益については、次によることとされています（所基通204－３）。

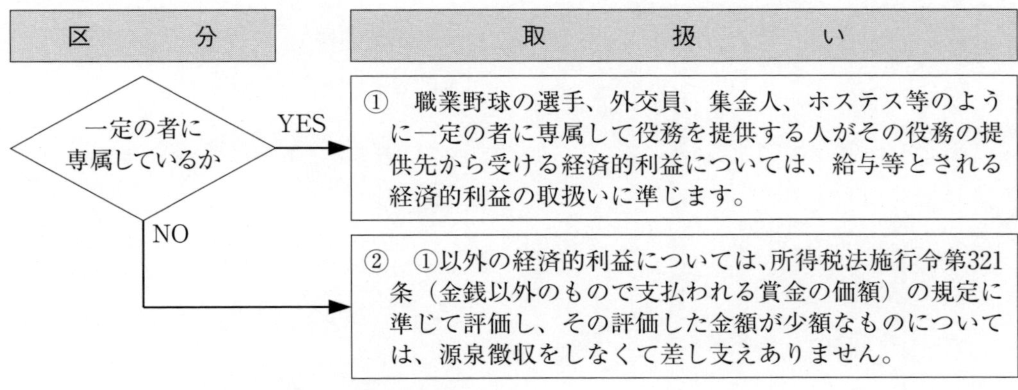

⑵　報酬・料金等の支払者が負担する旅費

報酬・料金等の支払をする者が、その支払の基因となる役務を提供するために行う旅行、宿泊等の費用を負担する場合であっても、その費用を含めて源泉徴収をすることとなります。しかし、その報酬・料金等の支払をする者から交通機関、ホテル、旅館等に直接支払われ、かつ、その金額がその費用として通常必要であると認められる範囲内のものであるときは、源泉徴収をしなくて差し支えありません（所基通204－4）。

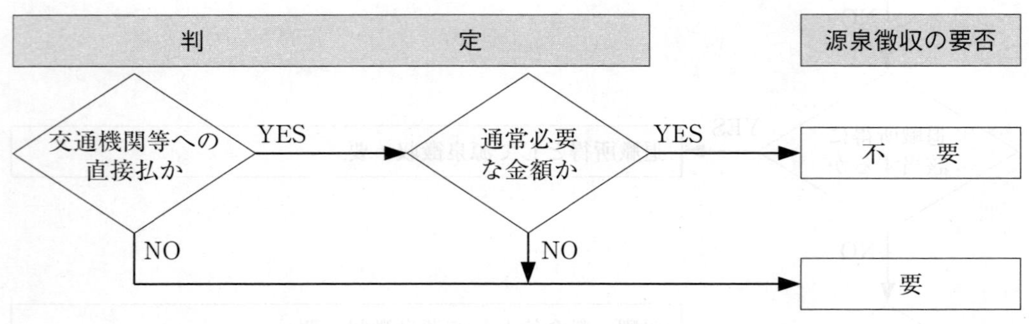

第２　源泉徴収の対象となる報酬・料金等の取扱い

1　居住者に支払う報酬・料金等に対する源泉徴収

(1)　原稿料、講演料、放送謝金、著作権又は工業所有権等の使用料（所得税法第204条第１項第１号）

イ　１号該当所得の範囲等

所得税法第204条第１項第１号に規定する報酬・料金の取扱いをまとめると次のとおりとなります（所法205、復興財確法28①②、31①②、所令320①、所基通204－６～204－10）。

区　　分	左の報酬・料金に該当するもの	源泉徴収する所得税及び復興特別所得税の額	左の報酬・料金に類似するが該当しないもの
原稿の報酬	(1)　原稿料 (2)　演劇、演芸の台本の報酬 (3)　口述の報酬 (4)　映画のシノプス（筋書）料 (5)　文、詩、歌、標語等の懸賞の入賞金 (6)　書籍等の編さん料又は監修料	左の報酬・料金の額×10.21％ ただし、同一人に対し１回に支払われる金額が100万円を超える場合には、その超える部分については、20.42％	①　懸賞応募作品の選稿料又は審査料 ②　試験問題の出題料又は各種答案の採点料 ③　クイズ等の問題又は解答の投書に対する賞金等 (注)　広告宣伝のための賞金に該当するものは、８号該当所得として源泉徴収を行います(302ページ)。 ④　直木賞、芥川賞、野間賞、菊池賞等としての賞金品 ⑤　ラジオ、テレビジョンその他のモニターに対する報酬 ⑥　鑑定料 (注)　不動産鑑定士等の業務に関する報酬・料金に該当するものは、２号該当所得として源泉徴収を行います(290ページ)。
挿絵の報酬	書籍、新聞、雑誌等の挿絵の料金	同上	—
写真の報酬	雑誌、広告その他の印刷物に掲載するための写真の報酬・料金	同上	—

区　　分	左の報酬・料金に該当するもの	源泉徴収する所得税及び復興特別所得税の額	左の報酬・料金に類似するが該当しないもの
作曲の報酬	作曲、編曲の報酬	左の報酬・料金の額×10.21％ ただし、同一人に対し１回に支払われる金額が100万円を超える場合には、その超える部分については、20.42％	―
レコード、テープ又はワイヤーの吹き込みの報酬	レコード、テープ、ワイヤーの吹込料 映画フィルムのナレーションの吹き込みの報酬	同上	―
デザインの報酬	⑴　次のようなデザインの報酬 ①　工業デザイン （自動車、オートバイ、テレビジョン受像機、工作機械、カメラ、家具等のデザイン及び織物に関するデザイン） ②　クラフトデザイン （茶わん、灰皿、テーブルマットのようないわゆる雑貨のデザイン） ③　グラフィックデザイン （広告、ポスター、包装紙等のデザイン） ④　パッケージデザイン （化粧品、薬品、食料品等の容器のデザイン） ⑤　広告デザイン （ネオンサイン、イルミネーション、広告塔等のデザイン） ⑥　インテリアデザイン （航空機、列車、船舶の客室等の内部装飾、その他の室内装飾） ⑦　ディスプレイ （ショーウィンドー、陳列棚、商品展示会場等の展示装飾） ⑧　服飾デザイン （衣服、装身具等のデザイン） ⑨　ゴルフ場、庭園、遊園地等のデザイン	同上	①　織物業者が支払ういわゆる意匠料（図案を基に織原版を作成するのに必要な下画の写調料）又は紋切料（下画を基にする織原版の作成料） ②　字又は絵等の看板書き料 ③　ネオンサイン、広告塔、ショーウィンドー、陳列棚、商品展示会場又は庭園等のデザインとその施工とを併せて請け負った者にその対価を一括して支払うような場合には、その対価の総額をデザインの報酬・料金と施工の対価とに区分し、デザインの報酬・料金について源泉徴収を行いますが、そのデザインの報酬・料金の部分が極めて少額であると認められるときは、源泉徴収をしなくて差し支えありません。

区　　分	左の報酬・料金に該当するもの	源泉徴収する所得税及び復興特別所得税の額	左の報酬・料金に類似するが該当しないもの
	(2)　映画関係の原画料、線画料又はタイトル料 (3)　テレビジョン放送のパターン製作料 (4)　標章の懸賞の入賞金		
放送謝金	ラジオ放送、テレビジョン放送等の謝金等	左の報酬、料金の額×10.21％ ただし、同一人に対し１回に支払われる金額が100万円を超える場合には、その超える部分については、20.42％	放送演技者に支払うものは、５号該当所得として、又はいわゆる素人のど自慢放送、素人クイズ放送の出演者の受けるものは、８号該当所得として源泉徴収を行います（298、302ページ）。
著作権の使用料	書籍の印税、映画、演劇又は演芸の原作料、上演料等著作物の複製、上演、演奏、放送、展示、上映、翻訳、編曲、脚色、映画化その他著作物の利用又は出版権の設定の対価	同上	—
著作隣接権の使用料	レコードの吹き込みによる印税等 (注)　著作隣接権とは、次のような権利をいいます。 １　俳優、舞踊家、演奏家、歌手等が実演を録音し、録画し、又は放送する権利 ２　レコード製作者が製作したレコードを複製する権利 ３　放送事業者が放送に係る音又は映像を録音し、録画し、又は写真その他により複製する権利	同上	商業用レコードの二次使用料
工業所有権等の使用料	工業所有権、技術に関する権利、特別の技術による生産方式又はこれらに準ずるものの使用料	同上	—
講演の報酬・料金	講演を依頼した場合の講師に支払う謝金	同上	ラジオ、テレビジョンその他のモニターに対する報酬 (注)　放送謝金に該当するものについては、放送謝金として源泉徴収を行います。

区　　分	左の報酬・料金に該当するもの	源泉徴収する所得税及び復興特別所得税の額	左の報酬・料金に類似するが該当しないもの
技芸、スポーツ、知識等の教授・指導料	技芸、スポーツその他これらに類するもの（実技指導等）の教授若しくは指導又は知識の教授の報酬・料金 （注）　次に掲げるものも含まれます。 1　生け花、茶の湯、舞踊、囲碁、将棋等の遊芸師匠に対し実技指導の対価として支払う謝金等 2　編物、ペン習字、着付、料理、ダンス、カラオケ、民謡、語学、短歌、俳句等の教授・指導料 3　各種資格取得講座の講師謝金等	左の報酬、料金の額×10.21% ただし、同一人に対し１回に支払われる金額が100万円を超える場合には、その超える部分については、20.42%	一般の講演料に該当するものは講演の報酬・料金として、また、プロスポーツ選手に支払うものは４号該当所得として源泉徴収を行います（293ページ）。
脚本の報酬・料金	映画、演劇、演芸等の脚本料	同上	—
脚色の報酬・料金	⑴　潤色料（脚本の修正、補正料） ⑵　プロット料（粗筋、構想料）等	同上	—
翻訳の報酬・料金	翻訳の料金	同上	—
通訳の報酬・料金	通訳の料金	同上	手話通訳の報酬
校正の報酬・料金	書籍・雑誌等の校正の料金	同上	—
書籍の装丁の報酬・料金	書籍の装丁料	同上	製本の料金
速記の報酬・料金	速記料	同上	—
版下の報酬・料金	⑴　原画又は原図から直ちに凸版、凹版、平版等を製版することが困難である場合に、その原画又は原図を基として製版に適する下画又は下図を写調する報酬・料金 ⑵　原画又は原図を基として直接亜鉛版（ジンク版）に写調する報酬・料金	同上	①　織物業者が支払う意匠料又は紋切料 ②　図案等のプレス型の彫刻料 ③　写真植字料

区　　分	左の報酬・料金に該当するもの	源泉徴収する所得税及び復興特別所得税の額	左の報酬・料金に類似するが該当しないもの
	(3)　活字の母型下を作成する報酬・料金 (4)　写真製版用写真原版の修整料		
投資助言業務に係る報酬・料金	金融商品取引法第28条第６項に規定する投資助言業務に係る報酬・料金	左の報酬、料金の額×10.21% ただし、同一人に対し１回に支払われる金額が100万円を超える場合には、その超える部分については、20.42%	—

ロ　懸賞応募作品の入選者等に支払う少額な報酬・料金

イの報酬・料金のうち次のいずれかに該当するもので、同一人に対して１回に支払うべき金額が少額（おおむね５万円以下）のものについては、源泉徴収をしなくて差し支えありません（所基通204－10）。

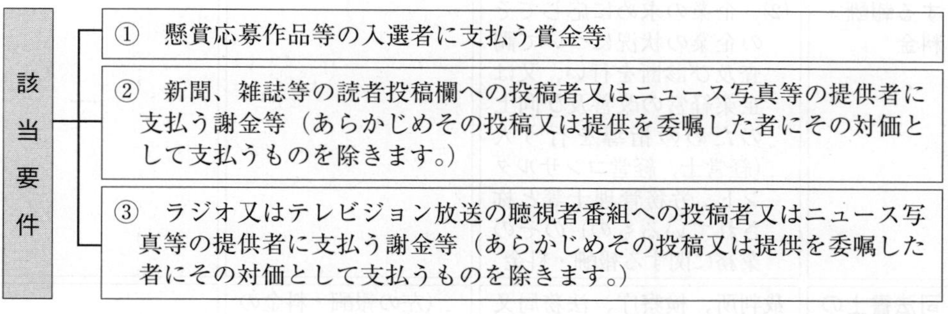

(2)　弁護士、公認会計士、税理士、測量士等の業務に関する報酬・料金（所得税法第204条第１項第２号）

イ　２号該当所得の範囲等

所得税法第204条第１項第２号に規定する報酬・料金の取扱いをまとめると次のとおりとなります（所法205、復興財確法28①②、31①②、所令320②、322、所基通204－11～204－18）。

区　　分	左の報酬・料金に該当するもの	源泉徴収する所得税及び復興特別所得税の額	左の報酬・料金に類似するが該当しないもの
弁護士、外国法事務弁護士、公認会計士、税理士、計理士、会計士補、社会保険労務士又は弁理士の業務に関する報酬・料金	弁護料、監査料その他名義のいかんを問わず、その業務に関する一切の報酬・料金 (注)　支払時期及び金額があらかじめ一定しているもの等で、給与所得に当たるかその業務に関する報酬・料金に当たるかが明らかでないものは、これらの人が勤務時間や勤務場所などについて、その支払者の指揮命令に服しており、一般の従業員や役員と勤務形態において差異が認められない場合には給与所得、事業として独立性がある場合にはその業務に関する報酬・料金となります。	左の報酬・料金の額×10.21％ ただし、同一人に対し１回に支払われる金額が100万円を超える場合には、その超える部分については、20.42％	―
企業診断員の業務に関する報酬・料金	(1)　中小企業診断士の業務に関する報酬・料金 (2)　企業の求めに応じてその企業の状況について調査及び診断を行い、又は企業経営の改善及び向上のための指導を行う人（経営士、経営コンサルタント、労務管理士等と称されているもの）のその業務に関する報酬・料金	同上	―
司法書士の業務に関する報酬・料金	裁判所、検察庁、法務局又は地方法務局に提出する書類の作成その他の業務に関する報酬・料金	（左の報酬・料金の額－１回の支払につき１万円）×10.21％	―
土地家屋調査士の業務に関する報酬・料金	不動産の表示に関する登記につき必要な土地又は家屋に関する調査、測量又は官公庁に対する申請手続その他の業務に関する報酬・料金	同上	―
海事代理士の業務に関する報酬・料金	船舶法、船舶安全法、船員法、海上運送法又は港湾運送事業法の規定に基づく申請、届出、登記その他の手続又はこれらの手続に関す	同上	―

区　分	左の報酬・料金に該当するもの	源泉徴収する所得税及び復興特別所得税の額	左の報酬・料金に類似するが該当しないもの
	る書類の作成その他の業務に関する報酬・料金		
測量士又は測量士補の業務に関する報酬・料金	測量に関する計画の作成、その計画の実施その他の業務に関する報酬・料金 (注)　個人の測量業者等で測量士等の資格を有しない人が測量士等の資格を有する使用人を雇用している場合に、その測量業者等に支払われるこれらの業務に関する報酬・料金も源泉徴収の対象とされます。	左の報酬・料金の額×10.21％ ただし、同一人に対し１回に支払われる金額が100万円を超える場合には、その超える部分については、20.42％	—
建築士の業務に関する報酬・料金	(1)　建築物の設計、工事監理を行ったことに対して支払う報酬・料金 (2)　建築工事の指導監督を行ったことに対して支払う報酬・料金 (3)　建築工事契約に関する事務を行ったことに対して支払う報酬・料金 (4)　建築物に関する調査又は鑑定を行ったことに対して支払う報酬・料金 (5)　建築に関する法令又は条例に基づく手続の代理を行ったことに対して支払う報酬・料金 (注)１　個人の建築業者等で建築士の資格を有しない人が建築士の資格を有する使用人を雇用している場合に、その建築業者等に支払われるこれらの業務に関する報酬・料金も源泉徴収の対象とされます。 ２　建築士には、建築士法第23条に規定する建築士事務所の登録を受けていない人も含まれます。	同上	建築士の業務と建築の請負とを併せて行っている人に設計等とその施工とを併せて請け負わせ、その対価を一括して支払うような場合には、その対価の総額を建築士の業務に関する報酬・料金と建築の対価とに区分し、建築士の業務に関する報酬・料金について源泉徴収を行うのが建前ですが、建築士の業務に関する報酬・料金の部分が極めて少額であると認められるときは、源泉徴収をしなくて差し支えありません。

区　　分	左の報酬・料金に該当するもの	源泉徴収する所得税及び復興特別所得税の額	左の報酬・料金に類似するが該当しないもの
建築代理士の業務に関する報酬・料金	建築代理士（建築代理士以外の人で、建築に関する申請や届出の書類を作成し、又はこれらの手続の代理をすることを業とする人を含みます。）の業務に関する報酬・料金 （注）　個人の建築業者等で建築代理士の資格を有しない人が建築代理士の資格を有する使用人を雇用している場合に、その建築業者等に支払われるこれらの業務に関する報酬・料金も源泉徴収の対象とされます。	左の報酬・料金の額×10.21％ ただし、同一人に対し１回に支払われる金額が100万円を超える場合には、その超える部分については、20.42％	—
不動産鑑定士又は不動産鑑定士補の業務に関する報酬・料金	不動産の鑑定評価その他の業務に関する報酬・料金 （注）　個人の建築業者等で不動産鑑定士等の資格を有しない人が不動産鑑定士等の資格を有する使用人を雇用している場合に、その建築業者等に支払われるこれらの業務に関する報酬・料金も源泉徴収の対象とされます。	同上	—

<table>
<tr><th>区　　分</th><th>左の報酬・料金に該当するもの</th><th>源泉徴収する所得税及び復興特別所得税の額</th><th>左の報酬・料金に類似するが該当しないもの</th></tr>
<tr><td rowspan="2">技術士又は技術士補の業務に関する報酬・料金</td><td>技術士又は技術士補のその業務に関する報酬・料金のほか、技術士又は技術士補の資格を有しないで科学技術（人文科学だけを対象とするものを除きます。）に関する高等の専門的応用能力を必要とする事項について計画、研究、設計、分析、試験、評価又はこれらに関する指導の業務（他の法律においてその業務を行うことが制限されている業務を除きます。）を行う人のその業務に関する報酬・料金</td><td>左の報酬・料金の額×10.21％
ただし、同一人に対し１回に支払われる金額が100万円を超える場合には、その超える部分については、20.42％</td><td>—</td></tr>
<tr><td colspan="3">（注）上記の「他の法律においてその業務を行うことが制限されている業務」には、次のようなものがあります。
１　電気事業法第43条《主任技術者》に規定する主任技術者の業務
２　ガス事業法第25条《ガス主任技術者》、第65条《ガス主任技術者》又は第98条《ガス主任技術者》に規定するガス主任技術者の業務
３　医師法第17条《非医師の医業禁止》に規定する医師の業務
４　医薬品、医療機器等の品質、有効性及び安全性の確保等に関する法律第７条《薬局の管理》、第17条《医薬品等総括製造販売責任者等の設置》、第23条の２の14《医療機器等総括製造販売責任者等の設置》又は第23条の34《再生医療等製品総括製造販売責任者等の設置》の規定により薬剤師等が行うべき管理の業務
５　電離放射線障害防止規則（昭和47年労働省令第41号）第47条各号《エックス線作業主任者の職務》に規定するエックス線作業主任者の業務
６　食品衛生法第48条第１項《食品衛生管理者》に規定する食品衛生管理者の業務</td></tr>
<tr><td>火災損害鑑定人又は自動車等損害鑑定人の業務に関する報酬・料金</td><td>一般社団法人日本損害保険協会に火災損害登録鑑定人若しくは火災損害登録鑑定人補又は自動車等損害鑑定人（自動車又は建設機械の保険事故又は共済事故に関して損害額の算定又は調査を行うことを業とするいわゆるアジャスターをいいます。）として登録された人に対する報酬・料金で、その業務に関するもの</td><td>同上</td><td>損害保険会社（損害保険に類する共済の事業を行う法人を含みます。）以外の者が支払う報酬・料金</td></tr>
</table>

ロ　登録免許税等に充てるため支払われた金銭等

弁護士等の業務に関する報酬・料金の支払者が、弁護士等に対し委嘱事項に関連して支払う金銭等であっても、その支払者が国や地方公共団体に対し、登記、申請等をするため、本来納付すべきものとされている登録免許税、手数料等に充てるものとして支払われたことが明らかなものについては、源泉徴収をする必要はありません（所基通204－11）。

アドバイス

弁護士等の業務については、税法上特段の定義規定は設けられていませんが、弁護士法などそれぞれの根拠となる法令により定められた業務に準じて、解釈されるべきものと考えられます。

(3)　医師等に対して社会保険診療報酬支払基金が支払う診療報酬（所得税法第204条第１項第３号）

所得税法第204条第１項第３号に規定する報酬の取扱いをまとめると次のとおりとなります（所法205、復興財確法28①②、31①②、所令322、所基通204－19）。

区　分	左の報酬・料金に該当するもの	源泉徴収する所得税及び復興特別所得税の額	左の報酬・料金に類似するが該当しないもの
診療報酬	社会保険診療報酬支払基金法の規定により同基金が支払う診療報酬	(左の診療報酬の額－その月分として支払われる金額につき20万円)×10.21％	①　健康保険組合又は国民健康保険組合等が直接支払う診療報酬 ②　福祉事務所が支払う生活保護法の規定による診療報酬

(4)　プロ野球の選手等の職業運動家、モデル、外交員、集金人又は電力量計の検針人の業務に関する報酬・料金（所得税法第204条第１項第４号）

イ　４号該当所得の範囲等

所得税法第204条第１項第４号に規定する報酬・料金の取扱いをまとめると次のとおりとなります（所法205、復興財確法28①②、31①②、所令320③、322、所基通204－20～204－23）。

区　　分	左の報酬・料金に該当するもの	源泉徴収する所得税及び復興特別所得税の額	左の報酬・料金に類似するが該当しないもの
職業野球の選手の業務に関する報酬・料金	選手、監督、コーチャー、トレーナー又はマネージャーに対し選手契約に定めるところにより支払われる全ての手当、賞金品等	左の報酬・料金の額×10.21% ただし、同一人に対し１回に支払われる金額が100万円を超える場合には、その超える部分については、20.42%	
職業拳闘家の業務に関する報酬・料金	プロボクサーに支払われるファイトマネー、賞金品その他の業務に関する報酬・料金	（左の報酬・料金の額－１回の支払につき５万円）×10.21%	—
プロサッカーの選手の業務に関する報酬・料金	プロサッカーの選手に支払われる定期報酬、出場料、成功報酬、その他その業務に関する報酬・料金	左の報酬・料金の額×10.21% ただし、同一人に対し１回に支払われる金額が100万円を超える場合には、その超える部分については、20.42%	
プロテニスの選手の業務に関する報酬・料金	プロテニスの選手に支払われる専属契約料、入賞賞金、出場料その他その業務に関する報酬・料金	同上	—
プロレスラーの業務に関する報酬・料金	プロレスラーに支払われるファイトマネー、賞金品その他その業務に関する報酬・料金	同上	—

区　　分	左の報酬・料金に該当するもの	源泉徴収する所得税及び復興特別所得税の額	左の報酬・料金に類似するが該当しないもの
プロゴルファーの業務に関する報酬・料金	プロゴルファーに支払われるその業務に関する賞金品、手当その他の報酬・料金	左の報酬・料金の額×10.21% ただし、同一人に対し１回に支払われる金額が100万円を超える場合には、その超える部分については、20.42%	—
プロボウラーの業務に関する報酬・料金	プロボウラーに支払われるその業務に関する賞金品、手当その他の報酬・料金	同上	—
自動車のレーサーの業務に関する報酬・料金	サーキット場で行われるレース、ラリー、モトクロス、トライアル等の自動車（原動機を用い、かつ、レール又は架線によらないで運転する車をいいます。）の競走・競技に出場するドライバー、ライダー等に支払われる賞金品その他その業務に関する報酬・料金	同上	—
競馬の騎手の業務に関する報酬・料金	競馬の騎手に支払われるその業務に関する報酬・料金	同上	—
自転車競技の選手、小型自動車競走の選手又はモーターボート競走の選手の業務に関する報酬・料金	普通賞金、特別賞金、寄贈賞、特別賞（先頭賞、記録賞、敢闘賞、副賞）、参加賞その他競技に出場することによって支払われる全てのもの （注）　小型自動車競争の選手とは、小型自動車競争法第11条第１項に規定する選手をいいます。	同上	—
モデルの業務に関する報酬・料金	(1)　ファッションモデル等の報酬・料金 (2)　雑誌、広告その他の印刷物にその容姿を掲載させることにより支払われる報酬・料金	同上	—

区　　分	左の報酬・料金に該当するもの	源泉徴収する所得税及び復興特別所得税の額	左の報酬・料金に類似するが該当しないもの
外交員、集金人又は電力量計の検針人の業務に関する報酬・料金	⑴　外交員、集金人又は電力量計の検針人にその地位に基づいて保険会社等から支払われる報酬・料金 (注) 1　その報酬・料金が職務を遂行するために必要な旅費とそれ以外の部分とに明らかに区分されている場合……旅費に該当する部分は非課税とされ、それ以外の部分は給与所得とされます。 2　１以外の場合で、その報酬・料金が固定給（一定期間の募集成績等によって自動的にその額が定まるもの及び一定期間の募集成績等によって自動的に格付される資格に応じてその額が定まるものを除きます。以下この項において同じです。）とそれ以外の部分とに明らかに区分されているとき……固定給（固定給を基準として支給される臨時の給与を含みます。）は給与所得、それ以外の部分は外交員等の報酬・料金とされます。 3　１及び２以外の場合……その報酬・料金の支払の基因となる役務を提供するために要する旅費等の費用の額の多寡その他の事情を総合勘案し、給与と認められるものについてはその総額を給与所得、	(左の報酬・料金の額－控除金額※）×10.21％ ※控除金額……同一人に対してその月中に支払われる金額について、12万円（別に給与の支払があるときは、12万円からその月中に支払われる給与の金額を控除した残額）	①　保険会社が団体の代表者に対して支払う団体扱いに係る保険料の集金手数料 ②　保険会社が代理店に対して支払う集金手数料 (注)　生命保険会社が代理店に対し生命保険契約の募集に関して支払うものは、外交員の業務に関する報酬・料金に該当します。 ③　製造業者又は卸売業者等が、特約店等に専属するセールスマン又は専ら自己の製品等を取り扱う特約店等の従業員等のために次に掲げる費用を支出することにより、そのセールスマン又は従業員等が受ける経済的利益については、課税しなくて差し支えありません。 イ　セールスマン又は従業員等の慰安のために行われる運動会、演芸会、旅行等のために通常要する費用 ロ　セールスマン若しくは従業員等又はこれらの者の親族等の慶弔、禍福に際し一定の基準に従って交付する金品の費用

区　　分	左の報酬・料金に該当するもの	源泉徴収する所得税及び復興特別所得税の額	左の報酬・料金に類似するが該当しないもの
	その他のものについてはその総額が外交員等の報酬・料金とされます。 (2)　製造業者又は卸売業者等が、特約店等に専属するセールスマン又は専ら自己の製品等を取り扱う特約店等の従業員等に対し、その取扱数量又は取扱金額に応じてあらかじめ定められているところにより交付する金員		

アドバイス

いわゆるファッションモデル又はマネキン等のうちデパート等において常時役務を提供し、かつ、その役務の提供の状態がそのデパート等の職員の勤務の状態に類似しているものに対する報酬又は料金については、給与等として源泉徴収して差し支えありません（所基通204－21）。

ロ 外交員報酬の所得区分

外交員等がその地位に基づいて支払を受ける報酬・料金については、次のとおりとなります（所基通204－22）。

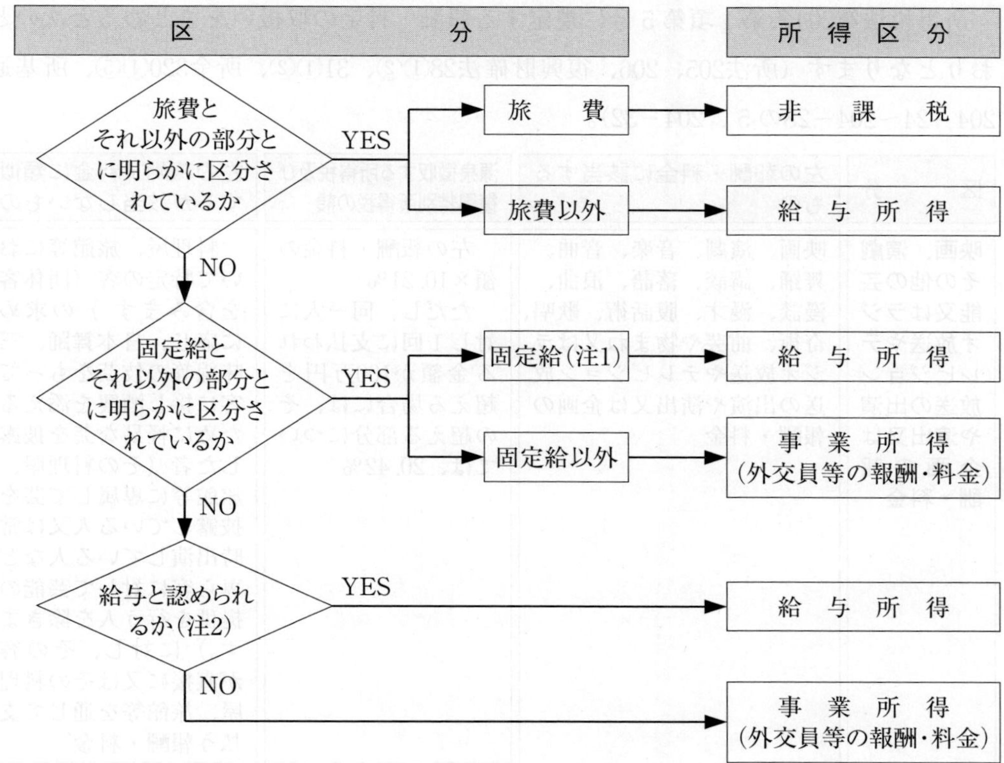

（注）１　一定期間の募集成績等によって自動的にその額が定まるもの及び一定期間の募集成績等によって自動的に格付される資格に応じてその額が定まるものを除きます。

なお、固定給には、固定給を基準として支給される臨時の給与を含みます。

２　その報酬・料金の支払の基因となる役務を提供するために要する旅費等の費用の額の多寡その他の事情を総合勘案して判定します。

アドバイス

一般に外交員とは、①主として取引先等を訪問して、②商品の販売、顧客の勧誘等の業務に従事する者で、③その受ける報酬が販売高や契約高に応じて定められた基準によっているとともに、④これらの業務に係る旅費等の費用を自己の計算において負担している人であると考えられています。

⑸　映画、演劇その他の芸能又はラジオ放送、テレビジョン放送に係る出演、演出、企画の報酬・料金、芸能人の役務の提供を内容とする事業の報酬・料金（所得税法第204条第１項第５号）

所得税法第204条第１項第５号に規定する報酬・料金の取扱いをまとめると次のとおりとなります（所法205、206、復興財確法28①②、31①②、所令320④⑤、所基通204－24～204－28の５、204－32）。

区　分	左の報酬・料金に該当するもの	源泉徴収する所得税及び復興特別所得税の額	左の報酬・料金に類似するが該当しないもの
映画、演劇その他の芸能又はラジオ放送やテレビジョン放送の出演や演出又は企画の報酬・料金	映画、演劇、音楽、音曲、舞踊、講談、落語、浪曲、漫談、漫才、腹話術、歌唱、奇術、曲芸や物まね又はラジオ放送やテレビジョン放送の出演や演出又は企画の報酬・料金	左の報酬・料金の額×10.21％ ただし、同一人に対し１回に支払われる金額が100万円を超える場合には、その超える部分については、20.42％	料理屋、旅館等において特定の客（団体客を含みます。）の求めに応じ、日本舞踊、三味線等の伎芸をもって客に接し酒興を添えるために軽易な芸を披露した者（その料理屋、旅館等に専属して芸を披露している人又は常時出演している人など専ら客に対して芸能の提供を行う人を除きます。）に対し、その客が直接に又はその料理屋、旅館等を通じて支払う報酬・料金
	（注）１　「演出の報酬・料金」には、指揮、監督、映画や演劇の製作、振付け（剣技指導その他これに類するものを含みます。）、舞台装置、照明、撮影、演奏、録音（擬音効果を含みます。）、編集、美粧又は考証の報酬・料金が含まれます。 ２　「ラジオ放送やテレビジョン放送の出演の報酬・料金」には、クイズ放送又はいわゆるのど自慢放送の審査員に対する報酬・料金も含まれます。 ３　「映画や演劇の製作、編集の報酬・料金」には、映画又は演劇関係の監修料（カット料）又は選曲料が含まれます。 ４　いわゆる素人のど自慢放送、クイズ放送の出演者に対し放送のスポンサー等から支払われる賞金品等は、広告宣伝のための賞金（８号所得）として源泉徴収を要します（302ページ）。		

<table>
<tr><th>区　　分</th><th>左の報酬・料金に該当するもの</th><th>源泉徴収する所得税及び復興特別所得税の額</th><th>左の報酬・料金に類似するが該当しないもの</th></tr>
<tr><td rowspan="2">芸能人の役務の提供を内容とする事業を行う者のその役務提供に関する報酬・料金</td><td>映画や演劇の俳優、映画監督や舞台監督（プロジューサーを含みます。）、演出家、放送演技者、音楽指揮者、楽士、舞踊家、講談師、落語家、浪曲師、漫談家、漫才家、腹話術師、歌手、奇術師、曲芸師又は物まね師の役務の提供を内容とする事業を行う者のその役務の提供に関する報酬・料金</td><td>左の報酬・料金の額×10.21％
ただし、同一人に対し１回に支払われる金額が100万円を超える場合には、その超える部分については、20.42％</td><td>自ら主催して演劇の公演を行うことにより、観客等から受ける入場料等不特定多数の人から受けるもの（その公演に係る客席等の全部又は一部の貸切契約を締結することにより支払を受けるその貸切契約に係る対価は、不特定多数の人から受けとるものに該当するものとして取り扱われます。）</td></tr>
<tr><td colspan="3">（注）１　「役務提供に関する報酬・料金」とは、不特定多数の人から支払われるものを除き、芸能人の役務の提供の対価たる性質を有する一切のものをいいますから、その報酬・料金には、演劇を製作して提供する対価や芸能人を他の劇団、楽団等に供給したり、芸能人の出演をあっせんしたりすることにより支払われる対価はもちろん、次のようなものも含まれます。
なお、脚本、楽曲等を提供することにより支払われる対価のように著作権の対価に該当するものは、上記の報酬・料金には含まれません。
(1)　テレビジョンやラジオの放送中継料又は雑誌、カレンダー等にその容姿を掲載させるなどのために芸能人を供給したり、あっせんすることにより支払われる対価
(2)　芸能人の実演の録音、録画、放送又は有線放送につき著作隣接権の対価として支払われるもの（その実演に係る録音物の増製又は著作権法第94条第１項各号に掲げる放送につき支払われるもので、その実演による役務の提供に対する対価と併せて支払われるもの以外のものを除きます。）
(3)　大道具、小道具、衣装、かつら等の使用による損耗の補塡に充てるための道具代、衣装代等又は犬、猿等の動物の出演料等として支払われるもの（これらの物だけを貸与したり、これらの動物だけを出演させることにより支払われる対価を除きます。）
２　事業を営む個人が特定の要件に該当するものとして所轄税務署長から源泉徴収を要しないことの証明書の交付を受け、その証明書を提示して支払を受けるものについては、源泉徴収をする必要はありません。</td></tr>
</table>

⑹　ホステス等の業務に関する報酬・料金（所得税法第204条第１項第６号）

イ　６号該当所得の範囲等

所得税法第204条第１項第６号及び租税特別措置法第41条の20に規定する報酬・料金の取扱いをまとめると次のとおりとなります（所法205、復興財確法28①②、31①②、所令322、措法41の20、措令26の29、措通41の20－１～41の20－３）。

区　　分	左の報酬・料金に該当するもの	源泉徴収する所得税及び復興特別所得税の額	左の報酬・料金に類似するが該当しないもの
ホステス、バンケットホステス、コンパニオン等の業務に関する報酬・料金	⑴　キャバレー、ナイトクラブ、バーその他これらに類する施設でフロアにおいて客にダンスをさせ、又は客に接待をして遊興や飲食をさせるものにおいて、客に侍してその接待をすることを業務とするホステスその他の人のその業務に関する報酬・料金 ⑵　ホテル、旅館、飲食店その他飲食をする場所（臨時に設けられたものを含みます。）で行われる飲食を伴うパーティー等の会合において、専ら客に接待等の役務の提供を行うことを業務とするいわゆるバンケットホステス、コンパニオン等の業務に関する報酬・料金	（左の報酬・料金の額－控除金額※）×10.21％ ※控除金額……同一人に対し１回に支払われる金額について、5,000円にその支払金額の計算期間の日数を乗じて計算した金額（別に給与の支払をする場合には、その計算した金額からその計算期間に係る給与の額を控除した残額）	①　芸妓の業務に関する報酬・料金 ②　配膳人及びバーテンダーの報酬・料金

ロ　源泉徴収の対象とならない報酬・料金

バー等の経営者（キャバレー、ナイトクラブ、バーその他これらに類する施設の経営者又はコンパニオン、バンケットホステス等をホテル、旅館等に派遣して接待等の業務を行わせることを内容とする事業を営む者）以外の者から支払われるこれらの報酬・料金の源泉徴収は、それぞれ次のとおりとなります（所法204②三、204③、措法41の20②）。

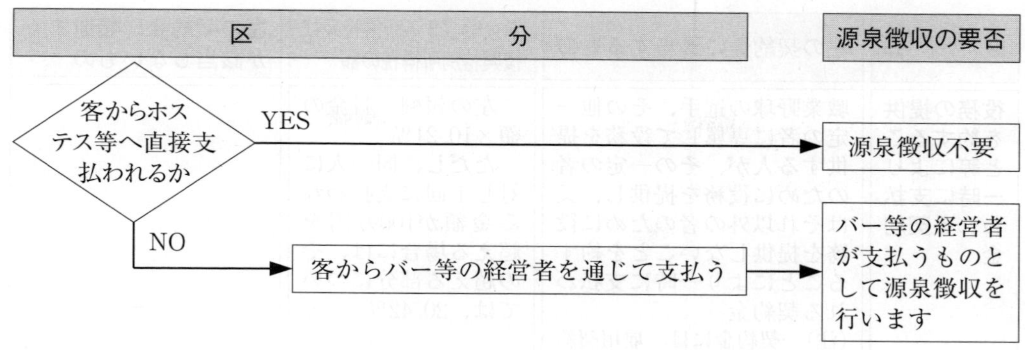

ハ　控除金額の計算方法

控除金額は、次の区分に応じ、それぞれ次により計算します。

①　日々支払う場合

［定　額］
5,000円＝控除金額

②　10日ごと、半月ごとのようにあらかじめ計算期間を定めて支払う場合

［定　額］
5,000円×その定められた計算期間の日数＝控除金額

③　月ごとに支払う場合

［定　額］
5,000円×その月の日数＝控除金額

（注）　別に給与の支払をする場合には、上記により計算した金額からその期間に係る給与の額を控除した残額が控除金額となります。また、この給与の支払をする際には給与所得としての源泉徴収を行う必要があります。

アドバイス

控除金額の計算の「計算期間の日数」とは、「営業日数」又は「出勤日数」ではなく、ホステス報酬の支払金額の計算の基礎となった期間の初日から末日までの全日数によるとする解釈が、平成22年３月の最高裁判決において示されています。

(7)　役務の提供を約することにより一時に受ける契約金
（所得税法第204条第１項第７号）

所得税法第204条第１項第７号に規定する契約金の取扱いをまとめると次のとおりとなります（所法205、復興財確法28①②、31①②、所令320⑥、所基通204－29、204－30）。

区　分	左の契約金に該当するもの	源泉徴収する所得税及び復興特別所得税の額	左の契約金に類似するが該当しないもの
役務の提供を約すること等により一時に支払われる契約金	職業野球の選手、その他一定の者に専属して役務を提供する人が、その一定の者のために役務を提供し、又はそれ以外の者のために役務を提供しないことを約することにより一時に支払われる契約金 (注)　契約金には、雇用契約を締結することにより支払われる支度金、移転料等も含まれます。ただし、就職に伴う転居のための旅費に該当するものは、これに当たりません。	左の報酬・料金の額×10.21％ ただし、同一人に対し１回に支払われる金額が100万円を超える場合には、その超える部分については、20.42％	—

(8)　広告宣伝のための賞金又は馬主が受ける競馬の賞金

（所得税法第204条第１項第８号）

所得税法第204条第１項第８号に規定する賞金の取扱いをまとめると次のとおりとなります（所法205、復興財確法28①②、31①②、所令298①⑨、320⑦、321、322、所基通204－31～204－34、205－９）。

区　分	左の賞金に該当するもの	源泉徴収する所得税及び復興特別所得税の額	左の賞金に類似するが該当しないもの
事業の広告宣伝のための賞金	事業の広告宣伝のために賞として支払う金品その他の経済上の利益 (例)　いわゆる素人のど自慢放送、クイズ放送の出演者に対し、番組のスポンサー等から支払われる賞金品等 (注)１「事業の広告宣伝のために賞として支払う金品その他の経済上の利益」とは、事業を営む者が商品又は事業の内容等を広く一般に知らせ顧客を誘引するために支払う賞金品等をいい、事業を営む者が自己の事業の広告宣伝のために直接支払うもののほか、次に掲げるものもこれに	(左の賞金品の額－控除金額※)×10.21％ ※控除金額……同一人に対し１回に支払われる賞金品の額について、50万円	①　旅行その他の役務の提供を内容とする経済上の利益で金品との選択をすることができないもの ②　次に掲げる賞金品等で、その寄贈者等の事業の広告宣伝のための賞金品等であると認められるもの以外のもの イ　社会的に顕彰される行為、業績等を表彰するために支払う賞金品等で、社会通念上それが支払者の営む収益事業と密接な関連があると認められないもの ロ　使用者が自己の使用人等を対象と

区　　分	左の賞金に該当するもの	源泉徴収する所得税及び復興特別所得税の額	左の賞金に類似するが該当しないもの
	含まれます。 (1)　商店会、同業組合等の業者団体がその所属する事業者の営む事業の広告宣伝のために支払う賞金品等 (2)　事業を営む者又は事業を営む者の組織する団体から寄贈（低額譲渡を含みます。）を受けた者が支払う賞金品等で、その寄贈者等の事業の広告宣伝のために支払うものと認められるもの ２　賞金品が物品で支払われる場合の評価は、次によります（所基通205－９）。 (1)　公社債、株式又は貸付信託、投資信託若しくは特定受益証券発行信託の受益権……その受けることとなった日の価額 (2)　商品券……券面額 (3)　貴石、貴金属、真珠、さんご等若しくはこれらの製品又は書画、骨とう、美術工芸品……その受けることとなった日の価額 (4)　土地又は建物……その受けることとなった日の価額 (5)　定期金に関する権利又は信託の受益権……相続税法又は財産評価基本通達（昭39直資56）に定めるところに準じて評価した価額 (6)　生命保険契約に関する権利……その受けることとなった日においてその契約を解除したとした場合に支払われることとなる解約返戻金の額（解約返戻金のほかに支払われることとなる前納保険料、剰余金の分配額等がある場合には、これらの金額との合計額）。ただし、その契約に係る保険料でその後に支払うこととなっているものをその権利の支払者において負担する条件が付けられている場合には、その負担することとなっている金額につき(5)に準じて評価した金額を加算した金額 (7)　その他のもの……通常の小売販売価額（いわゆる現金正価）の60％相当額		し、又は団体が自己の構成員を対象として、その使用人等又は構成員の勤務、業務、競技、演技等の成績を表彰するために支払う賞金品等 ハ　行政官庁又はその協力団体が行政上の広報を目的として支払う賞金品等
馬主に支払われる競馬の賞金	馬主に対し競馬の賞として支払われる金品のうち、金銭で支払われるもの	（左の賞金の額－控除金額※）×10.21％ ※控除金額……同一人に対し１回に支払われる賞金の金額について、その賞金の額の20％相当額と60万円との合計額	副賞として交付される賞品

アドバイス

1　同一人に対し２以上の者が共同して賞金を支払う場合には、これらの者のうち授賞等の事務を主宰している者が源泉徴収を行うこととされます（所基通204－34）。

2　金銭以外のもので支払われる場合の賞金の価額は、その支払を受ける者がその受けることとなった日において、その金銭以外のものを譲渡するものとした場合にその対価として通常受けるべき価額に相当する金額（当該金銭以外のものと金銭とのいずれかを選択することができる場合には、当該金銭の額）とされています（所令321）。
　なお、具体的な評価は308ページを参照してください。

3　賞品を受けることとなった日とは、賞品の支払を受けた日をいうものとされています。ただし、支払者が賞品を送付する場合には、特に弊害のない限り、その発送の日として差し支えありません（所基通205－８）。

2　内国法人に支払う報酬・料金等に対する源泉徴収

○　内国法人である馬主が受ける競馬の賞金

（所得税法第174条第10号）

所得税法第174条第10号に規定する賞金の取扱いをまとめると次のとおりとなります（所法175三、212③、213②、復興財確法28①②、31①②、所令298①⑨、299、所基通174－９）。

区　分	左の賞金に該当するもの	源泉徴収する所得税及び復興特別所得税の額	左の賞金に類似するが該当しないもの
馬主に支払われる競馬の賞金	内国法人である馬主に対し競馬の賞として支払われる金品のうち、金銭で支払われるもの	（左の賞金の額－控除金額※）×10.21% ※控除金額……同一人に対し１回に支払われる賞金の金額について、その賞金の金額の20%相当額と60万円との合計額	副賞として交付される賞品

第３　源泉徴収税額の計算

１　源泉徴収税額の計算方法

(1)　源泉徴収税額の計算

源泉徴収税額は、控除金額の有無等に応じ、報酬・料金等の額に税率を乗じて計算します（所法175三、205、所令298①、322、復興財確法28②、31①②）。

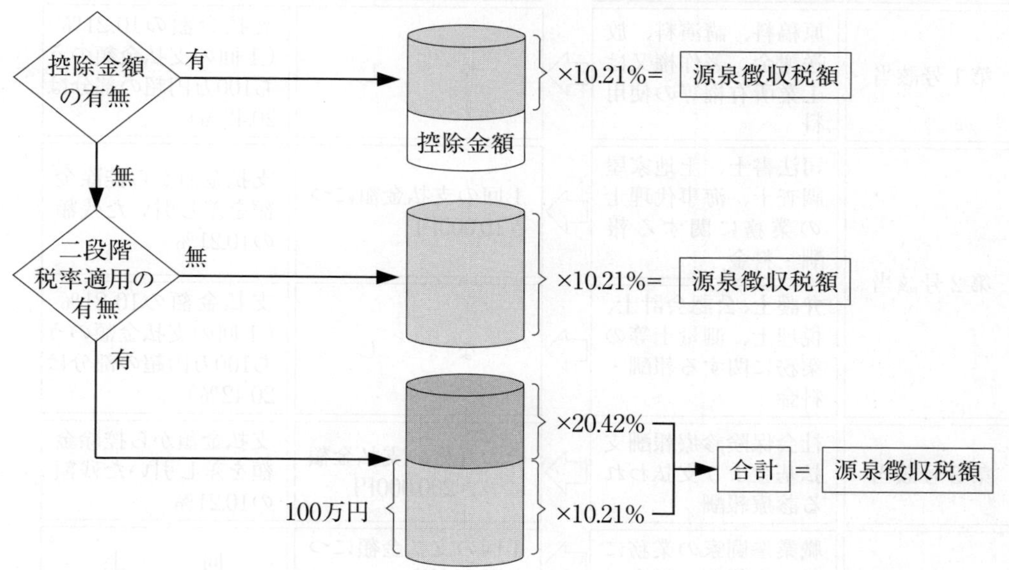

アドバイス

報酬・料金等の支払に当たって税引きの手取額で契約しているような場合には、次により税込支給額を計算することができます。

①　税率が10.21％である場合
　手取額÷（１－0.1021）＝税込支給額（１円未満切捨て）

②　二段階税率の適用がある場合（手取額が897,901円以上の場合に限ります。）
　（手取額－102,100円）÷（１－0.2042）＝税込支給額（１円未満切捨て）

(2)　報酬・料金等の区分に応じた控除金額及び源泉徴収税率

居住者に対して支払われる報酬・料金等に対して徴収すべき所得税及び復興特別所得税の額は、報酬・料金等の区分に応じてそれぞれ計算しますが、これを取りまとめると次のとおりとなります（所法205、所令298①、322、復興財確法28①②、31①②）。

報酬・料金等の区分		源泉徴収税額の計算方法	
		控除金額	源泉徴収税率
第１号該当	原稿料、講演料、放送謝金、著作権又は工業所有権等の使用料	な　し	支払金額の10.21％（１回の支払金額のうち100万円超の部分は20.42％）
第２号該当	司法書士、土地家屋調査士、海事代理士の業務に関する報酬・料金	１回の支払金額につき10,000円	支払金額から控除金額を差し引いた残額の10.21％
	弁護士、公認会計士、税理士、測量士等の業務に関する報酬・料金	な　し	支払金額の10.21％（１回の支払金額のうち100万円超の部分は20.42％）
第３号該当	社会保険診療報酬支払基金より支払われる診療報酬	その月分の支払金額につき200,000円	支払金額から控除金額を差し引いた残額の10.21％
第４号該当	職業拳闘家の業務に関する報酬・料金	１回の支払金額につき50,000円	同　上
	外交員、集金人又は電力量計の検針人の業務に関する報酬・料金	その月中の支払金額につき120,000円（給与の支払があれば、120,000円からその月中の給与の金額を控除した金額）	同　上
	職業野球の選手、競馬の騎手、モデル等の業務に関する報酬・料金	な　し	支払金額の10.21％（１回の支払金額のうち100万円超の部分は20.42％）
第５号該当	映画、演劇その他の芸能又はラジオ放送、テレビジョン放送に係る出演、演出、企画等の報酬・料金	な　し	同　上

報酬・料金等の区分		源泉徴収税額の計算方法	
		控除金額	源泉徴収税率
第６号該当	ホステス等の業務に関する報酬・料金	１回の支払金額につき5,000円に、その支払金額の計算期間の日数を乗じて計算した金額（給与の支払があれば、その計算した金額から給与の金額を控除した残額）	支払金額から控除金額を差し引いた残額の10.21％
第７号該当	役務の提供を約することにより一時に受ける契約金	な　　し	支払金額の10.21％（１回の支払金額のうち100万円超の部分は20.42％）
第８号該当	事業の広告宣伝のための賞金	１回の支払金額につき500,000円	支払金額から控除金額を差し引いた残額の10.21％
第８号該当	馬主に支払われる競馬の賞金	１回の支払金額につきその20％相当額と600,000円との合計額	同　　上

（注）「支払金額」とは同一人に対し１回に支払われる金額をいいます。

⑶　源泉徴収の対象額等

イ　同一人に対し１回に支払われる金額

「同一人に対し１回に支払われる金額」とは、同一人に対し１回に支払われるべき金額をいいます。ただし、所得税法第205条《徴収税額》第１号かっこ内に規定する支払金額のうち100万円超の部分に対して20.42％の税率を乗ずべき金額の判定に当たっては、現実に１回に支払われる金額によって差し支えありません（所基通205－１）。

ロ　同一人に対し１回に支払われるべき金額

司法書士、土地家屋調査士等及び馬主が受ける競馬の賞金に対する「同一人に対し１回に支払われるべき金額」とは、それぞれ次に掲げる金額をいいます（所基通205－２）。

区　　分	同一人に対し１回に支払われるべき金額
司法書士、土地家屋調査士、海事代理士の業務に関する報酬・料金	一の委託契約ごとに支払われる金額。ただし、一定期間ごとにその期間中の委託契約に基づく報酬・料金がまとめて支払われる契約となっている場合には、そのまとめて支払われる金額
馬主に支払われる競馬の賞金	１回の競走ごとに、かつ、出走馬１頭ごとに支払われる金額

ハ　同一人に対しその月中に報酬・料金と給与等とを支払う場合

同一人に対しその月中に外交員又は集金人の業務に関する報酬・料金と給与等とを支払う場合には、次に掲げる区分に応じ、それぞれ次によります（所基通205－５）。

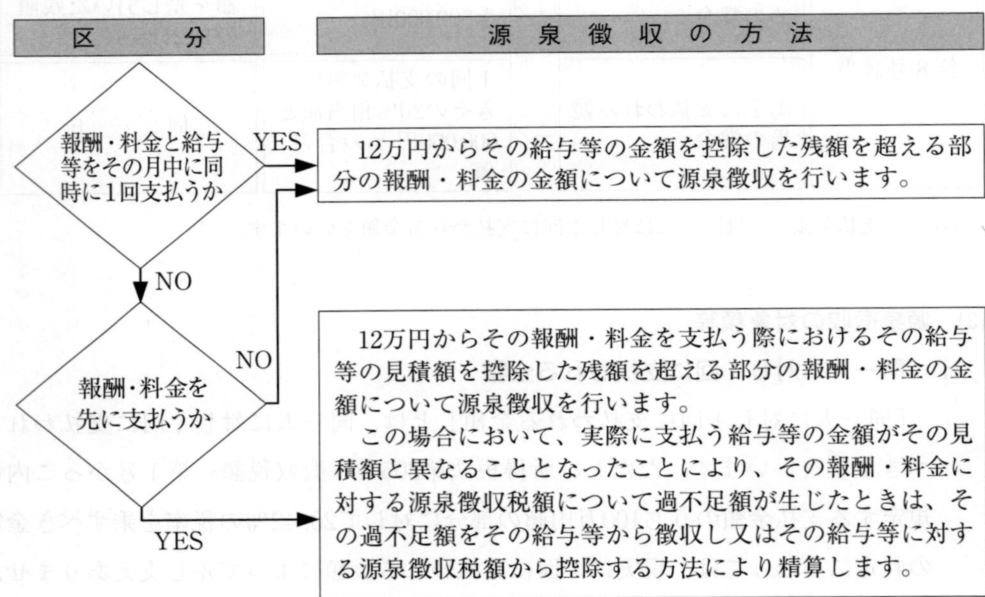

（注）　給与等の支払がある場合には、その給与等に対する源泉徴収を別途行うこととなります。

ニ　賞品の評価

賞金品が金銭以外の物品で支払われる場合には、「金銭以外のものを譲渡するものとした場合にその対価として通常受けるべき価額」により評価しますが、次に掲げるものについては、それぞれ次によることとされています（所基通205－９）。

区　　分	評　価　の　方　法
1　公社債、株式又は貸付信託、投資信託や特定受益証券発行信託の受益権	その受けることとなった日の価額
2　商品券	券面額
3　貴石、貴金属、真珠、さんご等やこれらの製品又は書画、骨とう、美術工芸品	その受けることとなった日の価額
4　土地又は建物	同上
5　定期金に関する権利又は信託の受益権	相続税法又は財産評価基本通達（昭39直資56）に定めるところに準じて評価した価額
6　生命保険契約に関する権利	その受けることとなった日においてその契約を解除したとした場合に支払われることとなる解約返戻金の額（解約返戻金のほかに支払われることとなる前納保険料の金額、剰余金の分配額等がある場合には、これらの金額との合計額）。ただし、その契約に係る保険料でその後に支払うこととなっているものをその権利の支払者において負担することとなっている場合には、その金額につき５に準じて評価した金額を加算した金額
7　その他のもの	通常の小売販売価額（いわゆる現金正価）の60％相当額

アドバイス

いわゆるオープン価格の商品や特注品等市販されていない物品のように、通常の小売価額（現金正価）がないものについては、通常の小売価額を適正に見積もることになります。

ホ　事業の広告宣伝のための賞金の源泉徴収

(イ)　旅行その他の役務の提供と物品とのいずれかを選択できる場合の評価

事業の広告宣伝のために賞として支払われるものが旅行その他の役務の提供を内容とするものである場合において、それが物品との選択をすることができることとなっているときは、たとえ旅行その他の役務の提供を受けたためその選択できる物品の支払を受けない場合であっても、その物品の価額がその賞金の額とされます（所基通205－11）。

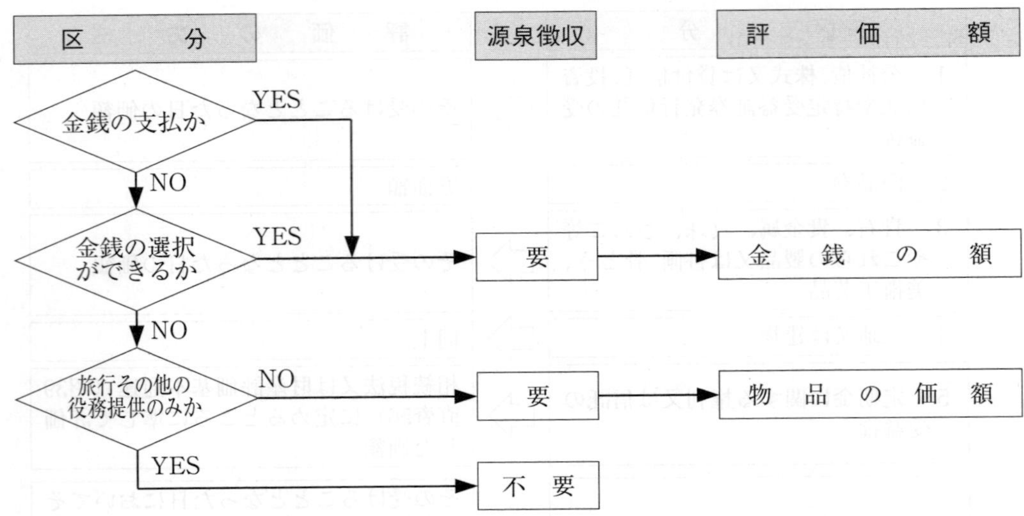

（注）１　「金銭以外のものと金銭とのいずれかを選択することができる場合」とは、あらかじめ公表されている懸賞等の募集要綱等に選択できる金銭の額が定められている場合をいいます（所基通205－10）。

２　あらかじめ選択できる金銭の額が定められていない場合において、受賞者の希望その他の事情により金銭を支払うときは、その金銭の支払を受けた受賞者に限りその金額の支払を受けたものとします（所基通205－10(注)）。

(ロ)　賞金に対する税額を支払者が負担する場合の税額の計算

賞金に対する源泉徴収税額をその賞金の支払者が負担する場合には、その税額は次の計算により計算します（所基通205－12）。

（算　式）

(実際に支払う金銭の額又は賞品の評価額 － 50万円) ÷ 0.8979 × 10.21％ ＝ 源泉徴収税額

（注）　上記の場合には、支払調書に記載する支払金額は、実際に支払った金銭の額又は商品の評価額と源泉徴収税額との合計額になります。

〔設例〕

賞品として評価額140万円の自動車を授受したが、税額は支払者（授与者）が負担する場合

源泉徴収税額

(1,400,000円－500,000円)÷0.8979×10.21％＝102,338円（１円未満切捨て）

支払金額

1,400,000円＋102,338円＝1,502,338円

(ハ)　受賞者が２人以上の１組である場合の賞金に対する税額の計算

２人以上の人が１組となって応募したことにより受けるクイズ放送等の賞金品で各人ごとの支払金額が区分されていない場合には、その支払金額の総額から、50万円にその支払を受ける人の人数を乗じて計算した金額を控除した残額に税率を適用して計算します（所基通205－13）。

（算　式）

（賞金の額又は賞品の評価額－50万円×人数）×10.21％＝源泉徴収税額

２　消費税等の額に対する源泉徴収

(1)　報酬・料金等の額に消費税等の額が含まれている場合の取扱い

報酬・料金等の額に消費税及び地方消費税（以下「消費税等」といいます。）の額が含まれているときは、原則として、消費税等の額を含めた金額が源泉徴収の対象となる報酬・料金等の額となります。

ただし、報酬・料金等の支払を受ける者からの請求書等において、その報酬・料金等の額と消費税等の額とが明確に区分されている場合には、消費税等の額を除いた報酬・料金等の額のみに対して源泉徴収して差し支えないこととされています（平元直法６－１（最終改正平26課法９－１））。

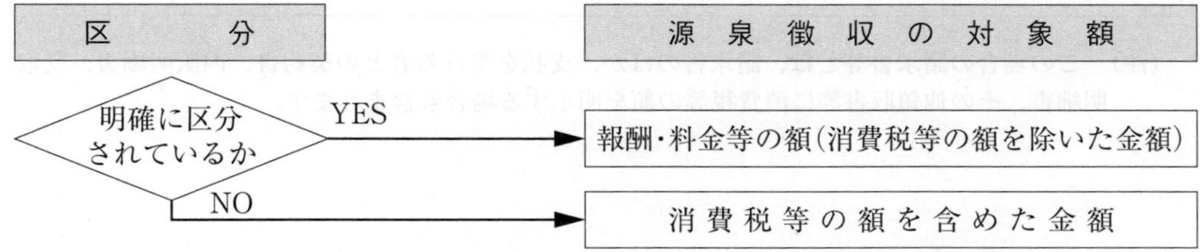

(2)　報酬・料金等の額と消費税等の額とが明確に区分されていない場合の取扱い

〔例〕　弁護士報酬の額　880,000円……880,000円×10.21％＝89,848円（源泉徴収税額）

（注）１円未満切捨て

課税対象額（880,000円）

報酬・料金の額（消費税等の額を含みます。）

(3)　報酬・料金等の額と消費税等の額とが明確に区分されている場合の取扱い

報酬・料金等の支払を受ける人からの請求書等において「報酬・料金等の額と消費

税等の額とが明確に区分されている」とは、その取引に当たって課されるべき消費税等の具体的金額が記載されていることをいいます。

〔設例１〕

弁護士報酬の額　800,000円
消費税等の額　80,000円
合　計　880,000円……800,000円×10.21％＝81,680円（源泉徴収税額）

課税対象額（800,000円）

報酬・料金の額	消費税等の額 80,000円

〔設例２〕

司法書士報酬の額　880,000円
（うち消費税等の額）　80,000円……{(880,000円－80,000円)－10,000円}×10.21％
＝80,659円（源泉徴収税額）

課税対象額（790,000円）

報酬・料金の額	控除額 10,000円	消費税等の額 80,000円

（注）　この場合の請求書等とは、請求書のほか、支払を受ける者との契約書、内訳明細書、受取明細書、その他領収書等に消費税等の額を明示する場合も含まれます。

第8章　内国法人に対する源泉徴収

第1　概　　要

内国法人とは、国内に本店又は主たる事務所を有する法人をいいますが、これには人格のない社団等も含まれます（所法２①六、八、４）。

内国法人に対して支払われる所得のうち、源泉徴収の対象となるものは利子、配当等特定のものに限られています（所法５③、７①四、174、175、176、212③）。

源泉徴収された所得税及び復興特別所得税は、内国法人の法人税の確定申告の際に納めるべき法人税の額から控除することが認められています（法法68①、復興財確法33②）。

第2　源泉徴収の範囲等

1　源泉徴収の対象となる所得の範囲と源泉徴収税率

内国法人（公共法人等を除きます。）に対して支払われる所得のうち、源泉徴収を要するもの等は次のとおりです。

所得の種類 （解説章）	範　　囲	源泉徴収の税額計算
利　子　等 第５章（219ページ）	①　公社債及び預貯金の利子 ②　合同運用信託、公社債投資信託及び公募公社債等運用投資信託の収益の分配 ③　国外公社債等の利子等 ④　利子等とみなされる勤労者財産形成貯蓄保険契約等に基づき支払を受ける差益	15.315％

内国法人

所得の種類 （解説章）	範　囲	源泉徴収の税額計算	
配　当　等 第６章（259ページ）	法人（公益法人等及び人格のない社団等を除きます。）から受ける次のものをいいます。 ①　剰余金の配当、利益の配当、剰余金の分配及び金銭の分配 ②　基金利息 ③　投資信託（公社債投資信託及び公募公社債等運用投資信託を除きます。）の収益の分配 ④　特定受益証券発行信託の収益の分配（適格現物分配に係るものを除きます。）	イ　上場株式等の配当等（特定株式投資信託の収益の分配を含みます。）（注） ロ　公募証券投資信託の収益の分配（特定株式投資信託及び公社債投資信託を除きます。） ハ　特定投資法人の投資口の配当等	15.315％
		ニ　イ～ハ以外の配当等	20.42％
		ホ　私募公社債等運用投資信託の収益の分配 ヘ　特定目的信託の社債的受益権の剰余金の配当	15.315％
匿名組合契約等に基づく利益の分配 第11章（443ページ）	利益の分配額	20.42％	
馬主に支払われる競馬の賞金 第７章（304ページ）	競馬の賞として支払われる金品のうち、金銭で支払われるもの	（賞金の額－控除金額※）×10.21％ ※控除金額…賞金の20％＋60万円	
定期積金の給付補塡金等 第11章（435ページ）	①　定期積金の給付補塡金 ②　銀行法第２条第４項の契約に基づく給付補塡金 ③　抵当証券の利息 ④　貴金属等の売戻し条件付売買による利益 ⑤　外貨建預貯金等の為替差益 ⑥　保険料等を一時に支払うことなど一定の内容を有する保険契約等のうち、保険期間等が５年以下のもの及び保険期間等の初日から５年以内に解約されたものに基づく差益	15.315％	

所得の種類（解説章）	範　囲	源泉徴収の税額計算
割引債の償還差益 第11章（431ページ）	割引の方法により発行される国債、地方債、内国法人が発行する社債及び外国法人が発行する一定の債券	（券面金額－発行価額）×18.378％ （特別割引債(注)は16.336％） (注)　特別割引債とは、東京湾横断道路株式会社及び民間都市開発推進機構の発行する割引債をいいます。
割引債の償還金に係る差益金額 第11章（433ページ）	割引の方法により発行される一定の公社債、分離元本公社債、分離利子公社債及び利子が支払われる公社債で、その発行価額の額面金額に対する割合が90％以下であるもの (注)　一般社団（財団）法人（公益社団（財団）法人を除きます。）、人格のない社団等及び法人税法以外の法律によって法人税法の公益法人等とみなされている一定の法人に対するものが対象となります。	差益金額×15.315％
懸賞金付預貯金等の懸賞金等 第11章（445ページ）	国内において、預貯金等の契約に基づき預入等がされた預貯金等のうち、次の要件により支払等を受ける懸賞金等 ①　その預貯金等に係る契約が、一定の期間継続されること ②　①の預貯金等を対象としてくじ引等の方法により受ける懸賞金等	15.315％

(注)　上場株式等の範囲については、268～269ページを参照してください。

アドバイス

公共法人等とは、所得税法別表第一に掲げる法人をいいます（第１章18ページ参照）。
公共法人等が支払を受ける利子等、配当等、給付補塡金、利息、利益、差益及び利益の分配については、所得税は課されません（所法11①、措法41の９②）。
ただし、国外公社債等の利子について課税されないためには、一定の手続が必要となります（措法３の３⑥、措令２の２⑤⑥）。

２　源泉徴収を要しない利子等及び配当等

金融機関や金融商品取引業者等の一定の内国法人が受ける利子・配当等については源泉徴収を要しないこととされています。

区　分		源泉徴収不適用となる利子等
金融機関（措法３の３⑥、８①、措令２の２⑤⑥、２の36、３の３①）	銀行、信用金庫、労働金庫、信用協同組合、農業協同組合、農業協同組合連合会、漁業協同組合、漁業協同組合連合会、水産加工業協同組合、水産加工業協同組合連合会、株式会社商工組合中央金庫、生命保険会社、損害保険会社、信託会社、農林中央金庫、信用金庫連合会、労働金庫連合会、共済水産業協同組合連合会、信用協同組合連合会、株式会社日本政策投資銀行及び株式会社日本貿易保険	①　公社債の利子のうち社債、株式等の振替に関する法律に規定する振替口座簿に記載等がされたもの ②　預貯金の利子 ③　合同運用信託又は特定公募公社債等運用投資信託の収益の分配のうちその委託した期間内に生じたもの ④　国外公社債等の利子等 （④については、国外公社債等を国内の支払の取扱者に利子等の計算期間を通じて保管の委託をし、所定の事項を記載した申告書を、あらかじめ利子等の支払の取扱者を経由して税務署長に提出する必要があります。） ⑤　社債的受益権の剰余金の配当で振替口座簿に記載等がされたもの
金融商品取引業者等（措法３の３⑥、措法８②、措令２の２⑤⑥、３の３⑥）	金融商品取引業者、金融商品取引清算機関又は証券金融会社	①　公社債の利子のうち社債、株式等の振替に関する法律に規定する振替口座簿に記載等がされたもの ②　国外公社債等の利子等 （②については、国外公社債等を国内の支払の取扱者に利子等の計算期間を通じて保管の委託をし、所定の事項を記載した申告書を、あらかじめ利子等の支払の取扱者を経由して税務署長に提出する必要があります。） ③　社債的受益権の剰余金の配当で振替口座簿に記載等がされたもの
内国法人（措法８③、措令３の３⑦⑧⑨）	内国法人のうち、資本金の額又は出資金の額が１億円以上のもので、振替機関等から確認を受けた法人に限ります。	公社債の利子のうち社債、株式等の振替に関する法律に規定する振替口座簿に記載等がされたもので、振替機関等の営業所等の長が、一定の事項を確認をした日以後１年を経過する日までの期間内に開始する利子の計算期間に対応するもの
信託会社（所法176）	内国信託会社（信託業務を兼営する金融機関を含みます。）	証券投資信託の信託財産に属する公社債、合同運用信託、投資信託、特定受益証券発行信託の受益権、社債的受益権、株式又は出資について国内において利子等又は配当等の支払をする者の備え付ける帳簿に、所要の事項の登載を受けている場合には、その登載期間内に支払われる利子等又は配当等

第９章　非居住者及び外国法人に対する源泉徴収

第１　非居住者等に対する源泉徴収の概要

１ 概　要

非居住者又は外国法人（以下「非居住者等」といいます。）に対しては、所得税法上、原則として国内において行う事業から生じ又は国内にある資産から生ずる所得を除いた国内源泉所得が源泉徴収の対象とされています。

なお、これらの非居住者等に対する課税上の取扱いは、租税条約の適用の有無などにより異なります。

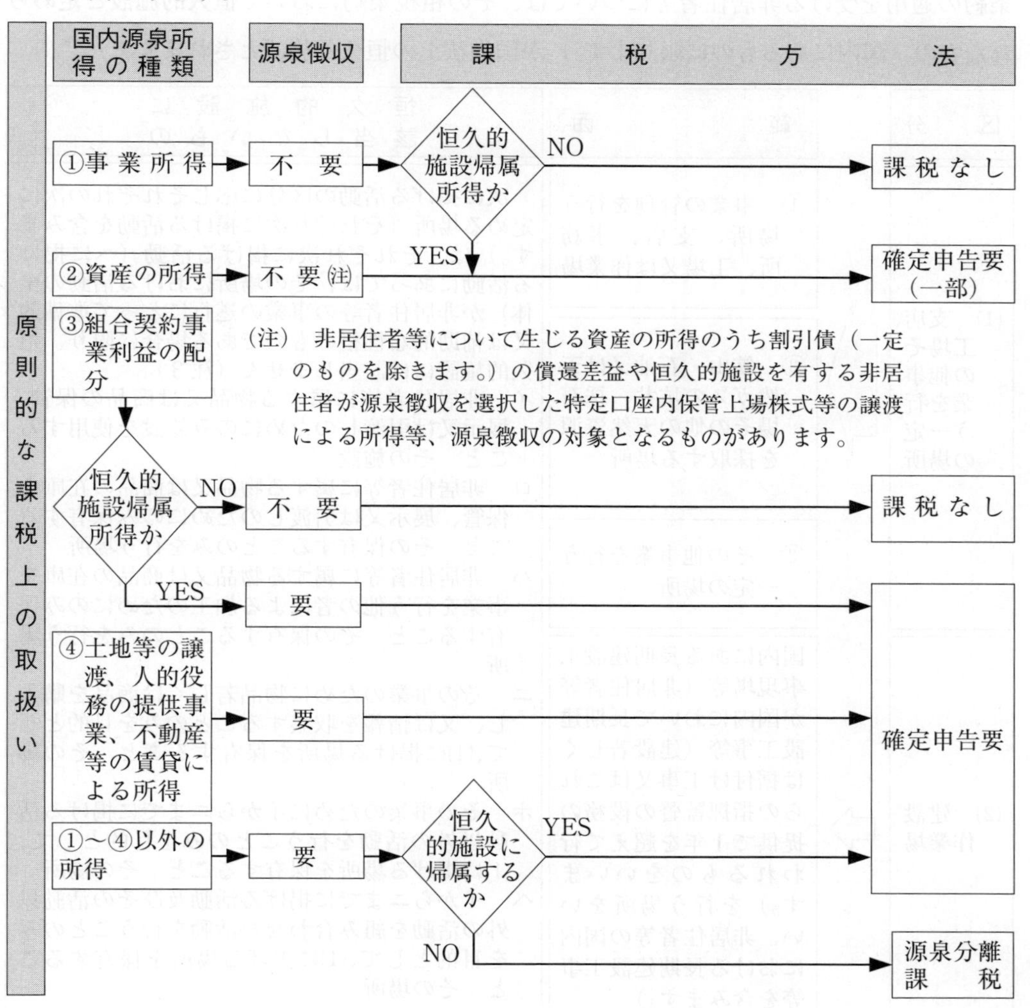

2　恒久的施設

恒久的施設（Permanent Establishment、通常「PE」と略称しています。）とは、支店、工場、その他事業を行う一定の場所、建設作業場及び代理人等をいいます（所法２①八の四、所令１の２）。

恒久的施設の有無の判定に当たっては、物理的な面のみでなく機能的な面にも着目して判定する必要があります。

所得税法第２条第１項第８号の４では、恒久的施設について次のように定義しています。

なお、租税条約において国内法の恒久的施設と異なる定めがある場合には、その租税条約の適用を受ける非居住者等については、その租税条約において恒久的施設と定められたもの（国内にあるものに限ります。）が国内法上の恒久的施設とされます。

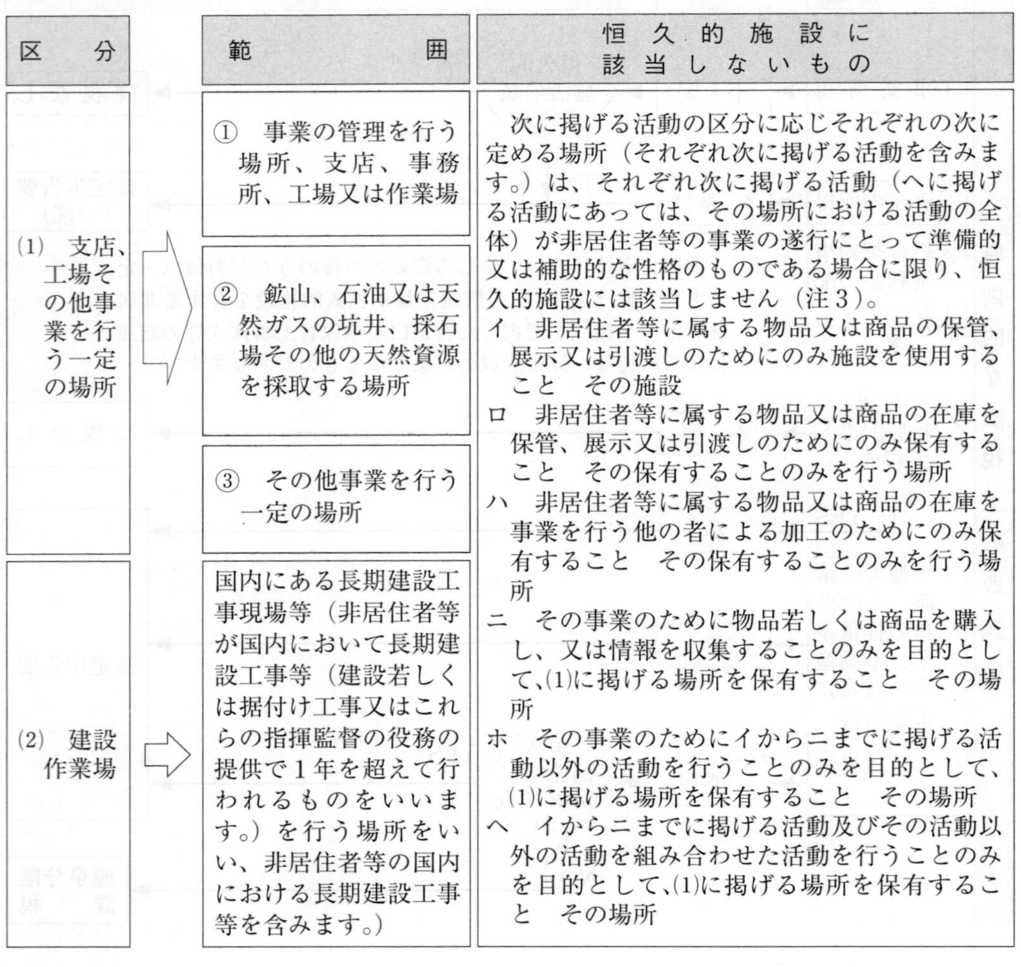

区分	範囲	恒久的施設に該当しないもの
(1)　支店、工場その他事業を行う一定の場所	①　事業の管理を行う場所、支店、事務所、工場又は作業場	次に掲げる活動の区分に応じそれぞれの次に定める場所（それぞれ次に掲げる活動を含みます。）は、それぞれ次に掲げる活動（へに掲げる活動にあっては、その場所における活動の全体）が非居住者等の事業の遂行にとって準備的又は補助的な性格のものである場合に限り、恒久的施設には該当しません（注３）。 イ　非居住者等に属する物品又は商品の保管、展示又は引渡しのためにのみ施設を使用すること　その施設 ロ　非居住者等に属する物品又は商品の在庫を保管、展示又は引渡しのためにのみ保有すること　その保有することのみを行う場所 ハ　非居住者等に属する物品又は商品の在庫を事業を行う他の者による加工のためにのみ保有すること　その保有することのみを行う場所 ニ　その事業のために物品若しくは商品を購入し、又は情報を収集することのみを目的として、(1)に掲げる場所を保有すること　その場所 ホ　その事業のためにイからニまでに掲げる活動以外の活動を行うことのみを目的として、(1)に掲げる場所を保有すること　その場所 へ　イからニまでに掲げる活動及びその活動以外の活動を組み合わせた活動を行うことのみを目的として、(1)に掲げる場所を保有すること　その場所
	②　鉱山、石油又は天然ガスの坑井、採石場その他の天然資源を採取する場所	
	③　その他事業を行う一定の場所	
(2)　建設作業場	国内にある長期建設工事現場等（非居住者等が国内において長期建設工事等（建設若しくは据付け工事又はこれらの指揮監督の役務の提供で１年を超えて行われるものをいいます。）を行う場所をいい、非居住者等の国内における長期建設工事等を含みます。）	

区　分	範　囲		恒久的施設に該当しないもの
(3)　代理人等	自己のために契約を締結する権限のある者その他これに準ずる者	国内において非居住者等に代わって、その事業に関し、反復して次に掲げる契約を締結し、又はその非居住者等によって重要な修正が行われることなく日常的に締結される次に掲げる契約の締結のために反復して主要な役割を果たす者（以下「契約締結代理人等」といいます。）（注４） ①　非居住者等の名において締結される契約 ②　非居住者等が所有し、又は使用の権利を有する財産について、所有権を移転し、又は使用の権利を与えるための契約 ③　非居住者等による役務の提供のための契約	非居住者等に代わって国内において行う活動が、その非居住者等の事業の遂行にとって一定の準備的又は補助的な性格のもののみである場合におけるその活動を行う者（事業を行う一定の場所を使用し、又は保有する非居住者等が、その事業を行う一定の場所以外の場所（以下「他の場所」といいます。）においても事業上の活動を行う場合（これらの場所において行う事業上の活動（細分化活動）が一体的な業務の一部として補完的な機能を果たすときに限ります。）において、他の場所がその非居住者等の恒久的施設に該当するなど、一定の場合におけるその事業を行う一定の場所については、この限りではありません。）

（注）１　外国法人についても同様の規定があります（法法２十二の十九）。

２　各国との租税条約における恒久的施設の範囲は、表１（374ページ）を参照してください。

３　非居住者等が長期建設工事現場等を有する場合には、その長期建設工事現場等をニからへまでにおける(1)に掲げる場所とみなして適用されます。

４　国内において非居住者等に代わって行動する者が、その事業に係る業務を、その非居住者等に対し独立して行い、かつ、通常の方法により行う場合には、その者は、契約締結代理人等には含まれないものとされます。

この場合において、その者は①代理人としてその業務を行う上で、詳細な指示や包括的な支配を受けず、十分な裁量権を有するなど本人である非居住者等から法的に独立していること、②その業務に係る技能と知識の利用を通じてリスクを負担し、報酬を受領するなど本人である非居住者等から経済的に独立していること、③代理人としてその業務を行う際に、代理人自らが通常行う業務の方法又は過程において行うことのいずれの要件も満たす必要があります（所基通161－６）。

ただし、その者が、専ら又は主として一又は二以上の自己と特殊の関係（※）にある者に代わって行動する場合は、この限りではありません。

※　特殊の関係とは、一方の者が他方の法人の発行済株式又は出資の総額又は総額の50％超を直接又は間接に保有する等の一定の関係をいいます（所令１の２⑨、所規１の２①）。

第２　非居住者等の所得に対する源泉徴収税額の計算

1　源泉徴収税額の計算

非居住者等に対して支払われる国内源泉所得に対する源泉徴収税額の計算は次のとおりです。

⑴　原　　則

非居住者等に対して国内において支払う国内源泉所得のうち一定のものについては、原則として、20.42％の税率により所得税及び復興特別所得税を源泉徴収しなければなりません（所法212、213、復興財確法28）。

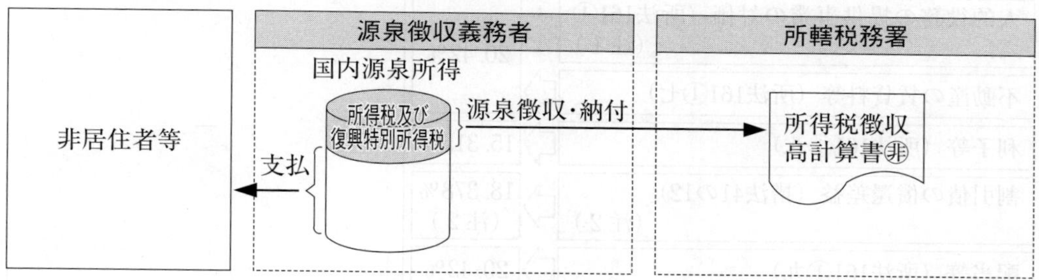

アドバイス

〔納付期限〕

原則……支払った月の翌月10日（所法212①）

（注）　組合契約事業利益の配分については、組合利益に係る各計算期間の末日から２か月を経過する日までに金銭その他の資産の交付が行われない場合には、その２か月を経過する日に支払があったとみなして源泉徴収しなければなりません。その場合は、支払があったとみなされる日の翌月10日が納期限となります（所法212⑤）。

特例……支払が国外で行われる場合で、国内において支払うものとみなされる場合は、支払った月の翌月末日（所法212②）

イ　源泉徴収税率

源泉徴収税率は、国内源泉所得の種類に応じてそれぞれ次ページの表のとおりです（所法213、復興財確法28）。

なお、支払を受ける非居住者等が居住する国と我が国との間に租税条約が締結されている場合には、その条約で定められている税率が限度とされることになります（実施特例法３の２、330ページ４⑴参照）。

なお、租税条約の規定により、所得税法及び租税特別措置法に規定する税率以下の限度税率が適用される場合には、復興特別所得税は課されません（復興財確法33⑨一）。

国内源泉所得の種類	源泉徴収税率	控除額
事業の所得（所法161①一）	—	—
資産の運用又は保有による所得（所法161①二）	—	—
資産の譲渡による所得（所法161①三）	—	—
その他の国内源泉所得（所法161①十七）	—	—
組合契約事業利益の配分（所法161①四）	20.42％	—
土地、土地の上に存する権利、建物等の譲渡の対価（所法161①五）	10.21％	—
人的役務の提供事業の対価（所法161①六）（注１）	20.42％	—
不動産の賃貸料等（所法161①七）	20.42％	—
利子等（所法161①八）	15.315％	—
割引債の償還差益（措法41の12）（注２）	18.378％（注２）	—
配当等（所法161①九）	20.42％	—
私募公社債等運用投資信託等の収益の分配（措法８の２）	15.315％	—
上場株式等の配当等（措法９の３）（注３）	15.315％	—
貸付金の利子（所法161①十）	20.42％	—
使用料等（所法161①十一）	20.42％	—
給与等の人的役務の報酬等（所法161①十二イ、ハ）	20.42％	—
公的年金等（所法161①十二ロ）	20.42％	5万円(注4)×年金の額に係る月数
事業の広告宣伝のための賞金（所法161①十三）（注５）	20.42％	50万円
生命保険契約等に基づく年金（所法161①十四）（注６、７）	20.42％	その契約に基づいて払い込まれた保険料又は掛金のうち、その支払われる年金の額に対応する部分の金額
定期積金の給付補塡金等（所法161①十五）	15.315％	—
匿名組合契約等に基づく利益の分配（所法161①十六）	20.42％	—

（注）１　租税条約によって免税とされる「免税芸能法人等」に対して、国内において芸能人等の役務提供事業の対価を支払う際の源泉徴収税率は、免税芸能法人等が支払者を経由して税務署長に「免税芸能法人等に関する届出書」を提出した場合には、15.315％となります（措

法41の22③、復興財確法28、措令26の32③、措規19の14）。

2　東京湾横断道路株式会社及び民間都市開発推進機構が認可を受けて発行する社債及び債券のうち割引債に該当するものにつき支払を受けるべき償還差益に対する税率は16.336％となります（措法41の12①、復興財確法28）。

なお、一定の割引債の償還金に係る差益金額については15.315％の税率で源泉徴収が行われます（措法41の12の2②）。

3　大口株主等（その内国法人の発行済株式又は出資の総数又は総額の100分の３以上に相当する数又は金額の株式又は出資を有する個人をいいます。）以外の者が支払を受けるもの、公募証券投資信託のうち公社債投資信託及び特定株式投資信託を除きます。

4　年齢が65歳以上の人が受ける年金については「９万５千円×年金の額に係る月数」となります（措法41の15の３③）。

5　事業の広告宣伝のための賞金が金銭以外のもの（旅行その他の役務の提供を内容とするもので金品との選択ができないものを除きます。）で支払われる場合には、その支払を受けることとなった日においてそのものを譲渡するものとした場合にその対価として通常受けるべき価額に相当する金額（時価）とされます（所令329①）。

6　生命保険契約等に基づく年金には、国内にある営業所又は国内において契約の締結の代理をする者を通じて締結した損害保険契約等に基づく年金も含まれます。

7　年金の支払を受ける者と保険契約者とが異なる契約などの一定の年金は除かれます。

ロ　所得税法による課税の特例

次に掲げる国内源泉所得については、源泉徴収を要しないこととされています。

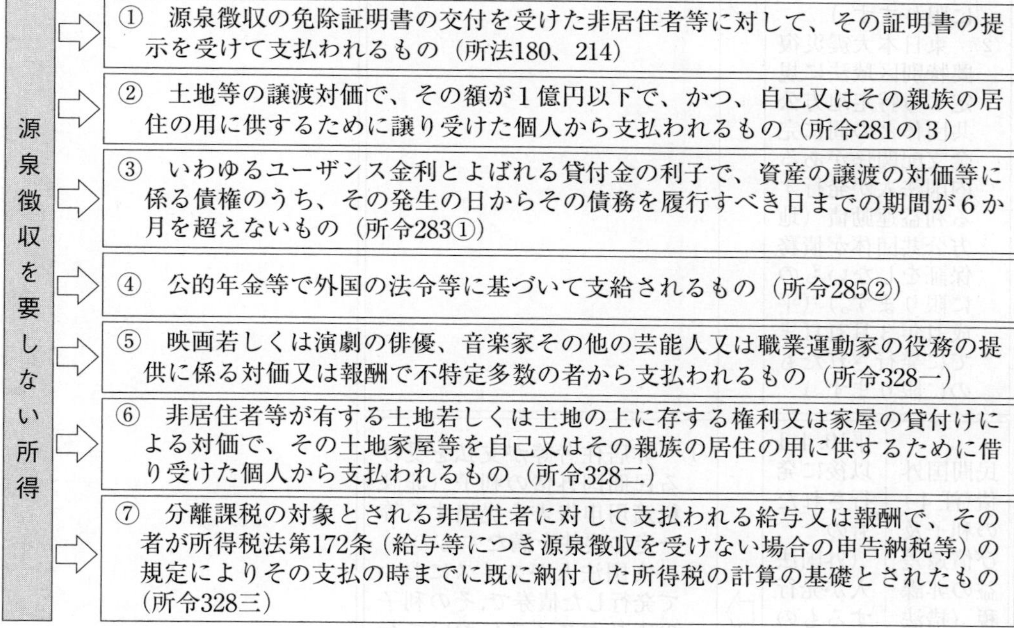

(2)　租税特別措置法による課税の特例

非居住者等に対する源泉徴収に関連する主な特例は、次のとおりです。

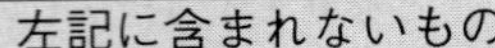

<table>
<tr><th colspan="2">区　分</th><th>非 課 税 の 範 囲</th><th>左記に含まれないもの</th></tr>
<tr><td colspan="2">振替国債及び振替地方債（注１）の利子及び償還差益の非課税（措法５の２、41の13①、41の13の３）</td><td rowspan="2">非居住者等で次の要件を満たすものが支払を受ける利子等及び償還差益
非居住者等（注２）が、特定振替機関等又は適格外国仲介業者（注３）の営業所等において最初に振替記載等を受ける際、一定の事項を記載した非課税適用申告書をその特定振替機関等を経由して税務署長に提出していること</td><td rowspan="3">①　国内に恒久的施設を有する非居住者が支払を受ける利子等及び償還差益でその恒久的施設に帰せられるもの
②　振替社債等（その利子等の額が発行者の利益の額等に連動するものを除きます。）の利子等及び償還差益については、振替社債等の発行者の特殊関係者が支払を受けるもの
③　民間国外債（その利子等の額が発行者の利益の額等に連動するものを除きます。）の利子及び償還差益については、民間国外債の発行者の特殊関係者が支払を受けるもの</td></tr>
<tr><td colspan="2">振替社債等の利子等及び償還差益の非課税（措法５の３、41の13②、41の13の３、旧震災特例法10）
ただし次のものについては一定の日までに発行されたものに限ります。
①　振替特定目的信託受益権のうち社債的受益権（令和４年３月31日までに発行されたものに限ります。）
②　東日本大震災復興特別区域法に規定する特定地方公共団体との間に完全支配関係がある内国法人が発行する利益連動債（地方公共団体が債務保証をしないものに限ります。）（平成31年３月31日までに発行されたものに限ります。）</td></tr>
<tr><td>民間国外債（注４）の利子及び償還差益の非課税（措法６、41の13③、措令３の２の２）</td><td>平10. 4. 1以後に発行されたもの（外国法人が発行するものについては平20. 5. 1以後に発行されたもの）</td><td>①　非居住者等が支払を受ける民間国外債の利子（非課税適用申告書を提出する等一定の要件を満たすもの）
②　内国法人がスイスにおいて発行した債券で、その利子の支払がスイスにおいて行われるなど一定の要件を満たしているもの（注５）
③　非居住者が支払を受ける民間国外債の償還差益</td></tr>
</table>

区　分		非課税の範囲	左記に含まれないもの
特別国際金融取引勘定において経理された預金等の利子の非課税（措法７）		外国為替及び外国貿易法21条３項に規定する金融機関が、一定の証明がされた外国法人から受け入れた預金又は借入金で、特別国際金融取引勘定（オフショア勘定）で経理したものの利子（債券現先取引に係るものを含みます。）	外国為替及び外国貿易法21条４項の規定に基づき定められた政令の規定のうち特別国際金融取引勘定の経理に関する事項に係るものに違反する事実が生じた場合の利子でその事実が生じた日の属する計算期間に係るもの
外国金融機関等の店頭デリバティブ取引の証拠金に係る利子の非課税（措法42）	平27.7.1.以後令和３.３.31までに行う取引	①　外国金融機関等が、国内金融機関等との間で行う店頭デリバティブ取引に係る一定の証拠金で、その国内金融機関等から支払いを受ける利子で非課税適用申告書等所定の要件を満たすもの ②　外国金融機関等が店頭デリバティブ取引に基づく相手方の債務を金融商品取引清算機関が負担した場合にその金融商品取引清算機関に対して預託する証拠金（金融商品取引法第156条の11に規定する清算預託金（当初証拠金控除後）を除きます。）又は国内金融機関等が店頭デリバティブ取引に基づく相手方の債務を外国金融商品取引清算機関が負担した場合にその国内金融機関等に対して預託する証拠金につき、外国金融機関等又は外国金融商品取引清算機関が支払いを受ける利子で非課税適用申告書等所定の要件を満たすもの	国内に恒久的施設を有する外国法人が支払を受ける利子で、その恒久的施設に帰せられるもの
外国金融機関等の債券現先取引等に係る利子の非課税（措法42の２）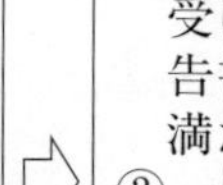		①　外国金融機関等が、振替債等に係る債券現先取引等で特定金融機関等との間で行われるものにつき支払を受ける利子で非課税適用申告書の提出等所定の要件を満たすもの ②　外国金融機関等以外の外国法人が平成29年４月１日から令和３年３月31日までの間に開始した振替国債等に係る債券現先取引で特定金融機関等との間で行われるものにつき支払を受ける	①　国内に恒久的施設を有する外国法人が支払を受ける利子で、その恒久的施設に帰せられるもの ②　次のイからハのいずれかに該当する外国金融機関等が支払を受けるもの イ　利子を支払う特定金融機関等の国外支配株主等（租税条約等を締結している国の法人を除きます。） ロ　居住者又は内国法人に係る外国関係会社

区　分	非課税の範囲	左記に含まれないもの
	利子で非課税適用申告書の提出等所定の要件を満たすもの	ハ　本店所在地国において、利子について外国の法令による法人税に相当する税が課されない外国法人（利子が本店所在地国以外の国の営業所等において行う事業に帰せられるものでその本店の所在地国以外の国で課税される場合を除きます。） ③　利子を支払う特定金融機関等の国外関連者に該当する外国金融機関等以外の外国法人が支払を受けるもの

(注) 1　振替国債及び振替地方債とは、特定振替機関等の営業所等を通じて社債、株式等の振替に関する法律に規定する振替口座簿に記載又は記録がされている国債及び地方債をいいます。

2　組合契約の組合員又は受益者等課税信託の受益者である非居住者等が非課税の適用を受けるには、その非居住者等の全てが手続をして、かつ、その組合等の業務執行者等が、組合等届出書及び組合契約書等の写しを提出する必要があります。

3　適格外国仲介業者とは、外国間接口座管理機関又は外国再間接口座管理機関のうち一定の要件を満たす者として国税庁長官の承認を受けた者をいいます。

4　民間国外債とは、法人により国外において発行された債券（外国法人により発行された債券にあっては、その外国法人が恒久的施設を通じて行う事業に係る一定のものに限ります。）で、その利子の支払が国外において行われるものをいいます。

5　平成24年３月31日までの間に発行されたものに限ります。

6　非課税適用申告書に記載した事項に変更が生じた場合には、変更日以後最初に利子等の支払を受ける日の前日までに異動申告書を同様に提出する必要があります。

2　外貨表示の支払金額の邦貨換算の方法

源泉徴収の対象となる国内源泉所得のうち、その支払うべき金額が外貨で表示されているものについては、その外貨表示の支払金額を邦貨に換算した上で所得税及び復興特別所得税を源泉徴収します。この場合における換算方法はそれぞれ次によります(所基通213－１)。

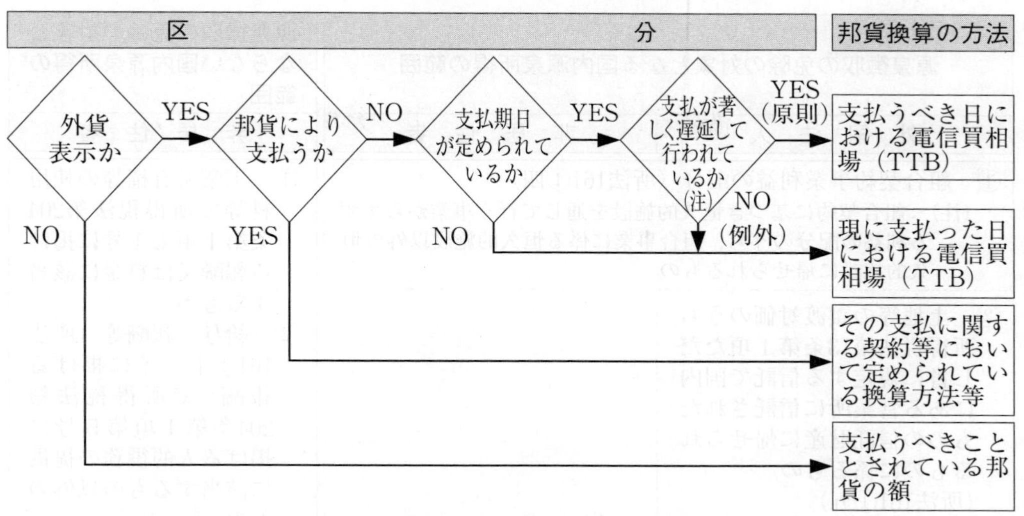

（注）　その支払に関する契約等においてその支払期日が定められている場合には原則として、その支払うべき日における電信買相場により邦貨換算を行いますが、その支払が著しく遅延して行われている場合を除き、現に支払った日における電信買相場により邦貨換算を行っても差し支えないこととされています（所基通213－１⑵イただし書）。

アドバイス

1　換算の基礎となる「電信買相場」（TTB）は、その支払をする者の主要取引金融機関（その支払をする者がその外貨に係る対顧客直物電信買相場を公表している場合には、その支払をする者）におけるその支払うべき日又は支払った日のその外貨に係る対顧客直物電信買相場によることとされています（所基通213－２）。

2　外貨で表示されている額に相当する対外支払手段をその支払うべき日以後において外貨の売買業務を行う者から邦貨により購入して支払うときは、その支払が著しく遅延して行われる場合を除き、その支払うべき外貨で表示されている額をその対外支払手段の購入に際して適用された外国為替相場によって換算した金額をその国内源泉所得の金額として差し支えありません（所基通213－３）。

3　源泉徴収免除制度

⑴　源泉徴収の免除の対象となる国内源泉所得の範囲等

国内に恒久的施設を有する非居住者等が税務署長の発行した源泉徴収の免除の証明書を所得の支払者に提示した場合には、その証明書の有効期間内に支払う特定のものについては所得税及び復興特別所得税の源泉徴収を要しないこととされています（所法180、214）。

源泉徴収の免除の規定の適用対象者及びその対象所得の範囲を示すと次のとおりとなります（所法180①、214①、所令332）。

<table>
<tr><th colspan="2">源泉徴収の免除の対象となる国内源泉所得の範囲</th><th>源泉徴収の免除の対象とならない国内源泉所得の範囲</th></tr>
<tr><th>外国法人</th><th>非居住者</th><th>非居住者</th></tr>
<tr><td colspan="2">①　組合契約事業利益の配分（所法161①四）
（注）　組合契約に基づき恒久的施設を通じて行う事業から生ずる利益の配分のうち、組合事業に係る恒久的施設以外の恒久的施設に帰せられるもの</td><td rowspan="8">①　工業所有権等の使用料等で所得税法第204条第１項第１号に掲げる報酬又は料金に該当するもの
②　給与、報酬等（所法161①十二イに掲げる報酬）で所得税法第204条第１項第５号に掲げる人的役務の提供に該当するもの以外のもの
③　生命保険契約等に基づく年金でその支払額が25万円以上のもの</td></tr>
<tr><td>②　土地等の譲渡対価のうち所得税法第13条第１項ただし書に規定する信託で国内にある営業所に信託されたものの信託財産に帰せられるものに係るもの（所法161①五）</td><td></td></tr>
<tr><td colspan="2">③　人的役務の提供事業の対価（所法161①六）</td></tr>
<tr><td colspan="2">④　不動産等の賃貸料等及び船舶又は航空機の貸付けによる対価（所法161①七）</td></tr>
<tr><td colspan="2">⑤　貸付金の利子（所法161①十）</td></tr>
<tr><td colspan="2">⑥　工業所有権等の使用料等（所法161①十一）</td></tr>
<tr><td>⑦　事業の広告宣伝のための賞金（所法161①十三）</td><td>⑧　人的役務の報酬（所法161①十二イ（給与に係る部分を除きます。））</td></tr>
<tr><td colspan="2">⑨　生命保険契約等に基づく年金（所法161①十四）</td></tr>
</table>

（注）　②から⑨においては非居住者等の恒久的施設に帰せられるものに限ります。

アドバイス

この源泉徴収の免除の対象となる所得は、所得税法第161条第１項に規定する国内源泉所得のうち、居住者及び内国法人については所得税の源泉徴収の対象にならない特定の所得（貸付金の利子及び不動産の賃貸料等）に限られています。つまり、この措置は、国内に恒久的施設を有し当該恒久的施設に帰せられるべき所得を有している非居住者等については、居住者又は内国法人と同様の状況にあること及びその国内源泉所得がそれらの者の所得税や法人税の総合課税の対象に含まれることなどを考慮し、居住者及び内国法人に対して源泉徴収の対象とされない所得については、非居住者等に対しても同様に源泉徴収の対象にしないこととしたものと考えられます。

⑵　源泉徴収免除制度の適用を受けるための要件

源泉徴収の免除制度の適用を受けるための要件は、非居住者又は外国法人の区分に応じ、それぞれ次の表のとおりです（所令304、330）。

区分	外国法人	非居住者
源泉徴収免除制度の適用を受けるための要件	イ　法人税法第149条第１項若しくは第２項の規定による外国普通法人となった旨の届出書又は同法第150条第３項若しくは第４項の規定による公益法人等又は人格のない社団等の収益事業開始等の届出書を提出していること	イ　所得税法第229条の規定による開業等の届出書を提出していること
	ロ　会社法第933条第１項又は民法第37条第１項の規定による登記をすべき外国法人にあっては、その登記をしていること	ロ　納税地に現住しない非居住者については、その者が国税通則法第117条第２項の規定による納税管理人の届出をしていること
	—	ハ　その年の前年分の所得税に係る確定申告書を提出していること
	ハ　源泉徴収を免除される国内源泉所得が、法人税に関する法令（租税条約を含みます。）の規定により法人税を課される所得に含まれるものであること	ニ　源泉徴収を免除される国内源泉所得が、所得税法その他所得税に関する法令（租税条約を含みます。）の規定により総合課税に係る所得税を課される所得に含まれるものであること
	ニ　偽りその他不正の行為により所得税又は法人税を免れたことがないこと	ホ　偽りその他不正の行為により所得税を免れたことがないこと
	ホ　免除証明書を国内源泉所得の支払者に提示する場合、その支払者の氏名又は名称及びその住所、事務所、事業所その他の国内源泉所得の支払の場所並びにその提示した年月日を帳簿に記録することが確実であると見込まれること	ヘ　免除証明書を国内源泉所得の支払者に提示する場合、その支払者の氏名又は名称及びその住所、事務所、事業所その他その国内源泉所得の支払の場所並びにその提示した年月日を帳簿に記録することが確実であると見込まれること

⑶　源泉徴収の免除を受けるための手続等

イ　源泉徴収の免除を受けるための手続

非居住者等がその支払を受ける国内源泉所得について源泉徴収の免除を受けるためには、非居住者等の納税地の所轄税務署長の証明書の交付を受け、その証明書を国内源泉所得の支払をする者に提示しなければならないこととされています（所法180、214）。

この証明書の交付を受けようとする者は、「外国法人又は非居住者に対する源泉徴収の免除証明書交付（追加）申請書」を納税地の所轄税務署長に提出しなければなりません（所令305、331）。

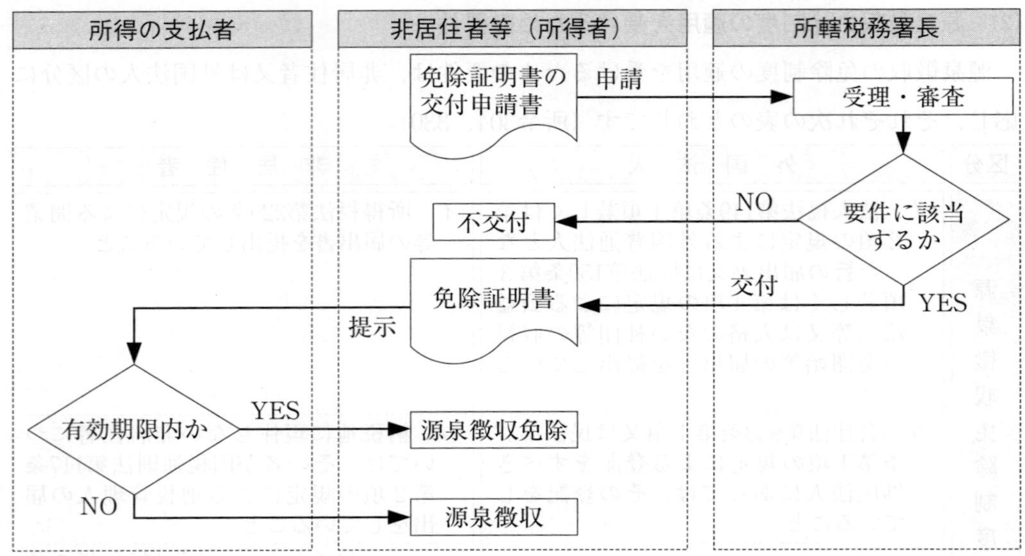

アドバイス

この証明書は、次の場合に効力を失います（所法180⑥、214⑥、所規72の５①）。

① 有効期限を経過した場合

② 税務署長により、所得税法第180条第５項又は所得税法第214条第５項の規定による公示（官報による掲載）があったとき

ロ　源泉徴収の免除の要件に該当しなくなった場合の手続

証明書の交付を受けたものが、その交付を受けた後、前記⑵《源泉徴収免除制度の適用を受けるための要件》に掲げた要件に該当しないこととなった場合又は恒久的施設を有しないこととなった場合には、その該当しないこととなった日又は有しないこととなった日以後遅滞なく、「源泉徴収の免除証明書の交付を受けている外国法人又は非居住者が証明書の交付要件に該当しなくなったことの届出書」に証明書を添付し、納税地の所轄税務署長に提出するとともに、その者が証明書を提示していた国内源泉所得の支払者に対し、その旨を遅滞なく通知しなければなりません（所法180②、214②、所令306、333）。

4　租税条約による免税又は税率の軽減を受けるための手続

⑴　租税条約による免税又は税率の軽減を受けるための届出

非居住者等は、「租税条約に関する届出書」を支払の日の前日までにその国内源泉所得の支払者を経由して、支払者の納税地の所轄税務署長に提出することによって、その居住地国と我が国との間で締結されている租税条約に定めるところにより、その

非居住者等が支払を受ける国内源泉所得に対する課税の免除又は源泉徴収税率の軽減を受けることができます（実施特例省令２ほか）。

なお、特典条項の適用がある租税条約の規定に基づき所得税の軽減又は免除を受ける場合には、「特典条項に関する付表」及び相手国の権限ある当局が発行した居住者証明書の添付が必要とされています。

ただし、一定の条件の下に居住者証明書原本の添付を省略することができます（実施特例省令９の10）。

令和２年４月１日現在、我が国は63の租税条約を締結し、73か国・地域との間で適用されています。そのうち、アイスランド、アメリカ、イギリス、エストニア、オーストラリア、オーストリア、オランダ、クロアチア、スイス、スウェーデン、デンマーク、ドイツ、ニュージーランド、フランス、ベルギー、ラトビア、リトアニア及びロシアと締結した租税条約に、特典条項が規定されています。

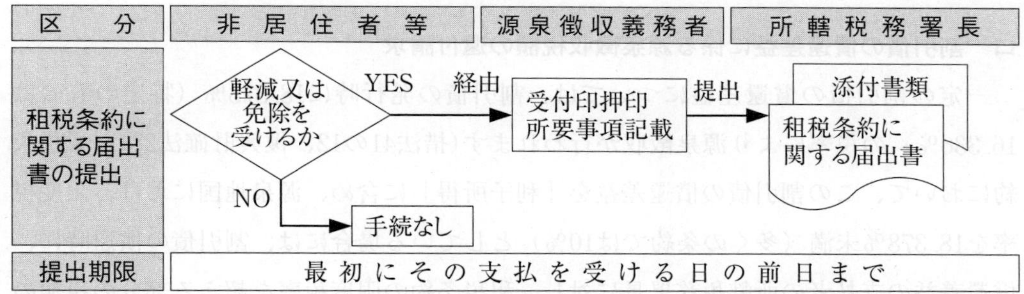

⑵　租税条約による免税又は税率の軽減を受けるための還付請求

イ　租税条約に関する源泉徴収税額の還付請求

国内源泉所得の支払を受ける際に、前述の租税条約に関する届出書の提出をしなかったため、租税条約が適用されないものとして源泉徴収された場合であっても、後日、租税条約により免税又は税率の軽減の適用を受けた場合の税額と既に源泉徴収された税額との差額について、その所得の支払者の所轄税務署長に対し還付請求を行い、その差額の還付を受けることができ、最終的に租税条約の適用を受けることができます。

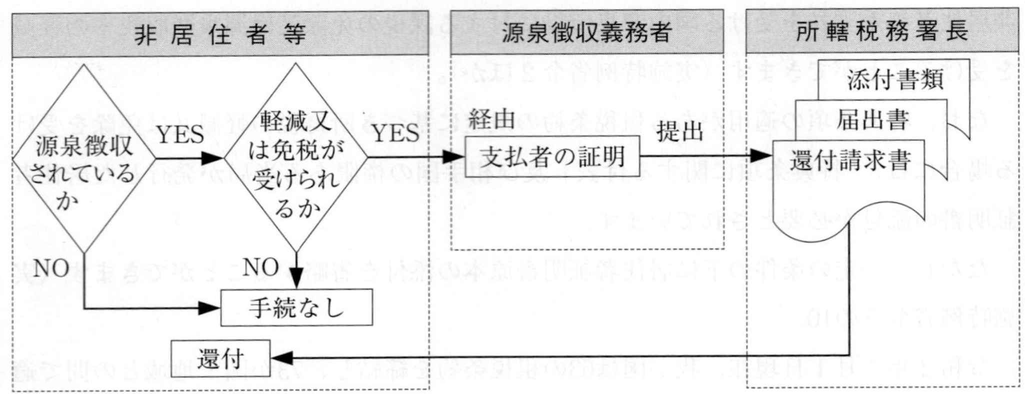

アドバイス

1　「租税条約に関する届出書」は、所得の種類に応じた様式が定められています。
2　この届出書の提出という手続は、租税条約に基づく免税又は税率の軽減を受けるための確認であり、効力要件ではありません。
　租税条約の還付請求書は、還付の種類に応じた様式が定められています。

ロ　割引債の償還差益に係る源泉徴収税額の還付請求

一定の割引債の償還差益については、割引債の発行時に18.378％（特定のものは16.336％）の税率により源泉徴収が行われます（措法41の12、復興財確法28）。租税条約において、この割引債の償還差益を「利子所得」に含め、源泉地国における限度税率を18.378％未満（多くの条約では10％）としている場合には、割引債の償還時に、償還差益の支払者の所轄税務署長に対し、租税条約の限度税率を超える部分の税額の還付を請求することができます（実施特例法３の３、実施特例省令３の４、復興特別所得税省令８④）。

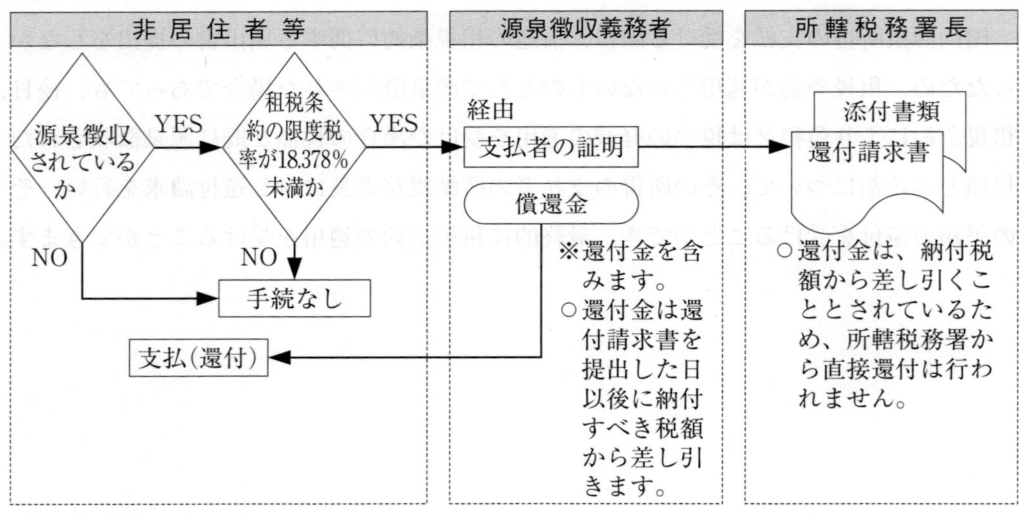

ハ　免税芸能法人等の役務提供事業の対価に係る源泉徴収税額の還付請求

国内における興行等に係る芸能人又は職業運動家の役務の提供事業の対価については、租税条約において国内に恒久的施設を有しないことなどから免税となる非居住者等（以下「免税芸能法人等」といいます。）であっても、いったんその支払時に15.315％（「免税芸能法人等に関する届出書」の提出がない場合は20.42％）の税率で所得税及び復興特別所得税が源泉徴収されます（実施特例法３①、措法41の22①、復興財確法28①②）。

このため、租税条約における免税の適用を受けるには、その対価の支払者の所轄税務署長に対し、源泉徴収された所得税額及び復興特別所得税額の還付を請求することになります（実施特例法３②、実施特例省令１の３、復興財確法33、復興特別所得税省令８④）。

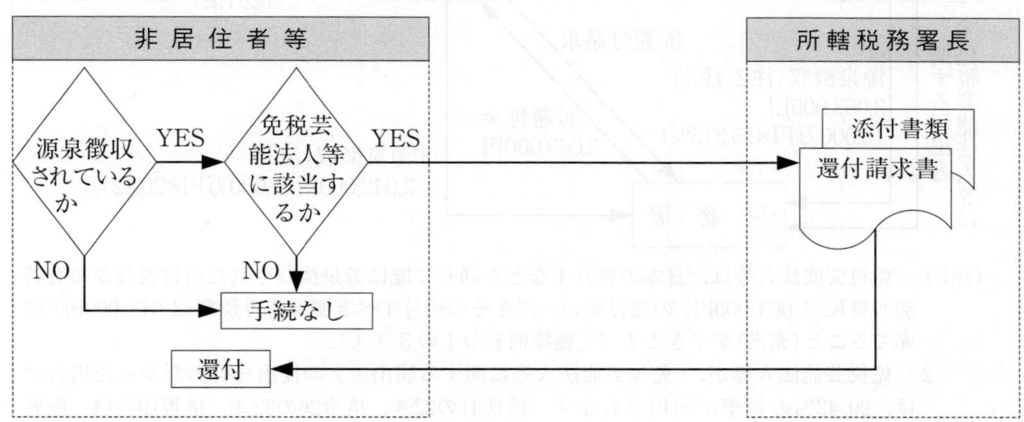

（注）　免税芸能法人等に該当する外国法人には、芸能人等の役務提供に係る対価（租税特別措置法第41条の22第１項に規定する事由を条件として租税条約の規定により所得税を免除されるものに限ります。）のうち、租税条約の規定において、相手国の法令に基づき外国法人の法人税法第２条第14号に規定する株主等（外国法人が人格のない社団等である場合の株主等に準ずる者を含みます。）である者（租税条約の規定により租税条約の相手国の居住者とされる者に限ります。）の所得として取り扱われるものとされる部分（株主等所得）を有する、いわゆる免税芸能外国法人を含みます（実施特例法３①）。

アドバイス

免税芸能法人等が国外において、①芸能人等の役務提供をする他の非居住者や②芸能人等の役務提供を主たる内容とする事業を行う他の非居住者等に対して、芸能人等の役務提供に係る給与若しくは報酬又は対価（租税条約の規定により免税とされる対価のうちから支払われるものに限ります。）を支払うときは、その支払の際、20.42％の税率により所得税及び復興特別所得税を源泉徴収する必要があります（措法41の22①、復興財確法28）。

免税芸能法人等の役務提供の対価に係る源泉徴収のしくみ

（例）　役務の提供事業の対価2,000万円（うち、免税芸能法人等が国外において芸能人等に支払う役務の提供報酬は1,000万円）を支払う場合

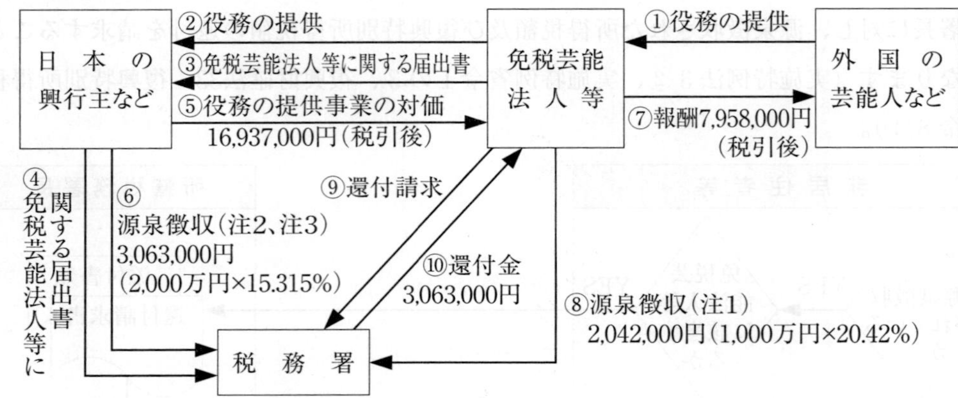

（注）1　免税芸能法人等は、日本の興行主などを通じて既に源泉徴収された所得税及び復興特別所得税（3,063,000円）の還付金の一部をその納付すべき源泉所得税額（2,042,000円）に充てること（充当）ができます（実施特例省令１の３③④）。

2　免税芸能法人等が、「免税芸能法人等に関する届出書」の提出を行わなかった場合には、20.42％の税率が適用されます（措法41の22③、措令26の32③、措規19の14、復興財確法28）。

3　免税芸能外国法人の場合には、株主等所得に対応する部分のみ対象とされます（実施特例法３①）。

（注）　この取扱いにより、源泉徴収及び還付が行われる免税芸能法人等には、租税条約締結国のうち租税条約で芸能人等の役務提供事業の対価について①「PEがなくともワンマンカンパニーは課税」としている国のワンマンカンパニー以外の法人等及び②「PEがなければ免税」としている国の法人等が該当します。

したがって、租税条約で「役務提供地国課税」としている国や「みなしPEにより課税」としている国の法人等である場合には原則として免税芸能法人等とはならず、国内法による20.42％の税率により源泉徴収が行われることとなります（348ページ参照）。

⑶　租税条約に関する届出書等に添付すべき書類

租税条約に関する届出書、還付請求書等には、租税条約の実施に伴う所得税法、法人税法及び地方税法の特例等に関する法律の施行に関する省令（実施特例省令）に規定する書類を添付するほか、次に掲げる場合には、それぞれに掲げる書類を添付することとされています。

区　分		添付書類
実施特例省令に規定するもの	芸能人等の役務提供の対価に係る所得税の還付請求（実施特例省令１の３）	①　芸能人等との間の契約内容を明らかにする書類 ②　芸能人等に支払う役務提供報酬に対する所得税額を明らかにする書類（納付書を含みます。） なお、免税芸能外国法人の場合上述①②のほかに次の③④⑤の書類を添付する必要があります。 ③　免税対象の役務提供の対価が免税芸能外国法人の株主等の所得として取り扱われる事情の詳細を明らかにする書類（外国語で作成されている場合には、その翻訳文を含みます。） ④　免税芸能外国法人の株主等であることを明らかにする書類（外国語で作成されている場合には、その翻訳文を含みます。） ⑤　株主等である者が租税条約の規定により相手国の居住者であることを相手国の権限ある当局が証明する書類（いわゆる居住者証明書をいいます。） また、適用を受ける租税条約の規定が特典条項の場合には、特典条項の適用を受けることができる理由の詳細を記載した書類等の提出も必要となります。
	配当に関する免税規定の適用を受けようとする場合（実施特例省令２⑤）	租税条約の相手国の配当に関する源泉所得税の免税の適用を受けることができる居住者であることを証明する書類（注１）
	割引債の償還差益に係る所得税の軽減又は免除を受ける者の還付請求（実施特例省令３の４）	割引債の取得年月日を証する書類
	人的役務提供（事業）が文化交流計画又は政府の公的資金等の援助を受けているため、免除を受ける場合（実施特例省令４②）	①　その者の役務が政府間の特別の計画に基づいて行われることを証明する書類 ②　その者の役務が政府の公的資金等から全面的若しくは実質的に援助を受けて行われることを証明する書類

区　　　　分		添　付　書　類
留学生、事業修習者等の免税規定の適用を受ける場合(実施特例省令８)	⇨	①　在学証明書 ②　その者が事業、職業又は技術の習得者であることを証明する書類
特典条項を有する租税条約の適用を受ける場合（実施特例省令９の５）	⇨	①「特典条項に関する付表」 ②　相手国の権限ある当局の居住者証明書の原本（注２） ③　特典条項の適用を受けることができる事情の詳細を明らかにする書類（外国語で作成されている場合には、その翻訳文を含みます。）
届出書等（実施特例省令第３条第１項及び第３項に規定する申請書及び届出書を除きます。)を所得の支払を受ける者の代理人(納税管理人を除きます。以下同じ。)が提出する場合	⇨	所得の支払を受ける者が発行したその代理人がその届出書を提出する正当な権限を有する者であることを証する委任状
租税条約に関する源泉徴収税額の還付請求書（割引債以外用）に係る還付金をその所得の支払を受ける者の代理人が受領する場合	⇨	所得の支払を受ける者が発行したその代理人がその還付金を受領する正当な権限を有する者であることを証する委任状及びその所得の支払を受ける者のサイン証明書又は印鑑証明書
外国預託証券の受託者が実施特例省令第３条第３項の規定による届出書を提出する場合	⇨	外国預託証券に係る株式で当該外国預託証券の真実の所有者が受ける配当につき租税条約の規定の適用があるものについて、登録所有者又は公認保管業者の発行したその適用があることを証する証明書並びにその適用を受ける租税条約ごとの株式の種類、数量及びその適用を受ける者の数を記載した明細書
所得を生ずべき元本の真実の所有者が、その所有者以外の者の名義によって所有されている元本につき支払を受ける所得について届出書等を提出する場合	⇨	真実の所有者がその元本の真実の所有者であること及びその元本が真実の所有者以外の者の名義によって所有されている理由を証するその名義人の発行した証明書

（注）１　現在、我が国が締結している租税条約のうち配当に関する源泉所得税の免税規定を置いているのは、アイスランド、アメリカ、イギリス、エストニア、オーストラリア、オーストリア、オランダ、クロアチア、ザンビア、スイス、スウェーデン、デンマーク、ドイツ、ニュージーランド、フランス、ベルギー、メキシコ、ラトビア、リトアニアの19か国です(385ページ参照)。

２　居住者証明書の原本については、次のことを条件に、その添付を省略することができます（実施特例省令９の10)。

①　条約届出書を提出しようとする者は、その提出の際、居住者証明書の原本を源泉徴収義務者に提示すること（この場合の居住者証明書とは、提示の日前１年以内に作成（発行）されたものをいいます。)。

②　条約届出書を提出しようとする者は、源泉徴収義務者から、「条約届出書の記載内容につき居住者証明書の原本により確認をした旨」の記載を条約届出書に受けて、税務署長に提出すること。

なお、源泉徴収義務者は、その居住者証明書の写しを作成し、提示を受けた日から５年間保存する必要があります。

⑷　上場株式等の配当等に係る源泉徴収義務等の特例の適用がある場合における租税条約の適用手続

租税特別措置法第９条の３の２第１項に規定する上場株式等の配当等（同項に規定する利子等を除きます。）について、非居住者等が租税条約の適用を受ける場合に、租税条約に関する特例届出書を支払の取扱者を経由して、その支払の取扱者の納税地の所轄税務署長に提出したときは、その提出の日以後その支払の取扱者から交付を受ける上場株式等の配当等について、租税条約に関する届出書を提出したものとみなされます（実施特例省令２～２の５、９の５～９の９、復興特別所得税省令８④一、二）。

なお、租税条約に関する特例届出書を受理した支払の取扱者は、特例届出書を提出した者の各人別に配当等に関する事項について光ディスク等に記録して、支払の取扱者の納税地の所轄税務署長に提供する必要があります（実施特例省令２～２の５）。

５　外国居住者等所得相互免除法による課税の特例（台湾関係）

台湾については、公益財団法人交流協会（日本側）（注）と亜東関係協会（台湾側）（注）との間で民間取決めとして結ばれた「所得に対する租税に関する二重課税の回避及び脱税の防止のための公益財団法人交流協会と亜東関係協会との間の取決め」に規定された内容を日本国内で実施するため、平成28年度税制改正において「外国人等の国際運輸業に係る所得に対する相互主義による所得税等の非課税に関する法律」が「外国居住者等の所得に対する相互協議による所得税等の非課税等に関する法律（外国居住者等所得相互免除法）に改正され、租税条約に相当する枠組みを構築しています。

したがって、台湾に住所を有する個人や台湾に本店等を有する法人等が支払を受ける国内源泉所得に対する課税について軽減又は非課税の適用を受けようとするときは、租税条約による課税の特例と同様に、所定の事項を記載した届出書及び添付書類をその国内源泉所得の源泉徴収義務者を経由して税務署に提出する必要があります。

（注）　現在、公益財団法人交流協会は「公益財団法人日本台湾交流協会」に、亜東関係協会は「台湾日本関係協会」に、それぞれ改称されています。

第３　所得種類別の取扱い

１　事業及び資産運用等の所得（第１～３号及び第17号該当所得）

(1)　課税方法

平成26年度税制改正により、非居住者及び外国法人の国内源泉所得について、帰属主義の考え方に沿った見直しが行われたことに伴い、非居住者等の恒久的施設に帰せられる所得（以下「恒久的施設帰属所得」といいます。）が国内源泉所得の一つとして位置付けられました。

事業及び資産運用等の所得のうち、恒久的施設帰属所得については総合課税の対象とされるため、これらの対価を支払う者は、特定口座内保管上場株式等の譲渡対価で源泉徴収を選択したものや割引債の償還差益など一部の所得を除き源泉徴収する必要はありません（所法161①一～三、164①、212①、措法37の11の４、41の12）。

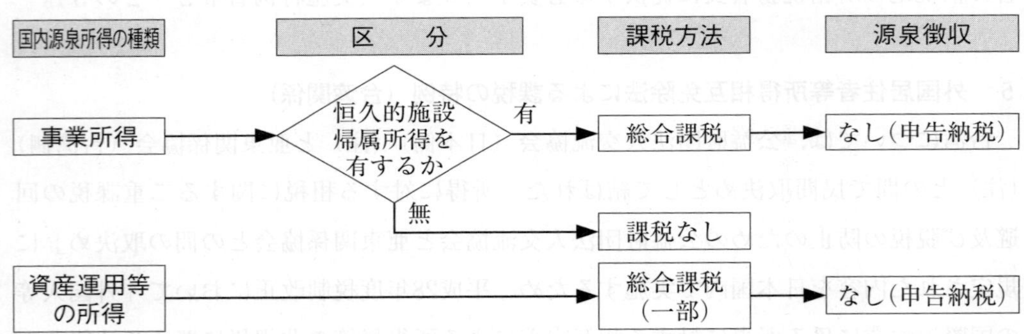

アドバイス

恒久的施設帰属所得を有しない非居住者等については、事業所得の部分は課税されませんが、国内において行う勤務に基因する給与等のうち、源泉徴収の規定の適用を受けない場合には、その支払を受けた年の翌年３月15日（同日前に国内に居所を有しないこととなる場合には、その有しないこととなる日）までに確定申告を行う必要があります（所法172）。

⑵　第１号該当所得についての国内法及び租税条約上の取扱いの概要

区分	国　内　法	租　税　条　約
恒久的施設帰属所得	①　原則的な取扱い 恒久的施設帰属所得とは、非居住者が恒久的施設を通じて事業を行う場合において、その恒久的施設がその非居住者から独立して事業を行う事業者であるとしたならば、その恒久的施設が果たす機能、その恒久的施設において使用する資産、その恒久的施設とその非居住者の事業場等との間の内部取引その他の状況を勘案して、その恒久的施設に帰せられるべき所得をいいます。 なお、恒久的施設帰属所得については、所得者が申告納税することによって納税義務が完結します。	①　原則的な取扱い 多くの租税条約では、企業の利得については、その事業を行う者が相手国内に支店等の恒久的施設を有し、その恒久的施設を通じて事業を行う場合に限り、その恒久的施設に帰属する部分についてのみ相手国で課税するものと規定し、いわゆる「恒久的施設なければ課税せず」という国際間課税の原則に従っています。 ただし、「企業の利得」であっても、利子、配当、使用料、譲渡所得（キャピタルゲイン）など租税条約の他の条項に別途規定しているものについては、それらの規定が優先して適用され、恒久的施設を有しなくても課税することとなります。 なお、租税条約では、国内法でいう事業所得を一般に「企業の利得」又は「産業上又は商業上の利得」といいます。
	②　国際運輸業に係る所得（所法161③） 国際運輸業に係る所得については、国内において乗船した旅客又は船積した貨物に係る収入金額等を基準として算定した金額を国内源泉所得とし（所令291）、一般の事業所得と同様に恒久的施設の存在する国において課税することとしています。 しかしながら、特定の国については、この課税関係を「外国居住者等の所得に対する相互主義による所得税等の非課税等に関する法律」に基づき、相互免税しています。 （注）　国内法による国際運輸業所得に係る相互免税一覧表は表２（376ページ）のとおりです。	②　国際運輸業に係る所得 租税条約では船舶又は航空機による国際運輸業からの所得については、恒久的施設が存在していても、その所在地国では課税せず企業の居住地国のみで課税するという相互免税方式によっています。 （注）　租税条約上の国際運輸業所得に係る相互免税一覧表は、表３（377ページ）のとおりです。

(3)　第２号該当所得についての国内法及び租税条約上の取扱いの概要

区分	国　内　法	租　税　条　約
資産の運用又は保有による所得	資産の運用又は保有による所得とは、次に掲げる資産の運用又は保有により生ずる所得（所得税法第161条第１項第８号から第16号までに該当するものを除きます。）をいいます（所令280①）。 ① 公社債のうち日本国の国債、地方債若しくは内国法人の発行する債券又は約束手形 ② 居住者に対する貸付金に係る債権でその居住者の行う業務に係るもの以外のもの ③ 国内にある営業所等を通じて締結した生命保険契約等の保険金の支払又は剰余金の分配を受ける権利 なお、資産の運用又は保有による所得のうち、割引債の償還差益については、源泉徴収の対象とされています（措法41の12）。 また、資産の運用又は保有による所得については、国内に恒久的施設を有しない非居住者等であっても申告納税の義務があります（所法164①二）。	各国との租税条約では「資産の運用又は保有による所得」についての取扱いを特掲していませんが、これらの所得をその発生形態に従って別の呼称の所得に置き換えて、条約を適用することとしています。

(4)　第３号該当所得についての国内法及び租税条約上の取扱いの概要

区分	国　内　法	租　税　条　約
資産の譲渡による所得 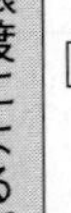	資産の譲渡による所得には、譲渡契約その他の契約に基づく引渡しの義務が生じた時の直前において国内にある資産を譲渡することによって生ずる所得を含みます。 この所得の具体的な範囲については、所得税法施行令に規定されています（所令281）。 なお、国内に恒久的施設を有する非居住者の特定口座内保管上場株式等の譲渡による所得等については、源泉課税の選択が認められます（措法37の11の４）。 また、資産の譲渡による所得については、国内に恒久的施設を有しない非居住者等であっても申告納税の義務があります（所法164①二）。	資産の譲渡による所得に対する課税については、「譲渡所得は所得に非ず」とする欧州諸国や、我が国のようにすべての譲渡所得に対して課税することを原則としている国もあり、その課税の取扱いは千差万別となっています。 租税条約では、このような多岐にわたる譲渡所得を不動産に係るもの、事業用に係るもの及びその他の場合に区分し、前二者については源泉地国にも課税権を認め、その他のものについては多くの条約が居住地国課税のみを規定しています。

(5) 第17号該当所得についての国内法及び租税条約上の取扱いの概要

区分	国内法	租税条約
その他その源泉が国内にある所得 ⇨	次に掲げる所得も国内源泉所得として取り扱われます（所令289）。 ①　国内において行う業務や国内にある資産に関して受ける保険金、補償金又は損害賠償金に係る所得 ②　国内にある資産の法人からの贈与により取得する所得 ③　国内で発見された埋蔵物又は国内で拾得された遺失物に係る所得 ④　国内において行う懸賞募集に基づいて懸賞として受ける金品その他の経済的な利益（旅行その他の役務の提供を内容とするもので、金品との選択ができないものは除きます。）に係る所得 ⑤　②から④までに掲げるもののほか、国内においてした行為に伴い取得する一時所得 ⑥　①から⑤までのほかに、国内において行う業務又は国内にある資産に関し供与を受ける経済的な利益に係る所得	この項の所得については、租税条約で特掲してその取扱いを定めているものはまれであり、実際には前記の「資産の運用又は保有による所得」と同様に取り扱われます。

アドバイス

「その他その源泉が国内にある所得」の④の懸賞金の範囲は、第13号該当所得である「事業の広告宣伝のための賞金」以外のものをいいます。

2　組合契約事業利益の配分（第４号該当所得）

(1) 課税方法

民法組合等の組合契約の組合員である非居住者等（以下、併せて「非居住者等組合員」といいます。）に対して、恒久的施設を通じて行う事業から生ずる利益でその組合契約に基づいてその利益を配分する場合には、20.42％の税率により源泉徴収をする必要があります（所法161①四、212①⑤、213①一、復興財確法28）。

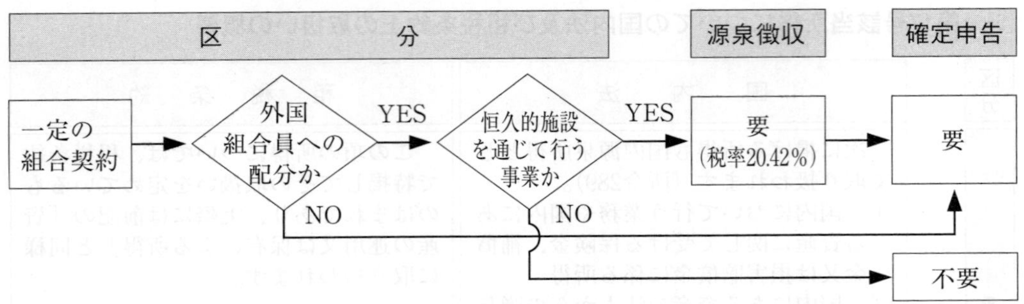

(2) 課税となる組合契約

課税の対象とされるのは、次の契約によるものです（所法161①四、所令281の2①）。

対象となる組合契約
①　民法第667条第1項《組合契約》に規定する組合契約
②　投資事業有限責任組合契約
③　有限責任事業組合契約（日本版LLP）
④　外国における①～③の組合契約に類する契約

(3) 課税の範囲

国内において、非居住者等組合員が、組合契約に基づき配分を受けるもののうち、組合契約に基づいて恒久的施設を通じて行う事業から生ずる収入から、その収入に係る費用（民法組合契約等の利益の配分以外で、非居住者等の国内源泉所得として源泉徴収された税額を含みます。）を控除したものが源泉徴収の対象となります（所法161①四、所令281の2②）。

組合契約に基づいて恒久的施設を通じて行う事業から生ずる収入	−	収入に係る費用 （民法組合契約等の利益の配分以外について、非居住者等の国内源泉所得として源泉徴収された税額を含みます。）

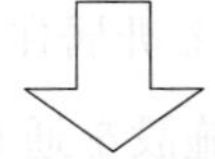

非居住者等組合員への利益の配分額について源泉徴収

アドバイス

非居住者等組合員に支払う場合でも、非居住者等組合員が国内に組合以外の恒久的施設を有し所轄税務署長から源泉徴収免除証明書の交付を受けている場合には、一定の要件の下で、源泉徴収の必要はありません（所法214）（327ページ参照）。

⑷　源泉徴収義務者

組合員に対して組合利益の配分をする者が支払者とみなされ、源泉徴収義務者となります（所法212⑤）。

なお、「配分をする者」とは、配分を受けるべき組合員の全てをいいますので、組合員全員が源泉徴収義務者となります（通則法９、所基通212－６）。

⑸　源泉徴収をする時期

原則として組合利益について金銭その他の資産の交付をした日に、源泉徴収を行うこととなりますが、組合利益に係る各計算期間の末日の翌日から２か月を経過する日までに金銭その他の資産の交付が行われない場合には、その２か月を経過する日に支払があったものとみなして源泉徴収を行うこととなります（所法212⑤）。

〈例〉未払の場合

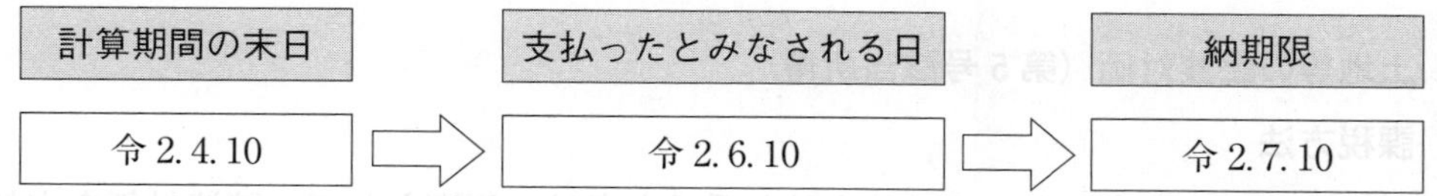

⑹　外国組合員に対する課税の特例

投資事業有限責任組合契約（外国におけるこれに類するものを含みます。以下、「投資組合契約」といいます。）を締結している非居住者等（以下「外国組合員」といいます。）で、この投資組合契約に基づいて恒久的施設を通じて事業を行うもののうち、次に掲げる要件を満たすものが有する恒久的施設帰属所得については、所得税を課さないこととされています（措法41の21①）。

①　適用要件

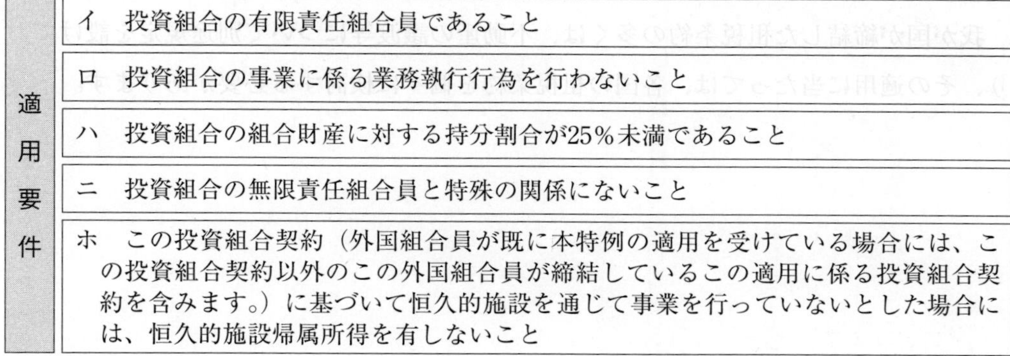

適用要件	
適用要件	イ　投資組合の有限責任組合員であること
	ロ　投資組合の事業に係る業務執行行為を行わないこと
	ハ　投資組合の組合財産に対する持分割合が25％未満であること
	ニ　投資組合の無限責任組合員と特殊の関係にないこと
	ホ　この投資組合契約（外国組合員が既に本特例の適用を受けている場合には、この投資組合契約以外のこの外国組合員が締結しているこの適用に係る投資組合契約を含みます。）に基づいて恒久的施設を通じて事業を行っていないとした場合には、恒久的施設帰属所得を有しないこと

②　適用手続

上記①の適用要件を満たす外国組合員が特例適用申告書を税務署長に提出し、かつ、投資組合契約締結日からその提出日まで継続して上記①のイからホの要件を満たしている場合に限り、その提出の日以後適用されます。

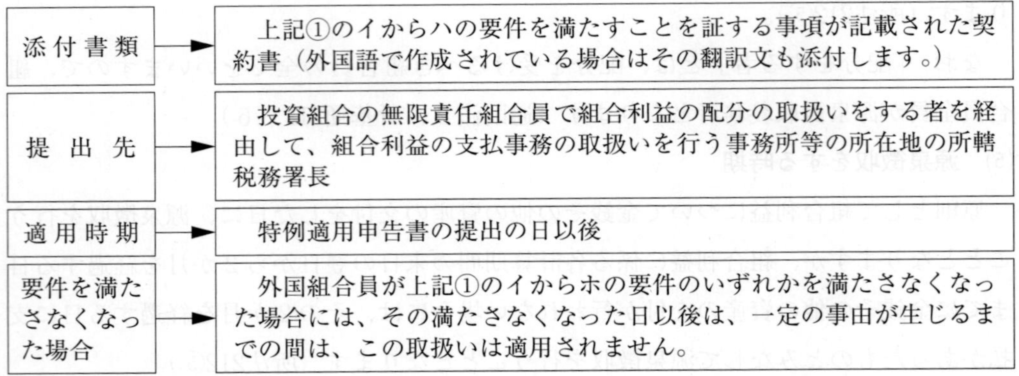

添付書類	上記①のイからハの要件を満たすことを証する事項が記載された契約書（外国語で作成されている場合はその翻訳文も添付します。）
提出先	投資組合の無限責任組合員で組合利益の配分の取扱いをする者を経由して、組合利益の支払事務の取扱いを行う事務所等の所在地の所轄税務署長
適用時期	特例適用申告書の提出の日以後
要件を満たさなくなった場合	外国組合員が上記①のイからホの要件のいずれかを満たさなくなった場合には、その満たさなくなった日以後は、一定の事由が生じるまでの間は、この取扱いは適用されません。

3　土地等の譲渡対価（第５号該当所得）

⑴　課税方法

非居住者等から国内にある土地等を譲り受けた者は、原則として、譲渡対価を支払う際に10.21％の税率により源泉徴収をする必要があります（所法161①五、212①、213①二、復興財確法28）。

ただし、土地等の譲渡対価の額が１億円以下で、かつ、譲り受けた個人が自己又はその親族の居住の用に供するために譲り受けた土地等である場合の、その個人が支払う譲渡対価については、源泉徴収の必要はありません（所令281の３）。

租税条約では、土地等の譲渡による所得については、その土地等の所在地国に課税権を与える源泉地国課税が通例とされています。

我が国が締結した租税条約の多くは、不動産の譲渡等について別途規定を設けており、その適用に当たっては、各国の租税条約を個々に検討する必要があります。

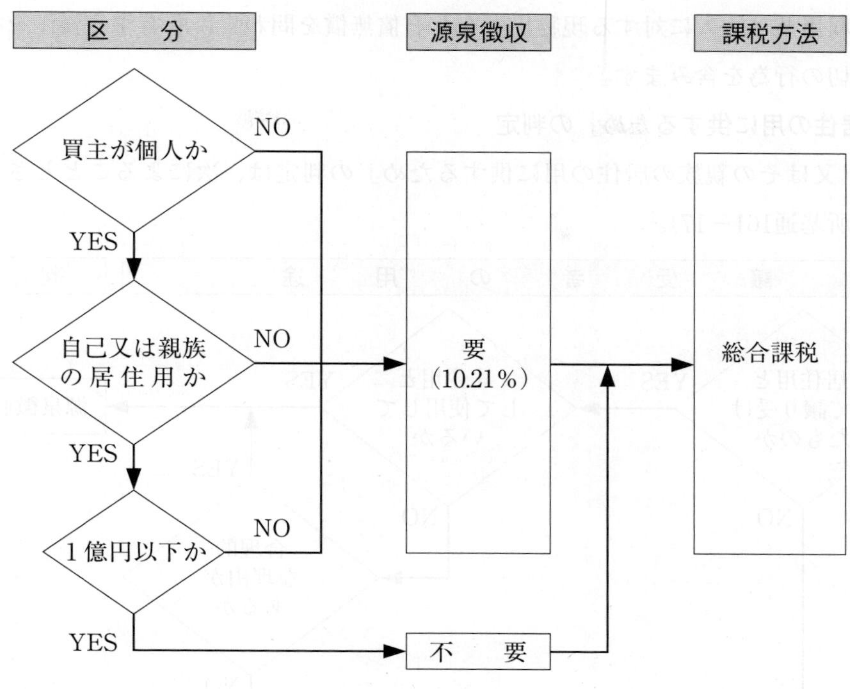

⑵　**土地等の範囲**

国内源泉所得として、源泉徴収の対象となる土地等の範囲は、次のとおりです（所法161①五、所基通161－16）。

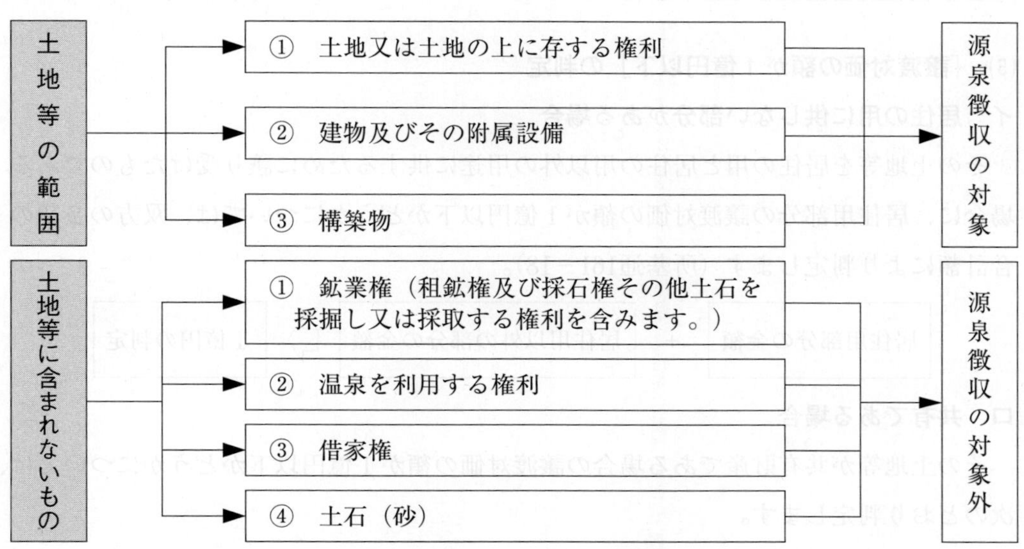

⑶　**譲渡の意義**

土地等の「譲渡」には、通常の売買に限らず、交換、競売、公売、代物弁済、財産分与、収用及び法人に対する現物出資など有償無償を問わず、所有する資産を移転させる一切の行為を含みます。

⑷　「居住の用に供するため」の判定

「自己又はその親族の居住の用に供するため」の判定は、次によることとされています（所基通161－17）。

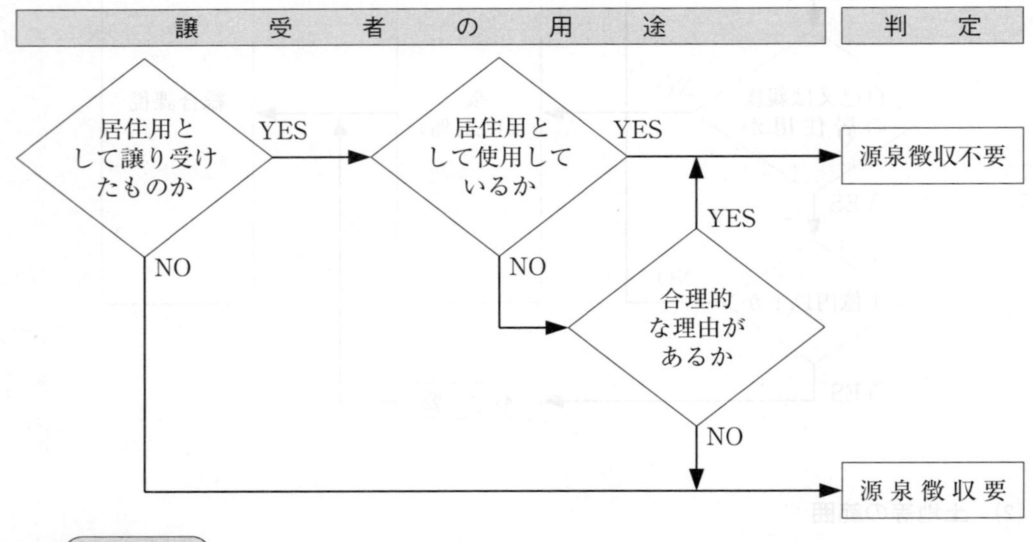

> **アドバイス**
> 買主が法人の場合は、たとえ従業員の居住用であっても、源泉徴収が必要です。

⑸　「譲渡対価の額が１億円以下」の判定

イ　居住の用に供しない部分がある場合

その土地等を居住の用と居住の用以外の用途に供するために譲り受けたものである場合に、居住用部分の譲渡対価の額が１億円以下かどうかについては、双方の金額の合計額により判定します（所基通161－18）。

ロ　共有である場合

その土地等が共有財産である場合の譲渡対価の額が１億円以下かどうかについては、次のとおり判定します。

①　譲渡者（非居住者等）が共有の場合には、各共有者ごとにその持分に応じて判定することとなります。

例えば、非居住者Ａ及び非居住者Ｂが$\frac{1}{2}$ずつの割合で共有する土地等を１億2,000

万円で個人が購入した場合、当該土地の譲渡対価はＡが6,000万円、Ｂが6,000万円と判定されることになり、源泉徴収の必要はありません。

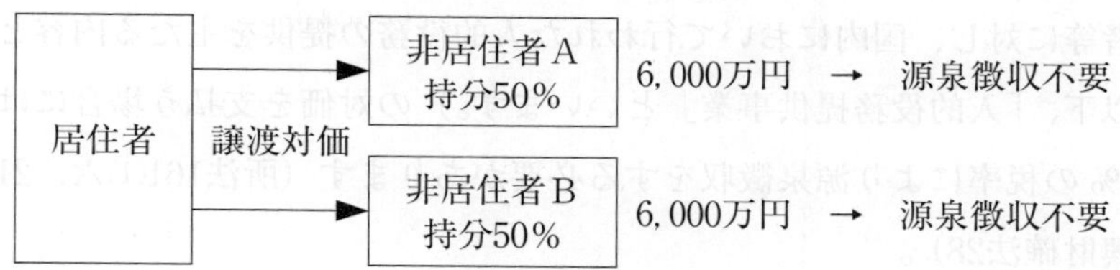

② 譲受者が共有の場合には、譲渡者ごとに判定することとなります。

例えば、非居住者が所有する土地を１億2,000万円で個人甲と個人乙が各$\frac{1}{2}$の割合で購入した場合、土地の譲渡対価は１億2,000万円と判定され、甲、乙いずれかが居住の用に供する場合であっても、甲、乙それぞれが6,000万円の10.21％である6,126,000円を源泉徴収することとなります。

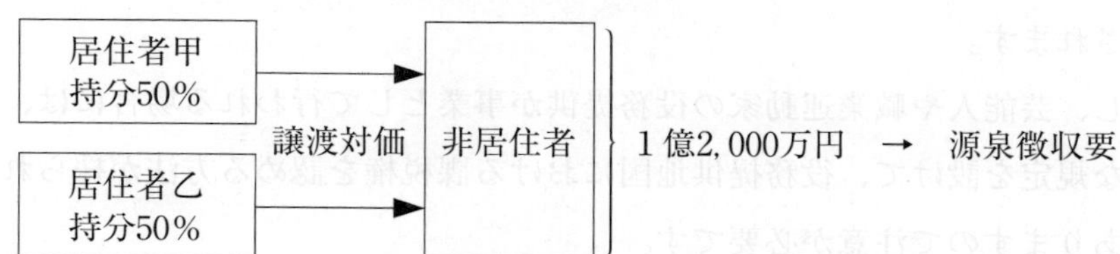

アドバイス

1　非居住者等に土地等の譲渡対価の支払をする者は源泉徴収義務者となります。この場合の「支払をする者」とは、原則として、個人及び法人のすべてが含まれますから、例えば、給与等の源泉徴収義務者となっていないサラリーマンや主婦等についても、これに該当することになります。

2　非居住者とは、国内に住所を有しない個人又は１年以上国内に引き続き居所を有しない個人をいいます。日本人であっても、海外の支店等で勤務している場合や１年以上海外で生活している場合には、非居住者とされますから、この者から土地等の譲渡を受け、その対価を支払う場合には、源泉徴収が必要となります。

3　土地等の引渡しが行われる前のいわゆる手付金や中間金であっても、それが土地等の譲渡対価に充てられるものである場合は、それぞれの支払時に源泉徴収する必要があります。

４　人的役務提供事業の対価（第６号該当所得）

(1)　課税方法

非居住者等に対し、国内において行われた人的役務の提供を主たる内容とする一定の事業（以下、「人的役務提供事業」といいます。）の対価を支払う場合には、原則として20.42％の税率により源泉徴収をする必要があります（所法161①六、212①、213①一、復興財確法28）。

人的役務提供事業とは、自ら人的役務を提供するのではなく、自分と雇用関係にある者や自己に専属する者などの、他人による人的役務の提供を主たる内容とするものをいいます。

国内法においては課税の対象としていますが、租税条約の多くは、人的役務提供事業の対価を「企業の利得」又は「産業上又は商業上の利得」に含めているものが多く、この場合には、その所得が、我が国に有する恒久的施設から発生するものでない限り、免税とされます。

ただし、芸能人や職業運動家の役務提供が事業として行われる場合には、租税条約に特別な規定を設けて、役務提供地国における課税権を認める方法が採られている例などがありますので注意が必要です。

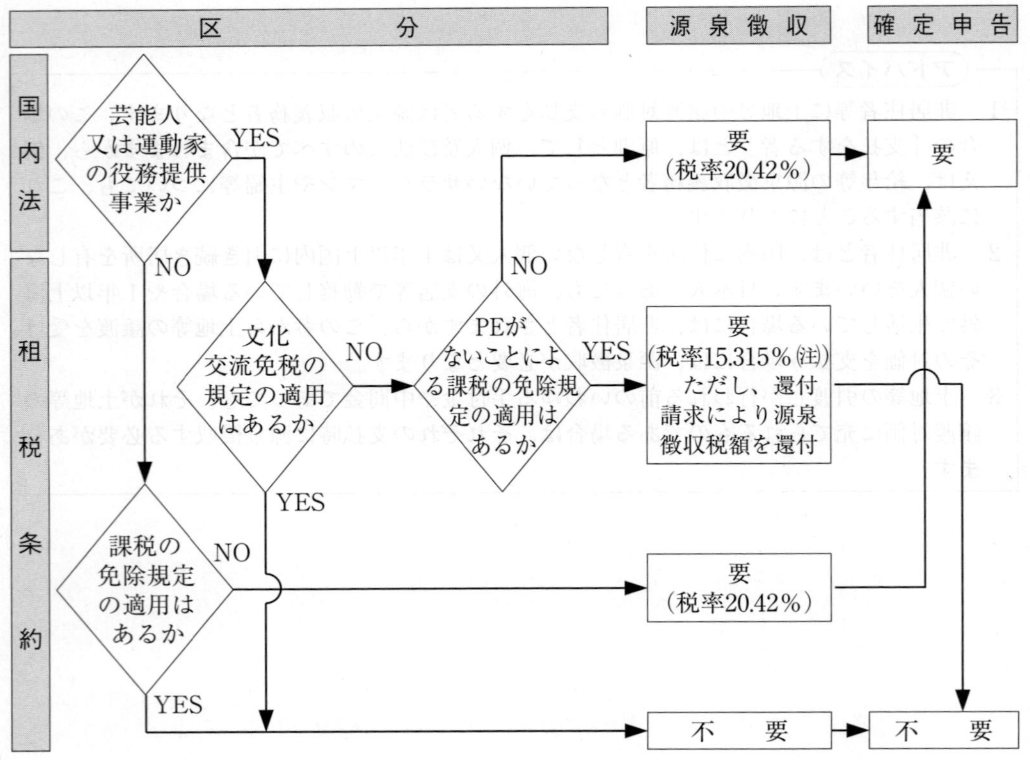

（注）　15.315％の税率は、免税芸能法人等が「免税芸能法人等に関する届出書」を提出した場合に限られ、その提出がない場合には20.42％の税率となります。

⑵　人的役務提供事業の範囲

国内源泉所得として源泉徴収の対象となる人的役務提供事業の範囲は、次に掲げるものをいいます（所法161①六、所令282）。

<table>
<tr><th colspan="2">人的役務提供事業の範囲</th><th>人的役務提供事業にならないもの</th></tr>
<tr><td colspan="2">①　映画若しくは演劇の俳優、音楽家その他の芸能人又は職業運動家の役務の提供を主たる内容とする事業
②　弁護士、公認会計士、建築士その他の自由職業者の役務の提供を主たる内容とする事業
③　科学技術、経営管理その他の分野に関する専門的知識又は特別の技能を有する者のその知識又は技能を活用して行う役務の提供を主たる内容とする事業</td><td>①　機械設備の販売業者が、その販売業務に伴って、販売先に対しその機械設備の据付け、組立て、試運転等のために技術者等を派遣する事業
②　工業所有権等の権利者が、その権利の提供を主たる内容とする業務に伴って、その提供先に対しその権利の実施のために技術者等を派遣する事業（所基通161－25）</td></tr>
<tr><td>④ 人的役務提供事業の対価に含まれるものの範囲</td><td>イ　①～③の対価等に代わる性質を有する損害賠償金その他これに類するもの（その支払が遅延したことに基づく遅延利息等に相当する金額を含みます。）（所基通161－46）
ロ　その人的役務を提供する者のその役務を提供するために要する往復の旅費、国内滞在費等の費用
　ただし、その往復の旅費、国内滞在費等の費用を、その対価の支払者が航空会社、ホテル等に直接支払い、かつ、その金額が通常必要であると認められる範囲内のものであるときは、その金額について課税しなくて差し支えありません（所基通161－19）。
ハ　国内において、芸能人の役務の提供を主たる内容とする事業を行う者が、その芸能人の実演の録音、録画、放送又は有線放送につき著作隣接権の対価として支払を受けるもの
　ただし、その実演に係る録音物の増製又は放送について支払を受けるもので、その実演に係る役務提供の対価と区分して別途支払われるものは、所得税法第161条第11号ロに規定する著作隣接権の使用料に該当します（所基通161－22）。</td><td>（注）1　人的役務の提供が機械設備の販売に伴うものなど他の業務に付随して行われる場合には、人的役務提供事業には該当せず、事業所得に該当します（所令282三かっこ書）。
2　上記①及び②の事業のために派遣された技術者が国内において行った勤務に関して受ける給与は、所得税法第161条第12号イに掲げる給与に該当します。</td></tr>
</table>

（注）1　人的役務提供事業に該当するかどうかは、国内における人的役務の提供に関する契約ごとに、その契約に基づく人的役務の提供が、上記に掲げる事業に該当するかどうかにより判定します（所基通161－20）。

2　「人的役務提供事業」とは、非居住者が営む自己以外の者の人的役務の提供を主たる内容とする事業又は外国法人が営む人的役務の提供を主たる内容とする事業で所得税法施行令第282条各号に掲げるものをいいますから、非居住者が次に掲げるような者を伴い国内において自己の役務を主たる内容とする役務の提供をした場合に受ける報酬は、人的役務の提供を主たる内容とする事業の対価ではなく、人的役務の提供に基因する報酬に該当します（所基通161－21）。

(1)　弁護士、公認会計士等の自由職業者の事務補助者

(2)　映画、演劇の俳優、音楽家、声楽家等の芸能人のマネージャー、伴奏者、美容師

(3)　プロボクサー、プロレスラー等の職業運動家のマネージャー、トレーナー

(4)　通訳、秘書、タイピスト

3　職業運動家には、運動家のうち、いわゆるアマチュア、ノンプロ等と称される者であっても、競技等の役務を提供することにより報酬を受ける場合には、これに含まれます。

なお、運動家には、陸上競技などの選手に限られず、騎手、レーサーのほか、大会などで競技する囲碁、チェス等の競技者等が含まれます（所基通161－23）。

(3)　芸能人等の役務提供事業の対価の取扱い

多くの租税条約にあっては、芸能人又は運動家の役務の提供に係る対価については、例外的に産業上又は商業上の利得として取り扱わず、役務提供地国において課税することとしています。

区　　分	租税条約締約国
役務提供地国課税	アイスランド、アゼルバイジャン*、アメリカ、アラブ首長国連邦、アルメニア*、イギリス、イスラエル*、インド*、インドネシア*、ウクライナ*、ウズベキスタン*、エストニア、エクアドル、オーストラリア、オーストリア、オマーン、オランダ、カザフスタン、カタール、カナダ*、韓国*、キルギス*、クウェート、クロアチア、サウジアラビア、ジョージア*、シンガポール*、スイス、スウェーデン*、スロバキア*、スロベニア、タイ*、台湾、タジキスタン*、チェコ*、中華人民共和国*、チリ、デンマーク、ドイツ、トルクメニスタン*、トルコ*、ニュージーランド、ノルウェー*、パキスタン、ハンガリー*、バングラデシュ*、フィリピン*、フィンランド、フランス*、ブルガリア*、ブルネイ、ベトナム*、ベラルーシ*、ベルギー、ポーランド*、ポルトガル、香港、マレーシア*、南アフリカ*、メキシコ*、モルドバ*、ラトビア、リトアニア、ルーマニア*、ルクセンブルク*、ロシア
みなしPEにより課税	アイルランド、フィジー、ブラジル
PEがなくともワンマンカンパニーは課税	イタリア、スペイン
PEあれば課税	エジプト、ザンビア、スリランカ

＊印の国は、文化交流（計画）等について、免税規定を設けている国です。
（注）１　租税条約上の芸能人等の役務提供に係る取扱いは、表４（380ページ）を参照してください。
２　ブラジルについては、運動家に係るものはPEがなければ課税されません。
３　ガーンジー、ケイマン諸島、サモア、ジャージー、英領バージン諸島、パナマ、バハマ、バミューダ、マカオ、マン島、リヒテンシュタインについては、条約上に規定がないため国内法の取扱い（役務提供地国課税）となります。

アドバイス

芸能人又は運動家の役務の提供に係る対価が、租税条約において産業上又は商業上の利得に該当し、国内に恒久的施設を有しないことなどから免税とされる場合であっても、その対価の支払の際にはいったん源泉徴収され、その後還付請求することとなります（334ページ参照）。

5　不動産等の賃貸料及び船舶、航空機の貸付けによる対価（第７号該当所得）

(1)　課税方法

非居住者等に国内にある不動産等の貸付けの対価を支払う場合には、土地家屋等を自己又はその親族の居住の用に供するために借り受けた個人が支払うものを除き、源泉徴収する必要があります（所法161①七、212①、213①一、所令328二、復興財確法28）。

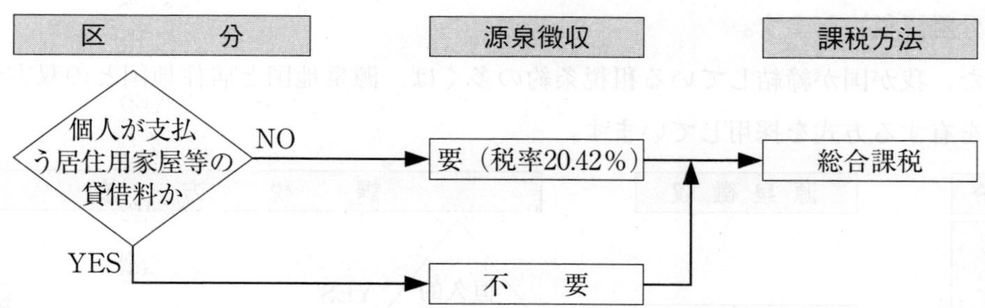

（注）租税条約上の不動産所得に係る取扱いは、表５（382ページ）を参照してください。

(2)　不動産の賃貸料等の範囲

国内源泉所得として、源泉徴収の対象となる賃貸料等の範囲は、次のとおりです（所法161①七）。

不動産の賃貸料等 ⇨
- 国内にある不動産及び不動産の上に存する権利の貸付けによる対価
- 採石法の規定による採石権の貸付けによる対価
- 鉱業法の規定による租鉱権の設定による対価
- 居住者又は内国法人に対する船舶又は航空機の貸付けによる対価

アドバイス

租税条約では、いわゆる船舶・航空機の裸用船（機）契約に基づく賃貸料を不動産の賃貸料として取り扱わず、多くの場合一般的な財産や権利等の使用料の範囲に含めています。

また、国によっては議定書や交換公文等において、国際運輸業所得に含まれるものとして、免税としているものもあります。

なお、乗組員とともに利用させるいわゆる定期用船（機）契約又は航海用船（機）契約に基づき支払を受ける対価は、運送事業の所得（所法161③）に該当することになります（所基通161－26）。

6　公社債、預貯金の利子等（第８号該当所得）

⑴　課税方法

非居住者等に対し公社債や預貯金などの利子等を支払う場合には、その支払を受ける者が国内に恒久的施設を有しているかどうか、また、その利子等が支払を受ける者の恒久的施設に帰せられるものであるかどうかにかかわらず、利子等の支払者は、原則として、その支払の際に源泉徴収をする必要があります（所法161①八、212①、213①三、復興財確法28）。

なお、利子等が恒久的施設に帰せられない場合には、源泉徴収により課税関係が完結（分離課税）します。

また、我が国が締結している租税条約の多くは、源泉地国と居住地国との双方が課税権を有する方式を採用しています。

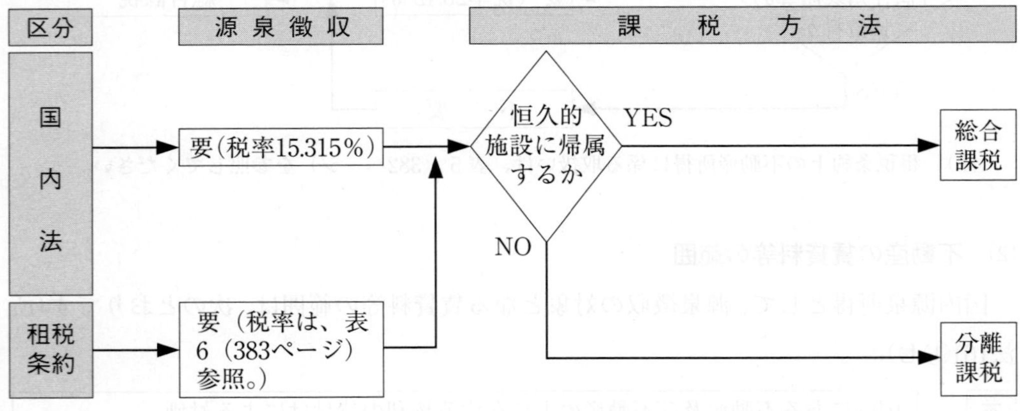

⑵　公社債、預貯金の利子等の範囲

国内源泉所得として、源泉徴収の対象となる利子等とは、次に掲げるものをいいます（所法161①八）。

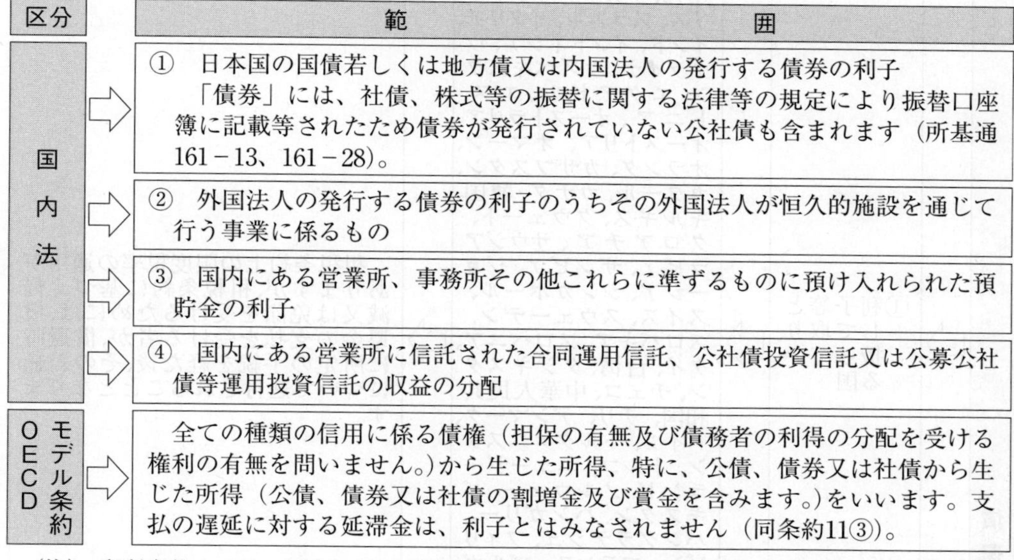

区分	範　　囲
国内法	①　日本国の国債若しくは地方債又は内国法人の発行する債券の利子 「債券」には、社債、株式等の振替に関する法律等の規定により振替口座簿に記載等されたため債券が発行されていない公社債も含まれます（所基通161－13、161－28）。
	②　外国法人の発行する債券の利子のうちその外国法人が恒久的施設を通じて行う事業に係るもの
	③　国内にある営業所、事務所その他これらに準ずるものに預け入れられた預貯金の利子
	④　国内にある営業所に信託された合同運用信託、公社債投資信託又は公募公社債等運用投資信託の収益の分配
OECDモデル条約	全ての種類の信用に係る債権（担保の有無及び債務者の利得の分配を受ける権利の有無を問いません。）から生じた所得、特に、公債、債券又は社債から生じた所得（公債、債券又は社債の割増金及び賞金を含みます。）をいいます。支払の遅延に対する延滞金は、利子とはみなされません（同条約11③）。

（注）　租税条約上では、国内において業務を行う者に対する貸付金でその業務に係るものの利子（第10号該当所得）も、居住者に対する貸付金に係る債権でその居住者の行う業務に係るもの以外のもの（第２号該当所得）も同様に利子として取り扱われています。

⑶　償還差益の取扱い

割引債の償還差益（特定振替記載等がされる短期公社債に係るものを除きます。431ページ参照。）については、国内法においては「国内にある資産の運用又は保有による所得（第２号該当所得）」とされていますので、ここでいう利子等（第８号所得）には該当しません。

ただし、租税特別措置法の規定に基づいて、一定の割引債の償還差益については18.378％の税率（特定のものは16.336％）により源泉徴収（源泉分離課税）を要することとされています（措法41の12）。

また、措置法第41条の12の２に規定する割引債の償還金に係る差益金額については15.315％の税率で源泉徴収を要することとされています。

なお、租税条約では、利子等として取り扱っている国とそうでない国がありますが、それらを区分すると次表のとおりとなります。

	租税条約による取扱い		課税関係
償還差益の取扱い	①利子等として取り扱っている国	アイスランド、アイルランド、アゼルバイジャン、アメリカ、アラブ首長国連邦、アルメニア、イギリス、スラエル、イタリア、インド、インドネシア、ウクライナ、ウズベキスタン、エクアドル、エストニア、オーストラリア、オーストリア、オマーン、オランダ、カザフスタン、カタール、カナダ、韓国、キルギス、クウェート、クロアチア、サウジアラビア、ザンビア、ジョージア、シンガポール、スイス、スウェーデン、スロバキア、スロベニア、タイ、台湾、タジキスタン、チェコ、中華人民共和国、チリ、デンマーク、ドイツ、トルクメニスタン、トルコ、ニュージーランド、ノルウェー、パキスタン、ハンガリー、バングラデシュ、フィリピン、フランス、ブルガリア、ブルネイ、ベトナム、ベラルーシ、ベルギー、ポーランド、ポルトガル、香港、マレーシア、南アフリカ、メキシコ、モルドバ、ラトビア、リトアニア、ルーマニア、ルクセンブルク、ロシア	租税条約上の限度税率の適用がありますが、租税条約に基づく軽減又は免除を受けるためには、償還金の支払を受ける者が、償還時に所定の手続を経た後、その差額について還付されることとなります。
	②利子等として取り扱っていない国(日本で課税)	エジプト、スリランカ、フィジー、ブラジル	資産の運用又は保有による所得(第２号該当所得)として、原則償還時に15.315％の源泉徴収をする必要があります。なお、一定の割引債は、発行時に18.378％（特定のものは16.336％)の税率で源泉徴収（源泉分離課税)をする必要があります。 (租税条約上規定がなく、我が国の国内法を適用)
	③条約上に規定がない国(日本で課税)	ガーンジー、ケイマン諸島、サモア、ジャージー、英領バージン諸島、パナマ、バハマ、バミューダ、マカオ、マン島、リヒテンシュタイン	（②と共通）
	④居住地国課税(日本で免税)	スペイン、フィンランド	これらの国の居住者に対する割引債の償還差益については、所定の手続により租税条約上の免税となりますので源泉徴収の必要はありません。また一定の割引債は、発行時に18.378％（特定のものは16.336％)の税率で源泉徴収し、償還時に所定の手続を経た後、全額還付されることとなります。 (租税条約上その他所得に該当し、居住地国で課税されます。)

7　配当等（第９号該当所得）

(1)　課税方法

非居住者等が内国法人等から受ける剰余金の配当等は、国内源泉所得として源泉徴収をする必要があります（所法161①九、212①、213①一、復興財確法28）。

なお、配当等に対する課税の考え方は各国とも異なっており、租税条約上の規定もそれぞれまちまちとなっています。

配当所得に対する課税方法等は、次のとおりです。

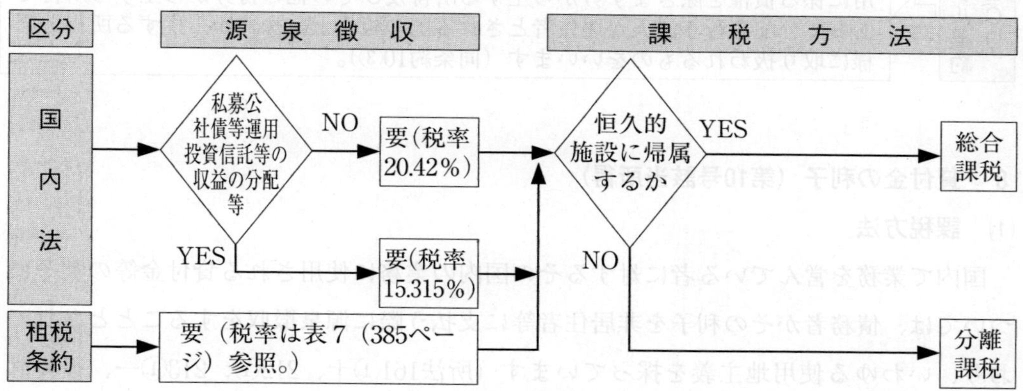

（注）１　国内に恒久的施設を有する者が得る配当等のうち私募公社債等運用投資信託等の収益の分配に係る配当等については、15.315％の税率による源泉分離課税が適用されます（措法８の２）。

２　国内に恒久的施設を有する者が得る配当等（源泉分離課税が適用されるものを除きます。）のうち一定のものについては、確定申告不要制度の適用が認められます（措法８の５）。

３　非居住者が支払を受けるべき上場株式等に係る配当については、15.315％が適用されます（措法９の３）。

(2)　配当所得の範囲

配当所得とは、内国法人等から支払を受ける次に掲げる配当等（適格現物分配に係るものを除きます。）に係る所得をいいます（所法24、161①九）。

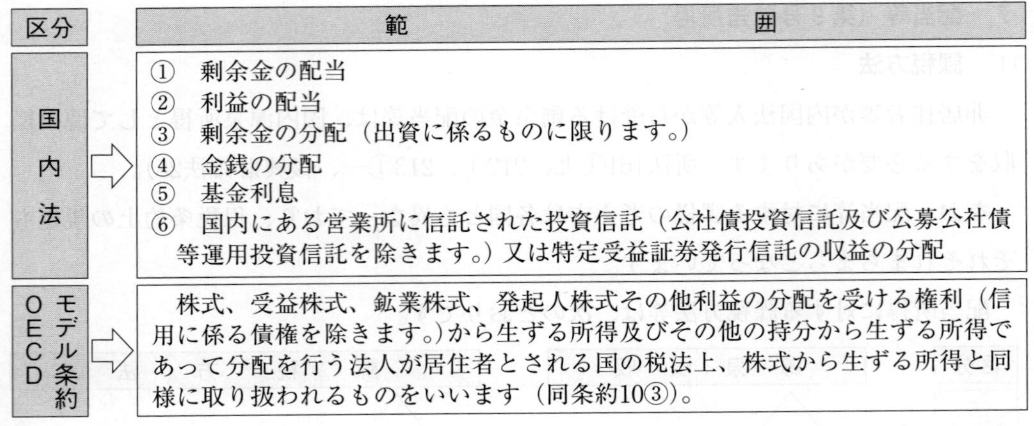

区分	範囲
国内法	①　剰余金の配当 ②　利益の配当 ③　剰余金の分配（出資に係るものに限ります。） ④　金銭の分配 ⑤　基金利息 ⑥　国内にある営業所に信託された投資信託（公社債投資信託及び公募公社債等運用投資信託を除きます。）又は特定受益証券発行信託の収益の分配
OECDモデル条約	株式、受益株式、鉱業株式、発起人株式その他利益の分配を受ける権利（信用に係る債権を除きます。）から生ずる所得及びその他の持分から生ずる所得であって分配を行う法人が居住者とされる国の税法上、株式から生ずる所得と同様に取り扱われるものをいいます（同条約10③）。

8　貸付金の利子（第10号該当所得）

(1)　課税方法

国内で業務を営んでいる者に対するその国内の業務に使用される貸付金等の利子については、債務者がその利子を非居住者等に支払う際に源泉徴収をすることとされており、いわゆる使用地主義を採っています（所法161①十、212①、213①一、復興財確法28）。

我が国が締結している租税条約の多くは、債務者の居住地国を源泉地国とする、いわゆる債務者主義を採用しています。

貸付金の利子に対する課税方法等は、次のとおりです。

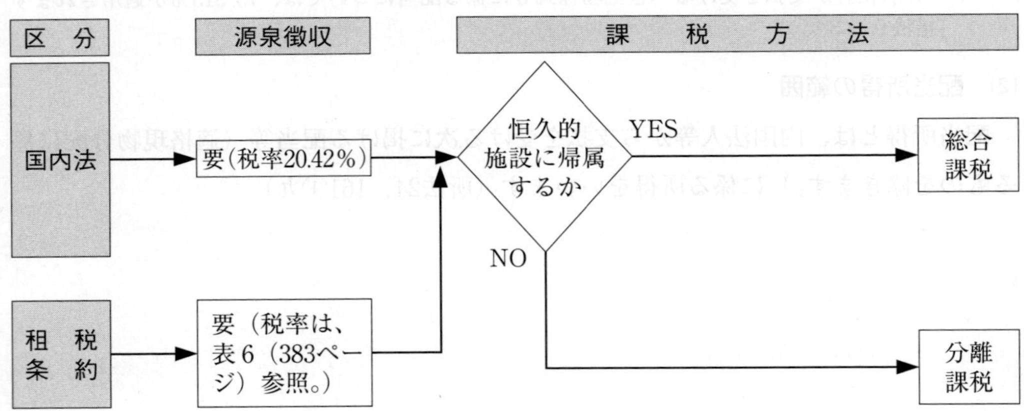

（注）　租税条約においては、貸付金の利子もいわゆる「利子」として預貯金等の利子と区別せずに取り扱われています。

各租税条約における取扱いは6《公社債、預貯金の利子等（第8号該当所得）》の項（352ページ）を参照してください。

(2) 貸付金の利子の範囲

貸付金の利子とは、国内において業務を行う者に対する貸付金（これに準ずるものを含みます。）で、「当該業務に係るものの利子」をいいます（所法161①十、所令283、所基通161－30）。

この場合の「当該業務に係るものの利子」とは、国内において業務を行う者に対する貸付金のうち、国内において行う業務の用に供されている部分の貸付金に対応する利子をいいます（所基通161－29）。

区分	範囲	
貸付金	①　債務者の国内業務に関する貸付金	
	②　貸付金、預け金、前払金等の名称のいかんを問わずその実質が貸付金であるもの	
貸付金に準ずるもの	③　預け金のうち、所得税法第161条第１項第８号ハに掲げる預貯金以外のもの	
	④　保証金、敷金その他これらに類する債権	
	⑤　前渡金その他これに類する債権	
	⑥　他人のために立替払をした場合の立替金	
	⑦　取引の対価に係る延払債権	
	⑧　保証債務を履行したことに伴って取得した求償権	
	⑨　損害賠償金に係る延払債権	
	⑩　当座貸越に係る債権	
国内業務に係る貸付金の利子に含まれるもの	次の債権のうち、その発生の日からその債務を履行すべき日までの期間が６か月を超えるもの	⑪　国内において業務を行う者に対する資産の譲渡又は役務の提供の対価に係る債権 例えば、商品の輸入代金についてのシッパーズユーザンスに係る債権又は商品の輸入代金、出演料、工業所有権若しくは機械、装置等の使用料に係る延払債権のようなものが該当します。
		⑫　⑪の対価の決済に関し、金融機関が国内において業務を行う者に対して有する債権 例えば、銀行による輸入ユーザンスに係る債権のようなものが該当します。

アドバイス

1　商社などが、海外の支店又は子会社との取引について、外国為替及び外国貿易法に基づき、交互計算により決済している場合で、その交互計算勘定の貸方残高（債務）に係る利息として海外の子会社へ支払うものは貸付金の利子に含まれるものとされています。

（注）　海外の支店に支払うものは、所基通212－３《内部取引から生じる所得》の取扱いがあることに注意が必要です。

2　貸付金の利子には、一定の債券の買戻又は売戻条件付売買取引から生ずる差益も含まれています。

9　工業所有権等の使用料等（第11号該当所得）

⑴ 課税方法

非居住者等が国内において業務を行う者から支払を受ける工業所有権、著作権等の使用料又は譲渡の対価で、その支払者の国内業務に係るものについては、国内源泉所得として源泉徴収をする必要があります（所法161①十一、212①、213①一、復興財確法28）。

工業所有権等の使用料等に対する課税方法等は、次のとおりです。

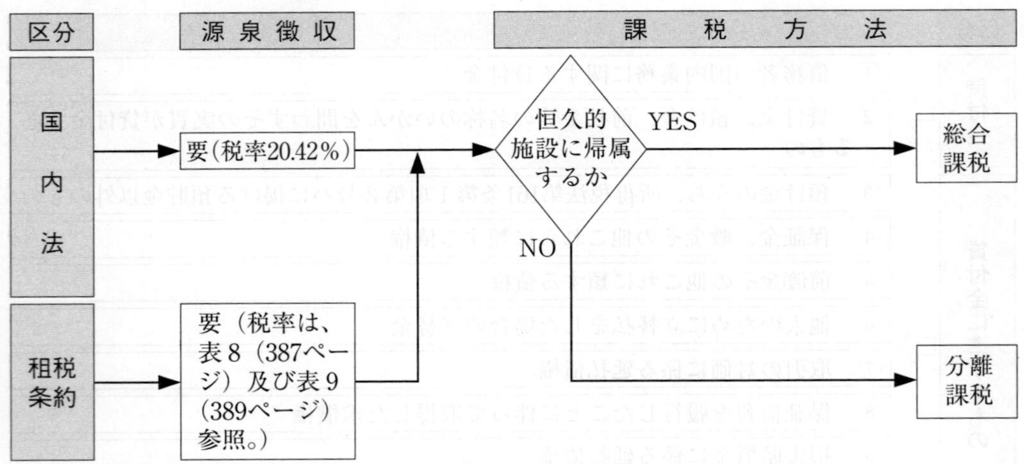

⑵ 工業所有権等の内容及び使用料又は譲渡の対価の範囲

工業所有権等の内容及び使用料又は譲渡の対価の範囲は、次のとおりです（所法161①十一）。

<table>
<tr><th>区　　分</th><th>内　　　　　容</th><th>使用料又は譲渡の対価の範囲</th></tr>
<tr><td>工業所有権</td><td>①　特許権　②　実用新案権
③　意匠権　④　商標権</td><td rowspan="3">ここでの使用料とは、工業所有権等の実施、使用、採用、提供、伝授又は工業所有権等に係る実施権若しくは使用権の設定、許諾若しくはその譲渡の承諾について支払を受ける対価の一切をいいます（所基通161-35）。
譲渡には、交換、現物出資を含みます。
また、使用料には、契約を締結するに当たって支払を受けるいわゆる頭金（イニシャルペイメント）、権利金等のほか、その提供又は伝授するために要する費用に充てるものとして支払を受けるものを含みます。</td></tr>
<tr><td>その他の技術に関する権利</td><td>①　工業所有権に係る登録を受ける権利（出願権）
②　工業所有権その他の技術に関する権利、特別の技術による生産方式若しくはこれらに準ずるものの実施権又は使用権</td></tr>
<tr><td>特別の技術による生産方式及びこれらに準ずるもの</td><td>特許権、実用新案権、意匠権、商標権等の工業所有権及びその実施権等の権利の目的にはなっていないが、生産その他業務に関し繰り返し使用し得るまでに形成された創作、すなわち、特別の原料、処方、機械、器具、工程によるなど独自の考案又は方法を用いた生産についての方式、これに準ずる秘けつ、秘伝その他特別に技術的価値を有する知識及び意匠等（所基通161-34）。
（注）　通常「ノーハウ」と呼ばれるものや機械、設備等の設計、図面等に化体された生産方式、デザイン等がこれに含まれます。
ただし、海外における技術の動向、製品の販路、特定品目の生産高等の情報又は機械、装置、原材料等の材質等の鑑定若しくは性能の調査、検査等は、これに該当しません。</td></tr>
<tr><td>著　作　権</td><td>①　著作権
②　出版権
③　著作隣接権及びその他これに準ずるもの</td><td>著作権の使用料とは、著作物の複製、上演、演奏、放送、展示、上映、翻訳、編曲、脚色、映画化その他著作物の利用又は出版権の設定につき支払われる対価の一切をいいます（所基通161-35）。</td></tr>
<tr><td>機械装置等</td><td>機械、装置、車両、運搬具、工具、器具及び備品
（注）　器具及び備品には、美術工芸品、古代の遺物等のほか、観賞用、興行用その他これらに準ずる用に供される生物を含みます（所基通161-39）。</td><td>機械、装置等の使用料とは、機械、装置、車両、運搬具、工具、器具又は備品の使用料をいいます（所法161①十一、所令284①）。</td></tr>
</table>

⑶　工業所有権等の使用料等に該当しないもの

次のものは、工業所有権等の使用料等には該当しないものとして取り扱われます（所基通161－36、161－37）。

区　分	範　囲	取扱い
技術等又は著作権の提供契約に基づき支払を受けるもののうち、その契約の目的である工業所有権等又は著作権の使用料として支払を受ける金額と明確に区分されているもの	①　工業所有権等の提供契約に基づき、工業所有権等の提供者が自ら又は技術者を派遣して、国内において人的役務を提供するために要する費用（例えば、派遣技術者の給与及び通常必要と認められる渡航費、国内滞在費、国内旅費）	物又は人的役務提供事業の対価
	②　工業所有権等の提供契約に基づき、工業所有権等の提供者のもとに技術習得のために派遣された技術者に対し、技術の伝授をするために要する費用	
	③　工業所有権等の提供契約に基づき提供する図面、型紙、見本等の物の代金で、その作成のための実費の程度を超えないと認められるもの	
	④　映画フィルム、テレビジョン放送用のフィルム又はビデオテープの提供契約に基づき、これらの物とともに提供するスチール写真等の広告宣伝用材料の代金で、その作成のための実費の程度を超えないと認められるもの	
図面又は人的役務の対価として支払を受ける場合	⑤　工業所有権等を提供し又は伝授するための図面、型紙、見本等の物又は人的役務を提供し、かつ、その工業所有権等の提供等の対価のすべてをその提供した物又は人的役務の対価として支払を受ける場合には、その対価として支払を受けるもののうち、その金額がその提供した工業所有権等を使用した回数、期間、生産高又は使用による利益の額に応じて算定されるもの以外のもの	
	⑥　⑤に掲げるもののほか、その対価として支払を受ける金額が、その図面その他の物の作成又はその人的役務の提供のために要した経費の額に通常の利潤の額を加算した金額以内のもの	
委託研究費、共同研究費	⑦　その委託研究又は共同研究に関する契約の締結の当初においては研究成果が全く不確定なもの	
	⑧　負担する研究費が、研究のために要する実費相当額であるもの	

⑷　使用料等の源泉地

イ　源泉地の区分

工業所有権等の使用料等の課税については、工業所有権等がどこで使用されたかに関係なくその使用料等の支払者の居住地国を所得の源泉地国とする「債務者主義」と、工業所有権等の使用場所の所在地国を所得の源泉地国とする「使用地主義」に区分されます。

ロ　国内法における源泉地

所得税法における使用料等の源泉地は、「国内において業務を行う者から受ける使用料又は対価で、当該業務に係るもの」と規定しており、国内業務に係るもののみを国内源泉所得とする「使用地主義」の考え方を採用しています（所法161①十一）。

ハ　租税条約における源泉地

我が国が締結している租税条約の多くは、「債務者主義」を採用していますが、具体的には次のように区分されます。

使用料の源泉地	租税条約締結国
使用地主義	フィジー
債務者主義	アゼルバイジャン、アラブ首長国連邦、アルメニア、イスラエル、イタリア、インド、インドネシア、ウクライナ、ウズベキスタン、エクアドル、エジプト、エストニア、オーストラリア、オマーン、カザフスタン、カタール、カナダ、韓国、キルギス、クウェート、クロアチア、サウジアラビア、ザンビア、ジョージア、シンガポール、スペイン、スロバキア、スロベニア、タイ、台湾、タジキスタン、チェコ、チリ、中華人民共和国、トルクメニスタン、トルコ、ニュージーランド、ノルウェー、パキスタン、ハンガリー、バングラデシュ、フィリピン、フィンランド、ブラジル、ブルガリア、ブルネイ、ベトナム、ベラルーシ、ベルギー、ポーランド、ポルトガル、香港、マレーシア、南アフリカ、メキシコ、モルドバ、ルーマニア、ルクセンブルク
一律源泉地国免税	アイスランド、アメリカ、イギリス、オーストリア、オランダ、スイス、スウェーデン、デンマーク、ドイツ、フランス、ベルギー、ラトビア、リトアニア、ロシア
規定なし（国内法による使用地主義）	アイルランド、ガーンジー、ケイマン諸島、サモア、ジャージー、スリランカ、パナマ、バハマ、バミューダ、英領バージン諸島、マカオ、マン島、リヒテンシュタイン

アドバイス

債務者主義を採用している国との条約であっても、使用料の支払者が相手国に恒久的施設を有する場合において、その使用料を支払うべき債務が当該恒久的施設について生じ、かつ、その使用料を当該恒久的施設が負担するときは、その使用料は当該恒久的施設が存在する国で生じたものとする、いわゆる使用地主義の規定を併用していますので、注意が必要です。

10　給与、人的役務の提供に対する報酬（第12号イ該当所得）

非居住者が自己の役務の提供に基づいて支払を受ける人的役務提供の対価等については、原則として、国内において役務の提供が行われたものを国内源泉所得として源泉徴収を要することとされています（所法161①十二イ、212①、213①一、復興財確法28）。

我が国が締結している租税条約の多くは、人的役務提供の対価等を、雇用契約等に基づく役務提供に係るもの（給与等）と、雇用契約等に基づかない自由職業者の役務提供に係るもの（事業所得）に該当するものとに分類して規定し、給与等については短期滞在者を源泉地国免税、自由職業者については芸能人等に該当する者を除き恒久的施設がなければ源泉地国免税としています。

なお、この所得は、非居住者が自己の役務の提供に基づき取得するものであり、他人の役務を提供することを目的とした人的役務の提供事業の対価（第６号該当所得）とはその内容を異にしています。

(1)　課税方法

給与、人的役務の提供に対する報酬に対する課税方法等は、次のとおりです。

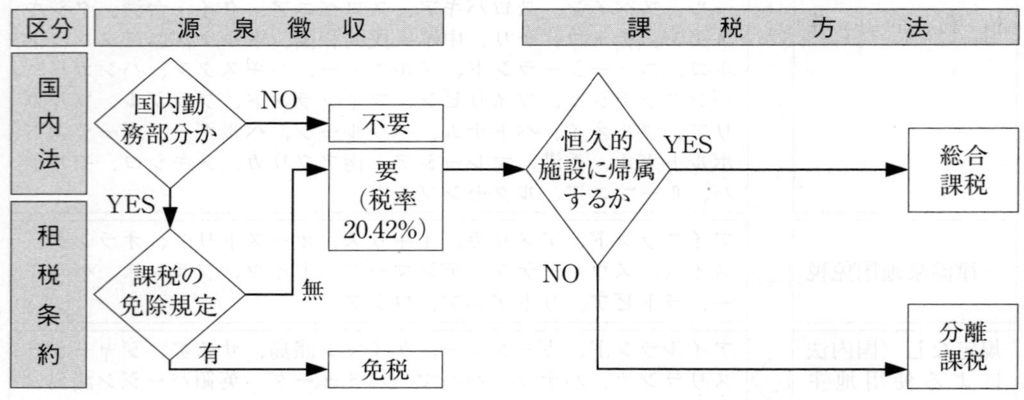

(2)　内国法人の役員としての勤務で国外において行うもの

内国法人の役員としての勤務で国外において行うものは、その役務提供の性質からみて、その所得の源泉地を実際の役務提供地に限定することが適当でないことから法人所在地国において課税することとしています（所令285①一）。

ただし、その役員としての勤務を行う者が同時にその内国法人の使用人として常時勤務を行う場合の、その役員としての勤務は除かれます（所令285①一かっこ書）。

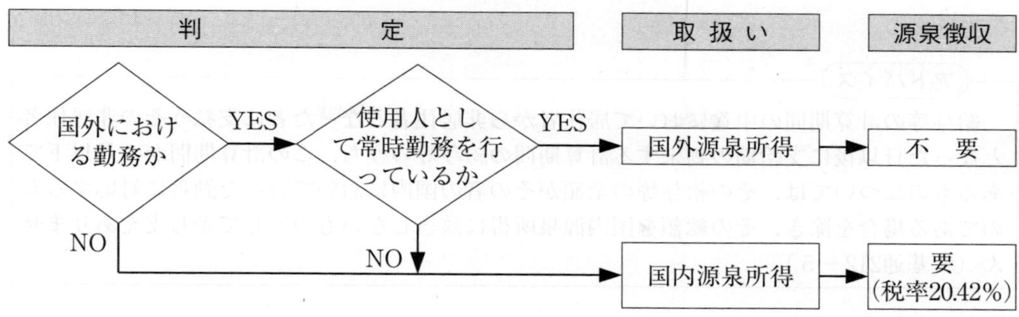

OECDモデル条約では、法人所在地国で役員報酬を課税することと規定しており（同条約16）、我が国が締結した租税条約の多くもこれを採用しています。

（注）　租税条約締結国別の取扱いは、表10（391ページ）を参照してください。

アドバイス

1「内国法人の使用人として常時勤務を行う場合」とは、内国法人の海外にある支店の長として常時勤務するような場合をいいますので、例えば、内国法人の役員が、その内国法人の非常勤役員として海外において情報の提供、商取引の側面的援助等を行っているにすぎない場合には、これに該当しません（所基通161－42）。

2　内国法人の役員が、国外にあるその法人の子会社に常時勤務する場合に、次のいずれの要件をも備えているときは、その者の受ける給与等は国内における勤務等によるものとはされません（所基通161－43）。

①　その子会社の設置が現地の特殊事情に基づくものであって、その子会社の実態が内国法人の支店、出張所と異ならないものであること

②　その役員の子会社における勤務が内国法人の命令に基づくものであって、その内国法人の使用人としての勤務であると認められること

⑶　勤務等が国内及び国外の双方にわたって行われた場合の国内源泉所得の計算方法

非居住者が、国内及び国外の双方にわたって行った勤務等に基づいて給与等の支払を受ける場合における国内勤務等に係る部分の金額は、国内における勤務等の回数、収入金額等の状況に照らしその給与等の総額に対する金額が著しく少額であると認められる場合を除き、次の算式により計算します（所基通161－41）。

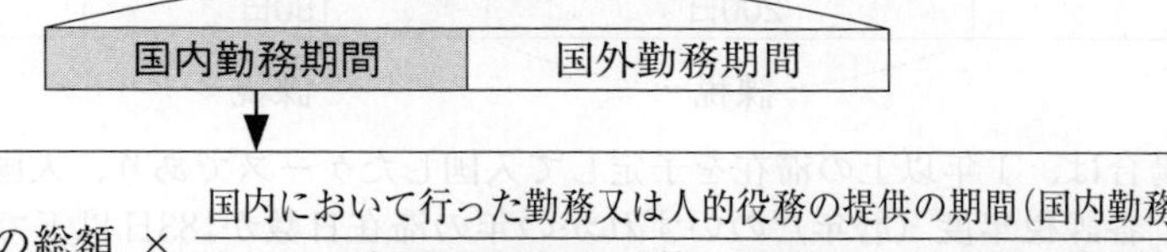

$$\text{給与又は報酬の総額} \times \frac{\text{国内において行った勤務又は人的役務の提供の期間（国内勤務期間）}}{\text{給与又は報酬の総額の計算の基礎となった期間（計算期間）}}$$

なお、国内勤務等により特に給与等が加算されている場合等には、上記算式は適用

できません。

> **アドバイス**
>
> 給与等の計算期間の中途において居住者から非居住者となった者に支払うその非居住者となった日以後に支給期の到来する計算期間の給与等のうち、この計算期間が１月以下であるものについては、その給与等の全額がその者の国内において行った勤務に対応するものである場合を除き、その総額を国内源泉所得に該当しないものとして差し支えありません（所基通212－５）。

(4) 短期滞在者の免税

我が国が締結した租税条約の多くは、次に掲げる３つの免税要件を規定しています。

免税要件	
	①　滞在期間が課税年度又は継続する12か月を通じて合計183日を超えないこと
	②　報酬を支払う雇用者は、勤務が行われた締約国の居住者でないこと
	③　給与等の報酬が、役務提供地にある支店その他の恒久的施設によって負担（課税所得の計算上損金に算入）されないこと

(注)　租税条約締結国別の取扱いは、表10（391ページ）を参照してください。

短期滞在者の要件である滞在期間を課税年度に基づいて判定する場合は、次のように課税年度（我が国の場合には暦年単位）ごとに、判断することになります。

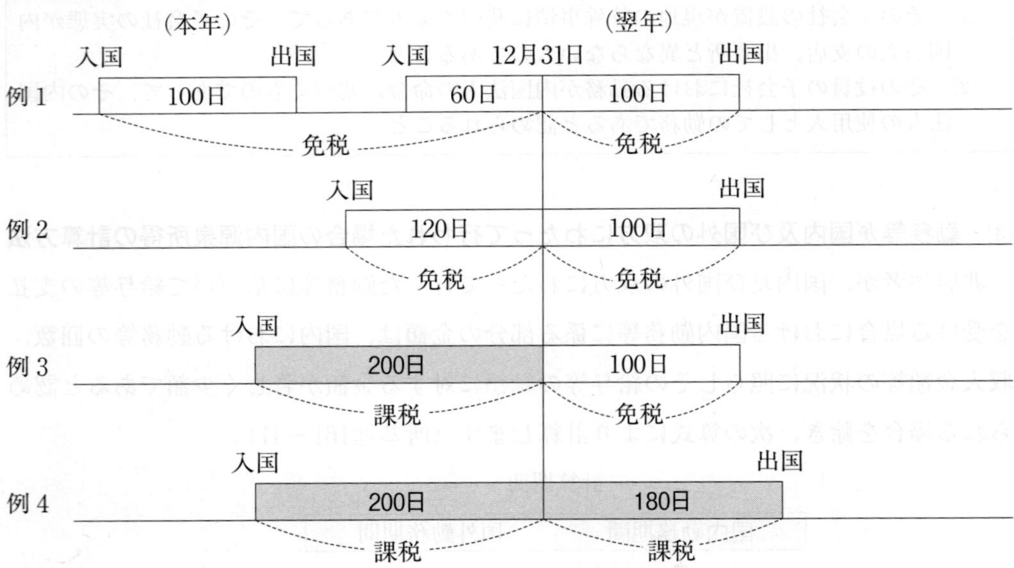

※　例４の場合は、１年以上の滞在を予定して入国したケースであり、入国時から居住者となるため、各課税年度（暦年）のいずれかの年の滞在日数が183日以下であっても短期滞在者の免税規定は適用されず、全期間を通じて課税となります。

なお、滞在期間の判定は、租税条約により取扱いが異なるので注意が必要です。

⑸　学生、事業修習者等の免税

我が国が欧米諸国等と締結している租税条約では、学生、事業修習者等が取得する報酬について、OECDモデル条約に準拠し、生計、教育、勉学、研究又は訓練のために受け取る給付で国外から支払われるもの、すなわち海外からの送金についてのみ課税を免除する規定となっています。

これに対して、アジア諸国等と締結している租税条約では、生計、教育、勉学、研究又は訓練のための海外からの送金のほか、政府又は宗教若しくは慈善団体等からの交付金、手当又は奨励金、雇用主などから支払われる給与等の報酬及び滞在地国における人的役務の対価等（アルバイト収入等）をも含めて課税を免除することにしているものもあります。

なお、事業修習者とは、職業若しくは事業上の知識又は技能をほとんど有しない見習者をいいますが、アジア諸国等との租税条約には、ある程度の技能を有する者で、他企業から技術上又は職業上の経験を取得するために相手国を訪れる事業習得者についても一定の制限のもとに免税としているものもあります。

区　分	内　容
学　生	学校教育法第１条に規定する学校の児童、生徒又は学生
事業修習者	企業内の見習研修生や日本の職業訓練所等において訓練、研修を受ける者
事業習得者	企業の使用人として又は契約に基づき、その企業以外の者から高度な職業上の経験等を習得する者

（注）　租税条約締結国別の取扱いは、表11（394ページ）を参照してください。

アドバイス

日本語学校などの専修学校又は各種学校に在学する就学生については、学生又は事業修習者の免税条項の適用はありません。

⑹　教授等の免税

我が国が締結した多くの租税条約は、大学その他の教育機関において教育又は研究を行うために来日した教授等が取得する人的役務の報酬について、原則として、２年間を限度として、課税を免除する旨規定しています。

（注）　租税条約締結国別の取扱いは、表12（397ページ）を参照してください。

アドバイス

教授免税は、大学その他の教育機関において教育又は研究を行うために来日した教授等に限定されていますので、公立や私立の研究所（機関）や一般社団や一般財団等の公益法人等で研究を行う者は、免税とはなりません。

(7) 自由職業者に対する課税

我が国が締結している租税条約の多くは、自由職業から生ずる所得については、事業所得に準じてその課税方式を定めており、いわゆる「恒久的施設なければ課税せず」の原則が規定されています。

したがって、自由職業者に対しては、その者が国内に恒久的施設を有し、その恒久的施設に帰属する所得についてのみ課税されることになります。

なお、この自由職業には、学術上、文学上、美術上及び教育上の独立の活動並びに医師、弁護士、技術士、建築士、歯科医師及び公認会計士等の独立の活動が含まれます。

（注）　租税条約締結国別の取扱いは、表10（391ページ）を参照してください。

(8) 芸能人等に対する課税

演劇、映画、ラジオ又はテレビジョンの俳優、音楽家その他の芸能人及び運動家に対しては、短期滞在者及び自由職業者課税の特例を適用しないで、滞在期間の長短又は活動状況に関係なく、役務提供地国においても課税できることが、租税条約における確立された慣行となっています。

これは芸能人等の活動をすべて居住地国で把握することが困難であり、報酬の支払形態からも役務提供地国課税が適していることによります。

OECDモデル条約は、芸能人等の活動が行われた国において課税することができる旨を規定しており（同条約17）、我が国が締結した租税条約の多くもこのモデル条約の規定を採用しています。

区　　分	租　税　条　約　の　取　扱　い
芸能人個人の所得	役務提供地国課税（金額、滞在日数等の免税点を設けているものもあります。）
芸能人個人以外の所得（芸能法人等）	・単純役務提供地国課税 ・みなしＰＥ規定による役務提供地国課税 ・ワンマンカンパニーのみ役務提供地国課税 ・ＰＥがある場合のみ役務提供地国課税

（注）　租税条約締結国別の取扱いは、表４（380ページ）を参照してください。

11　公的年金等（第12号ロ該当所得）

⑴　課税方法

非居住者に支払われる公的年金等で、外国の法令に基づく保険又は共済に関する制度により支給される公的年金等以外の公的年金等については、源泉徴収の対象とされます（所法161①十二ロ、212①、213①一イ、所令285②、復興財確法28）。

租税条約においては、そのほとんどが退職年金条項を有し、居住地国課税（源泉地国免税）としています。

なお、公的年金等に該当しない年金についても生命保険契約に基づく年金等（所法161①十四）として源泉徴収が必要なものがあります。

⑵　公的年金等の範囲

公的年金等の範囲については194ページを参照してください。

12　退職手当等（第12号ハ該当所得）

⑴　課税方法

非居住者に支払われる退職手当等のうち、その支払を受ける者が居住者であった期間に行った勤務その他の人的役務提供に基因する部分については、国内に源泉があるものとして源泉徴収の対象となります（所法161①十二ハ、復興財確法28）。

我が国が締結した租税条約には、退職手当等に関する規定を設けたものはなく、給与所得に関する規定（退職手当等の支払を受ける者が内国法人の役員の場合には、役員報酬に関する規定）が適用されます。

なお、我が国の締結した租税条約の多くは、「退職年金」の条項を規定していますが、退職手当等について、この条項の適用はありません。

また、非居住者であった期間に対応する場合でも、内国法人の役員としての勤務で国外において行われたものや、居住者又は内国法人が運行する船舶又は航空機において行う勤務については、国内源泉所得として源泉徴収の対象となります（所令285③）。

⑵　退職金が居住者・非居住者を通算して支払われる場合の計算式

退職金が居住者としての勤務期間とそれ以外の勤務期間とを合算した期間に対して支払われる場合には、次の算式による勤務期間あん分により国内源泉所得に該当する退職金の額を計算します。

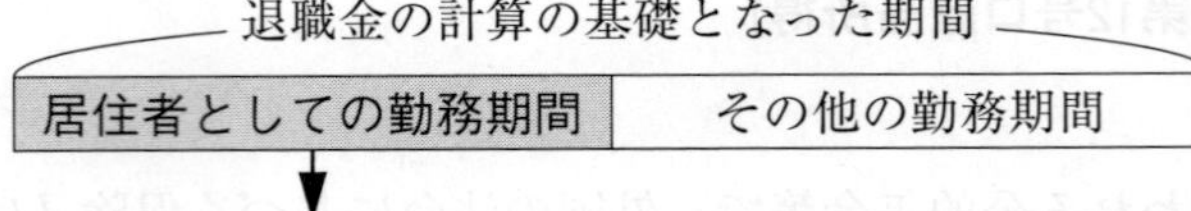

$$\text{退職金の額} \times \frac{\text{(A)のうち居住者としての勤務期間}}{\text{退職金の計算の基礎となった期間(A)}} = \text{国内源泉所得に該当する退職金の額}$$

(3)　退職所得に対する選択課税

非居住者に支払われる退職金で国内源泉所得とされるものについては、その支給の際に源泉徴収されますが、源泉徴収された後、確定申告において受給者本人の選択により、今回の退職に基因してその年中に支払われるべき退職金の総額（国内源泉所得かどうかは問いません。）を居住者が受けたものとみなし、居住者と同様の課税（居住者として支払を受けたものとして計算した税額との差額の還付）を受けることができます（所法171、173、復興財確法17⑥）。

13　事業の広告宣伝のための賞金（第13号該当所得）

(1)　課税方法

非居住者等に対し、国内において行われる事業の広告宣伝のための賞金を支払う場合には、源泉徴収をする必要があります（所法161①十三、212①、213①一ロ、復興財確法28）。

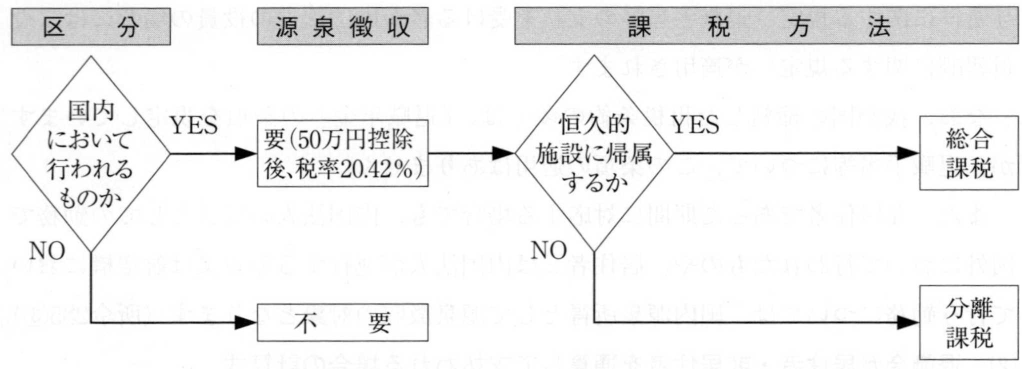

（注）　租税条約締結国別の取扱いは、表14（401ページ）を参照してください。

(2)　賞金の範囲

事業広告宣伝のための賞金とは、次のものをいいます（所法161①十三、所令286）。

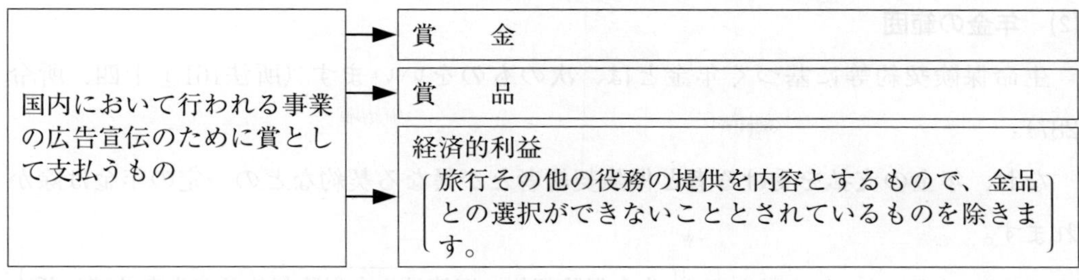

アドバイス

我が国が締結した租税条約の多くは、別段の定めのない所得（その他の所得）に対しては、受益者の居住地国のみが課税権を有することとし、源泉地国では課税しないこととしています。

しかしながら、こうした規定のない条約の締結国の居住者等に対して支払われるものは、我が国の国内法に従って課税することになるので、所得税法第161条第十三号から第十六号までの所得については、租税条約における年金条項が適用される場合を除き、原則として国内源泉所得として課税されることになります。

ただし、「その他の所得」について、居住地国課税を原則としながら、源泉地国においても課税できる旨規定している租税条約もありますので、注意する必要があります。

14　生命保険契約等に基づく年金（第14号該当所得）

⑴　課税方法

国内にある営業所等を通じて締結した生命保険契約等に基づいて支払う年金については、その支払の際に源泉徴収をする必要があります（公的年金等に該当するものについては367ページを参照してください。）（所法161①十四、212①、213①一ハ、復興財確法28）。

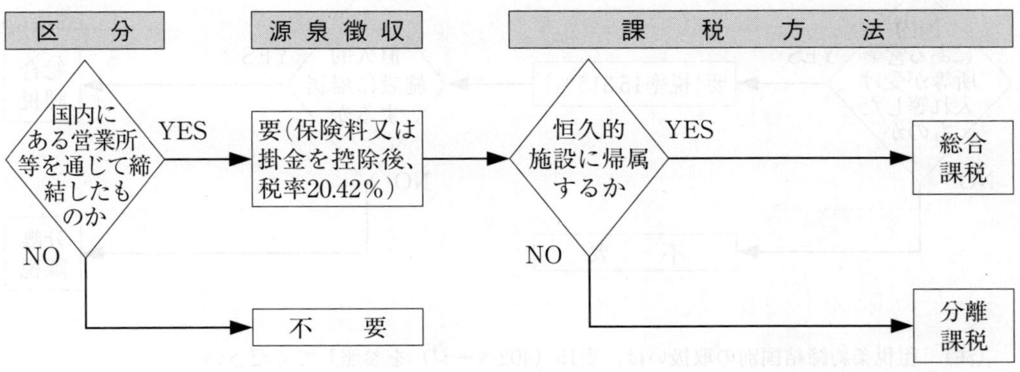

（注）　租税条約締結国別の取扱いは、表13（400ページ）を参照してください。

⑵　年金の範囲

生命保険契約等に基づく年金とは、次のものをいいます（所法161①十四、所令287）。

なお、年金の支払を受ける者と保険契約者とが異なる契約などの一定の年金は除かれます。

<table>
<tr><td rowspan="7">国内にある営業所又は国内において契約締結の代理をする者を通じて締結した契約に基づく年金</td><td>生命保険契約、旧簡易生命保険契約及び生命共済に係る契約</td></tr>
<tr><td>損害保険契約及び損害共済に係る契約</td></tr>
<tr><td>退職金共済契約</td></tr>
<tr><td>退職年金に関する信託、生命保険又は生命共済の契約</td></tr>
<tr><td>確定給付企業年金に係る規約</td></tr>
<tr><td>小規模企業共済法に基づく共済契約</td></tr>
<tr><td>確定拠出年金法に規定する企業型年金規約及び個人型年金規約</td></tr>
</table>

15　定期積金の給付補塡金等（第15号該当所得）

⑴　課税の方法

国内にある営業所等が受け入れ又は国内にある営業所等を通じて締結された定期積金に係る契約に基づく給付補塡金等については、その支払の際に源泉徴収をする必要があります（所法161①十五、212①、213①三、復興財確法28）。

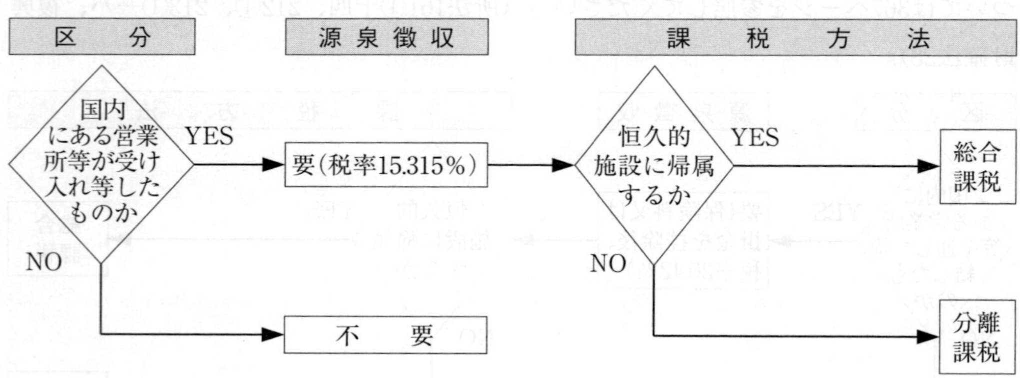

（注）　租税条約締結国別の取扱いは、表15（402ページ）を参照してください。

⑵　給付補塡金等の範囲

給付補塡金等とは、次のものをいいます（所法161①十五）。

国内にある営業所等が受け入れ又は国内の営業所等を通じて締結した契約に基づく給付補塡金等	定期積金契約に基づく給付補塡金
	銀行法第２条第４項の契約に基づく給付補塡金
	抵当証券の利息
	貴金属等の売戻し条件付売買による利益
	外貨建預貯金等の為替差益
	一時払養老保険、一時払損害保険等に基づく差益（注）

（注）　保険期間等が５年以下のもの及び保険期間等が５年を超えるもので保険期間等の初日から５年以内に解約されたものに基づく差益がこれに該当します。

16　匿名組合契約等に基づく利益の分配（第16号該当所得）

⑴　課税方法

国内において事業を行う者に対する出資につき、匿名組合契約（これに準ずる契約を含みます。）を締結し、この契約に基づき支払う利益の分配については、その支払の際に源泉徴収をする必要があります（所法161①十六、212①、213①一、復興財確法28）。

我が国が締結した租税条約には、匿名組合契約等に関連して匿名組合員が取得する所得等に対しては、その所得等の源泉地国においても、その国の国内法に従って課税できる旨を規定しているものもあります。

また、匿名組合契約等に関連して匿名組合員が取得する所得等を配当所得として取り扱う租税条約もあります。

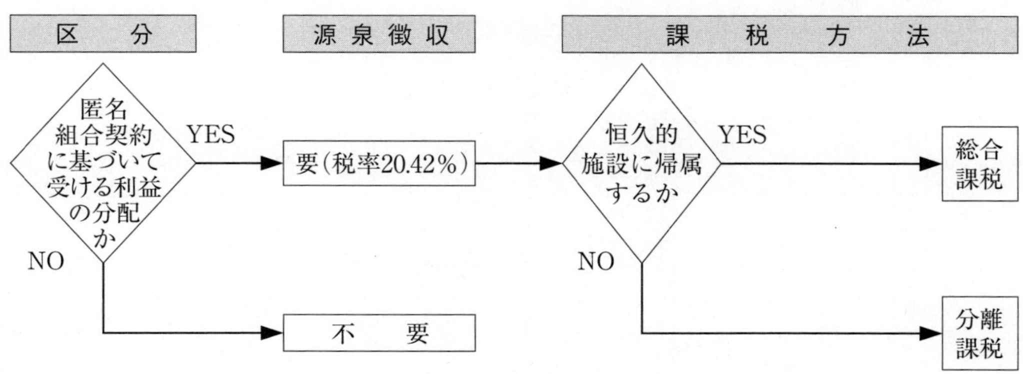

（注）　租税条約締結国別の取扱いは、表16（403ページ）を参照してください。

(2)　匿名組合契約等の範囲

匿名組合契約等とは、次のものをいいます（所法161①十六、所令288）。

<table>
<tr><td rowspan="2">国内において事業を行う者に対する出資に係るもの</td><td>事業者が匿名組合員と締結している匿名組合契約</td></tr>
<tr><td>当事者の一方が相手方の事業のために出資をし、相手方がその事業から生じる利益を分配することを約する契約</td></tr>
</table>

アドバイス

匿名組合契約等に基づいて支払を受けるものは、出資の払戻しとして支払を受けるものを除き、全て利益の分配とされます。

（参考）　租税条約の締結国及び適用国（63条約等、73の国と地域：令和２年４月１日現在）

欧　州（44）			
アイスランド	カザフスタン	タジキスタン（注1）	ベルギー
アイルランド	ガーンジー（注5）	チェコ（注2）	ポーランド
アゼルバイジャン（注1）	キルギス（注1）	デンマーク	ポルトガル
アルメニア（注1）	クロアチア	ドイツ	マン島（注5）
イギリス	ジョージア（注1）	トルクメニスタン（注1）	モルドバ（注1）
イタリア	ジャージー（注5）	ノルウェー	ラトビア
ウクライナ（注1）	スイス	ハンガリー	リトアニア
ウズベキスタン（注1）	スウェーデン	フィンランド	リヒテンシュタイン（注5）
エストニア	スペイン	フランス	ルーマニア
オーストリア	スロバキア（注2）	ブルガリア	ルクセンブルク
オランダ	スロベニア	ベラルーシ（注1）	ロシア

アジア（16）	
インド	バングラデシュ
インドネシア	フィリピン
韓国	ブルネイ
シンガポール	ベトナム
スリランカ	香港
タイ	マレーシア
中華人民共和国（注3）	マカオ（注5）
パキスタン	台湾（注6）

北米・中南米（11）
アメリカ
英領バージン諸島（注5）
エクアドル
カナダ
ケイマン諸島（注5）
チリ
パナマ（注5）
バハマ（注5）
バミューダ（注5）
ブラジル
メキシコ

アフリカ・中東（10）	
アラブ首長国連邦	クウェート
イスラエル	サウジアラビア
エジプト	ザンビア
オマーン	トルコ
カタール	南アフリカ

大洋州（4）
オーストラリア
ニュージーランド
フィジー（注4）
サモア（注5）

（注）1　旧ソ連との条約が適用されています。
2　旧チェコ・スロバキアとの条約が適用されています。
3　香港、マカオには適用されません。
4　フィジーには旧日英租税条約（第６条及び第７条を除きます。）が承継されています。
5　租税に関する情報交換規定を主体としています。
6　台湾については、日本側と台湾側との間の民間取決め及びその内容を日本国内で実施するための法令によって、租税条約に相当する枠組みを構築しています。

表１　租税条約による恒久的施設の範囲

相手国名＼項目		在庫保有代理人（フィルズ・オーダー）	注文取得代理人（セキュア・オーダー）	建設工事	建設工事監督	芸能法人等	条項
OECDモデル条約		—	—	PEとなる（12月超）	—	—	5
我が国の条約例		—	—	モデル条約	PEとなる（12月超）	—	—
1	アイスランド	—	—	同　上	—	—	5
2	アイルランド	PEとなる	—	同　上	—	PEとなる	6
3	アゼルバイジャン	—	—	同　上	—	—	4
4	アメリカ	—	—	同　上	—	—	5
5	アラブ首長国連邦	—	—	同　上	—	—	5
6	アルメニア	—	—	同　上	—	—	4
7	イギリス	—	—	同　上	—	—	5
8	イスラエル	—	—	同　上	—	—	5
9	イタリア	—	—	同　上	—	—	5
10	インド	PEとなる	PEとなる	PEとなる（６月超）	PEとなる（６月超）	—	5
11	インドネシア	同　上	—	同　上	同　上	—	5
12	ウクライナ	—	—	モデル条約	—	—	4
13	ウズベキスタン	—	—	同　上	—	—	4
14	エクアドル	—	—	PEとなる（６月超）	PEとなる（６月超）	—	5
15	エジプト	—	—	同　上	—	—	3
16	エストニア	—	—	モデル条約	—	—	5
17	オーストラリア	—	—	同　上	条約例	—	5
18	オーストリア	—	—	同　上	—	—	5
19	オマーン	—	—	PEとなる（９月超）	PEとなる（９月超）	—	5
20	オランダ	—	—	モデル条約	—	—	5
21	カザフスタン	—	—	同　上	—	—	5
22	カタール	—	—	PEとなる（６月超）	—	—	5
23	カナダ	—	—	モデル条約	—	—	5
24	韓国	—	—	PEとなる（６月超）	PEとなる（６月超）	—	5
25	キルギス	—	—	モデル条約	—	—	4
26	クウェート	—	—	PEとなる（９月超）	—	—	5
27	クロアチア	—	—	モデル条約	—	—	5
28	サウジアラビア	—	—	PEとなる（183日超）	PEとなる（183日超）	—	5
29	ザンビア	—	—	モデル条約	—	—	4
30	ジョージア	—	—	同　上	—	—	4
31	シンガポール	—	—	PEとなる（６月超）	PEとなる（６月超）	—	5
32	スイス	—	—	モデル条約	—	—	5
33	スウェーデン	—	—	同　上	—	—	5
34	スペイン	—	—	同　上	—	—	5

相手国名＼項目		在庫保有代理人（フィルズ・オーダー）	注文取得代理人（セキュア・オーダー）	建設工事	建設工事監督	芸能法人等	条項
35	スリランカ	PEとなる	—	PEとなる（183日超）	—	—	2(1)(J)
36	スロバキア	—	—	モデル条約	—	—	5
37	スロベニア	—	—	同　上	条約例	—	5
38	タ　イ	PEとなる	PEとなる	PEとなる（3月超）	PEとなる（3月超）	—	5
39	台　湾(※)	—	—	PEとなる（6月超）	PEとなる（6月超）	—	5
40	タジキスタン	—	—	モデル条約	—	—	4
41	チェコ	—	—	同　上	—	—	5
42	中華人民共和国	—	PEとなる	PEとなる（6月超）	PEとなる（6月超）	—	5
43	チリ	—	—	同　上	同　上	—	5
44	デンマーク	—	—	モデル条約	—	—	5
45	ドイツ	—	—	同　上	—	—	5
46	トルクメニスタン	—	—	モデル条約	—	—	4
47	トルコ	PEとなる（議）	—	PEとなる（6月超）	PEとなる（6月超）	—	5
48	ニュージーランド	—	—	モデル条約	—	—	5
49	ノルウェー	—	—	同　上	条約例	—	5
50	パキスタン	PEとなる	—	PEとなる（6月超）	PEとなる（6月超）	—	5
51	ハンガリー	—	—	モデル条約	—	—	5
52	バングラデシュ	—	—	PEとなる（6月超）	—	—	5
53	フィジー	PEとなる	—	モデル条約	条約例	PEとなる	2
54	フィリピン	同　上	PEとなる	PEとなる（6月超）	PEとなる（6月超）	—	5
55	フィンランド	—	—	モデル条約	—	—	5
56	ブラジル	PEとなる	—	PEとなる（6月超）	—	PEとなる（運動家を除く）	4
57	フランス	—	—	モデル条約	—	—	5
58	ブルガリア	—	—	PEとなる（6月超）	—	—	5
59	ブルネイ	—	—	モデル条約	—	—	5
60	ベトナム	PEとなる	—	PEとなる（6月超）	PEとなる（6月超）	—	5
61	ベラルーシ	—	—	モデル条約	—	—	4
62	ベルギー	—	—	同　上	—	—	5
63	ポーランド	—	—	同　上	—	—	5
64	ポルトガル	—	—	同　上	—	—	5
65	香　港	—	—	同　上	—	—	5
66	マレーシア	PEとなる	—	PEとなる（6月超）	PEとなる（6月超）	—	5
67	南アフリカ	—	—	モデル条約	条約例	—	5

項目 / 相手国名		在庫保有代理人（フィルズ・オーダー）	注文取得代理人（セキュア・オーダー）	建設工事	建設工事監督	芸能法人等	条項
68	メキシコ	—	—	PEとなる（６月超）	PEとなる（６月超）	—	5
69	モルドバ	—	—	モデル条約	—	—	4
70	ラトビア	—	—	同上	—	—	5
71	リトアニア	—	—	同上	—	—	5
72	ルクセンブルク	—	—	同上	—	—	5
73	ルーマニア	—	—	同上	—	—	5
74	ロシア	—	—	同上	—	—	5

(注) 1　「モデル条約」とは、「OECDモデル条約」をいいます（以下同じ。）。

2　「我が国の条約例」又は「条約例」とは、我が国が締結した条約の標準的な規定をいいます（以下同じ。）。

3　この表中の（交）、（議）は、交換公文又は議定書があることを示します（以下同じ。）。

4　「台湾（※）」については、公益財団法人交流協会（日本側）（現在は公益財団法人日本台湾交流協会）と亜東関係協会（台湾側）（現在は台湾日本関係協会）との間で民間取決めとして結ばれた「所得に対する租税に関する二重課税の回避及び脱税の防止のための公益財団法人交流協会と亜東関係協会との間の取決め」（以下「日台取決め」といいます。）とその内容を日本国内で実施するための法律「外国居住者等の所得に対する相互主義による所得税等の非課税等に関する法律」により租税条約に相当する枠組みが構築され、所定の手続を経ることで、源泉所得税の軽減又は非課税の適用を受けられるものです。

なお、「条項」欄には、日台取決めの条項を記載しています。

表２　国内法による国際運輸業所得に係る相互免税一覧表

国名		非課税所得	税目
1	アメリカ合衆国	アメリカ合衆国の居住者が営む船舶又は航空機による国際運輸業に係る所得	所得税、法人税及び事業税
2	オランダ王国	オランダ王国に登録されている船舶による国際運輸業に係る所得	所得税、法人税、住民税及び事業税
3	アルゼンチン共和国	アルゼンチン共和国の企業が営む船舶又は航空機による国際運輸業に係る所得	所得税及び法人税
4	レバノン共和国	レバノン共和国の居住者が営む船舶又は航空機による国際運輸業に係る所得	所得税、法人税、住民税及び事業税
5	イラン・イスラム共和国	イラン・イスラム共和国の法人が営む航空機による国際運輸業に係る所得	所得税及び法人税

（参考法令：「外国居住者等の所得に対する相互主義による所得税等の非課税等に関する法律施行令」別表（第36条関係））

表３　租税条約上の国際運輸業所得に係る相互免税一覧表

	相手国名＼項目	船舶	航空機	本条項の適用上追加される税目	備　考	条項
	OECDモデル条約	相互免除（居住地国でのみ課税）		—	—	8
	我が国の条約例	モデル条約		相手国に事業税相当のものがあれば含める		—
1	アイスランド	同	上	日本側：事業税、先方：事業税類似	—	8
2	アイルランド	同	上	同　上	—	9
3	アゼルバイジャン	同	上	同　上	—	6
4	アメリカ	同	上	日本側：住民税、事業税、先方：住民税、事業税類似	付随的な裸用船料、コンテナー及びその運送のための関連設備の使用等から取得する利得を含む	8
5	アラブ首長国連邦	同	上	日本側：事業税、先方：事業税類似	国際運輸関連の利子を含む（議）	8
6	アルメニア	同	上	同　上	—	6
7	イギリス	同	上	同　上	付随的な裸用船料、コンテナー及びその運送のための関連設備の使用等から取得する利得を含む	8
8	イスラエル	同	上	同　上	コンテナー及びその運送のための関連設備の使用から取得する利得を含む（議）	8
9	イタリア	同	上	日本側：事業税、先方：所得に対する地方税	—	8
10	インド	同	上	日本側：事業税、先方：事業税類似	国際運輸関連の利子、コンテナー及びその運送のための関連設備の使用等から取得する利得を含む（交）	8
11	インドネシア	同	上	（一般対象税目のみ）	—	8
12	ウクライナ	同	上	日本側：事業税、先方：事業税類似	—	6
13	ウズベキスタン	同	上	同　上	—	6
14	エクアドル	同	上	（一般対象税目のみ）	—	8
15	エジプト	同	上	日本側：事業税、先方：なし	—	6
16	エストニア	同	上	日本側：事業税、先方：事業税類似	—	8
17	オーストラリア	同	上	日本側：住民税、事業税、先方：住民税、事業税類似	相手国内においてのみ取得される所得は、相手方の国でも課税	8
18	オーストリア	同	上	日本側：事業税、先方：事業税類似	—	8
19	オマーン	同	上	同　上	国際運輸関連の利子、国際運輸における船舶等の賃貸料、付随的な裸用船料、コンテナー等の使用等及び他の企業に代わって行う国際運輸に係る切符の販売から取得する利得を含む（議）	8
20	オランダ	同	上	同　上	—	8
21	カザフスタン	同	上	同　上	—	8
22	カタール	同	上	同　上	国際運輸関連の利子、国際運輸における船舶等の賃貸料、付随的な裸用船料、コンテナー等の使用等及び他の企業に代わって行う国際運輸に係る切符の販売から取得する利得を含む（議）	8

	相手国名＼項目	船舶	航空機	本条項の適用上追加される税目	備　考	条項
23	カナダ	モデル条約		日本側：住民税、事業税、先方：所得に対する地方税、事業税類似	付随的な裸用船料、コンテナー及びその運送のための関連設備の使用から取得する利得を含む（議）	8
24	韓国	同上		日本側：事業税、先方：事業税類似	―	8
25	キルギス	同上		同上	―	6
26	クウェート	同上		同上	付随的な裸用船料、コンテナー及びその運送のための関連設備の使用等から取得する利得を含む（議）	8
27	クロアチア	同上		同上	―	8
28	サウジアラビア	同上		日本側：事業税、先方：事業税類似（議）	付随的な裸用船料、コンテナー及びその運送のための関連設備の付随的な使用等から取得する利得を含む（議）	8
29	ザンビア	同上		（一般対象税目のみ）	―	7
30	ジョージア	同上		日本側：事業税、先方：事業税類似	―	6
31	シンガポール	同上		同上	付随的な裸用船料、コンテナー及びその運送のための関連設備の使用から取得する利得を含む（交）	8
32	スイス	同上		日本側：事業税、先方：事業税	―	8
33	スウェーデン	同上		日本側：事業税、先方：事業税類似	―	8
34	スペイン	同上		日本側：事業税、先方：なし（議）	―	8
35	スリランカ	半額課税		（一般対象税目のみ）	―	5
36	スロバキア	モデル条約		日本側：事業税、先方：事業税類似	―	8
37	スロベニア	同上		同上	―	8
38	タイ	半額課税	免除	（一般対象税目のみ）	―	8
39	台湾（※）	モデル条約		日本側：事業税、先方：事業税類似	―	8
40	タジキスタン	同上		同上	―	6
41	チェコ	同上		同上	―	8
42	中華人民共和国	同上		日本側：事業税、先方：工商統一税及びその付加税（交）	―	8
43	チリ	同上		日本側：事業税、先方：事業税類似	付随的な裸用船料、コンテナー及びその運送のための関連設備の使用等から取得する利得を含む	8
44	デンマーク	同上		同上	同上	8
45	ドイツ	同上		（一般対象税目のみ）	同上	8
46	トルクメニスタン	同上		日本側：事業税、先方：事業税類似	―	6
47	トルコ	同上		同上	付随的な裸用船料、コンテナー及びその運送のための関連設備の使用から取得する利得を含む（議）	8
48	ニュージーランド	同上		日本側：住民税、事業税 先方：住民税、事業税類似	相手国内においてのみ取得される所得は、相手方の国でも課税	8
49	ノルウェー	同上		日本側：事業税、先方：資本税	コンテナー及びその運送のための関連設備の使用から取得する利得を含む	8

	相手国名＼項目	船舶	航空機	本条項の適用上追加される税目	備考	条項
50	パキスタン	モデル条約		日本側：住民税、事業税、先方：住民税、事業税類似	—	8
51	ハンガリー	同	上	日本側：事業税、先方：事業税類似	恒久的施設を有する場合及び補助的活動に係る利得にも適用する（交）	8
52	バングラデシュ	半額又は総収入の４％課税	免除	（一般対象税目のみ）	—	8
53	フィジー	モデル条約		日本側：地方税、先方：地方税	—	5
54	フィリピン	40％軽減		（一般対象税目のみ）	最恵国待遇（交）	8
55	フィンランド	モデル条約		日本側：事業税、先方：資本税	—	8
56	ブラジル	同	上	日本側：住民税、事業税、先方：なし	—	7
57	フランス	同	上	日本側：事業税、事業所税 先方：職業税、職業税付加税	—	8
58	ブルガリア	同	上	日本側：事業税、先方：事業税類似	—	8
59	ブルネイ	同	上	同　上	—	8
60	ベトナム	同	上	同　上	—	8
61	ベラルーシ	同	上	同　上	—	6
62	ベルギー	同	上	同　上	—	8
63	ポーランド	同	上	同　上	補助的活動に係る利得にも適用する（議）	8
64	ポルトガル	同	上	同　上	—	8
65	香港	同	上	同　上	—	8
66	マレーシア	同	上	同　上	—	8
67	南アフリカ	同	上	同　上	付随的な裸用船料、コンテナー及びその運送のための関連設備の使用等から取得する利得を含む（議）	8
68	メキシコ	同	上	同　上	内陸における平面路による輸送等は含まない（議）	8
69	モルドバ	同	上	同　上	—	6
70	ラトビア	同	上	同　上	付随的な裸用船料、コンテナー及びその運送のための関連設備の使用等から取得する利得を含む	8
71	リトアニア	同	上	同　上	—	8
72	ルクセンブルク	同	上	同　上	—	8
73	ルーマニア	同	上	同　上	—	8
74	ロシア	同	上	同　上	付随的な裸用船料から取得する利得を含む	8

表４　租税条約上の芸能人等の役務提供に係る取扱い一覧表

相手国名＼区分		芸能人個人の役務提供の対価に対する課税	芸能法人等の役務提供事業の対価に対する課税	条項
ＯＥＣＤモデル条約		役務提供地国で課税	役務提供地国で課税	17
我が国の条約例		モデル条約（特別の文化交流計画によるものは免税）	モデル条約（特別の文化交流計画によるものは免税）	―
1	アイスランド	モデル条約	モデル条約	16
2	アイルランド	同　上	みなしPE課税（注１）	6、18
3	アゼルバイジャン	条約例	条約例	14
4	アメリカ	モデル条約（総収入が10,000ドルを超えない場合は免税）	モデル条約（契約において芸能人が特定されていない場合はPEなし免税）	16
5	アラブ首長国連邦	モデル条約	モデル条約	16
6	アルメニア	条約例	条約例	14
7	イギリス	モデル条約	モデル条約	16
8	イスラエル	条約例	条約例	17
9	イタリア	モデル条約	PEなし免税 ワンマンカンパニーは課税（注２）	17
10	インド	条約例	条約例	17
11	インドネシア	同　上	同　上	17
12	ウクライナ	同　上	同　上	14
13	ウズベキスタン	同　上	同　上	14
14	エクアドル	モデル条約	モデル条約	17
15	エジプト	同　上	PEなし免税	5、15
16	エストニア	同　上	モデル条約	16
17	オーストラリア	同　上	同　上	16
18	オーストリア	同　上	同　上	16
19	オマーン	同　上	同　上	17
20	オランダ	同　上	同　上	16
21	カザフスタン	同　上	同　上	16
22	カタール	同　上	同　上	17
23	カナダ	条約例	条約例	17
24	韓国	同　上（報酬が年間10,000ドルまでは免税（議））	同　上	17
25	キルギス	条約例	同　上	14
26	クウェート	モデル条約	モデル条約	16
27	クロアチア	同　上	同　上	16
28	サウジアラビア	同　上	同　上	17
29	ザンビア	同　上	PEなし免税	6、16
30	ジョージア	条約例	条約例	14
31	シンガポール	同　上	同　上	17
32	スイス	モデル条約	モデル条約	17
33	スウェーデン	条約例	条約例	17
34	スペイン	モデル条約	PEなし免税 ワンマンカンパニーは課税（注２）	17
35	スリランカ	同　上	PEなし免税	3、11(5)
36	スロバキア	条約例	条約例	17
37	スロベニア	モデル条約	モデル条約	16

相手国名＼区分	芸能人個人の役務提供の対価に対する課税	芸能法人等の役務提供事業の対価に対する課税	条　項
38 タイ	条約例	条約例	16
39 台湾(※)	モデル条約	モデル条約	17
40 タジキスタン	条約例	条約例	14
41 チェコ	同上	同上	17
42 中華人民共和国	同上	同上	17
43 チリ	モデル条約	モデル条約	17
44 デンマーク	同上	同上	16
45 ドイツ	同上	同上	16
46 トルクメニスタン	条約例	条約例	14
47 トルコ	同上	同上	17
48 ニュージーランド	モデル条約	モデル条約	16
49 ノルウェー	モデル条約（注３）	モデル条約（注３）	17
50 パキスタン	モデル条約	モデル条約	18
51 ハンガリー	条約例	条約例	17
52 バングラデシュ	同上	同上	17
53 フィジー	モデル条約	みなしPE課税（注１）	2、10
54 フィリピン	モデル条約（注３）	モデル条約（注３）	17
55 フィンランド	モデル条約	モデル条約	17
56 ブラジル	同上	みなしPE課税（注１）	4(7)、15
57 フランス	モデル条約（注４）	モデル条約（注４）	17
58 ブルガリア	条約例	条約例	17
59 ブルネイ	モデル条約	モデル条約	16
60 ベトナム	条約例	条約例	17
61 ベラルーシ	同上	同上	14
62 ベルギー	モデル条約	モデル条約	16
63 ポーランド	条約例	条約例	17
64 ポルトガル	モデル条約	モデル条約	16
65 香港	同上	同上	16
66 マレーシア	条約例	条約例	17
67 南アフリカ	同上	同上	17
68 メキシコ	同上	同上	17
69 モルドバ	同上	同上	14
70 ラトビア	モデル条約	モデル条約	16
71 リトアニア	同上	同上	17
72 ルクセンブルク	条約例	条約例	17
73 ルーマニア	同上	同上	17
74 ロシア	モデル条約	モデル条約	16

(注) 1　「みなしＰＥ」とは、芸能人等の役務提供地国に恒久的施設を有するものとみなす規定であり、この規定によって役務提供地国において、事業所得課税を行うものです。

2　「ワンマンカンパニー」とは、芸能人等の役務を提供する企業が、役務提供者（芸能人等）によって直接又は間接的に支配されていることをいい、この規定によって役務提供地国において、事業所得課税を行うものです。

　この規定は、実質は個人として役務提供を行うことにより受領する報酬であっても、芸能人等が法人その他の企業形態をとる限り、事業所得課税の原則の適用により、恒久的施設を持たなければ役務提供地国では課税しないこととなる課税回避を防止するための規定です。

3　特別の文化交流計画により、かつ、公的資金等の実質的援助によるものは免税とされています。

4　フランスは、政府・非営利団体援助のものは免税とされています。

表5　租税条約上の不動産所得に係る取扱い一覧表

相手国名＼項目		取扱いの内容	条項
OECDモデル条約		不動産所在地国に第1次課税権を認める	6
我が国の条約例		モデル条約	—
1	アイスランド	同　上	6
2	アイルランド	同　上	7
3	アゼルバイジャン	同　上	10
4	アメリカ	同　上	6
5	アラブ首長国連邦	同　上	6
6	アルメニア	同　上	10
7	イギリス	同　上	6
8	イスラエル	同　上	6
9	イタリア	同　上	6
10	インド	同　上	6
11	インドネシア	同　上	6
12	ウクライナ	同　上	10
13	ウズベキスタン	同　上	10
14	エクアドル	同　上	6
15	エジプト	同　上	4
16	エストニア	同　上	6
17	オーストラリア	同　上	6
18	オーストリア	同　上	6
19	オマーン	同上（農業には魚の養殖を含む）（議）	6
20	オランダ	モデル条約	6
21	カザフスタン	同　上	6
22	カタール	同　上	6
23	カナダ	同　上	6
24	韓国	同　上	6
25	キルギス	同　上	10
26	クウェート	同　上	6
27	クロアチア	同　上	6
28	サウジアラビア	同　上	6
29	ザンビア	同　上	5
30	ジョージア	同　上	10
31	シンガポール	同　上	6
32	スイス	同　上	6
33	スウェーデン	同　上	6
34	スペイン	同　上	6
35	スリランカ	—	
36	スロバキア	モデル条約	6
37	スロベニア	モデル条約	6
38	タイ	同　上	6
39	台湾(※)	同　上	6
40	タジキスタン	同　上	10
41	チェコ	同　上	6
42	中華人民共和国	同　上	6
43	チリ	同　上	6
44	デンマーク	同　上	6
45	ドイツ	同　上	6
46	トルクメニスタン	同　上	10
47	トルコ	同　上	6
48	ニュージーランド	同　上	6
49	ノルウェー	同　上	6
50	パキスタン	同　上	6
51	ハンガリー	同　上	6
52	バングラデシュ	同　上	6
53	フィジー	同　上	16
54	フィリピン	同　上	6
55	フィンランド	同上（不動産所得には不動産会社の持分からの所得を含む）	6
56	ブラジル	モデル条約	8
57	フランス	同上（不動産利用権の賃貸等から生ずる所得を含む）	6
58	ブルガリア	モデル条約	6
59	ブルネイ	同　上	6
60	ベトナム	同　上	6
61	ベラルーシ	同　上	10
62	ベルギー	同　上	6
63	ポーランド	同　上	6
64	ポルトガル	同　上	6
65	香港	同　上	6
66	マレーシア	同　上	6
67	南アフリカ	同　上	6
68	メキシコ	同　上	6
69	モルドバ	同　上	10
70	ラトビア	同　上	6
71	リトアニア	同上（不動産利用権の賃貸等から生ずる所得を含む）	6
72	ルクセンブルク	モデル条約	6
73	ルーマニア	同　上	6
74	ロシア	同　上	6

表６　租税条約上の利子所得に係る取扱い一覧表

相手国名＼項目		限度税率	備考	条項
OECDモデル条約		10%	償還差益を含む	11
我が国の条約例		10%	日銀、国際協力銀行等受取利子免税、償還差益を含む	—
1	アイスランド	免税	利益連動型は10%	11
2	アイルランド	10%	モデル条約	12
3	アゼルバイジャン	10%	条約例、間接融資等免税	8
4	アメリカ	免税	利益連動型は10%、不動産担保債権等の利子のうち比較可能な債権の利子を超える部分は国内法どおり	11
5	アラブ首長国連邦	10%	条約例、間接融資等免税	11
6	アルメニア	10%	同上	8
7	イギリス	免税	利益連動型は10%	11
8	イスラエル	10%	条約例、間接融資等免税	11
9	イタリア	10%	モデル条約	11
10	インド	10%	条約例、間接融資等免税	11
11	インドネシア	10%	同上	11
12	ウクライナ	10%	同上	8
13	ウズベキスタン	10%	同上	8
14	エクアドル	10%	条約例、間接融資等免税、金融機関等の免税	11
15	エジプト	—	—	9
16	エストニア	10%	条約例、間接融資等免税	11
17	オーストラリア	10%	条約例、金融機関等の免税、バックトゥバック融資課税	11
18	オーストリア	免税	利益連動型は国内法どおり	11
19	オマーン	10%	条約例、間接融資等免税、日本の年金基金受取利子免税（議）	11
20	オランダ	10%	条約例、間接融資等免税、金融機関等の免税、年金基金免税、延払債権の利子免税	11
21	カザフスタン	10%	条約例、間接融資等免税	11
22	カタール	10%	条約例、間接融資等免税、金融機関等の免税、年金基金免税	11
23	カナダ	10%	条約例、間接融資等免税	11
24	韓国	10%	条約例	11
25	キルギス	10%	条約例、間接融資等免税	8
26	クウェート	10%	条約例、間接融資等免税、日本の年金基金受取利子免税（議）	11
27	クロアチア	５%	条約例、間接融資等免税	11
28	サウジアラビア	10%	条約例、間接融資等免税、日本の年金基金受取利子免税（議）	11
29	ザンビア	10%	条約例	10
30	ジョージア	10%	条約例、間接融資等免税	8
31	シンガポール	10%	同上	11
32	スイス	10%	条約例、間接融資等免税、金融機関の免税、年金基金免税、延払債権の利子免税	11
33	スウェーデン	免税	利益連動型は10%	11
34	スペイン	10%	償還差益は含まない	11
35	スリランカ	—	銀行が受け取る利子は免税	7

相手国名＼項目		限　度　税　率	備　　考	条項
36	スロバキア	10%	条約例、間接融資等免税	11
37	スロベニア	5%	同　上	11
38	タ　イ	国内法どおり（個人）、10%（金融機関等）、25%（その他法人）	条約例	11
39	台　湾(※)	10%	条約例、間接融資等免税	11
40	タジキスタン	10%	同　上	8
41	チェコ	10%	同　上	11
42	中華人民共和国	10%	同　上	11
43	チ　リ	10%（一般）、４％（銀行等の受取利子）	モデル条約、バックトゥバック融資課税	11
44	デンマーク	免税	利益連動型は10%	11
45	ドイツ	免税	利益連動型は国内法どおり（議）	11
46	トルクメニスタン	10%	条約例、間接融資等免税	8
47	トルコ	15%（一般）、10%（金融機関の受取利子）	条約例	11
48	ニュージーランド	10%	条約例、間接融資等免税、一定の金融機関等が受け取る利子は免税、バックトゥバック融資課税	11
49	ノルウェー	10%	条約例、間接融資等免税	11
50	パキスタン	10%	条約例	11
51	ハンガリー	10%	条約例、間接融資等及び延払利子免税	11
52	バングラデシュ	10%	条約例、間接融資等免税	11
53	フィジー	—	—	—
54	フィリピン	10%	条約例、間接融資等免税	11
55	フィンランド	10%	償還差益は含まない	11
56	ブラジル	12.5%	条約例、償還差益は含まない	10
57	フランス	10%	条約例、間接融資等免税、金融機関等の免税、延払債権の利子免税、年金基金免税（議）	11
58	ブルガリア	10%	条約例、間接融資等免税	11
59	ブルネイ	10%	同　上	11
60	ベトナム	10%	同　上	11
61	ベラルーシ	10%	同　上	8
62	ベルギー	10%	条約例、企業間受取免税、年金基金免税、間接融資等免税、利益連動型は10%	11
63	ポーランド	10%	条約例、間接融資等免税	11
64	ポルトガル	10%（一般）、５％（銀行）	条約例	11
65	香　港	10%	条約例、間接融資等免税	11
66	マレーシア	10%	条約例	11
67	南アフリカ	10%	条約例、間接融資等免税	11
68	メキシコ	15%（一般）、10%（金融機関の受取利子等）	条約例	11
69	モルドバ	10%	条約例、間接融資等免税	8
70	ラトビア	10%（個人）、免税（法人）	利益連動型は10%	11
71	リトアニア	10%（個人）、免税（法人）	利益連動型は10%	11
72	ルクセンブルク	10%	条約例、間接融資等免税	11
73	ルーマニア	10%	同　上	11
74	ロシア	免税	利益連動型は10%	11

表7　租税条約上の配当所得に係る取扱い一覧表

相手国名＼項目		限度税率		親子間要件		備考	条項
		一般	親子間	出資比率	所有期間		
OECDモデル条約		15%以下	5%以下	25%以上	365日	—	10
我が国の条約例		15%以下	5%以下	25%以上	6ヶ月	—	—
1	アイスランド	15%	5% 免税	10%以上 25%以上	6ヶ月 6ヶ月	年金基金：免税	10
2	アイルランド	日本：15%	日本：10%	25%以上	6ヶ月	アイルランド：付加税を免除	11
3	アゼルバイジャン	15%	—	—		—	7
4	アメリカ	10%	5% 特定のもの：免税	10%以上 50%以上	— 6ヶ月	・配当受益者が上場会社等一定の要件を満たしていることが追加的要件 ・年金基金：免税	10
5	アラブ首長国連邦	10%	5%	10%以上	6ヶ月	—	10
6	アルメニア	15%	—	—		—	7
7	イギリス	10%	免税	10%以上	6ヶ月	年金基金：免税	10
8	イスラエル	15%	5%	25%以上	6ヶ月	—	10
9	イタリア	15%	10%	25%以上	6ヶ月	—	10
10	インド	10%	—	—		—	10
11	インドネシア	15%	10%	25%以上	12ヶ月	—	10
12	ウクライナ	15%	—	—		—	7
13	ウズベキスタン	15%	—	—		—	7
14	エクアドル	5%	—	—		損金算入可能配当は10%	10
15	エジプト	日本：15%	—	—		—	8
16	エストニア	10%	免税	10%以上	6ヶ月	＊不動産化体株式に係る配当は不動産所在地国において課税（議）	10
17	オーストラリア	10%	5% 特定のもの：免税	10%以上 80%以上	— 12ヶ月	配当受益者が上場会社等一定の要件を満たしていることが追加的要件	10
18	オーストリア	10%	免税	10%以上	6ヶ月	年金基金：免税	10
19	オマーン	10%	5%	10%以上	6ヶ月	—	10
20	オランダ	10%	5% 免税	10%以上 50%以上	6ヶ月	 年金基金：免税	10
21	カザフスタン	15%	5%	10%以上	6ヶ月	—	10
22	カタール	10%	5%	10%以上	6ヶ月	カタール国政府全面所有機関が中間法人を通じて間接所有する日本国の法人の株式の配当は5%（議）	10
23	カナダ	15%	5%＊	25%以上	6ヶ月	＊カナダの居住者である非居住者所有投資法人からの配当は10%（議）	10
24	韓国	15%	5%	25%以上	6ヶ月	—	10
25	キルギス	15%	—	—		—	7
26	クウェート	10%	5%	10%以上	6ヶ月	—	10
27	クロアチア	5%	特定のもの：免税	25%以上	365日	配当受益者が上場会社等一定の要件を満たしていることが追加的要件	10
28	サウジアラビア	10%	5%	10%以上	183日	—	10
29	ザンビア	免税	免税	—		—	9
30	ジョージア	15%	—	—		—	7
31	シンガポール	日本：15%	日本：5%	25%以上	6ヶ月	シンガポール：非課税	10
32	スイス	10%	5% 免税	10%以上 50%以上	6ヶ月	— 年金基金：免税	10

相手国名＼項目		限度税率 一般	限度税率 親子間	親子間要件 出資比率	親子間要件 所有期間	備考	条項
33	スウェーデン	10%	免税	10%以上	6ヶ月	—	10
34	スペイン	15%	10%	25%以上	6ヶ月	—	10
35	スリランカ	日本：20%	—	—		スリランカ：６％課税	6
36	スロバキア	15%	10%	25%以上	6ヶ月	—	10
37	スロベニア	５％	—	—		—	10
38	タイ	—	15%＊ 20%	25%以上	6ヶ月	＊産業的事業を営む法人からの配当の場合	10
39	台湾(※)	10%	—	—		—	10
40	タジキスタン	15%	—	—		—	7
41	チェコ	15%	10%	25%以上	6ヶ月	—	10
42	中華人民共和国	10%	—	—		—	10
43	チリ	15%	５％	25%以上	6ヶ月	年金基金：免税	10
44	デンマーク	15%	免税	10%以上	6ヶ月	同上	10
45	ドイツ	15%	5%	10%以上	6ヶ月	—	10
			免税	25%以上	18ヶ月		
46	トルクメニスタン	15%	—	—		—	7
47	トルコ	15%	10%	25%以上	6ヶ月	—	10
48	ニュージーランド	15%	特定のもの：免税	10%以上	6ヶ月	配当の受益者が上場会社等一定の要件を満たしていることが追加的要件	10
49	ノルウェー	15%	５％	25%以上	6ヶ月	—	10
50	パキスタン	10%	7.5%	25%以上	6ヶ月	—	10
			５％	50%以上			
51	ハンガリー	10%	—	—		—	10
52	バングラデシュ	15%	10%	25%以上	6ヶ月	—	10
53	フィジー	—	—	—	—	—	—
54	フィリピン	15%	10%	10%以上	6ヶ月	—	10
55	フィンランド	15%	10%	25%以上	6ヶ月	—	10
56	ブラジル	12.5%	—	—		—	9
57	フランス	10%	免税	直接　15%以上 25%以上(間接所有含)	6ヶ月	—	10
			５％	10%以上(間接所有含)			
58	ブルガリア	15%	10%	25%以上	6ヶ月	—	10
59	ブルネイ	10%	５％	10%以上	6ヶ月	—	10
60	ベトナム	10%	—	—		—	10
61	ベラルーシ	15%	—	—		—	7
62	ベルギー	10%	免税	10%以上	6ヶ月	年金基金：免税	10
63	ポーランド	10%	—	—		—	10
64	ポルトガル	10%	５％	10%	12ヶ月	—	10
65	香港	10%	５％	10%以上	6ヶ月	—	10
66	マレーシア	日本：15%	日本：５％	25%以上	6ヶ月	マレーシア：非課税	10
67	南アフリカ	15%	５％	25%以上	6ヶ月	—	10
68	メキシコ	15%	特定のもの：免税 その他：５％	25%以上	6ヶ月	一定の条件の親子会社間配当は免税	10
69	モルドバ	15%	—	—		—	7
70	ラトビア	10%(個人) 免税(法人)	—	—		—	10
71	リトアニア	10%(個人) 免税(法人)	—	—		—	10
72	ルクセンブルク	15%	５％	25%以上	6ヶ月	—	10
73	ルーマニア	10%	—	—		—	10
74	ロシア	10%	５％	15%以上	365日	年金基金：免税 不動産化体株式に係る配当は15%	10

表8　租税条約上の使用料等又は技術的役務対価に係る取扱い一覧表

相手国名＼項目		限度税率	備考	条項
OECDモデル条約		免税	—	12
我が国の条約例		10%以下	工業所有権等の譲渡を含む	
1	アイスランド	免税		12
2	アイルランド	10%		13
3	アゼルバイジャン	免税：文化的使用料 10%：工業的使用料		9
4	アメリカ	免税	—	12
5	アラブ首長国連邦	10%	工業所有権等の譲渡を含み、機器の賃貸料は含まない	12
6	アルメニア	免税：文化的使用料 10%：工業的使用料	—	9
7	イギリス	免税	—	12
8	イスラエル	10%	条約例（裸用船料を含む）	12
9	イタリア	10%	—	12
10	インド	10%	技術上の役務に対する料金を含む	12
11	インドネシア	10%	—	12
12	ウクライナ	免税：文化的使用料 10%：工業的使用料	—	9
13	ウズベキスタン	同上	—	9
14	エクアドル	10%	—	12
15	エジプト	15%	映画フィルムは軽減なし	10
16	エストニア	5%	—	12
17	オーストラリア	5%	—	12
18	オーストリア	免税	—	12
19	オマーン	10%	—	12
20	オランダ	免税	—	12
21	カザフスタン	10%	制限税率は実質的に5%（議）	12
22	カタール	5%	—	12
23	カナダ	10%	—	12
24	韓国	10%	条約例（裸用船料を含む）	12
25	キルギス	免税：文化的使用料 10%：工業的使用料	—	9
26	クウェート	10%	—	12
27	クロアチア	5%	—	12
28	サウジアラビア	5%：産業上、商業上又は学術上の設備の使用　10%：その他	—	12
29	ザンビア	10%	—	11
30	ジョージア	免税：文化的使用料 10%：工業的使用料	—	9
31	シンガポール	10%	条約例（裸用船料を含む）	12
32	スイス	免税		12
33	スウェーデン	免税	—	12
34	スペイン	10%	条約例（真正譲渡を除く）（議）	12
35	スリランカ	半額課税	著作権、映画フィルムは免税	8
36	スロバキア	免税：文化的使用料 10%：工業的使用料	—	12

相手国名＼項目		限度税率	備考	条項
37	スロベニア	5％	—	12
38	タイ	15％	工業所有権等の譲渡を含み、機器の賃貸料は含まない	12
39	台湾(※)	10％	—	12
40	タジキスタン	免税：文化的使用料 10％：工業的使用料	—	9
41	チェコ	免税：文化的使用料 10％：工業的使用料	—	12
42	中華人民共和国	10％	—	12
43	チリ	2％：設備の使用等 10％：一般	—	12
44	デンマーク	免税	—	12
45	ドイツ	免税	—	12
46	トルクメニスタン	免税：文化的使用料 10％：工業的使用料	—	9
47	トルコ	10％	条約例（裸用船料を含む）	12
48	ニュージーランド	5％	—	12
49	ノルウェー	10％	工業所有権等の譲渡を含み、機器の賃貸料は含まない	12
50	パキスタン	10％	技術上の役務に対する料金を含む	12、13
51	ハンガリー	免税：文化的使用料 10％：工業的使用料	—	12
52	バングラデシュ	10％	条約例	12
53	フィジー	10％	同上	8
54	フィリピン	10％：一般　15％：映画フィルム	—	12
55	フィンランド	10％	条約例	12
56	ブラジル	12.5％：一般　25％：商標権 15％：映画フィルム	—	11
57	フランス	免税	—	12
58	ブルガリア	10％	条約例	12
59	ブルネイ	10％	—	12
60	ベトナム	10％	条約例	12
61	ベラルーシ	免税：文化的使用料 10％：工業的使用料	—	9
62	ベルギー	免税	—	12
63	ポーランド	免税：文化的使用料 10％：工業的使用料	—	12
64	ポルトガル	5％	—	12
65	香港	5％	—	12
66	マレーシア	10％	条約例（裸用船料を含む）	12
67	南アフリカ	10％	同上	12
68	メキシコ	10％	条約例（真正譲渡を除く）（議）	12
69	モルドバ	免税：文化的使用料 10％：工業的使用料	—	9
70	ラトビア	免税	—	12
71	リトアニア	免税	—	12
72	ルクセンブルク	10％	裸用船料を含む	12
73	ルーマニア	10％：文化的使用料 15％：工業的使用料	—	12
74	ロシア	免税	—	12

表９　租税条約上の映画フィルム使用料に係る取扱い一覧表

相手国名		限度税率	内容	条項
1	アイスランド	免税	免除を明示	12
2	アイルランド	10%	軽減を明示	13
3	アゼルバイジャン	免税	免除を明示	9
4	アメリカ	免税	同上	12
5	アラブ首長国連邦	10%	軽減を明示	12
6	アルメニア	免税	免除を明示	9
7	イギリス	免税	同上	12
8	イスラエル	10%	軽減を明示	12
9	イタリア	10%	同上	12
10	インド	10%	同上	12
11	インドネシア	10%	同上	12
12	ウクライナ	免税	免除を明示	9
13	ウズベキスタン	免税	同上	9
14	エクアドル	10%	軽減を明示	12
15	エジプト	20.42%	軽減しないことを明示	10
16	エストニア	５%	軽減を明示	12
17	オーストラリア	５%	同上	12
18	オーストリア	免税	免除を明示	12
19	オマーン	10%	軽減を明示	12
20	オランダ	免税	免除を明示	12
21	カザフスタン	５%	軽減を明示	12 議定書３
22	カタール	５%	同上	12
23	カナダ	10%	同上	12
24	韓国	10%	同上	12
25	キルギス	免税	免除を明示	9
26	クウェート	10%	軽減を明示	12
27	クロアチア	５%	同上	12
28	サウジアラビア	10%	同上	12
29	ザンビア	10%	同上	11
30	ジョージア	免税	免除を明示	9
31	シンガポール	10%	軽減を明示	12
32	スイス	免税	免除を明示	12
33	スウェーデン	免税	同上	12
34	スペイン	10%	軽減を明示	12
35	スリランカ	免税	免除を明示	8
36	スロバキア	免税	同上	12
37	スロベニア	５%	軽減を明示	12

相手国名＼項目		限度税率	内容	条項
38	タイ	15％	軽減を明示	12
39	台湾(※)	10％	同上	12
40	タジキスタン	免税	免除を明示	9
41	チェコ	免税	同上	12
42	中華人民共和国	10％	軽減を明示	12
43	チリ	10％	同上	12
44	デンマーク	免税	免除を明示	12
45	ドイツ	免税	同上	12
46	トルクメニスタン	免税	同上	9
47	トルコ	10％	軽減を明示	12
48	ニュージーランド	５％	―	12
49	ノルウェー	10％	軽減を明示	12
50	パキスタン	10％	同上	12
51	ハンガリー	免税	免除を明示	12
52	バングラデシュ	10％	軽減を明示	12
53	フィジー	10％	同上	8
54	フィリピン	15％	同上	12
55	フィンランド	10％	同上	12
56	ブラジル	15％	同上	11
57	フランス	免税	免除を明示	12
58	ブルガリア	10％	軽減を明示	12
59	ブルネイ	10％	同上	12
60	ベトナム	10％	同上	12
61	ベラルーシ	免税	免除を明示	9
62	ベルギー	免税	同上	12
63	ポーランド	免税	同上	12
64	ポルトガル	５％	軽減を明示	12
65	香港	５％	同上	12
66	マレーシア	10％	同上	12
67	南アフリカ	10％	同上	12
68	メキシコ	10％	同上	12
69	モルドバ	免税	免除を明示	9
70	ラトビア	免税	同上	12
71	リトアニア	免税	同上	12
72	ルクセンブルク	10％	軽減を明示	12
73	ルーマニア	10％	同上	12
74	ロシア	免税	免除を明示	12

(注)　映画フィルム使用料の課税関係については、各国との租税条約上その規定が異なりますので、注意をする必要があります。

表10　租税条約上の給与等に係る取扱い一覧表

相手国名＼項目		給与所得（短期滞在者の免除）			自由職業所得	役員報酬
		免税要件				
ＯＥＣＤモデル条約		183日以内の滞在であること	報酬の支払者は非居住者であること	PEは報酬を負担しないこと	－	法人所在地国でも課税
我が国の条約例		モデル条約	モデル条約	モデル条約	固定的施設を有する場合にその固定的施設に帰属する所得についてのみ課税	モデル条約
1	アイスランド	同上	同上	同上	—	同上
2	アイルランド	同上	同上	同上	条約例	同上
3	アゼルバイジャン	同上	同上	同上	人的役務に対する報酬として給与所得と同一の条項で規定	同上
4	アメリカ	同上	同上	同上	—	同上
5	アラブ首長国連邦	同上	同上	同上	—	同上
6	アルメニア	同上	同上	同上	人的役務に対する報酬として給与所得と同一の条項で規定	同上
7	イギリス	同上	同上	同上	—	同上
8	イスラエル	同上	同上	同上	条約例	同上
9	イタリア	同上	同上	同上	同上	同上
10	インド	同上	同上	同上	条約例又は183日超の滞在の場合に課税	同上
11	インドネシア	同上	同上	同上	同上	同上
12	ウクライナ	同上	同上	同上	人的役務に対する報酬として給与所得と同一の条項で規定	同上
13	ウズベキスタン	同上	同上	同上	同上	同上
14	エクアドル	同上	同上	同上	条約例又は183日以上の滞在の場合に課税	同上
15	エジプト	同上	同上	同上	条約例又は183日超の滞在の場合に課税	同上
16	エストニア	同上	同上	同上	—	同上
17	オーストラリア	同上	同上	同上	—	同上
18	オーストリア	同上	同上	同上	—	同上
19	オマーン	同上	同上	同上	条約例	同上
20	オランダ	同上	同上	同上	—	同上
21	カザフスタン	同上	同上	同上	—	同上
22	カタール	同上	同上	同上	条約例又は183日以上の滞在の場合に課税	同上
23	カナダ	同上	同上	同上	条約例	同上
24	韓国	同上	同上	同上	条約例又は183日以上の滞在の場合に課税	同上
25	キルギス	同上	同上	同上	人的役務に対する報酬として給与所得と同一の条項で規定	同上
26	クウェート	同上	同上	同上	—	同上
27	クロアチア	同上	同上	同上	—	同上

	項目 相手国名	給与所得（短期滞在者の免除）			自由職業所得	役員報酬
		免税要件				
28	サウジアラビア	モデル条約	モデル条約	モデル条約	条約例又は183日以上の滞在の場合に課税	モデル条約
29	ザンビア	同　上	同　上	同　上	条約例	同　上
30	ジョージア	同　上	同　上	同　上	人的役務に対する報酬として給与所得と同一の条項で規定	同　上
31	シンガポール	同　上	同　上	同　上	条約例又は183日超の滞在の場合に課税	同　上
32	スイス	同　上	同　上	同　上	条約例	同　上
33	スウェーデン	同　上	同　上	同　上	—	同　上
34	スペイン	同　上	同　上	同　上	条約例	同　上
35	スリランカ	同　上	居住地国の居住者のための役務提供であること	報酬が居住地国で課税されること	人的役務に対する報酬として給与所得と同一の条項で規定	役務提供地国で課税（短期滞在免税の適用あり）
36	スロバキア	同　上	モデル条約	モデル条約	条約例	モデル条約
37	スロベニア	同　上	同　上	同　上	—	同　上
38	タイ	180日以内の滞在であること	同　上	報酬が滞在地国にある企業により負担されないこと	人的役務に対する報酬として給与所得と同一の条項で規定	同　上
39	台湾（※）	モデル条約	同　上	モデル条約	条約例又は183日以上の滞在の場合に課税	同　上
40	タジキスタン	同　上	同　上	同　上	人的役務に対する報酬として給与所得と同一の条項で規定	同　上
41	チェコ	同　上	同　上	同　上	条約例	同　上
42	中華人民共和国	同　上	同　上	同　上	条約例又は183日超の滞在の場合に課税	同　上
43	チリ	同　上	同　上	同　上	条約例又は183日以上の滞在の場合に課税	同　上
44	デンマーク	同　上	同　上	同　上	—	同　上
45	ドイツ	同　上	同　上	同　上	—	同　上
46	トルクメニスタン	同　上	同　上	同　上	人的役務に対する報酬として給与所得と同一の条項で規定	同　上
47	トルコ	同　上	同　上	同　上	条約例又は183日超の滞在の場合に課税	同　上
48	ニュージーランド	同　上	同　上	同　上	—	同　上
49	ノルウェー	同　上	同　上	同　上	条約例又は183日超の滞在の場合に課税	同　上
50	パキスタン	同　上	同　上	同　上	条約例又は183日以上の滞在の場合に課税	同　上
51	ハンガリー	同　上	同　上	同　上	条約例	同　上
52	バングラデシュ	同　上	同　上	同　上	条約例又は183日超の滞在の場合に課税	同　上

相手国名＼項目		給与所得（短期滞在者の免除）			自由職業所得	役員報酬
		免税要件				
53	フィジー	モデル条約	モデル条約	モデル条約	条約例	役務提供地国課税（短期滞在者免除の適用あり）
54	フィリピン	同　上	同　上	同　上	条約例又は120日超の滞在の場合に課税	モデル条約
55	フィンランド	同　上	同　上	同　上	条約例	同　上
56	ブラジル	同　上	同　上	同　上	同　上	同　上
57	フランス	同　上	同　上	同　上	―	同　上
58	ブルガリア	同　上	同　上	同　上	条約例	同　上
59	ブルネイ	同　上	同　上	同　上	―	同　上
60	ベトナム	同　上	同　上	同　上	条約例又は183日以上の滞在の場合に課税	同　上
61	ベラルーシ	同　上	同　上	同　上	人的役務に対する報酬として給与所得と同一の条項で規定	同　上
62	ベルギー	同　上	同　上	同　上	―	同　上
63	ポーランド	同　上	同　上	同　上	条約例	同　上
64	ポルトガル	同　上	同　上	同　上	―	同　上
65	香港	同　上	同　上	同　上	―	同　上
66	マレーシア	同　上	同　上	同　上	条約例又は183日以上の滞在の場合に課税	同　上
67	南アフリカ	同　上	同　上	同　上	同　上	同　上
68	メキシコ	同　上	同　上	同　上	条約例又は183日超の滞在の場合に課税	同　上
69	モルドバ	同　上	同　上	同　上	人的役務に対する報酬として給与所得と同一の条項で規定	同　上
70	ラトビア	同　上	同　上	同　上	―	同　上
71	リトアニア	同　上	同　上	同　上	条約例	同　上
72	ルクセンブルク	同　上	同　上	同　上	同　上	同　上
73	ルーマニア	同　上	同　上	同　上	条約例又は183日超の滞在の場合に課税	同　上
74	ロシア	同　上	同　上	同　上	―	同　上

（注）　自由職業所得が給与所得と同一条項に規定されている場合は、短期滞在者免税の適用があります。

表11　租税条約上の学生、事業修習者等に係る取扱い一覧表

項目 / 相手国名		学生・事業修習者等				
		学　生	役務対価	事業修習者	事業習得者	政府ベース
ＯＥＣＤモデル		生計、教育又は訓練のための海外からの送金分は免税	—	生計、教育又は訓練のための海外からの送金分は免税	—	—
我が国の条約例		モデル条約	—	モデル条約	—	—
1	アイスランド	同　上	—	同上（訓練開始から１年以内）	—	—
2	アイルランド	同　上	年間60万円まで免税	モデル条約	—	—
3	アゼルバイジャン	同　上	—	同　上	—	—
4	アメリカ	同　上	—	同上（訓練開始から１年以内）	—	—
5	アラブ首長国連邦	同　上	—	同上（訓練開始から２年以内）	—	—
6	アルメニア	同　上	—	モデル条約	—	—
7	イギリス	同　上	—	同上（訓練開始から１年以内）	—	—
8	イスラエル	同　上	—	モデル条約	—	—
9	イタリア	同　上	—	同　上	—	—
10	インド	同　上	—	同　上	—	—
11	インドネシア	同　上	年間60万円まで免税	同　上	滞在期間１年以内、180万円まで免税	滞在期間１年以内免税
12	ウクライナ	同　上	—	同　上	—	—
13	ウズベキスタン	同　上	—	同　上	—	—
14	エクアドル	同　上	—	モデル条約（訓練開始から１年以内）	—	—
15	エジプト	同　上	一部免税	モデル条約、一部免税	—	—
16	エストニア	同　上	—	モデル条約（訓練開始から１年以内）	—	—
17	オーストラリア	同　上	—	同　上	—	—
18	オーストリア	同　上	—	同　上	—	—
19	オマーン	同　上	—	モデル条約	—	—
20	オランダ	同　上	—	同上（訓練開始から１年以内）	—	—
21	カザフスタン	同　上	—	モデル条約	—	—
22	カタール	同　上	—	同上（訓練開始から３年以内）	—	—
23	カナダ	同　上	—	モデル条約	—	—
24	韓国	同　上	滞在期間５年以内、年間20,000米ドルまで免税（事業修習者は滞在期間１年以内、年間10,000米ドル）	同　上	—	—
25	ガーンジー	同　上	—	同上（訓練開始から１年以内）	—	—
26	キルギス	同　上	—	モデル条約	—	—
27	クウェート	同　上	—	同上（訓練開始から１年以内）	—	—
28	クロアチア	同　上	—	同　上	—	—

	項目 相手国名	学生・事業修習者等				
		学　　生	役務対価	事業修習者	事業習得者	政府ベース
29	ケイマン	モデル条約	—	モデル条約（訓練開始から１年以内）	—	—
30	サウジアラビア	同　上	—	モデル条約（訓練開始から２年以内）（議）	—	—
31	ザンビア	同　上	滞在期間３年以内、年間1,000米ドルまで免税	モデル条約	—	—
32	ジャージー	同　上	—	同上（訓練開始から１年以内）	—	—
33	ジョージア	同　上	—	モデル条約	—	—
34	シンガポール	同　上	—	同　上	—	—
35	スイス	同　上	—	同　上	—	—
36	スウェーデン	同　上	—	同　上	—	—
37	スペイン	同　上	—	同　上	—	—
38	スリランカ	同　上	年間36万円まで免税	同　上	滞在期間１年以内、100万円まで免税	免　税
39	スロバキア	同　上	年間60万円まで免税	同　上	—	—
40	スロベニア	同　上	—	同上（訓練開始から１年以内）	—	—
41	タイ	生計、教育、訓練のために受ける海外送金、交付金等は免税 生計及び教育に必要な役務所得は５年を超えない期間につき免税				
42	台湾（※）	モデル条約	—	モデル条約（訓練開始から２年以内）	—	—
43	タジキスタン	同　上	—	モデル条約	—	—
44	チェコ	同　上	年間60万円まで免税	同　上	—	—
45	中華人民共和国	生計、教育、訓練のため受ける給付、所得は免税				—
46	チリ	モデル条約	—	モデル条約（訓練開始から１年以内）	—	—
47	デンマーク	同　上	—	同　上	—	—
48	ドイツ	同　上	—	同　上	—	—
49	トルクメニスタン	同　上	—	モデル条約	—	—
50	トルコ	同　上	年間183日以内の勤務による報酬は免税	同　上	—	—
51	ニュージーランド	同　上	—	同上（訓練開始から１年以内）	—	—
52	ノルウェー	同　上	—	モデル条約	—	—
53	パキスタン	生計、教育、訓練のために受ける海外送金、交付金等は免税	滞在期間１年（学生は３年以内）、年間150万円まで免税	同上（訓練開始から１年以内）	—	—
54	バハマ	モデル条約	—	同　上	—	—
55	バミューダ	同　上	—	モデル条約（訓練開始から２年以内）	—	—
56	ハンガリー	生計、教育、訓練のために受ける海外送金、交付金等は免税	年間60万円まで免税	生計、教育、訓練のために受ける海外送金、交付金等は免税	—	—
57	バングラデシュ	生計、教育、訓練のために受ける海外送金、交付金等は免税				

相手国名＼項目		学生・事業修習者等				
		学　生	役務対価	事業修習者	事業習得者	政府ベース
58	フィジー	生計、教育、訓練のために受ける海外送金、交付金等は免税	—	生計、教育、訓練のために受ける海外送金、交付金等は免税	滞在期間１年以内、本国送金分免税	—
59	フィリピン	モデル条約	滞在期間５年以内、年間1,500米ドルまで免税	モデル条約	滞在期間１年以内、4,000米ドルまで免税	滞在期間１年以内、4,000米ドルまで免税
60	フィンランド	同　上	年間2,000米ドルまで免税	同　上	—	—
61	ブラジル	同　上	滞在期間３年以内、年間1,000米ドルまで免税	同　上	—	—
62	フランス	同　上	奨励金等につき滞在期間２年以内は免税	同　上	滞在期間１年以内、本国から送金分免税	—
63	ブルガリア	同　上	滞在期間５年以内は免税	同　上	—	—
64	ブルネイ	同　上	—	同上（訓練開始から３年以内）	—	—
65	ベトナム	同　上	—	モデル条約	—	—
66	ベラルーシ	同　上	—	同　上	—	—
67	ベルギー	同　上	—	同上（訓練開始から１年以内）	—	—
68	ポーランド	同　上	滞在期間５年以内、年間60万円まで免税	モデル条約	—	—
69	ポルトガル	同　上	—	同上（訓練開始から１年以内）	—	—
70	香港	同　上	—	—	—	—
71	マレーシア	同　上	—	モデル条約	—	—
72	南アフリカ	同　上	—	同　上	—	—
73	メキシコ	同　上	—	同　上	—	—
74	モルドバ	同　上	—	同　上	—	—
75	ラトビア	同　上	—	同上（訓練開始から１年以内）	—	—
76	リトアニア	同　上	—	同　上	—	—
77	ルクセンブルク	同　上	—	モデル条約	—	—
78	ルーマニア	同　上	年間60万円まで免税	同　上	—	—
79	ロシア	同　上	—	同上（訓練開始から１年以内）	—	—

表12　租税条約上の教授等に係る取扱い一覧表

相手国名＼項目		教授	政府職員	退職年金
ＯＥＣＤモデル条約		—	接受国の国民等は接受国のみで、他は派遣国でのみ課税	居住地国のみ課税
我が国の条約例		目的：教育又は研究 期間：２年 免税：教育・研究の報酬	モデル条約	モデル条約
1	アイスランド	—	同　上	源泉地国課税
2	アイルランド	条約例	同　上	モデル条約（保険年金を含む）
3	アゼルバイジャン	同　上	派遣国の国民は免税	モデル条約
4	アメリカ	—	モデル条約	モデル条約（保険年金を含む）
5	アラブ首長国連邦	—	同　上	モデル条約
6	アルメニア	条約例	派遣国の国民は免税	同　上
7	イギリス	—	モデル条約	同　上
8	イスラエル	派遣国で課税される場合には源泉地国で免税	同　上	同　上
9	イタリア	条約例	派遣国の国民は免税	同　上
10	インド	同　上	モデル条約	同　上
11	インドネシア	同　上	同　上	同　上
12	ウクライナ	同　上	派遣国の国民は免税	同　上
13	ウズベキスタン	同　上	同　上	同　上
14	エクアドル	—	モデル条約	同　上
15	エジプト	条約例	派遣国の国民は免税	同　上
16	エストニア	—	モデル条約	同　上
17	オーストラリア	—	同　上	モデル条約（保険年金を含む）
18	オーストリア	—	同　上	モデル条約
19	オマーン	—	同　上	同　上
20	オランダ	—	同　上	居住地国のみで課税する（居住地国で適正に課税される場合のみ。保険年金を含む）
21	カザフスタン	—	同　上	モデル条約
22	カタール	—	同　上	モデル条約（保険年金を含む）
23	カナダ	—	同　上	—
24	韓国	派遣国で課税される場合には、源泉地国で免税	同　上	モデル条約
25	ガーンジー	—	役務提供をするために接受国の居住者となった者でない者を除き派遣国でのみ課税	—
26	キルギス	条約例	派遣国の国民は免税	モデル条約
27	クウェート	—	モデル条約	同　上
28	クロアチア	—	同　上	同　上
29	ケイマン	—	役務提供をするために接受国の居住者となった者でない者を除き派遣国でのみ課税	同　上
30	サウジアラビア	条約例（期間制限なし）	モデル条約	同　上

相手国名＼項目		教　　　授	政　府　職　員	退　職　年　金
31	ザンビア	条約例	派遣国の国民は派遣国のみ免税	モデル条約
32	ジャージー	—	役務提供をするために接受国の居住者となった者でない者を除き派遣国でのみ課税	同　上
33	ジョージア	条約例	派遣国の国民は免税	同　上
34	シンガポール	—	モデル条約	モデル条約（保険年金を含む）
35	スイス	—	派遣国の国民は免税	モデル条約
36	スウェーデン	—	モデル条約	—
37	スペイン	条約例	派遣国の国民は免税	モデル条約
38	スリランカ	同　上	モデル条約	同　上
39	スロバキア	同　上	同　上	モデル条約（保険年金を含む）
40	スロベニア	—	同　上	モデル条約
41	タイ	条約例	同　上	—
42	台湾（※）	—	同　上	源泉地国課税
43	タジキスタン	条約例	派遣国の国民は免税	モデル条約
44	チェコ	同　上	モデル条約	モデル条約（保険年金を含む）
45	中華人民共和国	条約例（期間3年）	同　上	モデル条約
46	チリ	—	同　上	同　上
47	デンマーク	—	同　上	源泉地国課税
48	ドイツ	—	同　上	同　上
49	トルクメニスタン	条約例	派遣国の国民は免税	モデル条約
50	トルコ	—	モデル条約	モデル条約（保険年金を含む）
51	ニュージーランド	—	同　上	モデル条約
52	ノルウェー	—	同　上	同　上
53	パキスタン	—	同　上	同　上
54	バハマ	—	同　上	同　上
55	バミューダ	—	同　上	同　上
56	ハンガリー	条約例	同　上	モデル条約（保険年金を含む）
57	バングラデシュ	同　上	同　上	モデル条約
58	フィジー	条約例（教育に限定）	派遣国の国民は免税	居住地国で課税される場合には、源泉地国で免税
59	フィリピン	条約例	モデル条約	モデル条約（保険年金を含む）
60	フィンランド	同　上	派遣国の国民は免税（政府所有法人の職員も免税）	モデル条約
61	ブラジル	同　上	派遣国の国民は免税	モデル条約（保険年金を含む）
62	フランス	派遣国で課税される場合には、源泉地国で免税（期間2年）	モデル条約	モデル条約
63	ブルガリア	同　上	同　上	同　上
64	ブルネイ	—	同　上	同　上
65	ベトナム	—	同　上	同　上
66	ベラルーシ	条約例	派遣国の国民は免税	同　上

相手国名＼項目		教授	政府職員	退職年金
67	ベルギー	—	モデル条約	源泉地国課税
68	ポーランド	条約例	同上	モデル条約（保険年金を含む）
69	ポルトガル	—	同上	モデル条約
70	香港	—	役務の提供をするために接受国の居住者となった者でない者を除き派遣国でのみ課税	同上
71	マレーシア	—	モデル条約	同上
72	南アフリカ	—	同上	—
73	メキシコ	—	同上	モデル条約
74	モルドバ	条約例	派遣国の国民は免税	同上
75	ラトビア	—	モデル条約	同上
76	リトアニア	—	同上	同上
77	ルクセンブルク	派遣国で課税される場合には、源泉地国で免税	同上	モデル条約（特定の公的年金を含む）
78	ルーマニア	条約例	同上	モデル条約（保険年金を含む）
79	ロシア	—	同上	源泉地国課税

表13　租税条約上の保険年金等に係る取扱い一覧表

相手国名＼項目		保険年金等	条項
OECDモデル条約		居住地国課税	21
我が国の条約例		モデル条約	—
1	アイスランド	同　上	21
2	アイルランド	同　上	19
3	アゼルバイジャン	同　上	19
4	アメリカ	同　上	17
5	アラブ首長国連邦	同　上	21
6	アルメニア	同　上	19
7	イギリス	同　上	21
8	イスラエル	源泉地国でも課税	22
9	イタリア	モデル条約	22
10	インド	源泉地国でも課税	22
11	インドネシア	モデル条約	22
12	ウクライナ	同　上	19
13	ウズベキスタン	同　上	19
14	エクアドル	同　上	21
15	エジプト	—	—
16	エストニア	モデル条約	21
17	オーストラリア	同　上	17
18	オーストリア	同　上	21
19	オマーン	同　上	21
20	オランダ	同　上	17
21	カザフスタン	同　上	21
22	カタール	同　上	18
23	カナダ	源泉地国でも課税	20
24	韓国	モデル条約	22
25	キルギス	同　上	19
26	クウェート	源泉地国でも課税	21
27	クロアチア	モデル条約	21
28	サウジアラビア	源泉地国でも課税	22
29	ザンビア	モデル条約	21
30	ジョージア	同　上	19
31	シンガポール	同　上	18
32	スイス	同　上	22
33	スウェーデン	源泉地国でも課税	21
34	スペイン	モデル条約	22
35	スリランカ	—	—
36	スロバキア	モデル条約	18
37	スロベニア	モデル条約	20
38	タイ	源泉地国でも課税	20
39	台湾(※)	同　上	21
40	タジキスタン	モデル条約	19
41	チェコ	同　上	18
42	中華人民共和国	源泉地国でも課税	22
43	チリ	同　上	21
44	デンマーク	モデル条約	20
45	ドイツ	同　上	20
46	トルクメニスタン	同　上	19
47	トルコ	同　上	18
48	ニュージーランド	源泉地国でも課税	21
49	ノルウェー	同　上	22
50	パキスタン	同　上	22
51	ハンガリー	モデル条約	18
52	バングラデシュ	源泉地国でも課税	22
53	フィジー	—	—
54	フィリピン	モデル条約	18
55	フィンランド	同　上	22
56	ブラジル	同　上	20
57	フランス	同　上	22
58	ブルガリア	源泉地国でも課税	22
59	ブルネイ	モデル条約	21
60	ベトナム	同　上	21
61	ベラルーシ	同　上	19
62	ベルギー	同　上	21
63	ポーランド	同　上	18
64	ポルトガル	同　上	20
65	香港	同　上	21
66	マレーシア	源泉地国でも課税	21
67	南アフリカ	同　上	20
68	メキシコ	同　上	21
69	モルドバ	モデル条約	19
70	ラトビア	同　上	21
71	リトアニア	同　上	22
72	ルクセンブルク	源泉地国でも課税	22
73	ルーマニア	モデル条約	18
74	ロシア	源泉地国でも課税	20

(注)　保険年金等として規定している条約もありますが、規定がない場合には、上記の条文の規定により取り扱われることになります。

表14　租税条約上の広告宣伝のための賞金（明示なき所得）に係る取扱い一覧表

相手国名＼項目	その他所得（明示なき所得）	条項
OECDモデル条約	居住地国課税	21
我が国の条約例	モデル条約	—
1　アイスランド	同　上	21
2　アイルランド	同　上	23
3　アゼルバイジャン	同　上	19
4　アメリカ	同　上	21
5　アラブ首長国連邦	同　上	21
6　アルメニア	同　上	19
7　イギリス	モデル条約（信託から支払われる所得を除く）	21
8　イスラエル	源泉地国課税	22
9　イタリア	モデル条約	22
10　インド	源泉地国課税	22
11　インドネシア	モデル条約	22
12　ウクライナ	同　上	19
13　ウズベキスタン	同　上	19
14　エクアドル	同　上	21
15　エジプト	—	—
16　エストニア	モデル条約	21
17　オーストラリア	源泉地国課税	21
18　オーストリア	モデル条約	21
19　オマーン	同　上	21
20　オランダ	同　上	20
21　カザフスタン	同　上	21
22　カタール	同　上	21
23　カナダ	源泉地国課税	20
24　韓国	モデル条約	22
25　キルギス	同　上	19
26　クウェート	源泉地国課税	21
27　クロアチア	モデル条約	21
28　サウジアラビア	源泉地国課税	22
29　ザンビア	モデル条約	21
30　ジョージア	同　上	19
31　シンガポール	源泉地国課税	21
32　スイス	モデル条約	22
33　スウェーデン	源泉地国課税	21
34　スペイン	モデル条約	22
35　スリランカ	—	—
36　スロバキア	モデル条約	22
37　スロベニア	モデル条約	20
38　タイ	源泉地国課税	20
39　台湾(※)	同　上	21
40　タジキスタン	モデル条約	19
41　チェコ	同　上	22
42　中華人民共和国	源泉地国課税	22
43　チリ	同　上	21
44　デンマーク	モデル条約	20
45　ドイツ	同　上	20
46　トルクメニスタン	同　上	19
47　トルコ	源泉地国課税	21
48　ニュージーランド	同　上	21
49　ノルウェー	同　上	22
50　パキスタン	同　上	22
51　ハンガリー	モデル条約	22
52　バングラデシュ	源泉地国課税	22
53　フィジー	—	—
54　フィリピン	モデル条約	22
55　フィンランド	同　上	22
56　ブラジル	源泉地国課税	21
57　フランス	モデル条約	22
58　ブルガリア	源泉地国課税	22
59　ブルネイ	モデル条約	21
60　ベトナム	同　上	21
61　ベラルーシ	同　上	19
62　ベルギー	同　上	21
63　ポーランド	同　上	22
64　ポルトガル	同　上	20
65　香港	同　上	21
66　マレーシア	源泉地国課税	21
67　南アフリカ	同　上	20
68　メキシコ	同　上	21
69　モルドバ	モデル条約	19
70　ラトビア	同　上	21
71　リトアニア	同　上	22
72　ルクセンブルク	源泉地国課税	22
73　ルーマニア	—	—
74　ロシア	源泉地国課税	20

(注)　事業の広告宣伝のための賞金等については、具体的に規定している条約がありませんので、実務上は、上記の条文規定により取り扱われることになります。

表15　租税条約上の定期積金の給付補塡金等（明示なき所得）に係る取扱い一覧表

相手国名＼項目	給付補塡金（明示なき所得）	条項
OECDモデル条約	居住地国課税	21
我が国の条約例	モデル条約	—
1 アイスランド	同　上	21
2 アイルランド	同　上	23
3 アゼルバイジャン	同　上	19
4 アメリカ	同　上	21
5 アラブ首長国連邦	同　上	21
6 アルメニア	同　上	19
7 イギリス	モデル条約（信託から支払われる所得を除く）	21
8 イスラエル	源泉地国課税	22
9 イタリア	モデル条約	22
10 インド	源泉地国課税	22
11 インドネシア	モデル条約	22
12 ウクライナ	同　上	19
13 ウズベキスタン	同　上	19
14 エクアドル	同　上	21
15 エジプト	—	—
16 エストニア	モデル条約	21
17 オーストラリア	源泉地国課税	21
18 オーストリア	モデル条約	21
19 オマーン	同　上	21
20 オランダ	同　上	20
21 カザフスタン	同　上	21
22 カタール	同　上	21
23 カナダ	源泉地国課税	20
24 韓国	モデル条約	22
25 キルギス	同　上	19
26 クウェート	源泉地国課税	21
27 クロアチア	モデル条約	21
28 サウジアラビア	源泉地国課税	22
29 ザンビア	モデル条約	21
30 ジョージア	同　上	19
31 シンガポール	源泉地国課税	21
32 スイス	モデル条約	22
33 スウェーデン	源泉地国課税	21
34 スペイン	モデル条約	22
35 スリランカ	—	—
36 スロバキア	モデル条約	22
37 スロベニア	モデル条約	20
38 タイ	源泉地国課税	20
39 台湾（※）	利子所得と同じ取扱い	11
40 タジキスタン	モデル条約	19
41 チェコ	同　上	22
42 中華人民共和国	源泉地国課税	22
43 チリ	同　上	21
44 デンマーク	モデル条約	20
45 ドイツ	同　上	20
46 トルクメニスタン	同　上	19
47 トルコ	源泉地国課税	21
48 ニュージーランド	同　上	21
49 ノルウェー	同　上	22
50 パキスタン	同　上	22
51 ハンガリー	モデル条約	22
52 バングラデシュ	源泉地国課税	22
53 フィジー	—	—
54 フィリピン	モデル条約	22
55 フィンランド	同　上	22
56 ブラジル	源泉地国課税	21
57 フランス	モデル条約	22
58 ブルガリア	源泉地国課税	22
59 ブルネイ	モデル条約	21
60 ベトナム	同　上	21
61 ベラルーシ	同　上	19
62 ベルギー	同　上	21
63 ポーランド	同　上	22
64 ポルトガル	同　上	20
65 香港	同　上	21
66 マレーシア	源泉地国課税	21
67 南アフリカ	同　上	20
68 メキシコ	同　上	21
69 モルドバ	モデル条約	19
70 ラトビア	同　上	21
71 リトアニア	同　上	22
72 ルクセンブルク	源泉地国課税	22
73 ルーマニア	—	—
74 ロシア	源泉地国課税	20

(注)　定期積金の給付補塡金等については、具体的に規定している条約がありませんので、実務上は、上記の条文規定により取り扱われることになります。

表16　租税条約上の匿名組合契約等に基づく所得に係る取扱い一覧表

相手国名＼項目		匿名組合契約等	条項	相手国名＼項目		匿名組合契約等	条項
OECDモデル条約		居住地国課税	21	37	スロベニア	源泉地国の法令による	議定書9
我が国の条約例		モデル条約	―	38	タイ	源泉地国課税	20
1	アイスランド	源泉地国の法令による	20	39	台湾(※)	同上	21
2	アイルランド	モデル条約	23	40	タジキスタン	モデル条約	19
3	アゼルバイジャン	同上	19	41	チェコ	同上	22
4	アメリカ	源泉地国課税	議定書13	42	中華人民共和国	源泉地国課税	22
5	アラブ首長国連邦	同上	20	43	チリ	同上	21
6	アルメニア	モデル条約	19	44	デンマーク	源泉地国の法令による	議定書2
7	イギリス	源泉地国の法令による	20	45	ドイツ	同上	議定書4
8	イスラエル	源泉地国課税	22	46	トルクメニスタン	モデル条約	19
9	イタリア	モデル条約	22	47	トルコ	源泉地国課税	21
10	インド	源泉地国課税	22	48	ニュージーランド	源泉地国の法令による	20
11	インドネシア	モデル条約	22	49	ノルウェー	源泉地国課税	22
12	ウクライナ	同上	19	50	パキスタン	源泉地国の法令による	議定書4
13	ウズベキスタン	同上	19	51	ハンガリー	モデル条約	22
14	エクアドル	源泉地国の法令による	議定書4	52	バングラデシュ	源泉地国課税	22
15	エジプト	―	―	53	フィジー	―	―
16	エストニア	源泉地国の法令による	20	54	フィリピン	モデル条約	22
17	オーストラリア	同上	20	55	フィンランド	同上	22
18	オーストリア	同上	20	56	ブラジル	源泉地国課税	21
19	オマーン	モデル条約	21	57	フランス	源泉地国の法令による	20A
20	オランダ	源泉地国の法令による	議定書9	58	ブルガリア	源泉地国課税	22
21	カザフスタン	同上	20	59	ブルネイ	源泉地国の法令による	20
22	カタール	源泉地国の法令による	議定書8	60	ベトナム	モデル条約	21
23	カナダ	源泉地国課税	20	61	ベラルーシ	同上	19
24	韓国	モデル条約	22	62	ベルギー	源泉地国の法令による	20
25	キルギス	同上	19	63	ポーランド	モデル条約	22
26	クウェート	源泉地国の法令による	20	64	ポルトガル	源泉地国の法令による	議定書5
27	クロアチア	同上	20	65	香港	同上	20
28	サウジアラビア	源泉地国課税	22	66	マレーシア	源泉地国課税	21
29	ザンビア	モデル条約	21	67	南アフリカ	同上	20
30	ジョージア	同上	19	68	メキシコ	同上	21
31	シンガポール	源泉地国課税	21	69	モルドバ	モデル条約	19
32	スイス	源泉地国の法令による	21A	70	ラトビア	源泉地国の法令による	20
33	スウェーデン	源泉地国課税	21	71	リトアニア	同上	21
34	スペイン	モデル条約	22	72	ルクセンブルク	源泉地国課税	22
35	スリランカ	―	―	73	ルーマニア	―	―
36	スロバキア	モデル条約	22	74	ロシア	源泉地国課税	20

(注)　匿名組合契約等に基づく所得として具体的に規定している条約もありますが、規定がない場合には、明示なき所得の条文の規定により取り扱われることになります。

【参考】　条約の適用関係

条約を締結した国名	左の条約が適用される国
旧ソ連邦	アゼルバイジャン、アルメニア、ウクライナ、ウズベキスタン、キルギス、ジョージア、タジキスタン、トルクメニスタン、ベラルーシ、モルドバ
チェコ・スロバキア	チェコ、スロバキア
イギリス（1962年の旧条約（第６条及び第７条を除く））	フィジー

（注）　日中租税条約は、香港、マカオに対して適用されません（日中租税条約３①(a)、中華人民共和国香港特別行政區基本法、中華人民共和国澳門特別行政區基本法）。

第４　BEPS 防止措置実施条約

１ 概　要

多国籍企業及び富裕層による課税逃れに対抗するため、OECD 及び G20が推進してきた税源浸食及び利益移転（BEPS）プロジェクトの最終報告書において、租税条約に関連する BEPS 防止措置を締結主体の異なる多数の既存の租税条約に一挙に導入するための多数国間条約の策定が勧告されました。

この勧告を受け、2016年11月に「税源浸食及び利益移転を防止するための租税条約関連措置を実施するための多数国間条約」（BEPS 防止措置実施条約）（以下「本条約」といいます。）の条約文が参加国によって採択され、我が国については平成31年１月１日に発効しました。

本条約は、BEPS プロジェクトにおいて策定された BEPS 防止措置のうち租税条約に関連する措置を、本条約の締約国間の既存の租税条約に導入することを目的としており、本条約の締約国は、租税条約に関する BEPS 防止措置を、多数の既存の租税条約について同時かつ効率的に実施することが可能となります。

２　本条約の適用対象となる租税条約

本条約の各締約国は、自国の既存の租税条約のいずれを本条約の適用対象とするかを任意に選択することができます。

本条約は、各租税条約の全ての当事国がその租税条約を本条約の適用対象とすることを選択したものについてのみ適用され、各租税条約のいずれかの当事国が本条約の締約国でない又はその租税条約を本条約の適用対象として選択していない場合には、本条約はその租税条約については適用されません（例えば、米国は本条約の締約国ではないため、本条約は日米租税条約には適用されません。）。

我が国が本条約の適用対象としている我が国の租税条約の相手国・地域は次のとおりです（令和２年２月28日現在）。

アイルランド、アラブ首長国連邦、イスラエル、イタリア、インド、インドネシア、ウクライナ、英国、エジプト、オーストラリア、オランダ、カザフスタン、カタール、カナダ、韓国、クウェート、サウジアラビア、シンガポール、スウェーデン、スロバキア、チェコ、中国、ドイツ、トルコ、ニュージーランド、ノルウェー、パキスタン、ハンガリー、フィジー、フィンランド フランス、ブルガリア、ポーランド、ポルトガル、香港、マレーシア、南アフリカ、メキシコ、ルクセンブルク、ルーマニア（40か国・地域）

3　BEPS 防止措置の選択及び適用

本条約の各締約国は、本条約に規定する租税条約に関するBEPS防止措置の規定のいずれを自国の租税条約について適用するかを所定の要件の下で選択することができます。

本条約に規定する租税条約に関連するBEPS防止措置の規定は、原則として、各租税条約の全ての当事国がその規定を適用することを選択した場合のみその租税条約について適用され、各租税条約のいずれかの当事国がその規定を適用することを選択しない場合には、その規定はその租税条約については適用されません。

また、本条約の各締約国が適用することを選択した本条約の規定は、原則として、本条約の適用対象となる全ての租税条約について適用され、特定の租税条約についてのみ適用すること又は適用しないことを選択することはできません。

本条約に規定する租税条約に関するBEPS防止措置の規定が既存の租税条約について適用される場合には、本条約の規定が、既存の租税条約に規定されている同様の規定に代わって、又は、既存の租税条約に同様の規定がない場合にはその租税条約の規定に加えて、適用されます。

(1)　我が国が適用することを選択している本条約の規定

我が国が適用することを選択した本条約の規定は次のとおりです。

①　課税上存在しない団体を通じて取得される所得に対する条約適用に関する規定（第３条）
②　双方居住者に該当する団体の居住地国の決定に関する規定（第４条）
③　租税条約の目的に関する前文の文言に関する規定（第６条）
④　取引の主たる目的に基づく条約の特典の否認に関する規定（第７条）
⑤　主に不動産から価値が構成される株式等の譲渡収益に対する課税に関する規定（第９条）
⑥　第三国内にある恒久的施設に帰属する利得に対する特典の制限に関する規定（第10条）
⑦　コミッショネア契約を通じた恒久的施設の地位の人為的な回避に関する規定（第12条）
⑧　特定活動の除外を利用した恒久的施設の地位の人為的な回避に関する規定（第13条）
⑨　相互協議手続の改善に関する規定（第16条）
⑩　移転価格課税への対応的調整に関する規定（第17条）
⑪　義務的かつ拘束力を有する仲裁に関する規定（第６部）

(2)　我が国が適用しないことを選択している本条約の規定

我が国が適用しないことを選択した本条約の規定は次のとおりです。

①　二重課税除去のための所得免除方式の適用の制限に関する規定（第５条）
②　特典を受けることができる者を適格者等に制限する規定（第７条）
③　配当を移転する取引に対する軽減税率の適用の制限に関する規定（第８条）
④　自国の居住者に対する課税権の制限に関する規定（第11条）
⑤　契約の分割による恒久的施設の地位の人為的な回避に関する規定（第14条）

4　本条約の我が国の租税条約に対する適用開始時期

本条約は、各租税条約の両当事国がその租税条約を本条約の対象とすることを選択し、かつ、本条約が両締約国について発効する場合に、順次、その租税条約について適用されます。

令和２年２月14日現在、本条約の批准書等を寄託した国・地域と我が国の源泉所得税に関する適用開始時期は次のとおりです。

相手国・地域	源泉所得税に関する適用開始時期
アイルランド	令和２年１月１日以後支払を受けるべきものから適用
アラブ首長国連邦	令和２年１月１日以後支払を受けるべきものから適用
イスラエル	平成31年１月１日以後支払を受けるべきものから適用
インド	令和２年１月１日以後支払を受けるべきものから適用
ウクライナ	令和２年１月１日以後支払を受けるべきものから適用
英国	平成31年１月１日以後支払を受けるべきものから適用
オーストラリア	平成31年１月１日以後支払を受けるべきものから適用
オランダ	令和２年１月１日以後支払を受けるべきものから適用
カタール	令和３年１月１日以後支払を受けるべきものから適用
カナダ	令和２年１月１日以後支払を受けるべきものから適用
サウジアラビア	令和３年１月１日以後支払を受けるべきものから適用
シンガポール	令和２年１月１日以後支払を受けるべきものから適用
スウェーデン	（※）
スロバキア	平成31年１月１日以後支払を受けるべきものから適用
ニュージーランド	平成31年１月１日以後支払を受けるべきものから適用
ノルウェー	令和２年１月１日以後支払を受けるべきものから適用
フィンランド	令和２年１月１日以後支払を受けるべきものから適用
フランス	平成31年１月１日以後支払を受けるべきものから適用
ポーランド	平成31年１月１日以後支払を受けるべきものから適用
ポルトガル	令和３年１月１日以後支払を受けるべきものから適用
ルクセンブルク	令和２年１月１日以後支払を受けるべきものから適用

（※）　スウェーデンについては、スウェーデンが行う所定の通告を寄託者が受領した日の後30日を経過した日以後に開始する年の１月１日以後に支払を受けるべきものから適用されます。

アドバイス

新たに本条約が適用されることとなる租税条約など、本条約に関する最新の情報につきましては、財務省ホームページに掲載されている「BEPS防止措置実施条約に関する資料」（https://www.mof.go.jp/tax_policy/summary/international/tax_convention/mli.htm）をご覧ください。

第10章　特定口座内保管上場株式等の譲渡所得等の源泉徴収

第１　株式等の譲渡所得等に対する課税制度の概要

１　株式等の譲渡所得等に対する課税

居住者又は国内に恒久的施設を有する非居住者（以下「居住者等」といいます。）の株式等の譲渡所得等については、有価証券先物取引の方法により行う株式等の譲渡による所得などの特定のものを除き、その他の所得と分離して確定申告を行うという「申告分離課税」制度が設けられています（措法37の10、37の11）。

また、居住者等が金融商品取引業者等に一定の要件を満たす特定口座を開設した場合には、その特定口座に保管されていた上場株式等（以下「特定口座内保管上場株式等」といいます。）の譲渡等（信用取引を含みます。）から生ずる所得の金額については、その特定口座内の譲渡による所得と、その特定口座以外の譲渡による所得とを区分して計算することとされています（措法37の11の３、措令25の10の２①～④）。

特定口座を通じて行われる上場株式等の譲渡による所得について申告不要の特例が設けられていますが、その特例の前提として、居住者等が源泉徴収方式を選択した特定口座については、上場株式等の譲渡により一定の利益金額が発生した場合には、その譲渡の対価の額又は信用取引の差益に相当する金額の支払をする金融商品取引業者等が、その支払をするごとに、その一定の利益金額に15.315％（ほかに地方税５％）の軽減税率を乗じて計算した金額の所得税及び復興特別所得税を徴収し、原則として各年の年末において計算した源泉徴収税額を翌年１月10日までに、納付することとされています（措法37の11の４①、復興財確法28）。

上場株式等

株式等に係る譲渡所得等の課税方法の主な内容をまとめると、次のとおりとなります。

(1)　原則的な取扱い（措法37の10、37の11、措令25の８、25の９、復興財確法28）

項　　目	内　　容
対象となる株式等の範囲	次に掲げるもの（外国法人に関するものを含み、ゴルフ場その他の施設の利用に関する権利に類するものとして定められた一定の株式又は出資者の持分を除きます。）をいいます。 ①　株式（株主又は投資主となる権利、株式の割当てを受ける権利、新株予約権（新投資口予約権を含みます。）及び新株予約権の割当てを受ける権利を含みます。） ②　特別の法律により設立された法人の出資者の持分、合名会社、合資会社又は合同会社の社員の持分、協同組合等の組合員又は会員の持分その他法人の出資者の持分（出資者、社員、組合員又は会員となる権利及び出資の割当てを受ける権利を含み、③を除きます。） ③　協同組織金融機関の優先出資に関する法律に規定する優先出資（優先出資者となる権利及び優先出資の割当てを受ける権利を含みます。）及び資産の流動化に関する法律に規定する優先出資（優先出資社員となる権利及び新優先出資引受権付特定社債に付する新優先出資の引受権を含みます。） ④　投資信託の受益権 ⑤　特定受益証券発行信託の受益権 ⑥　社債的受益権 ⑦　公社債（預金保険法に規定する長期信用銀行債等、農水産業協同組合貯金保険法に規定する農林債及び償還差益について発行時に源泉徴収がされた割引債を除きます。）
課　税　標　準	その年中の株式等の譲渡について、次により計算した譲渡所得等の金額 〔株式等の譲渡に係る総収入金額 －（株式等の取得費 ＋ 譲渡費用 ＋ 借入金利子等）〕
納　税　方　法	確定申告（申告分離課税）
所得税額及び復興特別所得税額	譲渡所得等の金額×15.315％（ほかに地方税５％）
損　益　通　算　等	譲渡損益は株式等の譲渡所得等以外の所得との通算及び翌年への繰越しはできません。 ただし、上場株式等に係る譲渡損益又は一般株式等に係る譲渡損益は、それぞれ別々に相殺が可能です。
手　　続　　等	譲渡対価の支払を受けるべき時までに、公的確認書類を提示等を行い、氏名、住所等の告知を要します。
支　払　調　書	提出されます。

(2)　株式等の譲渡所得等に係る特例制度

<table>
<tr><th colspan="3">項目</th><th>内容</th></tr>
<tr><td rowspan="2">税率の特例</td><td>上場株式等の金融商品取引業者等を通じた譲渡</td><td>上場株式等（措法37の11①）</td><td>15.315％（ほかに地方税５％）</td></tr>
<tr><td colspan="2">上記以外の株式等の譲渡（措法37の10①）</td><td>15.315％（ほかに地方税５％）</td></tr>
<tr><td colspan="3">上場株式等に係る譲渡損失の繰越控除（措法37の12の２⑤⑥）</td><td>上場株式等を譲渡したことにより生じた損失の金額のうち、その年に控除しきれなかった金額については、確定申告を要件として、翌年以後３年間にわたり、株式等に係る譲渡所得等の金額から繰越控除ができます。</td></tr>
<tr><td colspan="3">特定口座内保管上場株式等の譲渡に係る所得計算等の特例（措法37の11の３①）</td><td rowspan="3">特定口座内で譲渡した上場株式等の所得については、特定口座外における株式等に係る譲渡所得等と区分して計算することとなり、特定口座での源泉徴収を選択した場合には、確定申告をしないことを選択することができます。
ただし、譲渡損失の繰越控除、配当控除、特定上場株式等に係る譲渡所得等の非課税の特例等を適用する場合などには、確定申告が必要となります。</td></tr>
<tr><td colspan="3">特定口座内保管上場株式等の譲渡による所得等に対する源泉徴収等の特例（措法37の11の４①）</td></tr>
<tr><td colspan="3">確定申告を要しない上場株式等の譲渡による所得（措法37の11の５①）</td></tr>
<tr><td colspan="3">上場株式等の譲渡損失と上場株式等の配当所得との損益通算の特例（措法37の12の２①）</td><td>その年分の上場株式等の譲渡所得等の金額の計算上生じた損失の金額があるとき又はその年の前年以前３年内の各年に生じた上場株式等の譲渡損失の金額（前年以前に既に控除したものを除きます。）があるときは、これらの損失の金額を租税特別措置法第８条の４第１項に規定する上場株式等の配当所得等の金額（申告分離課税を選択したものに限ります。）から控除するものとします。</td></tr>
<tr><td colspan="3">非課税口座（未成年者口座）内の少額上場株式等に係る譲渡所得等の非課税（措法37の14、37の14の２）</td><td>金融商品取引業者等の営業所に開設した非課税口座及び未成年者口座において、当該非課税口座及び未成年者口座内上場株式等の金融商品取引業者等への売委託等の方法により行う譲渡による譲渡所得等については、所得税及び復興特別所得税が課されません。</td></tr>
</table>

2　公社債等の譲渡所得等に対する課税

公社債の譲渡益は経過利子の反映によるものであるとの考え方から非課税とされていましたが、平成28年１月１日以後に行われた公社債の譲渡については、公社債や公社債投資信託等の受益権の譲渡所得等を次のとおり課税対象とした上で、一般個人投資家の投資対象となる金融商品について損益通算等の対象とすることとされています（措法37の10、37の11）。

ただし、平成27年12月31日以前に発行された割引債でその償還差益が発行時に源泉徴収されたものについては、割引債の譲渡による所得は非課税とされています（措法37の15①）。

(1)　特定公社債等に係る譲渡所得等の課税方式

居住者等が、特定公社債（注）、公募公社債投資信託の受益権、証券投資信託以外の公募投資信託の受益権及び特定目的信託（その社債的受益権の募集が公募により行われたものに限ります。）の社債的受益権（以下「特定公社債等」といいます。）の譲渡をした場合におけるその特定公社債等の譲渡による譲渡所得等については、申告分離課税の対象となります（措法37の11①）。

（注）「特定公社債」とは、国債、地方債、外国国債、公募公社債、上場公社債、平成27年12月31日以前に発行された公社債などの一定の公社債をいいます（措法３①一、37の10②七、37の11②一、五～十四、措令25の８③）。

(2)　特定公社債等以外に係る譲渡所得等の課税方式

居住者等が、特定公社債以外の公社債、私募公社債投資信託の受益権、証券投資信託以外の私募投資信託の受益権及び特定目的信託（その社債的受益権の募集が公募以外の方法により行われたものに限ります。）の社債的受益権（以下「一般公社債等」といいます。）の譲渡をした場合におけるその一般公社債等の譲渡による譲渡所得等については、申告分離課税の対象となります（措法37の10①）。

3　国内に恒久的施設を有しない非居住者の株式等の譲渡に係る国内源泉所得に対する課税の特例

国内に恒久的施設を有しない非居住者が、株式等を譲渡した場合で、その株式等の譲渡による所得が事業等の譲渡に類似する所得等に該当する場合には、これらの株式等の譲渡に係る国内源泉所得については、申告により、15.315％の税率による所得税及び復興特別所得税を他の所得と区分して課税されます（措法37の12、復興財確法28）。

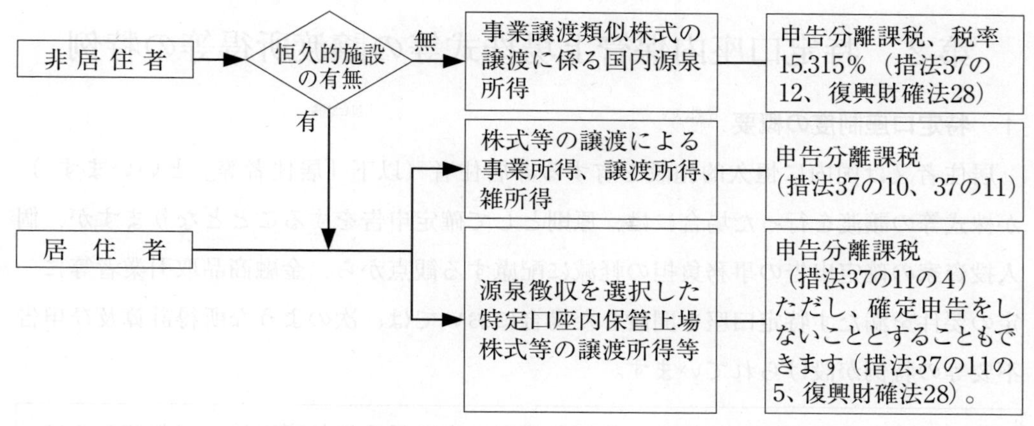
非居住者
恒久的施設の有無
無
有
事業譲渡類似株式の譲渡に係る国内源泉所得
申告分離課税、税率15.315％（措法37の12、復興財確法28）
株式等の譲渡による事業所得、譲渡所得、雑所得
申告分離課税（措法37の10、37の11）
居住者
源泉徴収を選択した特定口座内保管上場株式等の譲渡所得等
申告分離課税（措法37の11の4）ただし、確定申告をしないこととすることもできます（措法37の11の5、復興財確法28）。

第2　特定口座内保管上場株式等の譲渡所得等の特例

1　特定口座制度の概要

居住者又は国内に恒久的施設を有する非居住者（以下「居住者等」といいます。）が株式等の譲渡を行った場合には、原則として確定申告をすることとなりますが、個人投資家の確定申告の事務負担の軽減に配慮する観点から、金融商品取引業者等に一定の要件を満たす特定口座を開設した場合においては、次のような所得計算及び申告不要等の特例が設けられています。

①　上場株式等保管委託契約に基づき特定口座に係る振替口座簿に記載若しくは記録がされ、又は保管の委託がされている上場株式等（以下「特定口座内保管上場株式等」といいます。）を譲渡した場合には、それぞれの特定口座ごとに、その特定口座内保管上場株式等の譲渡による譲渡所得等の金額と、その特定口座内保管上場株式等以外の株式等の譲渡による譲渡所得等の金額とを区分して、これらの金額を計算します（措法37の11の3①、措令25の10の2①②）。
②　上場株式等信用取引等契約に基づき上場株式等の信用取引等を特定口座において処理した場合には、それぞれの特定口座ごとに、その信用取引等に係る上場株式等の譲渡による事業所得又は雑所得の金額と、その信用取引等に係る上場株式等以外の株式等の譲渡による事業所得又は雑所得の金額とを区分して、これらの金額を計算します（措法37の11の3②、措令25の10の2③）。
③　金融商品取引業者等は、その年において開設されていた特定口座について、その特定口座を開設した居住者等の氏名及び住所、その年中に特定口座において処理された上場株式等の譲渡の対価の額、上場株式等の取得費の額、譲渡に要した費用の額、譲渡に係る所得の金額又は差益の金額、特定口座に受け入れた上場株式等の配当等の額その他の事項を記載した「特定口座年間取引報告書」を2通作成し、翌年1月31日（年の途中で特定口座の廃止等の事由が生じた場合には、その事由が生じた日の属する月の翌月末日）までに、1通を特定口座を開設した金融商品取引業者等の営業所の所在地の所轄税務署長に提出し、他の1通を特定口座を開設した居住者等に交付します（措法37の11の3⑦）。 なお、「特定口座年間取引報告書」の提出対象の取引については、株式等の譲渡の対価に係る支払調書の提出は必要ありません（措令25の10の10⑤）。

④　居住者等は、「特定口座源泉徴収選択届出書」を金融商品取引業者等の営業所の長に提出（電磁的方法による提供を含みます。）することにより、特定口座内保管上場株式等の譲渡所得等について源泉徴収を選択することができます。その場合、特定口座源泉徴収選択届出書を提出した年分の所得税及び復興特別所得税については、特定口座における所得の金額又は損失の金額を株式等の譲渡所得等の金額から除外して計算し、その年分の確定申告を行うことができます（申告不要制度）。これにより、投資者は特定口座に保管していた株式等に係る譲渡益について源泉徴収された後、確定申告によりその徴収税額を清算するか、確定申告の対象とせず源泉徴収額だけで済ませるかを選択できます（措法37の11の４、37の11の５）。

2　特定口座の意義

⑴　特定口座とは

特定口座とは、居住者等が金融商品取引業者等の営業所（国内にあるものに限ります。）の長に対し、「特定口座開設届出書」を提出して、その金融商品取引業者等との間で締結した「上場株式等保管委託契約」又は「上場株式等信用取引等契約」に基づき設定された上場株式等の振替口座簿への記載か記録、保管の委託又は上場株式等の信用取引等に係る口座（これらの契約及び上場株式配当等受領委任契約に基づく取引以外の取引に関する事項を扱わないものに限ります。）をいいます（措法37の11の３③一）。

⑵　金融商品取引業者等の範囲

特定口座を開設することができる金融商品取引業者等とは、次のものをいいます(措法37の11の３③一)。

①　証券業者（金融商品取引法の第一種金融商品取引業を行う金融商品取引業者）
②　投資信託委託会社
③　銀行、協同組織金融機関等（登録金融機関）

〔特定口座に関する課税の特例のしくみ〕

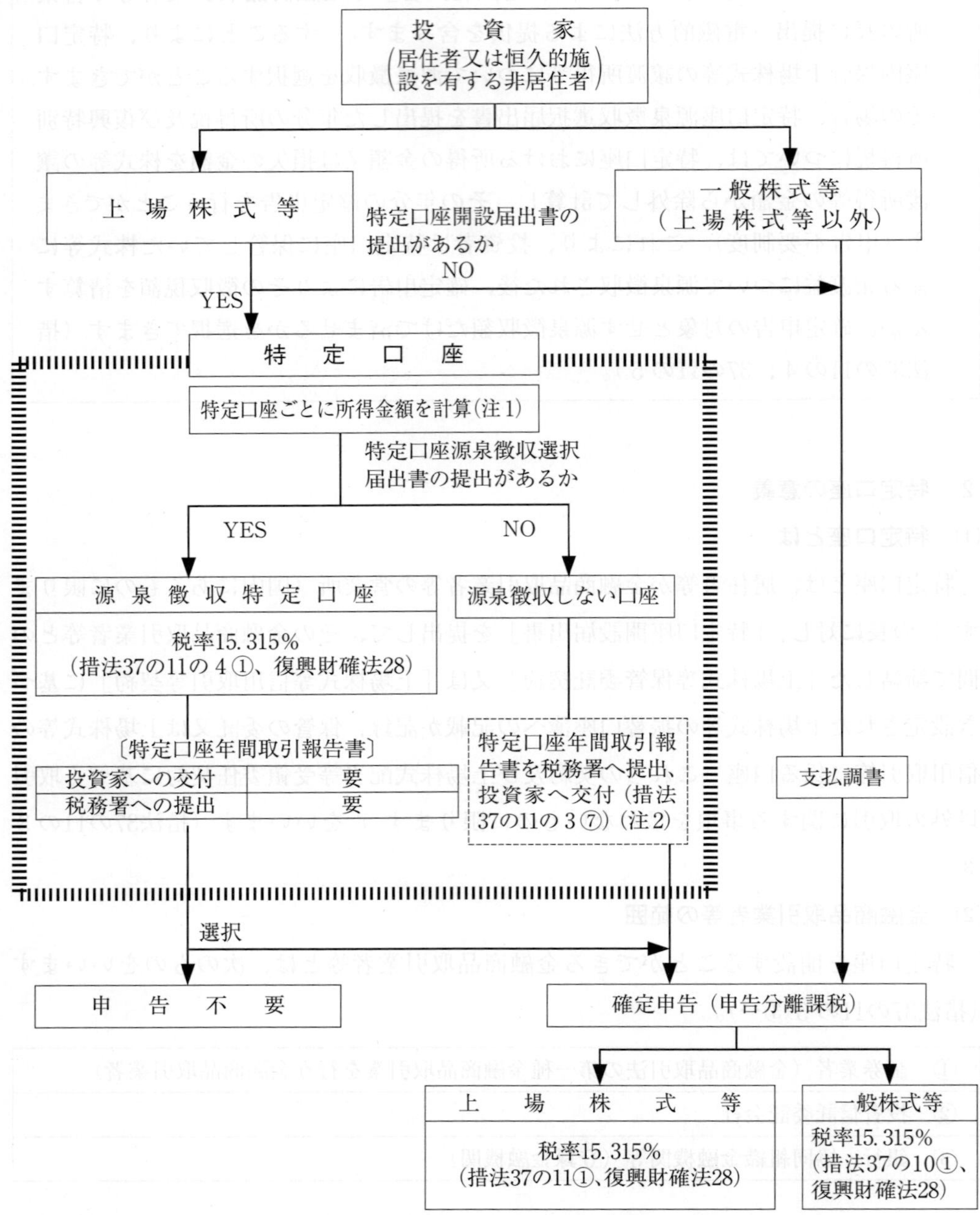

(注) 1　金融商品取引業者等が異なる場合は特定口座の複数設定が可能です。

2　その年中に取引のなかった特定口座については、その特定口座に係る特定口座年間取引報告書の交付は要しません。ただし、口座開設者から請求があった場合は特定口座年間取引報告書を交付しなければなりません（措法37の11の3⑧）。

3　特定口座で保管できる株式等の範囲

⑴　上場株式等の範囲

特定口座に係る特例を受けることができる上場株式等の範囲は、具体的には次のとおりです（措法37の11②、措令25の９②、措規18の10①）。

① 金融商品取引所に上場されている株式等（注）

② 店頭売買登録銘柄として登録された株式

③ 店頭転換社債型新株予約権付社債

④ 店頭管理銘柄として認可金融商品取引業協会が指定した株式

⑤ 認可金融商品取引業協会の定める規則に従い、登録銘柄として認可金融商品取引業協会に備える登録原簿に登録された日本銀行出資証券

⑥ 外国金融商品市場において売買されている株式等

⑦ 投資信託でその設定に係る受益権の募集が一定の公募により行われたものの受益権

⑧ 特定投資法人の投資口

⑨ 特定受益証券発行信託でその受益権の募集が一定の公募により行われたものの受益権

⑩ 特定目的信託（その信託契約の締結時において原委託者が取得する社債的受益権の募集が一定の公募により行われたものに限ります。）の社債的受益権

⑪ 国債及び地方債

⑫ 外国又はその地方公共団体が発行し又は保証する債券

⑬ 会社以外の法人が特別の法律により発行する一定の債券

⑭ 公社債でその発行の際の有価証券の募集が一定の公募により行われたもの

⑮ 社債のうち、その発行の日前９月以内（外国法人にあっては、12月以内）に有価証券報告書等を内閣総理大臣に提出している法人が発行するもの

⑯ 金融商品取引所等においてその規則に基づき公表された公社債情報に基づき発行する一定の公社債

⑰ 国外において発行された一定の公社債

⑱ 外国法人が発行し、又は保証する一定の債券

⑲ 銀行業等を行う法人等が発行した一定の社債

⑳ 平成27年12月31日以前に発行された公社債（同族会社が発行したものを除きます。）

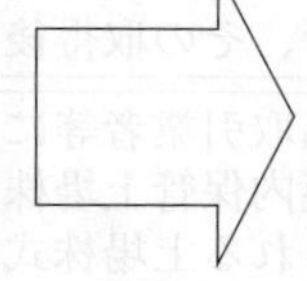

特定口座に保管可能

(注)「株式等」とは、次に掲げるもの（外国法人に関するものを含み、ゴルフ場その他の施設の利用に関する権利に類する一定の株式又は出資者の持分を除きます。）をいいます（措法37の10②）。

イ　株式（株主又は投資主となる権利、株式の割当てを受ける権利、新株予約権及び新株予約権の割当てを受ける権利を含みます。）

ロ　特別の法律により設立された法人の出資者の持分、合名会社、合資会社又は合同会社の社員の持分、協同組合等の組合員又は会員の持分その他法人の出資者の持分（出資者、社員、組合員又は会員となる権利及び出資の割当てを受ける権利を含み、ハを除きます。）

ハ　協同組織金融機関の優先出資に関する法律に規定する優先出資（優先出資者となる権利及び優先出資の割当てを受ける権利を含みます。）及び資産流動化法に規定する優先出資（優先出資社員となる権利及び新優先出資引受権付特定社債に付する新優先出資の引受権を含みます。）

ニ　投資信託の受益権

ホ　特定受益証券発行信託の受益権

ヘ　社債的受益権

ト　公社債（一定のものを除きます。）

(2)　特定口座に受け入れできる株式等の範囲

特定口座では、上場株式等保管委託契約に基づく次の株式の受け入れが可能です。

範　　囲	適用条文
①　特定口座開設届出書の提出後に、当該金融商品取引業者等への買付けの委託（当該買付けの委託の媒介、取次ぎ又は代理を含みます。）により取得をした上場株式等又は当該金融商品取引業者等から取得をした上場株式等で、その取得後直ちに特定口座に受け入れられるもの	措法37の11の3③二イ
②　他の金融商品取引業者等に開設されている居住者等の他の特定口座に係る特定口座内保管上場株式等の全部又は一部の移管がされる場合の当該移管がされる上場株式等	措法37の11の3③二ロ
③　その特定口座を開設する金融商品取引業者等が行う募集により取得した上場株式等	措令25の10の2⑭一
④　特定信用取引等勘定において行った信用取引により買い付けた上場株式等のうち、その信用取引の決済により受渡しが行われたもので、その受渡しの際に、金融商品取引業者等の口座から特定口座に設けられた特定保管勘定への振替の方法により受け入れるもの	措令25の10の2⑭二
⑤　居住者等が贈与、相続又は遺贈により取得した上場株式等で同一の金融商品取引業者等に開設された贈与者、被相続人又は包括遺贈者の特定口座、非課税口座若しくは未成年者口座又は特定口座以外の口座から相続人の特定口座に移管がされるもの	措令25の10の2⑭三
⑥　居住者等が贈与、相続又は遺贈により取得した上場株式等で異なる金融商品取引業者等に開設された贈与者、被相続人又は包括遺贈者の特定口座、非課税口座若しくは未成年者口座又は特定口座以外の口座から相続人の特定口座に移管がされるもの	措令25の10の2⑭四
⑦　特定口座内保管上場株式等の株式の分割又は併合により取得する上場株式等で、その受入れを振替口座簿に記載若しくは記録、又は保管の委託をする方法により行うもの	措令25の10の2⑭五

範　　囲	適用条文
⑧　特定口座を開設する居住者等が有する上場株式等の株式無償割当て又は新株予約権無償割当て等により取得する上場株式等で、その受入れを振替口座簿に記載若しくは記録、又は保管の委託をする方法により行うもの	措令25の10の２⑭六
⑨　特定口座内保管上場株式等について、法人の株主等がその法人の合併（合併法人又は合併親法人のうちいずれか一の法人の株式のみの交付がされるものに限ります。）により取得する合併法人株式若しくは出資又は合併親法人株式で、その受入れを振替口座簿に記載若しくは記録、又は保管の委託をする方法により行うもの	措令25の10の２⑭七
⑩　特定口座内保管上場株式等について、投資信託の受益者が投資信託の併合(新たな投資信託の受益権のみが交付されるものに限ります。)により新たに取得する投資信託の受益権で、その受入れを振替口座簿に記載若しくは記録、又は保管の委託をする方法により行うもの	措令25の10の２⑭八
⑪　特定口座内保管上場株式等について、法人の株主等が法人の分割(分割承継法人又は分割承継親法人のうちいずれか一の法人の株式が交付されるものに限ります。）により取得する分割承継法人株式又は分割承継親法人株式で、その受入れを振替口座簿に記載若しくは記録、又は保管の委託をする方法により行うもの	措令25の10の２⑭九
⑫　特定口座内保管上場株式等について、法人の株主等が株式分配により取得するその完全子法人の株式で、その受入れを振替口座簿に記載若しくは記録、又は保管の委託をする方法により行うもの	措令25の10の２⑭九の二
⑬　特定口座内保管上場株式等について、株式交換により取得する株式交換完全親法人の株式若しくは親法人の株式又は株式移転により取得する株式移転完全親法人の株式で、その受入れを振替口座簿に記載若しくは記録、又は保管の委託をする方法により行うもの	措令25の10の２⑭十
⑭　特定口座内保管上場株式等である新株予約権又は新株予約権付社債(以下「旧新株予約権等」といいます。）について、当該旧新株予約権等を有する者が当該旧新株予約権等を発行した法人を合併等により取得する当該合併法人等新株予約権等で、その受入れを振替口座簿に記載若しくは記録、又は保管の委託をする方法により行うもの	措令25の10の２⑭十の二
⑮　特定口座内保管上場株式等について、取得請求権付株式の請求権の行使、取得条項付株式の取得事由の発生、全部取得条項付種類株式の取得決議又は取得条項付新株予約権が付された新株予約権付社債の取得事由の発生により取得する上場株式等で、その受入れを振替口座簿に記載若しくは記録、又は保管の委託をする方法により行うもの	措令25の10の２⑭十一
⑯　特定口座内保管上場株式等に付された新株予約権の行使、株式の割当てを受ける権利の行使、又は取得条項付新株予約権の取得事由の発生若しくは行使等により取得する株式で、その受入れを振替口座簿に記載若しくは記録、又は保管の委託をする方法により行うもの	措令25の10の２⑭十二
⑰　特定口座を開設する金融商品取引業者等に開設されている口座において、当該金融商品取引業者等の行う有価証券の募集により、又は当該金融商品取引業者等から取得した上場株式等償還特約付社債（EB債）でその取得の日の翌日から引き続き当該口座に係る振替口座簿に記載若しくは記録がされ、又は保管の委託がされているものの償還に	措令25の10の２⑭十三

範　　囲	適用条文
より取得した上場株式等で、その受入れを振替口座簿に記載若しくは記録、又は保管の委託をする方法により行うもの	
⑱　特定口座を開設する金融商品取引業者等に開設されている口座において行った有価証券オプション取引の権利の行使又は義務の履行により取得した上場株式等で、その受入れを振替口座簿に記載若しくは記録、又は保管の委託をする方法により行うもの	措令25の10の2⑭十四
⑲　居住者等が出国した後、引き続き金融商品取引業者等に開設されている口座（以下「出国口座」といいます。）に係る振替口座簿に記載若しくは記録を受け、又は保管の委託をし、かつ、帰国した後、出国口座から特定口座に移管したもので、その全てを受け入れるもの	措令25の10の2⑭十五、25の10の5
⑳　特定口座内保管上場株式等を特定口座を開設している金融商品取引業者に貸し付けた場合におけるその貸付契約に基づき返還される上場株式等で、その受入れを振替口座簿に記載若しくは記録、又は保管の委託をする方法により行うもの	措令25の10の2⑭十六
㉑　上場株式等以外の株式等で、上場等の日の前日において有するその株式等と同一銘柄の株式等の全てを、その上場等の日に受け入れるもの	措令25の10の2⑭十七
㉒　上場株式等以外の株式等の法人の合併（合併法人又は合併親法人のうちいずれか一の法人の株式のみの交付がされるものに限ります。）により取得する合併法人の株式又は合併親法人株式で、その取得する全てをその合併の日に受け入れるもの	措令25の10の2⑭十八
㉓　上場株式等以外の株式等の法人の分割（分割承継法人又は分割承継親法人のうちいずれか一の法人の株式のみの交付されるものに限ります。）により取得する分割承継法人の株式又は分割承継親法人株式で、その取得する全てをその分割の日に受け入れるもの	措令25の10の2⑭十九
㉔　上場株式等以外の株式等の法人の株式分配により取得する完全子法人の株式で、その取得する全てをその株式分配の日に受け入れるもの	措令25の10の2⑭十九の二
㉕　上場株式等以外の株式等の株式交換により取得する株式交換完全親法人の株式若しくはその親法人の株式又は株式移転により取得する株式移転完全親法人の株式で、その取得する全てをその株式交換又は株式移転の日に受け入れるもの	措令25の10の2⑭二十
㉖　上場株式等以外の株式等の取得請求権付株式の請求権の行使、取得条項付株式の取得事由の発生又は全部取得条項付種類株式の取得決議により取得する上場株式等で、その取得する全てをその取得の日に受け入れるもの	措令25の10の2⑭二十の二
㉗　保険会社の組織変更によりその保険会社から割当てを受ける株式で、その割当てを受ける株式の全てを、その株式の金融商品取引所への上場等の日に特定口座に係る振替口座簿に記載等をし、又はその特定口座に保管の委託をする方法により受け入れるもの	措令25の10の2⑭二十一
㉘　保険会社の組織変更によりその保険会社から割当てを受けた株式（その割当ての際に特別口座で管理されることとなったものに限ります。）で、その割当株式の全てをその特別口座から特定口座への移管（その割当ての日から10年以内に行うものに限ります。）により受け入れるもの	措令25の10の2⑭二十二

範　　　囲	適 用 条 文
㉙　持株会契約等に基づき取得した上場株式等で、特定口座への受入れをその持株会等口座からその特定口座への振替の方法により行うもの	措令25の10の２⑭二十三
㉚　株式付与信託契約に基づき取得した上場株式等で、特定口座への受入れをその株式付与信託契約に基づき開設された受託者の口座から特定口座への振替の方法により行うもの	措令25の10の２⑭二十四
㉛　特定譲渡制限付株式等で、その譲渡制限が解除された時に、当該特定譲渡制限付株式等の全てを、特定口座への振替の方法により行うもの	措令25の10の２⑭二十五
㉜　居住者等が役務の提供の対価としてその者に生ずる債権の給付と引換えに発行法人等から取得する上場株式等（実質的に役務の提供の対価と認められるものを含みます。）の全てを、その取得のときに特定口座に係る振替口座簿に記載等をし、又はその特定口座に保管の委託をする方法により受け入れるもの	措令25の10の２⑭二十六
㉝　非課税口座内上場株式等で、その非課税口座が開設されている金融商品取引業者等の営業所の特定口座への移管により受け入れるもの	措令25の10の２⑭二十七
㉞　未成年者口座内上場株式等で、その未成年者口座が開設されている金融商品取引業者等の営業所の特定口座への移管により受け入れるもの	措令25の10の２⑭二十八
㉟　非課税口座に該当しない口座（非課税口座が既に開設されているが、新たに非課税口座開設届出書の提出を行った場合等）内上場株式等で、非課税口座が開設されている金融商品取引業者等の営業所の特定口座への振替の方法により当該上場株式等の全てを受け入れるもの	措令25の10の２⑭二十九
㊱　課税未成年者口座を構成する特定口座に係る特定口座内保管上場株式等で、その特定口座が廃止される日に、金融商品取引業者等に開設されている他の特定口座への振替の方法により当該特定口座内保管上場株式等の全てを受け入れるもの	措令25の10の２⑭三十
㊲　その他財務省令で定める上場株式等	措令25の10の２⑭三十一

４　特定口座の開設等

⑴　特定口座開設の手続

居住者等は、一つの金融商品取引業者等に一つの特定口座を開設することができ、開設に当たっては、金融商品取引業者等の営業所の長に「特定口座開設届出書」を提出しなければなりません。その際、金融商品取引業者等の営業所の長に住民票の写しその他の書類を提示し、又は署名用電子証明書等を送信して氏名、生年月日、住所及び個人番号を告知し、その告知をした事項について確認を受ける必要があります（措法37の11の３④）。

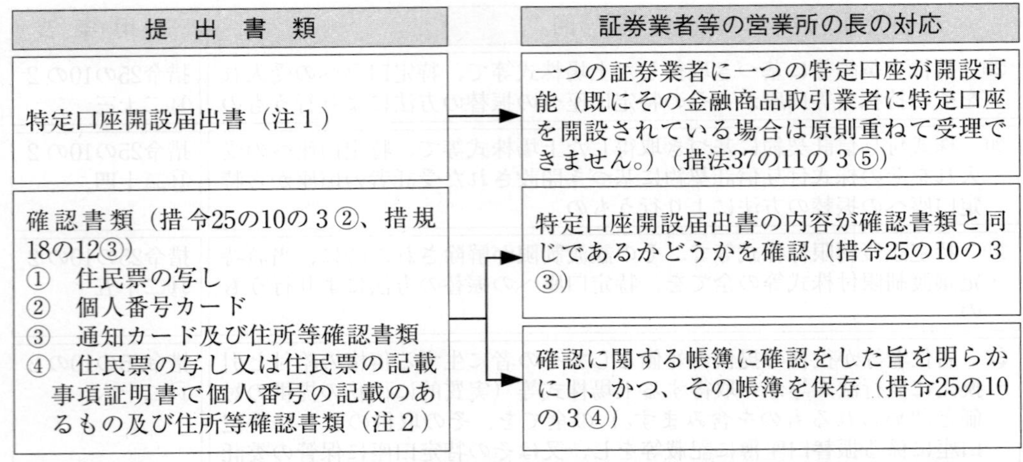

（注）１　特定口座開設届出書の提出に代えて電磁的方法によりその届出書に記載すべき事項の提供を行うことができます（措令25の10の３⑤）。
２　住所等確認書類とは、住民票の写しなど、租税特別措置法施行規則第18条の12第４項に規定する書類をいいます。

(2) 特定口座開設届出書の提出期限

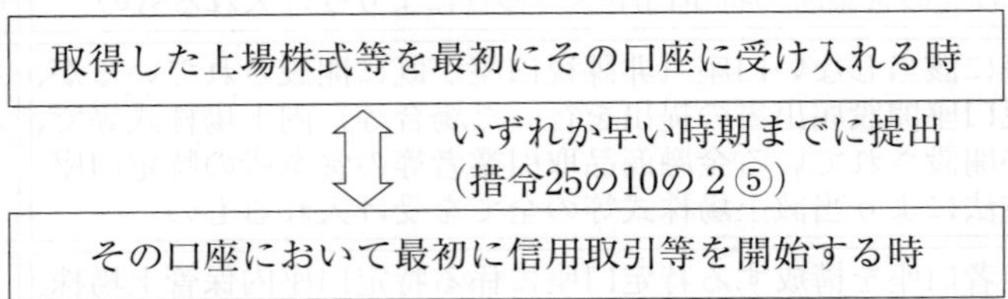

(3) その他の手続

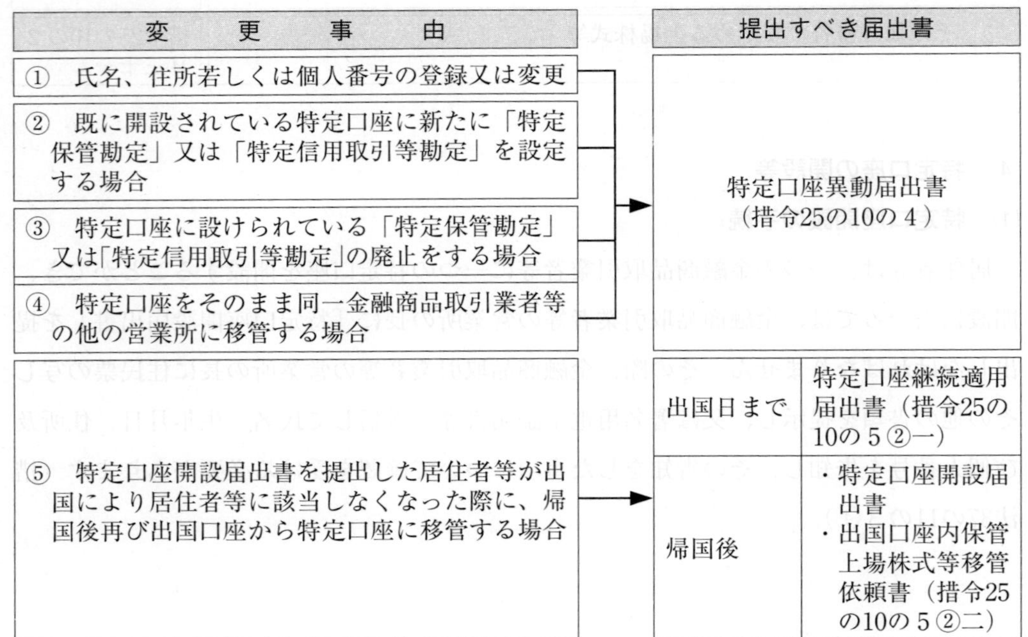

⑥　特定口座での特例の適用をやめる場合	→	特定口座廃止届出書 （措令25の10の７）
⑦　特定口座開設届出書を提出した居住者等が死亡した場合（その者の相続人が特定口座廃止届出書を提出した場合を除きます。）	→	特定口座開設者死亡届出書 （措令25の10の８）

（注）１　事業の譲渡、合併、分割又は金融商品取引業者等の営業所の新設、廃止、業務区域変更により、居住者等が開設している特定口座の事務の全部が他の営業所に移管された場合には、移管前の営業所の長がした届出書の受理等の手続は移管先の営業所の長がしたとみなされるので、新たに手続をする必要はありません（措令25の10の６）。

２　上記の届出書又は依頼書の提出に代えて、電磁的方法により当該届出書又は依頼書に記載すべき事項の提供を行うことができます。

５　特定口座内保管上場株式等の譲渡の範囲

特定口座内保管上場株式等の「譲渡」とは、次に掲げる方法をいいます（措法37の10③、37の11④一～三、37の11の３③二、措令25の10の２⑦）。

上場株式等の「譲渡」の範囲
①　金融商品取引業者等への売委託による方法（注）
②　金融商品取引業者に対してする方法
③　発行法人への単元未満株式の譲渡についての買取請求を金融商品取引業者等の営業所を経由して行う方法
④　法人の合併、分割、株式分配、資本の払戻し、解散による残余財産の分配、自己株式若しくは出資の取得、出資の消却又は組織変更等による金銭等の交付が特定口座を開設する金融商品取引業者等の営業所を経由して行われる方法
⑤　公社債の元本の償還により又は分離利子公社債の利子として交付を受ける金銭等の交付が特定口座を開設する金融商品取引業者等の営業所を経由して行われる方法
⑥　投資信託の終了又は一部の解約若しくは特定受益証券発行信託に係る信託の分割又は社債的受益権の元本の償還により交付を受ける金銭等の交付が特定口座を開設する金融商品取引業者等の営業所を経由して行われる方法

（注）「売委託」とは、売買の媒介、取次ぎ若しくは代理の委託又は売出しの取扱いの委託をいいます（措通（譲）37の12の２－１）。

第３　特定口座内保管上場株式等の譲渡所得等及び源泉徴収選択口座内配当等に対する源泉徴収

居住者等が源泉徴収を選択した特定口座（以下「源泉徴収選択口座」といいます。）を通じて行われた特定口座内保管上場株式等の譲渡により、一定の方法により計算した差益（以下「源泉徴収選択口座内調整所得金額」といいます。）が生じた場合には、その譲渡対価等の支払をする金融商品取引業者等は、その支払をする際、その源泉徴収選択口座内調整所得金額に対し15.315％（居住者については、ほかに地方税５％）の税率による所得税及び復興特別所得税を徴収しなければなりません（措法37の11の４①②、復興財確法28）。

１　源泉徴収を選択する場合の手続

その年において、特定口座における上場株式の譲渡等について源泉徴収を選択する居住者等は、その特定口座ごとに次の期限までに「特定口座源泉徴収選択届出書」を金融商品取引業者等の営業所の長に提出する必要があります。

⑴　提出期限

その年最初に特定口座に係る特定口座内保管上場株式等の譲渡をする時

⇕ いずれか早い時期までに提出（措法37の11の４①、措令25の10の11①）

特定口座において処理された上場株式等の信用取引等につきその年最初に差金決済を行う時

⑵　選択の区分等

源泉徴収の選択は１年ごとに源泉徴収するか否かを選択できますが、特定口座内保管上場株式等の個々の譲渡又は信用取引の個々の決済ごとに選択することはできません。

また、「上場株式等の譲渡をする時」とは、金融商品取引所における普通取引にあっては、売買契約成立の日から起算して通常３営業日となります（措通37の11の４－１）。

2 源泉徴収選択口座への上場株式等の配当等の受入

居住者等が源泉徴収選択口座を開設している金融商品取引業者等の営業所から上場株式等の利子等及び配当等の交付を受けることとしている場合には、その交付を受ける利子等及び配当等については、その源泉徴収選択口座に設けられた特定上場株式配当等勘定に受け入れることができることとされています。

また、この特定上場株式配当等勘定に受け入れられたもの（以下「源泉徴収選択口座内配当等」といいます。）に係る利子所得の金額及び配当所得の金額の計算は、他の利子等及び配当等に係る利子所得の金額及び配当所得の金額と区分して行うこととされています（措法37の11の６①）。

⑴ 源泉徴収選択口座内配当等

源泉徴収選択口座内配当等とは、居住者等が支払を受ける上場株式等の配当等（注）のうち、その居住者等がその源泉徴収選択口座を開設している金融商品取引業者等と締結した上場株式配当等受領委任契約に基づきその源泉徴収選択口座に設けられた特定上場株式配当等勘定に受け入れられたものをいいます（措法37の11の６①）。

（注）上場株式等の配当等とは、利子等又は配当等で、金融商品取引所に上場されている株式等の利子等又は配当等（大口株主等が受ける配当等を除きます。）、投資信託でその設定に係る受益権の募集が公募により行われたもの（特定株式投資信託を除きます。）の収益の分配又は特定公社債の利子など租税特別措置法第８条の４第１項に規定するものをいいます。

⑵ 源泉徴収選択口座への受入れを選択しようとする場合の手続

源泉徴収選択口座への受入れを選択しようとする人は、「源泉徴収選択口座内配当等受入開始届出書」（以下「受入開始届出書」といいます。）をその源泉徴収選択口座が開設されている金融商品取引業者等の営業所の長に提出しなければなりません（措法37の11の６②、措令25の10の13②）。

なお、受入開始届出書を提出した居住者等に対して、提出した日以後に支払の確定する上場株式等の配当等で、受入開始届出書を提出した金融商品取引業者等から支払われるものは、その全てを源泉徴収選択口座に受け入れなければなりません（措法37の11の６③）。

また、受入れをやめる場合は、「源泉徴収選択口座内配当等受入終了届出書」を金融商品取引業者等の営業所の長に提出する必要があります（措令25の10の13④）。

3 源泉徴収税額の計算

金融商品取引業者等は源泉徴収選択口座を通じて行われた特定口座内保管上場株式等の譲渡等の都度、その年初からの通算所得金額の増減額の15.315％（居住者については、ほかに地方税５％）の税率で所得税及び復興特別所得税の源泉徴収又は還付を行うとともに、年末において還付されずに残っている源泉徴収税額を翌年１月10日までに一括して納付することとされています。

(1) 源泉徴収選択口座内調整所得金額

「源泉徴収選択口座内調整所得金額」とは、特定口座内保管上場株式等の譲渡等が行われた場合において、その居住者等に係る次の算式により計算した金額が生じるときにおけるその金額をいい、金融商品取引業者等はその金額について15.315％の税率で源泉徴収を行うこととされています（措法37の11の４①②、措令25の10の11③～⑤、復興財確法28）。

［源泉徴収税額］＝［源泉徴収選択口座内調整所得金額］×［15.315％（※）居住者については、ほかに地方税５％］

［源泉徴収選択口座内調整所得金額］＝［源泉徴収口座内通算所得金額：その年の１月１日から対象譲渡等の時の以前の譲渡に係る次の金額（０を下回るときは０）（特定口座内保管上場株式等の譲渡：譲渡収入金額の総額－取得費等の総額）＋（上場株式等の信用取引等の差金決済：差益金額の総額－差損金額の総額）］－［源泉徴収口座内直前通算所得金額：その年の１月１日から対象譲渡等の時の前の譲渡に係る次の金額（０を下回るときは０）（特定口座内保管上場株式等の譲渡：譲渡収入金額の総額－取得費等の総額）＋（上場株式等の信用取引等の差金決済：差益金額の総額－差損金額の総額）］

（注）上記算式中の用語の意義については次のとおりです。

1　「譲渡収入金額」とは、その譲渡をした特定口座内保管上場株式等の譲渡に係る収入金額のうちその源泉徴収選択口座において処理された金額をいいます。

　また、「取得費等」とは、その譲渡につき上記の譲渡収入金額がある場合におけるその特定口座内保管上場株式等に係る源泉徴収選択口座において処理されたその取得費等の金額をいいます。

2　「差益金額」とは源泉徴収選択口座において差金決済が行われた上場株式等の信用取引等に係る次の(1)から(2)を控除した残額をいい、「差損金額」とは、その信用取引等に係る次の(2)から(1)を控除した残額をいいます。

(1)　その信用取引等による上場株式等の譲渡又はその信用取引等の決済のために行う上場株式等の譲渡に係る収入金額のうちその源泉徴収選択口座において処理された金額

(2)　上記(1)の信用取引等に係る上場株式等の買付けにおいてその上場株式等を取得するために要した金額、委託手数料の額等のうちその源泉徴収選択口座において処理された金額の合計額

⑵　源泉徴収税額

⑴で計算した源泉徴収選択口座内調整所得金額に対し、次の税率により計算します（措法37の11の４①②、復興財確法28）。

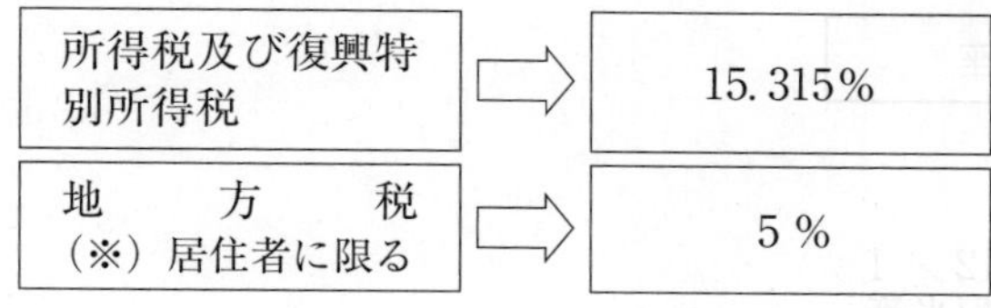

⑶　還付の計算の対象となる金額

⑴の算式の源泉徴収口座内通算所得金額が源泉徴収口座内直前通算所得金額を下回るときには、金融商品取引業者等はその都度その源泉徴収口座を有する居住者等に対し、下回る部分の金額に係る徴収税額の還付を行います（措法37の11の４③、復興財確法28⑤）。

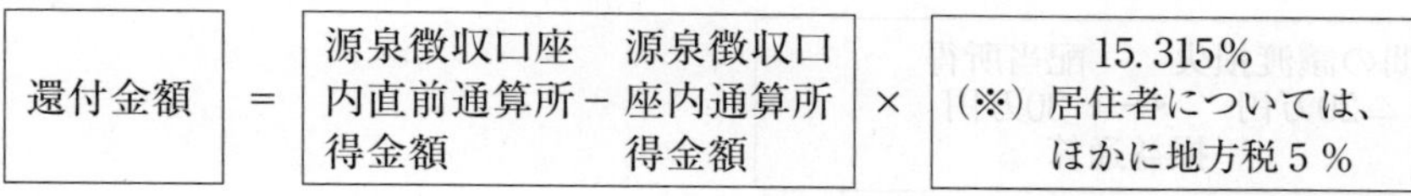

⑷　源泉徴収選択口座内配当等に係る損益通算の特例

源泉徴収選択口座内配当等について所得税及び復興特別所得税を計算する場合において、その源泉徴収選択口座に上場株式等に係る譲渡損失の金額があるときは、その所得税及び復興特別所得税の額は、その年中における源泉徴収選択口座内配当等の額の総額から上場株式等に係る譲渡損失の金額を控除（損益通算）した残額に対して源泉徴収税率（15.315％）を乗じて計算します（措法37の11の６⑥、措令25の10の13⑧）。

また、居住者等に対して支払われる源泉徴収選択口座内配当等について、その年中に金融商品取引業者等がその源泉徴収選択口座内配当等の交付の際に既に徴収した所得税及び復興特別所得税の額が上記により計算した所得税及び復興特別所得税の額を超えるときは、その金融商品取引業者等は、その居住者等に対し、その超える部分の金額に相当する所得税及び復興特別所得税を還付しなければなりません（措法37の11の６⑦、復興財確法28⑤）。

(注)　この特例の対象となった損失の金額を、申告により、その特定口座以外の株式等に係る譲渡所得等の金額又は上場株式等に係る配当所得の金額から控除するときは、この特例の適用を受けた上場株式等の配当等については、申告不要の特例は適用されません。

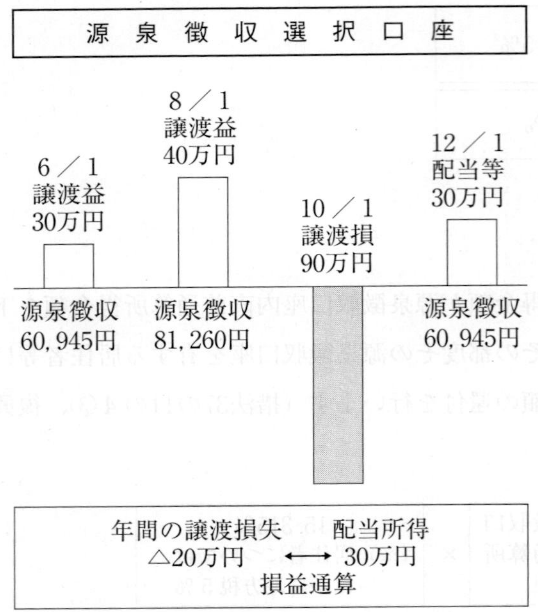

10万円×20.315%（所得税15.315%、地方税5%）
=20,315円（翌年1月10日までに納付）

※　徴収された182,835円については支払事務取扱者から居住者等に還付されます。

(5)　源泉徴収税額の納付期限

源泉徴収選択口座に係る年初からの通算所得金額の増減額の15.315%の所得税及び復興特別所得税の源泉徴収又は還付を行い、各年の年末において還付されずに残っていた源泉徴収税額がある場合には、翌年1月10日までにe-Taxを利用して納付するか又は「上場株式等の源泉徴収選択口座内調整所得金額及び源泉徴収選択口座内配当等の所得税徴収高計算書（納付書）」を添えて納付することとされています。

この場合の納税地は、金融商品取引業者等の営業所の所在地となります（措法37の11の4①、37の11の6⑤、措令25の10の11⑥、25の10の13⑬、復興財確法28⑧、復興特別所得税政令10③、復興特別所得税省令6）。

(注)　上記のほか、納付期限については以下のとおりの規定があります（措令25の10の11②、25の10の13⑦）。

1　金融商品取引業者等の事業の全部又は一部の譲渡により源泉徴収選択口座に関する事務が移管された場合……その譲渡の日の属する月の翌月10日

2　金融商品取引業者等の分割により源泉徴収選択口座に関する事務が移管された場合……そ

の分割の日の属する月の翌月10日
3　金融商品取引業者等が解散又は事業の廃止をした場合……その解散又は廃止の日の属する月の翌月10日
4　特定口座廃止届出書の提出があった場合……その提出があった日の属する月の翌月10日
5　特定口座開設者死亡届出書の提出があった場合……その提出があった日の属する月の翌月10日

4　特定口座年間取引報告書の提出

居住者等が金融商品取引業者等に特定口座を開設した場合、金融商品取引業者等はその年において開設されていた特定口座について、「特定口座年間取引報告書」を２部作成し、翌年１月31日（年の中途で契約の解約による特定口座の廃止などにより特定口座廃止届出書が提出された場合は、その事由が生じた日の属する月の翌月末日）までに、１部をその金融商品取引業者等の営業所の所在地の税務署長に提出し、他の１部を特定口座を開設した居住者等に交付しなければなりません（措法37の11の３⑦）。

なお、その年中に取引のなかった特定口座については、特定口座を開設している居住者等に対してこの特定口座に係る特定口座年間取引報告書を交付する必要はありません。ただし、特定口座を開設した居住者等から請求があった場合には、特定口座年間取引報告書を交付することとなります（措法37の11の３⑧）。

また、金融商品取引業者等は、居住者等の承諾を得て、書面による特定口座年間取引報告書の交付に代えて、特定口座年間取引報告書に記載すべき事項を電磁的方法により提供することができます。この提供により、金融商品取引業者等は、特定口座年間取引報告書を交付したものとみなされます（措法37の11の３⑨⑩）。

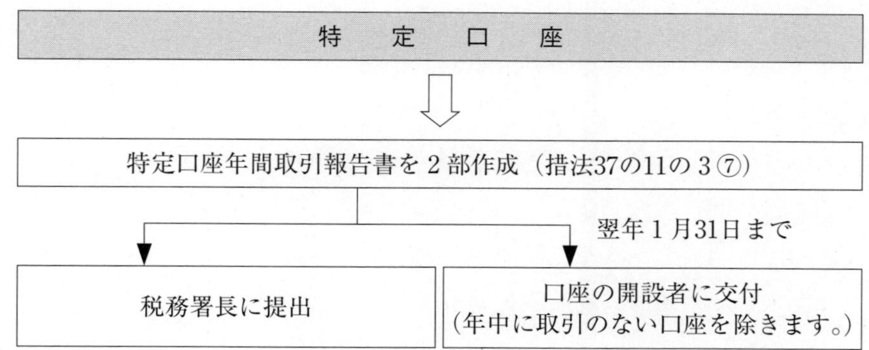

アドバイス

特定口座における取引については、株式等の譲渡の対価に係る支払調書の作成及び提出は要しないこととされています（措令25の10の10⑤）。

5　申告不要制度

源泉徴収選択口座を有する居住者等は、その年分の株式等の譲渡所得等について所得税の確定申告を行う場合には、その特定口座内保管上場株式等に係る譲渡所得等の金額を除外して、確定申告を行うことができる、いわゆる申告不要制度が適用できます（措法37の11の5①）。

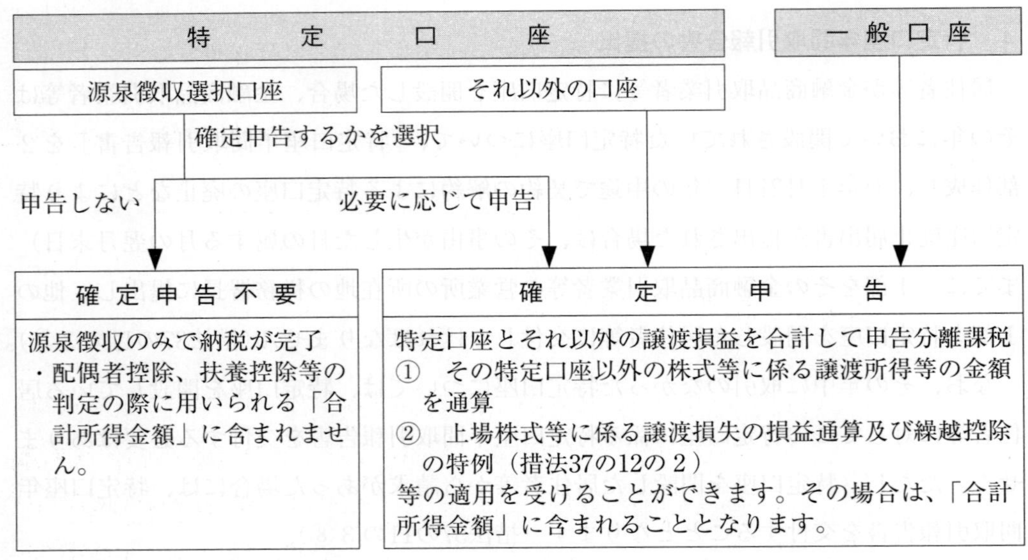

アドバイス

確定申告不要制度を適用した場合は、その源泉徴収選択口座における所得の金額は、扶養親族等の判定の際に用いられる「合計所得金額」に含まれないこととされています。

第11章　その他の所得に対する源泉徴収

第１　割引債の償還差益に対する源泉徴収

特定の割引債の償還差益については、債券発行時に源泉徴収を要することとされています。なお、この取扱いについては、原則として平成27年12月31日以前に発行された割引債に限られます（措法41の12、措令26の15）。

1　源泉徴収の対象となる割引債

割引債の償還差益に対する源泉徴収の概要は次のとおりです。

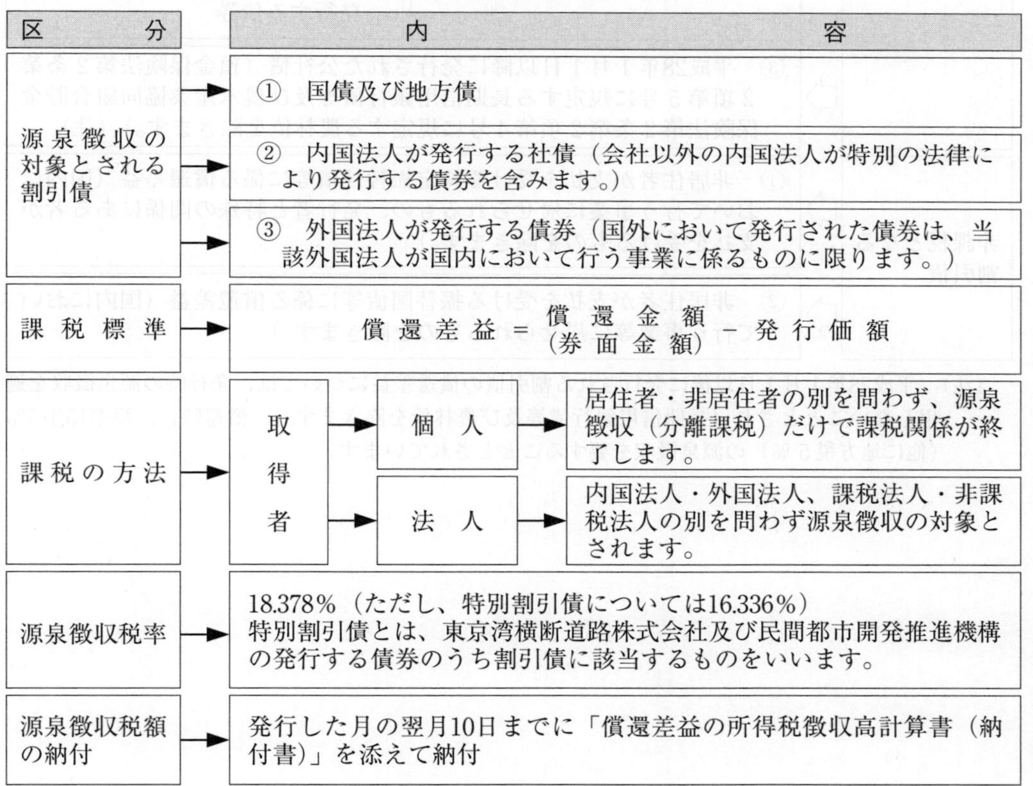

区　分	内　容
源泉徴収の対象とされる割引債	①　国債及び地方債 ②　内国法人が発行する社債（会社以外の内国法人が特別の法律により発行する債券を含みます。） ③　外国法人が発行する債券（国外において発行された債券は、当該外国法人が国内において行う事業に係るものに限ります。）
課税標準	償還差益＝償還金額（券面金額）－発行価額
課税の方法	取得者 → 個人 → 居住者・非居住者の別を問わず、源泉徴収（分離課税）だけで課税関係が終了します。 取得者 → 法人 → 内国法人・外国法人、課税法人・非課税法人の別を問わず源泉徴収の対象とされます。
源泉徴収税率	18.378％（ただし、特別割引債については16.336％） 特別割引債とは、東京湾横断道路株式会社及び民間都市開発推進機構の発行する債券のうち割引債に該当するものをいいます。
源泉徴収税額の納付	発行した月の翌月10日までに「償還差益の所得税徴収高計算書（納付書）」を添えて納付

（注）1　法人が源泉徴収された所得税及び復興特別所得税については、法人税の申告の際に所得税額控除の対象となります。

2　繰上償還又は買入消却が行われた場合は、源泉徴収税額の一部が還付されます。

3　非課税法人等が源泉徴収された所得税及び復興特別所得税については、一定の手続により当該法人等がその債券を所有していた期間に対応する部分の額（特定の割引国債に係るものについては、全額）が、償還時に還付されます（措法41の12⑥、措令26の13、復興財確法28③）。

その他所得

2　源泉徴収を要しない割引債

割引債の償還差益のうち、次のものについては、源泉徴収を要しない又は非課税とされています（措法41の12⑦、41の13、措令26の15②③）。

区　分	内容	
源泉徴収を要しない割引債	①　外貨公債の発行に関する法律の規定により発行される外貨債	
	②　特別の法令により設立された法人がその法令の規定により発行する債券のうち次のもの	イ　独立行政法人住宅金融支援機構が発行する債券
		ロ　沖縄振興開発金融公庫が発行する債券
		ハ　独立行政法人都市再生機構が発行する債券
	③　平成28年１月１日以降に発行された公社債（預金保険法第２条第２項第５号に規定する長期信用銀行債等及び農水産業協同組合貯金保険法第２条第２項第４号に規定する農林債を除きます。）（注）	
非課税となる割引債	①　非居住者が支払を受ける特定振替社債等に係る償還差益（国内において行う事業に帰せられるもの、発行者と特殊の関係にある者が支払を受けるものを除きます。）	
	②　非居住者が支払を受ける振替国債等に係る償還差益（国内において行う事業等に帰せられるものを除きます。）	

（注）　平成28年１月１日以後に発行される割引債の償還差益については、発行時の源泉徴収を適用しないこととされ（長期信用銀行債等及び農林債を除きます。）、償還時に、税率15.315％（他に地方税５％）の源泉徴収を要することとされています。

第2　割引債の償還金に係る差益金額に対する源泉徴収の特例

平成28年1月1日以降に個人又は一般社団（財団）法人（公益社団（財団）法人を除きます。）、人格のない社団等及び法人税法以外の法律によって法人税法の公益法人等とみなされている法人（以下「一定の内国法人」といいます。）若しくは外国法人に対して支払う割引債の償還金については、その支払時（償還時）に、源泉徴収を要することとされています（措法41の12の2、措令26の17、措規19の5）。

1　源泉徴収の対象となる割引債

割引債の償還金に係る差益金額に対する源泉徴収の概要は次のとおりです。

区　分	内　容
源泉徴収の対象とされる割引債	①　割引の方法により発行される公社債
	②　分離元本公社債
	③　分離利子公社債
	④　利子が支払われている公社債で、その発行価額の額面金額に対する割合が90％以下であるもの
源泉徴収義務者	①　個人又は一定の内国法人若しくは外国法人に対して国内において支払われる割引債の償還金の支払者
	②　個人又は一定の内国法人若しくは外国法人に対して国内において支払われる特定割引債（割引債のうち上場株式等に係る譲渡所得等の課税の特例の対象となる上場株式等に該当するもの）の償還金の国内における支払の取扱者……特定割引債取扱者
	③　居住者又は一定の内国法人に対して支払われる国外割引債の償還金（国外において発行された割引債の償還金で、国外において支払われるもの）の国内における支払の取扱者……国外割引債取扱者
源泉徴収税率	15.315％（ほかに地方税5％）

（注）1　外国法人に対して支払われる国外割引債の償還金は源泉徴収の対象とはなりません（措法41の12の2①）。

2　償還の時に特定口座において管理されているもの及び外貨債は、源泉徴収の対象とされる割引債から除きます（措法41の12の2⑥一）。

3　法人が源泉徴収された所得税及び復興特別所得税については、法人税の申告の際に所得税額控除の対象となります（措法41の12の2⑦）。

2　差益金額の意義

源泉徴収の対象となる差益金額は、次のとおりです（措法41の12の２⑥三、措令26の17⑥）。

区　　　　分		内　　　　容
①　割引債（分離利子公社債を除きます。）のうち発行日から償還の日までの期間が１年以下であるもの（③に掲げるものを除きます。）	⇨	割引債の償還金の額に0.2％を乗じて計算した金額
②　割引債（分離利子公社債を除きます。）のうち発行日から償還の日までの期間が１年を超えるもの及び分離利子公社債（③に掲げるものを除きます。）	⇨	割引債の償還金の額に25％を乗じて計算した金額
③　割引債管理契約に基づき、その割引債の取得に要した金額が管理されているもの	⇨	割引債の償還金の額がその割引債管理契約に基づき管理されているその割引債の取得に要した金額を超える場合におけるその差益の金額

（注）1　上記①の割引債の償還金のうち、外国法人により発行された割引債の償還金の支払を受ける者が非居住者又は外国法人である場合には、割引債の償還金の額は、その割引債を発行した外国法人が国内において行う事業に係る部分の金額となります（措令26の17⑤）。

2　割引債管理契約とは、一定の内国法人がその償還金に係る特定割引債取扱者又は国外割引債取扱者と締結した割引債の取得に要した金額の管理に関する契約をいいます（措令26の17⑦）。

3　源泉徴収税額の納付

割引債の償還金の支払者、特定割引債取扱者又は国外割引債取扱者は、支払った月又は交付をした月の翌月10日までに「割引債の償還金に係る差益金額の所得税徴収高計算書（納付書）」を添えて納付します。

第３　金融類似商品の収益に対する課税の概要

１　課税方法

定期積金の給付補塡金等一定の金融類似商品の収益については、15.315％の税率（居住者については、ほかに地方税５％）により源泉徴収を要することとされています（所法209の２、209の３、復興財確法28）。

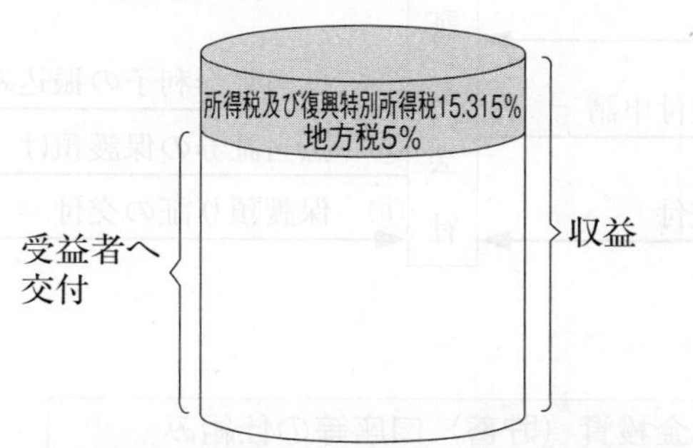

なお、居住者又は国内に恒久的施設を有する非居住者が支払を受ける収益については、源泉徴収だけで納税が完結する源泉分離課税とされます（措法41の10①）。

２　源泉徴収の対象となる収益の額

源泉徴収の対象となる金融類似商品及び源泉徴収の対象となる収益の額は、次のとおりです（所法174三～八）。

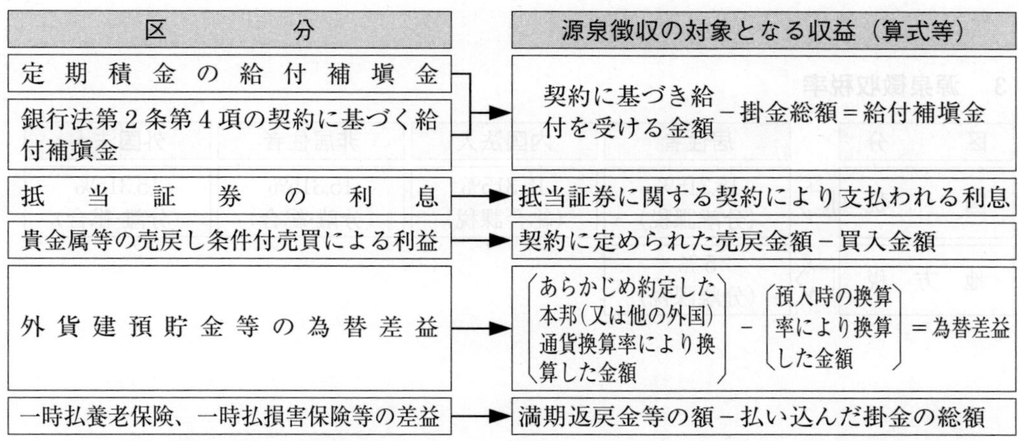

区　分	源泉徴収の対象となる収益（算式等）
定期積金の給付補塡金 銀行法第２条第４項の契約に基づく給付補塡金	契約に基づき給付を受ける金額－掛金総額＝給付補塡金
抵当証券の利息	抵当証券に関する契約により支払われる利息
貴金属等の売戻し条件付売買による利益	契約に定められた売戻金額－買入金額
外貨建預貯金等の為替差益	（あらかじめ約定した本邦（又は他の外国）通貨換算率により換算した金額）－（預入時の換算率により換算した金額）＝為替差益
一時払養老保険、一時払損害保険等の差益	満期返戻金等の額－払い込んだ掛金の総額

（注）１　外貨建預貯金等の場合、通常の利子については為替差益とは別に一般の預貯金の利子と同様に所得税及び復興特別所得税のほかに地方税が源泉徴収されます。

２　一時払養老（損害）保険等の差益とは、保険期間等が５年以下のもの及び保険期間等が５年を超えるもので保険期間等の初日から５年以内に解約されたものに基づく差益をいいます。

（参考）

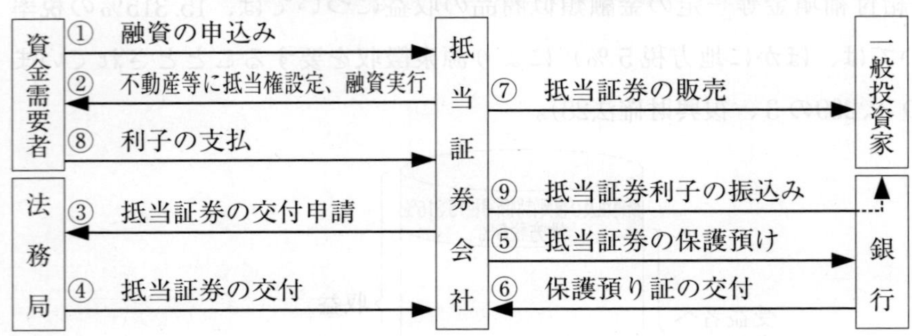

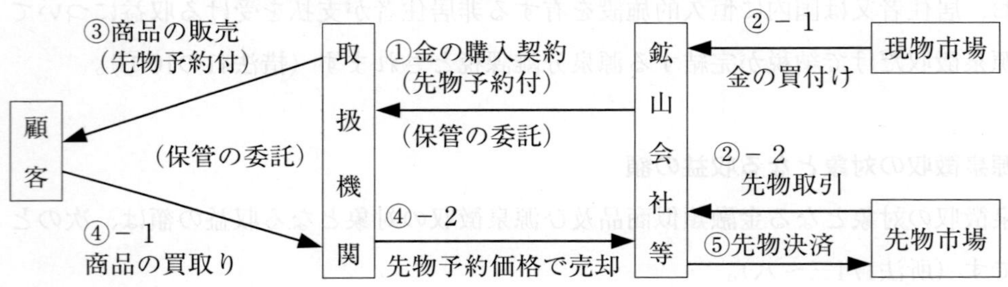

3　源泉徴収税率

区　分	居住者	内国法人	非居住者	外国法人
国　税	15.315% （分離課税）	15.315% （総合課税）	15.315% （分離・総合）	15.315% （分離・総合）
地　方　税	5％ （分離課税）			

第４　生命保険契約等に基づく年金に係る源泉徴収

居住者・非居住者又は外国法人に対して、国内において、一定の年金に係る契約に基づく年金の支払をする者は、その年金を支払う際、その年金について所得税及び復興特別所得税を徴収し、その支払の日の属する月の翌月10日までに、これを納付しなければなりません（所法161①十四、178、207～209、212、所令326、復興財確法28①）。

源泉徴収の対象となる保険契約等とは、年金に係る次の契約をいいます（所法76⑤⑥、77②、207、209、212、所令209、210、210の２、212、214、287、326）。

対象となるもの	対象とならないもの
生命保険会社又は外国生命保険会社等と締結した保険契約（国内で締結したものに限ります。）のうち生存又は死亡に基因して一定額の保険金等が支払われるもの	(イ) 保険期間が５年に満たない保険契約のうち、被保険者が保険期間の満了の日に生存している場合に限り保険金を支払う定めのあるもの又は被保険者が保険期間の満了の日に生存している場合及び当該期間中に災害、特定の感染症その他これらに類する特別の事由により死亡した場合に限り保険金を支払う定めのあるもの (ロ) 外国生命保険会社等と国外において締結した生命保険契約
損害保険会社又は外国損害保険会社等と締結した保険契約のうち、一定の偶然の事故によって生ずることのある損害をてん補するもの（国内で締結したものに限ります。）	外国損害保険会社等と国外において締結した保険契約
旧簡易生命保険契約	—
生命共済契約等	
農業協同組合と締結した生命共済契約	共済期間が５年に満たない生命共済に係る契約のうち、被共済者が共済期間の満了の日に生存している場合に限り共済金を支払う定めのあるもの又は被共済者が共済期間の満了の日に生存している場合及び当該期間中に災害、特定の感染症その他これらに類する特別の事由により死亡した場合に限り共済金を支払う定めのあるもの
農業協同組合連合会と締結した生命共済契約	—
漁業協同組合、水産加工業協同組合又は共済水産業協同組合連合会と締結した生命共済契約	
消費生活協同組合連合会と締結した生命共済契約	

対象となるもの	対象とならないもの
中小企業等協同組合法第９条の２第７項に規定する特定共済組合、協同組合連合会又は特定共済組合連合会と締結した生命共済契約で同法の規定による認可を受けたもの	——
農業協同組合又は農業協同組合連合会と契約した建物更生共済契約、火災共済契約又は身体の傷害、医療費の支出に関する共済契約	
農業共済組合又は農業共済組合連合会と契約した火災共済契約又は建物共済契約	
漁業協同組合、水産加工業協同組合又は共済水産業協同組合連合会と契約した建物若しくは動産の共済期間中の耐存を共済事故とする共済契約、火災共済契約又は身体の傷害に関する共済契約	漁業協同組合又は水産加工業協同組合がその締結した建物若しくは動産の共済期間中の耐存を共済事故とする共済若しくは火災共済又は身体の傷害に関する共済に係る契約により負う共済責任の全部を共済水産業協同組合連合会の共済に付していないもの
火災等共済組合と契約した火災共済契約	——
消費生活協同組合連合会と契約した火災共済契約、自然災害共済又は身体の傷害に関する共済契約	
事業協同組合、事業協同小組合、協同組合連合会の締結した身体の障害又は医療費の支出に関する共済に関する契約	
生命保険会社又は損害保険会社と締結した身体の傷害その他これらに類する事由に基因して保険金等が支払われる保険契約	
外国生命保険会社又は外国損害保険会社と締結した身体の傷害その他これらに類する事由に基因して保険金等が支払われる保険契約（国内で締結したものに限ります。）	
確定給付企業年金法第３条第１項に規定する確定給付企業年金に係る規約又は法人税法附則第20条第３項に規定する適格退職年金契約	
確定給付企業年金法の規定による承認の取消しを受けた時以降に行う給付で年金として支払われるもの	
財務大臣の指定する次のもの／昭和62年12月10日大蔵省告示第159号／(イ)　次の法人と締結した生命共済に係る契約 ㋑　神奈川県民共済生活協同組合 ㋺　教職員共済生活協同組合 ㋩　警察職員生活協同組合 ㊁　埼玉県民共済生活協同組合 ㋭　全国交通運輸産業労働者共済生活	

財務大臣の指定する次のもの	昭和62年12月10日大蔵省告示第159号	協同組合 ㋬　電気通信産業労働者共済生活協同組合 ㋣　日本郵政グループ労働者共済生活協同組合 (ロ)　全国理容生活衛生同業組合連合会の締結した年金共済に係る契約 (ハ)　独立行政法人中小企業基盤整備機構の締結した小規模企業共済法に規定する旧第２種共済契約	
	昭和59年10月13日大蔵省告示第126号(注)	消費生活協同組合法第10条第１項第４号の事業を行う次に掲げる法人と契約した火災共済契約 ①　愛知県共済生活協同組合 ②　秋田県共済生活協同組合 ③　尼崎市民共済生活協同組合 ④　大阪市民共済生活協同組合 ⑤　金沢市民共済生活協同組合 ⑥　教職員共済生活協同組合 ⑦　群馬県共済生活協同組合 ⑧　警察職員生活協同組合 ⑨　神戸市民生活協同組合 ⑩　札幌市民共済生活協同組合 ⑪　生活協同組合全国都市職員災害共済会 ⑫　全国交通運輸産業労働者共済生活協同組合 ⑬　全国酒販生活協同組合 ⑭　全国たばこ販売生活協同組合 ⑮　全国町村職員生活協同組合 ⑯　全国特定郵便局長生活協同組合 ⑰　全逓信労働者共済生活協同組合 ⑱　全日本自治体労働者共済生活協同組合 ⑲　電気通信産業労働者共済生活協同組合 ⑳　名古屋市民火災共済生活協同組合 ㉑　新潟市火災共済生活協同組合 ㉒　西宮市民共済生活協同組合 ㉓　日本塩業生活協同組合 ㉔　姫路市民共済生活協同組合 ㉕　福岡県民火災共済生活協同組合 ㉖　防衛庁職員生活協同組合 ㉗　横浜市民共済生活協同組合	
	昭和63年12月26日大蔵省告示第179号(注)	消費生活協同組合法第10条第１項第４号の事業を行う次に掲げる法人と契約した身体の傷害に関する共済契約 ①　神戸市民生活協同組合 ②　全国交通運輸産業労働者共済生活協同組合	

対象となるもの			対象とならないもの
財務大臣の指定する次のもの	平成12年7月11日大蔵省告示第205号(注)	消費生活協同組合法第10条第１項第４号の事業を行う次に掲げる法人と契約した自然災害共済に係る契約 ①　全国交通運輸産業労働者共済生活協同組合 ②　全逓信労働者共済生活協同組合 ③　全日本自治体労働者共済生活協同組合 ④　電気通信産業労働者共済生活協同組合	
	平成18年3月31日財務省告示第139号	法律の規定に基づく共済に関する事業を行う法人の締結した火災共済又は自然災害共済に係る契約でその事業及び契約の内容が消費生活協同組合法第10条第１項第４号に掲げるものに準ずるものとして財務大臣が指定するもの ①　教職員共済生活協同組合 ②　全国交通運輸産業労働者共済生活協同組合 ③　電気通信産業労働者共済生活協同組合 ④　日本郵政グループ労働者共済生活協同組合	
	平成22年3月31日財務省告示第103号	法律の規定に基づく共済に関する事業を行う法人の締結した火災共済又は自然災害共済に係る契約でその事業及び契約の内容が消費生活協同組合法第10条第１項第４号に掲げるものに準ずるものとして財務大臣が指定するもの ○　教職員共済生活協同組合	

(注)　平成18年12月31日までに締結したものに限ります（平18改正法附則10）。

1　徴収税額

(1)　源泉徴収税額

生命保険契約等に基づく年金の額から控除する源泉徴収税額は、当該年金の額からその年金に対応する保険料又は掛金の額を控除した残額に対して10.21％（非居住者又は外国法人の場合は20.42％）の税率により計算します（所法208、213①、復興財確法28②）。

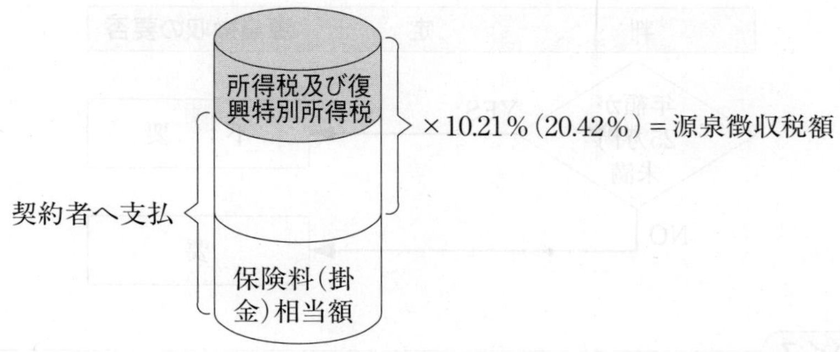

⑵　年金の額から控除する保険料（掛金）相当額の計算

年金の額から控除する保険料（掛金）相当額は、次の算式により計算します（所令183①二、184①二、326③）。

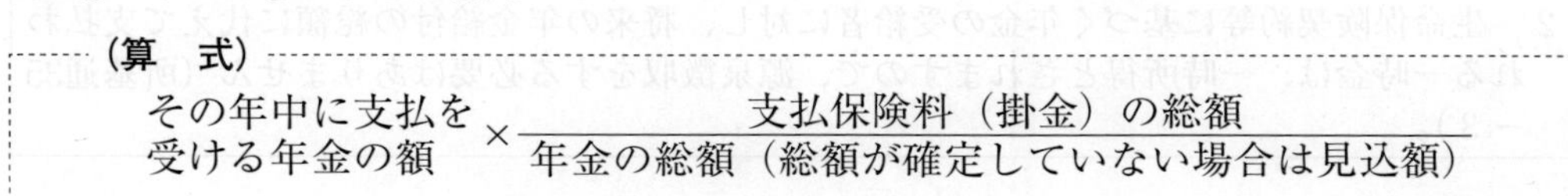
（算　式）

$$\text{その年中に支払を受ける年金の額} \times \frac{\text{支払保険料（掛金）の総額}}{\text{年金の総額（総額が確定していない場合は見込額）}}$$

２　源泉徴収を要しない年金

生命保険契約、損害保険契約等に基づく年金のうち、次に掲げる契約で、その契約に基づく保険金等の支払事由が生じた日以後において、その保険金等を年金として支給することとされた契約以外のものに基づく年金については、源泉徴収を要しないこととされています。

⑴　年金受取人と保険契約者とが異なる契約（⑶の団体保険に係る契約を除きます。）

⑵　年金受取人と保険契約者とが同一である契約のうち、その契約に基づく保険金等の支払事由が生じたことによりその保険契約者の変更が行われたもの

⑶　団体保険に係る契約であって、被保険者と年金受取人とが異なるもの

（注）　団体保険とは、団体の代表者を保険契約者とし、その団体に所属する人を被保険者とすることとなっている保険をいいます。

また、居住者に対して支払う年金のうち、その年額（当該年金の額からそれに対応する保険料又は掛金相当額として１の⑵《年金の額から控除する保険料（掛金）相当額の計算》において計算した控除額を控除した残額）が25万円未満である場合には、源泉徴収を要しないこととされています（所法209、所令326③④⑤⑥）。

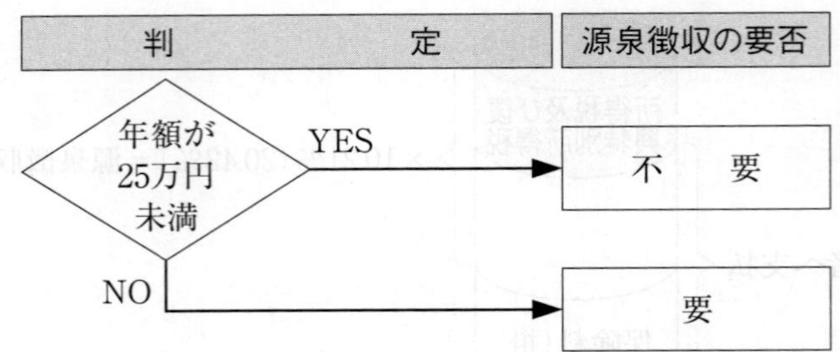

アドバイス

1　支払を受ける年金の額がこの源泉徴収不要額の範囲内であるかどうかは、年金の契約ごとに判定することになりますので、2以上の保険契約等又は個人年金保険契約等に基づき年金の支払を受ける場合であっても、個々の契約に基づく年金の額が源泉徴収不要額の範囲内であれば源泉徴収は要しません。

2　生命保険契約等に基づく年金の受給者に対し、将来の年金給付の総額に代えて支払われる一時金は、一時所得とされますので、源泉徴収をする必要はありません（所基通35－3）。

第5　匿名組合契約等の利益の分配に係る源泉徴収

居住者又は内国法人に対して、国内において匿名組合契約（これに準ずる契約を含みます。）に基づく利益の分配の支払をする者は、その支払の際、その利益の分配について20.42％の税率により所得税及び復興特別所得税を徴収し、その支払の日の属する月の翌月10日までにこれを納付しなければならないこととされています（所法174九、210、211、212③、213②、所令288、298⑧、327、復興財確法28①②）。

1　匿名組合契約等に基づく利益の分配

匿名組合契約等に基づく利益の分配とは、次に掲げる契約に基づいて受ける利益の分配をいいます（所令288、298⑧、327）。

匿　名　組　合　契　約
当事者の一方が相手方の営業のために出資し、相手方がその営業から生ずる利益を分配することを約束する契約。実質的には出資者（匿名組合員）と相手方（営業者）との協同企業形態ですが、外部に対しては、営業者だけが権利義務の主体として現れ、匿名組合員は現れないのでこの名称があります。

ポイント

匿名組合契約及びこれに準ずる契約による出資は、相手方の事業のために出資したものであることを要しますから、いわゆる任意組合の組合員、会社その他の法人の株主若しくは社員、人格のない社団の社員等共同事業者又は共同事業者と目すべき者がその共同事業者たる地位に基づいて出資する出資又は株式の払込み等は、これに含まれません。

2　徴収税額

匿名組合契約等に基づき支払われる利益の分配については、20.42％の税率により源泉徴収を行うこととされます（所法211、復興財確法28①②）。

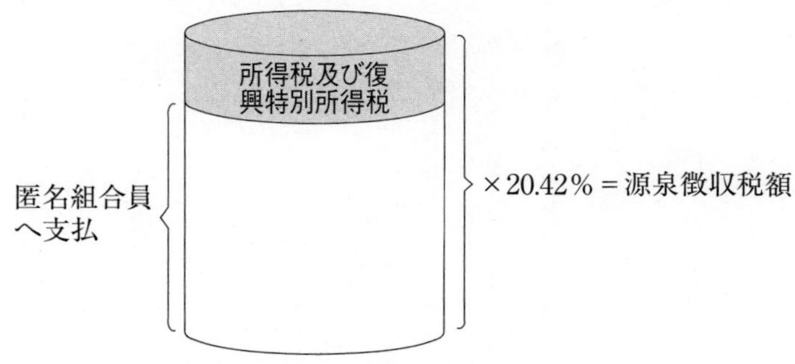

なお、納付の際には「利子等の所得税徴収高計算書（納付書）」を使用することに

なります。

3 非居住者等に対する利益の分配

非居住者又は外国法人に対し匿名組合契約等に基づく利益の分配の支払をする者は、その支払う利益の分配について源泉徴収をすることとなります（詳しくは、371ページを参照してください。）。

第６　懸賞金付預貯金等の懸賞金等に対する課税の概要

一定の懸賞金付預貯金等の懸賞金等については、15.315％の税率（居住者については、ほかに地方税５％）により所得税及び復興特別所得税の源泉徴収を行うこととされています（措法41の９、復興財確法28①②）。

１　課税方法

居住者又は内国法人（公共法人等の一定の法人を除きます。）が支払を受ける一定の懸賞金付預貯金等の懸賞金等については、その支払等の際、15.315％の税率により所得税及び復興特別所得税（居住者については、ほかに地方税５％）の源泉徴収を行うこととされています。

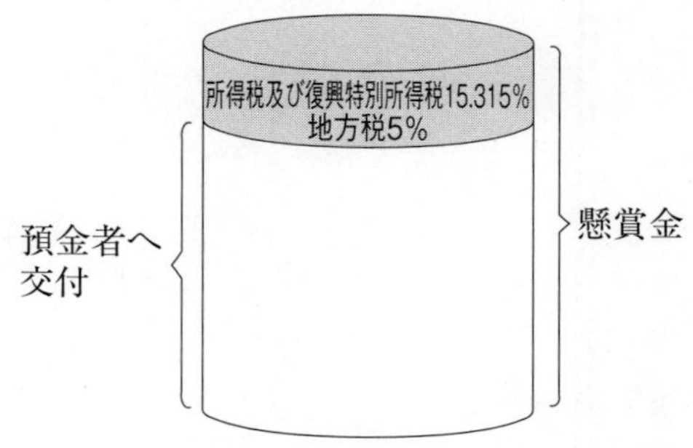

なお、居住者が支払を受けるものについては、この源泉徴収だけで納税が完結する源泉分離課税制度が適用されます（措法41の９①②、措令26の９、復興財確法28①②）。

２　課税の対象となる懸賞金付預貯金等

一定の懸賞金付預貯金等とは、国内において、預貯金、合同運用信託、定期積金、公社債、公社債投資信託の受益権等に係る契約に基づき預入、信託、購入又は払込みがされた預貯金等で、その契約が一定の期間継続され、又は一定の期間継続することとされているほか、その預貯金等を対象としてくじ引その他の方法により、懸賞金等（金品その他の経済的利益）の支払若しくは交付を受け又は受けることとされているものをいいます。

また、この預貯金等を対象として行われるくじ引等及び当該くじ引等に係る懸賞金等の支払若しくは交付又は供与は、次により行われることが要件とされています（措令26の９）。

<table>
<tr><td rowspan="3">要
件</td><td>① 抽せん権（くじ引等による抽せんを受けることができる権利）は、その預入等がされた預貯金等の一定額若しくはその預貯金等の残高の一定額を基準として、又は当該預貯金等に係る契約の一定の期間の継続を条件として一個又は数個が与えられるものであること</td></tr>
<tr><td>② 一の抽せんごとの懸賞金等の総額は、くじ引等の対象とされる預貯金等の総額に応じて定められていること</td></tr>
<tr><td>③ くじ引等に関し、そのくじ引等の期日並びにそのくじ引等に係る懸賞金等の支払等の開始日及びその支払等の方法を定めること</td></tr>
</table>

アドバイス

懸賞金付預貯金等の懸賞金等に係る所得税及び復興特別所得税を源泉徴収して納付する際には「定期積金の給付補てん金等の所得税徴収高計算書（納付書）」を使用することになります。

第12章　災害被害者に対する救済制度

第１　救済制度の概要

給与、公的年金等、報酬・料金の支払を受ける人又はこれらの支払をする者（源泉徴収義務者）が、震災、風水害、落雷、火災などの災害により大きな被害を受けた場合には、被害や損失の程度又は救済を受けようとする者の区分に応じて、救済制度が設けられています。

１　災害の範囲

「災害被害者に対する租税の減免、徴収猶予等に関する法律」（以下、この章において「災害減免法」といいます。）における災害には、震災、風水害、落雷等の天災のほか、火災等の人為的災害で自己の意思によらないものを含みます（災免法１、所法２①二十七、所令９）。

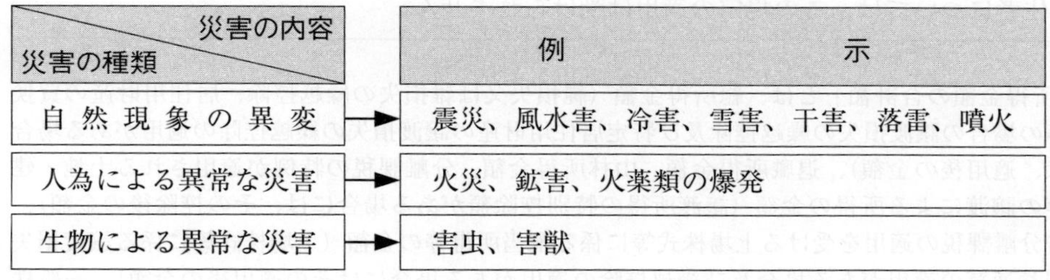

災害の種類＼災害の内容	例　示
自然現象の異変	震災、風水害、冷害、雪害、干害、落雷、噴火
人為による異常な災害	火災、鉱害、火薬類の爆発
生物による異常な災害	害虫、害獣

２　救済制度の内容

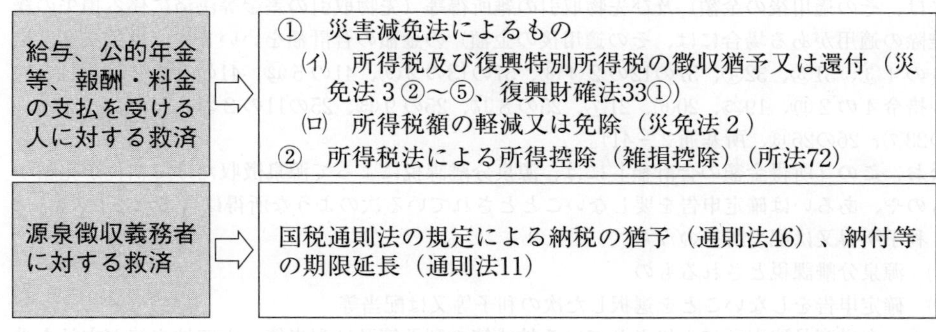

給与、公的年金等、報酬・料金の支払を受ける人に対する救済	①　災害減免法によるもの (イ)　所得税及び復興特別所得税の徴収猶予又は還付（災免法３②～⑤、復興財確法33①） (ロ)　所得税額の軽減又は免除（災免法２） ②　所得税法による所得控除（雑損控除）（所法72）
源泉徴収義務者に対する救済	国税通則法の規定による納税の猶予（通則法46）、納付等の期限延長（通則法11）

災害救済

第２　給与所得者等に対する救済

１　給与所得者又は公的年金等の受給者の場合

給与所得者又は公的年金等の受給者が、災害により、自己又は自己と生計を一にする配偶者その他の親族で一定の要件に該当する者（以下、この章において「扶養親族等」といいます。）の所有する住宅又は家財について甚大な被害を受け、かつ、その受給者（被災者）の年間の所得金額の合計額の見積額が1,000万円以下である場合には、その見積額の区分に応じ、災害のあった日以後に支払を受ける給与等（日雇給与を含みます。）及び公的年金等について所得税及び復興特別所得税の徴収猶予を受けたり、その年の１月１日から災害のあった日の前日までに徴収された給与等及び公的年金等に対する所得税及び復興特別所得税の還付を受けることができます（災免法３②③、災免令３の２、復興財確法33①、復興特別所得税政令13①）。

アドバイス

非居住者については、この規定の適用は受けられません。

（注）「所得金額の合計額」とは、総所得金額（純損失又は雑損失の繰越控除、居住用財産の買換え等の場合の譲渡損失の繰越控除及び特定居住用財産の譲渡損失の繰越控除の適用がある場合には、適用後の金額）、退職所得金額、山林所得金額、分離課税の特例が適用される土地・建物等の譲渡による所得の金額（譲渡所得の特別控除額がある場合には、その控除後の金額）、申告分離課税の適用を受ける上場株式等に係る配当所得等の金額（上場株式等に係る譲渡損失の損益通算の適用がある場合及び繰越控除の適用がある場合にはその適用後の金額）、一般株式等に係る譲渡所得等の金額又は上場株式等に係る譲渡所得等の金額（上場株式等に係る譲渡損失の繰越控除又は特定中小会社が発行した株式に係る譲渡損失の繰越控除等の適用がある場合には、その適用後の金額）及び先物取引の雑所得等（先物取引の差金等決済に係る損失の繰越控除の適用がある場合には、その適用後の金額）の金額の合計額をいいます（災免法２、措法８の４③、31③、32④、37の12の２④⑧、37の13の２⑨、41の５⑫、41の５の２⑫、41の14②、措令４の２⑩、19㉕、20⑥、21⑦、25の８⑰、25の９⑬、25の11の２㉒、25の12の２㉖、26の23⑦、26の26⑬、所基通２－41）。

なお、この「所得金額の合計額」には、源泉分離課税によって源泉徴収だけで納税が完結するものや、あるいは確定申告を要しないこととされている次のような所得は含まれません。

１　利子所得又は配当所得のうち、
　(1)　源泉分離課税とされるもの
　(2)　確定申告をしないことを選択した次の利子等又は配当等
　　①　金融商品取引所に上場されている株式等の利子等又は配当等（大口株主等が支払を受けるものを除きます。）
　　②　公募証券投資信託の収益の分配
　　③　特定投資法人の投資口の配当等
　　④　公募特定受益証券発行信託の収益の分配
　　⑤　公募特定目的信託の社債的受益権の剰余金の配当

⑥　特定公社債の利子
⑦　公社債投資信託（その設定に係る受益権の募集が一定の公募により行われたもの又はその受益権が金融商品取引所に上場若しくは外国金融商品市場において売買されているものに限ります。）
⑧　公募公社債等運用投資信託の収益の分配
⑨　国外一般公社債等の利子等以外の国外公社債等の利子等
⑩　①から⑨以外の配当等で、１銘柄について１回に支払を受けるべき金額が10万円に配当計算期間の月数（最高12か月）を乗じてこれを12で除して計算した金額以下の配当等

2　源泉分離課税とされる定期積金の給付補塡金等、懸賞金付預貯金等の懸賞金等及び割引債の償還差益

3　源泉徴収選択口座を通じて行った上場株式等の譲渡による所得等で確定申告をしないことを選択したもの

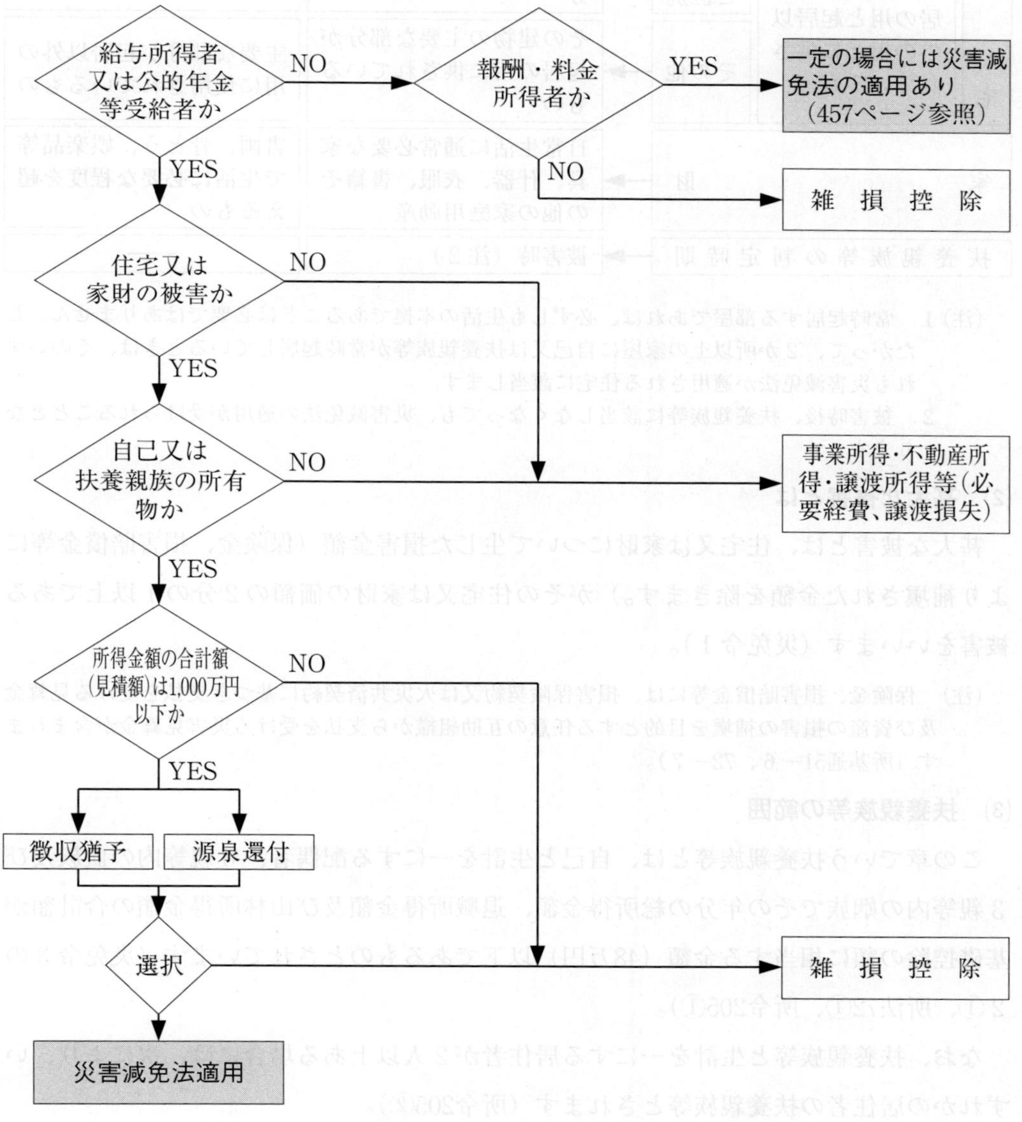

(1)　住宅及び家財の範囲

災害減免法の対象となる住宅及び家具は、次のものをいいます（災免令１、昭27直所１－101「２」、「３」、「４」、「５」（最終改正昭29直所１－106））。

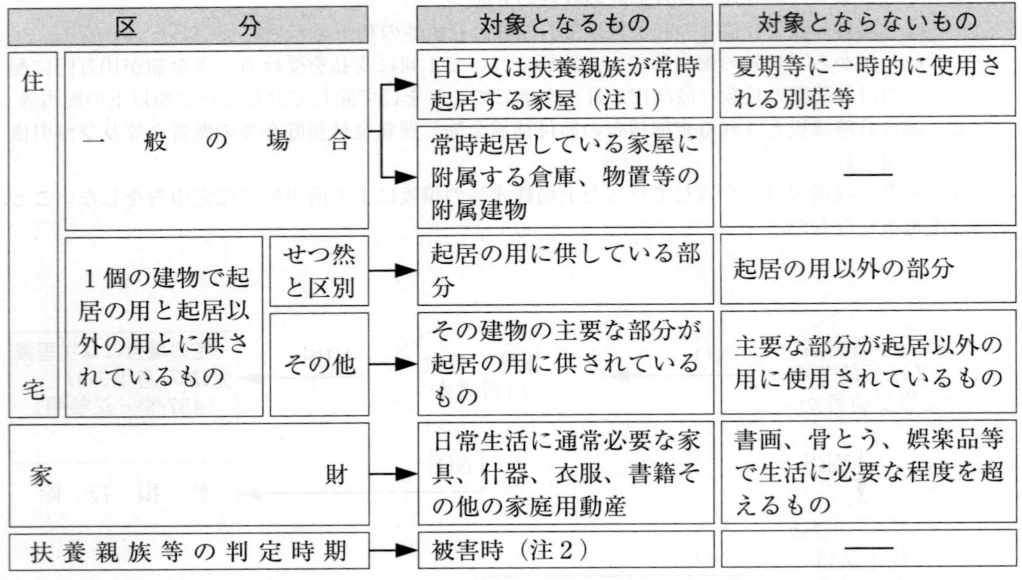

区分			対象となるもの	対象とならないもの
住宅	一般の場合		自己又は扶養親族が常時起居する家屋（注１）	夏期等に一時的に使用される別荘等
住宅	一般の場合		常時起居している家屋に附属する倉庫、物置等の附属建物	―
住宅	１個の建物で起居の用と起居以外の用とに供されているもの	せつ然と区別	起居の用に供している部分	起居の用以外の部分
住宅	１個の建物で起居の用と起居以外の用とに供されているもの	その他	その建物の主要な部分が起居の用に供されているもの	主要な部分が起居以外の用に使用されているもの
家財			日常生活に通常必要な家具、什器、衣服、書籍その他の家庭用動産	書画、骨とう、娯楽品等で生活に必要な程度を超えるもの
扶養親族等の判定時期			被害時（注２）	―

（注）１　常時起居する部屋であれば、必ずしも生活の本拠であることは必要ではありません。したがって、２か所以上の家屋に自己又は扶養親族等が常時起居しているときは、そのいずれも災害減免法が適用される住宅に該当します。

２　被害時後、扶養親族等に該当しなくなっても、災害減免法の適用が受けられることとなります。

(2)　甚大な被害とは

甚大な被害とは、住宅又は家財について生じた損害金額（保険金、損害賠償金等により補塡された金額を除きます。）がその住宅又は家財の価額の２分の１以上である被害をいいます（災免令１）。

（注）　保険金、損害賠償金等には、損害保険契約又は火災共済契約に基づき支払を受ける見舞金及び資産の損害の補塡を目的とする任意の互助組織から支払を受ける災害見舞金が含まれます（所基通51－６、72－７）。

(3)　扶養親族等の範囲

この章でいう扶養親族等とは、自己と生計を一にする配偶者、６親等内の血族及び３親等内の姻族でその年分の総所得金額、退職所得金額及び山林所得金額の合計額が基礎控除の額に相当する金額（48万円）以下であるものとされています（災免令３の２①、所法72①、所令205①）。

なお、扶養親族等と生計を一にする居住者が２人以上ある場合には、次により、いずれかの居住者の扶養親族等とされます（所令205②）。

区分		親族の範囲
同一生計配偶者又は扶養親族に該当する場合		自己の同一生計配偶者又は扶養親族としている居住者の親族
同一生計配偶者又は扶養親族に該当しない場合	配偶者であるとき	その夫又は妻である居住者の親族
	配偶者以外の親族であるとき	これらの居住者のうち、総所得金額、退職所得金額及び山林所得金額の合計額が最も多い居住者の親族

(4)　徴収猶予又は還付される金額

災害による損害額が住宅又は家財の価額の２分の１以上で、かつ、その年分の所得金額の合計額の見積額が1,000万円以下である場合の徴収猶予又は還付される金額は、次のとおりです（災免法３②③、災免令３の２、復興財確法33①、復興特別所得税政令13①）。

その年分の合計所得金額の見積額等		徴収猶予される金額	還付される金額
500万円以下の場合		災害のあった日からその年の12月31日までの間に支払を受ける給与又は公的年金等につき源泉徴収される所得税及び復興特別所得税の額	その年１月１日から災害のあった日までの間に支払を受けた給与又は公的年金等につき源泉徴収された所得税及び復興特別所得税の額
500万円を超え750万円以下の場合	イ　６月30日以前に災害を受けた場合	災害のあった日から６か月を経過する日の前日までの間に支払を受ける給与又は公的年金等につき源泉徴収される所得税及び復興特別所得税の額	な　し
	ロ　７月１日以後に災害を受けた場合	災害のあった日からその年の12月31日までの間に支払を受ける給与又は公的年金等につき源泉徴収される所得税及び復興特別所得税の額	７月１日から災害のあった日までの間に支払を受けた給与又は公的年金等につき源泉徴収された所得税及び復興特別所得税の額
	ハ　イ又はロに代えてこの項によることを選択した場合	災害のあった日からその年の12月31日までの間に支払を受ける給与又は公的年金等につき源泉徴収される所得税及び復興特別所得税の額の２分の１	その年１月１日から災害のあった日までの間に支払を受けた給与又は公的年金等につき源泉徴収された所得税及び復興特別所得税の額の２分の１
750万円を超え1,000万円以下の場合	イ　９月30日以前に災害を受けた場合	災害のあった日から３か月を経過する日の前日までの間に支払を受ける給与又は公的年金等につき源泉徴収される所得税及び復興特別所得税の額	な　し
	ロ　10月１日以後に災害を受けた場合	災害のあった日からその年の12月31日までの間に支払を受ける給与又は公的年金等につき源泉徴収される所得税及び復興特別所得税の額	な　し

(注) 1 「500万円を超え750万円以下の場合」のイ及び「750万円を超え1,000万円以下の場合」のイの徴収猶予期間は、延長される場合があります（災免令３の２⑥）。

2 上記の徴収猶予及び還付を受けていても、雑損控除を適用した方が有利なときは、確定申告の際に、災害減免法の適用に代えて雑損控除の適用を受けることができます（所法72）。

また、これをフローチャートに示すと次ページのようになります。

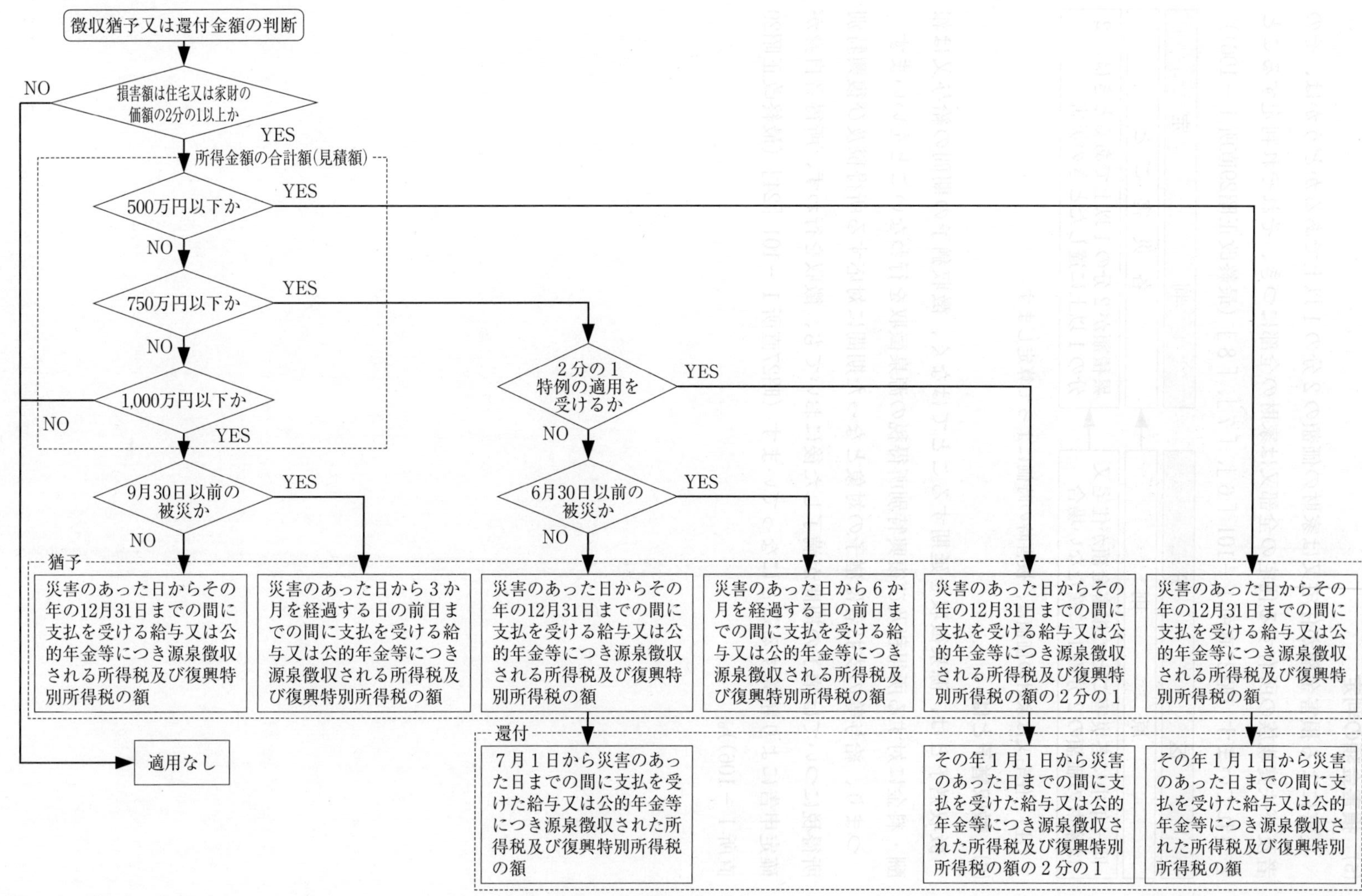
徴収猶予又は還付金額の判断
損害額は住宅又は家財の価額の2分の1以上か
NO
YES
所得金額の合計額(見積額)
500万円以下か
YES
NO
750万円以下か
YES
NO
1,000万円以下か
NO
YES
2分の1特例の適用を受けるか
YES
NO
9月30日以前の被災か
YES
NO
6月30日以前の被災か
YES
NO
猶予
災害のあった日からその年の12月31日までの間に支払を受ける給与又は公的年金等につき源泉徴収される所得税及び復興特別所得税の額
災害のあった日から３か月を経過する日の前日までの間に支払を受ける給与又は公的年金等につき源泉徴収される所得税及び復興特別所得税の額
災害のあった日からその年の12月31日までの間に支払を受ける給与又は公的年金等につき源泉徴収される所得税及び復興特別所得税の額
災害のあった日から６か月を経過する日の前日までの間に支払を受ける給与又は公的年金等につき源泉徴収される所得税及び復興特別所得税の額
災害のあった日からその年の12月31日までの間に支払を受ける給与又は公的年金等につき源泉徴収される所得税及び復興特別所得税の額の２分の１
災害のあった日からその年の12月31日までの間に支払を受ける給与又は公的年金等につき源泉徴収される所得税及び復興特別所得税の額
還付
７月１日から災害のあった日までの間に支払を受けた給与又は公的年金等につき源泉徴収された所得税及び復興特別所得税の額
その年１月１日から災害のあった日までの間に支払を受けた給与又は公的年金等につき源泉徴収された所得税及び復興特別所得税の額の２分の１
その年１月１日から災害のあった日までの間に支払を受けた給与又は公的年金等につき源泉徴収された所得税及び復興特別所得税の額
適用なし

(5)　損害金額の判定

災害による損害金額が住宅又は家財の価額の２分の１以上であるかどうかは、その者及び扶養親族の所有する住宅の全部又は家財の全部につき、それぞれ判定することとされています（昭27直所１－101「６」、「７」、「８」（最終改正昭29直所１－106））。

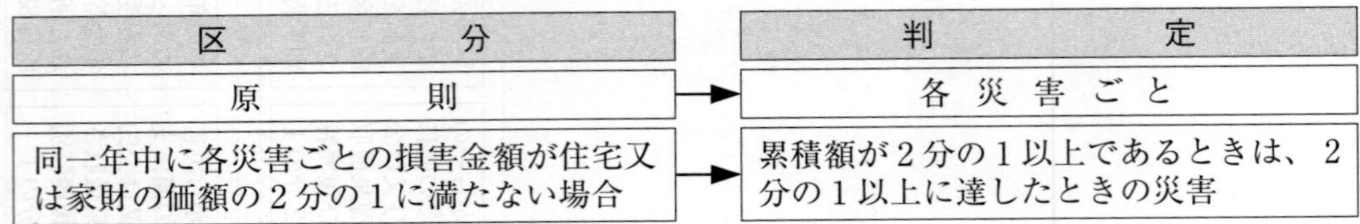

区　分	判　定
原　則	各災害ごと
同一年中に各災害ごとの損害金額が住宅又は家財の価額の２分の１に満たない場合	累積額が２分の１以上であるときは、２分の１以上に達したときの災害

（注）　住宅又は家財の価額は、被害時の時価によって算定します。

(6)　徴収猶予とは

徴収猶予とは、源泉徴収を延期することではなく、徴収猶予の期間の給与又は報酬・料金に対する所得税及び復興特別所得税の源泉徴収を行わないことをいいます。

つまり、給与等の支払者は猶予の対象となった期間に対応する所得税及び復興特別所得税については猶予の期間が満了した後においても、徴収を行わず、所得者自身が確定申告により精算することになっています（昭27直所１－101「24」（最終改正昭29直所１－106））。

２　徴収猶予及び還付の手続

給与等又は公的年金等を受ける人が、徴収猶予及び還付を受ける場合の手続は、次のとおりです（災免法３②③⑤、災免令４～６、10、復興特別所得税政令13①）。

区　　分	申請の内容	申請書の種類	申請書の提出先と提出期限
給与等（日雇給与を除きます。）又は公的年金等	①　徴収猶予を受けようとする場合（災免法３②③）	「平成・令和　年分源泉所得税及び復興特別所得税の徴収猶予・還付申請書」（以下「徴収猶予・還付申請書」といいます。）	その徴収猶予を受けようとする所得税及び復興特別所得税を徴収されるべき給与等又は公的年金等のうち、最初に支払を受ける給与等又は公的年金等の支払を受ける日の前日までに、その給与等又は公的年金等の支払者を経由して、申請者の納税地の所轄税務署長へ提出します（注）。
	②　徴収猶予と併せて還付を受けようとする場合（災免法３②③）		
	③　還付を受けようとする場合（災免法３②③）	「徴収猶予・還付申請書」	申請者の納税地の所轄税務署長に直接提出します。
	④　雑損失の金額があると見積られ又は雑損失の繰越控除を受けることができる金額がある場合に徴収猶予を受けようとする場合（災免法３⑤）	「繰越雑損失がある場合の源泉所得税の徴収猶予承認申請書」（以下「繰越雑損失がある場合の申請書」といいます。）	
日雇給与	①　徴収猶予を受けようとする場合（災免法３②）	「徴収猶予・還付申請書」	最初に支払を受ける日雇給与を受け取る時までに、申請者の納税地の所轄税務署長に直接提出して、税務署長から徴収猶予をなすべき旨及びその期間を記載した証票を受け、日雇給与を受けるごとにこれを日雇給与の支払者に提示します。
	②　還付を受けようとする場合（災免法３②）	「徴収猶予・還付申請書」	申請者の納税地の所轄税務署長に提出します。

（注）　支払者の源泉所得税の納税地の所轄税務署長に提出しても構いません（この場合でも、申請書の宛先は申請者の納税地の所轄税務署長としてください。）。

3　確定申告による所得税の軽減・免除

災害減免法による所得税及び復興特別所得税の徴収猶予及び還付を受けた人は、たとえ給与所得者であっても、年末調整によらず、確定申告によりその年分の所得税額を精算することとされています（災免法３⑥）。

その際、その者の所得金額の合計額に応じて、次のとおり所得税額が軽減又は免除されます（災免法２）。

所得金額の合計額		所得税の軽減又は免除額
500万円以下	→	全額免除
500万円超　750万円以下	→	２分の１を軽減
750万円超1,000万円以下	→	４分の１を軽減

第3　報酬・料金の支払を受ける者に対する救済

1　報酬・料金に係る源泉所得税の徴収猶予

報酬・料金の支払を受ける者が、災害により、自己又は扶養親族等の所有する住宅又は家財について甚大な被害を受け、かつ、その被災者の年間の所得金額の合計額の見積額が1,000万円以下である場合には、その見積額の区分に応じ、災害のあった日以後に支払を受けるその年分の報酬・料金について所得税及び復興特別所得税の徴収猶予を受けることができます（災免法3④、災免令8、措令26の29②③、復興財確法33①、復興特別所得税政令13①）。

（注）　報酬・料金の支払を受ける者の場合には、災害のあった日の前日までに徴収された報酬・料金に対する所得税及び復興特別所得税の還付を受けることはできません。

⑴　徴収猶予される金額

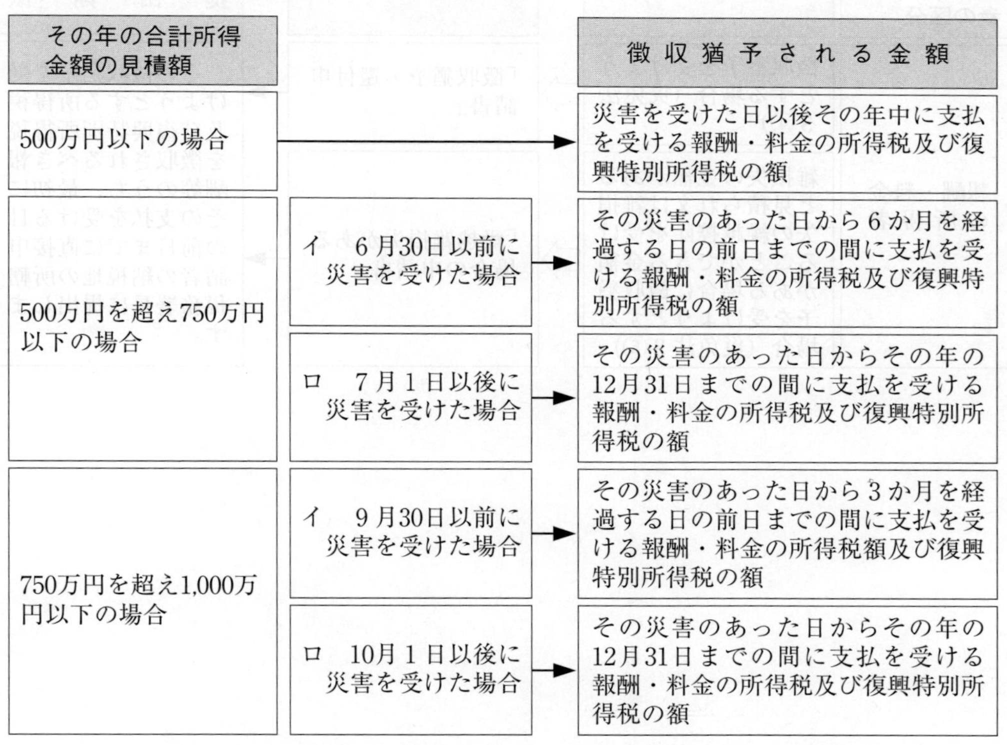

（注）1　「500万円を超え750万円以下の場合」のイ及び「750万円を超え1,000万円以下の場合」のイの徴収猶予期間は延長される場合があります（災免令8②）。

2　上記の徴収猶予を受けていても、雑損控除を受ける方が有利なときは、確定申告の際に、雑損控除の適用を受けることができます（所法72）。

⑵　支払を受ける報酬・料金の意義

「支払を受ける報酬・料金」とは、その期間内に支払を受けるべきことが確定した報酬・料金をいいます。

ただし、社会保険診療報酬支払基金が支払う診療報酬のように、災害を受けた日前に支払を受けるべきであったものについて、災害を受けた日以後に支払われるときには、その期間内に支払を受けるものについては、前年以前の分を除いてこの規定を適用しても差し支えないこととされています（昭27直所１－101「33の２」（最終改正昭29直所１－106））。

2　徴収猶予の手続

報酬・料金の支払を受ける人が、徴収猶予を受ける場合の手続は、次のとおりです（災免法３④⑤、災免令８③、復興特別所得税政令13①）。

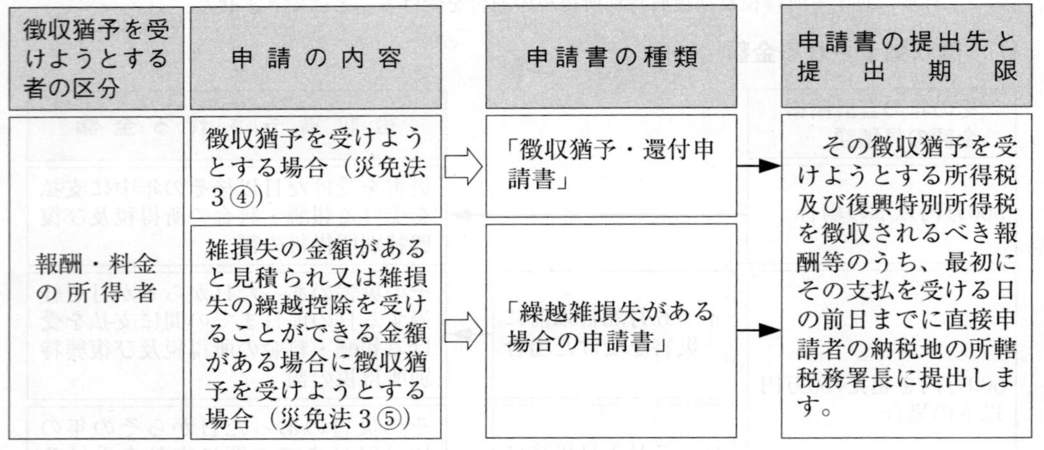

第４　源泉徴収義務者に対する救済

１　災害等による期限の延長

災害その他やむを得ない理由により、国税に関する法律に基づく納付などについて、その期限までに行うことができないと認められるときは、災害等のやんだ日から２か月以内に限りその期限が延長されます。

これには、地域指定、対象者指定及び個別指定があります（通則法11、通則法令３）。

(1)　地域指定による延長（通則法令３①）

災害による被害が広域に及ぶ場合、国税庁長官が延長する期日（指定期日）と地域を指定し告示します。

この場合、この地域内に納税地を有する納税者は、申請書を提出することなく、災害により最初に被害を受けた日から指定期日まで期限が延長されます。

（注）　指定地域内に事務所を有する納税者であっても、その納税地が指定地域外にある場合には、地域指定の適用はありません。

　しかしながら、その事業等が実際に被害を受け、そのために申告、納付などを期限内にできないときには、下記(3)の個別指定による延長ができます。

《所得税及び復興特別所得税の納期限の延長の例》

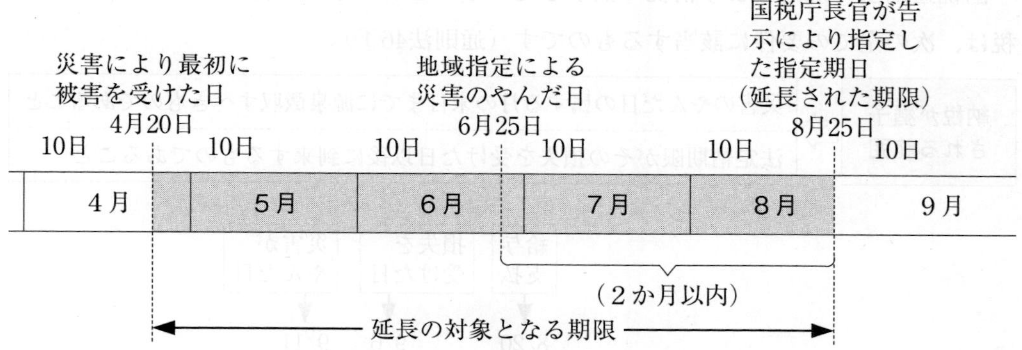

この例においては網かけ内の期限（支払月が４月から７月の所得税及び復興特別所得税の納期限即ち翌月10日）がすべて８月25日になります。

(2)　対象者指定による延長（通則法令３②）

国税庁が運用するシステムが、期限間際に使用不能であるなどによって、そのシステムを利用して納付などを行うことができない方が多数に上ると認められる場合は、国税庁長官が延長する対象者の範囲と期日を定めて告示します。

この場合、その告示の期日までに納付期限が延長されます。

(3) 個別指定による延長（通則法令３③）

地域指定がされていない場合（又は地域指定による期限の経過後）には、納税者本人が災害のやんだ後相当の期間内に所轄の税務署長に期限の延長を申請することによって、税務署長が期日を指定して（指定期日）期限を延長します。

この場合も上記(1)と同様、延長の対象となる期限は最初に災害があった日から指定期日までの間に期限が到来するものについて、その期限が指定期日まで延長されることになります。

2 所得税及び復興特別所得税の納税の猶予

災害により源泉徴収義務者がその財産につき相当な損失を受けた場合は、その損失を受けた日以後１年以内に納付すべきもので一定のものについては、災害のやんだ日から２か月以内に所定の申請を行うことにより、その法定納期限から１年以内の範囲で所得税及び復興特別所得税の納税の猶予を受けることができます（通則法46①）。

アドバイス

国税通則法による納税の猶予は、所得税及び復興特別所得税ばかりでなく、法人税など多くの国税についても適用される制度です。

国税通則法の規定により納税の猶予を受けることができる所得税及び復興特別所得税は、次の全ての要件に該当するものです（通則法46①）。

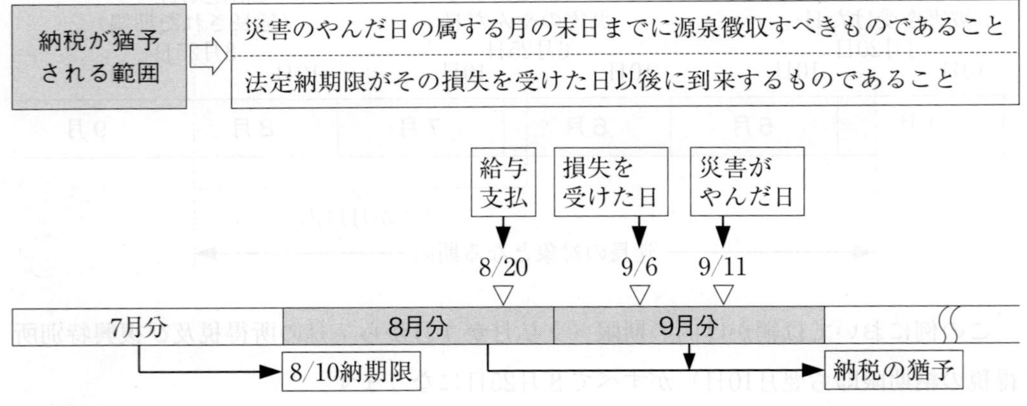

アドバイス

令和２年４月30日に成立し、同日付で施行された「新型コロナウイルス感染症等の影響に対応するための国税関係法律の臨時特例に関する法律」により、新型コロナウイルス感染症の影響により、令和２年２月以降の収入に相当の減少があり、納付することが困難である事業者等に対し、無担保かつ延滞税なしで１年間納税を猶予する特例（特例猶予）が創設されました（518ページ参照）。

3　納税の猶予の手続

納税の猶予を受けるためには、その災害がやんだ日から２か月以内に、所轄税務署長に対して「納税の猶予申請書」を提出する必要があります（通則法46①、46の２①、通則法令15①）。

なお、この申請書には納税の猶予を受けようとする所得税及び復興特別所得税に係る所得税徴収高計算書を添付することとされています（通則法令15①）。

納税の猶予が認められた場合には、所轄税務署長から、その旨、猶予される金額、猶予期間などについて文書で通知されます（通則法47①）。

また、納税の猶予が認められない場合にも、所轄税務署長から、その旨文書で通知されます（通則法47②）。

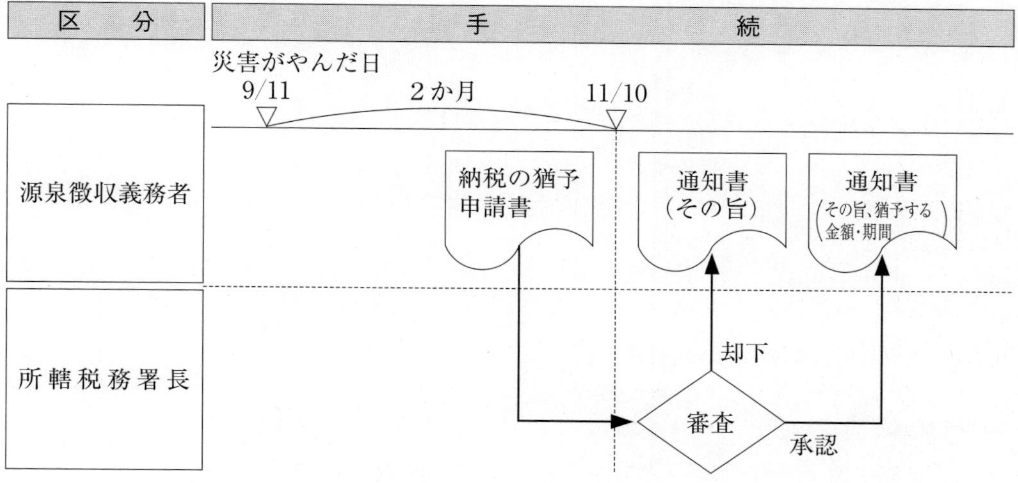

アドバイス

納税の猶予期間は原則として１年以内の期間に限られますが、この猶予を受けてもなお納付することが困難な場合には、所轄税務署長に申請をすることによって、納税の猶予期間の延長を受けることができます（原則として担保の提供が必要です。）。

3　納税の猶予の手続

納税の猶予を受けるためには、その災害がやんだ日から2か月以内に、所轄税務署長に対して「納税の猶予申請書」を提出する必要があります（通則法46①、46の2①、通則法令15①）。

なお、この申請書には納税の猶予を受けようとする所得税及び復興特別所得税に係る所得税徴収高計算書を添付することとされています（通則法令15①）。

納税の猶予が認められた場合には、所轄税務署長から、その旨、猶予される金額、猶予期間などについて文書で通知されます（通則法47①）。

また、納税の猶予が認められない場合にも、所轄税務署長から、その旨文書で通知されます（通則法47②）。

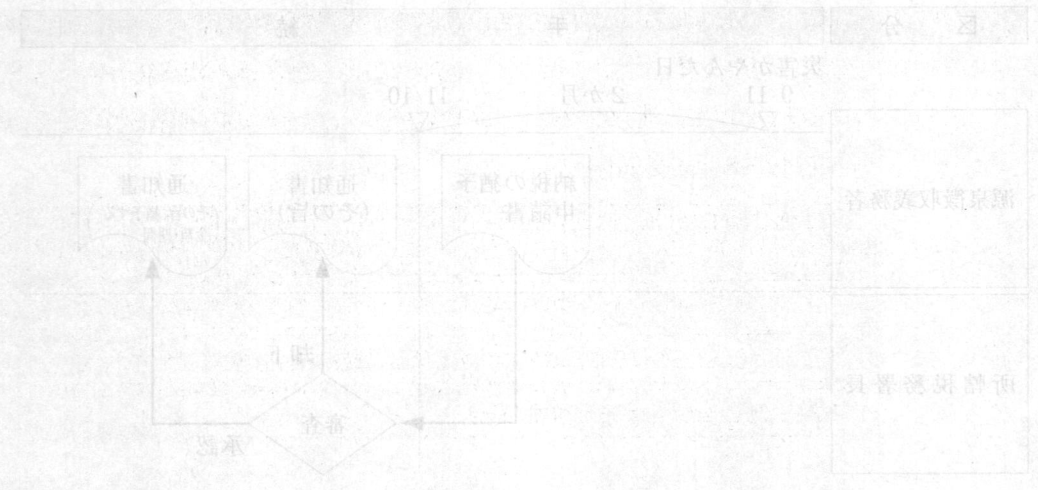

アドバイス

納税の猶予期間は原則として1年以内の期間に限られますが、この猶予を受けてもなお納付することが困難な場合には、所轄税務署長に申請をすることによって、納税の猶予期間の延長を受けることができます（原則として担保の提供が必要です）。

第13章　源泉徴収税額の納付、徴収及び還付

第１　納　　付

1　納付期限

源泉徴収義務者が源泉徴収をした所得税及び復興特別所得税は、その源泉徴収の対象となる所得を支払った月の翌月10日までに納付しなければならないことになっています（所法181ほか）。

ただし、非居住者又は外国法人に対し国外において国内源泉所得を支払った場合に源泉徴収をした所得税及び復興特別所得税の納付期限は、その支払った月の翌月末日までに納付すればよいこととされているなどの例外があります（所法212②、措法６②、措法41の22①）。

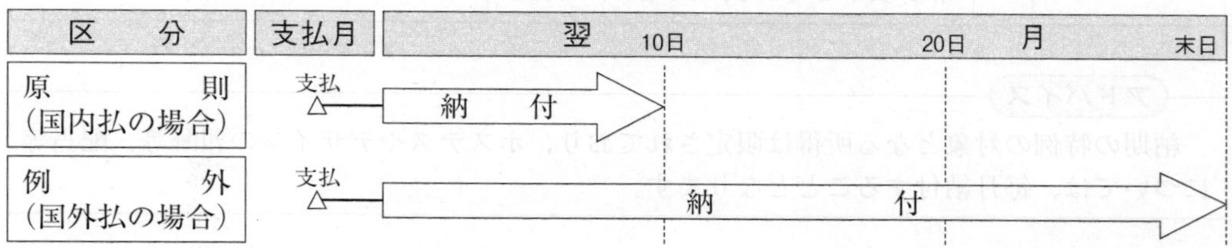

なお、この納付期限である翌月10日（又は末日）が日曜日、祝日などの休日や土曜日の場合には、その休日明けの日が、納付期限となります（通則法10②、通則法令２②）。

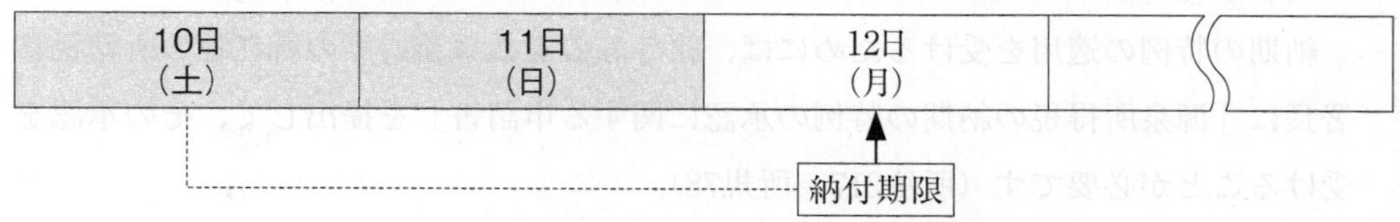

2　源泉徴収をした所得税及び復興特別所得税の納期の特例

源泉徴収税額は、原則として、その源泉徴収の対象となる所得を支払った月の翌月10日が納付期限とされていますが、給与の支給人員が常時10人未満である源泉徴収義務者については、その納付手続を簡素化するために、給与等や退職手当等、税理士等の報酬・料金について源泉徴収をした所得税及び復興特別所得税を次のように年２回にまとめて納付する納期の特例の制度が設けられています（所法216）。

区　分		納付期限
１月から６月までに支払った所得から源泉徴収をした所得税及び復興特別所得税	⇨	7月10日
７月から12月までに支払った所得から源泉徴収をした所得税及び復興特別所得税	⇨	翌年1月20日

納付・還付

(1) 納期の特例の適用対象者及び対象所得

納期の特例の適用が受けられる者及び適用が受けられる所得に係る所得税及び復興特別所得税は、次のとおりです（所法216）。

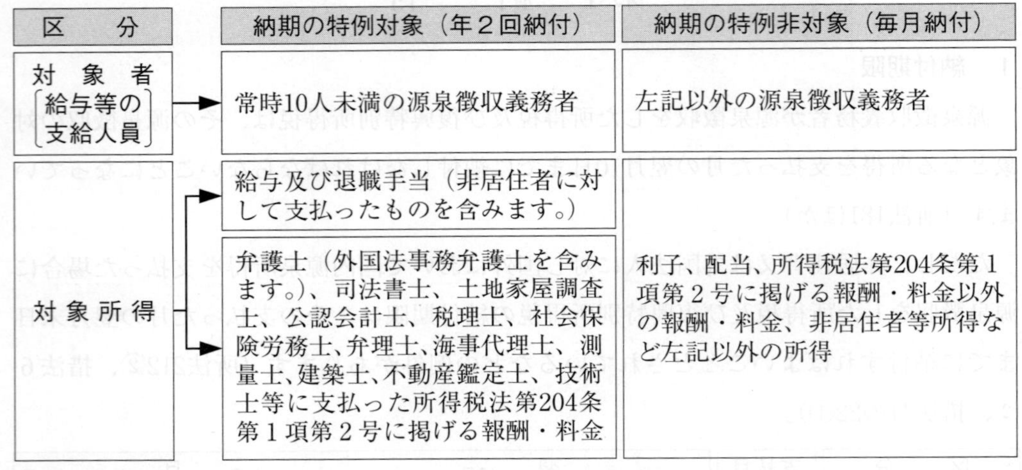

区　分	納期の特例対象（年２回納付）	納期の特例非対象（毎月納付）
対象者〔給与等の支給人員〕	常時10人未満の源泉徴収義務者	左記以外の源泉徴収義務者
対象所得	給与及び退職手当（非居住者に対して支払ったものを含みます。）	利子、配当、所得税法第204条第１項第２号に掲げる報酬・料金以外の報酬・料金、非居住者等所得など左記以外の所得
対象所得	弁護士（外国法事務弁護士を含みます。）、司法書士、土地家屋調査士、公認会計士、税理士、社会保険労務士、弁理士、海事代理士、測量士、建築士、不動産鑑定士、技術士等に支払った所得税法第204条第１項第２号に掲げる報酬・料金	

アドバイス

納期の特例の対象となる所得は限定されており、ホステスやデザインの報酬等、配当等については、毎月納付することとなります。

(2) 納期の特例に関する手続

イ　申請書の提出

納期の特例の適用を受けるためには、給与等の支払事務所等の所在地の所轄税務署長に「源泉所得税の納期の特例の承認に関する申請書」を提出して、その承認を受けることが必要です（所法217、所規78）。

なお、この申請書は、いつでも提出することができます。

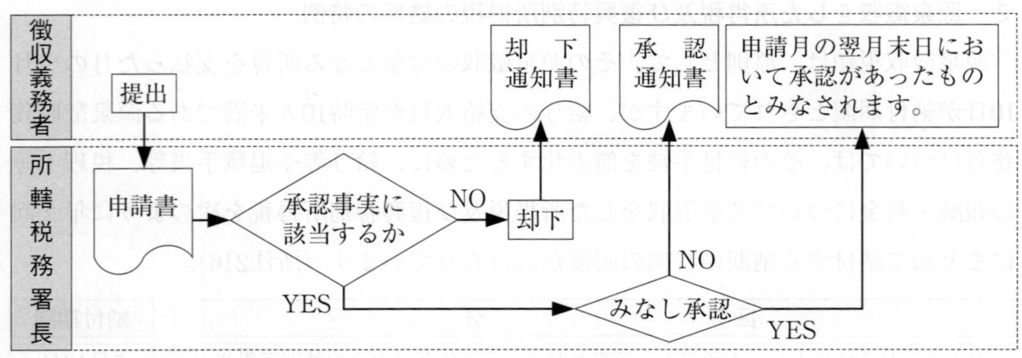

ロ　納期の特例の承認（みなし承認）

この申請書を提出した日の属する月（以下「申請月」といいます。）の翌月末日までに、税務署長から承認又は却下の通知がない場合には、申請月の翌月末日において承認があったものとされます（所法217⑤）。

なお、納期の特例は、承認の日以後、法定納期限が到来するものから適用されます（所法216）。

例えば、２月25日に申請書を提出した場合の納付期限は、次のようになります。

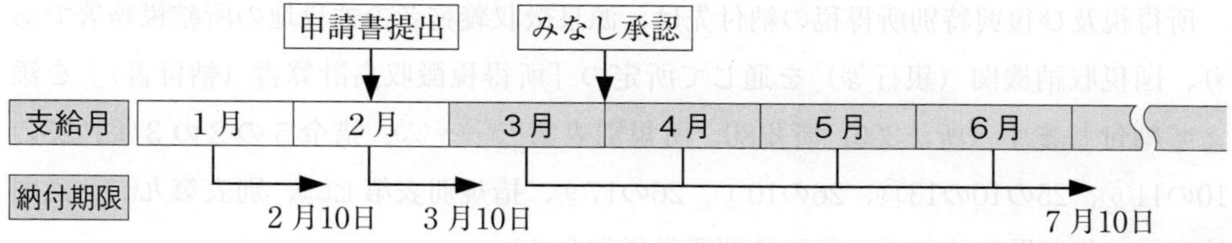

ハ　納期の特例の承認申請が却下される場合

納期の特例の承認申請を行った源泉徴収義務者が、次の事実のいずれかに該当する場合には、その申請が却下されます（所法217②）。

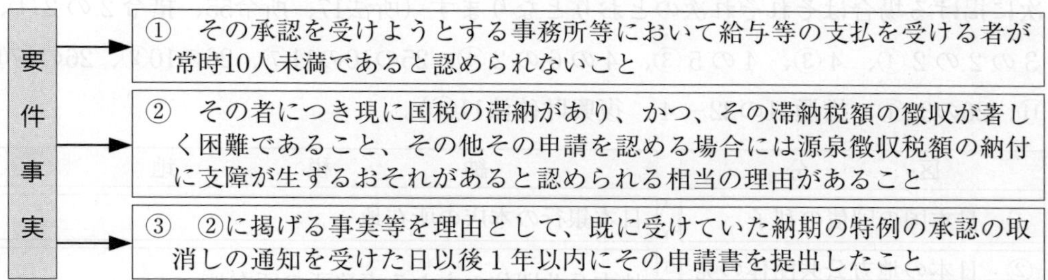

（注）　既に納期の特例の承認を受けている者に上記の①又は②に掲げる事実が生じたときは、その承認が取り消されることがあります（所法217③）。

ニ　納期の特例の要件を欠いた場合の届出

納期の特例の承認を受けていた源泉徴収義務者は、給与等の支払を受ける人が常時10人未満でなくなった場合には、その旨を遅滞なく「源泉所得税の納期の特例の要件に該当しなくなったことの届出書」により所轄税務署長に届け出なければなりません（所法218、所規79）。

この届出書を提出した場合の納付期限は、次のようになります（所法219、所基通219－１）。

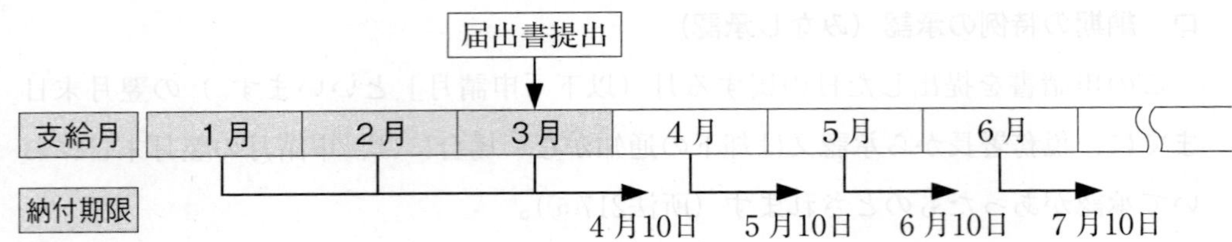

3　納付先及び納付手続

(1)　納付先

所得税及び復興特別所得税の納付先は、源泉徴収義務者の納税地の所轄税務署であり、国税収納機関（銀行等）を通じて所定の「所得税徴収高計算書（納付書）」を添えて納付します（所法220、所規80、所規別表第三㈠～㈥、措令５の２の３①、25の10の11⑥、25の10の13⑬、26の10①、26の17⑨、措規別表第七㈡、別表第九㈡、通則法34①、復興財確法28⑧、復興特別所得税省令６）。

所得税及び復興特別所得税の納税地は、一般的にはその支払事務を取り扱う事務所、事業所等のその支払の日における所在地となり、その支払事務を取り扱う事務所、事業所等の移転があった場合には、移転前の支払に対する所得税及び復興特別所得税の納税地は、移転の届出書に記載すべき移転後の事務所等の所在地とされていますが、次に掲げる場合はそれぞれ次のとおりとなります（所法17、所令55、措令２の２④、３の２の２④、４③、４の５③、４の６の２④、25の10の11⑦、26の10②、26の17⑩⑪、26の32①、措通41の22－４、復興財確法11②）。

区　分	納　税　地
①　日本国の国債の利子	日本銀行の本店の所在地
②　日本の地方公共団体の発行する地方債の利子	地方公共団体の主たる事務所の所在地
③　内国法人の発行する債券の利子	その内国法人の本店又は主たる事務所の所在地
④　内国法人の支払う剰余金の配当（株式又は出資に係るものに限り、下記⑤を除きます。）、利益の配当、剰余金の分配、金銭の分配及び基金利息	その内国法人の本店又は主たる事務所の所在地
⑤　国内における支払の取扱者を通じて交付を受ける一定の上場株式等の配当等	国内の支払の取扱者のその支払事務を取り扱う事務所等の所在地（事務所等を移転した場合には、移転後の所在地）
⑥　受託法人の支払う受託者が個人である法人課税信託の収益の分配	法人課税信託の受託者である個人の国内にある事務所、事業所その他これらに準ずるものの所在地（これらが二以上ある場合には、主たるものの所在地）

区　分	納　税　地
⑦　受託法人の支払う受託者が内国法人である法人課税信託の収益の分配	法人課税信託の受託者である内国法人の本店又は主たる事務所の所在地
⑧　受託法人の支払う受託者が外国法人である法人課税信託の収益の分配	法人課税信託の受託者である外国法人の国内にある主たる事務所の所在地
⑨　投資信託（委託者指図型投資信託に限ります。）の収益の分配（上記⑥～⑧を除きます。）	その信託を引き受けた信託会社の本店又は主たる事務所の所在地（その信託会社が外国法人である場合には、その信託会社の国内にある主たる事務所の所在地）
⑩　特定受益証券発行信託の収益の分配	その信託を引き受けた法人の本店又は主たる事務所の所在地（その法人が外国法人である場合には、その法人の国内にある主たる事務所の所在地）
⑪　国内源泉所得で国外において支払われる一定のもの	その支払者の国内にある事務所、事業所その他これらに準ずるものの所在地（これらが二以上ある場合には、主たるものの所在地）
⑫　外国法人の発行する債券の利子のうち、その外国法人の恒久的施設を通じて行う事業に帰せられるもの	その外国法人の国内にある主たる事務所の所在地
⑬　法人の役員に対する賞与でその支払確定後１年を経過した日までに支払がないため、同日において支払があったとみなされるもの	賞与の支払があったものとみなされる日においてその賞与の支払をするとしたならば、その支払事務を取り扱うと認められるその支払者の事務所等の所在地
⑭　国外公社債等の利子等、国外投資信託等の配当等及び国外株式の配当等	国内の支払の取扱者のその支払事務を取り扱う事務所や事業所等の所在地（事務所等を移転した場合には、移転後の所在地）
⑮　外国法人が発行した民間国外債の利子	その外国法人の国内にある主たる事務所の所在地
⑯　特定口座内保管上場株式等の譲渡による所得等	特定口座内保管上場株式等の譲渡の対価等の支払をする金融商品取引業者等の営業所の所在地
⑰　割引債の償還差益及び割引債の償還金に係る差益金額	割引債の発行者の本店又は主たる事務所の所在地（その割引債が国債である場合には、日本銀行の本店の所在地、外国法人が発行したものである場合にはその外国法人の国内にある主たる事務所の所在地） ただし、割引債の償還金に係る差益金額について、特定割引債取扱者又は国外割引債取扱者が償還金を交付する場合には、原則としてその交付事務を取り扱う事務所や事業所の所在地
⑱　免税芸能法人等が国外において支払う芸能人等の役務提供報酬	その免税芸能法人等に対して芸能人等の役務提供に係る対価の支払をする者の国内にある事務所等の所在地（これらが二以上ある場合には、主たるものの所在地）

(2) 納付手続

源泉徴収をした所得税及び復興特別所得税は、「所得税徴収高計算書（納付書）」を添えて金融機関（日本銀行の本店、支店、代理店、歳入代理店）又は所轄税務署の窓口で納付します（所法220、所規80、所規別表第三(一)～(六)、措令5の2の3①、25の10の11⑥、25の10の13⑬、26の10①、26の17⑨、措規別表第七(二)、別表第九(二)、通則法34①、復興財確法28⑧、復興特別所得税省令6）。

なお、自宅や事務所のパソコンから、インターネットを利用して「e－Tax（イータックス）」（国税電子申告・納税システム）を利用して納付手続を行うこともできます。詳しい情報は、e－Taxホームページ【https://www.e-tax.nta.go.jp】でご確認ください。

e－Taxの利用に際しては、事前に納税地を所轄する税務署に開始届出書を提出する必要があります。

イ　納付書の種類と使用区分

納付書の種類とその使用区分は、次のとおりです。

所得税徴収高計算書（納付書）の種類	略号	左の納付書を使用する所得の種類
給与所得、退職所得等の所得税徴収高計算書（納付書）（一般用及び納期特例用）	㊗給	給与所得、退職所得及び弁護士、税理士等の報酬・料金
報酬・料金等の所得税徴収高計算書（納付書）	㊗報	弁護士、税理士等の報酬・料金以外の報酬・料金等、生命・損害保険契約等に基づく年金及び公的年金等
利子等の所得税徴収高計算書（納付書）	㊗利	利子所得、投資信託（法人課税信託を除きます。）又は特定受益証券発行信託の収益の分配及び匿名組合契約等に基づく利益の分配（源泉徴収選択口座に受け入れた上場株式等に係る利子所得を除きます。）
配当等の所得税徴収高計算書（納付書）	㊗配	配当所得（投資信託（法人課税信託を除きます。）、特定受益証券発行信託の収益の分配及び源泉徴収選択口座に受け入れた上場株式等に係る配当所得を除きます。）
非居住者・外国法人の所得についての所得税徴収高計算書（納付書）	㊗非	非居住者及び外国法人に支払う各種の国内源泉所得（㊗償㊗割㊕の納付書を使用する所得を除きます。）
償還差益の所得税徴収高計算書（納付書）	㊗償	割引債の償還差益（発行時源泉徴収）

所得税徴収高計算書（納付書）の種類	略号	左の納付書を使用する所得の種類
割引債の償還金に係る差益金額の所得税徴収高計算書（納付書）	㊓	割引債の償還金に係る差益金額（償還時源泉徴収）
定期積金の給付補てん金等の所得税徴収高計算書（納付書）	㊛	定期積金の給付補填金等及び懸賞金付預貯金等の懸賞金等
上場株式等の源泉徴収選択口座内調整所得金額及び源泉徴収選択口座内配当等・未成年者口座等において契約不履行等事由が生じた場合の所得税徴収高計算書（納付書）	㈱	・源泉徴収を選択した特定口座内保管上場株式等の譲渡による所得等及び源泉徴収選択口座に受け入れた上場株式等に係る配当所得等 ・未成年者口座等において契約不履行等事由が生じた場合の上場株式等の譲渡所得等及び配当所得

ロ　納付税額がない場合の徴収高計算書の提出

給与等及び公的年金等の支払をする源泉徴収義務者は、徴収して納付する税額のない月であっても、給与等については給与所得・退職所得の所得税徴収高計算書、公的年金等については報酬・料金等の所得税徴収高計算書を所轄税務署に提出することになっています（所規別表第三(三)17、(五)22）。

(3)　所得税徴収高計算書（納付書）の記載方法

納付書には、納付する税額のほか、その月の給与の支払を受ける人の数や給与の支払額などを記載することになっています。

なお、納付書は３枚１組の複写式になっていますが、納付するときは切り離さずに銀行等の窓口へ提出します。

給与等に係る所得税及び復興特別所得税を納付する場合には、納期の特例の承認を受けている源泉徴収義務者については、「納期特例用」の納付書を使用し、それ以外の源泉徴収義務者については、「一般用」の納付書を使用します。

（参考）給与所得、退職所得等の所得税徴収高計算書（納付書）（納期特例分）の記載方法

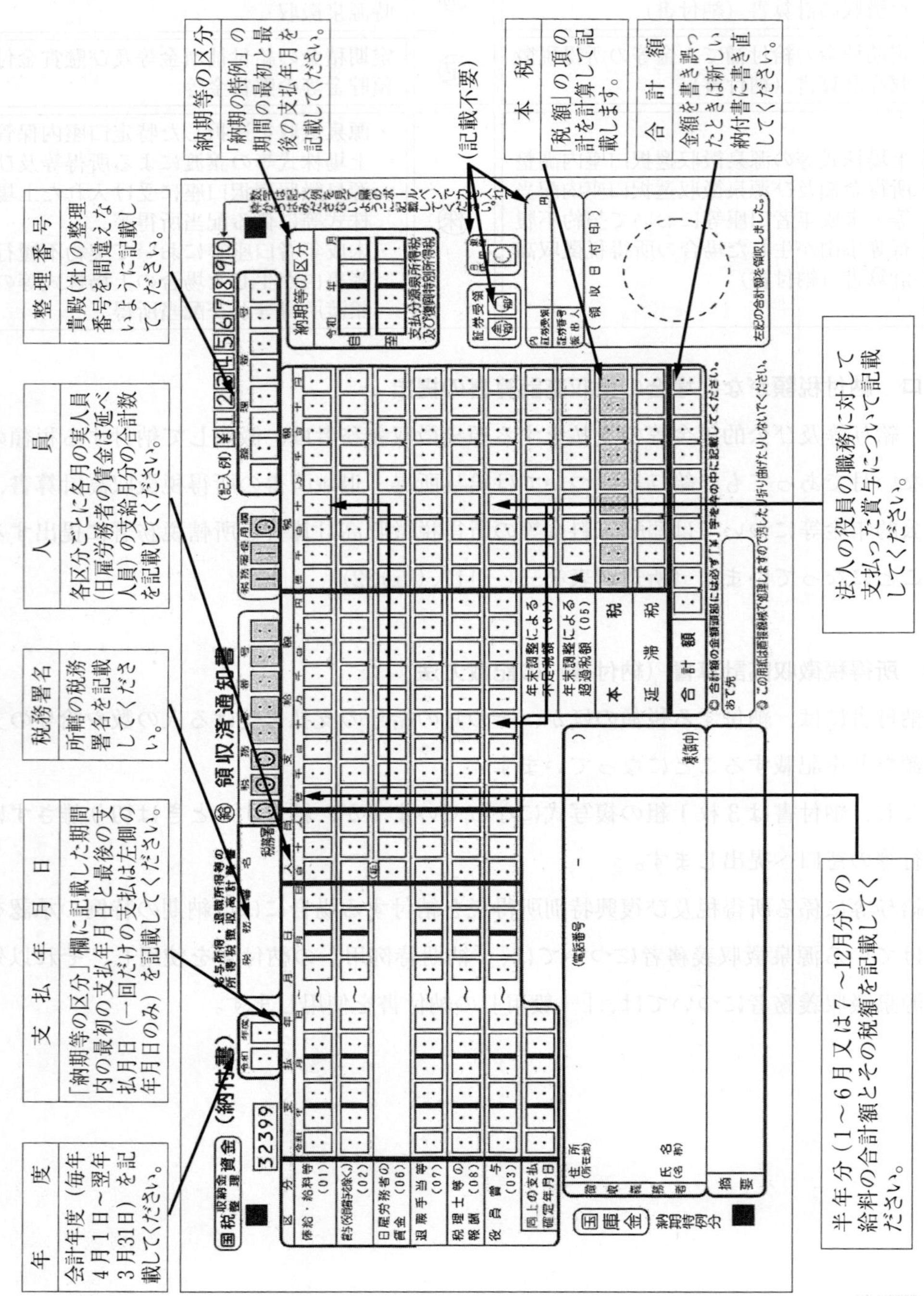

第２　納税の告知

１ 意　義

源泉徴収義務者は、源泉徴収の対象となる所得を支払う際に所定の所得税及び復興特別所得税を徴収して、原則として支払日の属する月の翌月10日までに納付しなければならないことになっていますが、これを怠った場合には、税務署長は源泉徴収義務者からその税額を徴収することになっています（所法221①）。

この場合、源泉徴収義務者が所得者から所得税及び復興特別所得税を徴収していたかどうかに関係なく、税務署長は源泉徴収義務者に対して納税の履行を請求します。

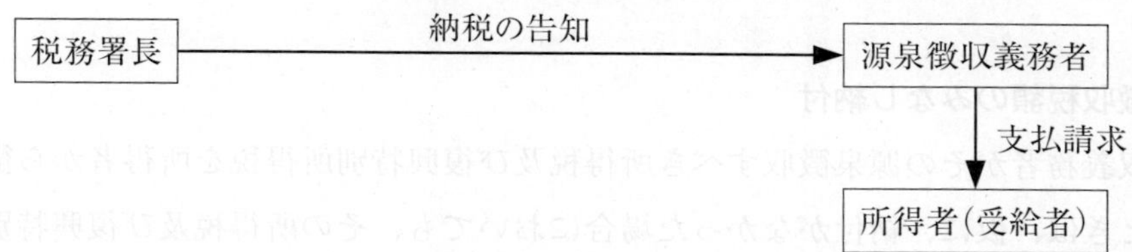

〔参考〕

令和２年度税制改正により、源泉徴収（青色申告書を提出した個人の事業所得の金額等に係る支払及び青色申告書を提出した法人の支払に係るものを除きます。）における推計課税に関する措置が講じられました。

この改正は、令和３年１月１日以後に支払われる給与等、退職手当等及び報酬・料金等について適用されます（518ページ参照）。

２　納税の告知の方法

⑴　納税の告知

納税の告知とは、源泉徴収義務者が所得税及び復興特別所得税を法定納期限までに納付しない場合において、税務署長が源泉徴収義務者に対して納付すべき税額、納期限及び納付場所を記載した納税告知書を送達して所得税及び復興特別所得税の納付の履行を求めることをいいます（通則法36、通則法令８）。

⑵　督　　促

源泉徴収義務者が納税の告知を受けた源泉徴収税額及び附帯税（加算税及び延滞税などをいいます。）を指定された納期限までに完納しない場合には、税務署長はその納期限から50日以内に源泉徴収義務者に対し督促状により納付を督促することになっています（通則法37）。

(3) 滞納処分

税務署長は、督促状を発した日から起算して10日を経過した日までに完納されない場合、原則として源泉徴収義務者の財産について差押等の滞納処分を行うことになっています（通則法40）。

以上の関係は次のとおりです。

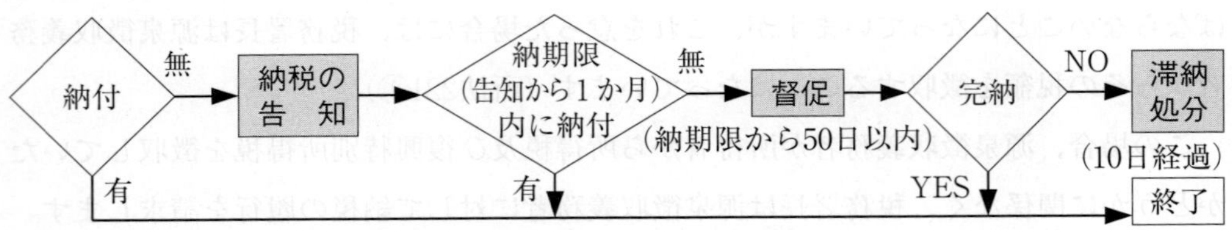

3　源泉徴収税額のみなし納付

源泉徴収義務者がその源泉徴収すべき所得税及び復興特別所得税を所得者から徴収しているときは、仮に、納付がなかった場合においても、その所得税及び復興特別所得税の額は国に納付されたものとみなされて、所得者が確定申告する際に所得税及び復興特別所得税の額から控除することができます（所法223）。

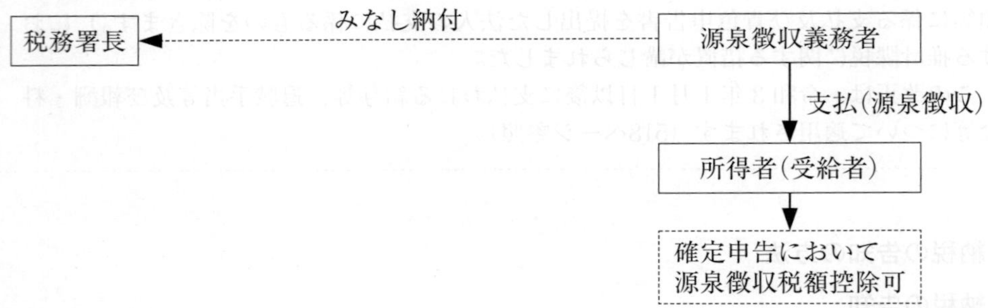

> **アドバイス**
> 源泉徴収の対象となる所得が未払の場合には、「みなし納付」の適用がありません。

4　納税告知税額の計算方法

(1) 過年分の課税漏れ給与等に対する税額の簡易計算

過年分の課税漏れ給与等（年末調整を行うべきものに限ります。）に対する源泉徴収税額は、過年分の課税漏れ給与等とその年分の課税済の給与等との合計額について計算した年税額から、課税済の給与等について計算した年税額（年末調整をしていない場合には、毎月の源泉徴収税額）を控除して計算して差し支えないものとされています（所基通183～193共－８）。

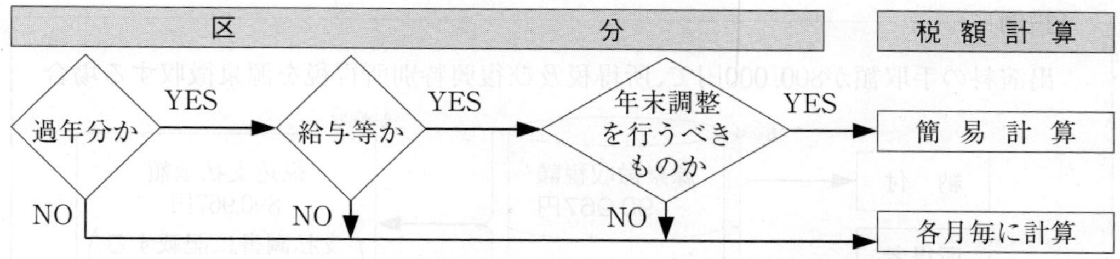

アドバイス

延滞税及び不納付加算税の額の計算の基礎となる各月ごとの課税漏れ給与等に係る税額は、徴収すべき年税額に、その年分の課税漏れ給与等の総額のうちに各月ごとの課税漏れ給与等の額の占める割合を乗じて求めた額とされています。

(2)　支払者が税額を負担する場合の税額計算

源泉徴収義務者が源泉徴収税額を納付しないため、税務署長が納税の告知をする場合において、源泉徴収義務者がその税額を所得者から徴収していなかったときは、源泉徴収義務者の納付すべき税額は、所得者から徴収する意思があるかどうかに応じて次により計算することとされています（所基通221－１）。

イ　手取契約等による場合

源泉所得税額を徴収していなかった理由が、徴収すべき税額を支払者が負担する契約になっていたことによるものである場合には、税引手取額により支払金額が定められていたものとして取り扱い、その税引手取額を税込みの金額に逆算して、その逆算した金額を源泉徴収の対象となる支払額として源泉徴収税額を計算します。

手取額は、税率適用区分に応じて次の算式により源泉徴収税額を求めることができます。

x＝手取額、y＝税込支払額

税率適用区分	税込支払金額	源泉徴収税額
税率10.21%の場合	$x \div (1-0.1021)=y$	$y \times 10.21\%$＝税額
二段階税率（10.21%、20.42%）の場合	$(x-897,900) \div (1-0.2042)+1,000,000=y$	$(y-1,000,000) \times 20.42\%+102,100$＝税額
定額控除額がある場合	$\{x-$定額控除額$\times(1-0.8979)\} \div (1-0.1021)=y$	$(y-$定額控除額$) \times 10.21\%$＝税額

〔設例〕

出演料の手取額が800,000円で、所得税及び復興特別所得税を源泉徴収する場合

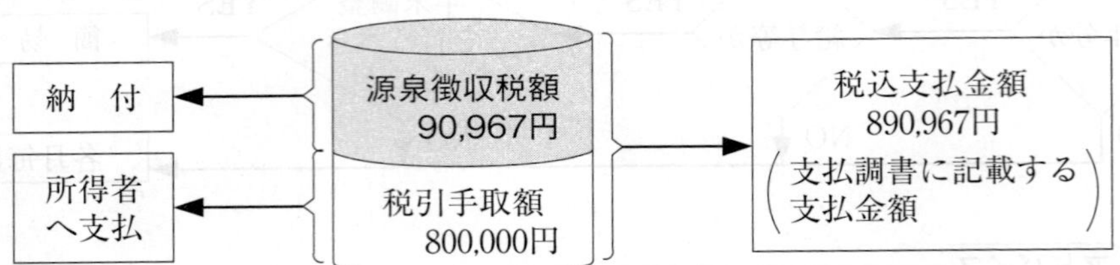

例えば、芸能人と出演契約を締結する場合、出演料に係る税金は支払者が負担する内容を契約に盛り込む場合がしばしば見られますが、この例で手取契約の出演料が800,000円で源泉徴収税率が10.21％の場合、まず、支払金額を税込額に換算して890,967円〔800,000円÷（１－0.1021)〕を課税対象とし、これに10.21％の税率で所得税及び復興特別所得税90,967円を源泉徴収して、差引800,000円を芸能人に支払うことになります。

ロ　その他の場合

所得税及び復興特別所得税額を徴収していなかった理由が、上記イの理由以外である場合には、既に支払った金額を基準として納付すべき税額を計算します。

この場合、納付した源泉徴収義務者は、所得者に対して、その納付した税額の求償権を有することになります（所法222)。

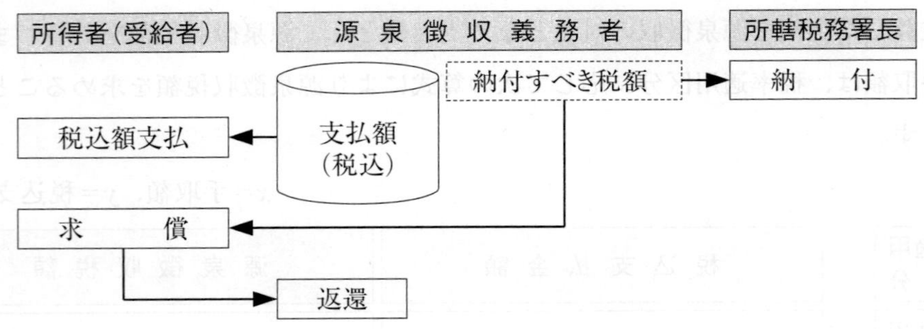

アドバイス

源泉徴収義務者が求償権の行使を放棄した場合には、その時点において所得者が所得税及び復興特別所得税相当額の新たな利益を得たことになりますので、この利益部分については当初支払った所得の追加払的なものとして改めて利益部分を税引手取額として所得税及び復興特別所得税の計算を行うことになります。

第3　過誤納金の処理

1　概　　要

源泉徴収義務者が税額計算の誤りがあったことなどにより、所得税及び復興特別所得税を納め過ぎた場合、納め過ぎとなった理由、還付を受けようとする金額等を記載した「源泉所得税及び復興特別所得税の誤納額還付請求書」を納税地の所轄税務署に提出した場合には、所轄税務署長は、納め過ぎとなっている額を源泉徴収義務者に還付することになっています（通則法56）。

この納め過ぎた所得税及び復興特別所得税が給与等に係る所得税及び復興特別所得税である場合には、還付請求書を提出して直接還付を受けることに代え、「源泉所得税及び復興特別所得税の誤納額充当届出書」を提出し、その源泉徴収義務者がその届出書を提出した日以後に納付すべき給与等に係る源泉徴収税額から控除する方法によって事実上還付を受けることができる簡便法が認められています（所基通181〜223共－6）。

なお、「源泉所得税及び復興特別所得税の誤納額還付請求書」は、納付した日から5年間の間に提出しなければ時効により請求権が消滅します。

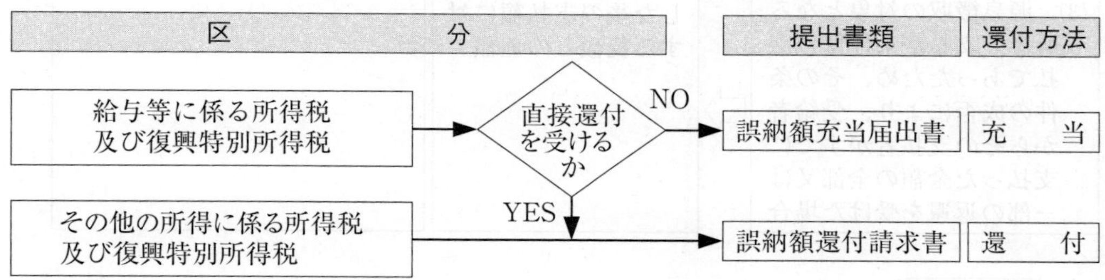

アドバイス

「源泉所得税及び復興特別所得税の誤納額充当届出書」は、給与等に係る源泉所得税の誤納額に限定されますので、税理士に対する報酬、配当など給与等以外に係る源泉所得税の誤納額については、「源泉所得税及び復興特別所得税の誤納額還付請求書」を提出することとなります。

2　過誤納金の生ずる場合と還付手続

次のような場合には、それぞれ次に掲げる差額を過誤納の税額として、その所得の支払者に還付することになっています（所基通181～223共－６）。

<table>
<tr><th>発　生　原　因</th><th>還付対象金額</th><th>還付を受けるための手続</th></tr>
<tr><td>⑴　源泉徴収税額として納付すべき正当税額を超えて納付した場合
①　所定の源泉徴収税額を超えて徴収して納付した場合
②　源泉徴収税額の納付の際、徴収した所得税及び復興特別所得税額以上に誤って納付した場合</td><td>その納付額と正当税額との差額</td><td rowspan="3">「源泉所得税及び復興特別所得税の誤納額還付請求書」を納税地の所轄税務署に提出します。
また、その過誤納金が給与等について生じたものである場合には、これに代え「源泉所得税及び復興特別所得税の誤納額充当届出書」を提出し、以後納付する給与等に係る税額から控除する方法も認められています。</td></tr>
<tr><td>⑵　源泉徴収の対象となる所得の支払額が誤払等により過大であったため、その所得の支払者が正当な支払額を超える部分の金額をその受給者から返還を受けた場合</td><td rowspan="2">返還を受ける前の支払額に対する税額と、その支払額から返還を受けた金額を控除した後の支払額に対する税額との差額</td></tr>
<tr><td>⑶　源泉徴収の対象となる所得の支払が条件付の支払であったため、その条件の成否により、受給者からその支払者がすでに支払った金額の全部又は一部の返還を受けた場合</td></tr>
</table>

アドバイス

誤納額をその後納付する給与等に対する所得税及び復興特別所得税に充当しようとする場合であっても、充当が長期間（おおむね３か月以上）にわたる場合には、原則として「源泉所得税及び復興特別所得税の誤納額充当届出書」を提出して、還付を受けてください。

第14章　源泉徴収票及び支払調書の作成、提出

第１　概　要

現行の申告納税制度の下においては、所得者が自らその年中の所得金額及び税額を計算し申告、納税することが建前になっていますが、給与など特定の所得については、源泉徴収義務者がその支払の際に所得税及び復興特別所得税を源泉徴収し納税することとされています。

そこで、これらの所得者の適正な申告納税を担保するため源泉徴収義務者に対して支払調書及び源泉徴収票（これらを「法定調書」といいます。）の提出が義務付けられています。この法定調書は、書面による提出のほか税務署長の承認を受けた場合には、磁気テープ、磁気ディスク又は光ディスク（CD、DVD）により提出することができます（所法228の４）。また、インターネットを利用して「e－Tax（イータックス）」（国税電子申告・納税システム）により提出することもできます。

なお、法定調書の種類ごとに、その提出期限の属する年の前々年中に提出すべきであった法定調書の枚数が1,000枚以上である場合には、その法定調書に記載されるべき事項をe－Tax又は光ディスク等を提出する方法のいずれかにより税務署長に提出しなければなりません（所法228の４①）。

また、法定調書をe－Tax又は光ディスク等により税務署長に提出しなければならない年分については、市区町村に提出する給与支払報告書についてもeLTax又は光ディスク等により提出しなければなりません（地方税法317の６⑤）。

この法定調書は、課税の公平を図っていく上で不可欠のものですが、源泉徴収義務者に煩雑な負担を負わせることにもなることから、課税の公平の実現を阻害することがないと認められる範囲で一定額を定め、その額以下のものについては、その提出を要しないこととしています。

アドバイス

行政手続における特定の個人を識別するための番号の利用等に関する法律（マイナンバー法）の施行に伴い、支払を受ける者の個人番号又は法人番号の提供又は告知を受けて、支払を受ける者及び支払者等の個人番号又は法人番号をその法定調書に記載する必要があります。

法定調書

〔参考〕

法定調書の種類ごとに、その年の前々年の１月１日から12月31日までの間に提出すべきであった枚数が100枚以上（現行：1,000枚）であるものについては、令和３年１月１日以降、e-Tax又は光ディスク等による提出が必要となります。

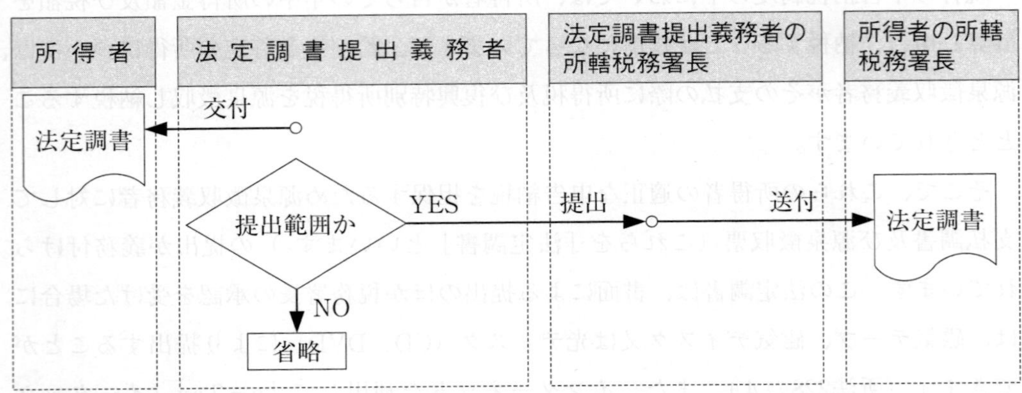

アドバイス

1　支店等が提出すべき法定調書を本店等が取りまとめて光ディスク等により提出（本店等一括提出）することもできます。

具体的には、支店等が当該支店等を所轄する税務署長の承認を受けた場合に、光ディスク等又はｅ－Taxにより、当該支店等が提出すべき法定調書を本店等が取りまとめて提出することができることとされています。

これに伴い、支店等が上記の本店等一括提出を選択する場合には、その支店等が当該支店等を所轄する税務署長に対して、承認申請書を提出することとなります（所法228の４③、所令355②）。

2　「支払調書等の光ディスク等による提出承認申請書」を提出した場合において、その承認申請書の提出の日から２か月を経過しても通知がない場合には、その経過する日においてその申請は承認したものとみなされます（所令355④）。

3　源泉徴収義務者でない場合であっても、法定調書の提出義務がある場合があります。

第２　源泉徴収票

１　給与所得の源泉徴収票

⑴　提出の範囲

居住者に対し国内において、俸給、給料、賃金、歳費及び賞与並びにこれらの性質を有する給与（これらを「給与等」といいます。）の支払をする源泉徴収義務者は、その年中に支払の確定したこれらの給与等について、給与等の支払を受ける各人別に「給与所得の源泉徴収票」を２通作成し、１通を受給者に交付し、他の１通を源泉徴収義務者の納税地の所轄税務署長に提出しなければなりません（所法226①、所規93①）。

また、源泉徴収義務者は、受給者の給与所得の金額その他住民税の課税に必要な事項を記載した「給与支払報告書」を受給者の住所地の市区町村長に提出しなければなりません（地方税法317の６）。

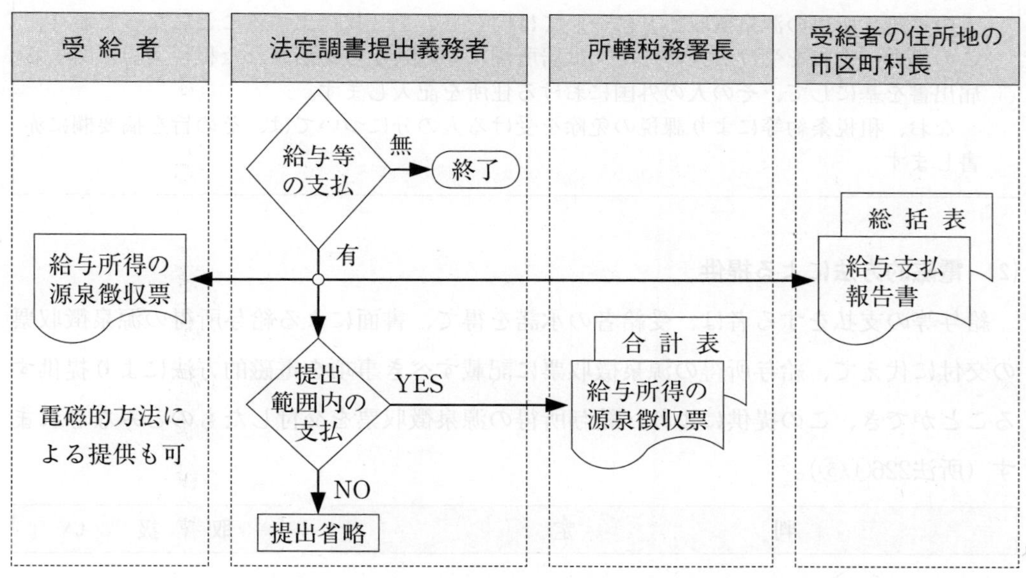

アドバイス

1　「給与所得の源泉徴収票」を所轄税務署長に提出する場合には、「給与所得の源泉徴収票等の法定調書合計表」を添えて提出しなければならないことになっています。

2　地方税法の規定による給与支払報告書については「給与支払報告書（総括表）」を添えて市区町村長に提出することとされています。

3　税務署長へ提出する源泉徴収票のうち、令和2年4月1日現在自動的情報交換を行うことのできる国（アイスランド、アイルランド、アゼルバイジャン、アメリカ合衆国、アラブ首長国連邦、アルメニア、イスラエル、イタリア、インド、インドネシア、ウクライナ、ウズベキスタン、英国、エクアドル、エジプト、エストニア、オーストラリア、オーストリア、オマーン、オランダ、カザフスタン、カタール、カナダ、キルギス、クウェート、クロアチア、サウジアラビア、ザンビア、ジョージア、シンガポール、スイス、スウェーデン、スペイン、スリランカ、スロバキア、スロベニア、タイ、大韓民国、タジキスタン、チェコ、中華人民共和国（香港及びマカオを除きます。）、チリ、デンマーク、ドイツ、トルクメニスタン、トルコ、ニュージーランド、ノルウェー、パキスタン、ハンガリー、バングラデシュ、フィジー、フィリピン、フィンランド、ブラジル、フランス、ブルガリア、ブルネイ・ダルサラーム、ベトナム、ベラルーシ、ベルギー、ポーランド、ポルトガル、香港、マレーシア、南アフリカ共和国、メキシコ、モルドバ、ラトビア、リトアニア、ルーマニア、ルクセンブルク、ロシア）に住所（居所）がある人の「給与所得の源泉徴収票」については同じものを2枚提出することになっており、この場合、支払を受ける人の住所又は居所欄はその人から提出された租税条約に関する届出書を基にして、その人の外国における住所を記入します。

なお、租税条約等により課税の免除を受ける人の分については、その旨を摘要欄に赤書します。

(2)　電磁的方法による提供

給与等の支払をする者は、受給者の承諾を得て、書面による給与所得の源泉徴収票の交付に代えて、給与所得の源泉徴収票に記載すべき事項を電磁的方法により提供することができ、この提供により、給与所得の源泉徴収票を交付したものとみなされます（所法226④⑤）。

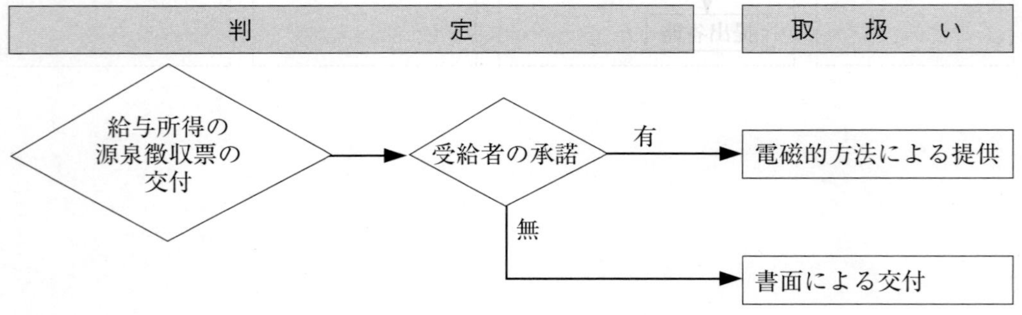

アドバイス

1　受給者の承諾は、あらかじめ、受給者に対し、その用いる電磁的方法の種類及び内容を示し、書面又は電磁的方法によって承諾を得ることとなります（所令353①）。また、受給者の承諾を得た場合であっても、受給者から電磁的方法による提供を受けない旨の申出があったときは、電磁的方法による提供はできません（所令353②）。
2　電磁的方法による提供の場合、受給者の請求があるときは、源泉徴収票を書面により交付しなければなりません（所法226④）。
3　電磁的方法による提供は、給与等の支払明細書についても同様に適用されます。
4　給与所得のある人が所得税の確定申告書を提出する場合には、給与所得の源泉徴収票を添付する必要がありますが、この場合には、書面により交付を受けたものを添付する必要があります。
　ただし、e－Taxにより確定申告書を提出する場合には、電磁的方法により提供される「給与所得の源泉徴収票」等のうち一定の要件を満たすもののオンライン送信も可能となっています（オンライン化省令５②）。
　また、e－Taxにより確定申告書を提出する場合には給与所得の源泉徴収票の添付に代えてその記載内容を入力して送信することができます（この場合、税務署から提出又は提示を求められたときには給与所得の源泉徴収票を提出又は提示する必要があります（オンライン化省令５④））。

⑶　提出を要しないもの

給与等の支払のうち、次の表に掲げるものに該当する場合には「給与所得の源泉徴収票」を本人に交付するだけで、税務署長へ提出する必要はありません（所規93②）。

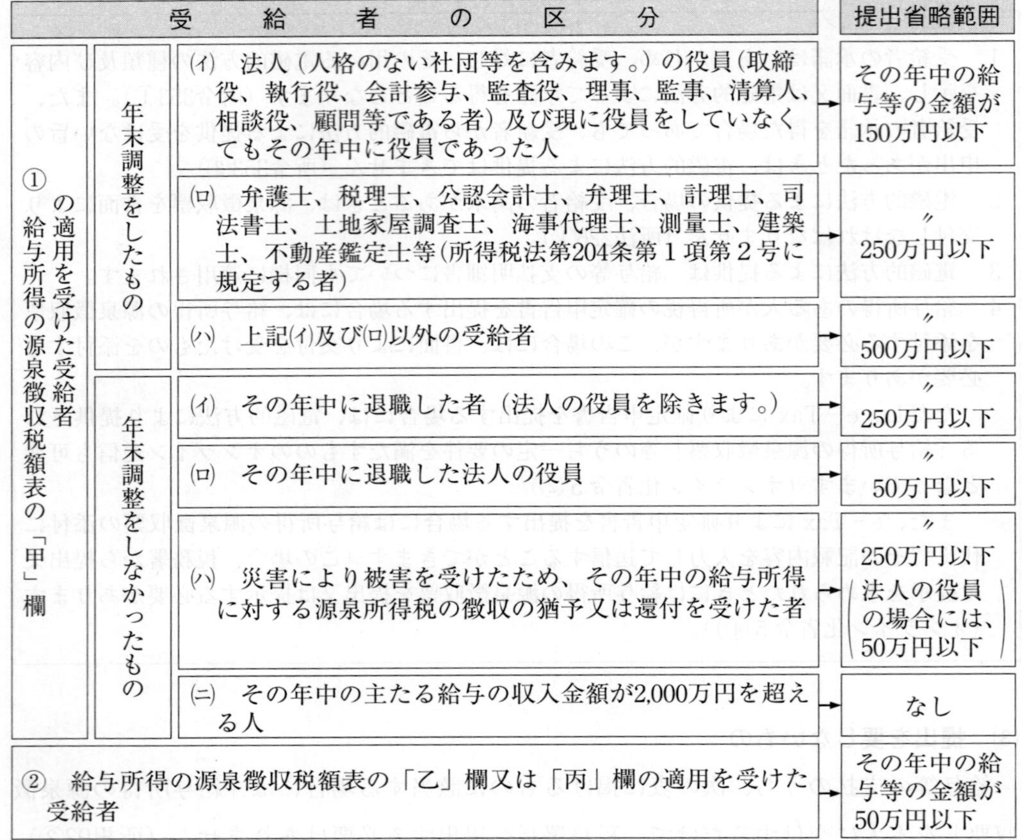

受給者の区分			提出省略範囲
① 給与所得の源泉徴収税額表の「甲」欄の適用を受けた受給者	年末調整をしたもの	(イ) 法人（人格のない社団等を含みます。）の役員（取締役、執行役、会計参与、監査役、理事、監事、清算人、相談役、顧問等である者）及び現に役員をしていなくてもその年中に役員であった人	その年中の給与等の金額が150万円以下
		(ロ) 弁護士、税理士、公認会計士、弁理士、計理士、司法書士、土地家屋調査士、海事代理士、測量士、建築士、不動産鑑定士等（所得税法第204条第１項第２号に規定する者）	〃 250万円以下
		(ハ) 上記(イ)及び(ロ)以外の受給者	〃 500万円以下
	年末調整をしなかったもの	(イ) その年中に退職した者（法人の役員を除きます。）	〃 250万円以下
		(ロ) その年中に退職した法人の役員	〃 50万円以下
		(ハ) 災害により被害を受けたため、その年中の給与所得に対する源泉所得税の徴収の猶予又は還付を受けた者	〃 250万円以下（法人の役員の場合には、50万円以下）
		(ニ) その年中の主たる給与の収入金額が2,000万円を超える人	なし
② 給与所得の源泉徴収税額表の「乙」欄又は「丙」欄の適用を受けた受給者			その年中の給与等の金額が50万円以下

(4) 提出期限等

「給与所得の源泉徴収票」は、次の区分に応じ、それぞれ次の期限までに提出しなければなりません（所法226①、所規93①）。

区　分	提　出　期　限
一般の場合	給与等の支払の確定した日の属する年の翌年１月31日
年の中途で退職した者に係るもの	その退職の日以後１か月以内（この場合でも、税務署へ提出する分は、便宜上、一般の給与所得者の分と併せて翌年１月31日までに提出しても差し支えありません。）

⑸　源泉徴収票の様式及び記載例（令和２年分）

源泉徴収票の様式及び記載要領は、次のとおりです（所規95、所規別表第六㈠）。

令和２年分　給与所得・退職所得に対する源泉徴収簿

前年の年末調整に基づき繰り越した過不足税額							円
同上の税額につき還付又は徴収した月区分	月別	還付又は徴収した税額	差引残高	月別	還付又は徴収した税額	差引残高	
	月	円	円	月	円	円	

扶養控除等の申告	申告の有無	源泉控除対象配偶者	一般の控除対象扶養親族	特定扶養親族	老人扶養親族 同居老親等	老人扶養親族 その他	障害者等（該当するものを○で囲んでください。）		従たる給与から控除する源泉控除対象配偶者と控除対象扶養親族の合計数	配偶者の有無
	㊒・無	当初 ㊒・無	当初 １人	当初 人	当初 人	当初 人	当初 人	・一般の障害者 本人・配・扶（ 人） ・特別障害者 本人・配・扶（ 人） ・同居特別障害者 配・扶（ 人） ・寡婦・特別の寡婦 ・寡夫 ・勤労学生	当初 人	㊒・無
		月 日 有・無	月 日 人	月 日 人	月 日 人	月 日 人	月 日 人		月 日 人	
		月 日 有・無	月 日 人	月 日 人	月 日 人	月 日 人	月 日 人			

	区分		金額		税額
年末調整	給料・手当等	①	6,060,000円	③	152,760円
	賞与等	④		⑥	
	計	⑦	6,060,000	⑧	152,760
	給与所得控除後の給与等の金額	⑨	4,408,000	※　所得金額調整控除申告書の提出がある場合は⑩に記載。	
	所得金額調整控除額（※）（(⑦－8,500,000円)×10%、マイナスの場合は０）	⑩	(1円未満切上げ、最高150,000円) 0		
	給与所得控除後の給与等の金額（調整控除後）(⑨－⑩)	⑪	4,408,000		
	社会保険料等控除額　給与等からの控除分（②＋⑤）	⑫	863,280	配偶者の合計所得金額	(　　円)
	社会保険料等控除額　申告による社会保険料の控除分	⑬			
	社会保険料等控除額　申告による小規模企業共済等掛金の控除分	⑭		旧長期損害保険料支払額	(　　円)
	生命保険料の控除額	⑮	78,750		
	地震保険料の控除額	⑯	12,000	⑫のうち小規模企業共済等掛金の金額	(　　円)
	配偶者（特別）控除額	⑰	380,000		
	扶養控除額及び障害者等の控除額の合計額	⑱	380,000	⑬のうち国民年金保険料等の金額	(　　円)
	基礎控除額	⑲	480,000		
	所得控除額の合計額（⑫＋⑬＋⑭＋⑮＋⑯＋⑰＋⑱＋⑲）	⑳	2,194,030		
	差引課税給与所得金額（⑪－⑳）及び算出所得税額	㉑	(1,000円未満切捨て) 2,213,000	㉒	123,800
	（特定増改築等）住宅借入金等特別控除額			㉓	
	年調所得税額（㉒－㉓、マイナスの場合は０）			㉔	123,800
	年調年税額（㉔×102.1％）			㉕	(100円未満切捨て) 126,300
	差引（超過）額又は不足額（㉕－⑧）			㉖	26,460
	超過額の精算　本年最後の給与から徴収する税額に充当する金額			㉗	
	超過額の精算　未払給与に係る未徴収の税額に充当する金額			㉘	
	超過額の精算　差引還付する金額（㉖－㉗－㉘）			㉙	26,460
	超過額の精算　同上のうち　本年中に還付する金額			㉚	26,460
	超過額の精算　同上のうち　翌年において還付する金額			㉛	
	不足額の精算　本年最後の給与から徴収する金額			㉜	
	不足額の精算　翌年に繰り越して徴収する金額			㉝	

（図中の矢印番号：①申告の有無、②一般の控除対象扶養親族、③計⑦、④⑨、⑤⑫、⑥⑮、⑦⑯、⑧⑳、⑨㉕）

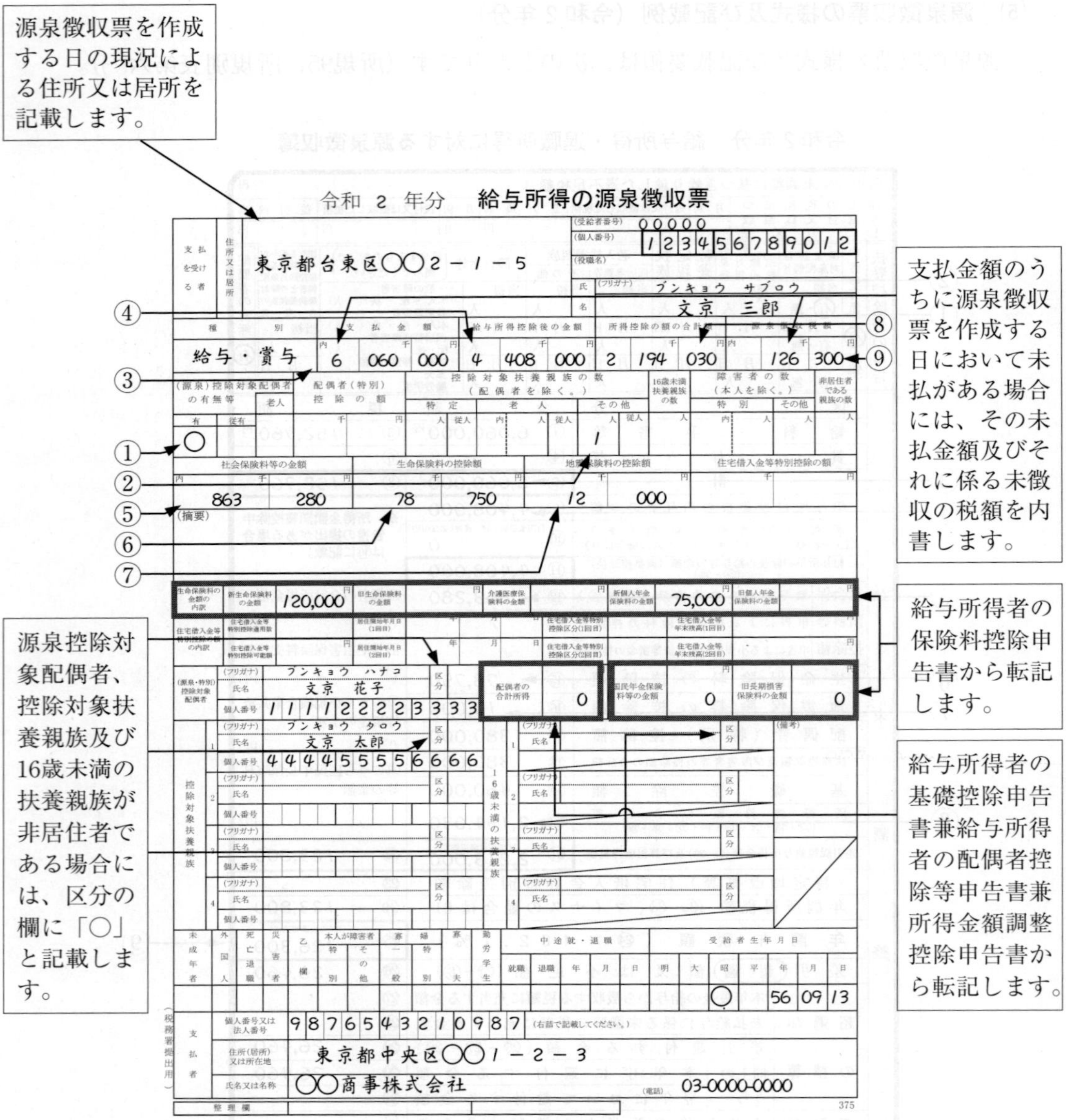

源泉徴収票を作成する日の現況による住所又は居所を記載します。

令和 2 年分　給与所得の源泉徴収票

支払を受ける者	住所又は居所	東京都台東区○○2－1－5	(受給者番号) 00000 (個人番号) 123456789012 (役職名)
			氏名 (フリガナ) ブンキョウ サブロウ　文京 三郎

種別	支払金額	給与所得控除後の金額	所得控除の額の合計額	源泉徴収税額
給与・賞与	6 060 000	4 408 000	2 194 030	内 126 300

(源泉)控除対象配偶者の有無等	老人	配偶者(特別)控除の額	控除対象扶養親族の数(配偶者を除く。) 特定	老人	その他	16歳未満扶養親族の数	障害者の数(本人を除く。) 特別	その他	非居住者である親族の数
有 ○					1				

社会保険料等の金額	生命保険料の控除額	地震保険料の控除額	住宅借入金等特別控除の額
863 280	78 750	12 000	

(摘要)

生命保険料の金額の内訳	新生命保険料の金額 120,000	旧生命保険料の金額	介護医療保険料の金額	新個人年金保険料の金額 75,000	旧個人年金保険料の金額

住宅借入金等特別控除の額の内訳：住宅借入金等特別控除適用数／居住開始年月日(1回目)／住宅借入金等特別控除区分(1回目)／住宅借入金等年末残高(1回目)／住宅借入金等特別控除可能額／居住開始年月日(2回目)／住宅借入金等特別控除区分(2回目)／住宅借入金等年末残高(2回目)

(源泉・特別)控除対象配偶者	(フリガナ) ブンキョウ ハナコ 氏名 文京 花子 個人番号 111122223333	区分	配偶者の合計所得 0	国民年金保険料等の金額 0	旧長期損害保険料の金額 0

控除対象扶養親族	1	(フリガナ) ブンキョウ タロウ 氏名 文京 太郎 個人番号 444455556666	区分	16歳未満の扶養親族 1 (フリガナ) 氏名	区分
	2	(フリガナ) 氏名 個人番号	区分	2 (フリガナ) 氏名	区分
	3	(フリガナ) 氏名 個人番号	区分	3 (フリガナ) 氏名	区分
	4	(フリガナ) 氏名 個人番号	区分	4 (フリガナ) 氏名	区分

(備考)

未成年者	外国人	死亡退職	災害者	乙欄	本人が障害者 特別	その他	寡婦	特別	寡夫	勤労学生	中途就・退職 就職	退職	年	月	日	受給者生年月日 明	大	昭	平	年	月	日
																		○		56	09	13

支払者	個人番号又は法人番号	9876543210987 (右詰で記載してください。)
	住所(居所)又は所在地	東京都中央区○○1－2－3
	氏名又は名称	○○商事株式会社 (電話) 03-0000-0000

整理欄　　375

(税務署提出用)

①②③④⑤⑥⑦⑧⑨

支払金額のうちに源泉徴収票を作成する日において未払がある場合には、その未払金額及びそれに係る未徴収の税額を内書します。

給与所得者の保険料控除申告書から転記します。

給与所得者の基礎控除申告書兼給与所得者の配偶者控除等申告書兼所得金額調整控除申告書から転記します。

源泉控除対象配偶者、控除対象扶養親族及び16歳未満の扶養親族が非居住者である場合には、区分の欄に「○」と記載します。

(注)「摘要」の欄には、それぞれ次に掲げる事項を記載します。

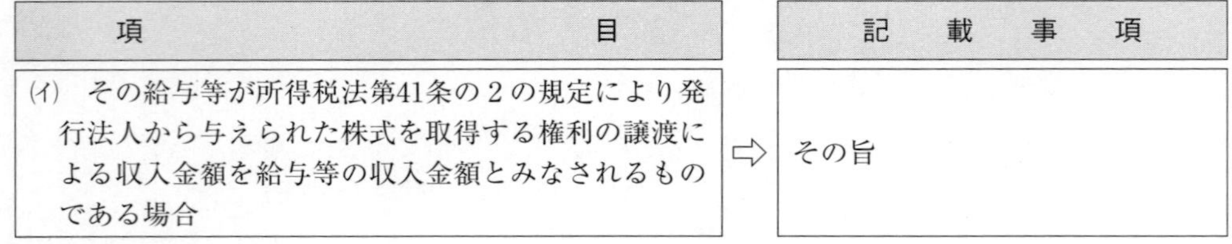

項　目		記　載　事　項
(イ) その給与等が所得税法第41条の2の規定により発行法人から与えられた株式を取得する権利の譲渡による収入金額を給与等の収入金額とみなされるものである場合	⇨	その旨

項　　　　　　　目		記　載　事　項
(ロ)　所得税法第190条第２号ニに規定する配偶者の合計所得金額又はその見積額がある場合	⇨	その合計所得金額又はその見積額
(ハ)　所得税法第190条第２号ホに規定する基礎控除の額に相当する金額が48万円でない又は金額がない場合	⇨	その基礎控除の額に相当する金額又は当該金額がない旨
(ニ)　給与等の支払を受ける者が所得税法第185条第１項第２号の規定の適用を受ける者である場合	⇨	乙欄適用者
(ホ)　所得税法第190条及び所得税法施行令第311条の規定の適用を受けた者である場合	⇨	その計算の基礎となった従前の給与等の支払者の支払の確定した給与等の金額及びその支払者の住所、氏名又は名称並びに同条に規定する主たる給与等の支払者でなくなる日
(ヘ)　給与等の支払を受ける者が特別障害者若しくはその他の障害者、寡婦、寡夫又は勤労学生に該当する場合	⇨	その旨
(ト)　同一生計配偶者（控除対象配偶者及び源泉控除対象配偶者を除きます。）又は扶養親族（控除対象扶養親族を除きます。）のうち、障害者であるものが非居住者である場合	⇨	その人の氏名及びその人が非居住者である旨
(チ)　給与等の支払を受ける者が年末調整の際（特定増改築等）住宅借入金等特別控除の適用を受けた者である場合（(リ)に該当する場合を除きます。）	⇨	その適用を受けた家屋又は増改築等をした部分を居住の用に供した年月日及びその者の住宅の取得等が特定取得に該当する場合には、その旨 なお、住宅借入金等特別控除額が算出税額を超えるため、年末調整で控除しきれない控除額がある場合には、住宅借入金等特別控除可能額
(リ)　給与等の支払を受ける者が２以上の住宅の取得等に係る住宅借入金等特別控除等の適用を受けている者又は特定増改築住宅借入金等特別控除の適用を受けている者である場合	⇨	その住宅の取得等ごとの適用を受けている「控除区分」、「居住開始年月日」、「借入金等年末残高」、特定取得に該当する場合にはその旨
(ヌ)　給与等の支払を受ける者が所得金額調整控除の適用を受けた者である場合	⇨	給与所得控除後の給与等の金額から控除した金額
(ル)　災害被害者に対する租税の減免、徴収猶予等に関する法律の施行に関する政令第３条の２又は第９条第２項の規定により法第183条の規定による徴収を猶予した所得税の額がある場合	⇨	その旨及びその所得税の額

(ヲ) 租税条約等に基づき課税の免除を受ける給与等がある場合 ⇨

2　退職所得の源泉徴収票

(1)　提出の範囲

居住者に対し国内において、退職手当、一時恩給その他の退職手当等（これらを「退職手当等」といいます。）の支払をする源泉徴収義務者は、その年中に支払の確定した退職手当等について、その退職手当等の支払を受ける者の各人別に「退職所得の源泉徴収票」を２通作成し、１通を受給者に交付し、他の１通を源泉徴収義務者の納税地の所轄税務署長に「退職所得の源泉徴収票合計表」を添えて提出しなければなりません（所法226②、所規94①）。

ただし、法人の役員以外の人に支払う退職所得については、源泉徴収票を税務署長に提出する必要はありません（所規94②）。

また、地方税法の規定により「退職所得の特別徴収票」を受給者の住所地の市区町村長に提出することとされています（地方税法328の14）。

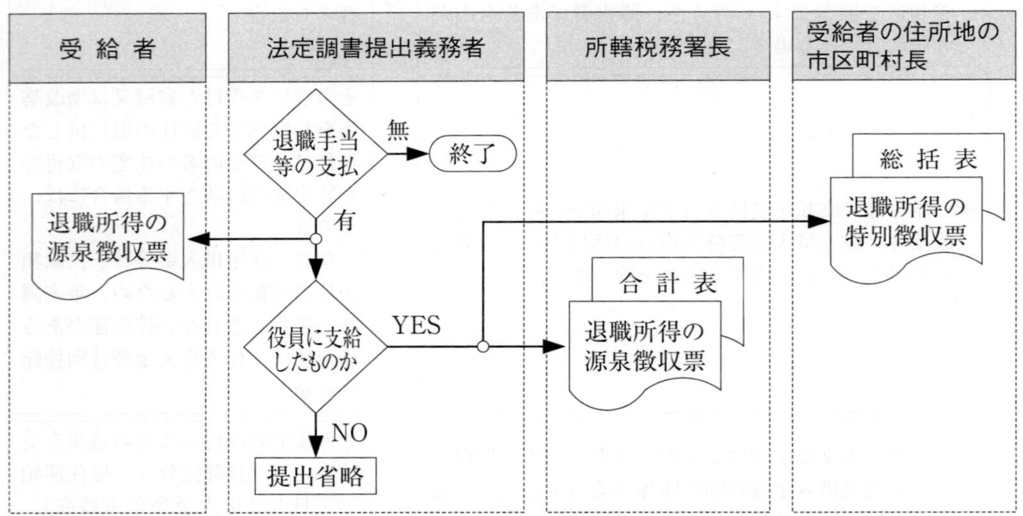

アドバイス

1　死亡退職により退職手当等を支払った場合は、相続税法の規定による「退職手当金等受給者別支払調書」を提出することとなっています（相法59、相規30、31）。
2　役員には、相談役、顧問、その他これらに類する者が含まれます。
3　「退職所得の源泉徴収票」と市町村民税の「特別徴収票」は同じ様式ですので、税務署や市町村へ提出を要する受給者分については、３枚複写（税務署提出用、受給者交付用、市町村提出用）で作成し、提出を要しない受給者分については、受給者交付用のみ作成します。

(2)　電磁的方法による提供

退職手当等の支払をする者は、受給者の承諾を得て、書面による退職所得の源泉徴収票の交付に代えて、退職所得の源泉徴収票に記載すべき事項を電磁的方法により提供することができ、この提供により、退職所得の源泉徴収票を交付したものとみなされます（所法226④⑤）。

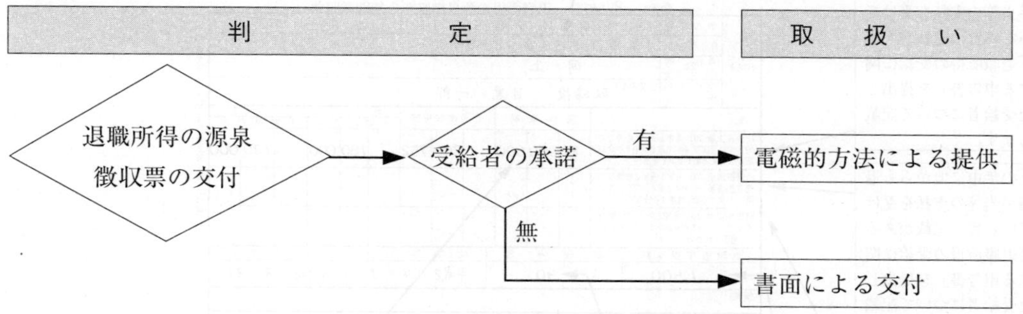

アドバイス

1　電磁的方法による提供は、退職手当等の支払明細書についても同様に適用されます（所令356）。
2　電磁的方法による提供の場合、受給者の請求があるときは、源泉徴収票を書面により交付しなければなりません（所法226④）。
3　退職所得のある人が確定申告書を提出する場合には、退職所得の源泉徴収票を添付する必要がありますが、この場合には書面により交付を受けたものを添付する必要があります。

　また、e－Taxを利用して確定申告書を提出する場合には、退職所得の源泉徴収票の添付に代えてその記載内容を入力して送信することができます（この場合、税務署から提出又は提示を求められたときには退職所得の源泉徴収票を提出又は提示する必要があります（オンライン化省令５④））。

(3)　提出期限等

「退職所得の源泉徴収票」の税務署長への提出期限は、原則として、退職手当等の支払を受ける者が退職をした日以後１か月以内とされています（所法226②）。

区分	提出期限
原則	退職手当等の支払を受ける者が退職した日以後１か月以内
特例	翌年１月31日までに「給与所得の源泉徴収票」等と一緒に提出

（注）１「退職所得の源泉徴収票」は、上記提出期限にかかわらず、退職後１か月以内に全ての受給者に交付しなければなりません。

２　税務署長に提出を要する源泉徴収票のうち、日本と情報交換に関する租税条約を締結している国（480ページ参照）に住所（居所）がある人の「退職所得の源泉徴収票」については、同じものを２枚提出することとされています。

(4)　源泉徴収票の様式及び記載要領

源泉徴収票の様式及び記載要領は、次のとおりです（所規95、所規別表第六（二））。

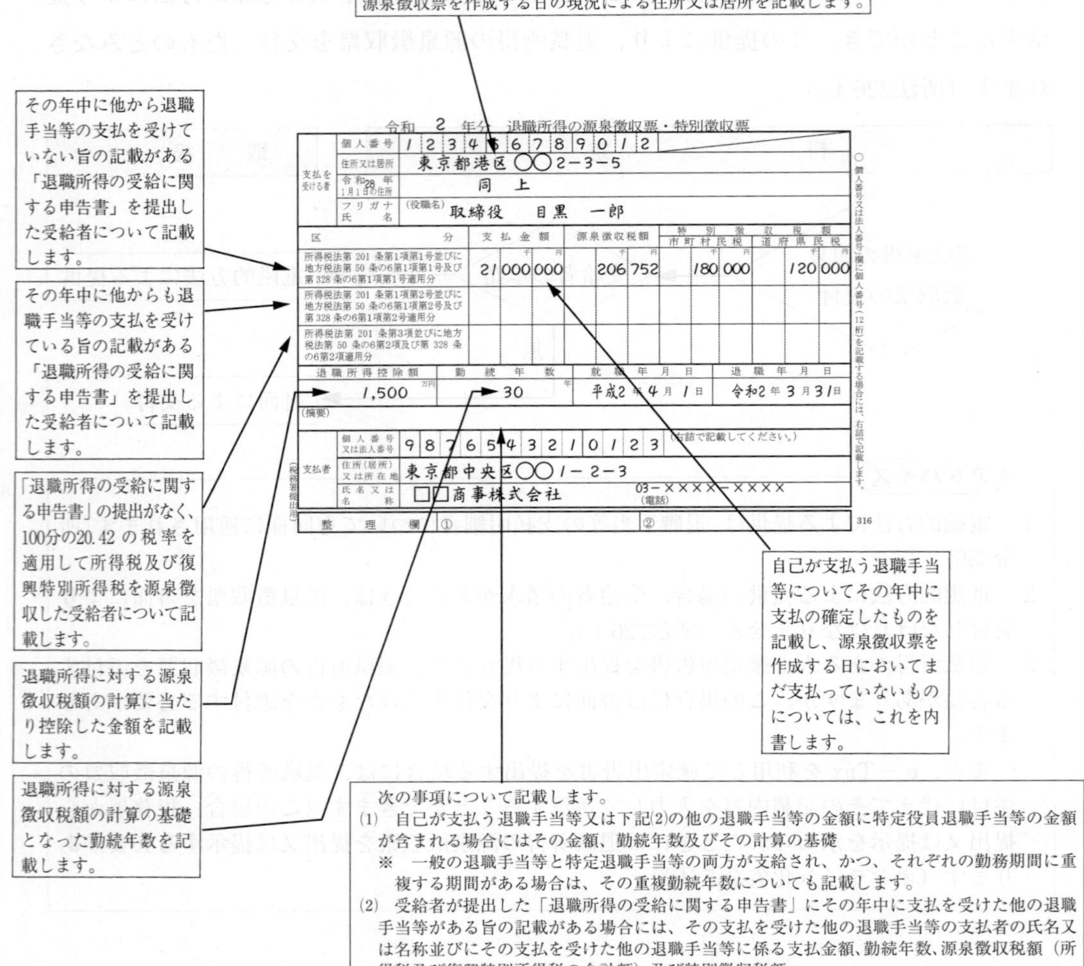

令和　2　年分　退職所得の源泉徴収票・特別徴収票

支払を受ける者		
個人番号	123456789012	
住所又は居所	東京都港区○○2-3-5	
令和　年1月1日の住所	同上	
フリガナ 氏名	(役職名) 取締役	目黒　一郎

区分	支払金額	源泉徴収税額	特別徴収税額 市町村民税	特別徴収税額 道府県民税
所得税法第201条第1項第1号並びに地方税法第50条の6第1項第1号及び第328条の6第1項第1号適用分	21,000,000	206,752	180,000	120,000
所得税法第201条第1項第2号並びに地方税法第50条の6第1項第2号及び第328条の6第1項第2号適用分				
所得税法第201条第3項並びに地方税法第50条の6第2項及び第328条の6第2項適用分				

退職所得控除額	勤続年数	就職年月日	退職年月日
1,500万円	30年	平成2年4月1日	令和2年3月31日

（摘要）

支払者		
個人番号又は法人番号	9876543210123	（右詰で記載してください。）
住所（居所）又は所在地	東京都中央区○○1-2-3	
氏名又は名称	□□商事株式会社	03-××××-××××（電話）

整理欄	①	②

税務署提出用

○個人番号又は法人番号欄に個人番号（12桁）を記載する場合には、右詰で記載します。

316

次の事項について記載します。

(1)　自己が支払う退職手当等又は下記(2)の他の退職手当等の金額に特定役員退職手当等の金額が含まれる場合にはその金額、勤続年数及びその計算の基礎

※　一般の退職手当等と特定退職手当等の両方が支給され、かつ、それぞれの勤務期間に重複する期間がある場合は、その重複勤続年数についても記載します。

(2)　受給者が提出した「退職所得の受給に関する申告書」にその年中に支払を受けた他の退職手当等がある旨の記載がある場合には、その支払を受けた他の退職手当等の支払者の氏名又は名称並びにその支払を受けた他の退職手当等に係る支払金額、勤続年数、源泉徴収税額（所得税及び復興特別所得税の合計額）及び特別徴収税額

(3)　次の(イ)又は(ロ)に該当するときは、これらの期間を今回の退職手当の計算の基礎に含めた旨、含めた期間、退職所得控除額の計算上控除した金額の計算の基礎

(イ)　前年以前に、支払者のもとにおいて勤務しなかった期間に他の支払者のもとに勤務したことがあり、かつ、その者から前に退職手当等の支払を受けている場合において、当該前の退職手当等の支払者のもとに勤務した期間を今回の退職手当等の計算の基礎とした期間に含めたとき

(ロ)　前年以前に、受給者に退職手当等を支給している場合において、当該前の退職手当等の計算の基礎とした期間を今回の退職手当等の計算の基礎とした期間に含めたとき

※　(イ)又は(ロ)の「前に支払を受けた退職手当等」に特定役員退職手当が含まれる場合は前の退職手当等に係る勤続年数のうち特定役員等勤続期間、特定役員退職所得控除額の計算上控除した金額の計算の基礎

(4)　その年中に支払を受けた退職手当等に係る勤続期間等の一部が、前年以前4年の間に支払を受けた退職手当等に係る勤続期間等と重複している場合（前記(3)に該当するときを除きます。）には、勤続期間等が重複している旨、重複している部分の期間、その期間内に支払を受けた退職手当等の収入金額、退職所得控除額の計算上控除した金額の計算の基礎

※　その年中に支払を受けた退職手当等に特定役員退職手当等が含まれる場合で、その特定役員等勤続期間が前年以前4年の間に支払を受けた退職手当等に係る勤続期間等と重複している場合には、その重複している期間、特定役員等退職所得控除額の計算上控除した金額の計算の基礎

(5)　障害者となったため退職したことにより100万円を加算した額の控除を受けた者については、㊖の表示

3　公的年金等の源泉徴収票

⑴　提出の範囲

居住者に対し、国内において公的年金等の支払をする源泉徴収義務者は、その年中において支払の確定した公的年金等について、その公的年金等の支払を受ける者の各人別に「公的年金等の源泉徴収票」を２通作成し、１通を公的年金等の支払を受ける者に交付し、他の１通を源泉徴収義務者の納税地の所轄税務署長に「公的年金等の源泉徴収票合計表」を添えて提出しなければなりません（所法226③、所規94の２①）。

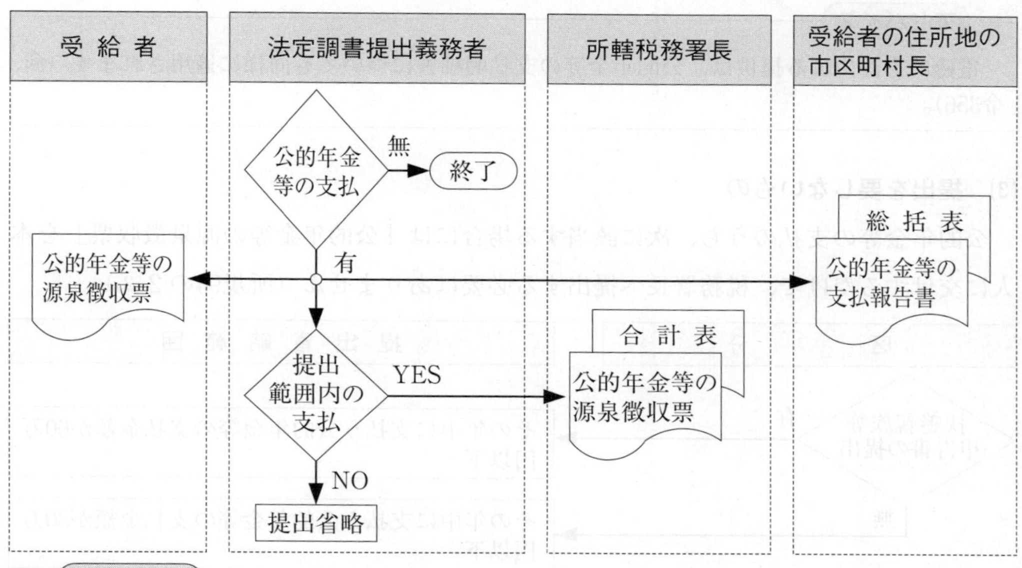

アドバイス

「公的年金等の源泉徴収票」は、公的年金等の支払を受ける者には支払金額の多寡にかかわらず、必ず交付しなければなりません。

⑵　電磁的方法による提供

公的年金等の支払をする者は、受給者の承諾を得て、書面による公的年金等の源泉徴収票の交付に代えて、公的年金等の源泉徴収票に記載すべき事項を電磁的方法により提供することができ、この提供により、公的年金等の源泉徴収票を交付したものとみなされます（所法226④⑤）。

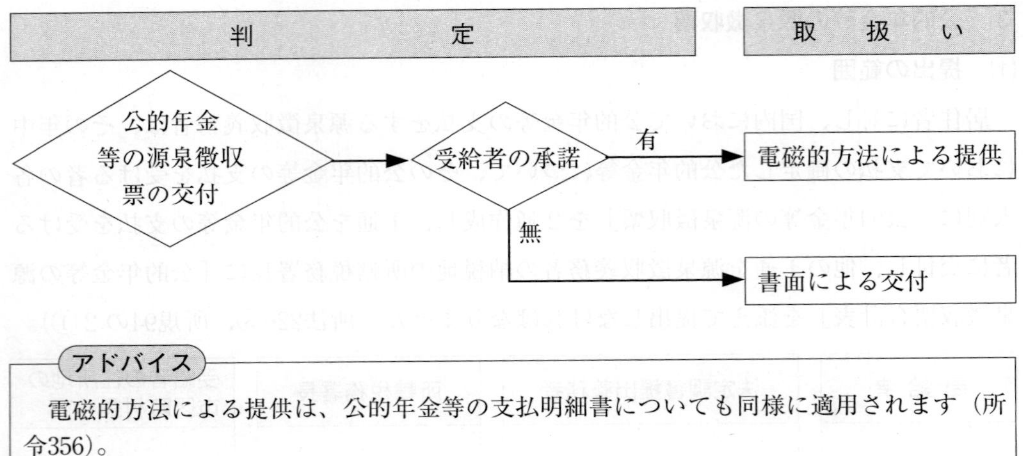

アドバイス

電磁的方法による提供は、公的年金等の支払明細書についても同様に適用されます（所令356）。

(3) 提出を要しないもの

公的年金等の支払のうち、次に該当する場合には「公的年金等の源泉徴収票」を本人に交付するだけで、税務署長へ提出する必要はありません（所規94の２②）。

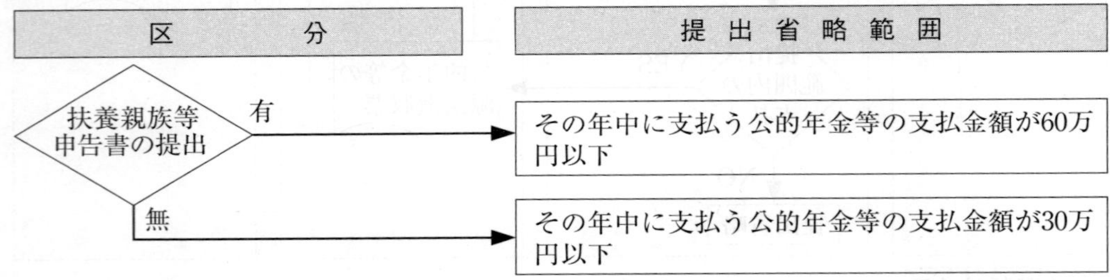

(4) 提出期限等

「公的年金等の源泉徴収票」は公的年金等の支払の確定した日の属する年の翌年１月31日までに、税務署長に提出しなければなりません（所法226③）。

第３　支払調書

支払調書は、所得税法、相続税法、租税特別措置法及び内国税の適正な課税の確保を図るための国外送金等に係る調書の提出等に関する法律の規定により定められています。

１　報酬、料金、契約金及び賞金の支払調書

⑴　提出の種類

居住者又は内国法人に対し国内において、所得税法第204条第１項各号に規定されている報酬、料金、契約金及び賞金の支払をする者は、その年中に支払の確定したこれらの報酬等について、支払調書を作成し「報酬、料金、契約金及び賞金の支払調書合計表」とともにその提出義務者の納税地の所轄税務署長に提出しなければなりません（所法225①三、所規84①）。

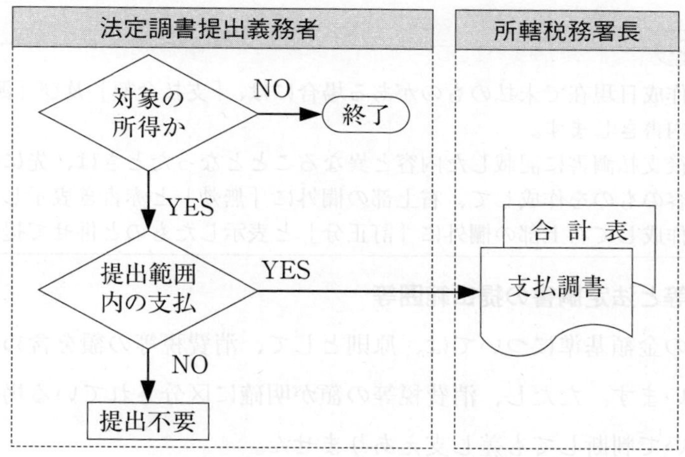

アドバイス

①法人（人格のない社団等を含みます。）に支払われる報酬・料金等で源泉徴収の対象とならないもの、②支払金額が源泉徴収の限度額以下であるため源泉徴収をしていない報酬・料金等についても、提出範囲に該当するものはこの支払調書を提出することになっていますからご注意ください。

⑵　提出を要しないもの

イ　提出省略範囲

次に掲げる場合に該当する報酬、料金、契約金及び賞金については、支払調書の提出を要しないこととされています（所規84②）。

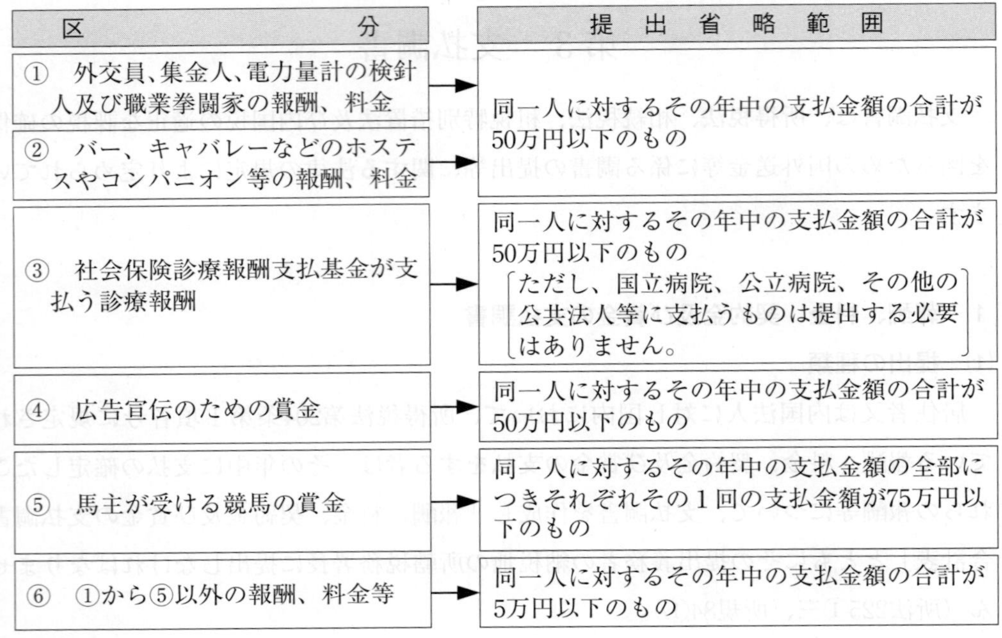

区　分	提出省略範囲
①　外交員、集金人、電力量計の検針人及び職業拳闘家の報酬、料金	同一人に対するその年中の支払金額の合計が50万円以下のもの
②　バー、キャバレーなどのホステスやコンパニオン等の報酬、料金	同一人に対するその年中の支払金額の合計が50万円以下のもの
③　社会保険診療報酬支払基金が支払う診療報酬	同一人に対するその年中の支払金額の合計が50万円以下のもの〔ただし、国立病院、公立病院、その他の公共法人等に支払うものは提出する必要はありません。〕
④　広告宣伝のための賞金	同一人に対するその年中の支払金額の合計が50万円以下のもの
⑤　馬主が受ける競馬の賞金	同一人に対するその年中の支払金額の全部につきそれぞれその１回の支払金額が75万円以下のもの
⑥　①から⑤以外の報酬、料金等	同一人に対するその年中の支払金額の合計が5万円以下のもの

アドバイス

支払調書の作成日現在で未払のものがある場合には、「支払金額」及び「源泉徴収税額」欄にその額を内書きします。

なお、その後支払調書に記載した内容と異なることとなったときは、先に提出した支払調書と同一内容のものを作成して、右上部の欄外に「無効」と赤書き表示したうえ、正当な支払調書を作成して右上部の欄外に「訂正分」と表示したものと併せて提出します。

ロ　消費税等と法定調書の提出範囲等

提出範囲の金額基準については、原則として、消費税等の額を含めて判定することとされています。ただし、消費税等の額が明確に区分されている場合には、その額を含めないで判断しても差し支えありません。

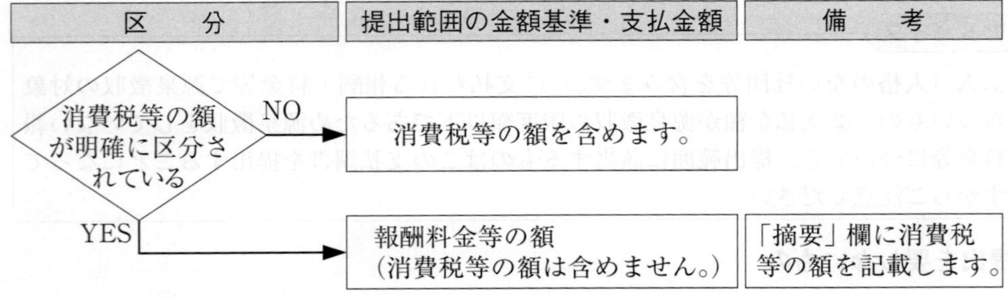

⑶　提出期限等

報酬、料金、契約金及び賞金の支払調書は、その報酬等の支払の確定した日の属する年の翌年1月31日までにその支払事務を取り扱う事務所、事業所等の所在地を所轄する税務署長に提出しなければなりません（所法225①、所規84①）。

なお、税務署長へ提出する支払調書のうち、日本と情報交換に関する租税条約を締結している国（480ページ参照）に住所（居所）がある人の支払調書については同じものを2枚提出することとされています。

区　分	取　扱　い　等
提出期限 →	その支払の確定した日の属する年の翌年1月31日
提 出 先 →	その支払事務を取り扱う事務所、事業所等の所在地を所轄する税務署長

2　不動産の使用料等の支払調書

⑴　提出の範囲

国内において、不動産、不動産の上に存する権利、船舶（船舶法の適用を受ける総トン数20トン以上のものに限られます。）若しくは航空機の借受けの対価や地上権、地役権、貸借権等不動産の上に存する権利の設定の対価（以下これらの対価を「不動産の使用料等」といいます。）の支払をする法人（国、都道府県等の公法人を含みます。）又は不動産業者である個人（建物の賃貸借の代理や仲介を主な目的とする事業を営む者を除きます。）は、その年中に支払の確定した不動産の使用料等について、支払調書を作成し「不動産の使用料等の支払調書合計表」とともに、税務署長に提出しなければなりません（所法225①九、所令352、所規90①）。

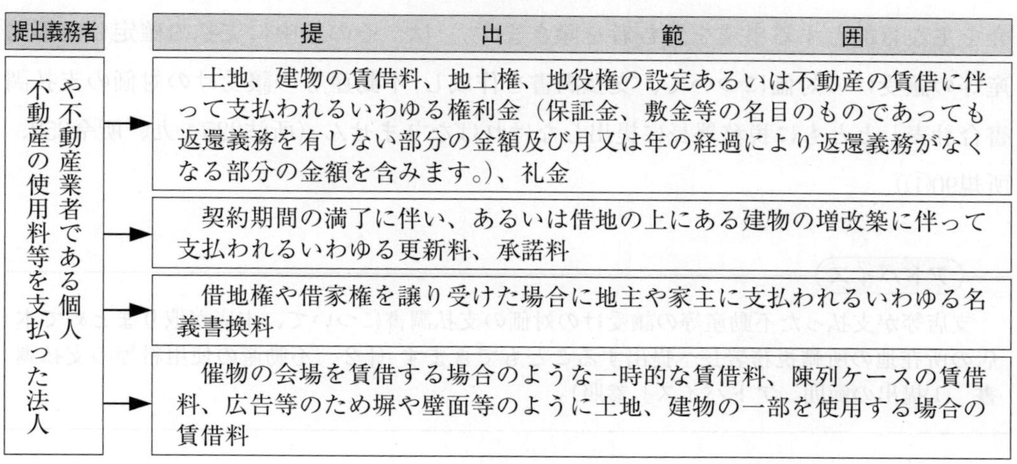

提出義務者	提　出　範　囲
不動産の使用料等を支払った法人や不動産業者である個人 →	土地、建物の賃借料、地上権、地役権の設定あるいは不動産の賃借に伴って支払われるいわゆる権利金（保証金、敷金等の名目のものであっても返還義務を有しない部分の金額及び月又は年の経過により返還義務がなくなる部分の金額を含みます。）、礼金
→	契約期間の満了に伴い、あるいは借地の上にある建物の増改築に伴って支払われるいわゆる更新料、承諾料
→	借地権や借家権を譲り受けた場合に地主や家主に支払われるいわゆる名義書換料
→	催物の会場を賃借する場合のような一時的な賃借料、陳列ケースの賃借料、広告等のため塀や壁面等のように土地、建物の一部を使用する場合の賃借料

アドバイス

支店等（本店や主たる事務所以外の事務所、事業所等をいいます。）が支払った不動産の使用料等について本店（本店や主たる事務所をいいます。）が取りまとめて本店の所在地の所轄税務署長へ支払調書を提出しても差し支えありません。

この場合には、「不動産の使用料等の支払調書合計表」にその旨の表示をした上、その合計表を本店と支店等からそれぞれの所在地を所轄する税務署長へ提出します。

(2)　提出を要しないもの

不動産の使用料等の支払調書は、次に掲げる場合には提出を要しません（所規90③二）。

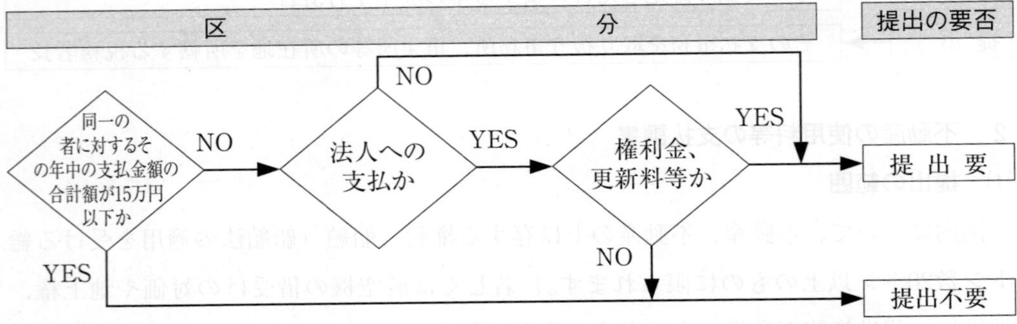

3　不動産等の譲受けの対価の支払調書

(1)　提出の範囲

国内において不動産、不動産の上に存する権利、船舶（船舶法の適用を受ける総トン数20トン以上のものに限ります。）、航空機の譲受けの対価を支払った法人（国、都道府県等の公法人を含みます。）と不動産業者である個人（建物の賃貸借の代理や仲介を主な目的とする事業を営む者を除きます。）は、その年中に支払の確定した不動産等の譲受けの対価について、支払調書を作成し「不動産等の譲受けの対価の支払調書合計表」とともに税務署長に提出しなければなりません（所法225①九、所令352、所規90①）。

アドバイス

支店等が支払った不動産等の譲受けの対価の支払調書について、本店が取りまとめて本店の所在地の所轄税務署長へ提出することもできます（「2　不動産の使用料等の支払調書　(1)提出の範囲　アドバイス」参照）。

⑵　提出を要しないもの

不動産の譲受けの対価の支払調書は、次に掲げる場合には提出を要しません（所規90③一）。

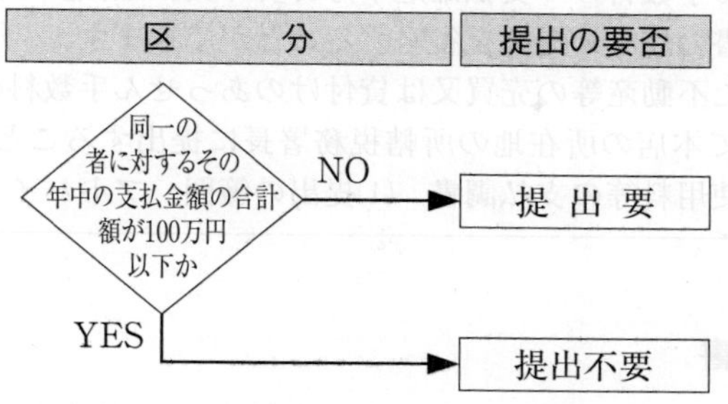

4　不動産等の売買又は貸付けのあっせん手数料の支払調書

⑴　提出の範囲

国内において、土地、建物等の不動産及び地上権、地役権、借地権等不動産の上に存する権利、船舶（船舶法の適用を受ける総トン数20トン以上のものに限ります。）、航空機の売買又は貸付けのあっせんに係る手数料の支払をする法人（国、都道府県等の公法人を含みます。）又は不動産業者である個人（建物の賃貸借の代理や仲介を主な目的とする事業を営む者を除きます。）は、その年中に支払の確定したあっせん手数料について、支払調書を作成し「不動産等の売買又は貸付けのあっせん手数料の支払調書合計表」とともに、税務署長に提出しなければなりません（所法225①九、所令352、所規90①）。

⑵　提出を要しないもの

不動産等の売買又は貸付のあっせん手数料支払調書は、次に掲げる場合には提出を要しません（所規90③二）。

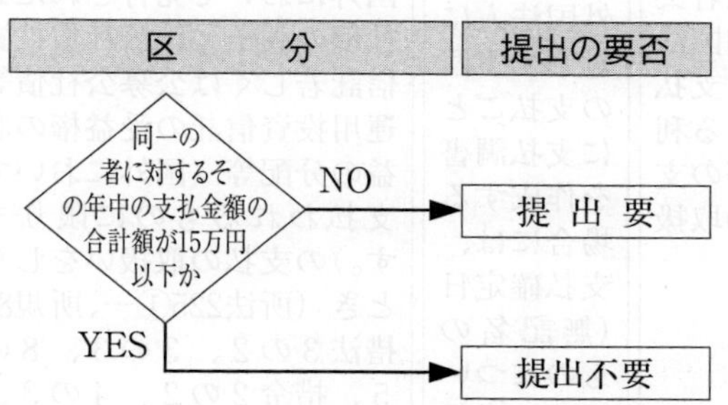

アドバイス

1 「不動産の使用料等の支払調書」や「不動産等の譲受けの対価の支払調書」の「(摘要)」欄の「あっせんをした者」欄に、あっせんをした者の「住所（所在地)」、「氏名(名称)」やあっせん手数料の「支払確定年月日」、「支払金額」を記載して提出する場合には、この支払調書の作成・提出を省略することができます。

2　支店等が支払った不動産等の売買又は貸付けのあっせん手数料の支払調書について、本店が取りまとめて本店の所在地の所轄税務署長に提出することもできます（494ページ「2　不動産の使用料等の支払調書　(1)提出の範囲　アドバイス」参照)。

5　その他の法定調書

利子や配当などを支払った場合には、その支払者は、各人ごとに支払金額や徴収税額等を記載した支払調書を所轄の税務署長に提出することになっています。

なお、これらの支払調書の名称、提出義務者、提出期限及び支払調書の提出省略範囲等の概要は、次表のとおりです。

〔その他の支払調書の一覧表〕

(1)　所得税法に定められているもの

調書等の名称	提出義務者	提出期限	法定調書等の提出を要する場合	提出省略範囲等
利子等の支払調書(所規別表第五㈠)	利子等の支払者又はその支払の取扱者、収益の分配をする者、差益の支払をする者	翌年1月31日 ただし、居住者もしくは恒久的施設を有する非居住者、内国法人もしくは国内に恒久的施設を有する外国法人に対して1回の支払ごとに支払調書を作成する場合には、支払確定日(無記名のものについては、支払った日）の属する月の翌月末日	公社債・預貯金の利子の支払、合同運用信託・公社債投資信託・公募公社債等運用投資信託の収益の分配、勤労者財産形成貯蓄契約等に基づく生命保険等の差益の支払をしたとき(所法225①一、八、所規82、措法3、3の2、4の4、措規2の2)	・その年中の支払金額が3万円以下のもの ただし、1回の支払ごとに支払調書を作成する場合には、利子等の計算期間が6か月未満のものは2,500円以下、利子等の計算期間が6か月以上1年未満のものは5,000円以下、利子等の計算期間が1年以上のものは1万円以下 ・利子等の支払について源泉徴収の対象とならない等一定の規定が適用されるもの ・普通預貯金等の利子 ・居住者又は非居住者に支払う一般
国外公社債等の利子等の支払調書(所規別表第五㈡)	居住者又は内国法人に支払われる利子等の支払の取扱者		国外において発行された公社債の利子又は公社債投資信託若しくは公募公社債等運用投資信託の受益権の収益の分配等（国外において支払われるものに限ります。)の支払の取扱いをしたとき（所法225①一、所規82、措法3の2、3の3、8の5、措令2の2、4の3、措規2の2）	

調書等の名称		提出義務者	提出期限	法定調書等の提出を要する場合	提出省略範囲等
	⇨				利子等で源泉分離課税とされるもの
配当、剰余金の分配、金銭の分配及び基金利息の支払調書（所規別表第五㈢）	⇨	剰余金の配当、利益の配当、剰余金の分配、金銭の分配又は基金利息の支払をする法人又は支払の取扱者	支払確定日（無記名のものについては支払った日）から１か月以内	剰余金の配当、利益の配当、剰余金の分配又は基金利息等の支払をしたとき（所法225①二、八、所規83、措法８の２⑤、８の５、９の３の２⑤、措令４の３、４の６の２⑨）	・個人（大口株主を除きます。）に支払う上場株式の配当等に係るものについては原則すべて提出 　ただし内国法人から支払を受ける１回の支払金額が１万５千円（計算の基礎となった期間が１年以上である場合には３万円）以下のもの ・大口株主及び上場株式等以外の配当等に係るものについては１回に支払うべき金額が10万円に配当計算期間の月数（最高12か月）を乗じて12で除した金額以下のもの ・配当等の支払について源泉徴収の対象とならない等一定の規定が適用されるもの ・私募公社債等運用投資信託等の収益の分配に係る配当等については個人及び名義人に支払うもの
国外投資信託等又は国外株式の配当等の支払調書（所規別表第五㈣）	⇨	居住者又は内国法人に支払われる配当等の支払の取扱者	支払確定日（無記名のものについては支払った日）から１か月以内 　ただし、内国法人又は国内に恒久的施設を	国外において発行された投資信託、特定受益証券発行信託の受益権の収益の分配又は国外において発行された株式の収益の分配又は利益の配当等（国外において支払われるものに限ります。）の支払の取扱いをしたとき（所法225①二、所規83、措法３の２、８の２、	・個人に支払う上場株式等の配当等に係るものについては原則すべて提出 　上場株式等以外の配当等に係るものについては１回の支払金額が10万円に配当計算期間

調書等の名称	提出義務者	提出期限	法定調書等の提出を要する場合	提出省略範囲等
⇨		有する外国法人に対して支払われる国外投資信託（国外私募公社債等運用投資信託を除きます。）又は特定受益証券発行信託の収益の分配について１回の支払ごとに支払調書を作成する場合には支払確定日（無記名のものについては支払った日）の属する月の翌月末日	８の３、８の５、９の２、措令４、４の３、４の５、措規２の２）	の月数（最高12か月)を乗じて12で除した金額以下のもの ・国外投資信託の終了による収益の分配で配当等については、１回に支払うべき金額が５万円以下であるもの ただし、１回の支払ごとに支払調書を作成する場合には、１万円（計算期間が６か月未満のものは2,500円、計算期間が６か月以上１年未満のものは5,000円）以下のもの 法人に支払う国外株式の配当等については１回の支払金額が１万５千円（計算の基礎期間が１年以上である場合は３万円）以下のもの （注）　国外私募公社債等運用投資信託等の収益の分配のうち個人に支払うものは、提出不要 ・源泉徴収の対象とならない等一定の規定が適用されるもの
投資信託又は特定受益証券発行信託収益の分配の支払調書 （所規別表第五㈤） ⇨	収益の分配をする者又はその支払の取扱者	支払確定日（無記名のものについては、支払った日）から１か月以内 ただし、内国法人又は国内に恒	投資信託（公社債投資信託及び公募公社債等運用投資信託を除きます。）又は特定受益証券発行信託の収益の分配をしたとき（所法225①二、八、所規83、措法３の２、８の２、措令４の３、措規２の２）	・個人に支払うものは、１回の支払金額が10万円に配当計算期間の月数（最高12か月）を乗じて12で除した金額以下のもの ただし、上場株式等の配当等（公

調書等の名称	提出義務者	提出期限	法定調書等の提出を要する場合	提出省略範囲等
オープン型証券投資信託収益の分配の支払調書（支払通知書）（所規別表第五(六)）	収益の分配をする者又はその支払の取扱者	久的施設を有する外国法人に対して特定株式投資信託以外の投資信託（公社債投資信託及び公募公社債等運用投資信託を除きます。）の収益の分配について、１回の支払ごとに支払調書を作成する場合には、支払確定日（無記名のものについては支払った日）から１か月以内（支払通知書の交付は45日以内）	オープン型の証券投資信託の収益の分配をしたとき（所法225①二、八、所規83①二、措法３の２、８の２、措令４の３、措規２の２）	募証券投資信託及び特定投資信託の収益の分配）については、全ての調書の提出が必要 ・投資信託又は特定受益証券発行信託の終了による収益の分配で、１回に支払うべき金額が５万円以下のもの 　ただし、１回の支払ごとに支払調書を作成する場合には１万円（計算期間が６か月以上１年未満のものは5,000円、６か月未満のものは、2,500円）以下のもの （注）　私募公社債等運用投資信託等の収益の分配について個人に支払うものは、提出不要 ・源泉徴収の対象とならない等一定の規定が適用されるもの
配当等とみなす金額に関する支払調書（支払通知書）（所規別表第五(七)）	金銭その他の資産を交付する法人	支払確定日（無記名のものについては支払った日）から１か月以内（支払通知書の交付は45日以内）	合併、分割型分割、株式分配、資本の払戻し又は解散による残余財産の分配、自己株式の取得、出資の消却や払戻し、組織変更に際して金銭その他の資産を交付した場合で、みなし配当となる金額があるとき（所法225①二、八、所規83、措法８の５、９の３の２、措令４の３、４の６の２）	・個人（大口株主を除きます。）に対する上場株式等以外の配当で１回の支払（交付が２回以上にわたって行われた場合はその累計額）が10万円に配当計算期間の月数（最高12か月）を乗じてこれを12で除した金額以下のもの 　ただし、上場株式等の配当等については、全ての調

調書等の名称	提出義務者	提出期限	法定調書等の提出を要する場合	提出省略範囲等
				書の提出が必要・交付された金額が１万５千円（交付が２回以上にわたって行われた場合はその累計額が１万５千円）以下のもの
定期積金の給付補てん金等の支払調書（所規別表第五(九)）	定期積金の給付補てん金等の支払をする者	翌年１月31日 ただし、１回の支払ごとに支払調書を作成する場合には、支払確定日（無記名のものについては、支払った日）の属する月の翌月末日	定期積金の給付補てん金、銀行法第２条第４項の契約に基づく給付補塡金、抵当証券の利息、貴金属、（これに類する物品を含みます。）の売戻し条件付売買の利益、外貨投資口座等の為替差益、一時払養老保険等の差益、懸賞金付預貯金等の懸賞金等で一定のものの支払をしたとき（所法225①三、八、所規84の２、措法41の９、41の10、41の11、措令26の９、措規19の３）	その年中の支払金額が３万円以下のもの ただし、１回の支払ごとに支払調書を作成する場合には、計算期間が６か月未満のものは2,500円以下、計算期間が６か月以上１年未満のものは5,000円以下、計算期間が１年以上のものは１万円以下 （注）個人に支払うものは提出不要
匿名組合契約等の利益の分配の支払調書（所規別表第五(十)）	利益の分配の支払をする者	翌年１月31日	匿名組合契約等に基づく利益の分配をしたとき（所法225①三、八、所規85）	支払金額が年５万円以下のもの
生命保険契約等の一時金の支払調書（所規別表第五(十一)）	保険金や給付金の支払をする者		生命保険契約等に基づく一時金の支払をしたとき、非居住者及び外国法人に対し、生命保険契約等に基づく年金等に代えて一時金の支払をしたとき（所法225①四、八、所令351①、所規86）	①　１回の支払金額が100万円以下のもの ②　相続税法の規定による生命保険金・共済金受取人別支払調書が提出されているもの
生命保険契約等の年金の支払調書（所規別表第五(十二)）	年金の支払をする者		生命保険契約等に基づく年金の支払をしたとき、非居住者に生命保険契約等に基づき年金（公的年金等を除きます。）の支払をしたとき（所法161十四、225①四、八、所令351①、所規86）	支払金額が年20万円以下のもの

調書等の名称	提出義務者	提出期限	法定調書等の提出を要する場合	提出省略範囲等
損害保険契約等の満期返戻金等の支払調書（所規別表第五(十三)）	満期返戻金等の支払をする者	翌年１月31日	損害保険契約等に基づく満期返戻金等の支払をしたとき、共済事業を行う法人が共済金及び解約返戻金の支払をしたとき（所法161十四、225①五、八、所令351②、所規87）	支払金額が年100万円以下のもの
損害保険契約等の年金の支払調書（所規別表第五(十四)）	年金の支払をする者		損害保険契約等に基づく年金の支払をしたとき、非居住者に損害保険契約等に基づく年金の支払をしたとき（所法225①五、八、所令351②、所規87）	支払金額が年20万円以下のもの
保険等代理報酬の支払調書（所規別表第五（十五））	保険等代理報酬の支払をする者（生命保険会社、損害保険会社又は少額短期保険会社）		保険等代理報酬の支払をしたとき（所法225①六、所規88）（注）	
非居住者等に支払われる組合契約に基づく利益の支払調書（所規別表第五(十七)）	非居住者又は外国法人に国内源泉所得の支払をする者	支払確定日から１か月以内	非居住者又は外国法人に対して組合契約に基づく利益の支払をしたとき（所法225①八、所規89）	同一人に対する１回の支払金額が３万円以下のもの
非居住者等に支払われる人的役務提供事業の対価の支払調書（所規別表第五(十八)）		翌年１月31日	非居住者又は外国法人で人的役務の提供を主たる内容とする事業を行うものに対して人的役務の提供に係る対価の支払をしたとき（所法225①八、所規89）（注）	支払金額が年50万円以下のもの
非居住者等に支払われる不動産の使用料等の支払調書（所規別表第五(十九)）			非居住者又は外国法人に対して不動産、不動産の上に存する権利又は採石法による採石権の借入（地上権又は採石権の設定その他不動産又はこれらの権利を使用する一切の場合を含みま	

調書等の名称	提出義務者	提出期限	法定調書等の提出を要する場合	提出省略範囲等
	非居住者又は外国法人に国内源泉所得の支払をする者	翌年1月31日	す。）又は鉱業法による租鉱権の設定による使用料及び船舶又は航空機の使用料等の支払をしたとき（所法225①八、所規89）（注）	支払金額が年50万円以下のもの
非居住者等に支払われる借入金の利子の支払調書（所規別表第五(二十)）			非居住者又は外国法人に対して事業用借入金（保証金、預り金、延払債務、その他これに準ずる債務を含みます。）の利子の支払をしたとき（所法225①八、所規89）	
非居住者等に支払われる工業所有権の使用料等の支払調書（所規別表第五(二十一)）			非居住者又は外国法人に対して工業所有権その他の技術に関する権利若しくは特別の技術による生産方式及びこれらに準ずるもの又は著作権（出版権及び著作隣接権その他これに準ずるものを含みます。）の使用料、譲受けの対価等の支払をしたとき（所法225①八、所規89）（注）	
非居住者等に支払われる機械等の使用料の支払調書（所規別表第五(二十二)）			非居住者又は外国法人に対して機械、装置、車輌、運搬具、工具、器具又は備品の使用料の支払をしたとき（所法225①八、所規89）（注）	
非居住者等に支払われる給与、報酬、年金及び賞金の支払調書（所規別表第五(二十三)）			非居住者又は外国法人に対して国内源泉所得とされる給与、報酬、年金又は広告宣伝のための賞金の支払をしたとき（所法225①八、所規89）（注）	
非居住者等に支払われる不動産の譲受けの対価の支払調書（所規別表第五(二十七)）			非居住者又は外国法人に対して国内にある土地若しくは土地の上に存する権利又は建物及びその附属設備若しくは構築物の譲渡の対価の支払をしたとき（所法225①九、所規90）（注）	支払金額が年100万円以下のもの

調書等の名称	提出義務者	提出期限	法定調書等の提出を要する場合	提出省略範囲等
株式等の譲渡の対価等の支払調書（所規別表第五(二十八)）	居住者又は国内に恒久的施設を有する非居住者に対し、国内において株式等の譲渡の対価の支払をする法人、売委託を受けた証券業社、銀行、協同組織金融機関、登録金融機関、一株又は一口に満たない端数に係る株式の競売をした法人	翌年１月31日　ただし、１回の支払ごとに支払調書を作成する場合は支払確定日（無記名のものについては支払った日）の翌月末日	居住者又は国内に恒久的施設を有する非居住者に対し、株式（株主となる権利、株式の割当てを受ける権利、新株予約権及び新株予約権の割当てを受ける権利を含みます。）、特別の法律により設立された法人の出資者の持分、合名会社、合資会社又は合同会社の社員の持分、協同組合等の組合員又は会員の持分その他法人の出資者の持分、新株予約権付社債、公社債等の譲渡の対価又は償還金等の交付の支払をしたとき（所法225①十、十一、所規90の２、措法38、措規18の17）	特定口座を通じて譲渡したものは提出不要
交付金銭等の支払調書（所規別表第五(二十九)）	居住者又は国内に恒久的施設を有する非居住者に対し、国内において金銭その他の資産を交付する者	翌年１月31日	居住者又は国内に恒久的施設を有する非居住者に対して、国内において法人の合併等により金銭その他の資産の交付をしたとき（所法225①十、所規90の３）	なし
信託受益権の譲渡の対価の支払調書（所規別表第五(三十)）	居住者又は国内に恒久的施設を有する非居住者に対し、国内において信託受益権の		居住者又は国内に恒久的施設を有する非居住者に対して、信託受益権の譲渡の対価の支払をしたとき（所法225①十二、所規90の４）	同一人に対するその年中の譲渡の対価の支払金額が100万円以下のもの

調書等の名称	提出義務者	提出期限	法定調書等の提出を要する場合	提出省略範囲等
	譲渡の対価の支払をする法人又は信託受益権販売業者			
先物取引に関する支払調書（所規別表第五(三十一)）	商品先物取引業者又は金融商品取引業者等	翌年１月31日　ただし、１回の先物取引の差金等決済ごとに支払調書を作成する場合には差金等の決済があった日の属する月の翌月末日	居住者又は国内に恒久的施設を有する非居住者が行った商品先物取引、外国商品市場取引、店頭商品デリバティブ取引、市場デリバティブ取引、外国市場デリバティブ取引又は店頭デリバティブ取引について差金等決済があったとき（所法225①十三、所規90の５、措法41の15の２、措規19の10）	なし
金地金等の譲渡の対価の支払調書（所規別表第五(三十二)）	居住者又は国内に恒久的施設を有する非居住者に対し、国内において金地金等の譲渡の対価の支払をする者	支払の確定した日の属する月の翌月末日	金地金、白金地金、金貨、白金貨の譲渡の支払をしたとき（所法225①十四、所規90の６）。	同一人に対する金地金等の譲渡の対価の支払金額が200万円以下のもの
信託の計算書（所規別表第七(一)）	信託会社又は信託業務を営む金融機関（ただし特定寄附信託に係るものは除く）	事業年度終了後１か月以内	受託した信託（集団投資信託、退職年金信託、法人課税信託を除きます。）の決算をしたとき（所法227、所規96）	信託財産に帰せられる収益の額の合計額が３万円以下のもの（計算期間が１年未満の場合は、１万５千円以下のもの）　ただし特定寄附信託は除く
	上記以外の受託者	翌年１月31日		
有限責任事業組合等に係る組合員	有限責任事業組合の会計帳	計算期間終了の日の属する年の翌	有限責任事業組合及び投資事業有限責任組合の計算期間が終了したとき（所法	なし

調書等の名称	提出義務者	提出期限	法定調書等の提出を要する場合	提出省略範囲等
所得に関する計算書 （所規別表第七(二)）	簿を作成する組合員又は投資事業有限責任組合の業務を執行する無限責任組合員	年１月31日 ただし、投資事業有限責任組合については、計算期間の終了日から２か月を経過する日のいずれか遅い日	227の２、所令353の２、所規96の２）	
名義人受領の利子所得の調書 （所規別表第八(一)）	業務に関連して他人のために名義人として利子等の支払を受ける者	翌年１月31日	自己の業務に関連して他人のために利子等を自己名義として支払を受けたとき（所法228①、所規97）	①　所法225①に規定する支払調書又は有限責任事業組合等に係る組合員所得に関する計算書を提出するもの ②　名義人として受領する各人別の受領額の合計額が年３万円以下のもの ③　一般利子等で源泉分離課税の対象とされるもの
名義人受領の配当所得の調書 （所規別表第八(二)）	業務に関連して他人のために名義人として配当等の支払を受ける者		自己の業務に関連して他人のために配当等を自己名義として支払を受けたとき（所法228①、所規97、措法８の２、８の５、措令４の３）	①　所法225①に規定する支払調書又は有限責任事業組合等に係る組合員所得に関する計算書を提出するもの ②　私募公社債等運用投資信託等の収益の分配に係る配当等については、個人及び名義人に支払うもの ③　居住者等に対する各人別の配当等については１回に支払うべき金額が10万円に配当計算期間

調書等の名称	提出義務者	提出期限	法定調書等の提出を要する場合	提出省略範囲等
				の月数を乗じてこれを12で除した金額のもの ただし、上場株式等の配当等については、すべての調書の提出が必要 ④　名義人として受領する各人別の受領額の合計額（外国法人の発行する株式で上場されているものはその株式の事務取扱者ごとに各人別の合計額）が年５万円以下のもの
名義人受領の株式等の譲渡の対価の調書（所規別表第八㈢）	業務に関連して他人のために名義人として株式等の譲渡の対価の支払を受ける者	翌年１月31日 ただし、１回の株式の譲渡の対価の支払ごとに支払調書を作成する場合にはその支払を受けた日の属する月の翌月末日	自己の業務に関連して他人のために株式等の譲渡の対価を自己名義として支払を受けた時（所法228②、所規97⑤、措法38②、措規18の17）	所法225①に規定する支払調書又は有限責任事業組合等に係る組合員所得に関する計算書を提出するもの
譲渡性預金の譲渡等に関する調書（所規別表第八㈣）	譲渡性預金の受入れをする者（金融機関）	告知書を受理した日の翌月末日	譲渡性預金の譲渡又は譲受けに関する告知書を受理したとき（所法228③、所規97⑥）	なし
新株予約権の行使に関する調書（所規別表第九㈠）	新株予約権を発行又は割当てをした株式会社	新株予約権の行使をした日の翌年１月31日	個人又は法人に対し会社法第238条第２項若しくは同法第322条第１項又は旧商法第280条ノ21第１項の決議により発行された新株予約権の行使があったとき（所法228の２、所令354、所規97の２、措法29の２⑧、措令19の３㉞）	権利行使をした新株予約権が特定の取締役等が受ける新株予約権等の行使による株式の取得に係る経済的利益の非課税等制度の適用を受けるもの

調書等の名称	提出義務者	提出期限	法定調書等の提出を要する場合	提出省略範囲等
株式無償割当てに関する調書（所規別表第九(二)）	株式無償割当てをした株式会社	株式無償割当ての効力の生ずる日の属する年の翌年１月31日	個人又は法人に対し会社法第322条第１項の決議による株式無償割当てを行ったとき（所法228の３、所令354の２、所規97の３）	なし
外国親会社等が国内の役員等に供与等をした経済的利益に関する調書（所規別表第九(三)）	外国親法人等から経済的利益の供与を受けた役員等が勤務する（又はしていた）内国法人又は外国法人の国内における営業所等の長	供与等があった日の属する年の翌年３月31日（役員等が非居住者であって、その供与等を受けた経済的利益の価格の全部又は一部が国内源泉所得となるものを受けた者である場合には、その供与等があった日の属する年の翌年４月30日）	外国法人がその発行済株式等の50％以上を保有する内国法人の役員もしくは使用人（役員又は使用人であった人を含みます。）又は外国法人の国内にある営業所等において勤務するその外国法人の役員もしくは使用人（役員又は使用人であった人を含みます。）が、その外国親会社等から付与された株式を取得する権利に基づいてその外国親会社等から株式、金銭その他の経済的利益の供与等を受けたとき（所法228の３の２、所令354の３②、所規97の３の２）	

（注）　この法定調書の提出範囲の金額基準については、原則として、消費税等の額を含めて判断します。ただし、消費税等の額が明確に区分されている場合には、その額を含めないで判断しても差し支えありません。

また、法定調書に記載すべき支払金額等は、原則として、消費税等の額を含めます。

ただし、消費税等の額が明確に区分されている場合には、消費税等の金額を含めないで支払金額としても差し支えありませんが、その場合には、「(摘要)」欄にその消費税等の額を記載します。

(2)　相続税法に定められているもの

調書等の名称	提出義務者	提出期限	法定調書等の提出を要する場合	提出省略範囲等
生命保険金・共済金受取人別支払調書（相規第五号書式）	生命保険会社及び共済事業を行う法人	翌月15日	死亡、満期、解約等により生命保険金や共済金の支払をしたとき（相法59、相規30）	支払金額が100万円以下のもの
損害（死亡）保険金・共	損害保険会社及び	翌月15日	損害保険契約の保険金（偶然の事故に基因する死亡に	

調書等の名称	提出義務者	提出期限	法定調書等の提出を要する場合	提出省略範囲等
済金受取人別支払調書（相規第六号書式）	共済事業を行う法人	翌月15日	伴い支払われるものに限ります。）や共済金の支払をしたとき（相法59、相規30）	支払金額が100万円以下のもの
退職手当金等受給者別支払調書（相規第七号書式）	退職手当金等を支給した者		死亡退職により退職手当等の支払をしたとき（相法59、相規30）	
保険契約者等の異動に関する調書（相規第八号書式）	保険会社等	翌年１月31日	契約者の死亡に伴い、契約者の変更の手続をしたとき（相法59、相規30）	解約返戻金相当額が100万円以下のもの等
信託に関する受益者別（委託者別）調書（相規第九号書式）	受託者たる信託会社又は信託業務を営む金融機関	信託の効力発生、受益者等の変更、信託の終了、信託に関する権利内容の変更が生じた日の属する月の翌月末日	信託の効力が生じたとき、受益者等が変更されたとき、信託が終了したとき、信託に関する権利内容に変更が生じたとき（相法59、相規30）	①　信託財産の評価額が50万円以下のもの等 ②　投資信託 ③　受益証券発行信託の無記名式の受益証券 ④　貸付信託の無記名式の受益証券 ⑤　その他一定の事由に該当した場合

(3)　租税特別措置法に定められているもの

調書等の名称	提出義務者	提出期限	法定調書等の提出を要する場合	提出省略範囲等
上場証券投資信託等の償還金等の支払調書（措規別表第四）	上場証券投資信託等の終了又は一部の解約により償還金等の支払をする者	上場証券投資信託等の終了又は一部の解約があった日の属する月の翌月末日	内国法人（非課税法人を除きます。）又は国内に恒久的施設を有する外国法人に対して、上場証券投資信託の終了又は一部の解約により償還金等の支払をしたとき（措法９の４の２、措規５の３の２）	なし
特定新株予約権等の付与に関する調書（措規別表第六㈠）	特定新株予約権等を付与した株式会社	翌年１月31日	特定新株予約権等を付与したとき（措法29の２⑥、措令19の３㉕、措規11の３⑪）	

調書等の名称	提出義務者	提出期限	法定調書等の提出を要する場合	提出省略範囲等
特定株式等の異動状況に関する調書(措規別表第六(二))	保管委託を受け又は管理等信託を引き受けている金融商品取引業者等		特定株式又は承継特定株式の保管の委託を受け、又は管理等信託を引き受けているとき（措法29の2⑦、措令19の3㉖、措規11の3⑬）	
特定口座年間取引報告書（措規別表第七(一))	金融商品取引業者等	翌年1月31日（年の中途で特定口座の廃止等があった場合には当該事由が生じた日の属する月の翌月末日）	その年において金融商品取引業者に開設されていた特定口座取引があるとき（措法37の11の3⑦、措規18の13の5）	源泉徴収選択口座に係るもの
非課税口座年間取引報告書（措規別表第七(三))	金融商品取引業者等	翌年1月31日	その年において金融商品取引業者等の営業所に開設されていた非課税口座で非課税管理勘定、累積投資勘定又は特定累積投資勘定が設けられていたものがある場合（措法37の14㉛、措令25の13の7、措規18の15の9）	なし
未成年者口座年間取引報告書（措規別表第七(三))			その年において金融商品取引業者等の営業所に開設されていた未成年者口座がある場合（措法37の14の2㉗、措令25の13の8、措規18の15の11）	
教育資金管理契約の終了に関する調書（措規別表第十一(六))	金融機関の営業所等の長	教育資金管理契約が終了した日の属する月の翌々月末日	教育資金管理契約が終了したとき（措法70の2の2⑬、措令40の4の3、措規23の5の3）	
結婚・子育て資金管理契約の終了に関する調書（措規別表第十二(六))		結婚・子育て資金管理契約が終了した日の属する月の翌々月末日	結婚・子育て資金管理契約が終了したとき（措法70の2の3⑭、措令40の4の4、措規23の5の4）	

(4) 内国税の適正な課税の確保を図るための国外送金等に係る調書の提出等に関する法律に定められているもの

調書等の名称	提出義務者	提出期限	法定調書等の提出を要する場合	提出省略範囲等
国外送金等調書	金融機関	為替取引を行った日の属する月の翌月末日	顧客が国外送金等に係る為替取引を行ったとき（国送金法４、国送金法令８、国送金法規10）	国外送金等の金額が100万円以下のもの
国外財産調書	居住者	翌年３月15日	12月31日において合計額が5,000万円を超える国外財産を有するとき（国送金法５、国送金法令10、国送金法規12）	なし
国外証券移管等調書	金融商品取引業者等	国外証券移管等をした日の属する月の翌月末日	顧客からの依頼により国外証券移管等をしたとき（国送金法４の３、国送金法規11の４）	
財産債務調書	所得税等の確定申告書を提出しなければならない者	翌年の３月15日	その年分の総所得金額及び山林所得金額の合計額が２千万円を超え、かつ、その年の12月31日において、その価額の合計額が３億円以上の財産又はその価額の合計額が１億円以上の国外転出特例対象財産を有するとき（国送金法６の２、国送金法令12の２、国送金法規15）	

第15章　復興特別所得税の源泉徴収

平成23年12月２日に東日本大震災からの復興のための施策を実施するために必要な財源の確保に関する特別措置法が公布されました。

これにより、所得税の源泉徴収義務者は、平成25年１月１日から令和19年12月31日までに生ずる所得について所得税を徴収する際、復興特別所得税を併せて徴収し、所得税の法定納期限までに、その復興特別所得税を所得税と併せて国に納付することとされています（復興財確法28）。

1　源泉徴収の対象となる所得

復興特別所得税は、所得税法及び租税特別措置法の規定により所得税を源泉徴収することとされている支払について源泉徴収の対象となります。

具体的には、復興特別所得税は、次の⑴及び⑵に係る所得税を徴収して納付する際に併せて源泉徴収することとなります（復興財確法28①）。

なお、租税条約の規定により適用される限度税率が、所得税及び租税特別措置法に規定する税率以下である一定の所得又は租税条約により免税の適用がある一定の所得については、復興特別所得税は課されません（復興財確法33④）。

⑴　所得税法の規定によるもの

所得税法の第４編《源泉徴収》第１章《利子所得及び配当所得に係る源泉徴収》から第６章《源泉徴収に係る所得税の納期の特例》

⑵　租税特別措置法の規定によるもの

イ　国外で発行された公社債等の利子所得の分離課税等（措法３の３③）

ロ　民間国外債等の利子の課税の特例（措法６②（同条11項において準用する場合を含みます。））

ハ　国外で発行された投資信託等の収益の分配に係る配当所得の分離課税等（措法８の３③）

ニ　国外で発行された株式の配当所得の源泉徴収等の特例（措法９の２②）

ホ　上場株式等の配当等に係る源泉徴収義務等の特例（措法９の３の２①）

ヘ　特定口座内保管上場株式等の譲渡による所得等に対する源泉徴収等の特例（措法37の11の４①）

ト　未成年者口座内の少額上場株式等に係る譲渡所得等の非課税（措法37の14の２⑧）

チ　懸賞金付預貯金等の懸賞金等の分離課税等（措法41の９③）

リ　償還差益等に係る分離課税等（措法41の12③）

ヌ　割引債の差益金額に係る源泉徴収等の特例（措法41の12の２②～④）

ル　免税芸能法人等が支払う芸能人等の役務提供報酬等に係る源泉徴収の特例（措法41の22①）

２ 源泉徴収すべき復興特別所得税の税率

源泉徴収すべき復興特別所得税の税率は2.1％ですが、復興特別所得税の源泉徴収は、所得税の源泉徴収の際に併せて行うこととされていますので、所得税率に102.1％を乗じた合計税率により源泉徴収すべき所得税及び復興特別所得税の額を算出することができます（復興財確法28②）。

なお、源泉徴収に係る所得税の確定金額の端数計算及び源泉徴収に係る復興特別所得税の端数計算については、所得税と復興特別所得税のそれぞれの確定金額の端数計算を行わずに、これらの確定金額の合計によって行い、算出した税額に１円未満の端数があるときは、その端数を切り捨てます（復興財確法31）。

【源泉徴収すべき所得税及び復興特別所得税の額】

支払金額 × 合計税率（％）（※１）＝ 源泉徴収すべき所得税及び復興特別所得税の額

※１　合計税率の計算式

合計税率（％）＝所得税率（％）×102.1（％）

※２　所得税率に応じた合計税率の例

所得税率（％）	5	7	10	15	16	18	20
合計税率（％）	5.105	7.147	10.21	15.315	16.336	18.378	20.42

〔設例〕

（例１）

講演料の支払いが756,000円の場合

756,000円　×　10.21％　＝ 77,187.6円 ⇒　77,187円（１円未満切捨て）
（合計税率）　（算出税額）　（源泉徴収税額）

（例２）

原稿料として1,512,000円を支払う場合（２段階税率適用のケース）

(1,000,000円×10.21％)＋(512,000円×20.42％)＝ 206,650.4円 ⇒　206,650円　（１円未満切捨て）
（合計税率）　（合計税率）　（算出税額）　（源泉徴収税額）

3　居住者の給与等に係る源泉徴収すべき所得税の額と復興特別所得税の額

居住者に対して支払うべき給与等について、源泉徴収すべき所得税の額と復興特別所得税の額の合計額は、次により定める金額とすることになります（復興財確法29）。

⑴　給与所得の源泉徴収税額表について（月額表、日額表）及び賞与に対する源泉徴収税額の算出率の表に定める金額と復興特別所得税の額の計算とを勘案して財務大臣が定める表による金額（524ページ参照）

⑵　電子計算機等を利用して源泉徴収税額を計算する方法を定める財務省告示と復興特別所得税の額の計算とを勘案して財務大臣が定める方法により計算した額（147ページ参照）

アドバイス

源泉徴収をした所得税と復興特別所得税は、その合計額を１枚の所得税徴収高計算書（納付書）を使用して納付することになります。

ただし、非居住者等に対して支払った所得について源泉徴収した税額を納付する際、その納付税額に、復興特別所得税が含まれた税額と租税条約に基づく限度税率を適用したことにより復興特別所得税が含まれない税額とがある場合には、それぞれ別葉の所得税徴収高計算書（納付書）を使用して納付する必要があります。

4　年末調整

居住者に対して支払った給与等について、源泉徴収した所得税と復興特別所得税の合計額により、年末調整を行うこととなります（復興財確法30）。

5　支払調書

「第14章　源泉徴収票及び支払調書の作成、提出」（477ページ参照）における源泉徴収票及び支払調書の作成に当たっては、源泉徴収した所得税と復興特別所得税の額の合計額を記載します（復興特別所得税省令７）。

第16章　令和２年度税制改正の主な改正事項

令和２年度の税制改正により、寡婦（寡夫）控除の見直し及び未婚のひとり親に対する税制上の措置が行われたほか、非居住者である扶養親族に係る扶養控除の適用要件の見直しや源泉徴収における推計課税ができるなどの措置が講じられました。

また、令和２年４月30日に成立、施行された「新型コロナウイルス感染症等の影響に対応するための国税関係法律の臨時特例に関する法律」により、新型コロナウイルス感染症及びそのまん延防止のための措置の影響により厳しい状況に置かれている納税者に対する税制上の措置が講じられました。

1　寡婦（寡夫）控除の見直し及び未婚のひとり親に対する税制上の措置

⑴　寡婦（寡夫）控除の見直し

寡婦の要件について、次の見直しを行った上で、寡婦（寡夫）控除をひとり親に該当しない寡婦にかかる寡婦控除に改組することとされました。

イ　扶養親族を有する寡婦についても、合計所得金額が500万円以下とする要件が追加されました。

ロ　事実上婚姻関係と同様の事情にあると認められる人がいないとする要件が追加されました。

ハ　寡婦控除の特例が廃止されました。

⑵　未婚のひとり親に対する税制上の措置

居住者がひとり親（現に婚姻をしていない人又は配偶者の生死の明らかでない人で一定のもののうち、次に掲げる要件を満たす人をいいます。）である場合には、ひとり親控除として、その人のその年分の総所得金額等から35万円を控除することとされました。

イ　生計を一にする子（他の所得者の同一生計配偶者や扶養親族となっている人又は総所得金額、退職所得金額及び山林所得金額の合計額が48万円を超える人を除きます。）を有すること。

ロ　合計所得金額が500万円以下であること。

ハ　事実上婚姻関係と同様の事情にあると認められる人がいないこと。

⑶　適用関係

これらの改正は、令和２年分以後の所得税について適用されます。

なお、ひとり親控除は令和３年１月１日以後に支払う給与等に対する源泉徴収の際に適用されることとなりました。

(注)　令和２年分の源泉徴収事務においては、月々の給与等に対する源泉徴収では改正前の控除が適用され、年末調整では改正後の控除が適用されます。
なお、死亡退職等により、令和２年中に支払うべき給与等でその最後に支払をする日が令和２年４月１日前であるものに係る年末調整については、改正前の控除が適用されます。

〔参考１〕改正前後の控除に係る適用判定

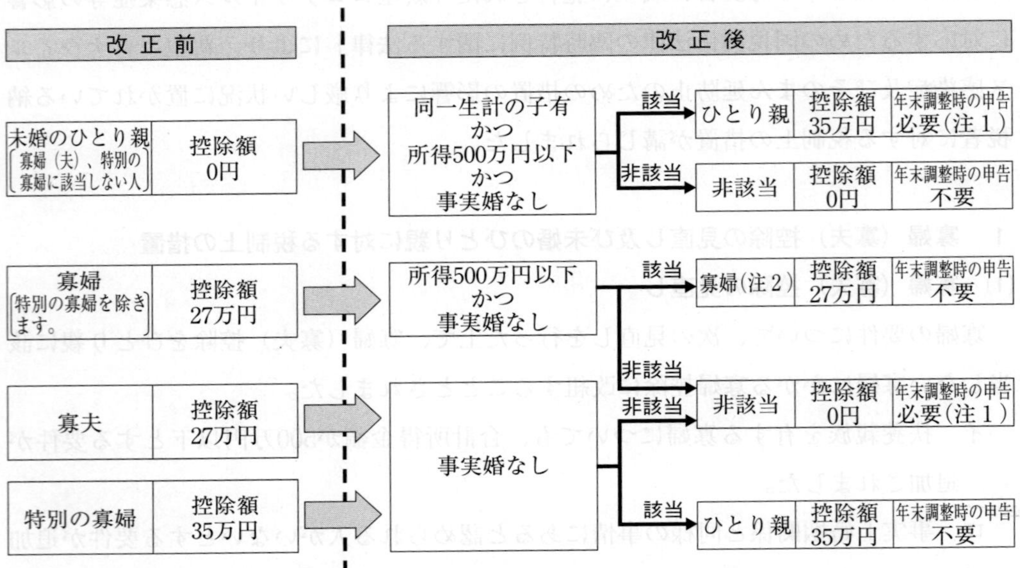

(注)１　改正後の「年末調整時の申告」欄が「必要」となっている人は、令和２年分の年末調整の際に、その異動内容について申告する必要がありますので、令和２年の最後に給与等の支払いを受ける日の前日までに、「給与所得者の扶養控除等（異動）申告書」を給与等の支払者に提出する必要があります。

２　改正前の「寡婦（特別の寡婦を除きます。）」に該当する人が、上記適用判定の結果、「寡婦」に該当する場合において、その人と生計を一にする子を有するときは、「ひとり親」（控除額：35万円）に該当し、年末調整の際にその異動内容について申告する必要があります。

〔参考２〕寡婦控除とひとり親控除の適用関係と控除額

	配偶関係			死　別		離　別		未婚のひとり親	
	合計所得金額			500万円以下	500万円超	500万円以下	500万円超	500万円以下	500万円超
本人が女性	扶養親族	有	子	35万円	—	35万円	—	35万円	—
			子以外	27万円	—	27万円	—	—	—
		無		27万円	—	—	—	—	—

	配偶関係			死　別		離　別		未婚のひとり親	
	合計所得金額			500万円以下	500万円超	500万円以下	500万円超	500万円以下	500万円超
本人が男性	扶養親族	有	子	35万円	—	35万円	—	35万円	—
			子以外	—	—	—	—	—	—
		無		—	—	—	—	—	—

（注）　寡婦控除が適用される場合の控除額は27万円、ひとり親控除が適用される場合の控除額は35万円となります。

2　非居住者である扶養親族に係る扶養控除の適用要件の見直し

⑴　扶養控除の対象となる扶養親族から、年齢30歳以上70歳未満の非居住者であって、次に掲げる者のいずれにも該当しないものが除外されました。

イ　留学により国内に住所及び居所を有しなくなった人

ロ　障害者

ハ　その適用を受ける居住者からその年において生活費又は教育費に充てるための支払を38万円以上受けている人

⑵　給与等に係る源泉徴収税額の計算において、年齢30歳以上70歳未満の非居住者である扶養親族が、上記⑴イに掲げる人に該当するものとして扶養控除に相当する控除の適用を受ける居住者は、その非居住者である扶養親族が、上記⑴イに掲げる人に該当する旨を証する書類を提出等しなければならないこととされたほか、扶養控除申告書等の記載事項について所要の整備が行われました。

⑶　給与等の年末調整において、年齢30歳以上70歳未満の非居住者である扶養親族が、

上記(1)ハに掲げる人に該当するものとして扶養控除に相当する控除の適用を受けようとする居住者は、その非居住者である扶養親族が上記(1)ハに掲げる人に該当することを明らかにする書類を提出等しなければならないこととされました。

(4)　適用関係

この改正は、令和５年分以後の所得税について適用されます。

3　源泉徴収における推計課税の措置

源泉徴収（青色申告書を提出した個人の事業所得等を生ずべき業務に係る支払に係るもの及び青色申告書を提出した法人の支払に係るものを除きます。）における推計課税について、源泉徴収義務者が給与等の支払に係る所得税を納付しなかった場合には、その給与等の支払に関する規程並びにその給与等の支払を受けた人の労務に従事した期間、労務の性質及びその提供の程度その他の事項により、その給与等の支払の日を推定し、又はその給与等の支払を受けた人ごとの給与等の支払金額を推計して、源泉徴収義務者からその給与等に係る所得税を徴収することができるなどの措置が講じられました。

なお、給与等のほか、退職手当等、報酬等又は国内源泉所得についても同様の改正が行われました。

これらの改正は、令和３年１月１日以後に支払うべき給与等、退職手当等、報酬等又は国内源泉所得について適用されます。

4　新型コロナウイルス感染症及びそのまん延防止のための措置の影響により厳しい状況に置かれている納税者に対する税制上の措置

新型コロナウイルス感染症及びそのまん延防止のための措置が納税者に及ぼす影響の緩和を図るため、「新型コロナウイルス感染症等の影響に対応するための国税関係法律の臨時特例に関する法律」が令和２年４月30日に成立し、同日施行されました。源泉所得税に関する事項は次のとおりです。

(1)　納税の猶予制度の特例

新型コロナウイルス感染症の影響により、令和２年２月以降の収入に相当の減少があり、納付することが困難である事業者等に対し、無担保かつ延滞税なしで１年間納税を猶予する特例（特例猶予）が創設されました。

この特例は、新型コロナウイルス感染症及びそのまん延防止のための措置の影響により、令和２年２月１日以後に納税者の事業につき相当な収入の減少があったこと等の事実がある場合において、その事業者等が令和３年１月31日までに納付すべき国税について、全部又は一部を一時に納付することが困難であると認められるときは、その国税の納期限内にされたその者の申請（やむを得ない理由があると認められる場合には、その国税の納期限後にされた申請を含みます。）に基づき、その納期限から１年以内の期間を限り、その国税の全部又は一部の納税を猶予することができることとされました。

（注） この法律の施行の日から２月を経過した日前に納付すべき国税について、この法律の施行の日から２月を経過する日までに申請がされた場合には、上記の特例を適用できることとされました。

⑵ 住宅借入金等を有する場合の所得税額の特別控除の特例

イ 既存住宅の取得をし、かつ、特例増改築等をした個人が、新型コロナウイルス感染症及びそのまん延防止のための措置の影響により当該既存住宅をその取得の日から６月以内にその者の居住の用に供することができなかった場合において、当該既存住宅を令和３年12月31日までにその者の居住の用に供したとき（当該特例増改築等の日から６月以内にその者の居住の用に供した場合に限ります。）は、住宅借入金等を有する場合の所得税額の特別控除を適用できることとされました。

ロ 要耐震改修住宅の取得をし、かつ、耐震改修に係る契約を一定の日までに締結している個人が、新型コロナウイルス感染症及びそのまん延防止のための措置の影響により当該耐震改修をして当該要耐震改修住宅をその取得の日から６月以内にその者の居住の用に供することができなかった場合において、当該耐震改修をして当該要耐震改修住宅を令和３年12月31日までにその者の居住の用に供したとき（当該耐震改修の日から６月以内にその者の居住の用に供した場合に限ります。）は、住宅借入金等を有する場合の所得税額の特別控除を適用できることとされました。

ハ 住宅の新築取得等で特例取得に該当するものをした者が、新型コロナウイルス感染症及びそのまん延防止のための措置の影響により特例取得をした家屋を令和２年12月31日までにその者の居住の用に供することができなかった場合において、当該家屋を令和３年１月１日から同年12月31日までの間にその者の居住の用に供したときは、住宅借入金等を有する場合の所得税額の特別控除の控除期間の３年間延長の特例を適用できることとされました。

付録

税額表

付録

税額表

1　所得税額の速算表（平成27年分以降）

課税総所得金額等(A)	税率(B)	控除額(C)	税額＝(A)×(B)－(C)
～　1,950,000円以下	5％	—	(A)×5％
1,950,000円超　～　3,300,000　〃	10％	97,500円	(A)×10％－　97,500円
3,300,000　〃　～　6,950,000　〃	20％	427,500〃	(A)×20％－　427,500〃
6,950,000　〃　～　9,000,000　〃	23％	636,000〃	(A)×23％－　636,000〃
9,000,000　〃　～18,000,000　〃	33％	1,536,000〃	(A)×33％－1,536,000〃
18,000,000　〃　～40,000,000　〃	40％	2,796,000〃	(A)×40％－2,796,000〃
40,000,000　〃　～	45％	4,796,000〃	(A)×45％－4,796,000〃

（注）　課税総所得金額等(A)に1,000円未満の端数があるときは、これを切り捨てます。

平成25年分から令和19年分の年末調整については、所得税と復興特別所得税の合計額で行いますので、所得税額の速算表により求めた算出所得税額から（特定増改築等）住宅借入金等特別控除額を控除した後の額に102.1％を乗じて計算します。

なお、100円未満は切り捨てとなります。

〔参考〕　退職所得の税額の求め方

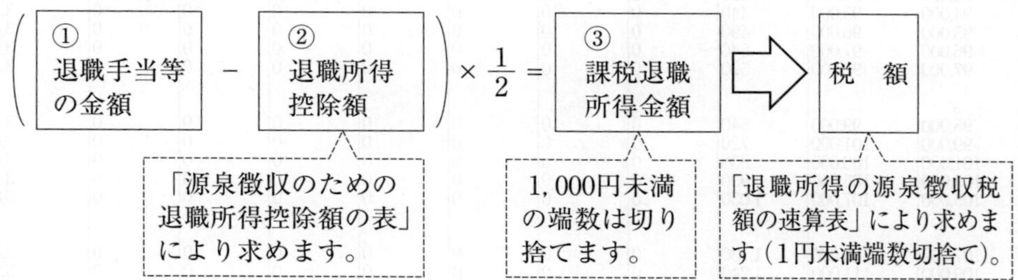

（注）　退職手当等に係る税額は、退職手当等の金額（①）から退職所得控除額（②）を控除した残額の$\frac{1}{2}$に相当する金額（課税退職所得金額（③））に応じて、「退職所得の源泉徴収税額の速算表」の「税額」欄に算式が示されていますので、この算式に従って計算して税額を求めます。

なお、求めた税額に1円未満の端数があるときは、これを切り捨てます。

○退職所得の源泉徴収税額の速算表

課税退職所得金額等(A)	税率(B)	控除額(C)	税額＝((A)×(B)－(C))×102.1％
～　1,950,000円以下	5％	—	(A)×5％×　102.1％
1,950,000円超　～　3,300,000　〃	10％	97,500円	((A)×10％－　97,500円)×102.1％
3,300,000　〃　～　6,950,000　〃	20％	427,500〃	((A)×20％－　427,500円)×102.1％
6,950,000　〃　～　9,000,000　〃	23％	636,000〃	((A)×23％－　636,000円)×102.1％
9,000,000　〃　～18,000,000　〃	33％	1,536,000〃	((A)×33％－1,536,000円)×102.1％
18,000,000　〃　～40,000,000　〃	40％	2,796,000〃	((A)×40％－2,796,000円)×102.1％
40,000,000　〃　～	45％	4,796,000〃	((A)×45％－4,796,000円)×102.1％

特定の役員等に対する退職手当等に係る退職所得の金額の計算については、退職所得控除額を控除した残額を2分の1する措置が廃止されています。

詳しくは、180ページを参照してください。

2　給与所得の源泉徴収税額表（令和２年１月以降分）

①　月　額　表

（一）

（～166,999円）

その月の社会保険料等控除後の給与等の金額		甲								乙
		扶養親族等の数								
		０　人	１　人	２　人	３　人	４　人	５　人	６　人	７　人	
以上	未満	税額								税額
円	円	円	円	円	円	円	円	円	円	円
88,000 円未満		0	0	0	0	0	0	0	0	その月の社会保険料等控除後の給与等の金額の3.063%に相当する金額
88,000	89,000	130	0	0	0	0	0	0	0	3,200
89,000	90,000	180	0	0	0	0	0	0	0	3,200
90,000	91,000	230	0	0	0	0	0	0	0	3,200
91,000	92,000	290	0	0	0	0	0	0	0	3,200
92,000	93,000	340	0	0	0	0	0	0	0	3,300
93,000	94,000	390	0	0	0	0	0	0	0	3,300
94,000	95,000	440	0	0	0	0	0	0	0	3,300
95,000	96,000	490	0	0	0	0	0	0	0	3,400
96,000	97,000	540	0	0	0	0	0	0	0	3,400
97,000	98,000	590	0	0	0	0	0	0	0	3,500
98,000	99,000	640	0	0	0	0	0	0	0	3,500
99,000	101,000	720	0	0	0	0	0	0	0	3,600
101,000	103,000	830	0	0	0	0	0	0	0	3,600
103,000	105,000	930	0	0	0	0	0	0	0	3,700
105,000	107,000	1,030	0	0	0	0	0	0	0	3,800
107,000	109,000	1,130	0	0	0	0	0	0	0	3,800
109,000	111,000	1,240	0	0	0	0	0	0	0	3,900
111,000	113,000	1,340	0	0	0	0	0	0	0	4,000
113,000	115,000	1,440	0	0	0	0	0	0	0	4,100
115,000	117,000	1,540	0	0	0	0	0	0	0	4,100
117,000	119,000	1,640	0	0	0	0	0	0	0	4,200
119,000	121,000	1,750	120	0	0	0	0	0	0	4,300
121,000	123,000	1,850	220	0	0	0	0	0	0	4,500
123,000	125,000	1,950	330	0	0	0	0	0	0	4,800
125,000	127,000	2,050	430	0	0	0	0	0	0	5,100
127,000	129,000	2,150	530	0	0	0	0	0	0	5,400
129,000	131,000	2,260	630	0	0	0	0	0	0	5,700
131,000	133,000	2,360	740	0	0	0	0	0	0	6,000
133,000	135,000	2,460	840	0	0	0	0	0	0	6,300
135,000	137,000	2,550	930	0	0	0	0	0	0	6,600
137,000	139,000	2,610	990	0	0	0	0	0	0	6,800
139,000	141,000	2,680	1,050	0	0	0	0	0	0	7,100
141,000	143,000	2,740	1,110	0	0	0	0	0	0	7,500
143,000	145,000	2,800	1,170	0	0	0	0	0	0	7,800
145,000	147,000	2,860	1,240	0	0	0	0	0	0	8,100
147,000	149,000	2,920	1,300	0	0	0	0	0	0	8,400
149,000	151,000	2,980	1,360	0	0	0	0	0	0	8,700
151,000	153,000	3,050	1,430	0	0	0	0	0	0	9,000
153,000	155,000	3,120	1,500	0	0	0	0	0	0	9,300
155,000	157,000	3,200	1,570	0	0	0	0	0	0	9,600
157,000	159,000	3,270	1,640	0	0	0	0	0	0	9,900
159,000	161,000	3,340	1,720	100	0	0	0	0	0	10,200
161,000	163,000	3,410	1,790	170	0	0	0	0	0	10,500
163,000	165,000	3,480	1,860	250	0	0	0	0	0	10,800
165,000	167,000	3,550	1,930	320	0	0	0	0	0	11,100

（二）

（167,000円～289,999円）

その月の社会保険料等控除後の給与等の金額		甲								乙
		扶養親族等の数								
		０人	１人	２人	３人	４人	５人	６人	７人	
以上	未満	税額								税額
円	円	円	円	円	円	円	円	円	円	円
167,000	169,000	3,620	2,000	390	0	0	0	0	0	11,400
169,000	171,000	3,700	2,070	460	0	0	0	0	0	11,700
171,000	173,000	3,770	2,140	530	0	0	0	0	0	12,000
173,000	175,000	3,840	2,220	600	0	0	0	0	0	12,400
175,000	177,000	3,910	2,290	670	0	0	0	0	0	12,700
177,000	179,000	3,980	2,360	750	0	0	0	0	0	13,200
179,000	181,000	4,050	2,430	820	0	0	0	0	0	13,900
181,000	183,000	4,120	2,500	890	0	0	0	0	0	14,600
183,000	185,000	4,200	2,570	960	0	0	0	0	0	15,300
185,000	187,000	4,270	2,640	1,030	0	0	0	0	0	16,000
187,000	189,000	4,340	2,720	1,100	0	0	0	0	0	16,700
189,000	191,000	4,410	2,790	1,170	0	0	0	0	0	17,500
191,000	193,000	4,480	2,860	1,250	0	0	0	0	0	18,100
193,000	195,000	4,550	2,930	1,320	0	0	0	0	0	18,800
195,000	197,000	4,630	3,000	1,390	0	0	0	0	0	19,500
197,000	199,000	4,700	3,070	1,460	0	0	0	0	0	20,200
199,000	201,000	4,770	3,140	1,530	0	0	0	0	0	20,900
201,000	203,000	4,840	3,220	1,600	0	0	0	0	0	21,500
203,000	205,000	4,910	3,290	1,670	0	0	0	0	0	22,200
205,000	207,000	4,980	3,360	1,750	130	0	0	0	0	22,700
207,000	209,000	5,050	3,430	1,820	200	0	0	0	0	23,300
209,000	211,000	5,130	3,500	1,890	280	0	0	0	0	23,900
211,000	213,000	5,200	3,570	1,960	350	0	0	0	0	24,400
213,000	215,000	5,270	3,640	2,030	420	0	0	0	0	25,000
215,000	217,000	5,340	3,720	2,100	490	0	0	0	0	25,500
217,000	219,000	5,410	3,790	2,170	560	0	0	0	0	26,100
219,000	221,000	5,480	3,860	2,250	630	0	0	0	0	26,800
221,000	224,000	5,560	3,950	2,340	710	0	0	0	0	27,400
224,000	227,000	5,680	4,060	2,440	830	0	0	0	0	28,400
227,000	230,000	5,780	4,170	2,550	930	0	0	0	0	29,300
230,000	233,000	5,890	4,280	2,650	1,040	0	0	0	0	30,300
233,000	236,000	5,990	4,380	2,770	1,140	0	0	0	0	31,300
236,000	239,000	6,110	4,490	2,870	1,260	0	0	0	0	32,400
239,000	242,000	6,210	4,590	2,980	1,360	0	0	0	0	33,400
242,000	245,000	6,320	4,710	3,080	1,470	0	0	0	0	34,400
245,000	248,000	6,420	4,810	3,200	1,570	0	0	0	0	35,400
248,000	251,000	6,530	4,920	3,300	1,680	0	0	0	0	36,400
251,000	254,000	6,640	5,020	3,410	1,790	170	0	0	0	37,500
254,000	257,000	6,750	5,140	3,510	1,900	290	0	0	0	38,500
257,000	260,000	6,850	5,240	3,620	2,000	390	0	0	0	39,400
260,000	263,000	6,960	5,350	3,730	2,110	500	0	0	0	40,400
263,000	266,000	7,070	5,450	3,840	2,220	600	0	0	0	41,500
266,000	269,000	7,180	5,560	3,940	2,330	710	0	0	0	42,500
269,000	272,000	7,280	5,670	4,050	2,430	820	0	0	0	43,500
272,000	275,000	7,390	5,780	4,160	2,540	930	0	0	0	44,500
275,000	278,000	7,490	5,880	4,270	2,640	1,030	0	0	0	45,500
278,000	281,000	7,610	5,990	4,370	2,760	1,140	0	0	0	46,600
281,000	284,000	7,710	6,100	4,480	2,860	1,250	0	0	0	47,600
284,000	287,000	7,820	6,210	4,580	2,970	1,360	0	0	0	48,600
287,000	290,000	7,920	6,310	4,700	3,070	1,460	0	0	0	49,700

（三）

（290,000円～439,999円）

その月の社会保険料等控除後の給与等の金額		甲								乙
		扶養親族等の数								
		0人	1人	2人	3人	4人	5人	6人	7人	
以上	未満	税額								税額
円	円	円	円	円	円	円	円	円	円	円
290,000	293,000	8,040	6,420	4,800	3,190	1,570	0	0	0	50,900
293,000	296,000	8,140	6,520	4,910	3,290	1,670	0	0	0	52,100
296,000	299,000	8,250	6,640	5,010	3,400	1,790	160	0	0	52,900
299,000	302,000	8,420	6,740	5,130	3,510	1,890	280	0	0	53,700
302,000	305,000	8,670	6,860	5,250	3,630	2,010	400	0	0	54,500
305,000	308,000	8,910	6,980	5,370	3,760	2,130	520	0	0	55,200
308,000	311,000	9,160	7,110	5,490	3,880	2,260	640	0	0	56,100
311,000	314,000	9,400	7,230	5,620	4,000	2,380	770	0	0	56,900
314,000	317,000	9,650	7,350	5,740	4,120	2,500	890	0	0	57,800
317,000	320,000	9,890	7,470	5,860	4,250	2,620	1,010	0	0	58,800
320,000	323,000	10,140	7,600	5,980	4,370	2,750	1,130	0	0	59,800
323,000	326,000	10,380	7,720	6,110	4,490	2,870	1,260	0	0	60,900
326,000	329,000	10,630	7,840	6,230	4,610	2,990	1,380	0	0	61,900
329,000	332,000	10,870	7,960	6,350	4,740	3,110	1,500	0	0	62,900
332,000	335,000	11,120	8,090	6,470	4,860	3,240	1,620	0	0	63,900
335,000	338,000	11,360	8,210	6,600	4,980	3,360	1,750	130	0	64,900
338,000	341,000	11,610	8,370	6,720	5,110	3,480	1,870	260	0	66,000
341,000	344,000	11,850	8,620	6,840	5,230	3,600	1,990	380	0	67,000
344,000	347,000	12,100	8,860	6,960	5,350	3,730	2,110	500	0	68,000
347,000	350,000	12,340	9,110	7,090	5,470	3,850	2,240	620	0	69,000
350,000	353,000	12,590	9,350	7,210	5,600	3,970	2,360	750	0	70,000
353,000	356,000	12,830	9,600	7,330	5,720	4,090	2,480	870	0	71,100
356,000	359,000	13,080	9,840	7,450	5,840	4,220	2,600	990	0	72,100
359,000	362,000	13,320	10,090	7,580	5,960	4,340	2,730	1,110	0	73,100
362,000	365,000	13,570	10,330	7,700	6,090	4,460	2,850	1,240	0	74,200
365,000	368,000	13,810	10,580	7,820	6,210	4,580	2,970	1,360	0	75,200
368,000	371,000	14,060	10,820	7,940	6,330	4,710	3,090	1,480	0	76,200
371,000	374,000	14,300	11,070	8,070	6,450	4,830	3,220	1,600	0	77,100
374,000	377,000	14,550	11,310	8,190	6,580	4,950	3,340	1,730	100	78,100
377,000	380,000	14,790	11,560	8,320	6,700	5,070	3,460	1,850	220	79,000
380,000	383,000	15,040	11,800	8,570	6,820	5,200	3,580	1,970	350	79,900
383,000	386,000	15,280	12,050	8,810	6,940	5,320	3,710	2,090	470	81,400
386,000	389,000	15,530	12,290	9,060	7,070	5,440	3,830	2,220	590	83,100
389,000	392,000	15,770	12,540	9,300	7,190	5,560	3,950	2,340	710	84,700
392,000	395,000	16,020	12,780	9,550	7,310	5,690	4,070	2,460	840	86,500
395,000	398,000	16,260	13,030	9,790	7,430	5,810	4,200	2,580	960	88,200
398,000	401,000	16,510	13,270	10,040	7,560	5,930	4,320	2,710	1,080	89,800
401,000	404,000	16,750	13,520	10,280	7,680	6,050	4,440	2,830	1,200	91,600
404,000	407,000	17,000	13,760	10,530	7,800	6,180	4,560	2,950	1,330	93,300
407,000	410,000	17,240	14,010	10,770	7,920	6,300	4,690	3,070	1,450	95,000
410,000	413,000	17,490	14,250	11,020	8,050	6,420	4,810	3,200	1,570	96,700
413,000	416,000	17,730	14,500	11,260	8,170	6,540	4,930	3,320	1,690	98,300
416,000	419,000	17,980	14,740	11,510	8,290	6,670	5,050	3,440	1,820	100,100
419,000	422,000	18,220	14,990	11,750	8,530	6,790	5,180	3,560	1,940	101,800
422,000	425,000	18,470	15,230	12,000	8,770	6,910	5,300	3,690	2,060	103,400
425,000	428,000	18,710	15,480	12,240	9,020	7,030	5,420	3,810	2,180	105,200
428,000	431,000	18,960	15,720	12,490	9,260	7,160	5,540	3,930	2,310	106,900
431,000	434,000	19,210	15,970	12,730	9,510	7,280	5,670	4,050	2,430	108,500
434,000	437,000	19,450	16,210	12,980	9,750	7,400	5,790	4,180	2,550	110,300
437,000	440,000	19,700	16,460	13,220	10,000	7,520	5,910	4,300	2,680	112,000

（四）

（440,000円～589,999円）

その月の社会保険料等控除後の給与等の金額		甲								乙
		扶養親族等の数								
		０人	１人	２人	３人	４人	５人	６人	７人	
以上	未満	税額								税額
円	円	円	円	円	円	円	円	円	円	円
440,000	443,000	20,090	16,700	13,470	10,240	7,650	6,030	4,420	2,800	113,600
443,000	446,000	20,580	16,950	13,710	10,490	7,770	6,160	4,540	2,920	115,400
446,000	449,000	21,070	17,190	13,960	10,730	7,890	6,280	4,670	3,040	117,100
449,000	452,000	21,560	17,440	14,200	10,980	8,010	6,400	4,790	3,170	118,700
452,000	455,000	22,050	17,680	14,450	11,220	8,140	6,520	4,910	3,290	120,500
455,000	458,000	22,540	17,930	14,690	11,470	8,260	6,650	5,030	3,410	122,200
458,000	461,000	23,030	18,170	14,940	11,710	8,470	6,770	5,160	3,530	123,800
461,000	464,000	23,520	18,420	15,180	11,960	8,720	6,890	5,280	3,660	125,600
464,000	467,000	24,010	18,660	15,430	12,200	8,960	7,010	5,400	3,780	127,300
467,000	470,000	24,500	18,910	15,670	12,450	9,210	7,140	5,520	3,900	129,000
470,000	473,000	24,990	19,150	15,920	12,690	9,450	7,260	5,650	4,020	130,700
473,000	476,000	25,480	19,400	16,160	12,940	9,700	7,380	5,770	4,150	132,300
476,000	479,000	25,970	19,640	16,410	13,180	9,940	7,500	5,890	4,270	134,000
479,000	482,000	26,460	20,000	16,650	13,430	10,190	7,630	6,010	4,390	135,600
482,000	485,000	26,950	20,490	16,900	13,670	10,430	7,750	6,140	4,510	137,200
485,000	488,000	27,440	20,980	17,140	13,920	10,680	7,870	6,260	4,640	138,800
488,000	491,000	27,930	21,470	17,390	14,160	10,920	7,990	6,380	4,760	140,400
491,000	494,000	28,420	21,960	17,630	14,410	11,170	8,120	6,500	4,880	142,000
494,000	497,000	28,910	22,450	17,880	14,650	11,410	8,240	6,630	5,000	143,700
497,000	500,000	29,400	22,940	18,120	14,900	11,660	8,420	6,750	5,130	145,200
500,000	503,000	29,890	23,430	18,370	15,140	11,900	8,670	6,870	5,250	146,800
503,000	506,000	30,380	23,920	18,610	15,390	12,150	8,910	6,990	5,370	148,500
506,000	509,000	30,880	24,410	18,860	15,630	12,390	9,160	7,120	5,490	150,100
509,000	512,000	31,370	24,900	19,100	15,880	12,640	9,400	7,240	5,620	151,600
512,000	515,000	31,860	25,390	19,350	16,120	12,890	9,650	7,360	5,740	153,300
515,000	518,000	32,350	25,880	19,590	16,370	13,130	9,890	7,480	5,860	154,900
518,000	521,000	32,840	26,370	19,900	16,610	13,380	10,140	7,610	5,980	156,500
521,000	524,000	33,330	26,860	20,390	16,860	13,620	10,380	7,730	6,110	158,100
524,000	527,000	33,820	27,350	20,880	17,100	13,870	10,630	7,850	6,230	159,600
527,000	530,000	34,310	27,840	21,370	17,350	14,110	10,870	7,970	6,350	161,000
530,000	533,000	34,800	28,330	21,860	17,590	14,360	11,120	8,100	6,470	162,500
533,000	536,000	35,290	28,820	22,350	17,840	14,600	11,360	8,220	6,600	164,000
536,000	539,000	35,780	29,310	22,840	18,080	14,850	11,610	8,380	6,720	165,400
539,000	542,000	36,270	29,800	23,330	18,330	15,090	11,850	8,630	6,840	166,900
542,000	545,000	36,760	30,290	23,820	18,570	15,340	12,100	8,870	6,960	168,400
545,000	548,000	37,250	30,780	24,310	18,820	15,580	12,340	9,120	7,090	169,900
548,000	551,000	37,740	31,270	24,800	19,060	15,830	12,590	9,360	7,210	171,300
551,000	554,000	38,280	31,810	25,340	19,330	16,100	12,860	9,630	7,350	172,800
554,000	557,000	38,830	32,370	25,890	19,600	16,380	13,140	9,900	7,480	174,300
557,000	560,000	39,380	32,920	26,440	19,980	16,650	13,420	10,180	7,630	175,700
560,000	563,000	39,930	33,470	27,000	20,530	16,930	13,690	10,460	7,760	177,200
563,000	566,000	40,480	34,020	27,550	21,080	17,200	13,970	10,730	7,900	178,700
566,000	569,000	41,030	34,570	28,100	21,630	17,480	14,240	11,010	8,040	180,100
569,000	572,000	41,590	35,120	28,650	22,190	17,760	14,520	11,280	8,180	181,600
572,000	575,000	42,140	35,670	29,200	22,740	18,030	14,790	11,560	8,330	183,100
575,000	578,000	42,690	36,230	29,750	23,290	18,310	15,070	11,830	8,610	184,600
578,000	581,000	43,240	36,780	30,300	23,840	18,580	15,350	12,110	8,880	186,000
581,000	584,000	43,790	37,330	30,850	24,390	18,860	15,620	12,380	9,160	187,500
584,000	587,000	44,340	37,880	31,410	24,940	19,130	15,900	12,660	9,430	189,000
587,000	590,000	44,890	38,430	31,960	25,490	19,410	16,170	12,940	9,710	190,400

（五）　　（590,000円～739,999円）

その月の社会保険料等控除後の給与等の金額		甲								乙
		扶養親族等の数								
		0人	1人	2人	3人	4人	5人	6人	7人	
以上	未満	税額								税額
円	円	円	円	円	円	円	円	円	円	円
590,000	593,000	45,440	38,980	32,510	26,050	19,680	16,450	13,210	9,990	191,900
593,000	596,000	46,000	39,530	33,060	26,600	20,130	16,720	13,490	10,260	193,400
596,000	599,000	46,550	40,080	33,610	27,150	20,690	17,000	13,760	10,540	194,800
599,000	602,000	47,100	40,640	34,160	27,700	21,240	17,280	14,040	10,810	196,300
602,000	605,000	47,650	41,190	34,710	28,250	21,790	17,550	14,310	11,090	197,800
605,000	608,000	48,200	41,740	35,270	28,800	22,340	17,830	14,590	11,360	199,300
608,000	611,000	48,750	42,290	35,820	29,350	22,890	18,100	14,870	11,640	200,700
611,000	614,000	49,300	42,840	36,370	29,910	23,440	18,380	15,140	11,920	202,200
614,000	617,000	49,860	43,390	36,920	30,460	23,990	18,650	15,420	12,190	203,700
617,000	620,000	50,410	43,940	37,470	31,010	24,540	18,930	15,690	12,470	205,100
620,000	623,000	50,960	44,500	38,020	31,560	25,100	19,210	15,970	12,740	206,700
623,000	626,000	51,510	45,050	38,570	32,110	25,650	19,480	16,240	13,020	208,100
626,000	629,000	52,060	45,600	39,120	32,660	26,200	19,760	16,520	13,290	209,500
629,000	632,000	52,610	46,150	39,680	33,210	26,750	20,280	16,800	13,570	211,000
632,000	635,000	53,160	46,700	40,230	33,760	27,300	20,830	17,070	13,840	212,500
635,000	638,000	53,710	47,250	40,780	34,320	27,850	21,380	17,350	14,120	214,000
638,000	641,000	54,270	47,800	41,330	34,870	28,400	21,930	17,620	14,400	214,900
641,000	644,000	54,820	48,350	41,880	35,420	28,960	22,480	17,900	14,670	215,900
644,000	647,000	55,370	48,910	42,430	35,970	29,510	23,030	18,170	14,950	217,000
647,000	650,000	55,920	49,460	42,980	36,520	30,060	23,590	18,450	15,220	218,000
650,000	653,000	56,470	50,010	43,540	37,070	30,610	24,140	18,730	15,500	219,000
653,000	656,000	57,020	50,560	44,090	37,620	31,160	24,690	19,000	15,770	220,000
656,000	659,000	57,570	51,110	44,640	38,180	31,710	25,240	19,280	16,050	221,000
659,000	662,000	58,130	51,660	45,190	38,730	32,260	25,790	19,550	16,330	222,100
662,000	665,000	58,680	52,210	45,740	39,280	32,810	26,340	19,880	16,600	223,100
665,000	668,000	59,230	52,770	46,290	39,830	33,370	26,890	20,430	16,880	224,100
668,000	671,000	59,780	53,320	46,840	40,380	33,920	27,440	20,980	17,150	225,000
671,000	674,000	60,330	53,870	47,390	40,930	34,470	28,000	21,530	17,430	226,000
674,000	677,000	60,880	54,420	47,950	41,480	35,020	28,550	22,080	17,700	227,100
677,000	680,000	61,430	54,970	48,500	42,030	35,570	29,100	22,640	17,980	228,100
680,000	683,000	61,980	55,520	49,050	42,590	36,120	29,650	23,190	18,260	229,100
683,000	686,000	62,540	56,070	49,600	43,140	36,670	30,200	23,740	18,530	230,400
686,000	689,000	63,090	56,620	50,150	43,690	37,230	30,750	24,290	18,810	232,100
689,000	692,000	63,640	57,180	50,700	44,240	37,780	31,300	24,840	19,080	233,600
692,000	695,000	64,190	57,730	51,250	44,790	38,330	31,860	25,390	19,360	235,100
695,000	698,000	64,740	58,280	51,810	45,340	38,880	32,410	25,940	19,630	236,700
698,000	701,000	65,290	58,830	52,360	45,890	39,430	32,960	26,490	20,030	238,200
701,000	704,000	65,840	59,380	52,910	46,450	39,980	33,510	27,050	20,580	239,700
704,000	707,000	66,400	59,930	53,460	47,000	40,530	34,060	27,600	21,130	241,300
707,000	710,000	66,960	60,480	54,020	47,550	41,090	34,620	28,150	21,690	242,900
710,000	713,000	67,570	61,100	54,630	48,160	41,700	35,230	28,760	22,300	244,400
713,000	716,000	68,180	61,710	55,250	48,770	42,310	35,850	29,370	22,910	246,000
716,000	719,000	68,790	62,320	55,860	49,390	42,920	36,460	29,990	23,520	247,500
719,000	722,000	69,410	62,930	56,470	50,000	43,540	37,070	30,600	24,140	249,000
722,000	725,000	70,020	63,550	57,080	50,610	44,150	37,690	31,210	24,750	250,600
725,000	728,000	70,630	64,160	57,700	51,220	44,760	38,300	31,820	25,360	252,200
728,000	731,000	71,250	64,770	58,310	51,840	45,370	38,910	32,440	25,970	253,700
731,000	734,000	71,860	65,380	58,920	52,450	45,990	39,520	33,050	26,590	255,300
734,000	737,000	72,470	66,000	59,530	53,060	46,600	40,140	33,660	27,200	256,800
737,000	740,000	73,080	66,610	60,150	53,670	47,210	40,750	34,270	27,810	258,300

（六）　　　　（740,000円～3,499,999円）

その月の社会保険料等控除後の給与等の金額		甲								乙
		扶養親族等の数								
		０人	１人	２人	３人	４人	５人	６人	７人	
以上	未満	税額								税額
740,000円		円 73,390	円 66,920	円 60,450	円 53,980	円 47,520	円 41,050	円 34,580	円 28,120	円 259,800
740,000円を超え780,000円に満たない金額		740,000円の場合の税額に、その月の社会保険料等控除後の給与等の金額のうち740,000円を超える金額の20.42％に相当する金額を加算した金額								259,800円に、その月の社会保険料等控除後の給与等の金額のうち740,000円を超える金額の40.84％に相当する金額を加算した金額
780,000円		円 81,560	円 75,090	円 68,620	円 62,150	円 55,690	円 49,220	円 42,750	円 36,290	
780,000円を超え950,000円に満たない金額		780,000円の場合の税額に、その月の社会保険料等控除後の給与等の金額のうち780,000円を超える金額の23.483％に相当する金額を加算した金額								
950,000円		円 121,480	円 115,010	円 108,540	円 102,070	円 95,610	円 89,140	円 82,670	円 76,210	
950,000円を超え1,700,000円に満たない金額		950,000円の場合の税額に、その月の社会保険料等控除後の給与等の金額のうち950,000円を超える金額の33.693％に相当する金額を加算した金額								
1,700,000円		円 374,180	円 367,710	円 361,240	円 354,770	円 348,310	円 341,840	円 335,370	円 328,910	円 651,900
1,700,000円を超え2,170,000円に満たない金額		1,700,000円の場合の税額に、その月の社会保険料等控除後の給与等の金額のうち1,700,000円を超える金額の40.84％に相当する金額を加算した金額								651,900円に、その月の社会保険料等控除後の給与等の金額のうち1,700,000円を超える金額の45.945％に相当する金額を加算した金額
2,170,000円		円 571,570	円 565,090	円 558,630	円 552,160	円 545,690	円 539,230	円 532,760	円 526,290	
2,170,000円を超え2,210,000円に満たない金額		2,170,000円の場合の税額に、その月の社会保険料等控除後の給与等の金額のうち2,170,000円を超える金額の40.84％に相当する金額を加算した金額								
2,210,000円		円 593,340	円 586,870	円 580,410	円 573,930	円 567,470	円 561,010	円 554,540	円 548,070	
2,210,000円を超え2,250,000円に満たない金額		2,210,000円の場合の税額に、その月の社会保険料等控除後の給与等の金額のうち2,210,000円を超える金額の40.84％に相当する金額を加算した金額								
2,250,000円		円 615,120	円 608,650	円 602,190	円 595,710	円 589,250	円 582,790	円 576,310	円 569,850	
2,250,000円を超え3,500,000円に満たない金額		2,250,000円の場合の税額に、その月の社会保険料等控除後の給与等の金額のうち2,250,000円を超える金額の40.84％に相当する金額を加算した金額								

（七）　（3,500,000円～）

その月の社会保険料等控除後の給与等の金額		甲								乙
		扶養親族等の数								
		0人	1人	2人	3人	4人	5人	6人	7人	
以上	未満	税額								税額
3,500,000円		円 1,125,620	円 1,119,150	円 1,112,690	円 1,106,210	円 1,099,750	円 1,093,290	円 1,086,810	円 1,080,350	651,900円に、その月の社会保険料等控除後の給与等の金額のうち1,700,000円を超える金額の45.945％に相当する金額を加算した金額
3,500,000円を超える金額		3,500,000円の場合の税額に、その月の社会保険料等控除後の給与等の金額のうち3,500,000円を超える金額の45.945％に相当する金額を加算した金額								
扶養親族等の数が7人を超える場合には、扶養親族等の数が7人の場合の税額から、その7人を超える1人ごとに1,610円を控除した金額										従たる給与についての扶養控除等申告書が提出されている場合には、当該申告書に記載された扶養親族等の数に応じ、扶養親族等1人ごとに1,610円を、上の各欄によって求めた税額から控除した金額

（注）この表において「扶養親族等」とは、源泉控除対象配偶者及び控除対象扶養親族をいいます。

（備考）税額の求め方は、次のとおりです。

1　「給与所得者の扶養控除等申告書」（以下この表において「扶養控除等申告書」といいます。）の提出があった人

(1)　まず、その人のその月の給与等の金額から、その給与等の金額から控除される社会保険料等の金額を控除した金額を求めます。

(2)　次に、扶養控除等申告書により申告された扶養親族等（その申告書に記載がされていないものとされる源泉控除対象配偶者を除きます。また、扶養親族等が国外居住親族である場合には、親族に該当する旨を証する書類が扶養控除等申告書に添付され、又は当該書類が扶養控除等申告書の提出の際に提示された扶養親族等に限ります。）の数が7人以下である場合には、(1)により求めた金額に応じて「その月の社会保険料等控除後の給与等の金額」欄の該当する行を求め、その行と扶養親族等の数に応じた甲欄の該当欄との交わるところに記載されている金額を求めます。これが求める税額です。

(3)　扶養控除等申告書により申告された扶養親族等の数が7人を超える場合には、(1)により求めた金額に応じて、扶養親族等の数が7人であるものとして(2)により求めた税額から、扶養親族等の数が7人を超える1人ごとに1,610円を控除した金額を求めます。これが求める税額です。

(4)　(2)及び(3)の場合において、扶養控除等申告書にその人が障害者（特別障害者を含みます。）、寡婦（特別の寡婦を含みます。）、寡夫又は勤労学生に該当する旨の記載があるときは、扶養親族等の数にこれらの一に該当するごとに1人を加算した数を、扶養控除等申告書にその人の同一生計配偶者又は扶養親族のうちに障害者（特別障害者を含みます。）又は同居特別障害者（障害者（特別障害者を含みます。）又は同居特別障害者が国外居住親族である場合には、親族に該当する旨を証する書類が扶養控除等申告書に添付され、又は当該書類が扶養控除等申告書の提出の際に提示された障害者（特別障害者を含みます。）又は同居特別障害者に限ります。）に該当する人がいる旨の記載があるときは、扶養親族等の数にこれらの一に該当するごとに1人を加算した数を、それぞれ(2)及び(3)の扶養親族等の数とします。

2　扶養控除等申告書の提出がない人（「従たる給与についての扶養控除等申告書」の提出があった人を含みます。）

その人のその月の給与等の金額から、その給与等の金額から控除される社会保険料等の金額を控除し、その控除後の金額に応じた「その月の社会保険料等控除後の給与等の金額」欄の該当する行と乙欄との交わるところに記載されている金額（「従たる給与についての扶養控除等申告書」の提出があった場合には、その申告書により申告された扶養親族等（その申告書に記載がされていないものとされる源泉控除対象配偶者を除きます。）の数に応じ、扶養親族等1人ごとに1,610円を控除した金額）を求めます。これが求める税額です。

② 日 額 表

(一)

(～6,999円)

その日の社会保険料等控除後の給与等の金額		甲								乙	丙
		扶養親族等の数									
		0 人	1 人	2 人	3 人	4 人	5 人	6 人	7 人		
以上	未満	税額								税額	税額
円	円	円	円	円	円	円	円	円	円	円	円
2,900 円未満		0	0	0	0	0	0	0	0	その日の社会保険料等控除後の給与等の金額の3.063％に相当する金額	0
2,900	2,950	5	0	0	0	0	0	0	0	100	0
2,950	3,000	5	0	0	0	0	0	0	0	100	0
3,000	3,050	10	0	0	0	0	0	0	0	100	0
3,050	3,100	10	0	0	0	0	0	0	0	110	0
3,100	3,150	15	0	0	0	0	0	0	0	110	0
3,150	3,200	15	0	0	0	0	0	0	0	110	0
3,200	3,250	20	0	0	0	0	0	0	0	110	0
3,250	3,300	20	0	0	0	0	0	0	0	110	0
3,300	3,400	25	0	0	0	0	0	0	0	120	0
3,400	3,500	30	0	0	0	0	0	0	0	120	0
3,500	3,600	35	0	0	0	0	0	0	0	120	0
3,600	3,700	40	0	0	0	0	0	0	0	130	0
3,700	3,800	45	0	0	0	0	0	0	0	130	0
3,800	3,900	50	0	0	0	0	0	0	0	130	0
3,900	4,000	55	0	0	0	0	0	0	0	140	0
4,000	4,100	60	5	0	0	0	0	0	0	140	0
4,100	4,200	65	10	0	0	0	0	0	0	160	0
4,200	4,300	70	15	0	0	0	0	0	0	170	0
4,300	4,400	75	20	0	0	0	0	0	0	190	0
4,400	4,500	80	25	0	0	0	0	0	0	200	0
4,500	4,600	85	30	0	0	0	0	0	0	220	0
4,600	4,700	85	35	0	0	0	0	0	0	230	0
4,700	4,800	90	35	0	0	0	0	0	0	260	0
4,800	4,900	90	40	0	0	0	0	0	0	270	0
4,900	5,000	95	40	0	0	0	0	0	0	280	0
5,000	5,100	100	45	0	0	0	0	0	0	300	0
5,100	5,200	100	50	0	0	0	0	0	0	310	0
5,200	5,300	105	55	0	0	0	0	0	0	330	0
5,300	5,400	110	55	5	0	0	0	0	0	340	0
5,400	5,500	110	60	5	0	0	0	0	0	360	0
5,500	5,600	115	65	10	0	0	0	0	0	370	0
5,600	5,700	120	65	15	0	0	0	0	0	390	0
5,700	5,800	125	70	15	0	0	0	0	0	400	0
5,800	5,900	125	75	20	0	0	0	0	0	420	0
5,900	6,000	130	75	25	0	0	0	0	0	440	0
6,000	6,100	135	80	30	0	0	0	0	0	470	0
6,100	6,200	135	85	30	0	0	0	0	0	510	0
6,200	6,300	140	90	35	0	0	0	0	0	540	0
6,300	6,400	150	90	40	0	0	0	0	0	580	0
6,400	6,500	150	95	40	0	0	0	0	0	610	0
6,500	6,600	155	100	45	0	0	0	0	0	650	0
6,600	6,700	160	100	50	0	0	0	0	0	680	0
6,700	6,800	165	105	50	0	0	0	0	0	710	0
6,800	6,900	165	110	55	5	0	0	0	0	750	0
6,900	7,000	170	110	60	5	0	0	0	0	780	0

(二)　　(7,000円～11,999円)

その日の社会保険料等控除後の給与等の金額		甲								乙	丙
		扶養親族等の数									
		0人	1人	2人	3人	4人	5人	6人	7人		
以上	未満	税額								税額	税額
円	円	円	円	円	円	円	円	円	円	円	円
7,000	7,100	175	115	65	10	0	0	0	0	810	0
7,100	7,200	175	120	65	15	0	0	0	0	840	0
7,200	7,300	180	125	70	15	0	0	0	0	860	0
7,300	7,400	185	125	75	20	0	0	0	0	890	0
7,400	7,500	185	130	75	25	0	0	0	0	920	0
7,500	7,600	190	135	80	30	0	0	0	0	960	0
7,600	7,700	195	135	85	30	0	0	0	0	990	0
7,700	7,800	200	140	85	35	0	0	0	0	1,020	0
7,800	7,900	200	150	90	40	0	0	0	0	1,060	0
7,900	8,000	205	150	95	40	0	0	0	0	1,090	0
8,000	8,100	210	155	100	45	0	0	0	0	1,120	0
8,100	8,200	210	160	100	50	0	0	0	0	1,150	0
8,200	8,300	215	165	105	50	0	0	0	0	1,190	0
8,300	8,400	220	165	110	55	5	0	0	0	1,230	0
8,400	8,500	220	170	110	60	5	0	0	0	1,260	0
8,500	8,600	225	175	115	65	10	0	0	0	1,300	0
8,600	8,700	230	175	120	65	15	0	0	0	1,330	0
8,700	8,800	235	180	120	70	15	0	0	0	1,360	0
8,800	8,900	235	185	125	75	20	0	0	0	1,400	0
8,900	9,000	240	185	130	75	25	0	0	0	1,430	0
9,000	9,100	245	190	135	80	25	0	0	0	1,460	0
9,100	9,200	245	195	135	85	30	0	0	0	1,490	0
9,200	9,300	250	200	140	85	35	0	0	0	1,530	0
9,300	9,400	255	200	150	90	40	0	0	0	1,560	3
9,400	9,500	255	205	150	95	40	0	0	0	1,590	6
9,500	9,600	260	210	155	100	45	0	0	0	1,630	10
9,600	9,700	265	210	160	100	50	0	0	0	1,670	13
9,700	9,800	270	215	160	105	50	0	0	0	1,710	17
9,800	9,900	270	220	165	110	55	0	0	0	1,750	20
9,900	10,000	275	220	170	110	60	5	0	0	1,780	24
10,000	10,100	280	225	175	115	65	10	0	0	1,800	27
10,100	10,200	290	230	175	120	65	15	0	0	1,830	31
10,200	10,300	300	235	180	125	70	20	0	0	1,850	34
10,300	10,400	305	240	185	125	75	20	0	0	1,880	38
10,400	10,500	315	240	190	130	80	25	0	0	1,910	41
10,500	10,600	320	245	195	135	85	30	0	0	1,940	45
10,600	10,700	330	250	195	140	85	35	0	0	1,970	49
10,700	10,800	340	255	200	150	90	40	0	0	2,000	53
10,800	10,900	345	260	205	150	95	40	0	0	2,040	56
10,900	11,000	355	260	210	155	100	45	0	0	2,070	60
11,000	11,100	360	265	215	160	105	50	0	0	2,110	63
11,100	11,200	370	270	215	165	105	55	0	0	2,140	67
11,200	11,300	380	275	220	170	110	60	5	0	2,170	70
11,300	11,400	385	280	225	170	115	60	10	0	2,220	74
11,400	11,500	400	290	230	175	120	65	15	0	2,250	77
11,500	11,600	405	295	235	180	125	70	15	0	2,280	81
11,600	11,700	415	305	235	185	125	75	20	0	2,320	84
11,700	11,800	425	310	240	190	130	80	25	0	2,350	88
11,800	11,900	430	320	245	190	135	80	30	0	2,380	91
11,900	12,000	440	330	250	195	140	85	35	0	2,420	95

（三） (12,000円～16,999円)

その日の社会保険料等控除後の給与等の金額		甲								乙	丙
		扶養親族等の数									
		０人	１人	２人	３人	４人	５人	６人	７人		
以上	未満	税額								税額	税額
円	円	円	円	円	円	円	円	円	円	円	円
12,000	12,100	445	335	255	200	150	90	35	0	2,450	99
12,100	12,200	455	345	255	205	150	95	40	0	2,480	103
12,200	12,300	465	350	260	210	155	100	45	0	2,520	106
12,300	12,400	470	360	265	210	160	100	50	0	2,550	110
12,400	12,500	480	370	270	215	165	105	55	0	2,580	113
12,500	12,600	485	375	275	220	170	110	55	5	2,610	117
12,600	12,700	495	385	280	225	170	115	60	10	2,640	120
12,700	12,800	505	395	285	230	175	120	65	10	2,680	124
12,800	12,900	510	405	295	230	180	120	70	15	2,740	127
12,900	13,000	520	415	305	235	185	125	75	20	2,790	131
13,000	13,100	525	420	310	240	190	130	75	25	2,850	134
13,100	13,200	535	430	320	245	190	135	80	30	2,900	138
13,200	13,300	545	435	325	250	195	140	85	30	2,960	141
13,300	13,400	550	445	335	250	200	140	90	35	3,010	146
13,400	13,500	560	455	345	255	205	150	95	40	3,070	149
13,500	13,600	565	460	350	260	210	155	95	45	3,120	153
13,600	13,700	575	470	360	265	210	160	100	50	3,190	156
13,700	13,800	585	475	365	270	215	165	105	50	3,240	160
13,800	13,900	590	485	375	270	220	165	110	55	3,300	164
13,900	14,000	600	495	385	275	225	170	115	60	3,360	168
14,000	14,100	605	500	395	285	230	175	115	65	3,410	172
14,100	14,200	615	510	405	295	230	180	120	70	3,470	176
14,200	14,300	625	515	410	300	235	185	125	70	3,520	180
14,300	14,400	635	525	420	310	240	185	130	75	3,580	184
14,400	14,500	645	535	430	315	245	190	135	80	3,630	188
14,500	14,600	650	540	435	325	250	195	135	85	3,700	192
14,600	14,700	660	550	445	335	250	200	140	90	3,750	197
14,700	14,800	675	555	450	340	255	205	150	90	3,810	201
14,800	14,900	690	565	460	350	260	205	155	95	3,870	205
14,900	15,000	705	575	470	355	265	210	160	100	3,920	209
15,000	15,100	725	580	475	365	270	215	160	105	3,980	213
15,100	15,200	740	590	485	375	270	220	165	110	4,030	217
15,200	15,300	755	595	490	380	275	225	170	110	4,090	221
15,300	15,400	770	605	500	395	285	225	175	115	4,150	225
15,400	15,500	785	615	510	400	290	230	180	120	4,210	229
15,500	15,600	805	620	515	410	300	235	180	125	4,260	233
15,600	15,700	820	635	525	420	310	240	185	130	4,320	237
15,700	15,800	835	640	530	425	315	245	190	130	4,370	241
15,800	15,900	850	650	540	435	325	245	195	135	4,430	246
15,900	16,000	865	660	550	440	330	250	200	140	4,480	250
16,000	16,100	890	670	555	450	340	255	200	150	4,530	254
16,100	16,200	905	690	565	460	350	260	205	155	4,590	258
16,200	16,300	920	705	570	465	355	265	210	155	4,650	262
16,300	16,400	935	720	580	475	365	265	215	160	4,700	266
16,400	16,500	950	735	590	480	370	270	220	165	4,750	270
16,500	16,600	970	750	595	490	380	275	220	170	4,810	274
16,600	16,700	985	770	605	500	395	280	225	175	4,860	278
16,700	16,800	1,000	785	610	505	400	290	230	175	4,910	282
16,800	16,900	1,015	800	620	515	410	300	235	180	4,960	286
16,900	17,000	1,030	815	635	520	415	305	240	185	5,020	290

(四)　　(17,000円～21,999円)

その日の社会保険料等控除後の給与等の金額		甲								乙	丙
		扶養親族等の数									
		0人	1人	2人	3人	4人	5人	6人	7人		
以上	未満	税額								税額	税額
円	円	円	円	円	円	円	円	円	円	円	円
17,000	17,100	1,050	830	640	530	425	315	240	190	5,070	295
17,100	17,200	1,065	850	650	540	435	320	245	195	5,130	299
17,200	17,300	1,080	865	655	545	440	330	250	195	5,180	303
17,300	17,400	1,095	885	670	555	450	340	255	200	5,240	307
17,400	17,500	1,110	900	685	560	455	345	260	205	5,290	311
17,500	17,600	1,135	915	700	570	465	355	260	210	5,340	315
17,600	17,700	1,150	935	715	580	475	360	265	215	5,380	319
17,700	17,800	1,165	950	735	585	480	370	270	215	5,430	323
17,800	17,900	1,180	965	750	595	490	380	275	220	5,480	327
17,900	18,000	1,195	980	765	600	495	385	280	225	5,530	331
18,000	18,100	1,215	995	780	610	505	400	290	230	5,580	335
18,100	18,200	1,230	1,015	795	620	515	405	295	235	5,630	339
18,200	18,300	1,245	1,030	815	625	520	415	305	235	5,680	344
18,300	18,400	1,260	1,045	830	640	530	425	310	240	5,730	348
18,400	18,500	1,280	1,065	845	650	540	430	320	245	5,780	352
18,500	18,600	1,300	1,080	865	655	545	440	330	250	5,830	356
18,600	18,700	1,315	1,100	890	670	555	450	340	255	5,870	360
18,700	18,800	1,335	1,115	905	690	565	460	350	260	5,920	364
18,800	18,900	1,350	1,140	925	710	575	470	355	265	5,970	368
18,900	19,000	1,375	1,160	940	725	585	475	365	270	6,020	372
19,000	19,100	1,395	1,175	960	745	590	485	375	275	6,070	376
19,100	19,200	1,410	1,195	980	760	600	495	385	280	6,120	384
19,200	19,300	1,430	1,210	995	780	610	505	400	290	6,170	393
19,300	19,400	1,445	1,230	1,015	800	620	515	405	295	6,220	401
19,400	19,500	1,465	1,250	1,030	815	635	520	415	305	6,270	409
19,500	19,600	1,485	1,265	1,050	835	640	530	425	315	6,320	417
19,600	19,700	1,500	1,285	1,070	850	650	540	435	325	6,360	425
19,700	19,800	1,520	1,300	1,085	870	660	550	445	335	6,410	433
19,800	19,900	1,535	1,320	1,105	895	675	560	450	340	6,460	442
19,900	20,000	1,555	1,340	1,125	910	695	565	460	350	6,510	450
20,000	20,100	1,575	1,355	1,145	930	715	575	470	360	6,570	458
20,100	20,200	1,590	1,380	1,165	945	730	585	480	370	6,610	466
20,200	20,300	1,615	1,395	1,180	965	750	595	490	380	6,660	474
20,300	20,400	1,630	1,415	1,200	985	765	605	495	385	6,710	482
20,400	20,500	1,650	1,435	1,215	1,000	785	610	505	400	6,760	491
20,500	20,600	1,670	1,450	1,235	1,020	805	620	515	410	6,810	499
20,600	20,700	1,685	1,470	1,255	1,035	820	635	525	420	6,850	507
20,700	20,800	1,705	1,485	1,270	1,055	840	645	535	430	6,900	515
20,800	20,900	1,720	1,505	1,290	1,075	855	655	540	435	6,950	523
20,900	21,000	1,740	1,525	1,305	1,090	880	665	550	445	7,000	531
21,000	21,100	1,760	1,540	1,325	1,110	900	680	560	455	7,060	540
21,100	21,200	1,775	1,560	1,345	1,130	915	700	570	465	7,100	548
21,200	21,300	1,795	1,575	1,365	1,150	935	720	580	475	7,150	556
21,300	21,400	1,810	1,595	1,385	1,170	950	735	585	480	7,180	564
21,400	21,500	1,830	1,620	1,400	1,185	970	755	595	490	7,210	572
21,500	21,600	1,855	1,635	1,420	1,205	990	770	605	500	7,250	580
21,600	21,700	1,870	1,655	1,440	1,220	1,005	790	615	510	7,280	589
21,700	21,800	1,890	1,670	1,455	1,240	1,025	810	625	520	7,310	597
21,800	21,900	1,905	1,690	1,475	1,260	1,040	825	635	525	7,340	605
21,900	22,000	1,925	1,710	1,490	1,275	1,060	845	645	535	7,380	613

（五）

（22,000円～56,999円）

その日の社会保険料等控除後の給与等の金額		甲								乙	丙
		扶養親族等の数									
		０人	１人	２人	３人	４人	５人	６人	７人		
以上	未満	税額								税額	税額
円	円	円	円	円	円	円	円	円	円	円	円
22,000	22,100	1,945	1,725	1,510	1,295	1,080	860	655	545	7,410	621
22,100	22,200	1,960	1,745	1,530	1,310	1,095	885	670	555	7,440	629
22,200	22,300	1,980	1,760	1,545	1,330	1,115	905	685	565	7,480	638
22,300	22,400	1,995	1,780	1,565	1,350	1,135	920	705	570	7,510	646
22,400	22,500	2,015	1,800	1,580	1,370	1,155	940	720	580	7,550	654
22,500	22,600	2,035	1,815	1,600	1,390	1,175	955	740	590	7,590	662
22,600	22,700	2,050	1,835	1,625	1,405	1,190	975	760	600	7,620	670
22,700	22,800	2,070	1,855	1,640	1,425	1,210	995	775	610	7,650	678
22,800	22,900	2,085	1,875	1,660	1,445	1,225	1,010	795	615	7,700	687
22,900	23,000	2,110	1,895	1,675	1,460	1,245	1,030	810	625	7,750	695
23,000	23,100	2,130	1,910	1,695	1,480	1,265	1,045	830	640	7,800	703
23,100	23,200	2,145	1,930	1,715	1,495	1,280	1,065	850	650	7,850	711
23,200	23,300	2,165	1,945	1,730	1,515	1,300	1,085	865	660	7,900	719
23,300	23,400	2,180	1,965	1,750	1,535	1,315	1,100	890	675	7,950	727
23,400	23,500	2,200	1,985	1,765	1,550	1,335	1,125	905	690	8,000	736
23,500	23,600	2,220	2,000	1,785	1,570	1,355	1,140	925	710	8,070	744
23,600	23,700	2,235	2,020	1,805	1,590	1,375	1,160	945	730	8,120	752
23,700	23,800	2,255	2,040	1,825	1,615	1,395	1,180	965	750	8,170	760
23,800	23,900	2,275	2,060	1,850	1,635	1,415	1,200	985	770	8,220	768
23,900	24,000	2,295	2,080	1,870	1,655	1,435	1,220	1,005	790	8,270	776
24,000円		2,305	2,095	1,880	1,665	1,445	1,230	1,015	800	8,320	785
24,000円を超え26,000円に満たない金額		24,000円の場合の税額に、その日の社会保険料等控除後の給与等の金額のうち24,000円を超える金額の20.42％に相当する金額を加算した金額								8,320円に、その日の社会保険料等控除後の給与等の金額のうち24,000円を超える金額の40.84％に相当する金額を加算した金額	785円に、その日の社会保険料等控除後の給与等の金額のうち24,000円を超える金額の10.21％に相当する金額を加算した金額
26,000円		円 2,715	円 2,505	円 2,290	円 2,075	円 1,855	円 1,640	円 1,425	円 1,210		円 989
26,000円を超え32,000円に満たない金額		26,000円の場合の税額に、その日の社会保険料等控除後の給与等の金額のうち26,000円を超える金額の23.483％に相当する金額を加算した金額									989円に、その日の社会保険料等控除後の給与等の金額のうち26,000円を超える金額の20.42％に相当する金額を加算した金額
32,000円		円 4,125	円 3,915	円 3,700	円 3,485	円 3,265	円 3,050	円 2,835	円 2,620		円 2,214
32,000円を超え57,000円に満たない金額		32,000円の場合の税額に、その日の社会保険料等控除後の給与等の金額のうち32,000円を超える金額の33.693％に相当する金額を加算した金額									2,214円に、その日の社会保険料等控除後の給与等の金額のうち32,000円を超える金額の25.525％に相当する金額を加算した金額

（六）　　　　　　　　　　　　　　　　　　　　　　　　　　　　（57,000円～）

その日の社会保険料等控除後の給与等の金額		甲								乙	丙
		扶養親族等の数									
		0人	1人	2人	3人	4人	5人	6人	7人		
以上	未満	税額								税額	税額
57,000円		円 12,550	円 12,340	円 12,125	円 11,910	円 11,690	円 11,475	円 11,260	円 11,045	円 21,800	円 8,595
57,000円を超え72,500円に満たない金額		57,000円の場合の税額に、その日の社会保険料等控除後の給与等の金額のうち57,000円を超える金額の40.84％に相当する金額を加算した金額								21,800円に、その日の社会保険料等控除後の給与等の金額のうち57,000円を超える金額の45.945％に相当する金額を加算した金額	8,595円に、その日の社会保険料等控除後の給与等の金額のうち57,000円を超える金額の33.693％に相当する金額を加算した金額
72,500円		円 19,060	円 18,845	円 18,635	円 18,420	円 18,200	円 17,985	円 17,770	円 17,555		
72,500円を超え73,500円に満たない金額		72,500円の場合の税額に、その日の社会保険料等控除後の給与等の金額のうち72,500円を超える金額の40.84％に相当する金額を加算した金額									
73,500円		円 19,655	円 19,440	円 19,225	円 19,010	円 18,790	円 18,575	円 18,360	円 18,150		
73,500円を超え75,000円に満たない金額		73,500円の場合の税額に、その日の社会保険料等控除後の給与等の金額のうち73,500円を超える金額の40.84％に相当する金額を加算した金額									
75,000円		円 20,450	円 20,235	円 20,020	円 19,805	円 19,585	円 19,375	円 19,160	円 18,945		
75,000円を超え116,500円に満たない金額		75,000円の場合の税額に、その日の社会保険料等控除後の給与等の金額のうち75,000円を超える金額の40.84％に相当する金額を加算した金額									
116,500円		円 37,400	円 37,185	円 36,970	円 36,755	円 36,535	円 36,325	円 36,110	円 35,895		円 28,643
116,500円を超える金額		116,500円の場合の税額に、その日の社会保険料等控除後の給与等の金額のうち116,500円を超える金額の45.945％に相当する金額を加算した金額									28,643円に、その日の社会保険料等控除後の給与等の金額のうち116,500円を超える金額の40.84％に相当する金額を加算した金額

（七）

その日の社会保険料等控除後の給与等の金額		甲								乙	丙
		扶養親族等の数									
		０人	１人	２人	３人	４人	５人	６人	７人		
以上	未満	税額								税額	税額
扶養親族等の数が７人を超える場合には、扶養親族等の数が７人の場合の税額から、その７人を超える１人ごとに50円を控除した金額										従たる給与についての扶養控除等申告書が提出されている場合には、当該申告書に記載された扶養親族等の数に応じ、扶養親族等１人ごとに50円を、上の各欄によって求めた税額から控除した金額	—

（注）この表において「扶養親族等」とは、源泉控除対象配偶者及び控除対象扶養親族をいいます。

（備考）税額の求め方は、次のとおりです。

1　「給与所得者の扶養控除等申告書」（以下この表において「扶養控除等申告書」といいます。）の提出があった人

(1)　まず、その人のその日の給与等の金額から、その給与等の金額から控除される社会保険料等の金額を控除した金額を求めます。

(2)　次に、扶養控除等申告書により申告された扶養親族等（その申告書に記載がされていないものとされる源泉控除対象配偶者を除きます。また、扶養親族等が国外居住親族である場合には、親族に該当する旨を証する書類が扶養控除等申告書に添付され、又は当該書類が扶養控除等申告書の提出の際に提示された扶養親族等に限ります。）の数が７人以下である場合には、(1)により求めた金額に応じて「その日の社会保険料等控除後の給与等の金額」欄の該当する行を求め、その行と扶養親族等の数に応じた甲欄の該当欄との交わるところに記載されている金額を求めます。これが求める税額です。

(3)　扶養控除等申告書により申告された扶養親族等の数が７人を超える場合には、(1)により求めた金額に応じて、扶養親族等の数が７人であるものとして(2)により求めた税額から、扶養親族等の数が７人を超える１人ごとに50円を控除した金額を求めます。これが求める税額です。

(4)　(2)及び(3)の場合において、扶養控除等申告書にその人が障害者（特別障害者を含みます。）、寡婦（特別の寡婦を含みます。）、寡夫又は勤労学生に該当する旨の記載があるときは、扶養親族等の数にこれらの一に該当するごとに１人を加算した数を、扶養控除等申告書にその人の同一生計配偶者又は扶養親族のうちに障害者（特別障害者を含みます。）又は同居特別障害者（障害者（特別障害者を含みます。）又は同居特別障害者が国外居住親族である場合には、親族に該当する旨を証する書類が扶養控除等申告書に添付され、又は当該書類が扶養控除等申告書の提出の際に提示された障害者（特別障害者を含みます。）又は同居特別障害者に限ります。）に該当する人がいる旨の記載があるときは、扶養親族等の数にこれらの一に該当するごとに１人を加算した数を、それぞれ(2)及び(3)の扶養親族等の数とします。

2　扶養控除等申告書の提出がない人（「従たる給与についての扶養控除等申告書」の提出があった人を含みます。）

(1)　(2)に該当する場合を除き、その人のその日の給与等の金額から、その給与等の金額から控除される社会保険料等の金額を控除し、その控除後の金額に応じて「その日の社会保険料等控除後の給与等の金額」欄の該当する行を求め、その行と乙欄との交わるところに記載されている金額（「従たる給与についての扶養控除等申告書」の提出があった場合には、その申告書により申告された扶養親族等（その申告書に記載がされていないものとされる源泉控除対象配偶者を除きます。）の数に応じ、扶養親族等１人ごとに50円を控除した金額）を求めます。これが求める税額です。

(2)　その給与等が所得税法第185条第１項第３号（労働した日ごとに支払われる給与等）に掲げる給与等であるときは、その人のその日の給与等の金額から、その給与等の金額から控除される社会保険料等の金額を控除し、その控除後の金額に応じて「その日の社会保険料等控除後の給与等の金額」欄の該当する行を求め、その行と丙欄との交わるところに記載されている金額を求めます。これが求める税額です。

ただし、継続して２か月を超えて支払うこととなった場合には、その２か月を超える部分の期間につき支払われる給与等は、労働した日ごとに支払われる給与等には含まれませんので、税額の求め方は１又は２(1)によります。

③　賞与に対する源泉徴収税額の算出率の表（令和２年１月以降分）

賞与の金額に乗ずべき率	甲							
	扶養親族							
	0　人		1　人		2　人		3　人	
	前月の社会保険料等控							
	以　上	未　満	以　上	未　満	以　上	未　満	以　上	未　満
%	千円	千円	千円	千円	千円	千円	千円	千円
0.000	68 千円未満		94 千円未満		133 千円未満		171 千円未満	
2.042	68	79	94	243	133	269	171	295
4.084	79	252	243	282	269	312	295	345
6.126	252	300	282	338	312	369	345	398
8.168	300	334	338	365	369	393	398	417
10.210	334	363	365	394	393	420	417	445
12.252	363	395	394	422	420	450	445	477
14.294	395	426	422	455	450	484	477	510
16.336	426	520	455	520	484	520	510	544
18.378	520	601	520	617	520	632	544	647
20.420	601	678	617	699	632	721	647	745
22.462	678	708	699	733	721	757	745	782
24.504	708	745	733	771	757	797	782	823
26.546	745	788	771	814	797	841	823	868
28.588	788	846	814	874	841	902	868	931
30.630	846	914	874	944	902	975	931	1,005
32.672	914	1,312	944	1,336	975	1,360	1,005	1,385
35.735	1,312	1,521	1,336	1,526	1,360	1,526	1,385	1,538
38.798	1,521	2,621	1,526	2,645	1,526	2,669	1,538	2,693
41.861	2,621	3,495	2,645	3,527	2,669	3,559	2,693	3,590
45.945	3,495 千円以上		3,527 千円以上		3,559 千円以上		3,590 千円以上	

（注）この表において「扶養親族等」とは、源泉控除対象配偶者及び控除対象扶養親族をいいます。

また、「賞与の金額に乗ずべき率」の賞与の金額とは、賞与の金額から控除される社会保険料等の金額がある場合には、その社会保険料等控除後の金額をいいます。

（備考）賞与の金額に乗ずべき率の求め方は、次のとおりです。

1　「給与所得者の扶養控除等申告書」（以下この表において「扶養控除等申告書」といいます。）の提出があった人（４に該当する場合を除きます。）

(1)　まず、その人の前月中の給与等（賞与を除きます。以下この表において同じです。）の金額から、その給与等の金額から控除される社会保険料等の金額（以下この表において「前月中の社会保険料等の金額」といいます。）を控除した金額を求めます。

(2)　次に、扶養控除等申告書により申告された扶養親族等（その申告書に記載がされていないものとされる源泉控除対象配偶者を除きます。また、扶養親族等が国外居住親族である場合には、親族に該当する旨を証する書類が扶養控除等申告書等に添付され、又は当該書類が扶養控除等申告書の提出の際に提示された扶養親族等に限ります。）の数と(1)により求めた金額とに応じて甲欄の「前月の社会保険料等控除後の給与等の金額」欄の該当する行を求めます。

(3)　(2)により求めた行と「賞与の金額に乗ずべき率」欄との交わるところに記載されている率を求めます。これが求める率です。

2　1の場合において、扶養控除等申告書にその人が障害者（特別障害者を含みます。）、寡婦（特別の寡婦を含みます。）、寡夫又は勤労学生に該当する旨の記載があるときは、扶養親族等の数にこれらの一に該当するごとに１人を加算した数を、扶養控除等申告書にその人の同一生計配偶者又は扶養親族のうちに障害者（特別障害者を含みます。）又は同居特別障害者（障害者（特別障害者を含みます。）又は同居特別障害者が国外居住親族である場合には、親族に該当する旨を証する書類が扶養控除等申告書に添付され、又は当該書類が扶養控除等申告書の提出の際に提示された障害者（特別障害者を含みます。）又は同居特別障害者に限ります。）に該当する人がいる旨の記載があるときは、扶養親族等の数にこれらの一に該当するごとに１人を加算した数を、それぞれ扶養親族等の数とします。

令和２年１月以降分の賞与に対する源泉徴収税額の算出率の表

等		の		数				乙	
４ 人		５ 人		６ 人		７ 人 以 上			
除 後 の 給 与 等 の 金 額								前月の社会保険料等控除後の給与等の金額	
以 上	未 満	以 上	未 満	以 上	未 満	以 上	未 満	以 上	未 満
千円	千円	千円	千円	千円	千円	千円	千円	千円	千円
210 千円未満		243 千円未満		275 千円未満		308 千円未満			
210	300	243	300	275	333	308	372		
300	378	300	406	333	431	372	456		
378	424	406	450	431	476	456	502		
424	444	450	472	476	499	502	523		
444	470	472	496	499	521	523	545	222千円未満	
470	503	496	525	521	547	545	571		
503	534	525	557	547	582	571	607		
534	570	557	597	582	623	607	650		
570	662	597	677	623	693	650	708		
662	768	677	792	693	815	708	838	222	293
768	806	792	831	815	856	838	880		
806	849	831	875	856	900	880	926		
849	896	875	923	900	950	926	978		
896	959	923	987	950	1,015	978	1,043		
959	1,036	987	1,066	1,015	1,096	1,043	1,127	293	524
1,036	1,409	1,066	1,434	1,096	1,458	1,127	1,482		
1,409	1,555	1,434	1,555	1,458	1,555	1,482	1,583		
1,555	2,716	1,555	2,740	1,555	2,764	1,583	2,788	524	1,118
2,716	3,622	2,740	3,654	2,764	3,685	2,788	3,717		
3,622 千円以上		3,654 千円以上		3,685 千円以上		3,717 千円以上		1,118 千円以上	

３　扶養控除等申告書の提出がない人（「従たる給与についての扶養控除等申告書」の提出があった人を含み、４に該当する場合を除きます。）

(1)　その人の前月中の給与等の金額から前月中の社会保険料等の金額を控除した金額を求めます。

(2)　(1)により求めた金額に応じて乙欄の「前月の社会保険料等控除後の給与等の金額」欄の該当する行を求めます。

(3)　(2)により求めた行と「賞与の金額に乗ずべき率」欄との交わるところに記載されている率を求めます。これが求める率です。

４　前月中の給与等の金額がない場合や前月中の給与等の金額が前月中の社会保険料等の金額以下である場合又はその賞与の金額（その金額から控除される社会保険料等の金額がある場合には、その控除後の金額）が前月中の給与等の金額から前月中の社会保険料等の金額を控除した金額の10倍に相当する金額を超える場合には、この表によらず、平成24年３月31日財務省告示第115号（平成31年３月29日財務省告示第97号改正）第３項第１号イ(2)若しくはロ(2)又は第２号の規定により、月額表を使って税額を計算します。

５　１から４までの場合において、その人の受ける給与等の支給期が月の整数倍の期間ごとと定められているときは、その賞与の支払の直前に支払を受けた若しくは支払を受けるべき給与等の金額又はその給与等の金額から控除される社会保険料等の金額をその倍数で除して計算した金額を、それぞれ前月中の給与等の金額又はその金額から控除される社会保険料等の金額とみなします。

3　年末調整等のための給与所得控除後の給与等の金額の表（令和２年分）

(一)

給与等の金額		給与所得控除後の給与等の金額	給与等の金額		給与所得控除後の給与等の金額	給与等の金額		給与所得控除後の給与等の金額
以上	未満		以上	未満		以上	未満	
円	円	円	円	円	円	円	円	円
551,000円未満		0	1,772,000	1,776,000	1,163,200	1,972,000	1,976,000	1,300,400
			1,776,000	1,780,000	1,165,600	1,976,000	1,980,000	1,303,200
			1,780,000	1,784,000	1,168,000	1,980,000	1,984,000	1,306,000
			1,784,000	1,788,000	1,170,400	1,984,000	1,988,000	1,308,800
			1,788,000	1,792,000	1,172,800	1,988,000	1,992,000	1,311,600
551,000	1,619,000	給与等の金額から550,000円を控除した金額	1,792,000	1,796,000	1,175,200	1,992,000	1,996,000	1,314,400
			1,796,000	1,800,000	1,177,600	1,996,000	2,000,000	1,317,200
			1,800,000	1,804,000	1,180,000	2,000,000	2,004,000	1,320,000
			1,804,000	1,808,000	1,182,800	2,004,000	2,008,000	1,322,800
			1,808,000	1,812,000	1,185,600	2,008,000	2,012,000	1,325,600
1,619,000	1,620,000	1,069,000	1,812,000	1,816,000	1,188,400	2,012,000	2,016,000	1,328,400
1,620,000	1,622,000	1,070,000	1,816,000	1,820,000	1,191,200	2,016,000	2,020,000	1,331,200
1,622,000	1,624,000	1,072,000	1,820,000	1,824,000	1,194,000	2,020,000	2,024,000	1,334,000
1,624,000	1,628,000	1,074,000	1,824,000	1,828,000	1,196,800	2,024,000	2,028,000	1,336,800
1,628,000	1,632,000	1,076,800	1,828,000	1,832,000	1,199,600	2,028,000	2,032,000	1,339,600
1,632,000	1,636,000	1,079,200	1,832,000	1,836,000	1,202,400	2,032,000	2,036,000	1,342,400
1,636,000	1,640,000	1,081,600	1,836,000	1,840,000	1,205,200	2,036,000	2,040,000	1,345,200
1,640,000	1,644,000	1,084,000	1,840,000	1,844,000	1,208,000	2,040,000	2,044,000	1,348,000
1,644,000	1,648,000	1,086,400	1,844,000	1,848,000	1,210,800	2,044,000	2,048,000	1,350,800
1,648,000	1,652,000	1,088,800	1,848,000	1,852,000	1,213,600	2,048,000	2,052,000	1,353,600
1,652,000	1,656,000	1,091,200	1,852,000	1,856,000	1,216,400	2,052,000	2,056,000	1,356,400
1,656,000	1,660,000	1,093,600	1,856,000	1,860,000	1,219,200	2,056,000	2,060,000	1,359,200
1,660,000	1,664,000	1,096,000	1,860,000	1,864,000	1,222,000	2,060,000	2,064,000	1,362,000
1,664,000	1,668,000	1,098,400	1,864,000	1,868,000	1,224,800	2,064,000	2,068,000	1,364,800
1,668,000	1,672,000	1,100,800	1,868,000	1,872,000	1,227,600	2,068,000	2,072,000	1,367,600
1,672,000	1,676,000	1,103,200	1,872,000	1,876,000	1,230,400	2,072,000	2,076,000	1,370,400
1,676,000	1,680,000	1,105,600	1,876,000	1,880,000	1,233,200	2,076,000	2,080,000	1,373,200
1,680,000	1,684,000	1,108,000	1,880,000	1,884,000	1,236,000	2,080,000	2,084,000	1,376,000
1,684,000	1,688,000	1,110,400	1,884,000	1,888,000	1,238,800	2,084,000	2,088,000	1,378,800
1,688,000	1,692,000	1,112,800	1,888,000	1,892,000	1,241,600	2,088,000	2,092,000	1,381,600
1,692,000	1,696,000	1,115,200	1,892,000	1,896,000	1,244,400	2,092,000	2,096,000	1,384,400
1,696,000	1,700,000	1,117,600	1,896,000	1,900,000	1,247,200	2,096,000	2,100,000	1,387,200
1,700,000	1,704,000	1,120,000	1,900,000	1,904,000	1,250,000	2,100,000	2,104,000	1,390,000
1,704,000	1,708,000	1,122,400	1,904,000	1,908,000	1,252,800	2,104,000	2,108,000	1,392,800
1,708,000	1,712,000	1,124,800	1,908,000	1,912,000	1,255,600	2,108,000	2,112,000	1,395,600
1,712,000	1,716,000	1,127,200	1,912,000	1,916,000	1,258,400	2,112,000	2,116,000	1,398,400
1,716,000	1,720,000	1,129,600	1,916,000	1,920,000	1,261,200	2,116,000	2,120,000	1,401,200
1,720,000	1,724,000	1,132,000	1,920,000	1,924,000	1,264,000	2,120,000	2,124,000	1,404,000
1,724,000	1,728,000	1,134,400	1,924,000	1,928,000	1,266,800	2,124,000	2,128,000	1,406,800
1,728,000	1,732,000	1,136,800	1,928,000	1,932,000	1,269,600	2,128,000	2,132,000	1,409,600
1,732,000	1,736,000	1,139,200	1,932,000	1,936,000	1,272,400	2,132,000	2,136,000	1,412,400
1,736,000	1,740,000	1,141,600	1,936,000	1,940,000	1,275,200	2,136,000	2,140,000	1,415,200
1,740,000	1,744,000	1,144,000	1,940,000	1,944,000	1,278,000	2,140,000	2,144,000	1,418,000
1,744,000	1,748,000	1,146,400	1,944,000	1,948,000	1,280,800	2,144,000	2,148,000	1,420,800
1,748,000	1,752,000	1,148,800	1,948,000	1,952,000	1,283,600	2,148,000	2,152,000	1,423,600
1,752,000	1,756,000	1,151,200	1,952,000	1,956,000	1,286,400	2,152,000	2,156,000	1,426,400
1,756,000	1,760,000	1,153,600	1,956,000	1,960,000	1,289,200	2,156,000	2,160,000	1,429,200
1,760,000	1,764,000	1,156,000	1,960,000	1,964,000	1,292,000	2,160,000	2,164,000	1,432,000
1,764,000	1,768,000	1,158,400	1,964,000	1,968,000	1,294,800	2,164,000	2,168,000	1,434,800
1,768,000	1,772,000	1,160,800	1,968,000	1,972,000	1,297,600	2,168,000	2,172,000	1,437,600

(二)

給与等の金額		給与所得控除後の給与等の金額	給与等の金額		給与所得控除後の給与等の金額	給与等の金額		給与所得控除後の給与等の金額
以上	未満		以上	未満		以上	未満	
円 2,172,000	円 2,176,000	円 1,440,400	円 2,372,000	円 2,376,000	円 1,580,400	円 2,572,000	円 2,576,000	円 1,720,400
2,176,000	2,180,000	1,443,200	2,376,000	2,380,000	1,583,200	2,576,000	2,580,000	1,723,200
2,180,000	2,184,000	1,446,000	2,380,000	2,384,000	1,586,000	2,580,000	2,584,000	1,726,000
2,184,000	2,188,000	1,448,800	2,384,000	2,388,000	1,588,800	2,584,000	2,588,000	1,728,800
2,188,000	2,192,000	1,451,600	2,388,000	2,392,000	1,591,600	2,588,000	2,592,000	1,731,600
2,192,000	2,196,000	1,454,400	2,392,000	2,396,000	1,594,400	2,592,000	2,596,000	1,734,400
2,196,000	2,200,000	1,457,200	2,396,000	2,400,000	1,597,200	2,596,000	2,600,000	1,737,200
2,200,000	2,204,000	1,460,000	2,400,000	2,404,000	1,600,000	2,600,000	2,604,000	1,740,000
2,204,000	2,208,000	1,462,800	2,404,000	2,408,000	1,602,800	2,604,000	2,608,000	1,742,800
2,208,000	2,212,000	1,465,600	2,408,000	2,412,000	1,605,600	2,608,000	2,612,000	1,745,600
2,212,000	2,216,000	1,468,400	2,412,000	2,416,000	1,608,400	2,612,000	2,616,000	1,748,400
2,216,000	2,220,000	1,471,200	2,416,000	2,420,000	1,611,200	2,616,000	2,620,000	1,751,200
2,220,000	2,224,000	1,474,000	2,420,000	2,424,000	1,614,000	2,620,000	2,624,000	1,754,000
2,224,000	2,228,000	1,476,800	2,424,000	2,428,000	1,616,800	2,624,000	2,628,000	1,756,800
2,228,000	2,232,000	1,479,600	2,428,000	2,432,000	1,619,600	2,628,000	2,632,000	1,759,600
2,232,000	2,236,000	1,482,400	2,432,000	2,436,000	1,622,400	2,632,000	2,636,000	1,762,400
2,236,000	2,240,000	1,485,200	2,436,000	2,440,000	1,625,200	2,636,000	2,640,000	1,765,200
2,240,000	2,244,000	1,488,000	2,440,000	2,444,000	1,628,000	2,640,000	2,644,000	1,768,000
2,244,000	2,248,000	1,490,800	2,444,000	2,448,000	1,630,800	2,644,000	2,648,000	1,770,800
2,248,000	2,252,000	1,493,600	2,448,000	2,452,000	1,633,600	2,648,000	2,652,000	1,773,600
2,252,000	2,256,000	1,496,400	2,452,000	2,456,000	1,636,400	2,652,000	2,656,000	1,776,400
2,256,000	2,260,000	1,499,200	2,456,000	2,460,000	1,639,200	2,656,000	2,660,000	1,779,200
2,260,000	2,264,000	1,502,000	2,460,000	2,464,000	1,642,000	2,660,000	2,664,000	1,782,000
2,264,000	2,268,000	1,504,800	2,464,000	2,468,000	1,644,800	2,664,000	2,668,000	1,784,800
2,268,000	2,272,000	1,507,600	2,468,000	2,472,000	1,647,600	2,668,000	2,672,000	1,787,600
2,272,000	2,276,000	1,510,400	2,472,000	2,476,000	1,650,400	2,672,000	2,676,000	1,790,400
2,276,000	2,280,000	1,513,200	2,476,000	2,480,000	1,653,200	2,676,000	2,680,000	1,793,200
2,280,000	2,284,000	1,516,000	2,480,000	2,484,000	1,656,000	2,680,000	2,684,000	1,796,000
2,284,000	2,288,000	1,518,800	2,484,000	2,488,000	1,658,800	2,684,000	2,688,000	1,798,800
2,288,000	2,292,000	1,521,600	2,488,000	2,492,000	1,661,600	2,688,000	2,692,000	1,801,600
2,292,000	2,296,000	1,524,400	2,492,000	2,496,000	1,664,400	2,692,000	2,696,000	1,804,400
2,296,000	2,300,000	1,527,200	2,496,000	2,500,000	1,667,200	2,696,000	2,700,000	1,807,200
2,300,000	2,304,000	1,530,000	2,500,000	2,504,000	1,670,000	2,700,000	2,704,000	1,810,000
2,304,000	2,308,000	1,532,800	2,504,000	2,508,000	1,672,800	2,704,000	2,708,000	1,812,800
2,308,000	2,312,000	1,535,600	2,508,000	2,512,000	1,675,600	2,708,000	2,712,000	1,815,600
2,312,000	2,316,000	1,538,400	2,512,000	2,516,000	1,678,400	2,712,000	2,716,000	1,818,400
2,316,000	2,320,000	1,541,200	2,516,000	2,520,000	1,681,200	2,716,000	2,720,000	1,821,200
2,320,000	2,324,000	1,544,000	2,520,000	2,524,000	1,684,000	2,720,000	2,724,000	1,824,000
2,324,000	2,328,000	1,546,800	2,524,000	2,528,000	1,686,800	2,724,000	2,728,000	1,826,800
2,328,000	2,332,000	1,549,600	2,528,000	2,532,000	1,689,600	2,728,000	2,732,000	1,829,600
2,332,000	2,336,000	1,552,400	2,532,000	2,536,000	1,692,400	2,732,000	2,736,000	1,832,400
2,336,000	2,340,000	1,555,200	2,536,000	2,540,000	1,695,200	2,736,000	2,740,000	1,835,200
2,340,000	2,344,000	1,558,000	2,540,000	2,544,000	1,698,000	2,740,000	2,744,000	1,838,000
2,344,000	2,348,000	1,560,800	2,544,000	2,548,000	1,700,800	2,744,000	2,748,000	1,840,800
2,348,000	2,352,000	1,563,600	2,548,000	2,552,000	1,703,600	2,748,000	2,752,000	1,843,600
2,352,000	2,356,000	1,566,400	2,552,000	2,556,000	1,706,400	2,752,000	2,756,000	1,846,400
2,356,000	2,360,000	1,569,200	2,556,000	2,560,000	1,709,200	2,756,000	2,760,000	1,849,200
2,360,000	2,364,000	1,572,000	2,560,000	2,564,000	1,712,000	2,760,000	2,764,000	1,852,000
2,364,000	2,368,000	1,574,800	2,564,000	2,568,000	1,714,800	2,764,000	2,768,000	1,854,800
2,368,000	2,372,000	1,577,600	2,568,000	2,572,000	1,717,600	2,768,000	2,772,000	1,857,600

(三)

給与等の金額		給与所得控除後の給与等の金額	給与等の金額		給与所得控除後の給与等の金額	給与等の金額		給与所得控除後の給与等の金額
以　上	未　満		以　上	未　満		以　上	未　満	
円	円	円	円	円	円	円	円	円
2,772,000	2,776,000	1,860,400	2,972,000	2,976,000	2,000,400	3,172,000	3,176,000	2,140,400
2,776,000	2,780,000	1,863,200	2,976,000	2,980,000	2,003,200	3,176,000	3,180,000	2,143,200
2,780,000	2,784,000	1,866,000	2,980,000	2,984,000	2,006,000	3,180,000	3,184,000	2,146,000
2,784,000	2,788,000	1,868,800	2,984,000	2,988,000	2,008,800	3,184,000	3,188,000	2,148,800
2,788,000	2,792,000	1,871,600	2,988,000	2,992,000	2,011,600	3,188,000	3,192,000	2,151,600
2,792,000	2,796,000	1,874,400	2,992,000	2,996,000	2,014,400	3,192,000	3,196,000	2,154,400
2,796,000	2,800,000	1,877,200	2,996,000	3,000,000	2,017,200	3,196,000	3,200,000	2,157,200
2,800,000	2,804,000	1,880,000	3,000,000	3,004,000	2,020,000	3,200,000	3,204,000	2,160,000
2,804,000	2,808,000	1,882,800	3,004,000	3,008,000	2,022,800	3,204,000	3,208,000	2,162,800
2,808,000	2,812,000	1,885,600	3,008,000	3,012,000	2,025,600	3,208,000	3,212,000	2,165,600
2,812,000	2,816,000	1,888,400	3,012,000	3,016,000	2,028,400	3,212,000	3,216,000	2,168,400
2,816,000	2,820,000	1,891,200	3,016,000	3,020,000	2,031,200	3,216,000	3,220,000	2,171,200
2,820,000	2,824,000	1,894,000	3,020,000	3,024,000	2,034,000	3,220,000	3,224,000	2,174,000
2,824,000	2,828,000	1,896,800	3,024,000	3,028,000	2,036,800	3,224,000	3,228,000	2,176,800
2,828,000	2,832,000	1,899,600	3,028,000	3,032,000	2,039,600	3,228,000	3,232,000	2,179,600
2,832,000	2,836,000	1,902,400	3,032,000	3,036,000	2,042,400	3,232,000	3,236,000	2,182,400
2,836,000	2,840,000	1,905,200	3,036,000	3,040,000	2,045,200	3,236,000	3,240,000	2,185,200
2,840,000	2,844,000	1,908,000	3,040,000	3,044,000	2,048,000	3,240,000	3,244,000	2,188,000
2,844,000	2,848,000	1,910,800	3,044,000	3,048,000	2,050,800	3,244,000	3,248,000	2,190,800
2,848,000	2,852,000	1,913,600	3,048,000	3,052,000	2,053,600	3,248,000	3,252,000	2,193,600
2,852,000	2,856,000	1,916,400	3,052,000	3,056,000	2,056,400	3,252,000	3,256,000	2,196,400
2,856,000	2,860,000	1,919,200	3,056,000	3,060,000	2,059,200	3,256,000	3,260,000	2,199,200
2,860,000	2,864,000	1,922,000	3,060,000	3,064,000	2,062,000	3,260,000	3,264,000	2,202,000
2,864,000	2,868,000	1,924,800	3,064,000	3,068,000	2,064,800	3,264,000	3,268,000	2,204,800
2,868,000	2,872,000	1,927,600	3,068,000	3,072,000	2,067,600	3,268,000	3,272,000	2,207,600
2,872,000	2,876,000	1,930,400	3,072,000	3,076,000	2,070,400	3,272,000	3,276,000	2,210,400
2,876,000	2,880,000	1,933,200	3,076,000	3,080,000	2,073,200	3,276,000	3,280,000	2,213,200
2,880,000	2,884,000	1,936,000	3,080,000	3,084,000	2,076,000	3,280,000	3,284,000	2,216,000
2,884,000	2,888,000	1,938,800	3,084,000	3,088,000	2,078,800	3,284,000	3,288,000	2,218,800
2,888,000	2,892,000	1,941,600	3,088,000	3,092,000	2,081,600	3,288,000	3,292,000	2,221,600
2,892,000	2,896,000	1,944,400	3,092,000	3,096,000	2,084,400	3,292,000	3,296,000	2,224,400
2,896,000	2,900,000	1,947,200	3,096,000	3,100,000	2,087,200	3,296,000	3,300,000	2,227,200
2,900,000	2,904,000	1,950,000	3,100,000	3,104,000	2,090,000	3,300,000	3,304,000	2,230,000
2,904,000	2,908,000	1,952,800	3,104,000	3,108,000	2,092,800	3,304,000	3,308,000	2,232,800
2,908,000	2,912,000	1,955,600	3,108,000	3,112,000	2,095,600	3,308,000	3,312,000	2,235,600
2,912,000	2,916,000	1,958,400	3,112,000	3,116,000	2,098,400	3,312,000	3,316,000	2,238,400
2,916,000	2,920,000	1,961,200	3,116,000	3,120,000	2,101,200	3,316,000	3,320,000	2,241,200
2,920,000	2,924,000	1,964,000	3,120,000	3,124,000	2,104,000	3,320,000	3,324,000	2,244,000
2,924,000	2,928,000	1,966,800	3,124,000	3,128,000	2,106,800	3,324,000	3,328,000	2,246,800
2,928,000	2,932,000	1,969,600	3,128,000	3,132,000	2,109,600	3,328,000	3,332,000	2,249,600
2,932,000	2,936,000	1,972,400	3,132,000	3,136,000	2,112,400	3,332,000	3,336,000	2,252,400
2,936,000	2,940,000	1,975,200	3,136,000	3,140,000	2,115,200	3,336,000	3,340,000	2,255,200
2,940,000	2,944,000	1,978,000	3,140,000	3,144,000	2,118,000	3,340,000	3,344,000	2,258,000
2,944,000	2,948,000	1,980,800	3,144,000	3,148,000	2,120,800	3,344,000	3,348,000	2,260,800
2,948,000	2,952,000	1,983,600	3,148,000	3,152,000	2,123,600	3,348,000	3,352,000	2,263,600
2,952,000	2,956,000	1,986,400	3,152,000	3,156,000	2,126,400	3,352,000	3,356,000	2,266,400
2,956,000	2,960,000	1,989,200	3,156,000	3,160,000	2,129,200	3,356,000	3,360,000	2,269,200
2,960,000	2,964,000	1,992,000	3,160,000	3,164,000	2,132,000	3,360,000	3,364,000	2,272,000
2,964,000	2,968,000	1,994,800	3,164,000	3,168,000	2,134,800	3,364,000	3,368,000	2,274,800
2,968,000	2,972,000	1,997,600	3,168,000	3,172,000	2,137,600	3,368,000	3,372,000	2,277,600

(四)

給与等の金額		給与所得控除後の給与等の金額	給与等の金額		給与所得控除後の給与等の金額	給与等の金額		給与所得控除後の給与等の金額
以　上	未　満		以　上	未　満		以　上	未　満	
円	円	円	円	円	円	円	円	円
3,372,000	3,376,000	2,280,400	3,572,000	3,576,000	2,420,400	3,772,000	3,776,000	2,577,600
3,376,000	3,380,000	2,283,200	3,576,000	3,580,000	2,423,200	3,776,000	3,780,000	2,580,800
3,380,000	3,384,000	2,286,000	3,580,000	3,584,000	2,426,000	3,780,000	3,784,000	2,584,000
3,384,000	3,388,000	2,288,800	3,584,000	3,588,000	2,428,800	3,784,000	3,788,000	2,587,200
3,388,000	3,392,000	2,291,600	3,588,000	3,592,000	2,431,600	3,788,000	3,792,000	2,590,400
3,392,000	3,396,000	2,294,400	3,592,000	3,596,000	2,434,400	3,792,000	3,796,000	2,593,600
3,396,000	3,400,000	2,297,200	3,596,000	3,600,000	2,437,200	3,796,000	3,800,000	2,596,800
3,400,000	3,404,000	2,300,000	3,600,000	3,604,000	2,440,000	3,800,000	3,804,000	2,600,000
3,404,000	3,408,000	2,302,800	3,604,000	3,608,000	2,443,200	3,804,000	3,808,000	2,603,200
3,408,000	3,412,000	2,305,600	3,608,000	3,612,000	2,446,400	3,808,000	3,812,000	2,606,400
3,412,000	3,416,000	2,308,400	3,612,000	3,616,000	2,449,600	3,812,000	3,816,000	2,609,600
3,416,000	3,420,000	2,311,200	3,616,000	3,620,000	2,452,800	3,816,000	3,820,000	2,612,800
3,420,000	3,424,000	2,314,000	3,620,000	3,624,000	2,456,000	3,820,000	3,824,000	2,616,000
3,424,000	3,428,000	2,316,800	3,624,000	3,628,000	2,459,200	3,824,000	3,828,000	2,619,200
3,428,000	3,432,000	2,319,600	3,628,000	3,632,000	2,462,400	3,828,000	3,832,000	2,622,400
3,432,000	3,436,000	2,322,400	3,632,000	3,636,000	2,465,600	3,832,000	3,836,000	2,625,600
3,436,000	3,440,000	2,325,200	3,636,000	3,640,000	2,468,800	3,836,000	3,840,000	2,628,800
3,440,000	3,444,000	2,328,000	3,640,000	3,644,000	2,472,000	3,840,000	3,844,000	2,632,000
3,444,000	3,448,000	2,330,800	3,644,000	3,648,000	2,475,200	3,844,000	3,848,000	2,635,200
3,448,000	3,452,000	2,333,600	3,648,000	3,652,000	2,478,400	3,848,000	3,852,000	2,638,400
3,452,000	3,456,000	2,336,400	3,652,000	3,656,000	2,481,600	3,852,000	3,856,000	2,641,600
3,456,000	3,460,000	2,339,200	3,656,000	3,660,000	2,484,800	3,856,000	3,860,000	2,644,800
3,460,000	3,464,000	2,342,000	3,660,000	3,664,000	2,488,000	3,860,000	3,864,000	2,648,000
3,464,000	3,468,000	2,344,800	3,664,000	3,668,000	2,491,200	3,864,000	3,868,000	2,651,200
3,468,000	3,472,000	2,347,600	3,668,000	3,672,000	2,494,400	3,868,000	3,872,000	2,654,400
3,472,000	3,476,000	2,350,400	3,672,000	3,676,000	2,497,600	3,872,000	3,876,000	2,657,600
3,476,000	3,480,000	2,353,200	3,676,000	3,680,000	2,500,800	3,876,000	3,880,000	2,660,800
3,480,000	3,484,000	2,356,000	3,680,000	3,684,000	2,504,000	3,880,000	3,884,000	2,664,000
3,484,000	3,488,000	2,358,800	3,684,000	3,688,000	2,507,200	3,884,000	3,888,000	2,667,200
3,488,000	3,492,000	2,361,600	3,688,000	3,692,000	2,510,400	3,888,000	3,892,000	2,670,400
3,492,000	3,496,000	2,364,400	3,692,000	3,696,000	2,513,600	3,892,000	3,896,000	2,673,600
3,496,000	3,500,000	2,367,200	3,696,000	3,700,000	2,516,800	3,896,000	3,900,000	2,676,800
3,500,000	3,504,000	2,370,000	3,700,000	3,704,000	2,520,000	3,900,000	3,904,000	2,680,000
3,504,000	3,508,000	2,372,800	3,704,000	3,708,000	2,523,200	3,904,000	3,908,000	2,683,200
3,508,000	3,512,000	2,375,600	3,708,000	3,712,000	2,526,400	3,908,000	3,912,000	2,686,400
3,512,000	3,516,000	2,378,400	3,712,000	3,716,000	2,529,600	3,912,000	3,916,000	2,689,600
3,516,000	3,520,000	2,381,200	3,716,000	3,720,000	2,532,800	3,916,000	3,920,000	2,692,800
3,520,000	3,524,000	2,384,000	3,720,000	3,724,000	2,536,000	3,920,000	3,924,000	2,696,000
3,524,000	3,528,000	2,386,800	3,724,000	3,728,000	2,539,200	3,924,000	3,928,000	2,699,200
3,528,000	3,532,000	2,389,600	3,728,000	3,732,000	2,542,400	3,928,000	3,932,000	2,702,400
3,532,000	3,536,000	2,392,400	3,732,000	3,736,000	2,545,600	3,932,000	3,936,000	2,705,600
3,536,000	3,540,000	2,395,200	3,736,000	3,740,000	2,548,800	3,936,000	3,940,000	2,708,800
3,540,000	3,544,000	2,398,000	3,740,000	3,744,000	2,552,000	3,940,000	3,944,000	2,712,000
3,544,000	3,548,000	2,400,800	3,744,000	3,748,000	2,555,200	3,944,000	3,948,000	2,715,200
3,548,000	3,552,000	2,403,600	3,748,000	3,752,000	2,558,400	3,948,000	3,952,000	2,718,400
3,552,000	3,556,000	2,406,400	3,752,000	3,756,000	2,561,600	3,952,000	3,956,000	2,721,600
3,556,000	3,560,000	2,409,200	3,756,000	3,760,000	2,564,800	3,956,000	3,960,000	2,724,800
3,560,000	3,564,000	2,412,000	3,760,000	3,764,000	2,568,000	3,960,000	3,964,000	2,728,000
3,564,000	3,568,000	2,414,800	3,764,000	3,768,000	2,571,200	3,964,000	3,968,000	2,731,200
3,568,000	3,572,000	2,417,600	3,768,000	3,772,000	2,574,400	3,968,000	3,972,000	2,734,400

（五）

給与等の金額		給与所得控除後の給与等の金額	給与等の金額		給与所得控除後の給与等の金額	給与等の金額		給与所得控除後の給与等の金額
以　上	未　満		以　上	未　満		以　上	未　満	
円	円	円	円	円	円	円	円	円
3,972,000	3,976,000	2,737,600	4,172,000	4,176,000	2,897,600	4,372,000	4,376,000	3,057,600
3,976,000	3,980,000	2,740,800	4,176,000	4,180,000	2,900,800	4,376,000	4,380,000	3,060,800
3,980,000	3,984,000	2,744,000	4,180,000	4,184,000	2,904,000	4,380,000	4,384,000	3,064,000
3,984,000	3,988,000	2,747,200	4,184,000	4,188,000	2,907,200	4,384,000	4,388,000	3,067,200
3,988,000	3,992,000	2,750,400	4,188,000	4,192,000	2,910,400	4,388,000	4,392,000	3,070,400
3,992,000	3,996,000	2,753,600	4,192,000	4,196,000	2,913,600	4,392,000	4,396,000	3,073,600
3,996,000	4,000,000	2,756,800	4,196,000	4,200,000	2,916,800	4,396,000	4,400,000	3,076,800
4,000,000	4,004,000	2,760,000	4,200,000	4,204,000	2,920,000	4,400,000	4,404,000	3,080,000
4,004,000	4,008,000	2,763,200	4,204,000	4,208,000	2,923,200	4,404,000	4,408,000	3,083,200
4,008,000	4,012,000	2,766,400	4,208,000	4,212,000	2,926,400	4,408,000	4,412,000	3,086,400
4,012,000	4,016,000	2,769,600	4,212,000	4,216,000	2,929,600	4,412,000	4,416,000	3,089,600
4,016,000	4,020,000	2,772,800	4,216,000	4,220,000	2,932,800	4,416,000	4,420,000	3,092,800
4,020,000	4,024,000	2,776,000	4,220,000	4,224,000	2,936,000	4,420,000	4,424,000	3,096,000
4,024,000	4,028,000	2,779,200	4,224,000	4,228,000	2,939,200	4,424,000	4,428,000	3,099,200
4,028,000	4,032,000	2,782,400	4,228,000	4,232,000	2,942,400	4,428,000	4,432,000	3,102,400
4,032,000	4,036,000	2,785,600	4,232,000	4,236,000	2,945,600	4,432,000	4,436,000	3,105,600
4,036,000	4,040,000	2,788,800	4,236,000	4,240,000	2,948,800	4,436,000	4,440,000	3,108,800
4,040,000	4,044,000	2,792,000	4,240,000	4,244,000	2,952,000	4,440,000	4,444,000	3,112,000
4,044,000	4,048,000	2,795,200	4,244,000	4,248,000	2,955,200	4,444,000	4,448,000	3,115,200
4,048,000	4,052,000	2,798,400	4,248,000	4,252,000	2,958,400	4,448,000	4,452,000	3,118,400
4,052,000	4,056,000	2,801,600	4,252,000	4,256,000	2,961,600	4,452,000	4,456,000	3,121,600
4,056,000	4,060,000	2,804,800	4,256,000	4,260,000	2,964,800	4,456,000	4,460,000	3,124,800
4,060,000	4,064,000	2,808,000	4,260,000	4,264,000	2,968,000	4,460,000	4,464,000	3,128,000
4,064,000	4,068,000	2,811,200	4,264,000	4,268,000	2,971,200	4,464,000	4,468,000	3,131,200
4,068,000	4,072,000	2,814,400	4,268,000	4,272,000	2,974,400	4,468,000	4,472,000	3,134,400
4,072,000	4,076,000	2,817,600	4,272,000	4,276,000	2,977,600	4,472,000	4,476,000	3,137,600
4,076,000	4,080,000	2,820,800	4,276,000	4,280,000	2,980,800	4,476,000	4,480,000	3,140,800
4,080,000	4,084,000	2,824,000	4,280,000	4,284,000	2,984,000	4,480,000	4,484,000	3,144,000
4,084,000	4,088,000	2,827,200	4,284,000	4,288,000	2,987,200	4,484,000	4,488,000	3,147,200
4,088,000	4,092,000	2,830,400	4,288,000	4,292,000	2,990,400	4,488,000	4,492,000	3,150,400
4,092,000	4,096,000	2,833,600	4,292,000	4,296,000	2,993,600	4,492,000	4,496,000	3,153,600
4,096,000	4,100,000	2,836,800	4,296,000	4,300,000	2,996,800	4,496,000	4,500,000	3,156,800
4,100,000	4,104,000	2,840,000	4,300,000	4,304,000	3,000,000	4,500,000	4,504,000	3,160,000
4,104,000	4,108,000	2,843,200	4,304,000	4,308,000	3,003,200	4,504,000	4,508,000	3,163,200
4,108,000	4,112,000	2,846,400	4,308,000	4,312,000	3,006,400	4,508,000	4,512,000	3,166,400
4,112,000	4,116,000	2,849,600	4,312,000	4,316,000	3,009,600	4,512,000	4,516,000	3,169,600
4,116,000	4,120,000	2,852,800	4,316,000	4,320,000	3,012,800	4,516,000	4,520,000	3,172,800
4,120,000	4,124,000	2,856,000	4,320,000	4,324,000	3,016,000	4,520,000	4,524,000	3,176,000
4,124,000	4,128,000	2,859,200	4,324,000	4,328,000	3,019,200	4,524,000	4,528,000	3,179,200
4,128,000	4,132,000	2,862,400	4,328,000	4,332,000	3,022,400	4,528,000	4,532,000	3,182,400
4,132,000	4,136,000	2,865,600	4,332,000	4,336,000	3,025,600	4,532,000	4,536,000	3,185,600
4,136,000	4,140,000	2,868,800	4,336,000	4,340,000	3,028,800	4,536,000	4,540,000	3,188,800
4,140,000	4,144,000	2,872,000	4,340,000	4,344,000	3,032,000	4,540,000	4,544,000	3,192,000
4,144,000	4,148,000	2,875,200	4,344,000	4,348,000	3,035,200	4,544,000	4,548,000	3,195,200
4,148,000	4,152,000	2,878,400	4,348,000	4,352,000	3,038,400	4,548,000	4,552,000	3,198,400
4,152,000	4,156,000	2,881,600	4,352,000	4,356,000	3,041,600	4,552,000	4,556,000	3,201,600
4,156,000	4,160,000	2,884,800	4,356,000	4,360,000	3,044,800	4,556,000	4,560,000	3,204,800
4,160,000	4,164,000	2,888,000	4,360,000	4,364,000	3,048,000	4,560,000	4,564,000	3,208,000
4,164,000	4,168,000	2,891,200	4,364,000	4,368,000	3,051,200	4,564,000	4,568,000	3,211,200
4,168,000	4,172,000	2,894,400	4,368,000	4,372,000	3,054,400	4,568,000	4,572,000	3,214,400

（六）

給与等の金額		給与所得控除後の給与等の金額	給与等の金額		給与所得控除後の給与等の金額	給与等の金額		給与所得控除後の給与等の金額
以上	未満		以上	未満		以上	未満	
円	円	円	円	円	円	円	円	円
4,572,000	4,576,000	3,217,600	4,772,000	4,776,000	3,377,600	4,972,000	4,976,000	3,537,600
4,576,000	4,580,000	3,220,800	4,776,000	4,780,000	3,380,800	4,976,000	4,980,000	3,540,800
4,580,000	4,584,000	3,224,000	4,780,000	4,784,000	3,384,000	4,980,000	4,984,000	3,544,000
4,584,000	4,588,000	3,227,200	4,784,000	4,788,000	3,387,200	4,984,000	4,988,000	3,547,200
4,588,000	4,592,000	3,230,400	4,788,000	4,792,000	3,390,400	4,988,000	4,992,000	3,550,400
4,592,000	4,596,000	3,233,600	4,792,000	4,796,000	3,393,600	4,992,000	4,996,000	3,553,600
4,596,000	4,600,000	3,236,800	4,796,000	4,800,000	3,396,800	4,996,000	5,000,000	3,556,800
4,600,000	4,604,000	3,240,000	4,800,000	4,804,000	3,400,000	5,000,000	5,004,000	3,560,000
4,604,000	4,608,000	3,243,200	4,804,000	4,808,000	3,403,200	5,004,000	5,008,000	3,563,200
4,608,000	4,612,000	3,246,400	4,808,000	4,812,000	3,406,400	5,008,000	5,012,000	3,566,400
4,612,000	4,616,000	3,249,600	4,812,000	4,816,000	3,409,600	5,012,000	5,016,000	3,569,600
4,616,000	4,620,000	3,252,800	4,816,000	4,820,000	3,412,800	5,016,000	5,020,000	3,572,800
4,620,000	4,624,000	3,256,000	4,820,000	4,824,000	3,416,000	5,020,000	5,024,000	3,576,000
4,624,000	4,628,000	3,259,200	4,824,000	4,828,000	3,419,200	5,024,000	5,028,000	3,579,200
4,628,000	4,632,000	3,262,400	4,828,000	4,832,000	3,422,400	5,028,000	5,032,000	3,582,400
4,632,000	4,636,000	3,265,600	4,832,000	4,836,000	3,425,600	5,032,000	5,036,000	3,585,600
4,636,000	4,640,000	3,268,800	4,836,000	4,840,000	3,428,800	5,036,000	5,040,000	3,588,800
4,640,000	4,644,000	3,272,000	4,840,000	4,844,000	3,432,000	5,040,000	5,044,000	3,592,000
4,644,000	4,648,000	3,275,200	4,844,000	4,848,000	3,435,200	5,044,000	5,048,000	3,595,200
4,648,000	4,652,000	3,278,400	4,848,000	4,852,000	3,438,400	5,048,000	5,052,000	3,598,400
4,652,000	4,656,000	3,281,600	4,852,000	4,856,000	3,441,600	5,052,000	5,056,000	3,601,600
4,656,000	4,660,000	3,284,800	4,856,000	4,860,000	3,444,800	5,056,000	5,060,000	3,604,800
4,660,000	4,664,000	3,288,000	4,860,000	4,864,000	3,448,000	5,060,000	5,064,000	3,608,000
4,664,000	4,668,000	3,291,200	4,864,000	4,868,000	3,451,200	5,064,000	5,068,000	3,611,200
4,668,000	4,672,000	3,294,400	4,868,000	4,872,000	3,454,400	5,068,000	5,072,000	3,614,400
4,672,000	4,676,000	3,297,600	4,872,000	4,876,000	3,457,600	5,072,000	5,076,000	3,617,600
4,676,000	4,680,000	3,300,800	4,876,000	4,880,000	3,460,800	5,076,000	5,080,000	3,620,800
4,680,000	4,684,000	3,304,000	4,880,000	4,884,000	3,464,000	5,080,000	5,084,000	3,624,000
4,684,000	4,688,000	3,307,200	4,884,000	4,888,000	3,467,200	5,084,000	5,088,000	3,627,200
4,688,000	4,692,000	3,310,400	4,888,000	4,892,000	3,470,400	5,088,000	5,092,000	3,630,400
4,692,000	4,696,000	3,313,600	4,892,000	4,896,000	3,473,600	5,092,000	5,096,000	3,633,600
4,696,000	4,700,000	3,316,800	4,896,000	4,900,000	3,476,800	5,096,000	5,100,000	3,636,800
4,700,000	4,704,000	3,320,000	4,900,000	4,904,000	3,480,000	5,100,000	5,104,000	3,640,000
4,704,000	4,708,000	3,323,200	4,904,000	4,908,000	3,483,200	5,104,000	5,108,000	3,643,200
4,708,000	4,712,000	3,326,400	4,908,000	4,912,000	3,486,400	5,108,000	5,112,000	3,646,400
4,712,000	4,716,000	3,329,600	4,912,000	4,916,000	3,489,600	5,112,000	5,116,000	3,649,600
4,716,000	4,720,000	3,332,800	4,916,000	4,920,000	3,492,800	5,116,000	5,120,000	3,652,800
4,720,000	4,724,000	3,336,000	4,920,000	4,924,000	3,496,000	5,120,000	5,124,000	3,656,000
4,724,000	4,728,000	3,339,200	4,924,000	4,928,000	3,499,200	5,124,000	5,128,000	3,659,200
4,728,000	4,732,000	3,342,400	4,928,000	4,932,000	3,502,400	5,128,000	5,132,000	3,662,400
4,732,000	4,736,000	3,345,600	4,932,000	4,936,000	3,505,600	5,132,000	5,136,000	3,665,600
4,736,000	4,740,000	3,348,800	4,936,000	4,940,000	3,508,800	5,136,000	5,140,000	3,668,800
4,740,000	4,744,000	3,352,000	4,940,000	4,944,000	3,512,000	5,140,000	5,144,000	3,672,000
4,744,000	4,748,000	3,355,200	4,944,000	4,948,000	3,515,200	5,144,000	5,148,000	3,675,200
4,748,000	4,752,000	3,358,400	4,948,000	4,952,000	3,518,400	5,148,000	5,152,000	3,678,400
4,752,000	4,756,000	3,361,600	4,952,000	4,956,000	3,521,600	5,152,000	5,156,000	3,681,600
4,756,000	4,760,000	3,364,800	4,956,000	4,960,000	3,524,800	5,156,000	5,160,000	3,684,800
4,760,000	4,764,000	3,368,000	4,960,000	4,964,000	3,528,000	5,160,000	5,164,000	3,688,000
4,764,000	4,768,000	3,371,200	4,964,000	4,968,000	3,531,200	5,164,000	5,168,000	3,691,200
4,768,000	4,772,000	3,374,400	4,968,000	4,972,000	3,534,400	5,168,000	5,172,000	3,694,400

（七）

給与等の金額		給与所得控除後の給与等の金額	給与等の金額		給与所得控除後の給与等の金額	給与等の金額		給与所得控除後の給与等の金額
以　上	未　満		以　上	未　満		以　上	未　満	
円	円	円	円	円	円	円	円	円
5,172,000	5,176,000	3,697,600	5,372,000	5,376,000	3,857,600	5,572,000	5,576,000	4,017,600
5,176,000	5,180,000	3,700,800	5,376,000	5,380,000	3,860,800	5,576,000	5,580,000	4,020,800
5,180,000	5,184,000	3,704,000	5,380,000	5,384,000	3,864,000	5,580,000	5,584,000	4,024,000
5,184,000	5,188,000	3,707,200	5,384,000	5,388,000	3,867,200	5,584,000	5,588,000	4,027,200
5,188,000	5,192,000	3,710,400	5,388,000	5,392,000	3,870,400	5,588,000	5,592,000	4,030,400
5,192,000	5,196,000	3,713,600	5,392,000	5,396,000	3,873,600	5,592,000	5,596,000	4,033,600
5,196,000	5,200,000	3,716,800	5,396,000	5,400,000	3,876,800	5,596,000	5,600,000	4,036,800
5,200,000	5,204,000	3,720,000	5,400,000	5,404,000	3,880,000	5,600,000	5,604,000	4,040,000
5,204,000	5,208,000	3,723,200	5,404,000	5,408,000	3,883,200	5,604,000	5,608,000	4,043,200
5,208,000	5,212,000	3,726,400	5,408,000	5,412,000	3,886,400	5,608,000	5,612,000	4,046,400
5,212,000	5,216,000	3,729,600	5,412,000	5,416,000	3,889,600	5,612,000	5,616,000	4,049,600
5,216,000	5,220,000	3,732,800	5,416,000	5,420,000	3,892,800	5,616,000	5,620,000	4,052,800
5,220,000	5,224,000	3,736,000	5,420,000	5,424,000	3,896,000	5,620,000	5,624,000	4,056,000
5,224,000	5,228,000	3,739,200	5,424,000	5,428,000	3,899,200	5,624,000	5,628,000	4,059,200
5,228,000	5,232,000	3,742,400	5,428,000	5,432,000	3,902,400	5,628,000	5,632,000	4,062,400
5,232,000	5,236,000	3,745,600	5,432,000	5,436,000	3,905,600	5,632,000	5,636,000	4,065,600
5,236,000	5,240,000	3,748,800	5,436,000	5,440,000	3,908,800	5,636,000	5,640,000	4,068,800
5,240,000	5,244,000	3,752,000	5,440,000	5,444,000	3,912,000	5,640,000	5,644,000	4,072,000
5,244,000	5,248,000	3,755,200	5,444,000	5,448,000	3,915,200	5,644,000	5,648,000	4,075,200
5,248,000	5,252,000	3,758,400	5,448,000	5,452,000	3,918,400	5,648,000	5,652,000	4,078,400
5,252,000	5,256,000	3,761,600	5,452,000	5,456,000	3,921,600	5,652,000	5,656,000	4,081,600
5,256,000	5,260,000	3,764,800	5,456,000	5,460,000	3,924,800	5,656,000	5,660,000	4,084,800
5,260,000	5,264,000	3,768,000	5,460,000	5,464,000	3,928,000	5,660,000	5,664,000	4,088,000
5,264,000	5,268,000	3,771,200	5,464,000	5,468,000	3,931,200	5,664,000	5,668,000	4,091,200
5,268,000	5,272,000	3,774,400	5,468,000	5,472,000	3,934,400	5,668,000	5,672,000	4,094,400
5,272,000	5,276,000	3,777,600	5,472,000	5,476,000	3,937,600	5,672,000	5,676,000	4,097,600
5,276,000	5,280,000	3,780,800	5,476,000	5,480,000	3,940,800	5,676,000	5,680,000	4,100,800
5,280,000	5,284,000	3,784,000	5,480,000	5,484,000	3,944,000	5,680,000	5,684,000	4,104,000
5,284,000	5,288,000	3,787,200	5,484,000	5,488,000	3,947,200	5,684,000	5,688,000	4,107,200
5,288,000	5,292,000	3,790,400	5,488,000	5,492,000	3,950,400	5,688,000	5,692,000	4,110,400
5,292,000	5,296,000	3,793,600	5,492,000	5,496,000	3,953,600	5,692,000	5,696,000	4,113,600
5,296,000	5,300,000	3,796,800	5,496,000	5,500,000	3,956,800	5,696,000	5,700,000	4,116,800
5,300,000	5,304,000	3,800,000	5,500,000	5,504,000	3,960,000	5,700,000	5,704,000	4,120,000
5,304,000	5,308,000	3,803,200	5,504,000	5,508,000	3,963,200	5,704,000	5,708,000	4,123,200
5,308,000	5,312,000	3,806,400	5,508,000	5,512,000	3,966,400	5,708,000	5,712,000	4,126,400
5,312,000	5,316,000	3,809,600	5,512,000	5,516,000	3,969,600	5,712,000	5,716,000	4,129,600
5,316,000	5,320,000	3,812,800	5,516,000	5,520,000	3,972,800	5,716,000	5,720,000	4,132,800
5,320,000	5,324,000	3,816,000	5,520,000	5,524,000	3,976,000	5,720,000	5,724,000	4,136,000
5,324,000	5,328,000	3,819,200	5,524,000	5,528,000	3,979,200	5,724,000	5,728,000	4,139,200
5,328,000	5,332,000	3,822,400	5,528,000	5,532,000	3,982,400	5,728,000	5,732,000	4,142,400
5,332,000	5,336,000	3,825,600	5,532,000	5,536,000	3,985,600	5,732,000	5,736,000	4,145,600
5,336,000	5,340,000	3,828,800	5,536,000	5,540,000	3,988,800	5,736,000	5,740,000	4,148,800
5,340,000	5,344,000	3,832,000	5,540,000	5,544,000	3,992,000	5,740,000	5,744,000	4,152,000
5,344,000	5,348,000	3,835,200	5,544,000	5,548,000	3,995,200	5,744,000	5,748,000	4,155,200
5,348,000	5,352,000	3,838,400	5,548,000	5,552,000	3,998,400	5,748,000	5,752,000	4,158,400
5,352,000	5,356,000	3,841,600	5,552,000	5,556,000	4,001,600	5,752,000	5,756,000	4,161,600
5,356,000	5,360,000	3,844,800	5,556,000	5,560,000	4,004,800	5,756,000	5,760,000	4,164,800
5,360,000	5,364,000	3,848,000	5,560,000	5,564,000	4,008,000	5,760,000	5,764,000	4,168,000
5,364,000	5,368,000	3,851,200	5,564,000	5,568,000	4,011,200	5,764,000	5,768,000	4,171,200
5,368,000	5,372,000	3,854,400	5,568,000	5,572,000	4,014,400	5,768,000	5,772,000	4,174,400

（八）

給与等の金額		給与所得控除後の給与等の金額	給与等の金額		給与所得控除後の給与等の金額	給与等の金額		給与所得控除後の給与等の金額
以上	未満		以上	未満		以上	未満	
円	円	円	円	円	円	円	円	円
5,772,000	5,776,000	4,177,600	5,972,000	5,976,000	4,337,600	6,172,000	6,176,000	4,497,600
5,776,000	5,780,000	4,180,800	5,976,000	5,980,000	4,340,800	6,176,000	6,180,000	4,500,800
5,780,000	5,784,000	4,184,000	5,980,000	5,984,000	4,344,000	6,180,000	6,184,000	4,504,000
5,784,000	5,788,000	4,187,200	5,984,000	5,988,000	4,347,200	6,184,000	6,188,000	4,507,200
5,788,000	5,792,000	4,190,400	5,988,000	5,992,000	4,350,400	6,188,000	6,192,000	4,510,400
5,792,000	5,796,000	4,193,600	5,992,000	5,996,000	4,353,600	6,192,000	6,196,000	4,513,600
5,796,000	5,800,000	4,196,800	5,996,000	6,000,000	4,356,800	6,196,000	6,200,000	4,516,800
5,800,000	5,804,000	4,200,000	6,000,000	6,004,000	4,360,000	6,200,000	6,204,000	4,520,000
5,804,000	5,808,000	4,203,200	6,004,000	6,008,000	4,363,200	6,204,000	6,208,000	4,523,200
5,808,000	5,812,000	4,206,400	6,008,000	6,012,000	4,366,400	6,208,000	6,212,000	4,526,400
5,812,000	5,816,000	4,209,600	6,012,000	6,016,000	4,369,600	6,212,000	6,216,000	4,529,600
5,816,000	5,820,000	4,212,800	6,016,000	6,020,000	4,372,800	6,216,000	6,220,000	4,532,800
5,820,000	5,824,000	4,216,000	6,020,000	6,024,000	4,376,000	6,220,000	6,224,000	4,536,000
5,824,000	5,828,000	4,219,200	6,024,000	6,028,000	4,379,200	6,224,000	6,228,000	4,539,200
5,828,000	5,832,000	4,222,400	6,028,000	6,032,000	4,382,400	6,228,000	6,232,000	4,542,400
5,832,000	5,836,000	4,225,600	6,032,000	6,036,000	4,385,600	6,232,000	6,236,000	4,545,600
5,836,000	5,840,000	4,228,800	6,036,000	6,040,000	4,388,800	6,236,000	6,240,000	4,548,800
5,840,000	5,844,000	4,232,000	6,040,000	6,044,000	4,392,000	6,240,000	6,244,000	4,552,000
5,844,000	5,848,000	4,235,200	6,044,000	6,048,000	4,395,200	6,244,000	6,248,000	4,555,200
5,848,000	5,852,000	4,238,400	6,048,000	6,052,000	4,398,400	6,248,000	6,252,000	4,558,400
5,852,000	5,856,000	4,241,600	6,052,000	6,056,000	4,401,600	6,252,000	6,256,000	4,561,600
5,856,000	5,860,000	4,244,800	6,056,000	6,060,000	4,404,800	6,256,000	6,260,000	4,564,800
5,860,000	5,864,000	4,248,000	6,060,000	6,064,000	4,408,000	6,260,000	6,264,000	4,568,000
5,864,000	5,868,000	4,251,200	6,064,000	6,068,000	4,411,200	6,264,000	6,268,000	4,571,200
5,868,000	5,872,000	4,254,400	6,068,000	6,072,000	4,414,400	6,268,000	6,272,000	4,574,400
5,872,000	5,876,000	4,257,600	6,072,000	6,076,000	4,417,600	6,272,000	6,276,000	4,577,600
5,876,000	5,880,000	4,260,800	6,076,000	6,080,000	4,420,800	6,276,000	6,280,000	4,580,800
5,880,000	5,884,000	4,264,000	6,080,000	6,084,000	4,424,000	6,280,000	6,284,000	4,584,000
5,884,000	5,888,000	4,267,200	6,084,000	6,088,000	4,427,200	6,284,000	6,288,000	4,587,200
5,888,000	5,892,000	4,270,400	6,088,000	6,092,000	4,430,400	6,288,000	6,292,000	4,590,400
5,892,000	5,896,000	4,273,600	6,092,000	6,096,000	4,433,600	6,292,000	6,296,000	4,593,600
5,896,000	5,900,000	4,276,800	6,096,000	6,100,000	4,436,800	6,296,000	6,300,000	4,596,800
5,900,000	5,904,000	4,280,000	6,100,000	6,104,000	4,440,000	6,300,000	6,304,000	4,600,000
5,904,000	5,908,000	4,283,200	6,104,000	6,108,000	4,443,200	6,304,000	6,308,000	4,603,200
5,908,000	5,912,000	4,286,400	6,108,000	6,112,000	4,446,400	6,308,000	6,312,000	4,606,400
5,912,000	5,916,000	4,289,600	6,112,000	6,116,000	4,449,600	6,312,000	6,316,000	4,609,600
5,916,000	5,920,000	4,292,800	6,116,000	6,120,000	4,452,800	6,316,000	6,320,000	4,612,800
5,920,000	5,924,000	4,296,000	6,120,000	6,124,000	4,456,000	6,320,000	6,324,000	4,616,000
5,924,000	5,928,000	4,299,200	6,124,000	6,128,000	4,459,200	6,324,000	6,328,000	4,619,200
5,928,000	5,932,000	4,302,400	6,128,000	6,132,000	4,462,400	6,328,000	6,332,000	4,622,400
5,932,000	5,936,000	4,305,600	6,132,000	6,136,000	4,465,600	6,332,000	6,336,000	4,625,600
5,936,000	5,940,000	4,308,800	6,136,000	6,140,000	4,468,800	6,336,000	6,340,000	4,628,800
5,940,000	5,944,000	4,312,000	6,140,000	6,144,000	4,472,000	6,340,000	6,344,000	4,632,000
5,944,000	5,948,000	4,315,200	6,144,000	6,148,000	4,475,200	6,344,000	6,348,000	4,635,200
5,948,000	5,952,000	4,318,400	6,148,000	6,152,000	4,478,400	6,348,000	6,352,000	4,638,400
5,952,000	5,956,000	4,321,600	6,152,000	6,156,000	4,481,600	6,352,000	6,356,000	4,641,600
5,956,000	5,960,000	4,324,800	6,156,000	6,160,000	4,484,800	6,356,000	6,360,000	4,644,800
5,960,000	5,964,000	4,328,000	6,160,000	6,164,000	4,488,000	6,360,000	6,364,000	4,648,000
5,964,000	5,968,000	4,331,200	6,164,000	6,168,000	4,491,200	6,364,000	6,368,000	4,651,200
5,968,000	5,972,000	4,334,400	6,168,000	6,172,000	4,494,400	6,368,000	6,372,000	4,654,400

（九）

給与等の金額		給与所得控除後の給与等の金額	給与等の金額		給与所得控除後の給与等の金額	給与等の金額		給与所得控除後の給与等の金額
以　上	未　満		以　上	未　満		以　上	未　満	
円	円	円	円	円	円	円	円	
6,372,000	6,376,000	4,657,600	6,492,000	6,496,000	4,753,600	6,600,000	8,500,000	給与等の金額に90%を乗じて算出した金額から1,100,000円を控除した金額
6,376,000	6,380,000	4,660,800	6,496,000	6,500,000	4,756,800			
6,380,000	6,384,000	4,664,000	6,500,000	6,504,000	4,760,000			
6,384,000	6,388,000	4,667,200	6,504,000	6,508,000	4,763,200			
6,388,000	6,392,000	4,670,400	6,508,000	6,512,000	4,766,400			
6,392,000	6,396,000	4,673,600	6,512,000	6,516,000	4,769,600	8,500,000	20,000,000	給与等の金額から1,950,000円を控除した金額
6,396,000	6,400,000	4,676,800	6,516,000	6,520,000	4,772,800			
6,400,000	6,404,000	4,680,000	6,520,000	6,524,000	4,776,000			
6,404,000	6,408,000	4,683,200	6,524,000	6,528,000	4,779,200			
6,408,000	6,412,000	4,686,400	6,528,000	6,532,000	4,782,400			
6,412,000	6,416,000	4,689,600	6,532,000	6,536,000	4,785,600	20,000,000円		18,050,000円
6,416,000	6,420,000	4,692,800	6,536,000	6,540,000	4,788,800			
6,420,000	6,424,000	4,696,000	6,540,000	6,544,000	4,792,000			
6,424,000	6,428,000	4,699,200	6,544,000	6,548,000	4,795,200			
6,428,000	6,432,000	4,702,400	6,548,000	6,552,000	4,798,400			
6,432,000	6,436,000	4,705,600	6,552,000	6,556,000	4,801,600			
6,436,000	6,440,000	4,708,800	6,556,000	6,560,000	4,804,800			
6,440,000	6,444,000	4,712,000	6,560,000	6,564,000	4,808,000			
6,444,000	6,448,000	4,715,200	6,564,000	6,568,000	4,811,200			
6,448,000	6,452,000	4,718,400	6,568,000	6,572,000	4,814,400			
6,452,000	6,456,000	4,721,600	6,572,000	6,576,000	4,817,600			
6,456,000	6,460,000	4,724,800	6,576,000	6,580,000	4,820,800			
6,460,000	6,464,000	4,728,000	6,580,000	6,584,000	4,824,000			
6,464,000	6,468,000	4,731,200	6,584,000	6,588,000	4,827,200			
6,468,000	6,472,000	4,734,400	6,588,000	6,592,000	4,830,400			
6,472,000	6,476,000	4,737,600	6,592,000	6,596,000	4,833,600			
6,476,000	6,480,000	4,740,800	6,596,000	6,600,000	4,836,800			
6,480,000	6,484,000	4,744,000						
6,484,000	6,488,000	4,747,200						
6,488,000	6,492,000	4,750,400						

（備考）　給与所得控除後の給与等の金額を求めるには、その年中の給与等の金額に応じ、「給与等の金額」欄の該当する行を求めるものとし、その行の「給与所得控除後の給与等の金額」欄に記載されている金額が、その給与等の金額についての給与所得控除後の給与等の金額である。この場合において、給与等の金額が6,600,000円以上の居住者の給与所得控除後の給与等の金額に１円未満の端数があるときは、これを切り捨てた額をもつてその求める給与所得控除後の給与等の金額とする。

4　源泉徴収のための退職所得控除額の表（平成27年１月以降分）

（所得税法別表第六）

勤続年数	退職所得控除額		勤続年数	退職所得控除額	
	一般退職の場合	障害退職の場合		一般退職の場合	障害退職の場合
	千円	千円		千円	千円
2年以下	800	1,800	24　年	10,800	11,800
			25　年	11,500	12,500
			26　年	12,200	13,200
3　年	1,200	2,200	27　年	12,900	13,900
4　年	1,600	2,600	28　年	13,600	14,600
5　年	2,000	3,000	29　年	14,300	15,300
6　年	2,400	3,400	30　年	15,000	16,000
7　年	2,800	3,800	31　年	15,700	16,700
8　年	3,200	4,200	32　年	16,400	17,400
9　年	3,600	4,600	33　年	17,100	18,100
10　年	4,000	5,000	34　年	17,800	18,800
11　年	4,400	5,400	35　年	18,500	19,500
12　年	4,800	5,800	36　年	19,200	20,200
13　年	5,200	6,200	37　年	19,900	20,900
14　年	5,600	6,600	38　年	20,600	21,600
15　年	6,000	7,000	39　年	21,300	22,300
16　年	6,400	7,400	40　年	22,000	23,000
17　年	6,800	7,800			
18　年	7,200	8,200	41年以上	22,000千円に、勤続年数が40年を超える１年ごとに700千円を加算した金額	23,000千円に、勤続年数が40年を超える１年ごとに700千円を加算した金額
19　年	7,600	8,600			
20　年	8,000	9,000			
21　年	8,700	9,700			
22　年	9,400	10,400			
23　年	10,100	11,100			

（注）　この表における用語の意味は、次のとおりです。

(1)「勤続年数」とは、退職手当等の支払を受ける人が、退職手当等の支払者の下においてその退職手当等の支払の基因となった退職の日まで引き続き勤務した期間により計算した一定の年数をいいます（所得税法施行令第69条）。

(2)「障害退職の場合」とは、障害者になったことに直接基因して退職したと認められる一定の場合をいいます（所得税法第30条第５項第３号）。

(3)「一般退職の場合」とは、障害退職の場合以外の退職の場合をいいます。

（備考）

(1)　退職所得控除額は、(2)に該当する場合を除き、退職手当等に係る勤続年数に応じ「勤続年数」欄の該当する行に当てはめて求めます。この場合、一般退職のときはその行の「退職所得控除額」の「一般退職の場合」欄に記載されている金額が、また、障害退職のときはその行の「退職所得控除額」の「障害退職の場合」欄に記載されている金額が、それぞれその退職手当等に係る退職所得控除額です。

(2)　所得税法第30条第５項第１号（退職所得控除額の計算の特例）に掲げる場合に該当するときは、同項の規定に準じて計算した金額が、その退職手当等に係る退職所得控除額です。

〔索　　引〕

〔く〕

〔け〕

〔こ〕

〔さ〕

〔し〕

〔と〕

〔な〕

〔に〕

〔ね〕

〔の〕

〔は〕

〔め〕

〔も〕

〔ゆ〕

〔よ〕

〔ら〕

〔り〕

〔れ〕

〔ろ〕

〔わ〕

（編　　者）

椎谷　晃（しいや　あきら）

（執筆者一覧）

熊原克敏
渡邊　宏
五十嵐記子
佐藤千恵子
川口貴之
増田　徹
田中哲也
野々山裕樹
長目有平

令和２年版

図解　源泉所得税

令和２年６月17日　初版印刷
令和２年６月29日　初版発行

編者　椎　谷　晃

一般財団法人 大蔵財務協会 理事長
発行者　木　村　幸　俊

発行所　一般財団法人　大蔵財務協会
〔郵便番号　130-8585〕
東京都墨田区東駒形１丁目14番１号
（販　売　部）TEL03(3829)4141・FAX03(3829)4001
（出版編集部）TEL03(3829)4142・FAX03(3829)4005
http://www.zaikyo.or.jp

乱丁、落丁の場合は、お取替えいたします。
ISBN978-4-7547-2788-8

印刷・恵　友　社

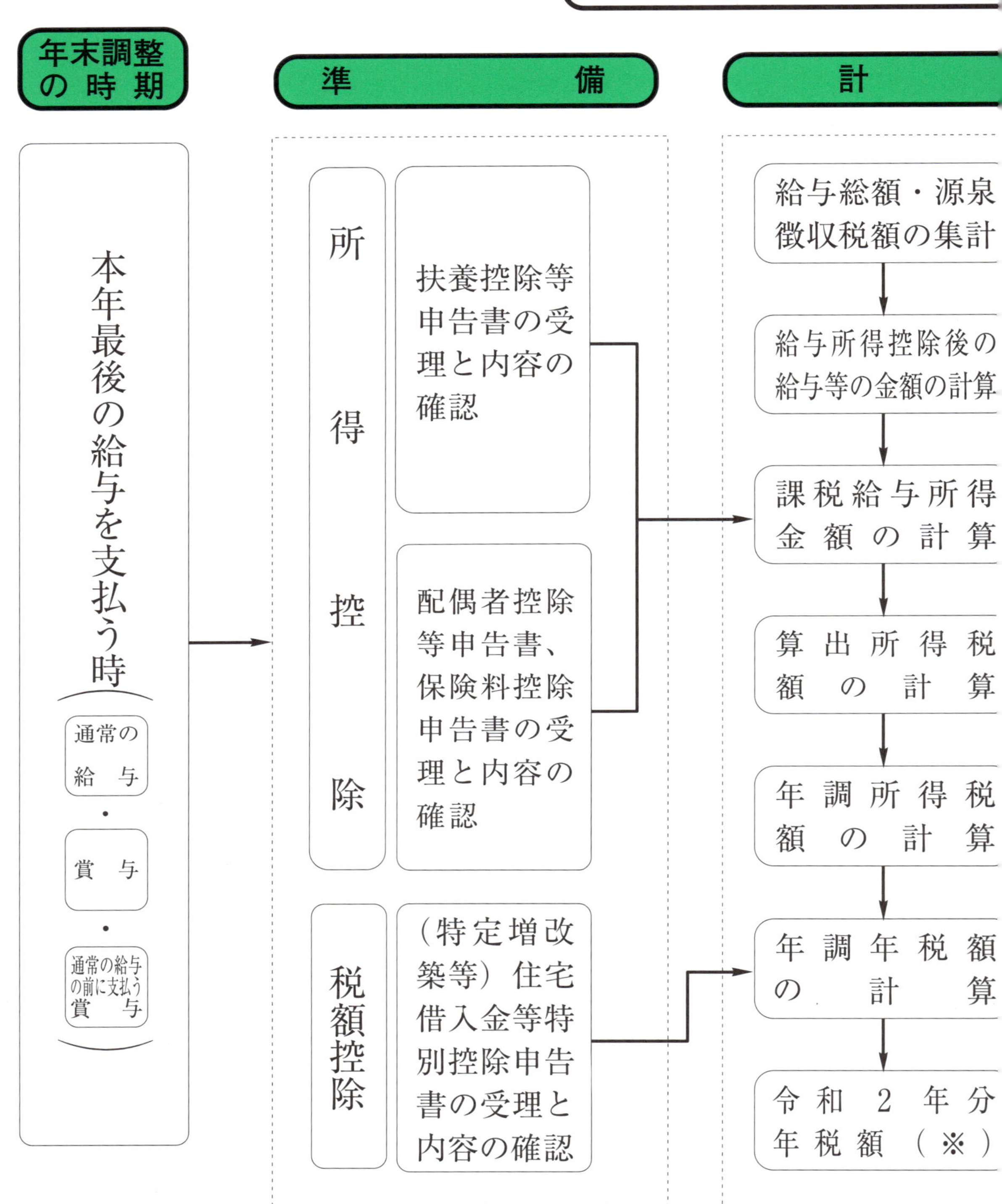

※　年末調整は、所得税及び復興特別所得税の合計額により行います。